Zitiervorschlag: *Bearbeiter* in *Napokoj* (Hrsg), Risikominimierung durch Corporate Compliance (2010)

Printed in Austria

ISBN 978-3-214-00457-6
© 2010 MANZsche Verlags- und Universitätsbuchhandlung GmbH, Wien
Telefon: (01) 531 61-0
E-Mail: verlag@MANZ.at
www.MANZ.at
Druck: MANZ CROSSMEDIA, 1051 Wien

Risikominimierung durch Corporate Compliance

von

Dr. Elke Napokoj (Hrsg)

Wien 2010
Manzsche Verlags- und Universitätsbuchhandlung

Vorwort

Compliance-Programme erleben derzeit eine wahre Hochkonjunktur. Unternehmen und deren Geschäftsführung sehen sich einer steigenden Flut von Haftungs-, Schadenersatz- und Strafnormen gegenüber und zwar nicht nur aus den traditionellen Compliance-Gebieten des Kartell- und Kapitalmarktrechts. Vielmehr gewinnen auch die Bereiche des öffentlichen Rechts, des Gesellschaftsrechts sowie des IP- und IT-Rechts gerade enorm an Bedeutung. Weitgehend komplementär zum Compliance-Bereich ist das Arbeitsrecht, das wichtige Anhaltspunkte für die Zulässigkeit von compliance-relevanten Maßnahmen gegenüber Arbeitnehmern regelt und so die relevanten Grenzen einer Compliance-Organisation absteckt.

Folge der oben dargestellten Entwicklung ist, dass immer mehr Unternehmen eine Compliance-Organisation einrichten. Der deutsche Corporate Governance-Kodex hat in Ziffer 4.1.3 nunmehr „Compliance" auch ausdrücklich als Geschäftsführungsaufgabe verankert. Zwar wendet sich der Kodex, wie in Österreich auch, vorrangig an börsenotierte Unternehmen, dies darf jedoch nicht darüber hinwegtäuschen, dass Compliance auch alle anderen Unternehmen betrifft.

Das vorliegende Buch setzt verschiedene Schwerpunktbereiche, die sich in der Praxis als besonders compliance-relevant erwiesen haben. Es werden daher relevante Pflichten herausgearbeitet und den Unternehmen zugleich unternehmensorganisatorische Umsetzungsansätze vorgeschlagen.

Das Manuskript wurde Ende Dezember 2009 fertiggestellt. Spätere Veröffentlichungen wurden im Einzelfall eingearbeitet.

In diesem Zusammenhang gilt der besondere Dank der Herausgeberin den Autoren, die ihre aus langjähriger Praxis in den jeweiligen Beratungsschwerpunkten gewonnenen Erkenntnisse in dieses Buch einfließen lassen und so ihre Erfahrungen einem größeren Interessentenkreis zugänglich gemacht haben. Sehr herzlich möchte sich die Herausgeberin auch im Namen der Autoren beim Team von bpv Hügel Rechtsanwälte für die Unterstützung und die zahlreichen Anregungen bedanken.

Wien, Jänner 2010   *Elke Napokoj*

Inhaltsverzeichnis

Abkürzungsverzeichnis

aA	=	anderer Ansicht
aaO	=	am angegebenen Ort
Abb	=	Abbildung
AbfallverbrennungsVO	=	Abfallverbrennungsverordnung BGBl II 2002/389
ABGB	=	Allgemeines bürgerliches Gesetzbuch JGS 1811/946
abl	=	ablehnend
ABl	=	Amtsblatt
Abs	=	Absatz
Abschlussprüfungs-QualitätssicherungsG	=	Abschlussprüfungsqualitätssicherungsgesetz BGBl I 2005/84
AEUV	=	Vertrag über die Arbeitsweise der Europäischen Union ABl 2008/115, 1
AEV	=	Verordnung des Bundesministers für Land- und Forstwirtschaft, Umwelt und Wasserwirtschaft über die Begrenzung von Abwasseremissionen aus Wasch- und Chemischreinigungsprozessen von Textilien BGBl II 2003/267
aF	=	alte Fassung
AG	=	Aktiengesellschaft
AHG	=	Amtshaftungsgesetz BGBl 1949/20
AHGB	=	Allgemeines Handelsgesetzbuch RBGl 1863/1
AkkG	=	Akkreditierungsgesetz BGBl 1992/468
AktG	=	Aktiengesetz BGBl 1965/98
aM	=	andere(r) Meinung
AMFG	=	Arbeitsmarktförderungsgesetz BGBl 1969/31
AMG	=	Arzneimittelgesetz BGBl 1983/185
AMS	=	Arbeitsmarktservice
AnfO	=	Anfechtungsordnung RGBl 1914/337
AngG	=	Angestelltengesetz BGBl 1921/292
Anh	=	Anhang
Anm	=	Anmerkung(en)
AnwBl	=	Österreichisches Anwaltsblatt
AO	=	Ausgleichsordnung BGBl II 1934/221
ApKG	=	Apothekerkammergesetz 2001 BGBl I 2001/111
ArbIG	=	Arbeitsinspektionsgesetz 1993 BGBl 1993/27
ArbVG	=	Arbeitsverfassungsgesetz BGBl 1974/22
Art	=	Artikel
ÄrzteG	=	Ärztegesetz 1998 BGBl I 1998/169
ASchG	=	ArbeitnehmerInnenschutzgesetz BGBl 1994/450
ASoK	=	„Arbeits- und SozialrechtsKartei"
ASVG	=	Allgemeines Sozialversicherungsgesetz BGBl 1955/189
Aufl	=	Auflage
AusführungsG	=	Ausführungsgesetze
AuslBG	=	Ausländerbeschäftigungsgesetz BGBl 1975/218
AußHG	=	Außenhandelsgesetz 2005 BGBl I 2005/50
AußStrG	=	Außerstreitgesetz BGBl I 2003/111
AVRAG	=	Arbeitsvertragsrechts-Anpassungsgesetz BGBl I 1993/459

AWG	=	Abfallwirtschaftsgesetz BGBl I 2002/102
AZG	=	Arbeitszeitgesetz BGBl 1969/461
BäderhygieneVO	=	Verordnung des Bundesministers für Gesundheit über Hygiene in Bädern, Saunaanlagen, Warmluft- und Dampfbädern sowie Kleinbadeteichen BGBl II 1998/420
BAO	=	Bundesabgabenordnung BGBl 1961/194
BauKG	=	Bauarbeiterkoordinationsgesetz BGBl I 1999/37
BauO	=	Bauordnung(en)
BayObLG	=	Bayrisches Oberstes Landesgericht (d)
BB	=	Der Betriebs-Berater (d)
Bd(e)	=	Band (Bände)
BEinstG	=	Behinderteneinstellungsgesetz BGBl 1970/22
betr	=	betrifft
BetriebszeitenG	=	Sonn- und Feiertags- Betriebszeitengesetz BGBl 1984/129
BG	=	Bezirksgericht, Bundesgesetz
BGB	=	Bürgerliches Gesetzbuch (d)
BGBl	=	Bundesgesetzblatt
BGH	=	Bundesgerichtshof (d)
BGHZ	=	Entscheidungen des Bundesgerichtshofs in Zivilsachen (d)
BH	=	Bezirkshauptmannschaft
BiozidG	=	Bundesgesetz über das Inverkehrbringen von Biozidprodukten BGBl I 2000/105
BKartA	=	Bundeskartellamt (d)
Blg	=	Beilage(n)
BlgNR	=	Beilage(n) zu den stenographischen Protokollen des Nationalrats
BlutsicherheitsG	=	Blutsicherheitsgesetz 1999 BGBl I 1999/44
BM	=	Bundesminister(ium)
BMF	=	Bundesminister(ium) für Finanzen
BMJ	=	Bundesminister(ium) für Justiz
BMLFUW	=	Bundesminister(ium) für Land- und Forstwirtschaft, Umwelt und Leben
BMVIT	=	Bundesminister(ium) für Verkehr, Innovation und Technologie
BMWFJ	=	Bundesminister(ium) für Wirtschaft, Familie und Jugend
BO für Wien	=	Bauordnung für Wien LGBl 1930/11
BörseG	=	Börsegesetz BGBl 1989/555
BSI	=	Bundesamt für Sicherheit in der Informationstechnik
B-UHG	=	Bundes-Umwelthaftungsgesetz BGBl I 2009/55
BVA	=	Bundesvergabeamt
BVB	=	Bezirksverwaltungsbehörde
BVergG 2006	=	Bundesvergabegesetz BGBl I 2006/17
B-VG	=	Bundes-Verfassungsgesetz in der Fassung von 1929 BGBl 1930/1
BWB	=	Bundeswettbewerbsbehörde
BWG	=	Bankwesengesetz BGBl 1993/532
bzw	=	beziehungsweise
ChemG	=	Chemikaliengesetz 1996 BGBl I 1997/153
CobiT	=	Central Objectives for Information and Related Technology
COSO	=	Committee of Sponsoring Organisations of the Treadway Commission
CR	=	Computer und Recht

XVIII

d	=	deutscher, -e, -es
dAktG	=	deutsches Aktiengesetz
DD	=	Due Diligence
ders	=	derselbe
dGmbHG	=	deutsches Gesetz betreffend Gesellschaften mit beschränkter Haftung
dh	=	das heißt
DHG	=	Dienstnehmerhaftpflichtgesetz BGBl 1965/80
DMSG	=	Denkmalschutzgesetz BGBl I 1999/170
D & O	=	Directors' and Officers'
DSG 2000	=	Datenschutzgesetz 2000 BGBl 1978/565
DSK	=	Datenschutzkommission
DVR	=	Datenverarbeitungsregister
EB	=	Erläuternde Bemerkungen
ecolex	=	ecolex (Fachzeitschrift für Wirtschaftsrecht)
ECV	=	Emittenten-Compliance-Verordnung 2007 BGBl II 2007/213
EDVuR	=	EDV und Recht
EG	=	Einführungsgesetz, Europäische Gemeinschaft
EG-K	=	Emmissionsschutzgesetz für Kesselanlagen BGBl I 2004/150
EGMR	=	Europäischer Gerichtshof für Menschenrechte
EG-RL	=	EG-Richtlinie
EG-Vertrag	=	EG-Vertrag ABl C 2006/321, 1
EGZPO	=	Einführungsgesetz zur Zivilprozessordnung RGBl 1895/112
EisbG	=	Eisenbahngesetz 1957 BGBl 1957/60
EKEG	=	Eigenkapitalersatz-Gesetz, Art I BGBl I 2003/92
ElWOG	=	Elektrizitätswirtschafts- und -organisationsgesetz BGBl I 1998/143
EMAS II-VO	=	Verordnung (EG) Nr. 761/2001 des Europäischen Parlaments und des Rates vom 19. März 2001 über die freiwillige Beteiligung von Organisationen an einem Gemeinschaftssystem für das Umweltmanagement und die Umweltbetriebsprüfung (EMAS) ABl 2001/114, 1
EO	=	Exekutionsordnung RGBl 1986/79
EPER-V	=	Verordnung des Bundesministers für Wirtschaft und Arbeit und des Bundesministers für Land- und Forstwirtschaft über die Meldung von Schadstoffemissionsfrachten für die Erstellung eines Europäischen Schadstoffregisters BGBl II 2002/300
Erl	=	Erläuterung(en)
EStG	=	Einkommensteuergesetz 1988 BGBl 1988/400
etc	=	et cetera
EU	=	Europäische Union
EuG	=	Gericht der EU
EU-GesRÄG	=	EU-Gesellschaftsrechtsänderungsgesetz BGBl 1996/304
EuGH	=	Gerichtshof der EU
EUR	=	Euro
EWG	=	Europäische Wirtschaftsgemeinschaft
EWR	=	Europäischer Wirtschaftsraum
EZG	=	Einsatzzulagengesetz BGBl 1992/423
FA	=	Finanzamt
FachhochschulstudienG	=	Fachhochschulstudiengesetz BGBl 1993/340
Fachkenntnisnachweis-VO	=	Verordnung über den Nachweis der Fachkenntnis BGBl II 2007/13

FBG	=	Firmenbuchgesetz BGBl 1991/10
ff	=	die folgenden, fortfolgende
FinanzkonglomerateG	=	Finanzkonglomerategesetz BGBl I 2004/70
FKVO	=	EG-Fusionskontrollverordnung ABl L 2004/24, 1
FMA	=	Finanzmarktaufsichtsbehörde
FN	=	Fußnote
ForstG	=	Forstgesetz BGBl 1975/440
FreisetzungsVO	=	Freisetzungsverordnung BGBl II 2005/260
FS	=	Festschrift
FTEG	=	Bundesgesetz über Funkanlagen und Telekommunikationsendeinrichtungen BGBl I 2001/134
GBG	=	Grundbuchsgesetz BGBl 1955/39
GebG	=	Gebührengesetz BGBl 1957/267
GelverkG	=	Gelegenheitsverkehrs-Gesetz BGBl 1996/112
GenG	=	Genossenschaftsgesetz RGBl 1873/70
GeS	=	GeS aktuell, Zeitschrift für Gesellschafts- und Steuerrecht
GesAusG	=	Gesellschafterausschlussgesetz BGBl I 2006/75
GesBR	=	Gesellschaft bürgerlichen Rechts
GesRÄG	=	Gesellschaftsrechtsänderungsgesetz BGBl I 2007/72 (GesRÄG 2007)
GesRZ	=	Der Gesellschafter – Zeitschrift für Gesellschafts- und Unternehmensrecht
GewerbesicherheitsG	=	Gewerbesicherheitsgesetz BGBl I 2008/49
GewO	=	Gewerbeordnung 1994 BGBl 1994/194
GewR-Nov	=	Gewerberechtsnovelle
GlBG	=	Gleichbehandlungsgesetz BGBl I 2004/66
GmbH	=	Gesellschaft mit beschränkter Haftung
GmbHG	=	Gesetz über Gesellschaften mit beschränkter Haftung RGBl 1906/58
GMG	=	Gebrauchsmustergesetz BGBl 1994/211
GrEStG	=	Grunderwerbsteuergesetz BGBl 1987/309
GSpG	=	Glücksspielgesetz BGBl 1989/620
GTG	=	Gentechnikgesetz BGBl 1994/510
GütbefG	=	Güterbeförderungsgesetz BGBl 1995/593
GWG	=	Gaswirtschaftsgesetz (Energieliberalisierungsgesetz) BGBl I 2000/121
hA	=	herrschende Ansicht
HACCP-Grundsätze	=	Hazard Analysis and Critical Control Point-Grundsätze
HGB	=	Handelsgesetzbuch dRGBl 1897, 219
HG	=	Handelsgericht
HKW-Anlagen-VO	=	Verordnung des Bundesministers für Wirtschaft und Arbeit über die Begrenzung der Emissionen bei der Verwendung halogenierter organischer Lösungsmittel in gewerblichen Betriebsanlagen BGBl II 2005/411
hL	=	herrschende Lehre
hLL	=	Leitlinien der Europäischen Kommission über horizontale Zusammenarbeit Abl C 2001/3, 2
hM	=	herrschende Meinung
Hrsg	=	Herausgeber
idF	=	in der Fassung
idgF	=	in der geltenden Fassung

XX

idS	=	in diesem Sinne
ieS	=	im engeren Sinn
IG-L	=	Immissionsschutzgesetz – Luft BGBl I 1997/115
IKS	=	Internes Kontrollsystem
insb	=	insbesondere
InvFG	=	Investmentfondsgesetz BGBl 1993/532
IP	=	Intellectual Property
IPO	=	Initial Public Offering
IPPC-Anlagen	=	Integrated Pollution Prevention and Control-Anlagen
IRÄG	=	Insolvenzrechtsänderungsgesetz
iSd	=	im Sinne des, der
ISMS	=	Informationssicherheitsmanagementsystem
ISO	=	International Organization for Standardization
IT	=	Informationstechnologie
ITIL	=	Information Technology Infrastructure Library
IUV	=	Industrieunfallverordnung BGBl II 2002/354
iVm	=	in Verbindung mit
iwS	=	im weiteren Sinn
iZm	=	im Zusammenhang mit
JA	=	Justizausschuss
JAB	=	Bericht des Justizausschusses
JBl	=	Juristische Blätter
JN	=	Jurisdiktionsnorm RBGl 1811/111
Jud	=	Judikatur, Judikat
KAKuG	=	Krankenanstalten- und Kuranstaltengesetz BGBl 1957/1
KälteanlagenVO	=	Verordnung der Bundesminister für soziale Verwaltung und für Handel, Gewerbe und Industrie über den Schutz der Dienstnehmer und der Nachbarschaft beim Betrieb von Kälteanlagen BGBl 1969/305
KapBG	=	Kapitalberichtigungsgesetz BGBl 1967/171
KartG 2005	=	Kartellgesetz 2005 BGBl I 2005/61
K-BO	=	Kärntner Bauordnung 1996 LGBl 1996/62
KEG	=	Kommanditerwerbsgesellschaft
KesselG	=	Kesselgesetz BGBl 1992/211
KflG	=	Kraftfahrliniengesetz BGBl I 1999/203
KG	=	Kommanditgesellschaft, Kartellgericht
KMG	=	Kapitalmarktgesetz BGBl 1991/625
KO	=	Konkursordnung RGBl 1914/337
KOG	=	Kartellobergericht
KSchG	=	Konsumentenschutzgesetz BGBl 1979/140
KVG	=	Kapitalverkehrssteuergesetz BGBl 1948/57
KWG	=	Kreditwesengesetz (iw aufgehoben durch das BWG)
L	=	Lehre
LandesausführungsG	=	Landesausführungsgesetze
leg cit	=	legis citatae
LFG	=	Luftfahrtgesetz BGBl 1957/253
LG	=	Landesgericht; Landgericht (d)
LGZ	=	Landesgericht für Zivilrechtssachen

LH	=	Landeshauptmann
Lit	=	Literatur
LMSVG	=	Lebensmittelsicherheits- und Verbraucherschutzgesetz BGBl I 2006/13
mE	=	meines Erachtens
MG	=	Mietengesetz BGBl 1929/210
MinroG	=	Mineralrohstoffgesetz BGBl I 1999/38
Mio	=	Million(en)
MPG	=	Medizinproduktegesetz BGBl 1996/657
MR	=	Medien und Recht
Mrd	=	Milliarde(n)
MRG	=	Mietrechtsgesetz BGBl 1981/520
MSchG	=	Markenschutzgesetz BGBl 1975/255
MuttSchG	=	Mutterschutzgesetz BGBl 1979/221
MW	=	Megawatt
mwN	=	mit weiteren Nachweisen
NaturschutzG	=	Naturschutzgesetz(e)
nF	=	neue Fassung
NO	=	Notariatsordnung RGBl 1871/75
NÖ BauO	=	Niederösterreichische Bauordnung 1976 LGBl 8200
Nov	=	Novelle(n)
Nr	=	Nummer
NR	=	Nationalrat
NZ	=	Notariats-Zeitung (ö)
ÖBA	=	Österreichisches Bank-Archiv
Öbl	=	Österreichische Blätter für gewerblichen Rechtschutz und Urheberrecht
ÖCGK	=	Österreichischer Corporate Governance Kodex
OEG	=	Offene Erwerbsgesellschaft
ÖffZG	=	Öffnungszeitengesetz 2003 BGBl I 2003/48
OG	=	Offene Gesellschaft
OGH	=	Oberster Gerichtshof
ÖJZ	=	Österreichische Juristen-Zeitung
OLG	=	Oberlandesgericht
ÖstZ	=	„Österreichische Steuerzeitung"
OZK	=	Österreichische Zeitschrift für Kartell- und Wettbewerbsrecht
ÖZW	=	Österreichische Zeitschrift für Wirtschaftsrecht
PatG	=	Patentgesetz BGBl 1970/259
PKG	=	Pensionskassengesetz BGBl 1990/281
PrAG	=	Preisauszeichnungsgesetz BGBl 1992/146
Prospekt-VO	=	Prospektverordnung RL 2003/71/EG
PrR-G	=	Privatradiogesetz BGBl I 2001/20
PrTV-G	=	Privatfernsehgesetz BGBl I 2001/84
PSG	=	Privatstiftungsgesetz BGBl 1993/694
PunzierungsG	=	Punzierungsgesetz 2000 BGBl I 2001/24
PVInfo	=	„PVInfo (Fachzeitschrift für Personalverrechnung)"
RAO	=	Rechtsanwaltsordnung RGBl 1868/96
RdA	=	„Recht der Arbeit"

XXII

RdU	=	Recht der Umwelt – Umwelt und Technik
RdW	=	Recht der Wirtschaft
RL	=	Richtlinie
RohrLG	=	Rohrleitungsgesetz BGBl 1975/411
Rs	=	Rechtsache
Rsp	=	Rechtsprechung
RV	=	Regierungsvorlage
RWZ	=	Österreichische Zeitschrift für Rechnungswesen
Rz	=	Randzahl
S	=	Satz
SE	=	Europäische Aktiengesellschaft
SchifffahrtsG	=	Schifffahrtsgesetz BGBl I 1997/62
SeilbahnG	=	Seilbahngesetz 2003 BGBl I 2003/103
SEVESO-II-RL	=	Richtlinie 96/82/EG des Rates vom 9. Dezember 1996 zur Beherr-schung der Gefahren bei schweren Unfällen mit gefährlichen Stoffen ABl L 1997/10, 13
Slg	=	Sammlung; Sammlung der Rechtsprechung des Gerichtshofs der Euro-päischen Gemeinschaft
sog	=	sogenannt
SOX	=	Sarbanes Oxley Act
SozBeG	=	Sozialbetrugsgesetz BGBl I 2004/152
SpaltG	=	Spaltungsgesetz BGBl 1993/458, neu gefasst durch EU-GesRÄG
StGB	=	Strafgesetzbuch BGBl 1974/60
StrahlenschutzG	=	Strahlenschutzgesetz BGBl 1969/227
stRsp	=	ständige Rechtsprechung
StWG	=	Starkstromwegegesetz 1968 BGBl 1968/70
SWK	=	Steuer- und Wirtschaftskartei
SZ	=	Entscheidungen des OGH in Zivilrechtssachen
TabakG	=	Tabakgesetz BGBl 1995/431
TabMG	=	Tabakmonopolgesetz 1996 BGBl 1995/830
taxlex	=	„taxlex (Zeitschrift für Steuer und Beratung)"
TKG 2003	=	Telekommunikationsgesetz 2003 BGBl I 2003/70
Tz	=	Textziffer
ua	=	unter anderem
ÜbG	=	Übernahmegesetz BGBl I 1988/127
Udgl	=	und dergleichen
UGB	=	Unternehmensgesetzbuch BGBl I 2005/120
UMG	=	Umweltmanagementgesetz BGBl I 2001/96
UmgrStG	=	Umgründungssteuergesetz BGBl 1991/699
UmwG	=	Umwandlungsgesetz BGBl 1996/304, aufgehoben und neugefasst durch das EU-GesRÄG
URG	=	Unternehmensreorganisationsgesetz BGBl I 1997/114 (Art XI)
UrhG	=	Urheberrechtsgesetz BGBl 1936/111
USt	=	Umsatzsteuer
UStG	=	Umsatzsteuergesetz BGBl 1994/663
usw	=	und so weiter
uU	=	unter Umständen

UVP-G	=	Umweltverträglichkeitsprüfungsgesetz 2000 BGBl 1993/697
UWG	=	Gesetz gegen den unlauteren Wettbewerb BGBl 1984/448
va	=	vor allem
VAG	=	Versicherungsaufsichtsgesetz BGBl 1978/568
VAIG	=	Verkehrs-Arbeitsinspektionsgesetz 1994 BGBl 1994/650
VbF	=	Verordnung über brennbare Flüssigkeiten BGBl 1991/240
VbVG	=	Verbandsverantwortlichkeitsgesetz BGBl I 2005/151
VeröffentlichungsVO	=	Veröffentlichungsverordnung 2002 BGBl II 2002/112
VersVG	=	Versicherungsvertragsgesetz BGBl 1958/2
VfGH	=	Verfassungsgerichtshof
VfSlg	=	Sammlung der Erkenntnisse und Beschlüsse des VfGH
vgl	=	vergleiche
vGVO	=	Vertikale Gruppenfreistellungsverordnung Abl L 1999/336, 21
vH	=	von Hundert
VKS	=	Vergabekontrollsenat der Stadt Wien
VMV	=	Veröffentlichungs- und Meldeverordnung BGBl II 2005/109 idF BGBl II 2008/113
VO	=	Verordnung
VO Nr. 1	=	VO (EG) 2003/1 des Rates ABl L 2003/1, 1
VR	=	Die Versicherungsrundschau
VStG	=	Verwaltungsstrafgesetz 1991 BGBl 1991/52
VwGH	=	Verwaltungsgerichtshof
VwSlg	=	Erkenntnisse und Beschlüsse des VwGH
WAG	=	Wertpapieraufsichtsgesetz 2007 BGBl I 2007/60
Wbl	=	Wirtschaftliche Blätter (Beilagen zu den JBl)
WettbG	=	Wettbewerbsgesetz BGBl I 2002/62
WRG	=	Wasserrechtsgesetz BGBl 1959/215
WTBG	=	Wirtschaftstreuhandberufsgesetz BGBl I 1999/58
Z	=	Zahl/Ziffer
ZÄG	=	Zahnärztegesetz BGBl I 2005/126
ZÄPKG	=	Zahnärztekammergesetz BGBl I 2005/154
ZAS	=	Zeitschrift für Arbeits- und Sozialrecht
zB	=	zum Beispiel
Zif	=	Ziffer
ZIK	=	Zeitschrift für Insolvenzrecht und Kreditschutz
Zit	=	zitiert(e), (er), (es)
ZPO	=	Zivilprozessordnung RGBl 1895/113
ZVB	=	Zeitschrift für Vergaberecht und Bauvertragsrecht

Literaturverzeichnis

Aicher/Kalss/Oppitz (Hrsg), Grundfragen des neuen Börserechts (1998)

Barbist/Ahammer (Hrsg), Compliance in der Unternehmenspraxis (2009)

Bertele/Lehner, IT-Compliance: Rechtliche Aspekte des IT-Managements (2008)

Brandl/Kalss/Oppitz/Lucius/Saria, Handbuch Kapitalmarktrecht (2006)

Buntscheck, Anwaltskorrespondenz – Beitrag zur geordneten Rechtspflege oder „tickende Zeitbombe", WuW 3/2007, 229

Dittrich/Tades, Arbeitsrecht (Loseblatt ab 1963)

Dohr/Pollirer/Weiss/Knyrim (Hrsg), Kommentar Datenschutzrecht – Datenschutzgesetz samt Europarecht, Nebengesetzen, Verordnungen und Landesdatenschutz (2002)

Doralt/Nowotny/Kalss, Kommentar zum Aktiengesetz (2003)

Fröschle/Strahringer (Hrsg), IT-Governance (2004)

Grühnendahl/Steinbacher/Will, Das IT-Gesetz: Compliance in der IT-Sicherheit Leitfaden für ein Regelwerk zur IT-Sicherheit im Unternehmen (2009)

Hauschka (Hrsg), Corporate Compliance (2007)

Hauschka, Der Compliance-Beauftragte im Kartellrecht, BB 2004, 1180

Immenga/Mestmäcker, Wettbewerbsrecht I[4] (2007)

Jabornegg/Strasser, Kommentar zum Aktiengesetz[4] (2004)

Jäger/Rödl/Campos Nave (Hrsg), Praxishandbuch Corporate Compliance (2009)

Kalss/Nowotny/Schauer (Hrsg), Österreichisches Gesellschaftsrecht (2008)

Kalss/Oppitz/Zollner, Kapitalmarktrecht (2005)

Kerschner (Hrsg), EMAS-V II und Umweltmanagementgesetz (UMG) (2002)

Knyrim, Neuerungen im Datenverkehr mit Drittländern, ecolex 2002, 466

Köck, Wirtschaftsstrafrecht – Eine systematische Darstellung (2007)

Koppensteiner, Österreichisches und Europäisches Wettbewerbsrecht (1997)

Koppensteiner/Rüffler, GmbH-Gesetz Kommentar[3] (2007)

Kucsko (Hrsg), urheber.recht – Systematischer Kommentar zum Urheberrechtsgesetz (2008)

Langen/Bunte, Kommentar zum deutschen und europäischen Kartellrecht[10] (2006)

Loewenheim/Meessen/Riesenkampff, Kartellrecht[2] (2009)

Petsche/Urlesberger/Vartian (Hrsg), Kartellgesetz 2005 (2007)

Ratka/Rauter (Hrsg), Handbuch Geschäftsführerhaftung (2008)

Rummel, Kommentar zum ABGB (2003)

Schwimann, Praxiskommentar zum ABGB (1997)

Speichert, Praxis des IT-Rechts Praktische Rechtsfragen der IT-Sicherheit und Internetnutzung (2004)

Stancke, Marktinformation, Benchmarking und Statistiken – Neue Anforderungen an Kartellrechts-Compliance, BB 2009, 912

Steininger, Verbandsverantwortlichkeitsgesetz. Kommentar (2006)

Stolzlechner/Wendl/Bergthaler (Hrsg), Die gewerbliche Betriebsanlage[3] (2008)

Straube, Wiener Kommentar zum GmbHG (2008)

Wecker/van Laak (Hrsg), Compliance in der Unternehmerpraxis[2] (2009)

Wiebe/Kodek (Hrsg), Kommentar zum UWG-Gesetz gegen den unlauteren Wettbewerb (2009)

Neumayr/Reissner (Hrsg), Zeller Kommentar zum Arbeitsrecht (2006)

I. Einführung

Elke Napokoj

Literatur: *Barbist/Ahammer* (Hrsg), Compliance in der Unternehmenspraxis (2009); *Bergmoser/Theusinger/Gushurst,* Corporate Compliance – Grundlagen und Umsetzung, BB 2008, 2; *Büchele,* Risikomanagement des Vorstands als Zeichen „guter" Corporate Governance, GesRz 2003, 221; *Haeseler,* Compliance und Compliance-Management, RWZ 2005, 235; *Hauschka* (Hrsg), Corporate Compliance (2007); *Hauschka,* Compliance, Compliance-Manager, Compliance-Programme: Eine geeignete Reaktion auf gestiegene Haftungsrisiken für Unternehmen und Management? NJW 2004, 257; *Hauschka,* Die Voraussetzungen für ein effektives Compliance-Systems i.S. von § 317 Abs 4 HGB, DB 2006, 1113; *Hauschka,* Voraussetzungen für ein effektives Compliance-Systems i.S. von § 317 Abs 4 HGB, DB 2006, 1143; *Jäger/Rödl/Campos Nave* (Hrsg), Praxishandbuch Corporate Compliance (2009); *Kalss* (Hrsg), Vorstandshaftung in 15 europäischen Ländern (2005); *Kalss,* Das interne Kontrollsystem (IKS) als Angelpunkt der Corporate Governance in Kapitalgesellschaften, in FS Heinz Krejci (2001) 699 ff; *Keck,* Controlling, Kontrolle und interne Revision: Entwicklung und aktuelle Bedeutung, SozSi 2004, 107; *Kort,* Verhaltensstandardisierung durch Corporate Compliance, NGZ 2008, 81; *Küpper,* Unternehmensethik: Hintergründe, Konzepte, Anwendungsbereiche (2006); *Lösler,* Das moderne Verständnis von Compliance im Finanzmarktrecht, NGZ 2005, 104; *Maloney,* Global Gaming Compliance, Gaming Law Revue, Vol. 8, No. 2 2004, *Schmidt/Beschorner* (Hrsg), Werte- und Reputation-Management (2005); *Schubert,* Konzeption und Implementierung eines Compliance-Systems (2008); *Schlosser,* Die Organhaftung der Vorstandsmitglieder der Aktiengesellschaft (2002); *U. Schneider,* Compliance als Aufgabe der Unternehmensleitung, ZIP 2003, 646; *Theisen,* Information und Berichterstattung des Aufsichtsrates (2007); *Wecker/van Laak* (Hrsg), Compliance in der Unternehmerpraxis[2] (2009).

A. Begriff der „Compliance"

Der Begriff „Compliance" ist der anglo-amerikanischen Rechts- und Wirtschafts- **1** terminologie entnommen und hat sich aus dem englischen Begriff „to comply with" ergeben, der übersetzt soviel wie „einhalten" oder „befolgen" bedeutet.[1]) Es gibt für „Compliance" in Österreich weder eine gesetzliche Begriffsbestimmung, noch eine allgemeine einheitliche Definition. Ursprünglich stammt der Begriff „Compliance" aus dem Bankrecht und bezeichnet dort alle Maßnahmen, die der Sicherstellung gesetzeskonformen Mitarbeiterverhaltens in den klassischen Risikobereichen eines Kreditinstitutes dienen.[2]) Die Beachtung der einschlägigen rechtlichen Rahmenbedingungen ist jedoch nicht nur für Kreditinstitute, sondern für jede Form des unternehmerischen Handelns eine unabdingbare Voraussetzung. Allgemeine Versuche, „Compliance" zu definieren, finden sich auch in der d Lit. Vielfach wird „Compliance" einfach als „Befolgung, Übereinstimmung oder Einhaltung bestimmter Gebote" verstanden.[3]) Damit wird

---

[1]) Vgl dazu *Haeseler,* Compliance und Compliance-Management, RWZ 2005, 235.

[2]) Vgl dazu *Jäger/Rödl/Campos Nave* (Hrsg), Praxishandbuch Corporate Compliance (2009) 25.

[3]) Vgl dazu *Bergmoser/Theusinger/Gushurst,* Corporate Compliance – Grundlagen und Umsetzung, BB 2008, 2; *Hauschka,* Compliance, Compliance-Manager, Compliance-Programme: Eine

zunächst nur verlangt, dass sich Unternehmen, deren Organe und Mitarbeiter in Übereinstimmung und im Einklang mit dem geltenden Recht verhalten müssen.[4]) Dies ist jedoch ein mehr oder weniger selbstverständlicher Grundsatz unserer Rechtsordnung. Darüber hinaus beinhaltet der Begriff „Compliance" auch das Erfordernis einer Organisation im Unternehmen, um die geforderte Rechtstreue von Organen und Mitarbeitern sicherzustellen. In diesem Sinne definiert Zif 4.1.3. des Deutschen Corporate Governance Kodex „Compliance" wie folgt:

> *„Der Vorstand hat für die Einhaltung der gesetzlichen Bestimmungen und der unternehmensinternen Richtlinien zu sorgen und wirkt auf deren Beachtung durch die Konzernunternehmen hin (Compliance)."*

2   Das Basel Committee on Banking Supervision definiert Compliance als

> *„an independent function that identifies, assesses, advices on, monitors and reports on the bank's compliance risk, that is, the risk of legal or regular sanctions, financial loss, or loss of reputation a bank may suffer as a result of its failure to comply with all applicable laws, regulations, codes of conduct and standards of good practice."*

3   Nach *Theisen*[5]) ist unter Compliance, in Anlehnung an entsprechende US-amerikanische Vorgaben, generell eine Haftungsvermeidung durch das Befolgen der für das Unternehmen insgesamt einschlägigen Rechtsregeln aller Art zu verstehen.

4   Die Definition des Basel Committee als auch die Definition des Deutschen Corporate Governance Kodex erfordern eine Organisation sowie Maßnahmen zur Sicherung eines ordnungsgemäßen Unternehmensverhaltens im Einklang mit dem jeweils geltenden Recht. *Theisen*[6]) führt das Erfordernis einer Organisation zwar nicht ausdrücklich an, er geht vielmehr in seiner Definition gleich zu einem Ziel oder Zweck der Compliance über.[7])

5   Nach der Definition des Basel Committee als auch nach der Definition des Deutschen Corporate Governance Kodex umfasst Compliance nicht nur alle anwendbaren Gesetze, sondern auch freiwillige Verhaltensvorschriften, sog „soft law". Zum Teil wird in der Lit vertreten, dass die Beschränkung von Compliance auf eine ausschließlich juristische Sichtweise viel zu kurz greife.[8]) Vielmehr sehen verschiedene Literaturmeinungen vor, dass Compliance auch auf ethische und moralische Dimensionen wirtschaftlichen Denkens und Handelns ausgeweitet werden müsse.[9]) Häufig wird dieser Bereich von Compliance unter dem Stichwort „Integrity" bzw auch „Werte-Management" zu-

---

geeignete Reaktion auf gestiegene Haftungsrisiken für Unternehmen und Management? NJW 2004, 257; *U. Schneider*, Compliance als Aufgabe der Unternehmensleitung, ZIP 2003, 645 (646).
   [4]) Dieses Erfordernis ist – so U. Schneider (*U. Schneider*, Compliance als Aufgabe der Unternehmensleitung, ZIP 2003, 645) – eine Binsenweisheit.
   [5]) *Theisen*, Information und Berichterstattung des Aufsichtsrates (2007) 87.
   [6]) *Theisen*, Information und Berichterstattung des Aufsichtsrates (2007) 87.
   [7]) Siehe dazu Rz 10 ff.
   [8]) *Schubert*, Konzeption und Implementierung eines Compliance-Systems (2008) 12.
   [9]) Vgl *Küpper*, Unternehmensethik: Hintergründe, Konzepte, Anwendungsbereiche (2006) 12 ff; *Schubert*, Konzeption und Implementierung eines Compliance-Systems (2008) 12.

sammengefasst.[10]) Darunter fallen auch Begriffe wie „Corporate Social Responsibility/ Business Ethics" oder „Code of Conduct/Code of Ethics", die auch zum Teil zur „Good Compliance" gezählt werden. Corporate Social Responsibility – also die soziale Verantwortung des Unternehmens – richtet über die Vorgaben hinaus, die das Gesetz als ethisches Minimum an die Unternehmen richtet, das Augenmerk auf den Standort und die Verantwortung des Unternehmens im gesellschaftlichen Umfeld; es werden dabei insb ökologische und soziale Aspekte in den Mittelpunkt gerückt. Unter einem Code of Conduct/Code of Ethics versteht man Handlungs- und Verhaltensanweisungen an die Mitarbeiter, um so den Umgang der Mitarbeiter untereinander und gegenüber Dritten zu regeln. Solche Codes findet man insb in den USA.

Zusammenfassend kann daher Compliance als umfassende Aufgabe definiert werden, die nicht nur das rechtmäßige Verhalten im Unternehmen, seiner Organe und Mitarbeiter umfasst, sondern darüber hinaus die Gesamtheit aller Maßnahmen im Unternehmen, um rechtmäßiges Verhalten der Organmitglieder, ihnen nahestehender Personen sowie der Mitarbeiter im Hinblick auf alle gesetzlichen Ge- und Verbote zu gewährleisten.[11]) Ausdrücklich anzuführen ist, dass Compliance daher auch eine Organisation im Unternehmen erfordert. Das rechtmäßige Verhalten könnte noch um freiwillige Verhaltensrichtlinien aller Art, insb anwendbare Corporate Governance Kodizes, erweitert werden. **6**

B. Compliance und Corporate Governance

Der englische Begriff „Corporate Governance" bedeutet „Unternehmensführung" und bezeichnet im Wesentlichen den Ordnungsrahmen für die Leitung und die Überwachung eines Unternehmens.[12]) Im Jahre 2002 präsentierte der Österreichische Arbeitskreis für Corporate Governance erstmals den Österreichischen Corporate Governance Kodex („ÖCGK")[13]), der – so das Vorwort zum ÖCGK in der Fassung vom Jänner 2009 – den Maßstab für gute Unternehmensführung und Unternehmenskontrolle am österreichischen Kapitalmarkt darstellt. Er wendet sich an alle österreichischen börsenotierten Gesellschaften und erlangt durch freiwillige Selbstverpflichtung der Unternehmen Geltung. **7**

Der Begriff „Corporate Governance" ist im Verhältnis zum Begriff „Compliance" weiter, weil er alle Regelungen und anerkannten Standards sorgfältiger Unternehmensführung umfasst.[14]) Compliance kann als Teil oder wesentlicher Standard einer guten Corporate Governance gesehen werden, zumal wohl eine gute Unternehmensführung eine dem Unternehmen angepasste Compliance-Organisation hat. **8**

Der Unterschied zwischen Corporate Governance und Compliance liegt in der Perspektive. Während Corporate Governance die Sichtweise der „Regulierer" prägt, umschreibt Compliance den Blickwinkel der „Regulierten", also der betroffenen Unter- **9**

---

[10]) *Schmidt/Beschorner,* Werte- und Reputationsmanagement (2005) 23 ff.

[11]) *U. Schneider,* Compliance als Aufgabe der Unternehmensleitung, ZIP 2003, 645 (646).

[12]) *Hauschka* in *Hauschka,* Corporate Compliance § 1 Rz 1.

[13]) In Deutschland verabschiedete die Regierungskommission Deutscher Corporate Governance Kodex ebenfalls 2002 den Deutschen Corporate Governance Kodex, der die gesetzlichen Regelungen und anerkannten Standards sorgfältiger Unternehmensführung zusammenfassen soll.

[14]) *Wecker/Galla* in *Wecker/van Laak* (Hrsg), Compliance in der Unternehmerpraxis[2] 56.

nehmen.[15]) Auch sind die Ziele und Zwecke sowie Hintergründe des ÖCGK im Vergleich zu Compliance andere. Während Ziel und Zweck des ÖCGK die Förderung des Vertrauens von Investoren als auch die Gewinnung von Transparenz für alle Stakeholder ist,[16]) zielt Compliance insb auf den Schutz des Unternehmens, der Organe sowie der Mitarbeiter vor Haftungen ab.[17])

C. Ziele und Zwecke von Compliance

10   Ziel jeder Compliance-Organisation ist es, auf die Einhaltung gesetzlicher Normen oder unternehmensinterner Vorgaben – Stichwort „soft law" – hinzuwirken, um dadurch Haftungsansprüche oder andere Rechtsnachteile für das Unternehmen, seine Organe und Mitarbeiter zu vermeiden.[18]) Compliance dient daher allgemein der Risikovorbeugung und der Schadensabwehr im Unternehmen. Compliance zielt darauf ab, Schadenersatzansprüche Dritter gegen die Gesellschaft – sog Außenhaftung – abzuwehren, wie auch Ansprüche der Gesellschaft gegen Mitarbeiter, Geschäftsführung oder den Aufsichtsrat – sog Innenhaftung – zu vermeiden.[19]) Mit diesem „Schutz" vor Haftung lassen sich nach *Lösler*[20]) folgende Zwecke von Compliance zusammenfassen:

1. Schutzfunktion

11   In erster Linie hat – wie bereits ausgeführt – Compliance eine Schutzfunktion, einerseits gegen finanzielle Schäden und andererseits gegen einen möglichen Reputationsverlust.

12   Compliance soll das Unternehmen, seine Organe und Mitarbeiter vor bewussten wie unbewussten Verstößen (zB aufgrund mangelnder Kenntnis der gesetzlichen Bestimmungen) gegen geltendes Recht schützen.[21]) Potenzielle Schadenersatzansprüche sollen abgewehrt und das Unternehmen, deren Organe und Mitarbeiter sollen von straf- und bußgeldbedrohten Handlungen durch eine Compliance-Organisation abgehalten und damit das Entstehen von aus solchen Verstößen resultierenden Schadenersatzansprüchen, Strafen und Bußgeldern verhindert werden. Die Beachtung der geltenden Rechtsvorschriften geht einher mit der vorbeugenden Schadensabwehr.

13   Jeder Verstoß kann zu einem Schaden im Unternehmen führen, einerseits zu einem unmittelbaren finanziellen Schaden, wie zB Schadenersatz, Bußgeld oder andererseits zu einem Reputationsverlust[22]), der mittelbar auch zu finanziellen Auswirkungen, wie den Verlust von Kunden oder die Herabsetzung des Ratings, führen kann.

14   Darüber hinaus sollen bestehende Verstöße frühzeitig aufgedeckt werden, bevor es zu einer Untersuchung durch Behörden kommt. Dies ermöglicht dem Unternehmen,

---

[15]) *Hauschka* in *Hauschka,* Corporate Compliance § 1 Rz 2.

[16]) Vgl das Vorwort zum Österreichischen Corporate Governance Kodex idF Jänner 2009 sowie Präambel zum Österreichischen Corporate Governance Kodex idF Jänner 2009.

[17]) Siehe dazu Rz 15.

[18]) Vgl *Hauschka in Hauschka,* Corporate Compliance § 1 Rz 26.

[19]) Vgl dazu *Vetter* in *Wecker/van Laak,* Compliance in der Unternehmerpraxis[2] 39.

[20]) *Lösler,* Das moderne Verständnis von Compliance im Finanzmarktrecht, NGZ 2005, 104.

[21]) *Lampert* in *Hauschka,* Corporate Compliance § 9 Rz 3.

[22]) Siehe ausführlich *Bürkle,* Corporate Compliance – Pflicht oder Kür für den Vorstand der AG, BB 2005, 565 (566).

den Verstoß abzustellen und pro-aktiv eine Strategie zu entwickeln, um den Schaden aus dem Verstoß so gering wie möglich zu halten.[23])

Neben dieser pro-aktiven Schutzfunktion, also der Verhinderung von rechtswidri-   **15** gem Verhalten oder Minderung von dessen Folgen durch frühzeitige Kenntnis von Verstößen, könnte eine Compliance-Organisation für Vorstand und Geschäftführung haftungsbefreiend wirken. Die zentrale Haftungsbestimmung für den Geschäftsführer ist § 25 GmbHG[24]) und für die Mitglieder des Vorstands § 84 AktG.[25]) Diese gesellschaftsrechtlichen Haftungsbestimmungen sind *leges specialis* zu den allgemeinen zivilrechtlichen Haftungsnormen. Trotz des teilweise unterschiedlichen Wortlautes basieren die Haftungsbestimmungen auf denselben Grundlagen.[26])

Es stellt sich daher die Frage, ob die Installierung einer funktionierenden Compli-   **16** ance-Organisation für den Vorstand bzw die Geschäftsführung haftungsbefreiend wirken kann. Dies kann mE bei vielen haftungsrelevanten Sachverhalten sehr wohl der Fall sein, insb weil dem Vorstand bzw der Geschäftsführung in diesen Fällen schwerlich eine Rechtswidrigkeit und daraus auch resultierend ein Verschulden vorgeworfen werden kann.[27])

2. Beratungs- und Informationsfunktion

Compliance verfolgt neben dem Schutz auch eine Beratungs- und Informations-   **17** funktion. Die Compliance-Abteilung oder die für Compliance verantwortlichen Mitarbeiter sollen sowohl den Organen als auch den Mitarbeitern als Ratgeber zur Verfügung stehen, dh ihnen die anwendbaren Rechtsvorschriften durch Schulungen, Handbücher oder ähnliche Mittel näher bringen. Andererseits ist auch die Schärfung des Bewusstseins der Organe und Mitarbeiter in Bezug auf potenzielle Risiken Teil dieser Aufgabe. Ziel jeder Beratungs- und Informationsfunktion ist es, Organe und Mitarbeiter zu informieren, sodass diese potenzielle Risiken frühzeitig erkennen und dann die dafür gebotenen Maßnahmen und Handlungen umgehend setzen.

3. Qualitätssicherungs- und Innovationsfunktion

Diese Funktion zielt insb auf den Finanzdienstleistungsbereich ab. Ein Unterneh-   **18** men muss seine Kunden kennen und muss dem Kunden die für ihn gerechte Anlageberatung zukommen lassen und die auf ihn zugeschnittene Anlage empfehlen. Gleiches

---

[23]) *Lampert* in *Hauschka*, Corporate Compliance § 9 Rz 4.

[24]) § 25 Abs 1 und 2 GmbHG: Die Geschäftsführer sind der Gesellschaft gegenüber verpflichtet, bei ihrer Geschäftsführung die Sorgfalt eines ordentlichen Geschäftsmannes anzuwenden. Geschäftsführer, die ihre Obliegenheiten verletzen, haften der Gesellschaft zur ungeteilten Hand für den daraus entstandenen Schaden.

[25]) § 84 Abs 1 und Abs 2 AktG: Die Vorstandsmitglieder haben bei ihrer Geschäftsführung die Sorgfalt eines ordentlichen und gewissenhaften Geschäftsleiters anzuwenden. Über vertrauliche Angaben haben sie Stillschweigen zu bewahren. Vorstandsmitglieder, die ihre Obliegenheiten verletzen, sind der Gesellschaft zum Ersatz des daraus entstehenden Schadens als Gesamtschuldner verpflichtet. Sie können sich von der Schadenersatzpflicht durch den Gegenbeweis befreien, dass sie die Sorgfalt eines ordentlichen und gewissenhaften Geschäftsleiters angewendet haben.

[26]) Siehe dazu den Beitrag von *Napokoj/Pelinka* Rz 213 ff.

[27]) Siehe dazu den Beitrag von *Dürager/Leiter* Rz 1095 ff.

gilt auch für Unternehmen außerhalb des Finanzdienstleistungsbereichs, und zwar insb dort, wo Unternehmen mit Konsumenten, auf die das KSchG anwendbar ist, zu tun haben.

4. Monitoring- und Überwachungsfunktion

19 Die gesetzlichen Ge- und Verbote müssen nicht nur Organen und Mitarbeitern näher gebracht werden, vielmehr muss deren Einhaltung auch regelmäßig kontrolliert und überwacht werden.

5. Marketingfunktion

20 Nicht zuletzt hat Compliance auch eine Marketing-Funktion. Durch eine effektive Compliance-Organisation können Verstöße gegen das geltende Recht und damit auch Reputationsschäden verhindert werden. Dies trägt bei Kunden, Mitbewerbern, Aufsichtsbehörden wie auch allgemein in der Öffentlichkeit zur Erhaltung und Verbesserung des Ansehens des Unternehmens bei. So weisen zahlreiche Unternehmen auf ihren Homepages auf ihre Compliance-Organisation hin. Siemens beispielsweise führt auf der Homepage folgende Statements an:

> *„Compliance*
> *Die unabdingbare Beachtung externer und interner Regeln ist Grundlage verantwortlichen Handelns und integraler Bestandteil unseres Geschäftes. Unser Compliance-Programm soll dieses Bewusstsein dauerhaft bei allen Führungskräften und Mitarbeitern verankern."*[28]

21 Ferner veröffentlichte Siemens auch einen Nachhaltigkeitsbericht für das Geschäftsjahr 2008 mit folgender Formulierung:

> *„Saubere Geschäfte immer und überall: Das ist die Maxime unseres Handelns und unserer Unternehmenskultur – ohne Wenn und Aber. Weltweit gilt für alle Siemens Führungskräfte und Mitarbeiter als verbindliche Grundregel: null Toleranz für Korruption. Alle Geschäftsaktivitäten müssen im Einklang mit Recht und Gesetz sowie unseren internen Regeln stehen. Über die Einhaltung der gesetzlichen Bestimmungen zur Korruptionsbekämpfung hinaus hat sich Siemens verbindliche weitergehende interne Regeln gegeben."*

22 Auch die Deutsche Bahn bekennt sich auf ihrer Homepage zur Compliance und hält fest, dass die Deutsche Bahn bereits frühzeitig erkannt hat, dass es zur Durchsetzung der Regeln und zur Verhinderung von Vermögens- und Reputationsschäden einer Compliance-Organisation bedarf. Die Compliance-Organisation der Deutschen Bahn mit entsprechender Struktur und Prozessen besteht seit dem Jahr 2000.[29]

23 Aber auch Unternehmen mit dem Sitz in Österreich haben sich zu Compliance bekannt, zB Josef Manner & Comp AG:[30]

---

[28]) Vgl www.siemens.com.
[29]) Vgl www.deutschebahn.com.
[30]) Vgl www.manner.com.

„Compliance Management
Grundsätzlich sind alle Unternehmensbereiche für das Einhalten der Rechts-
vorschriften, Richtlinien, Standards, vertraglicher Verpflichtungen und freiwilli-
ger Selbstverpflichtungen verantwortlich. Ihnen steht ein spezifisch geschulter
Corporate Compliance Officer (Compliance Verantwortlicher) zu besonders
sensiblen Themen zur Seite.
. . .
Die Josef Manner & Comp. AG setzt Maßnahmen zur Sensibilisierung und
Schulung ihrer Mitarbeiter durch Veröffentlichung von Richtlinien und Ver-
haltensanweisungen sowie durch Schulungen, in denen Mitarbeiter persönlich
trainiert werden. Außerdem besteht die Möglichkeit, den Compliance Officer
per E-Mail, telefonisch oder persönlich direkt anzusprechen."

D. Rechtsgrundlagen von Compliance

Definiert man Compliance nur als „Befolgung oder Einhaltung von Rechtsvor- **24**
schriften", so bildet das geltende Recht die primäre Rechtsgrundlage für Compliance.[31]
Es finden sich in Österreich folgende verschiedene Rechtsgrundlagen, die auf Compliance allgemein hinweisen:

1. Sorgfaltspflicht der Geschäftsführung

§ 82 AktG legt die Sorgfaltspflicht und Verantwortlichkeit des Vorstands einer **25**
AG fest. Danach haben Vorstandsmitglieder bei ihrer Geschäftsführung die Sorgfalt eines ordentlichen und gewissenhaften Geschäftsleiters anzuwenden. Ebenso legt § 25
GmbHG fest, dass Geschäftsführer einer GmbH der Gesellschaft gegenüber verpflichtet
sind, bei ihrer Geschäftsführung die Sorgfalt eines ordentlichen Geschäftsmannes anzuwenden.

Aus dieser Sorgfaltspflicht kann geschlossen werden, dass je nach Größe, Komple- **26**
xität und Risikoneigung eines Unternehmens der Aufbau einer Compliance-Organisation in einem Unternehmen zur Sorgfalt eines ordentlichen Geschäftsmannes gehören
kann.

2. Emittenten-Compliance-Verordnung

Die im Mai 2005 in Kraft getretene Emittenten-Compliance-Verordnung[32] regelt **27**
die Grundsätze für die Weitergabe von Insider-Informationen im Unternehmen eines
Emittenten, dessen Aktien oder aktienähnliche Wertpapiere zum Handel an einem geregelten Markt[33] im Inland zugelassen sind sowie die Grundsätze für organisatorische
Maßnahmen zur Verhinderung der missbräuchlichen Verwendung oder Weitergabe
von Insider-Informationen.[34]

---

[31]) Vgl *Hauschka* in *Hauschka*, Corporate Compliance § 1 Rz 7.
[32]) BGBl II 2007/213.
[33]) Siehe dazu § 1 Abs 2 BörseG.
[34]) Siehe dazu im Detail §§ 8 ff ECV.

3. Das Interne Kontrollsystem

28   Mit dem IRÄG 1997[35]) wurden § 82 AktG und § 22 GmbHG neu gefasst und verpflichten ua die Leitungsorgane ausdrücklich dazu, ein internes Kontrollsystem zu führen. Dieses bildet die Gesamtheit aller Maßnahmen, die geeignet sind, die Ziele der Sicherheit, Wirtschaftlichkeit und Ordnungsmäßigkeit im Unternehmen sicherzustellen.[36]) Der Gesetzgeber hat das interne Kontrollsystem nicht definiert, sondern überlässt es der Betriebswirtschaftslehre zu bestimmen, was Stand der Methoden und Prozessabläufe im Rahmen des internen Kontrollsystems ist.[37])

4. Verbandsverantwortlichkeitsgesetz

29   Das Bundesgesetz über die Verantwortlichkeit von Verbänden[38]), das mit 1. 1. 2006 in Kraft getreten ist, soll ua die Voraussetzung für die Verantwortlichkeit des Verbandes für Straftaten von Mitarbeitern regeln. Voraussetzung dafür ist, dass die Begehung der Tat dadurch ermöglicht oder wesentlich erleichtert wurde, dass Entscheidungsträger die nach den Umständen gebotene oder zumutbare Sorgfalt außer Acht gelassen haben, insb indem sie wesentliche technische, organisatorische oder personelle Maßnahmen zur Verhinderung solcher Taten unterlassen haben.[39])

5. Weitere Sondervorschriften

30   Weitere Sondervorschriften finden sich im Bereich des öffentlichen Rechts.[40])

6. Rechtspflicht zur Compliance-Organisation?

31   Das österreichische Recht kennt jedoch keine Bestimmung, die den Vorstand einer AG oder die Geschäftsführung einer GmbH ausdrücklich zur Vornahme von Compliance-Maßnahmen oder zur Installierung einer Compliance-Organisation verpflichtet. Auch in Deutschland besteht, nach der wohl hL, eine solche allgemeine Pflicht nicht.[41])

32   Fraglich ist, ob – für Österreich – aus der allgemeinen Sorgfaltspflicht von Vorstand und Geschäftsführung eine solche Pflicht ableitbar ist. Die österreichische Lit hat sich mit dieser Frage kaum beschäftigt.[42]) In der d Lit liegen dazu folgende Meinungen vor: *U. Schneider*[43]) behauptet eine allgemeine Rechtspflicht zur Errichtung einer Compliance-Organisation. Er verlangt dafür ua ein Pflichtenheft und einen Mindestaufbau der Compliance-Organisation und begründet dies im Wesentlichen mit der Existenz

---

[35]) BGBl 1997/106; BGBl 1997/114.

[36]) Vgl *Kalss*, Das interne Kontrollsystem (IKS) als Angelpunkt der Corporate Governance in Kapitalgesellschaften, in FS Krejci (2001) 699 ff.

[37]) Siehe dazu Rz 44 f und den Beitrag von *Dürager* Rz 843 ff.

[38]) BGBl I 2005/151.

[39]) Siehe dazu den Beitrag von *Dürager/Leiter* Rz 1095 ff.

[40]) Siehe dazu den Beitrag von *Schneider* Rz 915 ff.

[41]) Vgl *Wecker/Galla* in *Wecker/van Laak*, Compliance in der Unternehmerpraxis[2] 58; *Hauschka* in *Hauschka*, Corporate Compliance § 1 Rz 22 ff mwN.

[42]) Vgl dazu *Haeseler*, Compliance und Compliance-Management, RWZ 2005, 71; *Barbist/Ahammer* in *Barbist/Ahammer*, Compliance in der Unternehmenspraxis (2009) 3.

[43]) *U. Schneider*, Compliance als Aufgabe der Unternehmensleitung, ZIP 2003, 645.

einzelner Organisationspflichten, insb im Bankbereich. Dem gegenüber halten *Hauschka*[44]) und *Spinder*[45]) fest, dass solche spezialgesetzlichen Regelungen als Grundlage einer „für alle Unternehmen" bestehenden Verpflichtung nicht ausreichen. Es obliegt vielmehr – so *Hauschka* und *Spinder* – dem Ermessen der Geschäftsführung, im Rahmen ihrer Unternehmensleitung eine Compliance Organisation einzurichten.

Der Deutsche Corporate Governance Kodex legt fest, dass der Vorstand für die Einhaltung der gesetzlichen Bestimmungen und der unternehmensinternen Richtlinien zu sorgen und auf deren Beachtung durch die Konzernunternehmen hinzuwirken hat.[46]) Er enthält allerdings keine Ausführung dazu, wie der Vorstand dieses Ziel erreichen soll. Eine ausdrückliche Pflicht zur Etablierung eines ausgefeilten Compliance-Systems sieht der Deutsche Corporate Governance Kodex nicht vor.[47]) Dennoch wird – nach der d Lit – angesichts der Größe vieler börsenotierter Unternehmen ein Organisationsverschulden des Vorstands naheliegend sein, wenn kein solches System etabliert wird.[48]) **33**

Der deutschen Meinung, wonach es keine allgemeine Rechtspflicht gibt, eine Compliance-Organisation in jedem Unternehmen zu installieren, ist auch für das österreichische Recht zu folgen. Eine solche Pflicht des Vorstands oder der Geschäftsführung kann weder aus den Sorgfaltsbestimmungen nach § 82 AktG oder § 25 GmbHG in allgemeiner Form abgeleitet werden, noch aus den spezialgesetzlichen Bestimmungen der österreichischen Rechtsordnung. Sehr wohl obliegt es dem Ermessen des Vorstands und der Geschäftsführung im Rahmen der Unternehmensführung bei entsprechender Größe, Komplexität und Risikoneigung eine solche Compliance-Organisation zu installieren oder verbindliche Compliance-Maßnahmen zu setzen. Über den dem Vorstand und der Geschäftsführung eingeräumten Ermessensspielraum müssen Vorstand oder **34**

---

[44]) *Hauschka* in *Hauschka,* Corporate Compliance § 1 Rz 23.

[45]) *Spinder* in Münchener Kommentar zum AktG[3] § 91 Rz 36.

[46]) Vgl Z 4.1.3. des Deutschen Corporate Governance Kodex in der Fassung vom 6. 6. 2008. Der Deutsche Corporate Governance Kodex unterscheidet sich vom ÖCGK im Wesentlichen in der Art der Unterwerfung unter die Regelungen des Kodex als auch darin, dass der ÖCGK kein legislatives Bindeglied zum Aktienrecht hat. Gemäß § 161 dAktG müssen Vorstand und Aufsichtsrat einer börsenotierten Gesellschaft (zumindest) einmal jährlich bekannt geben, welche Empfehlungen der Kodex-Kommission des Deutschen Corporate Governance Kodex angewendet wurden (vergangenheitsbezogener Teil der Erklärung) und werden (zukunftsbezogener Teil der Erklärung) und welche nicht. Hinsichtlich des letzten Teils handelt es sich um eine unverbindliche Absichtserklärung, die jederzeit korrigiert oder zurückgenommen werden kann. Die Kodex-Erklärung zum Deutschen Corporate Governance Kodex ist den Aktionären dauerhaft zugänglich zu machen, was in aller Regel auf der Homepage des Unternehmens geschieht. Anzugeben sind nur die negativen Abweichungen im tatsächlichen Verhalten, also Unterschreitungen der empfohlenen Verhaltensstandards oder gänzliche Nicht-Anwendungen. Eine Begründungspflicht – wie im ÖCGK („comply or explain") – besteht nicht. Abweichungen von Empfehlungen sind daher zulässig und müssen einmal jährlich offengelegt werden. Solche Empfehlungen werden im Gegensatz zum ÖCGK nicht mit „comply or explain" festgelegt, sondern werden im Text des Deutschen Corporate Governance Kodex durch die Verwendung des Wortes „soll" gekennzeichnet. Für Anregungen verwendet der Deutsche Corporate Governance Kodex die Begriffe „sollte" oder „kann". Von diesen kann auch ohne Offenlegung abgewichen werden. Dies stimmt mit dem ÖCGK überein, nachdem Abweichungen von den sog „Recommendation (R)" weder offenzulegen, noch zu begründen sind.

[47]) Vgl dazu *Kort,* Verhaltensstandardisierung durch Corporate Compliance, NGZ 2008, 81.

[48]) Vgl dazu *Kort,* Verhaltensstandardisierung durch Corporate Compliance, NGZ 2008, 81.

Geschäftsführung nach sorgfaltsgemäßer Prüfung entscheiden, ob sie eine Compliance-Organisation einführen bzw Compliance-Maßnahmen setzen.

E. Elemente der Compliance

35 Compliance dient ua zur Schadensabwehr bzw zur Vorbeugung gegen Schäden im Unternehmen. Für die Einrichtung einer Compliance-Organisation sind fünf Elemente wesentlich,[49]) und zwar

- die Risikoanalyse,
- das Commitment,
- die Kommunikation,
- die Organisation sowie
- die Dokumentation.

1. Zur Risikoanalyse

36 Erster Schritt zur Absicherung gegen Rechtsrisiken ist die Identifikation der im jeweiligen Unternehmen vorhandenen Risiken. Diese ergeben sich im Wesentlichen aus dem Unternehmensgegenstand und können je nach Komplexität für das gesamte Unternehmen gleich gelagert oder in den verschiedenen Bereichen unterschiedlich sein.[50])

2. Das Commitment

37 Die Compliance-Organisation steht und fällt mit dem Bekenntnis der Unternehmensführung zur Compliance im Unternehmen. Alle Maßnahmen zur Umsetzung von Compliance sind daher zum Scheitern verurteilt, solange die Geschäftsführung unentdeckten Gesetzesverstößen ambivalent gegenüber steht, weil sie „eben doch Umsatz bringen".[51]) Compliance soll daher kein Formalakt und keine Pflichtübung sein; die Geschäftsführung muss sich vielmehr uneingeschränkt zur Compliance verpflichtet fühlen und klare Botschaften diesbezüglich an die Mitarbeiter senden und diesen deutlich machen, dass Rechtsverstöße sanktioniert werden.[52]) Diese Sanktionen können einerseits disziplinarrechtlicher Natur sein, zB Mahnungen, oder letztendlich durch Kündigungen oder sogar Entlassungen durchgesetzt werden.[53])

38 Ziel jeder Compliance-Anstrengung ist daher der Aufbau einer Compliance-Kultur im Unternehmen. Mitarbeiter sollen vom langfristigen Vorteil eines rechtskonformen Verhaltens überzeugt werden, Compliance soll so zur Selbstverständlichkeit im Unternehmen werden. Dieses Commitment ist auch den Mitarbeitern gegenüber bekannt zu machen, zB durch schriftliche Positionsfeststellungen.[54])

---

[49]) Vgl dazu *Hauschka* in *Hauschka*, Corporate Compliance § 1 Rz 33; *Vetter* in *Wecker/van Laak (Hrsg)*, Compliance in der Unternehmerpraxis[2] 41 ff.

[50]) Vgl zur Risikoanalyse im Detail Punkt Rz 62 ff.

[51]) *Hauschka*, Die Voraussetzungen für ein effektives Compliance-System i.S. von § 317 Abs 4 HGB, DB 2006, 1113.

[52]) *Vetter* in *Wecker/van Laak* (Hrsg), Compliance in der Unternehmerpraxis[2] 43.

[53]) Siehe dazu den Beitrag von *Leiter* Rz 790 ff.

[54]) *Hauschka*, Voraussetzungen für ein effektives Compliance-System i.S. von § 317 Abs 4 HGB, DB 2006, 1143.

3. Die Kommunikation

Die Kommunikation ist ein wesentlicher Aspekt der Compliance-Organisation. **39** Dabei wird die Kommunikation nach oben, also der Bericht der Compliance-Beauftragten an die Geschäftsführung verstanden, und andererseits auch die Kommunikation nach unten, dh von der Geschäftsführung bzw dem Compliance-Beauftragten an die Mitarbeiter. In diesem Zusammenhang ist das Commitment der Unternehmensleitung zur Compliance klar zu kommunizieren, aber auch das Training und die Ausbildung der Mitarbeiter sowie die Information an die Mitarbeiter über Risiken und Schäden bei Verstößen gegen geltendes Recht.

4. Die Organisation

Compliance verlangt den Aufbau einer Compliance-Organisation. Es gibt dafür **40** keine allgemeine Regel oder Patentrezept. Die konkrete Ausgestaltung der Organisation hängt vielmehr vom jeweiligen Unternehmensgegenstand, der Größe, der Komplexität, der Unternehmensstruktur und letztendlich vom Risikoprofil des Unternehmens ab.[55] Der Vorstand bzw die Geschäftsführung haben über die Art und den Umfang dieser Maßnahmen zu entscheiden.

5. Die Dokumentation

Compliance verlangt, dass alle Entscheidungen im Unternehmen, alle Prozesse, **41** Maßnahmen und Berichte auch schriftlich dokumentiert werden.[56] Dies soll sicherstellen, dass Prozesse und Maßnahmen auch Jahre nach ihrer Durchführung dokumentiert werden können.

F. Abgrenzung von Compliance zu anderen Instanzen

Die Compliance-Organisation ist von anderen unternehmensinternen Abteilungen **42** und Überwachungsinstanzen abzugrenzen. Zu denken ist in diesem Zusammenhang an die Rechtsabteilung, das interne Kontrollsystem, die interne Revision, die Controlling-Abteilung und das Risikomanagement. Es bestehen zwischen Compliance und diesen Abteilungen oder Funktionen einerseits zahlreiche Schnittstellen, andererseits steht Compliance mit diesen in Wechselbeziehungen. Dies bedingt daher eine effektive Zusammenarbeit, andererseits gilt es auch Doppelarbeiten soweit wie möglich zu verhindern. Daher ist die Abgrenzung dieser Bereiche sinnvoll.

1. Die Rechtsabteilung

Zwischen der klassischen Rechtsabteilung und der Compliance-Organisation be- **43** stehen beträchtliche aufgabenmäßige und tätigkeitsbezogene Unterschiede. Zwar beschäftigen sich beide Abteilungen mit dem auf das Unternehmen anwendbare geltende Recht, jedoch sind die Tätigkeit und der Zugang zum Recht bzw zu den Rechtsvorschriften zwischen Rechtsabteilung und Compliance-Organisation grundsätzlich un-

---

[55] *Vetter* in *Wecker/van Laak (Hrsg)*, Compliance in der Unternehmerpraxis² 45.
[56] *Vetter* in *Wecker/van Laak (Hrsg)*, Compliance in der Unternehmerpraxis² 47.

terschiedlich. Während Rechtsabteilungen üblicherweise aktiv in die Entscheidungsprozesse eingebunden sind, DD Prozesse durchführen, bei Vertragsverhandlungen aktiv mitwirken, Verträge formulieren und auch bei der Anspruchsverfolgung der Gesellschaft gegen Dritte aktiv beteiligt sind, ist dies nicht Teil des Aufgabengebiets der Compliance-Organisation. Diese ist im Gegensatz dazu für die Sicherung der Einhaltung des geltenden Rechts im Unternehmen durch die Mitarbeiter zuständig. Während die Rechtsabteilung aktives Rechtsmanagement durchführt, indem sie selbst rechtsgestalterisch tätig wird, ist Aufgabe von Compliance das passive Rechtsmanagement, also die Überwachung der Einhaltung von Rechten und Pflichten.[57] Die Schnittstelle zwischen Rechtsabteilung und Compliance-Organisation kann der wechselseitige Austausch und die Beratung iZm dem auf das Unternehmen anwendbare geltende Recht sein.

2. Das Interne Kontrollsystem

44   Nach § 82 AktG sowie § 22 Abs 1 GmbHG hat der Vorstand (die Geschäftsführung) dafür zu sorgen, dass ein Rechnungswesen und ein internes Kontrollsystem geführt werden, die den Anforderungen des Unternehmens entsprechen. Nach den EB sind „unter dem internen Kontrollsystem sämtliche aufeinander abgestimmte Methoden und Maßnahmen in einem Unternehmen zu verstehen, die dazu dienen, das Vermögen zu sichern, die Genauigkeit und Zuverlässigkeit der Abrechnungsdaten zu gewährleisten und die Einhaltung der vorgeschriebenen Geschäftspolitik zu unterstützen." Der Prüfungsausschuss des Aufsichtsrates hat die Wirksamkeit des internen Kontrollsystems zu überwachen.[58] Das Interne Kontrollsystem bildet daher die Gesamtheit aller Maßnahmen, die darauf ausgerichtet sind, die Ziele der Sicherheit, Ordnungsmäßigkeit und Wirtschaftlichkeit im Unternehmen sicher zu stellen.[59] Unter Sicherheit wird allgemein die Sicherung und der Schutz des vorhandenen Vermögens eines Unternehmens verstanden. Es sind alle Maßnahmen zu setzen, die Schäden im Unternehmensvermögen minimieren.[60] Ordnungsmäßigkeit drückt sich darin aus, dass die Geschäftsabläufe vollständig, sachlich und formell richtig sowie nachvollziehbar und transparent dokumentiert und unter Einhaltung der gesetzlichen Vorschriften termingerecht durchgeführt werden.[61] Zur wirtschaftlichen Prüfung gehört insb die systematische Prüfung diverser Kostenarten, also eine Kosten-Nutzen-Analyse.

45   Überschneidungen zwischen Compliance und internem Kontrollsystem gibt es daher iZm der Ordnungsmäßigkeit. Diese zielt auf die Einhaltung der Gesetze ab und ist auch Teil der Prüfungstätigkeit des internen Kontrollsystems. ME darf Compliance

---

[57] Vgl *Haesler*, Compliance und Compliance Management, RWZ 2005, 235.

[58] Nach § 92 Abs 4a AktG hat jede Aktiengesellschaft mit den Merkmalen des § 271a Abs 1 UGB einen Prüfungsausschuss zu bestellen, der ua die Wirksamkeit des internen Kontrollsystems zu prüfen hat.

[59] *Kalss*, Das interne Kontrollsystem (IKS) als Angelpunkt der Corporate Governance in Kapitalgesellschaften, in FS Krejci 699.

[60] Vgl *Büchele*, Risikomanagement des Vorstands als Zeichen „guter" Corporate Governance, GesRz 2003, 221.

[61] Vgl *Büchele*, Risikomanagement des Vorstands als Zeichen „guter" Corporate Governance, GesRz 2003, 221.

aufgrund dieser „Doppelgleisigkeit" – dh aufgrund der unabdingbaren Unabhängigkeit der Compliance-Organisation – nicht Teil des internen Kontrollsystems werden. Vielmehr muss eine enge Kooperation zwischen der Compliance-Organisation und dem internen Kontrollsystem stattfinden, in der laufend Informationen ausgetauscht werden und eine wechselseitige Beratung erfolgt. Die Compliance-Organisation muss Maßnahmen, die rechtliche Risiken beinhalten können, aufzeigen. Das interne Kontrollsystem hat diese in Bezug auf die Sicherheit zu überprüfen. Das interne Kontrollsystem selber ist von der Compliance-Organisation zu überwachen, weil dieses selbst ein Compliance-Risiko darstellen kann. Hierbei handelt es sich nicht um ein durch die Geschäftstätigkeit des Unternehmens hervorgerufenes Risiko, sondern vielmehr um ein Kontrollrisiko.[62])

3. Die interne Revision

Die interne Revision unterstützt die Unternehmensleitung in ihrer Kontrollfunktion. Sie kann als „Kontrolle der Kontrolle" charakterisiert werden und hat die Aufgabe, in regelmäßigen Abständen die Wirksamkeit, Angemessenheit und Effizienz des Risikomanagements, einschließlich aller betrieblichen Kontrollsysteme, begleitend auf ihre Einhaltung zu überprüfen und Schwachstellen aufzuzeigen.[63]) In diesem Zusammenhang hat die interne Revision ua auch die Einhaltung von etablierten Grundsätzen, Richtlinien, Genehmigungsgrenzen, Verfahren, relevanten Gesetzen sowie die Richtigkeit, Zuverlässigkeit und Pünktlichkeit der konzernintern erstellten Managementinformation zu prüfen.[64]) Die Überwachungsaufgabe der internen Revision unterstützt und verbessert de facto die Tätigkeit der anderen Überwachsungsinstanzen[65]), so auch die Compliance-Abteilung. Die Schnittstelle zwischen interner Revision und Compliance ist die auf die Überprüfung der Einhaltung der relevanten Gesetzgebung gerichteten Maßnahmen der internen Revision. Demnach ist – wie beim internen Kontrollsystem bereits ausgeführt – Compliance nicht als Bestandteil der internen Revision zu sehen. Vielmehr müssen beide Bereiche eng zusammenarbeiten und sich über Ergebnisse der beiden Überwachungsfunktionen wechselseitig informieren.[66]) Compliance erbringt der internen Revision gegenüber Beratung zum geltenden Recht, während die interne Revision die Compliance-Abteilung bei der Ermittlung von Sachverhalten unterstützt. Die interne Revision überprüft auch die Compliance-Organisation und macht erforderlichenfalls Vorschläge zu deren Verbesserung.

46

---

[62]) Siehe dazu den Beitrag von *Dürager* Rz 836 ff.

[63]) Vgl *Büchele,* Risikomanagement des Vorstands als Zeichen „guter" Corporate Governance, GesRz 2003, 221.

[64]) Nach *Büchele* sind die weiteren Aufgaben an die interne Revision die Managementprüfung in Form von Ursachenforschung nach vorangegangenen Fehlleistungen und die Prüfung von Absicherungen von Vermögen und des Erreichens einer angemessenen Stabilität auf das eingesetzte Kapital (*Büchele,* Risikomanagement des Vorstands als Zeichen „guter" Corporate Governance, GesRz 2003, 221).

[65]) Vgl *Büchele,* Risikomanagement des Vorstands als Zeichen „guter" Corporate Governance, GesRz 2003, 221.

[66]) *Bürkle* in *Hauschka,* Corporate Compliance § 8 Rz 139.

4. Controlling

47 Controlling, vom Englischen „to control" für „steuern", „regeln", „lenken" oder „leiten", ist eine Teilfunktion der Unternehmensführung, die Planungs-, Steuerungs-, Koordinations- und Kontrollaufgaben wahrnimmt, um die Entscheidungsträger mit den notwendigen Informationen zur Leitung des Unternehmens zu versorgen und ua die Durchführung von Analysen, betriebswirtschaftlicher Methodenwahl, Entscheidungsvorbereitung, Investitions- und Wirtschaftlichkeitsberechnungen vorzunehmen.[67] Wenn unter Controlling der gesamte Prozess der Zielfestlegung, der Planung und Steuerung im finanz- und leistungswirtschaftlichen Bereich zu verstehen ist, liegen keine Schnittstellen zur Compliance vor. Controlling befasst sich mit Tätigkeiten wie Entscheiden, Definieren, Festlegen, Steuern, Regeln in Bezug auf zu erreichende Ziele und die jeweiligen Zieldaten[68] und beschäftigt sich gerade nicht mit der Einhaltung von Gesetzen und auf das Unternehmen anwendbare Normen. Dennoch kann Controlling als „Informationsquelle" für den Compliance-Bereich zur Feststellung von Sachverhalten eine äußerst wichtige Rolle spielen.

5. Risikomanagement

48 Gemäß § 92 Abs 4a Z 2 AktG hat der Prüfungsausschuss des Aufsichtsrates die Wirksamkeit des Risikomanagementsystems zu überwachen.[69] Unter Risikomanagement werden allgemein alle Maßnahmen verstanden, die dazu dienen, Entwicklungen, die den Fortbestand des Unternehmens gefährden, frühzeitig zu erkennen, beispielsweise mit Risiken verbundene Geschäftstransaktionen oder Unregelmäßigkeiten in der Rechnungslegung.[70] Ziel des Risikomanagements ist, die bereits bestehenden und die künftig entstehenden Risiken eines Unternehmens durch Verringerung zu steuern und solche möglichst zu vernichten. Zwischen Compliance und Risikomanagement besteht eine Schnittstelle, weil insb Compliance-Risiken vom Risikomanagement erkannt werden müssen. Umgekehrt stellt auch das Risikomanagement ein Compliance-Risiko dar. Zwischen beiden Bereichen ist daher eine enge Zusammenarbeit in Form eines Informationsaustausches und wechselseitiger Beratung sowie Abstimmung erforderlich. Diese Zusammenarbeit im Unternehmen ist wesentlich für beide Bereiche, dennoch müssen beide Bereiche voneinander unabhängig im Unternehmen bestehen. Es darf nicht dazu führen, dass durch eine Vernetzung die unabdingbare Unabhängigkeit der Compliance vereitelt wird.

G. Internationale Aspekte von Compliance

49 Compliance-Programme haben ihren Ursprung in den USA. In Zeiten des Kalten Krieges musste die Industrie mit der schnell wechselnden und scharf sanktionierten

---

[67] *Keck,* Controlling, Kontrolle und interne Revision: Entwicklung und aktuelle Bedeutung, SozSi 2004, 107.

[68] *Keck,* Controlling, Kontrolle und interne Revision: Entwicklung und aktuelle Bedeutung, SozSi 2004, 107.

[69] Diese Bestimmung ist auf Geschäftsjahre anzuwenden, die nach dem 31. 12. 2008 beginnen.

[70] *Pampel/Glage* in *Hauschka,* Corporate Compliance § 5 Rz 11.

US-Exportkontrollgesetzgebung und deren Lieferbeschränkungen in die damaligen „Ostblock-Staaten" Schritt halten.[71]) Danach hat sich das Thema Compliance auch rasch auf Großbritannien und Australien ausgeweitet.

1. USA

In den USA gewährt das Sentencing Guideline Manual der United States Senten- **50** cing Commission[72]) Strafmilderung für Compliance-Programme, die *„reasonable designed, implemented and enforced"* sind. Wie ein solches Compliance-Programm ausgestaltet ist, ist im Guideline Manual festgelegt. Danach müssen Unternehmen sieben Punkte einhalten, um ein Minimum an Sorgfalt zu demonstrieren. Diese sind:

(i) Unternehmen müssen über etablierte Compliance-Standards und Compliance-Verfahrensweisen verfügen, die die Mitarbeiter und Vertreter zu befolgen haben. Diese müssen geeignet sein, die Gefahr kriminellen Verhaltens zu reduzieren.

(ii) Mitarbeitern im Bereich des höheren Managements ist die Gesamtverantwortung für die Einhaltung dieser Standards und Verfahren zu übertragen.

(iii) Mitarbeitern, von denen bekannt ist oder bekannt sein müsste, dass sie kriminelle Neigungen haben, darf keine substanzielle Ermessensverantwortung eingeräumt werden.

(iv) Allen Mitarbeitern sind die Compliance-Standards und Compliance-Verfahren nachhaltig zu vermitteln, zB durch verpflichtende Trainingsprogramme.

(v) Die Erreichung der Compliance-Standards ist durch permanentes und effektives „Monitoring" und „Auditing" sicherzustellen, um so die Aufdeckung von Straftaten zu erreichen.

(vi) Die Compliance-Standards sind durch disziplinarische Maßnahmen nachhaltig durchzusetzen.

(vii) Ferner müssen nach jeder Aufdeckung eines Verstoßes gegen Compliance-Vorschriften alle erforderlichen Maßnahmen eingeleitet werden.

Aus österreichischer Sicht erhält dieses Sentencing Guideline Manual der United **51** States Sentencing Commission zum Teil wohl allgemein anerkannte Prinzipien guter Unternehmensführung, andererseits zum Teil jedoch auch sehr ungewöhnliche Forderungen.[73])

2. Großbritannien

In Großbritannien wird das Kartellrecht durch das Office of Fair Trading **52** (OFT)[74]) durchgesetzt. Im Zusammenhang mit der Durchsetzung des Kartellrechts gibt das OFT die Richtlinie „Enforcement" heraus, die auch Maßnahmen umfasst, die bei Unternehmen zu einer Strafreduzierung führen können. Diese sind die folgenden:[75])

---

[71]) *Maloney*, Global Gaming Compliance, Gaming Law Revue, Vol. 8, No. 2 2004; *Hauschka* in *Hauschka*, Corporate Compliance § 1 Rz 39.

[72]) Hinweise zu der United States Sentencing Commission findet man unter www.ussc.gov.

[73]) Siehe auch *Hauschka* in *Hauschka*, Corporate Compliance § 1 Rz 43.

[74]) Weitere Informationen zum OFT findet man unter www.oft.guv.uk.

[75]) *Hauschka* in *Hauschka*, Corporate Compliance § 1 Rz 45.

(i) Compliance-Programme müssen im Unternehmen aktiv eingeführt werden.

(ii) Compliance-Programme bedürfen der sichtbaren und dauerhaften Unterstützung des Senior Managements, das die Einhaltung der Compliance überwacht.

(iii) Es müssen angemessene Compliance-Grundsätze und Verfahren, einschließlich Beratung für Mitarbeiter und arbeitsrechtliche Konsequenzen, vorgesehen werden.

(iv) Ferner muss ein aktives und dauerhaftes Training auf allen Unternehmensebenen für die Mitarbeiter stattfinden, die in wettbewerbsrechtlich relevante Themen involviert sind.

(v) Das Programm ist in regelmäßigen Abständen zu evaluieren.

3. Australien

53　　Der *Australian Standard on Compliance Programs* (AS 3806 – 1998) ist eine Art DIN-Norm für Compliance Programme in Australien.[76] Diese Programme gelten als eine der weltweit erfolgreichsten Anleitungen für Compliance-Programme und definieren die essenziellen Elemente effektiver Compliance und stellen Maßnahmen für deren Umsetzung dar. Ferner gibt es Anleitungen für eine effektive Compliance in kleineren Unternehmen. Insgesamt geht der *Australian Standard on Compliance Programs* davon aus, dass auch ethische Vorgaben ein untrennbarer Bestandteil von Compliance sind und dass der Aufbau einer Compliance-Kultur eine unabdingbare Voraussetzung zur Ausgestaltung guter Compliance in einem Unternehmen ist. Ferner wird besonderes Augenmerk auf die Risikoidentifikation und die Risikoanalyse gelegt.

---

[76] *Hauschka* in *Hauschka,* Corporate Compliance § 1 Rz 46.

II. Aufbau einer Compliance-Organisation

Elke Napokoj

Literatur: *Berndt/Hoppler,* Whistleblowing – Ein integraler Bestandteil effektiver Corporate Governance, BB 2005, 2623; *Bürkle,* Corporate Compliance – Pflicht oder Kür für den Vorstand der AG? BB 2005, 565; *Campos Nave/Bonenberger,* Korruptionsaffären, Corporate Compliance und Sofortmaßnahmen für den Krisenfall, BB 2008, 734; *Dann,* Compliance-Untersuchungen im Unternehmen: Herausforderung für den Syndikus, dAnwBL 2/2009, 84; *Doralt/Nowotny/Kalss,* AktG (2003); *Hauschka* (Hrsg), Corporate Compliance (2007); *Hauschka,* Compliance: Geeignete Reaktion auf gestiegene Haftungsrisiken für Manager, NJW 2004, 257; *Hauschka,* Corporate Compliance – Unternehmensorganisatorische Ansätze zur Erfüllung der Pflicht von Vorständen und Geschäftsführern, AG 2004, 461; *Hauschka,* Geeignete Reaktion auf gestiegene Haftungsrisiken für Manager? NJW 2004, 257; *Hefermehl/Spindler,* Münchener Kommentar zum AktG³; *Jabornegg/Strasser,* AktG⁴ (2006); *Kalss/Nowotny/Schauer* (Hrsg), Österreichisches Gesellschaftsrecht (2008); *Kiethe,* Vermeidung der Haftung durch Corporate Compliance, GmbHR 8/2007, 393; *Kittelberger,* External Reporting als Pflicht zum Whistleblowing? ÖBA 2007, 90; *Lösler,* Das moderne Verständnis von Compliance im Finanzmarktrecht, NZG 2005, 104; *Rodewald/Unger,* Corporate Compliance – Organisatorische Vorkehrungen zur Vermeidung von Haftungsfällen der Geschäftsleitung, BB 2006, 113; *Rodewald/Unger,* Kommunikation und Krisenmanagement im Gefüge der Corporate-Compliance-Organisation, BB 2007, 1629; *Schauer,* Konzeption und Implementierung eines Compliance-Systems, 28 f; *Schneider,* Compliance als Aufgabe der Geschäftsleitung, ZIP 2003, 645; *Schneider/Schneider,* Konzern-Compliance als Aufgabe der Konzernleitung, ZIP 2007, 2061; *Schubert,* Konzeption und Implementierung eines Compliance-Systems (2008); *Jäger/Rödl/Campos Nave* (Hrsg), Praxishandbuch Corporate Compliance (2009); *U. Schneider,* Compliance als Aufgabe der Unternehmensleitung, ZIP 2003, 645; *Urlesberger/Haid,* Compliance Programme, ecolex 2007, 363; *Wecker/van Laak* (Hrsg), Compliance in der Unternehmerpraxis² (2009).

A. Allgemeines

Für den Aufbau einer Compliance-Organisation gibt es keine allgemeinen Regeln **54** oder Vorgaben. Es steht dafür keine konfektionierte Standard-Organisation (keine „one-size-fits-all-Lösung"), die jedem Unternehmen übergestülpt werden kann, zur Verfügung. Vielmehr müssen je nach Geschäftszweig, Unternehmensgegenstand, Größe, Komplexität, Börsenotierung, Internationalisierungsgrad und Risikoprofil des Unternehmens unterschiedliche Anforderungen an die Compliance-Organisation gestellt werden.[77]) In der Praxis haben sich verschiedene Elemente bei der Einführung und Umsetzung von Compliance-Strukturen entwickelt, die sich allgemein bewährt haben. Es ist nicht erforderlich, dass jedes Unternehmen alle Elemente einsetzt, vielmehr geht es darum, einen auf die Unternehmensstruktur abgestimmten Compliance-Ansatz zu finden.

---

[77]) *Schubert,* Konzeption und Implementierung eines Compliance-Systems, 2008, 25 ff; *Lampert* in *Hauschka* (Hrsg), Corporate Compliance § 9 Rz 7 ff mwN; *Vetter* in *Wecker/van Laak* (Hrsg), Compliance in der Unternehmerpraxis² 32 f; *Rodewald/Unger,* Kommunikation und Krisenmanagement im Gefüge der Corporate-Compliance-Organisation, BB 2007, 1629.

B. Zuständigkeit für den Aufbau einer Compliance-Organisation

1. Der Vorstand/die Geschäftsleitung

55   Aufgabe des Vorstands ist die Leitung der Gesellschaft unter eigener Verantwortung. § 70 AktG gibt dafür Leitlinien vor. Der Vorstand hat sich danach stets am Unternehmenswohl zu orientieren und gleichzeitig die Interessen der Aktionäre, der Arbeitnehmer und das öffentliche Interesse zu beachten. Diese Leitungsaufgabe umfasst im Wesentlichen vier Bereiche, nämlich Planung und Strategie, Überwachung einschließlich der Etablierung organisatorischer Vorkehrungen, Personalverantwortlichkeit für das Leitungspersonal sowie Organisation und Ausführung des Tagesgeschäfts.[78] Unter den Bereich „Überwachung und organisatorische Vorkehrungen" fällt auch der Bereich Compliance.[79] Compliance gehört daher zum Aufgabenbereich des Vorstands. Auch bei der GmbH obliegt die Leitung der Gesellschaft der Geschäftsführung. Diese ist, ausgenommen der Gesellschaftsvertrag oder die Geschäftsordnung sehen Abweichungen vor, für den Bereich Compliance zuständig.

56   Die generelle Entscheidung, eine Compliance-Organisation zu installieren, fällt in den Aufgabenkreis des Gesamtvorstands/der Gesamtgeschäftsführung.[80] Alle Vorstandsmitglieder/Mitglieder der Geschäftsführung haben über die Installierung einer Compliance-Organisation im Unternehmen einen Beschluss zu fassen. Diese Entscheidung – auch zum Teil Commitment[81] genannt – ist im Unternehmen bekannt zu machen.

57   In weiterer Folge ist es nicht erforderlich, dass der Bereich Compliance als Kollegialaufgabe vom gesamten Vorstand/allen Mitgliedern der Geschäftsführung gemeinsam wahrgenommen wird. Nach Fassung des oben angeführten Beschlusses kann der Bereich Compliance zur „alleinigen" Verantwortung im Rahmen der Ressortverteilung[82] einem oder mehreren Mitgliedern des Vorstands/der Geschäftsführung zugewiesen werden.[83] Üblicherweise wird der Compliance-Bereich dem Vorsitzenden des Vorstands/ der Geschäftsführung oder dem Finanzvorstand zugeordnet.[84]

58   Durch diese Ressortverteilung wird die Gesamtverantwortung der einzelnen Vorstandsmitglieder/Mitglieder der Geschäftsführung für den Bereich Compliance abgeschwächt, jedoch nicht beseitigt.[85] Das nach der Ressortverteilung zuständige Vorstandsmitglied erfüllt alle Aufgaben im Compliance-Bereich und entscheidet über alle

---

[78] *Kalss* in *Kalss/Nowotny/Schauer*, Österreichisches Gesellschaftsrecht (2008) Rz 3/329 ff.

[79] *Kalss* in *Kalss/Nowotny/Schauer*, Österreichisches Gesellschaftsrecht Rz 3/334.

[80] *Vetter* in *Wecker/van Laak* (Hrsg), Compliance in der Unternehmerpraxis[2] (2009) 54; *Hefermehl/Spindler*, Münchener Kommentar zum AktG[3], § 76 Rz 17; *Rodewald/Unger*, Corporate Compliance – Organisatorische Vorkehrungen zur Vermeidung von Haftungsfällen der Geschäftsleitung, BB 2006, 113; *U. Schneider*, Compliance als Aufgabe der Unternehmensleitung, ZIP 2003, 645 (647).

[81] Siehe dazu den Beitrag von *Napokoj* Rz 37 f.

[82] Eine solche Ressortverteilung findet sich in der Praxis zumeist in der Geschäftsordnung des Vorstands. Siehe dazu den Beitrag von *Napokoj/Pelinka* Rz 230 f.

[83] *Hauschka*, Compliance: Geeignete Reaktion auf gestiegene Haftungsrisiken für Manager, NJW 2004, 257 (259); *Hauschka* in *Hauschka* (Hrsg), Corporate Compliance § 1 Rz 30.

[84] KPMG, Compliance-Management in Deutschland, Ergebnisse einer EMNID-Umfrage.

[85] Vgl dazu allgemein *Kalss* in *Kalss/Nowotny/Schauer*, Österreichisches Gesellschaftsrecht Rz 3/347 mwN.

mit dem Compliance-Bereich zusammenhängenden Fragen. Die anderen – für Compliance nicht zuständigen – Vorstandsmitglieder sind dennoch verpflichtet, den Compliance-Bereich zu überwachen und zu kontrollieren. Dies setzt voraus, dass das nach der Ressortverteilung zuständige Mitglied die anderen Vorstandsmitglieder regelmäßig über Maßnahmen im Bereich Compliance informiert und diese auch das Recht und die Pflicht haben, das zuständige Vorstandsmitglied darüber zu befragen.[86]) Die bedeutendste Folge dieser Ressortverteilung ist, dass die nicht zuständigen Vorstandsmitglieder nur bei Außerachtlassung ihrer Kontrollpflicht haften.[87])

2. Der Aufsichtsrat

Compliance gehört auch zum Aufgabenkreis des Aufsichtsrates. Dieser hat nach **59** § 95 Abs 1 AktG den Vorstand zu überwachen.[88]) Diese Überwachungspflicht erstreckt sich auf die Leitungstätigkeit des Vorstands,[89]) und damit auch auf den Bereich „Überwachung und organisatorische Vorkehrungen", zu dem auch der Bereich Compliance gehört. Daher umfassen die Überwachungspflichten des Aufsichtsrats auch den Bereich Compliance.[90]) Der Aufsichtsrat hat den Vorstand dahingehend zu überwachen und zu kontrollieren, ob dieser seiner Compliance-Verantwortung auch tatsächlich nachkommt.[91]) Dazu gehört einerseits die Installierung einer Compliance-Organisation und andererseits die Überwachung und stetige Verbesserung dieser. Der Aufsichtsrat hat sich regelmäßig über den Compliance-Bereich zu informieren. Ebenso hat der Vorstand den Aufsichtsrat, insb auch über wesentliche Compliance-Verstöße zu informieren.

---

[86]) *Doralt* in *Doralt/Nowotny/Kalss,* AktG § 70 Rz 24; *Strasser* in *Jabornegg/Strasser,* AktG[4] § 70 Rz 41.

[87]) Der OGH hat dazu festgehalten, dass jedes Vorstandsmitglied zunächst die volle Verantwortung für das ihm zugewiesene Aufgabengebiet trägt. Im Übrigen tritt haftungsrechtlich allerdings eine weitgehende Entlastung ein, weil es ihm aufgrund der Geschäftsverteilung verwehrt ist, in die den anderen Mitgliedern zugewiesenen Tätigkeitsbereiche einzugreifen. Eine Aufgabenteilung bewirkt jedoch selbst bei größter Spezialisierung nicht, dass ein Vorstandsmitglied sich nur noch auf sein eigenes Arbeitsgebiet beschränken darf und sich um die Tätigkeit der anderen Mitglieder nicht mehr zu kümmern braucht. Die Pflicht zur unmittelbar verwaltenden Tätigkeit beschränkt sich auf das eigene Arbeitsgebiet. Hinsichtlich der Arbeitsgebiete der anderen Vorstandsmitglieder ist sie eine Pflicht zur allgemeinen Beaufsichtigung (Überwachung) geworden. Da eine Geschäftsverteilung auf dem gegenseitigen Vertrauen der Vorstandsmitglieder beruht, genügt ein Mitglied gewöhnlich seiner allgemeinen Aufsichtspflicht dadurch, dass es sich in den Sitzungen des Gesamtvorstands über die Tätigkeit und Vorkommnisse in anderen Geschäftsbereichen Gewissheit verschafft. Erst wenn Verdacht besteht, dass im Arbeitsbereich des anderen Vorstandsmitgliedes Missstände vorliegen, muss sich das Vorstandsmitglied einschalten, um nicht selbst schadenersatzpflichtig zu werden (vgl OGH 10. 1. 1978, 3 Ob 537/77).

[88]) § 30 j GmbHG legt für die GmbH eine identische Bestimmung fest.

[89]) Vgl dazu *Kalss* in *Doralt/Nowotny/Kalss,* AktG § 95 Rz 10.

[90]) Z 3.4 Abs 2 des Deutschen Corporate Governance Kodex geht in diesem Zusammenhang auf die Berichtspflichten des Vorstands gegenüber dem Aufsichtsrat nach § 90 dAktG ein und ergänzt diese ausdrücklich um Informationen zur Compliance im Unternehmen.

[91]) Vgl dazu *Vetter* in *Wecker/van Laak* (Hrsg), Compliance in der Unternehmerpraxis[2] 39 f.

C. Die Analysephase

60   Der Installierung einer Compliance-Organisation sollte eine Analyse vorangehen, die von den Bereichen Recht, Organisation und Personal gemeinsam mit dem nach der Ressortverteilung für den Bereich Compliance zuständigen Vorstandsmitglied durchgeführt wird.[92] Im Wesentlichen geht es dabei um die Identifikation und Analyse von rechtlichen Risiken im Unternehmen und gegebenenfalls im Konzern.[93] In einem zweiten Schritt sind organisatorische Maßnahmen zu prüfen, mit denen die Rechtmäßigkeit der unternehmensinternen Aktivitäten, insb in Bezug auf die identifizierten Risiken, gesichert werden.

61   Ziel ist es, den Eintritt von identifizierten Risiken bereits ex ante, dh präventiv, wirksam zu verhindern.[94]

1. Die Risikoanalyse

a) Die Risikoidentifikation

62   Die Risikoidentifikation muss auf die konkrete Unternehmenssituation ausgerichtet werden. Dabei sind insb die Rechtsform, die Organisation, die Größe und die Komplexität, wie auch die spezielle Branche, in der das Unternehmen tätig ist, miteinzubeziehen. Die Prüfung umfasst nicht nur Risiken, die für das Unternehmen bestandsgefährdend sind; vielmehr ist entscheidend, welche Auswirkungen das konkrete Risiko auf die Gesamtlage des Unternehmens haben kann.[95]

63   Zunächst ist der Begriff „Risiko" zu definieren. Allgemein kann dieser in Bezug auf Unternehmen als Gefahr definiert werden, dass Ereignisse oder Handlungen ein Unternehmen daran hindern, seine Ziele zu erreichen bzw seine Strategie erfolgreich umzusetzen.[96] Allgemein werden folgende Risikokategorien unterschieden:

- Elementarrisiken,
- politische und ökonomische Risiken sowie
- Unternehmensrisiken.[97]

64   Elementarrisiken sind natürliche Ereignisse, die bedingt durch die geografische Lage schwere Schäden verursachen können, zB Naturkatastrophen. Da diese nicht beeinflussbar oder vorhersehbar sind, spielen sie beim Aufbau einer Compliance-Organisation keine Rolle. Sie sind lediglich im Rahmen eines erforderlichen Versicherungsschutzes wesentlich und können bei mangelhafter Versicherung auch ein Compliance-Risiko darstellen.

65   Politische und ökonomische Risiken sind ebenso nicht beeinflussbare externe Risiken, die die Ergebnisse von Unternehmen erheblich beeinflussen können. Darunter fal-

---

[92] Vgl dazu *Tauber/Campos Nave*, Compliance Audit (Analysephase), in *Jäger/Rödl/Campos Nave* (Hrsg), Praxishandbuch Corporate Compliance 391 ff.

[93] *Rodewald/Unger*, Corporate Compliance – Organisatorische Vorkehrungen zur Vermeidung von Haftungsfällen der Gesellschaft, BB 2006, 113 (116).

[94] *Schubert*, Konzeptionierung und Implementierung eines Compliance-Systems 17.

[95] *Campos Nave/Bonenberger*, Korruptionsaffären, Corporate Compliance und Sofortmaßnahmen für den Krisenfall, BB 2008, 734 (735).

[96] Vgl *Pampel/Glage* in *Hauschka*, Corporate Compliance § 5 Rz 4.

[97] Vgl *Pampel/Glage* in *Hauschka*, Corporate Compliance § 5 Rz 4.

len wirtschaftliche Risiken, wie zB Zinsinflation oder Konjunkturrisiken sowie politische Risiken, wie zB Marktregulierungen, Zölle, Import- oder Exportverbote oder Währungsparitäten. Auch diese Risiken spielen beim Aufbau der Compliance-Organisation nur im Rahmen der Versicherbarkeit eine Rolle.

Die letzte Risikokategorie, nämlich die Unternehmensrisiken, spielen beim Aufbau **66** der Compliance-Organisation die wesentlichste Rolle. Dabei geht es um jene Risiken, die in einem Unternehmen auftreten können. Unterschieden werden sog allgemeine Risiken und branchenspezifische Risiken. Unter allgemeinen Risiken sind solche zu verstehen, die grundsätzlich alle Unternehmen, und zwar unabhängig von ihrem jeweiligen Unternehmensgegenstand, ihrer Größe, der Komplexität, der Unternehmensstruktur, treffen können. Branchenspezifische sind solche, die je nach Unternehmensgegenstand und Branche, in der das Unternehmen tätig ist, auftreten können.[98]) Gegenstand der Corporate Compliance sind jene allgemeinen und branchenspezifischen Risiken, die einen Verstoß gegen rechtliche Gebote und Verbote und unternehmensinterne Auflagen darstellen. Davon noch zu unterscheiden sind allgemeine und branchenspezifische Risiken, die sich aus der unmittelbaren wirtschaftlichen Betätigung des Unternehmens ergeben. Hierzu zählen Risiken, die iZm den von der Geschäftsführung getroffenen strategischen Entscheidungen stehen, wie zB Investitionsrisiken, Produktionsausfallsrisiken oder Bonitätsrisiken bei Kunden.[99]) Solche Risiken spielen im Rahmen der Compliance-Organisation iZm der Absicherung durch den Abschluss ausreichender Versicherungen, Haftungsregelungen oder Rücklagenbildung eine Rolle.

(1) Allgemeine Risiken

Wie oben ausgeführt, sind allgemeine Risiken solche, die alle Unternehmen unab- **67** hängig von Größe und Unternehmensgegenstand treffen (Risiken iZm dem Verstoß gegen Gebote und Verbote). Solche Risiken sind insb

- im Arbeitsrecht – Verstöße gegen die Bestimmungen zum Arbeitnehmerschutz, zur Arbeitnehmerentsendung und -überlassung sowie im Rahmen der Ausländerbeschäftigung[100]);
- im Kartellrecht – Bußgeldzahlungen bei Verstößen gegen österreichisches oder europäisches Kartellrecht[101]);
- im Datenschutzrecht – Verstöße iZm der Registrierung von Videoüberwachungen oder Verstöße iZm der Genehmigung von Datenübermittlungen in Drittländer[102]);
- im IP-Recht – Verstöße gegen Lizenzauflagen[103]);
- im IT-Recht – Verletzungen von Datensicherheitsmaßnahmen[104]);

---

[98]) Vgl *Vetter* in *Wecker/van Laak,* Compliance in der Unternehmerpraxis² 37; *Tauber/ Campos Nave,* Compliance Audit (Analysephase), in *Jäger/Rödl/Campos Nave,* Praxishandbuch Corporate Compliance 392 ff.

[99]) Vgl *Berndt/Hoppler,* Whistleblowing – ein integraler Bestandteil effektiver Corporate Governance, BB 2005, 2623 (2626).

[100]) Siehe dazu den Beitrag von *Leiter* Rz 702 ff.

[101]) Siehe dazu den Beitrag von *Ablasser-Neuhuber/Neumayr* Rz 332 ff.

[102]) Siehe dazu den Beitrag von *Dürager* Rz 993 ff.

[103]) Siehe dazu den Beitrag von *Dürager* Rz 795 ff.

[104]) Siehe dazu den Beitrag von *Dürager* Rz 836 ff.

- im Gesellschaftsrecht – Verstöße gegen das Verbot der Einlagenrückgewähr oder Verträge zwischen Vorstand und Gesellschaft[105]);
- im Insolvenzrecht – Risiken im Rahmen einer Insolvenzverschleppung.[106])

(2) Branchenspezifische Risiken

68 Je nach Unternehmensgegenstand und Branche sind darüber hinaus noch branchenspezifische Risiken zu beachten, wie zB

- der Bereich Umweltrecht für Betriebe aller Art;[107])
- der Bereich Bankwesenrecht bei Kreditinstituten;
- der Bereich Kapitalmarktrecht bei börsenotierten Gesellschaften[108]) sowie
- der Bereich Gentechnikrecht, im Bereich der lebensmittelerzeugenden oder -verarbeitenden Industrie.

69 Die Liste dieser branchenspezifischen Risiken ist endlos erweiterbar.

70 In der Praxis sollte diese Risikoidentifikation durch die Analyse und Prüfung der jeweils relevanten Dokumente, wie Geschäftsordnungen, Betriebsanweisungen, Stellenbeschreibungen und andererseits durch Befragung aller verantwortlichen Mitarbeiter durchgeführt werden.[109])

71 Nach Durchführung der Risikoidentifikation ist nach der Ursache dieser Risiken im Unternehmen zu suchen (zB mangelhafte Kenntnis der Mitarbeiter über das geltende Recht). Ferner sind die bestehende Unternehmensorganisation und deren Abläufe und Geschäftsprozesse dahingehend zu analysieren, ob diese tatsächlich in der Lage sind, die rechtlichen Rahmenbedingungen einzuhalten bzw in der Lage sind, Rechtsverstöße der Mitarbeiter des Unternehmens frühzeitig zu erkennen und Gegenmaßnahmen vor Eintritt eines Schadens einzuleiten.[110]) In einem nächsten Schritt sind dann geeignete Maßnahmen zu setzen, die einerseits dazu dienen, die Ursachen der Risiken zu beseitigen bzw die Abläufe der Geschäftsprozesse entsprechend anzupassen.

72 Die Geschäftsführung kann sich in diesem Zusammenhang nur mit vorhersehbaren Risiken befassen. Unvorhersehbare Risiken sind in diesem Zusammenhang ohne Bedeutung, jedoch sind an die Vorhersehbarkeit hohe Anforderungen zu stellen.[111])

b) Risikobewertung

73 In einem zweiten Schritt sind die im Unternehmen identifizierten Risiken zu bewerten. Das bedeutet, dass die Risiken einerseits auf ihre Eintrittswahrscheinlichkeit hin und andererseits in Bezug auf einen potenziellen Schadensumfang im Falle der Verwirklichung eines Risikos zu analysieren sind.

---

[105]) Siehe dazu den Beitrag von *Napokoj/Pelinka* Rz 161 ff.
[106]) Siehe dazu den Beitrag von *Napokoj/Pelinka* Rz 297 ff
[107]) Siehe dazu den Beitag von *Schneider* Rz 922 ff.
[108]) Siehe dazu den Beitrag von *Napokoj* Rz 549 ff.
[109]) *Rodewald/Unger*, Corporate Compliance – Organisatorische Vorkehrungen zur Vermeidung von Haftungsfällen der Gesellschaft, BB 2006, 113 (116).
[110]) *Tauber/Campos Nave*, Compliance Audit (Analysephase), in *Jäger/Rödl/Campos Nave*, Praxishandbuch Corporate Compliance 396 mwN.
[111]) *Hauschka* in *Hauschka*, Corporate Compliance § 1 Rz 28 FN 59.

Im Rahmen der Eintrittswahrscheinlichkeit ist zu prüfen, wie groß die Wahr- **74** scheinlichkeit des tatsächlichen Eintritts eines identifizierten Risikos ist. Diese in der Praxis oftmals sehr schwierige Prüfung ist meist mit Unsicherheiten behaftet und wird daher regelmäßig auch auf subjektiven Elementen beruhen. Jedenfalls ist in Bezug auf die Eintrittswahrscheinlichkeit auch zu prüfen, ob und gegebenenfalls wie oft sich ein konkretes Risiko im eigenen Unternehmen oder bei Wettbewerbern in der Vergangenheit tatsächlich realisiert hat.

Bei der Bewertung des potenziellen Schadensumfangs sind monetäre wie auch **75** sachliche Größen zu beachten. Einerseits ist der konkrete finanzielle Schaden im Unternehmen im Falle der Verwirklichung eines Risikos zu bewerten und andererseits sind auch subjektive Elemente, wie zB die Rufschädigung oder der Verlust des Vertrauens des Marktes gegenüber dem Unternehmen, die durch die Verwirklichung eines Risikos entstehen kann, abzuwägen. Auch das mögliche „Einbrechen" des Börsekurses kann in diesem Zusammenhang Werte vernichten.[112]

D. Umsetzungsphase

1. Vorrausetzungen für die Umsetzung

Die Umsetzung der Compliance-Organisation beginnt mit der Standortbestim- **76** mung des Compliance-Bereichs in der bestehenden Unternehmensorganisation. Compliance bedingt ein Mindestmaß an Organisation. Diese umfasst – je nach Größe und Komplexität des Unternehmens – meist drei Ebenen. Erste Ebene ist stets der Vorstand/die Geschäftsführung bzw das nach der Ressortverteilung für den Bereich Compliance zuständige Vorstands-/Geschäftsführungsmitglied. Die zweite Ebene bilden ein Compliance-Manager[113] (zentrale Organisation)[114] oder – in der Praxis eher seltener anzufinden – mehrere Compliance-Manager (dezentrale Organisation).[115] Auf der dritten Ebene finden sich zumeist mehrere dezentrale Compliance-Beauftragte.

Je nach Unternehmensgröße und Komplexität ist zu überlegen, ein sog Compli- **77** ance-Committee zu installieren.[116]

Vor Installierung der Compliance-Organisation sollte eine Bestandsaufnahme von **78** bereits im Unternehmen bestehenden Abläufen und Überwachungssystemen gemacht werden, um so die Compliance-Organisation besser in die bestehenden Strukturen integrieren zu können.[117]

---

[112] *Campos Nave/Bonenberger,* Korruptionsaffären, Corporate Compliance und Sofortmaßnahmen im Krisenfall, BB 2008, 734 (736).

[113] Im Bankgeschäft und in den angelsächsischen Unternehmen ist der Titel „Compliance-Manager" üblich. Eine ähnliche Aufgabenstellung, verbunden mit der besonderen Hervorhebung der Funktion als Ansprechpartner der Mitarbeiter, verbindet sich mit dem Begriff „Ombudsmann" (vgl dazu *Hauschka,* Geeignete Reaktion auf gestiegene Haftungsrisiken für Manager? NJW 2004, 257 [259]).

[114] Siehe dazu Rz 83 ff.

[115] Siehe dazu Rz 83 ff.

[116] Siehe dazu Rz 110 ff.

[117] Vgl *Schubert,* Konzeption und Implementierung eines Compliance-Systems 27; *Lösler,* Das moderne Verständnis von Compliance im Finanzmarktrecht, NZG 2005, 104 (107).

79 Neben dem Thema Reporting spielen auch Handbücher[118]) und Schulungen[119]) eine wesentliche Rolle in der Compliance-Organisation sowie die Überwachung[120]) der Einhaltung der Compliance-Vorschriften samt Sanktionierung[121]) im Falle der Nichteinhaltung.

2. Ebenen der Compliance

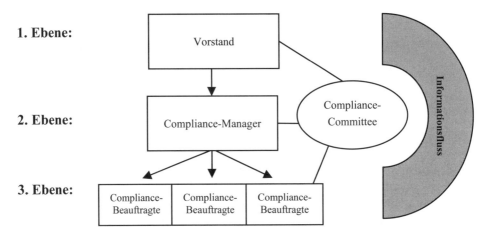

Abb. 1

a) Erste Ebene: Der Vorstand/Die Geschäftsführung

80 Oberste Instanz in Sachen Compliance ist der Vorstand/die Geschäftsführung. Vom Vorstand geht zunächst die Initiative oder auch das Commitment zu Compliance im Unternehmen aus. Der Vorstand entscheidet ferner über die Ausgestaltung, die Umsetzung und die Überwachung des Compliance-Systems. Das nach der Ressortverteilung zuständige Vorstandsmitglied hat die Compliance-Organisation zu installieren und zu überwachen. In diesem Zusammenhang sind im Wesentlichen folgende Punkte der Organisation festzulegen, und zwar

- wie viele Ebenen die Compliance-Organisation umfassen soll;
- welche Tätigkeitsvoraussetzungen die Verantwortlichen der verschiedenen Compliance-Ebenen zu erbringen haben und wie deren Profil aussehen soll;
- welche Aufgaben die Verantwortlichen der verschiedenen Ebenen haben;
- wie die Reporting- und Informationsstruktur festzulegen ist und
- wie der Compliance-Bereich insgesamt überwacht werden soll.

---

[118]) Siehe dazu Rz 122 ff.
[119]) Siehe dazu Rz 131 ff.
[120]) Siehe dazu Rz 135 ff.
[121]) Siehe dazu Rz 145 ff.

Bei der Festlegung der Compliance-Organisation ist es empfehlenswert, von der be- **81** reits bestehenden Unternehmensstruktur auszugehen und die Compliance-Organisation darin zu implementieren. Diese kann dabei zentral oder dezentral ausgerichtet werden.[122])

Von einer zentralen Compliance-Struktur geht man aus, wenn der Vorstand einen **82** „zentralen" Compliance-Manager ihm auf der „zweiten Ebene" nachgeordnet implementiert. Sämtliche Berichtswege, Informationen und Aufgaben im Compliance-Bereich laufen über den zentralen Compliance-Manager. Diese Organisationsform ist dann empfehlenswert, wenn die Unternehmensstruktur eine zentrale Führungsinstanz aufweist, weil so die bereits bestehenden Kommunikationswege im Unternehmen genutzt werden können.[123]) Dagegen bedingen eher heterogene Geschäftsbereiche oder -prozesse eine gesteigerte Flexibilität, die generell durch eine dezentrale Compliance-Organisation unterstützt werden können. Das gilt ebenso bei Strukturen mit großer lokaler Ausprägung, die keine bis eine sehr geringe Standardisierung erlauben. Dabei werden mehrere Compliance-Manager, die jeweils für einen exakt definierten Bereich zuständig sind, installiert (sog dezentrale Compliance-Organisation).[124]) In der Praxis finden sich insb bei globalen, unternehmensweit gültigen Strukturen zentral organisierte Compliance-Manager, denen auf lokaler Ebene dezentrale Compliance-Manager (im Folgenden auch Compliance-Beauftragte genannt) untergeordnet werden.

b) Zweite Ebene: Compliance-Manager (Chief-Compliance-Officer)

(1) Delegation an den Compliance-Manager

In einem zweiten Schritt werden Teile der Compliance-Aufgaben an einen (Stich- **83** wort: zentrale Compliance-Organisation) oder an mehrere (Stichwort: dezentrale Compliance-Organisation) Compliance-Manager delegiert. In der Praxis empfiehlt es sich bei größeren Unternehmen – insb um eine stringente Berichterstattung an den Vorstand zu gewährleisten – nur einen Compliance-Manager zu installieren und auf der dritten Ebene weitere sog Compliance-Beauftragte vorzusehen, die dem Compliance-Manager in ihrem Bereich direkt unterstellt sind.[125]) Der Compliance-Manager kann so die Information an den Vorstand besser koordinieren und die einzelnen Bereiche überwachen.

Wesentlich in diesem Zusammenhang sind die klare Beschreibung der Rechte, **84** Pflichten und Verantwortlichkeiten des Compliance-Managers durch Organigramm, Stellenbeschreibungen oder Geschäftsordnungen. Diese sind von denen des Vorstands einerseits und des Compliance-Beauftragten andererseits klar abzugrenzen.[126])

(2) Stellung des Compliance-Managers im Unternehmen

Wesentlich für die Position des Compliance-Managers ist einerseits eine direkte **85** Unterstellung unter den Vorstand und andererseits seine Unabhängigkeit.[127])

---

[122]) Vgl *Schubert,* Konzeption und Implementierung eines Compliance-Systems 27.
[123]) Vgl *Schubert,* Konzeption und Implementierung eines Compliance-Systems 28.
[124]) Vgl *Schubert,* Konzeption und Implementierung eines Compliance-Systems 28.
[125]) *Kiethe,* Vermeidung der Haftung durch Corporate Compliance, GmbHR 8/2007, 393 (397).
[126]) Vgl dazu *Rodewald/Unger,* Corporate Compliance – Organisatorische Vorkehrungen zur Vermeidung von Haftungsfällen der Geschäftsleitung, BB 2006, 113 (115).
[127]) *Wecker/Galla* in *Wecker/van Laak,* Compliance in der Unternehmerpraxis[2] 68.

86   Im Zusammenhang mit der geforderten Unabhängigkeit muss der Compliance-Manager über ausreichend personelle und materielle Ressourcen verfügen. Es sind dem Compliance-Manager ausreichend Mitarbeiter zur Seite zu stellen, damit dieser seine Aufgaben auch erfüllen kann, ohne auf andere Abteilungen angewiesen zu sein bzw darf das ihm zur Verfügung stehende Budget nicht in Abhängigkeit zum Unternehmenserfolg stehen.[128] Ferner muss seine Position sachlich unabhängig sein, dh der Compliance-Manager darf nicht gleichzeitig operative Aufgaben im Tagesgeschäft übernehmen, um so allen Bereichen im Unternehmen unvoreingenommen und unabhängig gegenüber zu stehen.[129] Ebenso soll das Gehalt nicht vom Unternehmenserfolg abhängig sein, weil in einem solchen Fall die Gefahr bestünde, dass er seine Aufgabenerfüllung eher am Unternehmenserfolg als an Compliance-Vorgaben orientiert.[130] Die Position ist daher so auszugestalten, dass sich der Compliance-Manager am Unternehmensinteresse orientiert und persönliche oder private Interessen unbeachtet bleiben. Aus diesem Grund ist ein erfolgsabhängiges Gehalt bzw ein vom Unternehmenserfolg abhängiges Gehaltsmodell auszuschließen. Üblicherweise wird der Compliance-Manager als eine Stabsfunktion eingerichtet.

87   Die Stellung des Compliance-Managers direkt unter dem Vorstand ist ferner so auszugestalten, dass er sich im Unternehmen ausreichend Information besorgen kann, um seiner Überwachungsaufgabe generell nachkommen zu können. Daher ist dem Compliance-Manager ein unbegrenztes Einsichtsrecht in alle Unterlagen aller Unternehmensbereiche einzuräumen. Wesentlich ist, dass der Compliance-Manager mit anderen Abteilungen des Unternehmens, wie der Internen Revision, dem Risikomanagement sowie dem Controlling, eng zusammenarbeitet und sich auch von diesen Abteilungen die notwendigen Informationen besorgen kann. Dieses Einsichtsrecht ist um ein unbegrenztes Auskunftsrecht zu erweitern. Der Compliance-Manager ist berechtigt, alle Mitarbeiter sowie externe Berater des Unternehmens über alle Angelegenheiten des Unternehmens zu befragen. Die Kommunikation zwischen Compliance-Manager und anderen Unternehmensbereichen darf keinen Einschränkungen oder Hindernissen unterliegen.[131]

(3) Profil des Compliance-Managers

88   Der Compliance-Manager setzt sich in seinem Aufgabenbereich ständig mit der Einhaltung des geltenden Rechts und den Konsequenzen im Falle der Nichteinhaltung

---

[128] *Lösler*, Zur Rolle und Stellung des Compliance-Beauftragten, WM 2008, 1099 (1102).

[129] In der deutschen Literatur wird gefordert, dass der Compliance-Manger zur Sicherung seiner Unabhängigkeit für einen bestimmten Zeitraum „unabsetzbar" und „unverletzbar" sein sollte (vgl dazu *Tauber/Campos Nave*, Compliance Audit (Analysephase), in *Jäger/Rödl/Campos Nave*, Praxishandbuch Corporate Compliance 400). Dies ist mE zu weitgehend, weil die Verantwortung für den Compliance-Bereich beim Vorstand liegt und dieser in jedem Fall die Letztentscheidung in allen Compliance-Angelegenheiten haben soll (vgl dazu auch *Lösler*, Das moderne Verständnis von Compliance im Finanzmarktrecht, NZG 2005, 104 (107); *Bürkle* in *Hauschka*, Corporate Compliance § 8 Rz 8).

[130] *Bürkle* in *Hauschka*, Corporate Compliance § 8 Rz 8.

[131] *Tauber/Campos Nave*, Compliance Audit (Analysephase), in *Jäger/Rödl/Campos Nave*, Praxishandbuch Corporate Compliance 400; *Bürkle* in *Hauschka*, Corporate Compliance § 8 Rz 19 ff.

auseinander. Aus diesem Grund liegt es nahe, dass der Compliance-Manager über eine juristische Ausbildung verfügen soll. In kleineren oder mittelgroßen Unternehmen kann es daher praktikabel sein, die Bereiche Recht und Compliance zusammenzufassen. In der Lit wird zum Teil gefordert, den Bereich Compliance in der Internen Revision zu verankern, weil über rechtliche auch organisatorische und personelle Vorgaben einzuhalten sind.[132]

Darüber hinaus wird insb in der d Lit vertreten, dass neben juristischen Kenntnissen auch betriebswirtschaftliche Kenntnisse unbedingt erforderlich sind, weil Compliance nicht nur Recht, sondern auch Organisation umfasst und tiefer gehendes Wissen auch im Bereich Organisation unerlässlich ist.[133] Meines Erachtens sind juristische Kenntnisse ein Muss für einen Compliance-Manager, betriebswirtschaftliche Kenntnisse sind sicher von Vorteil, jedoch nicht unbedingt erforderlich, wenn der Compliance-Manager über Erfahrung im Unternehmen bzw Unternehmensumfeld verfügt. **89**

Der Compliance-Manager sollte daher Kenntnisse des Unternehmens oder der Branche bzw des Marktes haben. Aufgrund dieser Kenntnisse kann der Compliance-Manager rechtliche Risiken besser identifizieren. Vorteilhaft ist auch eine persönliche Kenntnis der am Markt handelnden Personen. Andererseits können Personen, die bereits Erfahrung im Unternehmen haben, „betriebsblind" sein oder persönliche Beziehungen zu einzelnen Bereichen oder Mitarbeitern haben, die ihre Unbefangenheit in Frage stellen. Personen ohne konkrete Erfahrungen im Unternehmen wiederum können in der Praxis leicht „hintergangen" werden, weil sie die Gebräuche im Unternehmen oft nicht kennen. Es ist daher im konkreten Einzelfall zu entscheiden, ob die Person den konkreten Anforderungen entspricht. **90**

Wesentlich für die Person des Compliance-Managers sind schlussendlich neben juristischen Kenntnissen und Kenntnissen des Unternehmens auch Organisationstalent, Beharrlichkeit, Durchsetzungsvermögen[134] und Kommunikationsvermögen, um seinen Aufgaben nachzukommen. In der d Lit fallen in diesem Zusammenhang auch die Schlagworte von Personen mit zweifelsfreier Geschäftsethik und persönlicher Integrität, damit sichergestellt ist, dass diese Personen als Compliance-Manager ihre Aufgaben nachhaltig verfolgen und sich auch in Grauzonen und unter persönlichen Risiken eindeutig an das Gesetz halten.[135] **91**

(4) Aufgaben des Compliance-Managers

Die Aufgaben des Compliance-Managers lassen sich im Wesentlichen in zwei Richtungen konkretisieren, einerseits die Aufgaben in Richtung Vorstand („nach oben hin") und andererseits die Aufgaben in Richtung Compliance-Beauftragte (dritte Ebe- **92**

---

[132] *Campos Nave/Bonenberger*, Korruptionsaffären, Corporate Compliance und Sofortmaßnahmen im Krisenfall, BB 2008, 734 (735).

[133] *Tauber/Campos Nave*, Compliance Audit (Analysephase), in *Jäger/Rödl/Campos Nave*, Praxishandbuch Corporate Compliance 398.

[134] *Tauber/Campos Nave*, Compliance Audit (Analysephase), in *Jäger/Rödl/Campos Nave*, Praxishandbuch Corporate Compliance 398; *Bürkle* in *Hauschka*, Corporate Compliance § 8 Rz 23.

[135] *Tauber/Campos Nave*, Compliance Audit (Analysephase), in *Jäger/Rödl/Campos Nave*, Praxishandbuch Corporate Compliance 398.

ne) und Mitarbeiter („nach unten hin"). Der Compliance-Manager nimmt im Wesentlichen Informations-, Berichts- und Überwachungspflichten wahr.

93   In Richtung Vorstand („nach oben hin") hat der Compliance-Manager einerseits die Compliance-Organisation umzusetzen und andererseits den Vorstand bei der Weiterentwicklung bzw Verbesserung der Compliance-Organisation zu beraten. Diese Verbesserung zielt im Wesentlichen auf eine kontinuierliche Überprüfung der Compliance-Organisation hinsichtlich eines allfälligen Anpassungsbedarfs sowie auf die Optimierung des Systems hin.[136]) Darüber hinaus berät der Compliance-Manager über Entwicklungen im Unternehmensumfeld bzw informiert den Vorstand über rechtliche Entwicklungen, die Einfluss auf das Compliance-System haben können.[137]) Der Compliance-Manager unterstützt daher den Vorstand in allen compliance-relevanten Fragen und Entwicklungen.[138])

94   Der Compliance-Manager berichtet dem Vorstand regelmäßig oder anlassbezogen über wesentliche rechtliche Vorkommnisse und Maßnahmen im Compliance-Bereich, so zB über abgehaltene Schulungen, Meldungen bei der Whistleblower-Hotline[139]), über Ergebnisse von Mitarbeiterbefragungen oder Überprüfungen von Geschäftsfällen sowie über beabsichtigte Maßnahmen im Unternehmen. Dazu wertet der Compliance-Manager auch die Berichte der Compliance-Beauftragten (dritte Ebene) aus und gibt diese Informationen an den Vorstand weiter. In diesem Zusammenhang erarbeitet der Compliance-Manager auch Maßnahmen, wie auf Vorkommnisse, insb Rechts- oder Compliance-Verstöße, im Unternehmen reagiert werden sollte und bespricht dies mit dem Vorstand.

95   In Richtung Mitarbeiter („nach unten hin") hat der Compliance-Manager insb Informations-, Überwachungs- und Beratungsfunktion.

96   Im Rahmen der Informationsfunktion hat der Compliance-Manager den Mitarbeitern alle compliance-relevanten Informationen zur Verfügung zu stellen und Schulungen und Beratungen abzuhalten oder zu organisieren. Er hat ferner in Compliance-Fragen als Auskunftsperson zur Verfügung zu stehen und alle – auch vertrauliche Informationen von Mitarbeitern – entgegenzunehmen. Daneben hat der Compliance-Manager ein Informationssystem aufzubauen, das eine möglichst lückenlose Informationsbeschaffung und den ungehinderten Informationsfluss von den Mitarbeitern zum Compliance-Manager gewährleistet.[140]) Diese Informationsbeschaffung ist ein wesentliches Element der Compliance-Organisation und dient insb zur Risikobestandsaufnahme und Haftungsvermeidung. Der Compliance-Manager hat dabei jegliche erdenkliche (legale) Möglichkeit zur Informationsbeschaffung auszunutzen.

97   Schließlich hat der Compliance-Manager die Compliance-Vorgaben im Unternehmen zu überwachen und auch dem Vorstand dazu zu berichten.

---

[136]) *Schubert,* Konzeption und Implementierung eines Compliance-Systems 39.
[137]) *Bürkle,* Corporate Compliance – Pflicht oder Kür für den Vorstand der AG? BB 2005, 565 (565).
[138]) *Schubert,* Konzeption und Implementierung eines Compliance-Systems 28.
[139]) Siehe dazu Rz 142 ff.
[140]) *Kiethe,* Vermeidung der Haftung von geschäftsführenden Organen durch Corporate Compliance, GmbHR 8/2007, 393 (399).

In Richtung Compliance-Beauftragte (dritte Ebene) hat der Compliance-Manager **98** insb die Zusammenarbeit zu steuern.

Zusammenfassend ist daher festzuhalten, dass der Compliance-Manager den rei- **99** bungslosen Informationsfluss von „oben nach unten" sowie von „unten nach oben" sicherstellen muss. Alle compliance-relevanten Informationen sind an den Vorstand weiterzugeben bzw ist diesem regelmäßig oder anlassbezogen zu berichten, und andererseits sind die Mitarbeiter regelmäßig zu informieren, zu schulen und zu überwachen.

(5) Compliance-Manager und Konfliktsituation

Der Compliance-Manager hat – wie oben ausgeführt – Compliance-Verstöße der **100** Mitarbeiter dem Vorstand, und zwar dem nach der Ressortverteilung zuständigen Vorstandsmitglied, zu melden. In eine Konfliktsituation gerät der Compliance-Manager bei Compliance- oder Rechtsverstößen des Vorstandes selbst. Bekommt er diesbezüglich Informationen, so darf er diese keinesfalls ignorieren, sondern hat diesen – wie allen anderen Verstößen – nachzugehen, weil Compliance nicht nur für die Bereiche unterhalb des Vorstands, sondern auch für den Vorstand selbst gilt. Behauptete oder tatsächliche Verstöße des Vorstands haben besondere Signalwirkung im Unternehmen und Unternehmensumfeld.

Der Compliance-Manager hat in einem solchen Fall das für den Compliance-Be- **101** reich zuständige Vorstandsmitglied über solche Compliance- oder Rechtsverstöße, sofern die Übertretung von einem anderen Vorstandsmitglied gesetzt wurde, zu melden. Wurde der Compliance- oder Rechtsverstoß vom Compliance-Vorstand gesetzt, so hat der Compliance-Manager ein anderes Vorstandsmitglied davon zu informieren. Der Vorstand hat in diesem Fall schwerwiegende Verstöße umgehend an den Aufsichtsratsvorsitzenden zu berichten und zugleich die Aufklärung des Sachverhaltes anzuordnen.

Treffen die Vorwürfe jedoch alle Mitglieder des Vorstandes, so hat sich der Com- **102** pliance-Manager gleich direkt an den Aufsichtsratsvorsitzenden zu wenden, sozusagen als letzte Instanz im Unternehmen. Ist jedoch auch der Aufsichtsrat in den Verstoß verwickelt oder kooperiert der Aufsichtsrat nicht mit dem Compliance-Manager, so bleibt diesem in der Regel als letzter Ausweg nur, sein Amt niederzulegen.[141]

c) Dritte Ebene: Compliance-Beauftragte

(1) Einleitung

Unter dem zentralen Compliance-Manager werden je nach Unternehmensgröße **103** und Komplexität dezentrale Compliance-Beauftragte eingesetzt. Ihr Aufgabengebiet, ihre Position und ihre Stellung umfassen im Wesentlichen die Compliance in den ihnen zugeordneten rechtlichen oder fachlichen Bereichen im Unternehmen.

(2) Stellung der dezentralen Compliance-Beauftragten und Fachgebiet

Entscheidet sich der Vorstand für die Installierung einer dezentralen Compliance- **104** Organisation auf der dritten Ebene, hat er in einem ersten Schritt die einzelnen dezentralen Compliance-Bereiche in der dritten Ebene zu definieren. Dabei bieten sich ihm

---

[141] *Bürkle* in *Hauschka*, Corporate Compliance § 8 Rz 15 f.

im Wesentlichen zwei Möglichkeiten. Diese Bereiche können einerseits nach Rechtsgebieten definiert werden, zB Compliance-Beauftragte für Datenschutz, Compliance-Beauftragte für Umweltrecht oder Compliance-Beauftragte für Kartellrecht[142]), oder andererseits nach den fachlichen Bereichen im Unternehmen, zB Compliance-Beauftragte für Marketing, Compliance-Beauftragte für Vertrieb, Compliance-Beauftragte für Produktion.[143]) Für beide „Wege" gibt es Vor- und Nachteile. Ein Vorteil der Einteilung in rechtliche Bereiche ist eine gewisse Distanz des Compliance-Beauftragten zu den einzelnen Abteilungen. Seine Neutralität ist daher im Verhältnis zu den einzelnen Abteilungen besser gewährleistet. Darüber hinaus spricht zumeist ein besseres Fachwissen für die Beauftragung nach Rechtsbereichen, weil sich der Compliance-Beauftragte leichter und besser auf ein konkretes Rechtsgebiet spezialisieren kann. Andererseits sind Compliance-Beauftragte nach Rechtsgebieten weit weg vom tatsächlichen Ablauf und dem Tagesgeschäft im Unternehmen, die je nach Fachabteilung sehr unterschiedlich sein können. Compliance-Beauftragte aus den Fachgebieten sind in diesem Zusammenhang von Vorteil, zumal sie eben die tatsächlichen Abläufe und das Tagesgeschäft bestens kennen. Andererseits führt diese Nähe oft zu Interessenskonflikten und mangelnder Neutralität, weil Compliance-Beauftragte aus den Fachgebieten „ihre Mitarbeiter" besser kennen und oft auch schützen möchten. Wesentlicher Vorteil der Compliance-Beauftragten aus Fachgebieten ist der Informationsvorsprung aus dem Fachgebiet.

105   Es ist daher stets im Einzelfall, insb anhand der im Unternehmen bestehenden Struktur, zu entscheiden, ob Compliance-Beauftragte nach rechtlichen oder fachlichen Bereichen oder eine Mischung aus den beiden gemacht werden sollte.

(3) Stellung und Profil der Compliance-Beauftragten

106   Die Stellung und das Profil des Compliance-Beauftragten auf der dritten Ebene entsprechen im Wesentlichen dem des Compliance-Managers. Compliance-Beauftragte sind direkt dem Compliance-Manager unterstellt. Wesentlich in diesem Zusammenhang ist, dass der Compliance-Beauftragte wiederum unabhängig ist und über ausreichend personelle und materielle Ressourcen verfügt und die Entlohnung vom Unternehmenserfolg unabhängig ist. Compliance-Beauftragte haben – wie der Compliance-Manager auch – über juristische Kenntnisse und Kenntnisse des Unternehmens und ihres Bereichs zu verfügen. Ebenso ist sicherzustellen, dass Compliance-Beauftragte selbst über Organisationstalent, Beharrlichkeit und Durchsetzungsvermögen verfügen.

(4) Aufgaben der Compliance-Beauftragten

107   Die Aufgabe der dezentralen Compliance-Beauftragten liegt einerseits in der Umsetzung der Compliance-Organisation in den ihnen jeweils zugewiesenen rechtlichen oder fachlichen Bereichen und andererseits in der Beratung des Compliance-Managers über Weiterentwicklungen, jeweils bezogen auf ihren Bereich. Ferner haben Compliance-Beauftragte dem Compliance-Manager über Entwicklungen, die ihren spezifischen Bereich umfassen, zu berichten und ihn diesbezüglich zu beraten. Die Compliance-Be-

---

[142]) Siehe dazu den Beitrag von *Ablasser-Neuhuber/Neumayr* Rz 510 ff.
[143]) *Bürkle* in *Hauschka,* Corporate Compliance § 8 Rz 130 ff.

auftragten haben – ebenso bezogen auf ihr rechtliches oder fachliches Gebiet – eine Informations-, Überwachungs- und Beratungsfunktion.

Besonderes Augenmerk ist auf die Zusammenarbeit zwischen Compliance-Manager und Compliance-Beauftragten zu legen. Es muss sichergestellt werden, dass der Informationsfluss zwischen Compliance-Manager und Compliance-Beauftragten ohne Hindernisse funktioniert und der Compliance-Beauftragte regelmäßig und anlassbezogen bei Rechts- oder Compliance-Verstößen an den Compliance-Manager berichtet, damit dieser wiederum in der Lage ist, dem Vorstand zu berichten. Auch sind sämtliche Maßnahmen der dezentralen Compliance-Beauftragten, wie Informationen an Mitarbeiter oder Schulungen, mit dem Compliance-Manager abzustimmen. **108**

Auch eine Konfliktsituation zwischen Compliance-Manager und Compliance-Beauftragten kann nicht ausgeschlossen werden, insb dann, wenn der Compliance-Beauftragte über Rechts- oder Compliance-Verstöße des Compliance-Managers erfährt. Auch in diesem Fall darf der Compliance-Beauftragte nicht einfach zusehen, sondern muss reagieren und den Vorstand darüber in Kenntnis setzen.[144] **109**

d) Das Compliance-Committee

Zusätzlich zu Compliance-Managern und Compliance-Beauftragten kann in einem Unternehmen ein sog Compliance-Committee eingerichtet werden.[145] Die Zusammensetzung dieses Compliance-Committees variiert je nach den Bedürfnissen des Unternehmens. Üblicherweise besteht ein solches Committee aus dem für den Compliance-Bereich zuständigen Vorstandsmitglied, dem Compliance-Manager, je einem Vertreter der Rechtsabteilung, des Controllings, der internen Revision, und (eventuell) den Compliance-Beauftragten. Ferner können – je nach Größe und Komplexität des Unternehmens – auch externe Berater, zB Rechtsanwälte, Wirtschaftsprüfer, Mitglieder des Compliance-Committees sein. **110**

Aufgabe des Compliance-Committees ist die Steuerung und Umsetzung der Compliance-Organisation in einem Unternehmen. Das Compliance-Committee hat ferner die Implementierung von Compliance-Aspekten in den verschiedenen Geschäftsprozessen zu steuern und zu überwachen.[146] Darüber hinaus soll das Compliance-Committee auch als Plattform aller Unternehmensbereiche über Verbesserungen, Weiterentwicklungen und Veränderungen in der Compliance-Organisation beraten und den Vorstand bei dessen Umsetzung unterstützen. Insgesamt sollte das Committee auch als Anlaufstelle für Fragen innerhalb der Compliance-Organisation dienen, um den Compliance-Aufbau ständig weiterzuentwickeln und zu verbessern. **111**

e) Compliance-Organisation im Konzern[147]

Besondere Herausforderungen für eine Compliance-Organisation ergeben sich im Konzern. Es kommen hier im Wesentlichen zwei Organisationsformen in Betracht. Es **112**

---

[144] *Bürkle* in *Hauschka*, Corporate Compliance § 8 Rz 30.

[145] *Rodewald/Unger*, Kommunikation und Krisenmanagement im Gefüge der Corporate Compliance-Organisation, BB 2007, 1692 (1631); *Wecker/Galla* in *Wecker/van Laak*, Compliance in der Unternehmerpraxis[2] 60.

[146] *Schauer*, Konzeption und Implementierung eines Compliance-Systems 28 f.

[147] Siehe dazu auch den Beitrag von *Napokoj/Pelinka* Rz 329 ff.

besteht die Möglichkeit, dass jedes einzelne Konzernunternehmen eine eigene Compliance-Organisation, die je nach Größe und Komplexität des jeweiligen Konzernunternehmens ausgestattet ist, aufbaut (sog Insellösung).[148] Dieser Weg ist aus organisatorischer Sicht aufwendig und kostenintensiv.[149]

113   Daher ist der in der Praxis günstigere und organisatorisch wohl auch effektivere Weg eine Compliance-Organisation so zu gestalten, dass diese die Obergesellschaft und auch die nachgeordneten Konzerngesellschaften einbezieht (sog Pyramidenlösung).[150] Grad und Umfang dieser Einbeziehung hängen von der Grundlage der Konzernierung und den daraus resultierenden gesellschaftsrechtlichen Einflussnahmemöglichkeiten ab.[151] In diesem Zusammenhang ist zu beachten, dass die Organisationsverfassung einer AG oder GmbH bekanntlich davon ausgeht, dass das Unternehmen von der Gesellschaft selbst betrieben wird und jedes Konzernunternehmen selbst für rechwidriges Verhalten und dessen Verhinderung verantwortlich ist. Während die Geschäftsführungsaufgaben in der Konzernobergesellschaft selbst jedenfalls nach AktG oder GmbHG bestehen, ist die Konzernleitung nur abgeleitet. Zwar hat der Vorstand der herrschenden Gesellschaft den gesamten Konzern zu überwachen[152], dennoch leitet sich daraus keine Pflicht zur einheitlichen Leitung eines Konzerns ab.[153] Der Vorstand der herrschenden Gesellschaft hat daher zu entscheiden, ob und wie er die Konzernleitung wahrnehmen will. In Bezug auf Compliance hat der Vorstand zu entscheiden, ob er eine Konzern-Compliance installieren möchte. In einem zweiten Schritt ist zu klären, wie diese Installierung durchgeführt werden soll.

114   Die Entscheidung des Vorstandes zur Konzernleitung bzw im gegenständlichen Fall zu einer Konzern-Compliance ändert nämlich nichts daran, dass alle Konzerngesellschaften rechtlich selbstständige Unternehmen sind. Der Vorstand der herrschenden Gesellschaft wird auf Grundlage seiner Entscheidung zur Konzernleitung nicht zum Konzernvorstand.[154] Mittel zur Überwachung bzw zur Installation einer Konzern-Compliance-Organisation sind daher nur die Ausübung von Gesellschafterrechten in den beherrschten Unternehmen oder die Übernahme von Organfunktionen in diesen Unternehmen.[155]

115   Im Gegensatz dazu hat der Vorstand der beherrschten AG oder die Geschäftsführung der beherrschten GmbH ihre Gesellschaft in eigener Verantwortung zu führen. Der Geschäftsführung einer GmbH kann zwar per Gesellschafterbeschluss eine Weisung erteilt werden[156], dies setzt jedoch voraus, dass das herrschende Unternehmen Mehrheitsgesellschafter ist. In einem solchen Fall könnte daher mittels Gesell-

---

[148] *Schneider/Schneider,* Konzern-Compliance als Aufgabe der Konzernleitung, ZIP 2007, 2061 (2063).

[149] Vgl dazu *Rodewald/Unger,* Kommunikation und Krisenmanagement im Gefüge der Corporate Compliance-Organisation, BB 2007, 1629 (1631).

[150] *Schneider/Schneider,* Konzern-Compliance als Aufgabe der Konzernleitung, ZIP 2007, 2061 (2065).

[151] *Bürkle* in *Hauschka* (Hrsg), Corporate Compliance § 8 Rz 39.

[152] Vgl dazu OGH 23. 11. 1988 SZ 61/260.

[153] *Kalss* in *Kalss/Nowotny/Schauer,* Österreichische Gesellschaftsrecht Rz 3/394 mwN.

[154] Vgl *Kalss* in *Doralt/Nowotny/Kalss,* AktG § 95 Rz 31.

[155] *Doralt/Diregger* in Münchener Kommentar zum AktG³ § 15 Rz 66 mwN.

[156] Vgl § 20 GmbHG.

schafterbeschluss an die Geschäftsführung der beherrschten GmbH die Weisung erteilt werden, die Konzern-Compliance-Organisation auch in der beherrschten GmbH umzusetzen und zu überwachen.[157]) Der Vorstand einer AG ist hingegen weisungsfrei[158]) und ist daher – auch bei Vorliegen eines faktischen Konzernverhältnisses – nicht verpflichtet, die Weisung des herrschenden Unternehmens in Bezug auf die Einrichtung einer Compliance-Organisation zu befolgen. Er ist jedoch unter Beachtung der sich aus dem AktG ergebenden Grenzen durchaus berechtigt, die Konzernpolitik umzusetzen.[159]) Dies bedeutet, dass Weisungen bzw Einflussnahmen auf den Vorstand der beherrschten Gesellschaft zwar per se nicht verboten sind, ihnen jedoch die rechtliche Verbindlichkeit fehlt.[160]) Entscheidet sich der Vorstand der beherrschten Gesellschaft für die Umsetzung der Konzernpolitik bzw der Umsetzung der Konzern-Compliance, so hat er seine Entscheidung am Wohle und im Interesse der beherrschten Gesellschaft unter Berücksichtigung der Interessen der Aktionäre, der Arbeitnehmer, der Gläubiger sowie der Öffentlichkeit auszurichten, wobei diesbezüglich auch das Konzerninteresse eine Rolle spielen kann. Ferner hat der Vorstand die Maßnahme unter dem Aspekt des Verbots der Nachteilszufügung im Konzern zu prüfen. Dabei darf die beabsichtigte Maßnahme der beherrschten Gesellschaft keinen Nachteil bereiten bzw muss in einem solchen Fall dieser Nachteil ausgeglichen werden.[161])

Nach Prüfung dieser Maßnahmen entscheidet der Vorstand über deren Umsetzung. In Bezug auf die Errichtung einer Compliance-Organisation und deren Einbindung in die Konzern-Compliance kann wohl davon ausgegangen werden, dass diese Maßnahme zum Wohle und im Interesse der beherrschten Gesellschaft liegt und auch den Interessen der Aktionäre, der Arbeitnehmer, der Gläubiger sowie der Öffentlichkeit entspricht. Ferner kann auch davon ausgegangen werden, dass jegliche Compliance für die Gesellschaft nicht nachteilig ist. Einfach ist eine solche Entscheidung, wenn die herrschende Gesellschaft Alleinaktionärin bzw Alleingesellschafterin der beherrschten Gesellschaft ist. Ist dies nicht der Fall, so hängt die Zulässigkeit einer solchen Einbeziehung von der Eigentümerstruktur bzw vom Verbot der Ungleichbehandlung der Aktionäre und Gesellschafter ab. **116**

In einem weiteren Schritt stellt sich die Frage, wie die einzelnen Konzerngesellschaften in die Konzern-Compliance einbezogen werden können. Zur Erfüllung dieser Aufgaben wird in der Praxis bei der herrschenden Gesellschaft ein sog Group-Compliance-Officer bestellt, der gleichzeitig auch der Compliance-Manager der Obergesellschaft sein kann.[162]) Dieser Group-Compliance-Officer beaufsichtigt die Erfüllung der konzernweiten Compliance-Pflichten und koordiniert diese bzw koordiniert die Installierung der Compliance in den einzelnen Konzerngesellschaften. Ferner sind in den **117**

---

[157]) Zu beachten ist in diesem Zusammenhang, dass die Geschäftsführung an rechtswidrige Weisungen nicht gebunden ist. Die Weisung, eine Compliance-Organisation in der Konzerngesellschaft einzurichten, ist per se nicht rechtswidrig. Die detaillierte Ausgestaltung der Konzern-Compliance ist jedoch zu prüfen. Vgl dazu den Beitrag von *Napokoj/Pelinka* Rz 225 ff.

[158]) Vgl dazu § 70 AktG.

[159]) *Kalss* in *Kalss/Nowotny/Schauer*, Österreichisches Gesellschaftsrecht Rz 3/938 mwN.

[160]) *Doralt/Diregger* in Münchener Kommentar zum AktG³ § 15 Rz 66 mwN.

[161]) Vgl dazu *Kalss* in *Kalss/Nowotny/Schauer*, Österreichisches Gesellschaftsrecht Rz 3/937.

[162]) Vgl *Schneider/Schneider*, Konzern-Compliance als Aufgabe der Konzernleitung, ZIP 2007, 2061 (2063).

einzelnen Konzerngesellschaften sog Compliance-Beauftragte für jede Konzerngesellschaft zu bestellen, deren Stellung, Profil und Aufgaben jenen der Compliance-Beauftragten in einem Unternehmen[163]) entspricht. Dies selbstverständlich nur in Bezug auf die jeweilige Konzernuntergesellschaft. Der Compliance-Beauftragte für eine Konzernuntergesellschaft hat an den Group-Compliance-Officer und an den Vorstand bzw an die Geschäftsführung der jeweiligen Konzerngesellschaft zu berichten.

3. Informations-, Beratungs- und Dokumentationsstrukturen in der Compliance-Organisation

a) Berichte des Compliance-Managers „nach oben" und „nach unten" und Informationsstrukturen

118   Die Vermeidung von Risiken und die Einhaltung von Ge- und Verboten im Unternehmen beginnen mit der Organisation von Informationsflüssen. Idealerweise sind das Wissen und die Informationen der Gesellschaft, also im Wesentlichen ihrer Mitarbeiter, identisch mit dem Wissen des Vorstands und der Geschäftsführung.[164]) Der Informationsaustausch zwischen Vorstand bzw Geschäftsführung einerseits und dem Unternehmen andererseits hat daher oberste Priorität in einer Compliance-Organisation. Neben herkömmlichen Erkenntnisquellen, wie beispielsweise aus den Bereichen Rechnungswesen, Revision oder Controlling, ist in diesem Zusammenhang die Rolle des Compliance-Managers als Drehscheibe der Information und Kommunikation wesentlich. Der Vorstand bzw die Geschäftsführung hat in der Compliance-Organisation sicherzustellen, dass der Informationsfluss „von oben nach unten" wie auch „von unten nach oben" durchgängig ist.[165]) Dazu dient ein klar kommuniziertes Berichtswesen, dessen Mittelpunkt ebenfalls der Compliance-Manager bildet. Dieser ist die zentrale Anlaufstelle für compliance-relevante Sachverhalte im Unternehmen und hat einen Gesamtüberblick über alle compliance-relevanten Fragen und Tatsachen im Unternehmen.[166])

119   Der Compliance-Manager ist die Informationssammelstelle im Unternehmen.[167]) Er hat sich die Information in diesem Zusammenhang auch pro-aktiv zu besorgen und dabei alle nur erdenklichen Möglichkeiten der Informationsbeschaffung zu nutzen.[168]) Der Informationsbeschaffungspflicht kommt eine überragende Bedeutung zu.[169]) Dazu gehören auch regelmäßige Besuche bei den Mitarbeitern, weil der persönliche Kontakt ein wesentlicher Bestandteil jeder Informationsbeschaffung ist. Compliance-relevante Informationen müssen dem Compliance-Manager gemeldet werden. Dieser „filtert und

---

[163]) Siehe dazu Rz 88 ff.

[164]) *Hauschka* in *Hauschka*, Corporate Compliance § 1 Rz 25.

[165]) *Hauschka*, Corporate Compliance – Unternehmensorganisatorische Ansätze zur Erfüllung der Pflichten von Vorständen und Geschäftsführern, AG 2004, 461 (463).

[166]) *Rodewald/Unger*, Kommunikation und Krisenmanagement im Gefüge der Corporate Compliance Organisation, BB 2007, 1629 (1632).

[167]) *Rodewald/Unger*, BB 2007, 1629 (1630).

[168]) *Kiethe*, Vermeidung der Haftung von geschäftsführenden Organen durch Corporate Compliance, GmbHR 8/2007, 393 (399).

[169]) *Rodewald/Unger*, Corporate Compliance – Organisatorische Vorkehrungen zur Vermeidung von Haftungsfällen der Geschäftsleitung, BB 2006, 113 (114).

bewertet"[170]) solche Informationen regelmäßig und berichtet in Form des Compliance-Berichts an den Vorstand bzw die Geschäftsführung weiter (zB monatlicher oder quartalsweiser Compliance-Bericht). Dieser Bericht hat alle compliance-relevanten Sachverhalte des Unternehmens darzulegen und auch Vorschläge für den Umgang mit den Informationen bzw mit diesbezüglich erforderlichen Maßnahmen im Unternehmen zu enthalten. Inhalt des Berichtes sind daher sämtliche im Unternehmen ereignete Compliance-Verstöße (auch nach Anzahl und Schwere), durchgeführte Untersuchungen und deren Ergebnisse sowie durchgeführte Disziplinarmaßnahmen, wie auch Schulungen und Trainingsmaßnahmen. Darüber hinaus hat der Compliance-Manager ad hoc einen Bericht an den Vorstand bzw die Geschäftsführung zu erstellen, insb im Anlassfall bzw Krisenfall. Daneben ist der Compliance-Manager verpflichtet, sich Informationen auch im Unternehmen aktiv zu besorgen, zB durch Mitarbeiterbefragungen, Überprüfung von Geschäftsfällen etc.

120 Fraglich ist, wer an den Aufsichtsrat zu berichten hat. Grundsätzlich hat der Vorstand bzw die Geschäftsführung an den Aufsichtsrat zu berichten. Der Compliance-Manager hat im Fall eines Compliance-Verstoßes des gesamten Vorstands direkt an den Aufsichtsrat zu berichten.[171])

121 Demgegenüber steht die Informationspflicht des Compliance-Managers nach unten. Dieser hat entweder die Compliance-Beauftragten (dritte Ebene) oder die Mitarbeiter direkt über alle compliance-relevanten Sachverhalte zu informieren. Dies können Schulungen, Weisungen, Rundschreiben oder Beratungen sein. Der Compliance-Manager hat die Mitarbeiter über Compliance-Pflichten aufzuklären und sie diesbezüglich zu beraten. Nur so kann sichergestellt werden, dass die Mitarbeiter die entsprechenden Vorgaben einhalten und ihr Verhalten im Unternehmen und nach außen daraufhin einrichten.

b) Das Compliance-Handbuch (Compliance-Manual) und andere Verhaltensanweisungen

122 Wesentliches Ziel der Compliance-Organisation ist auch die Stärkung des Bewusstseins der Mitarbeiter für rechtliche Gefahren. Mitarbeiter sind über unternehmensspezifische Gefahren und über die darauf anwendbaren gesetzlichen Anforderungen zu informieren. Dafür eignet sich ein Compliance-Handbuch, auch Compliance-Manual genannt. Dieses wird den Mitarbeitern im Anschluss an Schulungen ausgehändigt oder im Intranet veröffentlicht und soll den Mitarbeitern in klaren und einfachen Worten die gesetzlichen Vorgaben in den jeweiligen Bereichen der Mitarbeiter darlegen.[172])

123 Das Compliance-Handbuch ist zumeist modular aufgebaut, weil nicht jeder Mitarbeiter alle Inhalte bzw Module benötigt. Es sollen den einzelnen Mitarbeitern die für ihren Tätigkeitsbereich relevanten Inhalte zur Verfügung gestellt werden.[173]) Alternativ

[handschriftliche Notiz: spezifische Informationsverteilung]

---

[170]) Vgl *Rodewald/Unger*, BB 2007, 1629 (1632).

[171]) *Rodewald/Unger*, Kommunikation und Krisenmanagement im Gefüge der Corporate-Compliance-Organisation, BB 2007, 1629 (1631); *Schubert*, Konzeption und Implementierung eines Compliance-Systems, 49.

[172]) *Lampert* in *Hauschka* (Hrsg), Corporate Compliance § 9 Rz 18.

[173]) *Wecker/Galla* in *Wecker/van Laack* (Hrsg), Compliance in der Unternehmerpraxis² 68 ff; siehe im Besonderen zum Bereich des Kartellrechts den Beitrag von *Ablasser-Neuhuber/Neumayr* Rz 529.

können auch mehrere verschiedene Handbücher im Unternehmen aufgelegt werden, die einzelne Bereiche wie zB Produktion, Vertrieb, Verwaltung etc abdecken. Die genaue Zuordnung der gesetzlichen Pflichten und der Adressaten des Handbuchs im Unternehmen ist für den Erfolg des Handbuchs wesentlich.[174]

124   Das Compliance-Handbuch setzt sich üblicherweise aus

- dem Commitment, inklusive der Sensibilisierung,
- den gesetzlichen Anforderungen,
- den Handlungsanforderungen an die Mitarbeiter und
- der Dokumentation

zusammen.

(1) Das Commitment und die Sensibilisierung

125   Wie unter Rz 37 angeführt „steht und fällt" jede Compliance-Organisation mit dem Bekenntnis der Unternehmensführung zur Compliance im Unternehmen. Daher sollte dieses Commitment einleitend auch in das Compliance-Handbuch aufgenommen werden, um bei den Mitarbeitern das Bewusstsein zur Compliance zu schärfen.

126   Einleitend sollte ferner die Bedeutung der Befolgung der Gesetze für das Unternehmen sowie die Konsequenz seiner Nicht-Befolgung und der daraus resultierenden Schäden dargelegt werden.[175] Letztlich muss Compliance als Aufgabe und Verantwortlichkeit eines jeden Mitarbeiters definiert und kommuniziert werden. Das Handbuch sollte in diesem Zusammenhang auch zur Sensibilisierung der Mitarbeiter in Bezug auf das Thema Compliance führen.[176]

(2) Die gesetzlichen Anforderungen

127   Hauptbestandteil des Compliance-Handbuchs ist die Darlegung der rechtlichen Rahmenbedingungen für die einzelnen Tätigkeitsbereiche im Unternehmen. Wesentlich ist, um ein Übermaß an Informationen zu vermeiden, dass diese Darlegung auf die verschiedenen Bereiche abzielt. Das Handbuch ist in klaren und einfachen Worten unter Verwendung von Beispielen abzufassen, sodass es jeder Mitarbeiter auch versteht. Einfach kann dies durch eine Auflistung der „Do's" und „Don'ts" erfolgen.[177]

(3) Handlungsanweisungen an Mitarbeiter

128   Das Compliance-Handbuch sollte konkrete Handlungsanweisungen für Mitarbeiter beinhalten, damit diese erkennen, wie sie sich gesetzeskonform in den verschiedenen Situationen verhalten. Auch dies sollte in Form von einfachen Beispielen erfolgen. Im Idealfall kann jeder Mitarbeiter dem Handbuch entnehmen, welches Verhalten von ihm in einer konkreten Situation erwartet wird.[178] Häufig wird jedoch als Handlungs-

---

[174] *Wecker/Galla* in *Wecker/van Laack* (Hrsg), Compliance in der Unternehmerpraxis[2] 68 ff.

[175] Siehe auch *Lampert* in *Hauschka,* Corporate Compliance § 9 Rz 21.

[176] *Rodewald/Unger,* Kommunikation und Krisenmanagement im Gefüge der Corporate-Compliance-Organisation, BB 2007, 1629 (1630).

[177] *Lampert* in *Hauschka* (Hrsg), Corporate Compliance § 9 Rz 22.

[178] *Schubert,* Konzeption und Implementierung eines Compliance-Systems 31.

anweisung auch die Konsultation der Rechtsabteilung, des Compliance-Managers oder des Compliance-Beauftragten angebracht sein, weil es äußerst schwierig ist, alle möglichen Situationen im Compliance-Handbuch abzubilden. Die Präventionsfunktion solcher Handlungsanweisungen oder Richtlinien im Sinne einer Verhaltenssteuerung oder Verhaltensbeeinflussung der Mitarbeiter wird generell als sehr hoch bewertet, weil Unternehmensmitglieder dazu geneigt sind, solche einzuhalten.

(4) Die Dokumentation

Wesentliche Anforderung an die Compliance-Organisation ist die Dokumentation. **129** Jede Information ist langfristig nur so gut wie die Dokumentation, die sie bewahrt.[179] Im Falle von behördlichen Untersuchungen wegen allfälliger Gesetzesverstöße ist es notwendig, Beweismittel vorzulegen, die das rechtskonforme Verhalten im Unternehmen dokumentieren. Wesentlich ist dabei, dass die Unterlagen vor Manipulation und Unauffindbarkeit geschützt werden und dass sämtliche Vorgänge lückenlos belegbar sind.[180] Aus diesem Grund ist es einerseits erforderlich, Protokolle und Notizen über Entscheidungen, Gespräche und Telefonate anzulegen und andererseits diese, wie auch Briefe, Faxe und einzelne E-Mails, zu verwahren. Im Zusammenhang mit der Pflicht zur Erstellung von Dokumenten sollte das Handbuch Richtlinien enthalten, worüber Protokolle oder Aktenvermerke zu erstellen sind und welche Anforderungen an diese gestellt werden (zB Angabe des Datums, des Orts der Besprechung, der Dauer der Besprechung, der Besprechungsteilnehmer). Anforderungen sollten auch für Briefe, Faxe und insb E-Mails festlegt werden. Bei E-Mails empfiehlt sich die Ermahnung, diese mit der im sonstigen Schriftverkehr üblichen Sorgfalt zu erstellen. Daneben sind Vorgaben hinsichtlich der Aufbewahrungsdauer und der Vernichtung von Dokumenten zu geben. Die Aufbewahrungsdauer sollte bei Dokumenten der gesetzlichen Aufbewahrungspflicht unterliegen, dh fünf bis sieben Jahre.[181] Empfehlenswert ist auch die Festlegung eines Aufbewahrungssystems. In Bezug auf E-Mails ist zu beachten, dass diese auch noch nach Löschung im System zum Teil auffindbar sind.

(5) Weitere Inhalte

Oftmals finden sich in Compliance-Handbüchern auch Verhaltensanweisungen im **130** Verkehr mit Behörden oder bei Hausdurchsuchungen. Schließlich hat das Compliance-Handbuch alle Kontaktdaten der Compliance-Mitarbeiter und der Rechtsabteilungen zu enthalten und die Angabe einer allfälligen Compliance-Hotline oder Wistleblower-Hotline. Darüber hinaus verwenden viele Unternehmen das Compliance-Handbuch auch, um ethische Vorgaben an die Mitarbeiter zu richten oder Unternehmensziele zu definieren. Schließlich sollte das Compliance-Handbuch eine klare Aufforderung an die Mitarbeiter enthalten, Verstöße gegen geltendes Recht und unternehmensinterne Vor-

---

[179] *Hauschka,* Corporate Compliance – Unternehmensorganisatorische Ansätze zur Erfüllung der Pflicht von Vorständen und Geschäftsführern, AG 2004, 461 (464).

[180] Siehe *Tauber / Campos Nave* in *Jäger / Rödl / Campos Nave,* Praxishandbuch Corporate Compliance 395; *Kiethe,* Vermeidung der Haftung von geschäftsführenden Organen durch Corporate Compliance, GmbHR 8/2007, 393 (399 f).

[181] Selbstverständlich sind Dokumente während eines Verfahrens nicht zu zerstören.

gaben unverzüglich zu melden, um so die Wahrscheinlichkeit des frühzeitigen Aufdeckens eventuellen Fehlverhaltens zu erhöhen.[182])

c) Schulungen

131   Wie bereits zum Thema Compliance-Handbuch ausgeführt, ist das Ziel jeder Compliance-Organisation das Bewusstsein der Mitarbeiter über rechtliche Gefahren zu stärken und Verhaltensanweisungen zu geben. Dies kann einerseits durch das Compliance-Handbuch erfolgen, andererseits auch (ergänzend) durch entsprechende Schulungen.[183]) Schulungen in Form von Workshops oder Seminaren haben den Vorteil, dass sie auf die speziellen Bedürfnisse des Tätigkeitsbereichs des jeweiligen Mitarbeiters besser eingehen und daher eine größere Attraktivität haben. Andererseits kann Mitarbeitern auch die Möglichkeit gegeben werden, ihre Erfahrungen darzulegen und Fragen zu stellen. Dabei sollten Mitarbeiter aus den verschiedenen Tätigkeitsbereichen getrennt geschult werden, um den konkreten Anforderungen besser gerecht zu werden. Dabei können Schulungen von internen Vortragenden (zB dem Compliance-Manager) oder durch externe Vortragende erfolgen. Bei den Schulungen können auch compliance-relevante Situationen nachgestellt werden, um so den Mitarbeitern eine Anleitung zu konkretem Verhalten, insb in „Gefahrensituationen", zu geben. Mitarbeiter sollten auch ermutigt werden, bei compliance-relevanten Sachverhalten Auskünfte von Vorgesetzten, Rechtsabteilung oder Compliance-Managern einzuholen. Schulungen sollten in regelmäßigen Abständen erfolgen und wiederholt werden.[184])

d) Beratung und Helpline

132   Neben dem Compliance-Handbuch und Schulungen ist Beratung der Mitarbeiter zu compliance-relevanten Themen von großer Bedeutung. Beratung und Helpline sollen den Mitarbeitern im Berufsalltag Unterstützung bei compliance-relevanten Situationen, die in Schulungen nicht „geübt wurden" oder im Handbuch nicht erläutert werden, geben.[185]) Daher ist gerade die ad-hoc-Beratung und/oder eine Helpline ein wesentliches Element der Compliance-Organisation. Im Rahmen der Beratung sollte entweder ein Mitarbeiter der Rechtsabteilung oder der Compliance-Manager oder auf der dritten Ebene den Compliance-Beauftragten für compliance-relevante Fragen und Auskünfte zur Verfügung stehen. Wesentlich ist dabei, dass solche Fragen vertrauensvoll und ohne jegliche (negative) Konsequenzen für den Mitarbeiter beantwortet werden. Kann dies nicht sichergestellt werden, so ist die Installierung einer Helpline empfehlenswert. Dort können Mitarbeiter – auch auf anonymer Basis – Fragen stellen. Diese Helpline kann mit fachkundigen Mitarbeitern oder externen Beratern besetzt werden.[186])

---

[182]) *Schubert,* Konzeption und Implementierung eines Compliance-Systems 31.

[183]) Vgl *Wecker/Galla* in *Wecker/van Laak,* Compliance in der Unternehmerpraxis² 67 ff; *Rodewald/Unger,* BB 2007, 1629 (1630).

[184]) Siehe zum Bereich des Kartellrechts den Beitrag von *Ablasser-Neuhuber/Neumayr* Rz 525 ff.

[185]) *Lampert* in *Hauschka,* Corporate Compliance § 9 Rz 31; *Schubert,* Konzeption und Implementierung eines Compliance-Systems 27.

[186]) *Lampert* in *Hauschka,* Corporate Compliance § 9 Rz 31; *Schubert,* Konzeption und Implementierung eines Compliance-Systems 27.

Ein wesentlicher Vorteil der Helpline ist, dass compliance-relevante Fragen dabei **133** oft zentral gesammelt und analysiert werden können und so ein geregeltes Vorgehen und standardisierte Lösungsansätze über alle Geschäftsbereiche hinaus ermöglichen.[187])

E. Konsolidierungsphase

1. Einleitung

Nachdem die Compliance-Organisation im Unternehmen aufgebaut und installiert **134** ist, folgt die sog Konsolidierungsphase. Hierbei soll das Hauptaugenmerk darauf liegen, zunächst die Compliance-Organisation zu sichern und der Alltagsroutine zuzuführen. Darüber hinaus setzt sich die Konsolidierungsphase im Wesentlichen aus der Überwachung der Einhaltung von Compliance-Vorgaben und allfälligen Sanktionen im Falle der Nichteinhaltung zusammen und soll durch die Erkenntnisse des „Compliance-Alltags" sowie aus der Überwachung dazu führen, dass die Compliance-Organisation stets weiterentwickelt und an neue Gegebenheiten angepasst wird. Das Unternehmensumfeld ist einer erheblichen Dynamik ausgesetzt, die von ständigen Veränderungen, insb in der rechtlichen Anforderung, geprägt wird. Auf diese hat sich die Compliance-Organisation stets neu einzustellen.

(1) Überwachung der Einhaltung von Compliance-Vorgaben

Der Erfolg jeder Compliance-Organisation hängt im Wesentlichen auch von der **135** Überwachung der Einhaltung von Compliance-Vorgaben ab. Die Überwachung kann insb durch folgende Instrumente erfolgen:

- Mitarbeiterbefragungen,
- Prüfung von Geschäftsvorgängen,
- Mock Dawn Raids,
- die Einrichtung einer Whistleblower-Hotline.

Zuständig für diese Prüfungen sind der Compliance-Manager oder auf der dritten **136** Ebene die Compliance-Beauftragten. Darüber hinaus können für solche Prüfungen auch externe Berater, zB Rechtsanwälte oder Wirtschaftsprüfer, zugezogen werden.

Mitarbeiterbefragungen dienen einerseits dazu, die konkreten Handlungs- und **137** Vorgehensweisen von Mitarbeitern bei compliance-relevanten Sachverhalten zu prüfen. Insb ist die Abwicklung von standardmäßigen Geschäftsvorfällen, aber auch die Abwicklung dieser in Ausnahmesituationen zu prüfen.

Die Ergebnisse der Mitarbeiterbefragungen zeigen oftmals Schwachstellen im **138** Compliance-Aufbau oder auch in der Einhaltung von Compliance-Vorgaben. Daher sollten solche Mitarbeiterbefragungen durch stichprobenartige Prüfungen von Geschäftsfällen ergänzt werden. Dabei sind alle Mitarbeiter zu befragen, die an konkreten Geschäftsfällen mitgewirkt haben und alle bezughabenden Dokumente, wie zB Verträge, Protokolle, Aktenvermerke, Korrespondenz – insb E-Mails – zu prüfen (Mitarbei-

---

[187]) *Schubert,* Konzeption und Implementierung eines Compliance-Systems 53.

terbefragungen und stichprobenartige Prüfungen von Geschäftsfällen werden gemeinsam auch Legal Audits genannt).[188])

139 Dabei ist in einem ersten Schritt zu kontrollieren, ob die unternehmensinternen Compliance-Vorgaben in den verschiedenen Geschäftsbereichen tatsächlich umgesetzt wurden. In einem zweiten Schritt ist zu prüfen, ob diese Vorgaben auch tatsächlich eingehalten werden und in einem dritten Schritt, ob die Mitarbeiter selbst und in Bezug auf den geprüften Vorgang das geltende Recht sowie die unternehmensinternen Vorgaben (zB Unterschriftenregelung) eingehalten werden.[189]) Solche Legal Audits sind hinreichend häufig, stichprobenartig und in unregelmäßigen Abständen durchzuführen, damit sich die betroffenen Bereiche nicht im Vorhinein darauf einstellen können.

140 Ergeben Legal Audits etwaige Verstöße gegen Compliance-Vorgaben oder gegen das geltende Recht, so hat das Unternehmen geeignete Maßnahmen zu setzen und erforderlichenfalls weitere Prüfungen zu veranlassen. In einem solchen Fall können nicht nur einzelne Geschäftsvorfälle geprüft werden, sondern gesamte Abteilungen. Je mehr sich nämlich Verdachtsfälle im Rahmen von Legal Audits verdichten, desto eher sind interne oder externe Ermittlungshandlungen geboten.

141 Die weiteren Prüfungen können auch von externen Personen durchgeführt werden. Diese werden – insb im Bereich des Kartell- und Wettbewerbsrechts – oft im Rahmen von vorgetäuschten behördlichen Durchsuchungshandlungen durchgeführt, sog „Mock Dawn Raids".[190]) Dabei werden Nachprüfungen von Behörden (zB Wettbewerbsbehörden) in Form von Hausdurchsuchungen simuliert und Mitarbeiter in Stresssituationen getestet, ob sie sich gesetzeskonform verhalten. Solche Mock Dawn Raids sind vorab mit der Unternehmensleitung abzustimmen, insb auch zur Vermeidung allfälliger strafrechtlicher Probleme wie beispielsweise der Amtsanmaßung. Die Organisation solcher Mock Dawn Raids sowie die nachfolgende Aufklärung der Mitarbeiter darüber fällt in den Aufgabenbereich des Compliance-Managers.[191])

142 Ein weiteres Mittel zu einer möglichst frühzeitigen Informationserlangung über kritische Situationen ist die Installierung einer Hotline per Telefon oder E-Mail.[192]) Diese soll Mitarbeitern – auch auf anonymer Basis – die Möglichkeit geben, diskret und vertraulich Fehlverhalten zu melden und dadurch innerbetriebliche Abhilfemaßnahmen zu erreichen (sog Whistleblowing[193]), auf Deutsch „Hinweis geben", „Alarm

---

[188]) Vgl dazu auch *Urlesberger/Haid*, Compliance Programme, ecolex 2007, 363 (363).

[189]) Vgl *Schubert*, Konzeption und Implementierung eines Compliance-Systems 38.

[190]) *Lampert* in *Hauschka*, Corporate Compliance § 9 Rz 33; *Urlesberger/Haid*, Compliance Programme, ecolex 2007, 363 (364); siehe zum Bereich des Kartellrechts den Beitrag von *Ablasser-Neuhuber/Neumayr* Rz 527 ff.

[191]) *Lampert* in *Hauschka*, Corporate Compliance § 9 Rz 33.

[192]) Vgl dazu *Schneider*, Compliance als Aufgabe der Geschäftsleitung, ZIP 2003, 645.

[193]) In Österreich oder Deutschland ist Whistleblowing gesetzlich nicht geregelt. Weder der österreichische noch der deutsche Corporate Governance Kodex gehen auf Whistleblowing ein. Im Gegensatz dazu sieht der Sarbanes-Oxley Act 2002 in den USA nicht nur allgemeine Vorschriften von zur Verantwortlichkeit gezogenen Organen von börsenotierten Gesellschaften sowie die Einrichtung eines internen Überwachungssystems vor, sondern schreibt vielmehr konkret die Einrichtung eines Whistleblowing-Verfahrens vor. Unter Anderem legt Section 301 SOX (Rule 10 A des Exchange Act) dazu fest, dass das Audit Committee jeder börsenotierten Gesellschaft durch entsprechende Verfahren „the receipt, retention, and treatment of complaint received by the issuer regarding accounting, internal accounting control or auditing matter" sicherzustellen

schlagen" oder „Verpfeifen"). Fehlverhalten ist im Wesentlichen illegales, aber auch un-moralisches oder illegitimes Verhalten.[194] Es geht dabei nicht nur um strafrechtlich re-levante Sachverhalte. Vielfach kann auch das Aufzeigen von Nachlässigkeiten oder Or-ganisationsmängeln für die Compliance-Organisation relevant sein. Im Konkreten geht es also nicht nur um den bekannten „Griff in die Kasse", sondern auch um die Einhal-tung erforderlicher Vorschriften und Maßnahmen, beispielsweise im Bereich der Geld-wäscherei. Dieses Whistleblowing bewegt sich daher im Spannungsfeld zwischen Zivil-courage und Denunziantentum und sollte daher mit dem notwendigen Fingerspitzenge-fühl im Unternehmen behandelt werden.[195]

Wesentlich iZm einer solchen Whistleblower-Hotline ist, dass Mitarbeitern gegen- **143** über klar und deutlich zum Ausdruck gebracht wird, dass eine solche Hotline bei Er-kennen von Fehlverhalten keine Pflicht zum Handeln gibt, sondern diese allenfalls ein solches Recht haben. Darüber hinaus ist zu überlegen, diese Hotline nicht nur Mitar-beitern, sondern auch Kunden oder Lieferanten des Unternehmens zur Verfügung zu stellen, damit auch diese Fehlverhalten melden können.[196] Diese werden als Insider be-zeichnet.[197]

Umstritten ist, „wer" an der Whistleblower-Hotline „sitzt". Dabei muss es sich **144** um eine Person oder Organisation handeln, der grundsätzlich Vertrauen entgegenge-bracht wird. Im Regelfall wird dies der Compliance-Manager oder ein externer zur Verschwiegenheit verpflichteter Rechtsanwalt sein, damit die Hotline effektiv arbeiten kann. Nur so kann sichergestellt werden, dass Hinweise auch vertraulich behandelt werden.[198]

---

hat. Daneben stellt Section 806 SOX (18 U.S.C. § 1514A) den Whistleblower einer börsenotierten Gesellschaft ausdrücklich zivilrechtlich unter Schutz, indem Mitarbeitern der Gesellschaft unter-sagt wird, diese in jeglicher Form zu diskriminieren oder unter Druck zu setzen. Verstößt ein Ar-beitgeber dagegen, so kann der Arbeitnehmer unter Anderem die Wiedereinsetzung in seine vor-herige Position und die Bezahlung der ihm sonst zustehenden Vergütung verlangen, gegebenen-falls aber auch den Ersatz für immaterielle Schäden, wie erlittenen emotionalen Stress. (Vgl dazu auch *Berndt/Hoppler,* Whistleblowing – Ein integraler Bestandteil effektiver Corporate Governance, BB 2005, 2623 [2624]) Siehe dazu aus arbeitsrechtlicher Sicht den Beitrag von *Leiter* Rz 786 ff.

[194] Vgl dazu *Kittelberger,* External Reporting als Pflicht zum Whistleblowing? ÖBA 2007, 90 (92).

[195] *Schmidt-Husson* in *Hauschka,* Corporate Compliance § 7 Rz 34; *Schubert,* Konzeption und Implementierung eines Compliance-Systems 36.

[196] *Berndt/Hoppler,* Whistleblowing – Ein integraler Bestandteil effektiver Corporate Gover-nance, BB 2005, 2623 (2624).

[197] Von Whistleblowing wird nur dann gesprochen, wenn Insider, wie Arbeitnehmer, Kun-den, Lieferanten, die nicht Mittäter sind, Informationen über Fehlverhalten weitergeben. Auch nicht unter Whistleblowing fallen jene Fälle, in denen ein Mitarbeiter seinem Vorgesetzten ein Fehlverhalten mitteilt. Der Mitarbeiter wird dadurch nicht zum Whistleblower, sondern kommt damit seinen Dienstpflichten nach. Man spricht von Whistleblowing dann, wenn Informationen gerade nicht am Dienstweg weitergegeben werden (vgl dazu *Berndt/Hoppler,* Whistle-Blowing – ein integraler Bestandteil effektiver Corporate Governance, BB 2005, 2623 (2624).

[198] Zur Whistleblower-Hotline siehe aus arbeitsrechtlicher Sicht den Beitrag von *Leiter* Rz 786 ff sowie aus datenschutzrechtlicher Sicht den Beitrag von *Dürager* Rz 1038.

(2) Sanktionen bei Nicht-Einhaltung von Compliance-Vorgaben

145 Neben der Überwachung von Compliance-Vorgaben stellen Sanktionen im Falle der Nicht-Einhaltung dieser ein wesentliches Mittel zum Erfolg der Compliance-Organisation dar. Sanktionen dienen im Unternehmen dazu, die Ernsthaftigkeit des rechtskonformen Verhaltens durch die Mitarbeiter sicherzustellen. Dabei können im Wesentlichen disziplinarische Konsequenzen für Mitarbeiter in Betracht kommen, die sich beispielsweise trotz Schulungen an Kartellrechtverstößen beteiligen. In diesem Zusammenhang wird vielfach das Schlagwort „Zero Tolerance Policy"[199]) verwendet. Diese sieht bei festgestellten Verstößen die Entlassung der Mitarbeiter vor.[200]) In diesem Zusammenhang sind arbeitsrechtliche Vorgaben zu beachten.[201]) Dabei wird je nach Schwere des Verstoßes eine Entlassung insb dann vertretbar sein, wenn dem Mitarbeiter durch Schulungen, Beratungen oder durch das Compliance-Handbuch rechtskonformes Verhalten nähergebracht wurde und dieser also durchaus in der Lage war, sein rechtswidriges Handeln zu erkennen. Im Zusammenhang mit der Entlassung ist jedoch aus faktischer Sicht zu prüfen, inwieweit ein solcher Mitarbeiter für die Aufdeckung des gesamten gesetzwidrigen Verhaltens im Unternehmen und zur Aufdeckung des gesamten Schadens und für die weitere Kooperation im Unternehmen förderlich ist. Insb wird ein solcher Mitarbeiter bei der Beschaffung von Unterlagen hilfreich sein bzw auch für Auskünfte und die Beantwortung verschiedener Fragen. Daher ist im konkreten Anlassfall zu prüfen, ob nicht eine Abmahnung oder Versetzung durchaus geeignet sein kann.[202])

(3) Ständiges Monitoring und Verbesserung

146 Ein weiterer Schritt zum Erfolg des Compliance-Aufbaus ist eine stetige Anpassung und Optimierung. Die Compliance-Organisation ist keine unternehmensinterne Organisation, die, einmal aufgebaut, unverändert in alle Zukunft weiterbestehen kann. Diese ist vielmehr kontinuierlich zu verbessern, zu optimieren und auf neue rechtliche Anforderungen oder Änderungen im Unternehmen einzustellen.[203]) Dabei kommt dem Compliance-Manager und den Compliance-Beauftragten auf der dritten Ebene eine zentrale Stellung zu. Diese haben ihre Erkenntnisse aus den Überwachungen sowie die Erkenntnisse aus regelmäßig durchzuführenden Compliance-DD-Prozessen zu bewerten, neue Risiken zu identifizieren und dafür geeignete Maßnahmen zu setzen. Die Bestandsaufnahme ist daher auch nach Installierung der Compliance-Organisation weiterzuverfolgen und die Compliance-Organisation einer stetigen Verbesserung und Optimierung zuzuführen.

---

[199]) Der Begriff stammt aus dem „Broken Windows Theorem" der US-Wissenschaftler Kelling und Williams, die damit Polizei-Geschichte in amerikanischen Großstädten geschrieben haben.

[200]) Vgl *Lampert* in *Hauschka,* Corporate Compliance § 9 Rz 32.

[201]) Siehe dazu aus arbeitsrechtlicher Sicht den Beitrag von *Leiter* Rz 790 ff.

[202]) Vgl *Lampert* in *Hauschka,* Corporate Compliance § 9 Rz 32.

[203]) Vgl *Schubert,* Konzeption und Implementierung eines Compliance-Systems 39.

2. Vorgehen im Krisenfall

Vorrangiges Ziel der Compliance-Organisation ist die Verhinderung von Krisen- **147** fällen oder Anlassfällen. Dennoch sind solche Krisenfälle, wie die Vergangenheit auch iZm Kartellabsprachen[204]) bzw Schmiergeldzahlungen gezeigt hat, nicht zu verhindern. In einem solchen Fall ist effektives Krisenmanagement gefragt. Ein solches beginnt bereits vor dem Eintritt einer Krise. Die Compliance-Organisation hat dafür geeignete Mittel vorzusehen, die dann ad hoc umgesetzt werden können. Dazu zählen insb ein Leitfaden für das richtige Verhalten bei Hausdurchsuchungen oder Behördenermittlungen, vorbereitete Textvorschläge für Produktionsrückrufe, für Pressemitteilungen oder Kundeninformationen. Schließlich sollten Ablaufpläne für verschiedene Krisenszenarien vorliegen, wie beispielsweise die Installierung eines Ad-hoc-Krisen-Compliance-Beirats. Dieser sollte sich notwendigerweise aus einem Vorstandsmitglied, dem Compliance-Manager sowie dem zuständigen Compliance-Beauftragten auf dritter Ebene sowie allenfalls weiteren unternehmensinternen, aber auch externen Personen, wie zB einem Rechtsanwalt oder Wirtschaftprüfer zusammensetzen. Bei der Zusammensetzung ist zu beachten, dass der Beirat während der Krise stets handlungsfähig ist. Dieser sollte über alle krisenrelevanten Sachverhalte informiert werden und die wesentlichen Entscheidungen, wie beispielsweise die Frage der Einschaltung der Staatsanwaltschaft bzw den Umgang mit der Presse, treffen. Darüber hinaus sollte bei jeder größeren Krise eine Service-Hotline eingerichtet werden, in der alle beteiligten Personen, so insb die Mitarbeiter, Informationen weitergeben, aber auch Auskunft verlangen können. Diese Hotline sollte entweder durch den Compliance-Manager oder einen seiner Vertreter, der auch über die Entscheidungen des Krisen-Compliance-Beirats informiert ist, besetzt werden.

Der erste Schritt bei Erkenntniserlangung von einem maßgeblichen Compliance- **148** Verstoß, wie beispielsweise einer Kartellabsprache oder der Zahlung von Schmiergeldern durch den Compliance-Manager ist die Sachverhaltsprüfung. Diese ist zunächst nur darauf gerichtet, ob es sich beim Hinweis lediglich um eine haltlose Anschuldigung handelt oder ob es bereits triftige Anhaltspunkte gibt.[205]) Diese in der Praxis äußerst schwierige Aufgabe, die insb durch Sichtung von Unterlagen, eventuell bereits durch Befragung von verdächtigen Mitarbeitern, geführt wird, sollte möglichst rasch abgeschlossen werden.

In einem zweiten Schritt hat der Compliance-Manager einen Bericht an das für **149** den Compliance-Bereich zuständige Vorstandsmitglied und – falls vorhanden – an das Compliance-Committee zu erstatten.

In einem dritten Schritt haben dann die Geschäftsleitung und der Compliance- **150** Manager die im Unternehmen bereits vorhandenen Mittel zur Krisenbewältigung (Installierung eines Krisen-Compliance-Beirats und der Service-Hotline) umzusetzen und weitere organisatorische Maßnahmen zu treffen. Dabei geht es im Wesentlichen um die Entscheidung über die Hinzuziehung externer Berater, wie beispielsweise Rechtsanwälten, Wirtschaftsprüfern oder Medienberatern.

---

[204]) Siehe zum Kartellrecht den Beitrag von *Ablasser-Neuhuber/Neumayr* Rz 542 ff.
[205]) Vgl dazu *Rodewald/Unger*, Kommunikation und Krisenmanagement im Gefüge der Corporate-Compliance-Organisation, BB 2007, 1629 (1634).

151 In einem vierten Schritt ist dann der Sachverhalt – auch unter Beiziehung von externen Beratern – möglichst lückenlos aufzuklären. Dabei sind die betroffenen Mitarbeiter zu befragen, Dokumente, Unterlagen, Korrespondenz – insb E-Mails – zu sichten und zu beurteilen. Diese Untersuchung sollte soweit möglich nicht den Unternehmensalltag belasten. Ansonsten besteht auch die Gefahr, dass Informationen unkontrolliert nach außen dringen und die Untersuchung durch externe Entwicklungen überholt wird.[206] Bei Mitarbeiterbefragungen sollten möglichst Zeugen hinzugezogen werden. Damit der Mitarbeiter auch die Tragweite seiner Aussagen abschätzen kann, ist er zu belehren, dass die ihn befragenden Personen als Vertreter des Unternehmens auftreten und nicht als seine persönlichen Rechtsbeistände. Der betroffene Mitarbeiter soll wissen, dass die Information, die er liefert, in der freien Verfügungsgewalt des Unternehmens liegt.[207] Im Zusammenhang mit den gesichteten Unterlagen sollte sichergestellt werden, dass diese sicher aufbewahrt und jedem unberechtigten Zugriff entzogen werden.

152 Parallel dazu ist auch über arbeitsrechtliche Maßnahmen – Stichwort „Zero Tolerance Policy"[208] – zu entscheiden und sind die betroffenen Mitarbeiter zu entlassen oder – für den Fall, dass diese für die Feststellung des weiteren Sachverhaltes dienlich sind – abzumahnen. Wer unkooperatives und kontraproduktives Verhalten der betroffenen Mitarbeiter vermeiden will, sollte sich davor hüten, vorschnelle Schuldzuweisungen zu tätigen und Sanktionen zu setzen.

153 In einem fünften Schritt, der oftmals parallel zum vierten Schritt erfolgt, ist zu entscheiden, ob die Behörden, zB BWB oder Staatsanwaltschaft, miteinbezogen werden. Grundsätzlich besteht in Österreich keine Pflicht zu einer Strafanzeige bei der Staatsanwaltschaft oder zu einer allgemeinen Anzeige bei Verwaltungsbehörden im Falle der Kenntnis von strafrechtlich relevanten Themen bzw Gesetzesverstößen. Auch besteht keine Pflicht, Vertragspartner oder Kunden auf solche Rechtsverstöße hinzuweisen. Dennoch sollte das Krisen-Team, insb der Krisen-Compliance-Beirat, der in dieser Krisensituation regelmäßig zu tagen hat, entscheiden, ob die Behörde eingeschaltet wird. Dafür spricht, dass das Unternehmen „offiziell" guten Willen zeigt, Schmiergeldaffären oder Kartellrechtsverstöße zu verfolgen und die erforderlichen Konsequenzen zu ziehen. Daneben sind jedoch damit einhergehende Imageschäden bzw auch Schadenersatzforderungen gegen das Unternehmen mit ins Kalkül zu ziehen. Entscheidet man sich für die Einbeziehung der Staatsanwaltschaft oder Behörden, ist es unbedingt ratsam, einen Strafverteidiger beizuziehen, um die Kommunikation mit der Staatsanwaltschaft bzw der Behörde zu verbessern. In diesem Fall sollte jedoch vor Erstattung einer Anzeige bei der Staatsanwaltschaft, der Sachverhalt lückenlos aufbereitet sein, um so den Erhebungen vorbereitet gegenüber zu stehen und besser darauf reagieren zu können.[209]

---

[206] *Dann,* Compliance-Untersuchungen im Unternehmen: Herausforderung für den Syndikus, dAnwBL 2/2009, 84 (86).

[207] *Dann,* Compliance-Untersuchungen im Unternehmen: Herausforderung für den Syndikus, dAnwBl 2/2009, 84 (88).

[208] Siehe dazu aus arbeitsrechtlicher Sicht den Beitrag von *Leiter* Rz 790 ff.

[209] Vgl dazu *Rodewald/Unger,* Kommunikation und Krisenmanagement im Gefüge der Corporate-Compliance-Organisation, BB 2007, 1629 (1634).

In einem sechsten Schritt ist der Umgang mit der Presse als wesentlicher Bestand- **154** teil der Risikomanagements zu überlegen. Auch dieser Schritt kann bereits parallel zu Schritt Drittens und Viertens bearbeitet werden. Insb sind Pressemitteilungen vorzubereiten und zu entscheiden, ob man eine pro-aktive Informationspolitik verfolgt oder der Presse restriktiv gegenüber steht. Diese Frage ist gemeinsam mit der Frage, wie wahrscheinlich die Presse von dem gesetzwidrigen Verhalten erfährt, zu entscheiden. Auch darüber sollte der Krisen-Compliance-Beirat entscheiden und dabei unterstützend – falls vorhanden – die interne Pressestelle und die Investors-Relations-Abteilung hinzuziehen. Grundsätzlich gilt dabei, dass eine zögerliche oder falsche Krisenkommunikation den Imageschaden für das betroffene Unternehmen deutlich erhöht. Die Staatsanwaltschaft kann nämlich über gezielte öffentliche Äußerungen Druck auf das betroffene Unternehmen ausüben.[210] Im Falle einer pro-aktiven Pressepolitik sollte man auch gleichzeitig die Vertragspartner oder Kunden persönlich informieren, damit diese die „schlechte Nachricht" nicht aus der Presse erfahren. Wesentlich iZm der Presse ist auch die Beiziehung externer PR- oder Medienberater, um so Pressemeldungen besser und wirksamer zu formulieren und auch an die richtigen Stellen zu schicken.

F. Outsourcing von Compliance-Aufgaben

Ein Compliance-System setzt notwendigerweise geschultes Personal und ein Min- **155** destmaß an innerbetrieblicher Organisation voraus und verursacht darüber hinaus auch Kosten. Es stellt sich daher die Frage, ob die Compliance-Aufgaben zum Teil oder zur Gänze an externe Dienstleister ausgegliedert werden können.

Grundsätzlich ist festzuhalten, dass trotz Auslagerung von Compliance-Aufgaben **156** der Vorstand bzw die Geschäftsführung für den Bereich Compliance, also generell für die Einhaltung von Gesetzen, zuständig und verantwortlich bleibt. Die Auslagerung des Compliance-Bereichs zur Gänze scheitert daher bereits an der unabdingbaren Geschäftsführungsaufgabe.

Der Vorstand bzw die Geschäftsführung müssen daher die grundlegenden Ent- **157** scheidungen über die Compliance-Organisation selbst treffen, sie können aber sehr wohl alle weiteren Aufgaben an externe Dritte auslagern. Wesentlich in diesem Zusammenhang ist, dass durch das Outsourcing die Compliance in einem Unternehmen keine Beeinträchtigung erfahren darf.[211]

So kann beispielsweise als Compliance-Manager ein externer Dienstleister, zB ein **158** Rechtsanwalt, installiert, die Hotline von einem Rechtsanwalt oder einem anderen Dienstleister betreut werden und auch die Schulungen und Informationen bzw Beratungen durch Dritte durchgeführt werden. Der Vorstand bzw die Geschäftsführung haben bei der Auswahl des externen Dienstleisters sorgfältig vorzugehen und sich auch diesem gegenüber Weisungs-, Kontroll- und Informationsrechte vertraglich zu sichern[212] und diesem ebenso vertragliche Berichtspflichten (regelmäßig und im Anlass-

---

[210] *Campos Nave / Bonenberger,* Korruptionsaffären, Corporate Compliance und Sofortmaßnahmen für den Krisenfall, BB 2008, 734 (739).

[211] *Kiethe,* Vermeidung der Haftung von geschäftsführenden Organen durch Corporate Compliance, GmbHR 8/2007, 393 (394).

[212] *Bürkle* in *Hauschka,* Corporate Compliance § 8 Rz 37.

fall ad hoc) aufzuerlegen. Zudem sind vertraglich die Einbeziehung von Subunternehmern zu regeln sowie Regelungen für den Fall der Vertragsbeendigung, insb der Überleitung der Aufgaben an einen neuen Dienstleister, die Übergabe von Unterlagen und Informationen und eine eventuelle Nachbetreuung, zB durch Einschulung des neuen Dienstleisters, Beantwortung von Fragen etc, vorzusehen. Auch ist die Vertraulichkeit und Geheimhaltung für die Zeit nach Vertragsbeendigung sicherzustellen.

159   Neben diesen rechtlichen Details ist die Frage des Outsourcing auch anhand qualitativer Aspekte zu diskutieren. Die Auslagerung einzelner Compliance-Aufgaben, wie zB Schulungen, Informationen, Beratungen, insb in rechtlichen Bereichen, in denen internes Know-how fehlt, erscheint sinnvoll. Auch die Zuziehung externer Sachverständiger bei unternehmensinternen Kontrollen oder Überwachungsaufgaben erscheint förderlich, wenn unternehmensinterne Ressourcen dafür nicht zur Verfügung stehen. Auch die Zuziehung von Beratern beim Aufbau der Compliance-Organisation ist üblich und vielfach nützlich.

160   Sinnvoll erscheint daher ein gezieltes partielles Outsourcing von Compliance-Aufgaben, mit dem bei Bedarf einzelne Compliance-Aufgaben extern erledigt werden. Eine interne Compliance-Organisation empfiehlt sich jedoch deshalb, weil diese besser in den Unternehmensalltag einbezogen werden kann, die Abläufe besser kennt und so wichtige Informationen früher oder überhaupt erst bekannt werden.[213] Interne Stellen können von Mitarbeitern leichter kontaktiert werden und sind besser in die unternehmensinternen Beziehungen eingebunden und können so vielfach Risiken früher und besser erkennen.

---

[213] Vgl dazu *Bürkle* in *Hauschka,* Corporate Compliance § 8 Rz 38.

III. Zivil-, Gesellschafts- und Unternehmensrecht

Elke Napokoj / Michaela Pelinka

Literatur: *Aburumieh,* Der Vorstandsbericht über eigene Aktien in der Hauptversammlung, GesRZ 2005, 278; *Artmann,* Gesellschaftsrechtliche Fragen der Organschaft (2004); *Barbist/Ahammer,* Compliance in der Unternehmenspraxis (2009); *Baumbach/Hueck/Fastrich,* GmbHG Kommentar[18] (2006); *Beisel/Klumpp,* Unternehmenskauf[5] (2006); *Benner,* Corporate Real Estate DD (2008); *Bertl/Mandl/Mandl/Ruppe* (Hrsg), Insolvenzsanierung, Liquidation (1998); *Billek,* Cash Pooling im Konzern (2009); *Bittner/Fida/Rosam/Zwinscher,* Liegenschaftserwerb durch Anteilskauf (2007); *Böttcher,* Verpflichtung des Vorstandes einer AG zur Durchführung einer DD, NZG 2005; *Dellinger/Mohr,* EKEG (2004); *Dellinger/Oberhammer,* Insolvenzrecht[2] (2004); *Dieners,* Auditierung und Zertifizierung von Compliance-Organisationen in der Immobilienwirtschaft, CCZ 3/2009; *Doralt/Nowotny/Kalss,* AktG (2003); *Duursma/Duursma-Kepplinger/Roth,* Handbuch zum Gesellschaftsrecht (2007); *Eckert,* Die Abberufung des GmbH-Geschäftsführers (2003); *Feldhaus,* Der Verkauf von Unternehmensanteilen einer AG und die Notwendigkcit einer außerordentlichen Hauptversammlung, BB 2009; *Feltl/Mosing,* Grundrecht auf Datenschutz bei Verschmelzung und Spaltung, GesRZ 2007; *Fida/Pelinka,* Gesellschafterausschluss und Grunderwerbsteuer, ecolex 2006; *Gellis/Feil,* Kommentar zum GmbHG[6] (2006); *Groß,* Immobilien DD, ecolex 2008; *Groß,* Sanierung durch Fortführungsgesellschaften (1982); *Hachenburg* (Hrsg), Großkomm zum Gesetz betreffend die GmbH[8] (1989); *Hackl-Miheljak/Holzapfel/Kohlmaier,* Der Liegenschaftskauf[2] (2004); *Hanslik/Grossmayer,* MAC-Klauseln in Unternehmenskaufverträgen, ecolex 2007; *Harrer,* Haftungsprobleme bei der GmbH (1990); *Hausmann/Vonkilch,* Österreichisches Wohnrecht MRG (2007); *Hausmann/Vonkilch,* Österreichisches Wohnrecht WEG (2007); *Heinrich,* Das DD Verfahren als Unterstützung für erfolgreiche Firmenzusammenschlüsse, FJ 1996; *Hüffer,* AktG – Kommentar[8] (2008); *Jabornegg/Strasser,* AktG[4] (2006); *Jaufer,* Das Unternehmen in der Krise (2009); *Kalss* (Hrsg), Vorstandshaftung in 15 europäischen Ländern (2005); *Kalss,* Geheimnisschutz, Datenschutz-Informationsschutz im Gesellschaftsrecht, in Studiengesellschaft für Wirtschaft und Recht – WiR Geheimnisschutz; *Kalss/Eckert,* Zentrale Fragen des GmbH-Recht (2005); *Kalss/Nowotny/Schauer,* Österreichisches Gesellschaftsrecht (2008); *Kalss/Rüffler,* Satzungsgestaltung in der GmbH – Möglichkeiten und Grenzen (2005); *Kepplinger/Roth,* Handbuch zum Gesellschaftsrecht (2007); *Kiethe,* Vorstandshaftung aufgrund fehlerhafter DD beim Unternehmenskauf, NZG 1999; *Kittel,* Handbuch für Aufsichtsratmitglieder (2006); *Klampfl,* Cash Pooling (2009); *Konecny/Schubert* (Hrsg), Kommentar zu den Insolvenzgesetzen (1999); *Koppensteiner/Rüffler,* GmbHG Kommentar[3] (2007); *Koziol/Welser,* Bürgerliches Recht[13] (2006); *Krejci,* Gesellschaftsrecht I (2005); *Krejci,* RK UGB (2007); *Krejci,* Unternehmensrecht[4] (2008); *Krejci,* Verschwiegenheitpflicht des AG-Vorstandes bei Due-Diligence-Prüfungen, RdW 1999; *Kropff/Semler,* Münchener Kommentar zum AktG[2] (2005); *Kuprian/Prader,* Der Mietvertrag[2] (2008); *Loritz,* Corporate Governance Grundsätze für Immobilienfonds, ZfIR 4/2007; *Markl/Oberhofer,* Die grundverkehrsbehördliche Genehmigung aus zivilrechtlicher Sicht, wobl 1992; *Nowotny,* Due-Diligence- und Gesellschaftsrecht, wbl 1998; *Nowotny,* Verlust des halben Stammkapitals, in FS Semmler (1993); *Bierich/Hommelhoff/Kropff* (Hrsg), Festschrift für Johannes Semler (1993); *ÖVI/Dirnbacher,* MRG idF der WRN 2009 (2009); *Pichler/Weninger,* Der Vorstand der AG (2004); *Ratka/Rauter,* Handbuch Geschäftsführerhaftung (2008); *Reich-Rohrwig,* Grundsatzfragen der Kapitalerhaltung bei der AG, GmbH sowie GmbH & Co KG (2004); *Reich-Rohrwig,* Startschuss zur GmbH-Reform, ecolex 2008; *Reich-Rohrwig/Hanslik,* Checkliste Unternehmenskauf, ecolex 2006; *Rieder/Huemer,* Gesellschaftsrecht (2008); *Rüffler,* GmbH-Konzernrecht. Stand und Entwicklung im österreichischen, italienischen und slowenischen Recht (2003); *Rummel,* ABGB Kommentar[3]

(2007); *Schauer*, Das Österreichische Versicherungsvertragsrecht[3] (1995); *Schlosser*, Die Organhaftung der Vorstandsmitglieder der AG (2002); *Schwimann*, ABGB Praxiskomm[3] (2006); *Strasser*, Treuepflicht, ecolex 2001; *Straube*, Wiener Kommentar zum GmbHG (2008); *Torggler*, §§ 38 f UGB: Unternehmenserwerb de lege lata et ferenda, JBl 2008; *Umfahrer*, Die GmbH[6] (2008); *Umnuß*, Corporate Compliance Checklisten – Rechtliche Risiken im Unternehmen erkennen und vermeiden (2008); *Wecker/Laak* (Hrsg), Compliance in der Unternehmenspraxis – Grundlagen, Organisation, Umsetzung[2] (2009); *Winker/Birkner*, Informationsweitergabe bei DD und Aktienerwerb, GesRZ 1999.

A. Gesellschaftsrecht unter besonderer Berücksichtigung von Aufgaben, Pflichten, Haftungsrisiken

1. Einleitung

161   Dem Geschäftsführer der GmbH und dem Vorstand der AG obliegt neben der Vertretung der Gesellschaft im Außenverhältnis (§§ 18, 19 GmbHG sowie § 71 AktG) auch die Geschäftsführung für die Gesellschaft im Innenverhältnis.[214]) Der Aufsichtsrat einer GmbH überwacht und kontrolliert die Geschäftsführer; der Aufsichtsrat einer AG ist darüber hinaus auch für die Bestellung und Abberufung des Vorstandes zuständig.[215]) Aufgrund der umfangreichen Aufgaben und Pflichten von Geschäftsführung und Aufsichtsrat und der damit zusammenhängenden möglichen Haftung der Organe bzw der Gesellschaft, ist es insb für den Bereich des Gesellschafts- und Unternehmensrechts erforderlich, eine Compliance-Organisation im Unternehmen zu installieren.

162   Unter den nachfolgenden Punkten, die von einer Compliance-Organisation jedenfalls umfasst sein sollten, werden (soweit sich relevante Unterschiede ergeben) jeweils zuerst bei der AG und anschließend bei der GmbH die wichtigsten Aufgaben der Organe dargestellt und die Rechtsfolgen im Falle von Verstößen aufgezeigt.

2. Gründung

163   Im Zuge der Gründung einer AG treffen die Gründer besondere Schutz- und Sorgfaltspflichten; so haften sie für die Vollständigkeit und Richtigkeit der von ihnen gemachten Angaben, zB über die Übernahme von Aktien, die geleisteten Einzahlungen auf die Aktien oder auch über Sacheinlagen und Sachübernahmen.[216]) Gemäß § 41 AktG haften Vorstand und Aufsichtsrat der AG für Schäden, die der Gesellschaft aus einer Verletzung (verschuldensabhängig) der ihnen bei der Gründung gemäß § 25 ff AktG obliegenden Pflichten resultieren.[217]) § 41 AktG stellt die Grundlage für jede Pflichtverletzung bei der Gründung dar, insb iZm der Gründungsprüfung und der Erstellung des schriftlichen Berichts hierüber sowie der Anmeldung der Gesellschaft.[218]) Vorstands- und Aufsichtsratsmitglieder haften der Gesellschaft gegenüber als Gesamt-

---

[214]) *Rieder/Huemer*, Gesellschaftsrecht (2008) 51.

[215]) *Rieder/Huemer*, Gesellschaftsrecht 51.

[216]) *Rieder/Huemer*, Gesellschaftsrecht 292.

[217]) *Kalss* in *Kalss/Nowotny/Schauer*, Österreichisches Gesellschaftsrecht (2008) Rz 3/225; *Duursma/Duursma-Kepplinger/Roth*, Handbuch zum Gesellschaftsrecht (2007) Rz 3856. *Ettel* in *Doralt/Nowotny/Kalss*, AktG (2003) § 41 Rz 6; *Zehetner* in *Jabornegg/Strasser*, AktG[4] (2006) § 41 Rz 13.

[218]) *Ettel* in *Doralt/Nowotny/Kalss*, AktG § 41 Rz 7.

schuldner;[219]) dies gilt sowohl für den zurechenbar verursachten positiven Schaden als auch für den entgangenen Gewinn. Haftungsmaßstab ist jener des § 84 AktG analog (vgl Rz 216 ff).[220]) Ansprüche Dritter können aus § 41 AktG grundsätzlich nicht begründet werden, allein die Gesellschaft ist aktivlegitimiert.[221])

Die im Folgenden angesprochenen Grundsätze zur Vorgesellschaft gelten auch bei **164** der AG. Im Übrigen kann auf die Ausführungen zur GmbH verwiesen werden.

In der Vorgründungsphase (Zeitraum vom Abschluss eines allfälligen Vorvertrages **165** bis zum Abschluss des Gesellschaftsvertrages) haften die Gründer einer GmbH als Gesellschafter für die von der zukünftigen GmbH eingegangenen Verbindlichkeiten gegenüber Dritten persönlich, unbeschränkt und solidarisch. Darüber hinaus begründet die Gründerhaftung einen Anspruch der Gesellschaft gegenüber den Gründern über eine allfällige Differenz zwischen dem Gesellschaftsvermögen und dem Stammkapital im Zeitpunkt der Eintragung (Differenzhaftung);[222]) Details dieser Haftung sind jedoch umstritten.[223]) Die handelnden „Geschäftsführer" trifft nach neuerer Rsp keine Handelndenhaftung.[224]) Es kommt nicht zu einer automatischen Übernahme der schuldrechtlichen Beziehungen.[225])

Hiervon zu unterscheiden ist die Haftung in der Phase der Vorgesellschaft (zwi- **166** schen Errichtung der Gesellschaft durch den Gesellschaftsvertrag und dem Zeitpunkt der Eintragung der Gesellschaft in das Firmenbuch). Dabei haften die „Handelnden" für die im Namen der künftigen GmbH begründeten Verbindlichkeiten gemäß § 2 Abs 1 S 2 GmbH persönlich zur ungeteilten Hand.[226]) Die „Handelndenhaftung" endet mit der Eintragung der Gesellschaft im Firmenbuch; der Eintragungsbeschluss wirkt somit schuldbefreiend.[227]) Die Innenhaftung der Geschäftsführer der Gesellschaft gegenüber richtet sich bereits im Rahmen der Vorgesellschaft nach § 25 GmbHG (siehe Rz 174 ff).[228])

Somit ist zu beachten, um einer Haftung in der Gründungsphase der Gesellschaft **167** zu entgehen, die Geschäfte der Gesellschaft erst nach erfolgter Eintragung in das Firmenbuch aufzunehmen. Werden Geschäfte trotzdem vor Eintragung getätigt, sollte die Haftung vertraglich auf die Haftung der Vor-GmbH beschränkt werden. Ebenso sollte in der Folge bei Eintragung der Gesellschaft in das Firmenbuch eine Zwischenbilanz

---

[219]) *Kalss* in *Kalss/Nowotny/Schauer,* Österreichisches Gesellschaftsrecht Rz 3/225; *Ettel* in *Doralt/Nowotny/Kalss,* AktG § 41 Rz 1 ff; *Zehetner* in *Jabornegg/Strasser,* AktG⁴ § 41 Rz 16.

[220]) *Ettel* in *Doralt/Nowotny/Kalss,* AktG § 41 Rz 8; *Zehetner* in *Jabornegg/Strasser,* AktG⁴ § 41 Rz 15.

[221]) *Zehetner* in *Jabornegg/Strasser,* AktG⁴ § 41 Rz 18; *Ettel* in *Doralt/Nowotny/Kalss,* AktG § 41 Rz 9.

[222]) *Rieder/Huemer,* Gesellschaftsrecht 192; *Koppensteiner/Rüffler,* GmbHG³ (2007) § 2 Rz 26; *Gellis/Feil,* Kommentar zum GmbHG⁶ (2006) § 2 Rz 4 mwN.

[223]) *Rieder/Huemer,* Gesellschaftsrecht 192.

[224]) *Ratka/Rauter,* Handbuch Geschäftsführerhaftung (2008) Rz 2/188 mwN.

[225]) *Ratka/Rauter,* Handbuch Geschäftsführerhaftung Rz 2/189 mwN.

[226]) *Ratka/Rauter,* Handbuch Geschäftsführerhaftung Rz 2/193; *Nowotny* in *Kalss/Nowotny/Schauer,* Österreichisches Gesellschaftsrecht Rz 4/94; *Duursma/Duursma-Kepplinger/Roth,* Handbuch zum Gesellschaftsrecht Rz 2600; *Rieder/Huemer,* Gesellschaftsrecht 191 f; *Koppensteiner/Rüffler,* GmbHG³ § 2 Rz 39.

[227]) *Gellis/Feil,* Kommentar zum GmbHG⁶ § 2 Rz 7.

[228]) *Nowotny* in *Kalss/Nowotny/Schauer,* Österreichisches Gesellschaftsrecht Rz 4/91.

aufgestellt werden, um die vollständige Leistung der Einlagen nachzuweisen, um so einer Differenzhaftung zu entgehen.

3. Firmenbuchanmeldung und Erklärung über die Einlagen

168   Die Anmeldung der AG zur Eintragung in das Firmenbuch hat gemäß § 29 Abs 1 S 1 AktG die Erklärung zu enthalten, dass die materiellen Voraussetzungen der §§ 28 Abs 2 und 28 a erfüllt sind und auf jede Aktie (soweit nicht Sacheinlagen vereinbart sind) der eingeforderte Betrag ordnungsgemäß eingezahlt und zur freien Verfügung des Vorstandes steht.[229] Die Erklärung ist von sämtlichen zur Anmeldung Berufenen persönlich abzugeben, dh von allen Gründern und Mitgliedern des Vorstandes bzw des Aufsichtsrats.

169   Gemäß § 41 AktG haften Vorstands- und Aufsichtsratsmitglieder für Pflichtverletzungen bei der Gründung der Gesellschaft persönlich; der Anspruch steht der Gesellschaft gegenüber denjenigen Vorstands- oder Aufsichtsratsmitgliedern zu, die den Haftungstatbestand verwirklichen.[230]

170   Ähnlich sind bei der Anmeldung bzw Gründung gemäß § 10 Abs 3 GmbHG (ebenso wie bei einer Kapitalerhöhung) die Geschäftsführer verpflichtet, in der Anmeldung zum Firmenbuch unter Vorlage der Bankbestätigung die Erklärung abzugeben, dass die Bareinlagen eingezahlt sind und die eingezahlten Beträge sowie die Sacheinlagen sich in der freien Verfügung der Geschäftsführer befinden. Die sog „§ 10-Erklärung" muss inhaltlich richtig sein, andernfalls haften die Geschäftsführer persönlich zur ungeteilten Hand für einen durch falsche Angaben verursachten Schaden (in der Regel für den der Gesellschaft entgangenen Betrag, also die Stammeinlage). Die Erklärung hat durch die Geschäftsführer persönlich zu erfolgen.[231] Geschäftsführer haften ua dann, wenn die bar eingezahlten Beträge bei wirtschaftlicher Betrachtungsweise wieder an die Gesellschafter zurückfließen, weil keine freie Verfügung vorliegt, bzw im Fall von verdeckten Sacheinlagen (erhält die Gesellschaft bei einer formell mittels Bareinlage durchgeführten Gründung oder Kapitalerhöhung im wirtschaftlichen Ergebnis vom Gesellschafter eine Sache, ist eine dennoch abgegebene § 10-Erklärung, die eine Bareinlage zum Inhalt hat, unrichtig).

4. Firmenbuch

171   Der Vorstand hat sich bei der Eintragung der Gesellschaft beim Firmenbuchgericht registrieren zu lassen (deklarative Wirkung) und gemäß § 73 AktG jede Änderung des Vorstandes anzumelden. § 29 AktG regelt ferner neben den notwendigen Erklärungen in der Anmeldung zum Firmenbuch und den anzuschließenden Blg auch das Erfordernis der Schriftprobe der Vorstandsmitglieder (sog Musterfirmenzeichnung) und der Aufbewahrung der eingereichten Schriftstücke.[232] Die Anmelder (als Gründer nach § 39 AktG und als Verwaltungsmitglieder nach § 41 AktG) haften für die Richtigkeit

---

[229] *Heidinger* in *Jabornegg/Strasser*, AktG⁴ § 29 Rz 1; *Rieder/Huemer*, Gesellschaftsrecht 288.
[230] *Zehetner* in *Jabornegg/Strasser*, AktG⁴ § 41 Rz 3 ff.
[231] *Nowotny* in *Kalss/Nowotny/Schauer*, Österreichisches Gesellschaftsrecht Rz 4/66.
[232] *Heidinger* in *Jabornegg/Strasser*, AktG⁴ § 29 Rz 2.

(im Zeitpunkt, in dem die Anmeldung beim Firmenbuchgericht einlangt) und Vollständigkeit ihrer Erklärungen.[233])

Auch das GmbHG verpflichtet die Geschäftsführer – ähnlich wie das AktG den **172** Vorstand der AG – zu einer Vielzahl von Anmeldungen zum Firmenbuch bzw zur Einreichung von Schriftstücken oder zur Stellung von Anträgen beim Firmenbuchgericht.[234]) Insb sind folgende zu nennen:

- die Anmeldung der Bestellung und Abberufung von Geschäftsführern,
- die Anmeldung der Einforderung und Einzahlung ausstehender Stammkapitalbeträge,
- der Übergang eines Geschäftsanteils sowie Änderungen des Namens und von Zustellanschriften von Gesellschaftern und der Gesellschaft;
- die Anmeldung von Änderungen des Gesellschaftsvertrages und
- die Anmeldung der Auflösung und Löschung der GmbH.

§ 26 GmbHG sieht in diesem Zusammenhang – neben den vom Firmenbuchgericht **173** richt nach § 24 FBG gegen jeden Geschäftsführer zu verhängenden Zwangsstrafen – bei Fehlerhaftigkeit oder Unterlassung ausdrücklich die Haftung der Geschäftsführer vor; diese Solidarhaftung besteht nicht nur gegenüber der Gesellschaft, sondern auch gegenüber Gesellschaftern oder Gläubigern.[235])

5. Aufgaben und allgemeine Sorgfaltspflichten der Geschäftsführung

Der Vorstand der AG hat die AG unter eigener Verantwortung zu leiten. § 70 **174** Abs 1 AktG gibt ihm dabei vor, dass er sich dabei stets am Unternehmenswohl der Gesellschaft zu orientieren hat und zugleich die Interessen der Aktionäre, der Arbeitnehmer sowie das öffentliche Interesse zu berücksichtigen hat. Die Geschäftsführer sind der Gesellschaft gegenüber verpflichtet, bei ihrer Geschäftsführung die Sorgfalt eines ordentlichen Geschäftsmanns anzuwenden (siehe § 25 Abs 1 GmbHG). Diese Bestimmung knüpft an den Begriff des „ordentlichen Geschäftsmannes" an und bestimmt für Geschäftsführer die Einhaltung der Sorgfalt eines ebensolchen; ebenso sind Vorstandsmitglieder gemäß § 84 Abs 1 AktG zur Einhaltung der Sorgfalt eines „ordentlichen und gewissenhaften Geschäftsleiters" verpflichtet. Dieser Sorgfaltsmaßstab gilt gemäß § 99 AktG auch für Mitglieder des Aufsichtsrats.

Es gilt daher ein objektiver Sorgfaltsmaßstab für die Geschäftsführung, der trotz **175** der unterschiedlichen Bezeichnungen im AktG und GmbHG, einheitlich anzuwenden ist (also ein Einstehen müssen für diejenigen Kenntnisse und Fähigkeiten, die für den Geschäftszweig der betreffenden Gesellschaft üblicherweise erforderlich sind).[236])

Das US-amerikanische Richterrecht löst die Frage der Sorgfaltswidrigkeit von Geschäftsführungsentscheidungen nach der sog Business Judgement Rule anders: Entscheidungen des Managements sind der gerichtlichen Kontrolle dann entzogen, wenn sie (i) informiert und (ii) nach bestem Wissen und Gewissen, die Unternehmens- und Eigentümerinteressen wahrend, getroffen wurden. Die Business Judgement Rule ist

---

[233]) *Heidinger* in *Jabornegg/Strasser*, AktG⁴ § 29 Rz 3.
[234]) *Ratka/Rauter*, Handbuch Geschäftsführerhaftung Rz 2/111.
[235]) *Ratka/Rauter*, Handbuch Geschäftsführerhaftung Rz 2/112.
[236]) OGH 26. 2. 2002, 1 Ob 144/01 k; *Rieder/Huemer*, Gesellschaftsrecht 51.

nicht ohne weiteres auf das österreichische Recht übertragbar und kann daher nicht als Richtschnur für haftungsbegründende Geschäftsführungsentscheidungen dienen. Sie kann jedoch für Fragen iZm der Treuepflicht herangezogen werden.[237]

6. Einzelne Sorgfaltspflichten im Detail

a) Briefpapier

177   Alle in das Firmenbuch eingetragenen Unternehmer sind gemäß § 14 UGB verpflichtet, bestimmte Mindestinformationen auf den Geschäftspapieren[238] ersichtlich zu machen.[239] Die Normadressaten des § 14 UGB ergeben sich indirekt aus § 14 Abs 5 UGB, demzufolge eine Zwangsstrafe gegen die Mitglieder des vertretungsbefugten Organs, im Falle einer inländischen Zweigniederlassung eines ausländischen Unternehmers gegen die für diese vertretungsbefugten Personen, zu richten ist; auch die wiederholte Verhängung von Zwangsstrafen ist zulässig.[240]

b) Jahresabschluss und Buchführungspflicht

178   Jahresabschluss und Lagebericht werden vom Vorstand einer AG in den ersten fünf Monaten des Geschäftsjahres für das jeweils vorherige Geschäftsjahr aufgestellt; je nach der Größe der Gesellschaft kann es zu Erleichterungen bei Aufstellung und Offenlegung kommen. In der Folge wird der Jahresabschluss vom Abschlussprüfer geprüft und mit dem Bestätigungsvermerk versehen. Ein vom Abschlussprüfer erstellter Prüfbericht wird sodann dem Vorstand und dem Aufsichtsrat vorgelegt. Nach Prüfung durch den Aufsichtsrat wird der Jahresabschluss durch diesen selbst oder durch die dafür zuständig gemachte Hauptversammlung festgestellt. Die Verpflichtung zur Aufstellung des Jahresabschlusses und Lageberichts durch den Vorstand einer AG kann weder durch übereinstimmende Beschlüsse der Organe noch sonst abgeändert werden. Aus diesem Grund entsteht auch einerseits ein, den einzelnen Aufsichtsratsmitgliedern zukommender, durchsetzbarer Individualanspruch auf Vorlage des Jahresabschlusses und Lageberichts gegen die AG; andererseits wird dadurch auch ein Leistungsbegehren der Aktionäre auf Vorlage begründet. Dieser Anspruch beruht auf den Informationsrechten der Aktionäre und richtet sich ebenso gegen die, durch den Vorstand vertretene Gesellschaft. Werden falsche Angaben gemacht oder erhebliche Umstände verschwiegen, drohen den Organmitgliedern gemäß § 255 AktG Freiheitsstrafen bis zu einem Jahr oder Geldstrafen bis zu 360 Tagessätzen.[241]

---

[237]) *Kalss* in *Kalss/Nowotny/Schauer*, Österreichisches Gesellschaftsrecht Rz 3/338 mwN.

[238]) Nach § 14 Abs 1 UGB haben Geschäftspapiere (das sind Geschäftsbriefe und Bestellscheine) sowie auch die Webseite die Firma, die Rechtsform, den Sitz und die Firmenbuchnummer des Unternehmens, gegebenenfalls den Hinweis, dass sich der Unternehmer in Liquidation befindet, sowie das Firmenbuchgericht anzugeben. Werden nach § 14 Abs 2 UGB bei einer Kapitalgesellschaft auf Geschäftsbriefen, Bestellscheinen und Webseiten Angaben über das Kapital der Gesellschaft gemacht, so müssen in jedem Fall das Grund- und Stammkapital sowie bei der AG, wenn auf die Aktien der Ausgabebetrag nicht vollständig, bei der GmbH, wenn nicht alle in Geld zu leistenden Einlagen einbezahlt sind, der Gesamtbetrag der ausstehenden Einlagen angegeben werden.

[239]) *Dehn* in *Krejci*, RK UGB § 14 Rz 1 f.

[240]) *Dehn* in *Krejci*, RK UGB § 14 Rz 5, Rz 20.

[241]) *Gruber* in *Doralt/Nowotny/Kalss*, AktG § 127 Rz 12 f.

Die Organe der GmbH und der AG haben Sorge zu tragen, dass ein Rechnungs- **179** wesen und internes Kontrollsystem geführt werden, die den Anforderungen des Unternehmens entsprechen; insb ist darauf zu achten, dass die Buchhaltung ordnungsgemäß und jeweils aktuell ist. Die GmbH ist zur Buchführung verpflichtet und hat die unternehmensbezogenen Geschäfte sowie die Vermögenslage der Gesellschaft in den Geschäftsbüchern (nach den Grundsätzen ordnungsgemäßer Buchführung) ersichtlich zu machen. Die Heranziehung von Hilfspersonen (Angestellte, Steuerberater usw) ist zulässig; für ihre Tätigkeit trifft die Geschäftsführer jedoch eine Überwachungspflicht.

Die Geschäftsführer der GmbH haben weiters jedem Gesellschafter ohne Verzug **180** nach Aufstellung des Jahresabschlusses (dieser ist in den ersten fünf Monaten des Geschäftsjahres für das jeweils vorherige Geschäftsjahr zu erstellen) samt Lagebericht Abschriften desselben zuzusenden. Anschließend haben die Gesellschafter nach erfolgter Prüfung einen Beschluss bezüglich der Feststellung des Jahresabschlusses zu fassen. Die Geschäftsführer haben in diesem Zusammenhang dafür zu sorgen, dass im Jahresabschluss der Gesellschaft alle Geschäftsvorfälle vollständig angeführt und die erforderlichen Rückstellungen für drohende Verluste aus schwebenden Geschäften oder allfälligen Prozessen gebildet werden. Auch um die ordnungsgemäße und rechtzeitige Durchführung der Inventur haben sich die Geschäftsführer der Gesellschaft zu kümmern. Ansprüche bei Verstoß sind in der Regel gegen die Gesellschaft im außerstreitigen Verfahren durchzusetzen;[242]) bei einer falschen Darstellung im Jahresabschluss oder im Lagebericht und bei nicht wahrheitsgetreuen Auskünften an den Abschlussprüfer oder die Aufsichtsratsmitglieder können sich Geschäftsführer oder Aufsichtsratsmitglieder gemäß § 122 Abs 1 GmbHG (Freiheitsstrafen bis zu einem Jahr oder Geldstrafen bis zu 360 Tagessätzen) strafbar machen.[243])

c) Einholung der Zustimmung anderer Organe

Bestimmte Geschäftsführungsentscheidungen des Vorstandes der AG sind kraft **181** Gesetzes an die Zustimmung des Aufsichtsrats gebunden.[244]) Ferner können weitere

---

[242]) *Koppensteiner/Rüffler,* GmbHG³ § 22 Rz 18 ff mwN.
[243]) *Nowotny* in *Kalss/Nowotny/Schauer,* Österreichisches Gesellschaftsrecht Rz 4/406.
[244]) Nach § 95 Abs 5 AktG bedürfen folgende Geschäfte der Zustimmung des Aufsichtsrats: (Z 1) Der Erwerb und die Veräußerung von Beteiligungen (§ 228 UGB) sowie der Erwerb, die Veräußerung und die Stilllegung von Unternehmen und Betrieben; (Z 2) der Erwerb, die Veräußerung und die Belastung von Liegenschaften, soweit dies nicht zum gewöhnlichen Geschäftsbetrieb gehört; (Z 3) die Errichtung und Schließung von Zweigniederlassungen; (Z 4) Investitionen, die bestimmte Anschaffungskosten im Einzelnen und insgesamt in einem Geschäftsjahr übersteigen; (Z 5) die Aufnahme von Anleihen, Darlehen und Krediten, die einen bestimmten Betrag im Einzelnen und insgesamt in einem Geschäftsjahr übersteigen; (Z 6) die Gewährung von Darlehen und Krediten, soweit sie nicht zum gewöhnlichen Geschäftsbetrieb gehören; (Z 7) die Aufnahme und Aufgabe von Geschäftszweigen und Produktionsarten; (Z 8) die Festlegung allgemeiner Grundsätze der Geschäftspolitik; (Z 9) die Festlegung von Grundsätzen über die Gewährung von Gewinn- oder Unternehmensbeteiligungen und Pensionszusagen an leitende Angestellte iSd § 80 Abs 1 AktG; (Z 10) die Einräumung von Optionen auf Aktien der Gesellschaft an Arbeitnehmer und leitende Angestellte der Gesellschaft oder eines mit ihr verbundenen Unternehmens sowie an Mitglieder des Vorstands und des Aufsichtsrats von verbundenen Unternehmen; (Z 11) die Erteilung der Prokura; (Z 12) der Abschluss von Verträgen mit Mitgliedern des Aufsichtsrats, durch die sich diese außerhalb ihrer Tätigkeit im Aufsichtsrat gegenüber der Gesellschaft oder einem

Geschäftsarten durch die Satzung und durch einfachen Aufsichtsratsbeschluss der Zustimmungspflicht unterworfen werden.[245]) Die Verantwortlichkeit des Vorstandes gegenüber der Gesellschaft wird durch die Zustimmung des Aufsichtsrats aber nicht ausgeschlossen (vgl § 84 Abs 4 S 2 und Abs 5 S 3 AktG).[246])

182 Die Geschäftsführer einer GmbH sind gemäß § 20 Abs 2 GmbHG verpflichtet, zu bestimmten Geschäften oder Geschäftsarten die Zustimmung anderer Gesellschaftsorgane einzuholen, sofern dies der Gesellschaftsvertrag oder ein Gesellschafterbeschluss anordnet.[247]) Es besteht weiters die Pflicht zur Einholung der Zustimmung der Gesellschafter zu den in § 35 Abs 1 GmbHG bestimmten Geschäftsführungsmaßnahmen, insb zur Einforderung von Einzahlungen auf die Stammeinlagen, zur Entscheidung der Erteilung von Prokura oder Handlungsvollmacht zum gesamten Geschäftsbetrieb, zur Geltendmachung bestimmter Schadenersatzansprüche sowie zum Abschluss von Nachgründungsverträgen. Bei Gesellschaften mit fakultativ oder obligatorisch eingerichtetem Aufsichtsrat besteht ferner die Pflicht zur Einholung der Zustimmung des Aufsichtsrats zu den in § 30 j Abs 5 GmbHG angeführten Geschäftsführungsmaßnahmen. Umstritten sind sog Vorratsbeschlüsse des Aufsichtsrats.[248]) Ein ohne oder gegen die Genehmigung des Aufsichtsrats oder der Generalversammlung getätigtes Geschäft ist trotzdem wirksam und bindet die Gesellschaft.[249])

d) Exkurs: Holzmüller und Gelatine

183 AGs sind verpflichtet, ihren Aktionären gegenüber Fürsorgepflichten einzuhalten; aufgrund dessen kommt dem Aktionär auch ein verbandsrechtlicher Anspruch auf Achtung seiner Mitgliedschaftsrechte zu.[250]) Daraus leitete der BGH erstmals 1982 ab, dass eine ungeschriebene Pflicht des Vorstandes bestehe, in gewissen Fällen eine Entscheidung der Hauptversammlung einzuholen, um Aktionäre vor nachhaltiger Schwä-

---

Tochterunternehmen (§ 228 Abs 3 UGB) zu einer Leistung gegen ein nicht bloß geringfügiges Entgelt verpflichten; dies gilt auch für Verträge mit Unternehmen, an denen ein Aufsichtsrat ein erhebliches wirtschaftliches Interesse hat; (Z 13) die Übernahme einer leitenden Stellung (§ 80 AktG) in der Gesellschaft innerhalb von zwei Jahren nach Zeichnung des Betätigungsvermerks durch den Abschlussprüfer, durch den Konzernabschlussprüfer, durch den Abschlussprüfer eines bedeutenden verbundenen Unternehmens oder durch den, den jeweiligen Bestätigungsvermerk unterzeichnenden Wirtschaftsprüfer sowie eine für ihn tätige Person, die eine maßgeblich leitende Funktion bei der Prüfung ausgeübt hat, soweit dies nicht gemäß § 271 c UGB untersagt ist. Zu den in Z 1 und 2 genannten Geschäften kann die Satzung oder der Aufsichtsrat Betragsgrenzen festsetzen, zu den in den Z 4, 5 und 6 genannten Geschäften haben die Satzung oder der Aufsichtsrat eine Betragsgrenze festzusetzen. Die Satzung oder der Aufsichtsrat kann auch anordnen, dass bestimmte Arten von Geschäften nur mit Zustimmung des Aufsichtsrats vorgenommen werden sollen.

[245]) *Strasser* in *Jabornegg/Strasser*, AktG⁴ §§ 95 – 97 Rz 36 ff; *Kalss* in *Kalss/Nowotny/Schauer*, Österreichisches Gesellschaftsrecht Rz 3/519 ff.

[246]) *Strasser* in *Jabornegg/Strasser*, AktG⁴ §§ 95 – 97 Rz 40; *Kalss* in *Doralt/Nowotny/Kalss*, AktG § 95 Rz 99 mwN.

[247]) *Nowotny* in *Kalss/Nowotny/Schauer*, Österreichisches Gesellschaftsrecht Rz 4/194.

[248]) *Nowotny* in *Kalss/Nowotny/Schauer*, Österreichisches Gesellschaftsrecht Rz 4/195 mwN.

[249]) *Kalss* in *Kalss/Nowotny/Schauer*, Österreichisches Gesellschaftsrecht Rz 3/521; *Nowotny* in *Kalss/Nowotny/Schauer*, Österreichisches Gesellschaftsrecht Rz 4/199.

[250]) *Kalss* in *Kalss/Nowotny/Schauer*, Österreichisches Gesellschaftsrecht Rz 3/176.

chung des Anteilswerts bei zugrundeliegenden Vorstandsentscheidungen zu schützen.[251]) 2004 setzte der BGH in der Gelatine-Entscheidung dann genauere Umstände fest, unter denen eine derartige ungeschriebene Hauptversammlungszuständigkeit eintritt. Die daraus ableitbaren Holzmüller[252])/Gelatine[253])-Grundsätze legen einerseits qualitative (Quasi-Satzungsänderung und wesentliche Beeinträchtigung der Mitwirkungsbefugnisse der Aktionäre) und andererseits quantitative Kriterien (Schwellenwert zwischen 70% und 80% des Vermögens der Gesellschaft), die für eine Vorlageverpflichtung des Vorstandes gegeben sein müssen, fest.[254]) Handelt der Vorstand idS pflichtwidrig und legt nicht vor, bleiben die beschlossenen Maßnahmen im Außenverhältnis jedoch gültig. Aufgrund der Fürsorgepflichten der AG ihren Aktionären gegenüber stehen diesen jedoch Unterlassungsansprüche und nach bereits erfolgter Beschlussfassung Rechtsschutz mittels Anfechtungsklage zu.[255])

Im Unterschied zu Deutschland gibt es in Österreich bisher keine vergleichbare **184** höchstgerichtliche Jud. § 237 AktG bestimmt, dass bei Übertragung des gesamten Gesellschaftsvermögens einer AG neben Formalaspekten (Veräußerungsvertrag in Notariatsaktsform) auch die Zustimmung der Hauptversammlung erforderlich ist. In dieser Hauptversammlung müssen ³/₄ des bei der Beschlussfassung vertretenen Grundkapitals der beabsichtigten Veräußerung zustimmen. Diese Bestimmung ist auch anzuwenden, wenn nicht das „ganze" Gesellschaftsvermögen, wohl aber „fast" das gesamte oder der wertvollste Teil des Gesellschaftsvermögens veräußert werden soll.[256]) Die hL in Österreich vertritt die – wohl zutreffende und von der Holzmüller-Jud des BGH angeregte – Meinung, dass bei wesentlichen Unternehmensveräußerungen oder Ausgliederungen das ansonsten freie Ermessen des Vorstandes insoweit eingeschränkt sei, als der Vorstand verpflichtet sei, die Zustimmung der Hauptversammlung einzuholen. Teilweise wird in der L angenommen, dass in einer solchen Hauptversammlung eine einfache Mehrheit ausreicht; teilweise wird auch eine Dreiviertelmehrheit gefordert. Aufgrund der inzwischen ergangenen klarstellenden Jud des BGH, der das Erfordernis einer Dreiviertelmehrheit der abgegebenen Stimmen sieht, besteht eine große Wahrscheinlichkeit, dass auch in Österreich diese Meinung vorherrschend – und letztlich auch vom OGH judiziert – wird. In einer älteren Entscheidung des OGH wurde noch die Ansicht vertreten, dass eine GmbH, die ihr gesamtes (oder im Wesentlichen ihr ganzes) Vermögen veräußert, dadurch implizit den Unternehmensgegenstand ändert und aus diesem Grund für den Veräußerungsvorgang ein (bei der GmbH einstimmiger!) Generalversammlungsbeschluss erforderlich ist.[257]) Der Grundgedanke dieser Entscheidung ist auch auf die AG zu übertragen; zu beachten ist jedoch, dass im Recht der AG eine Änderung des Unternehmensgegenstandes mit Dreiviertelmehrheit beschlossen wird (§ 146 Abs 1 AktG).[258]) Nimmt man aber aufgrund der Gesamtveräußerung des Unter-

²⁵¹) *Feldhaus*, Der Verkauf von Unternehmensanteilen einer AG und die Notwendigkeit einer außerordentlichen Hauptversammlung, BB 2009, 562 mwN.

²⁵²) BGHZ 83, 122; 131 = ZIP 1982, 586, 571.

²⁵³) BGH-Urteil vom 26. 4. 2004 – II Z R 155/02, AG 2004, 387.

²⁵⁴) *Hüffer*, AktG⁸ (2008) § 119 Rz 16–21 mwN.

²⁵⁵) *Hüffer*, AktG⁸ § 119 Rz 16, 18.

²⁵⁶) *Szep* in *Jabornegg/Strasser*, AktG⁴ § 237 Rz 5.

²⁵⁷) OGH 10. 5. 1984, GesRZ 1984, 217.

²⁵⁸) *Szep* in *Jabornegg/Strasser*, AktG⁴ § 237 Rz 22.

nehmensvermögens eine Änderung des Unternehmenszwecks an, so wäre ein einstimmiger Hauptversammlungsbeschluss auch bei der AG erforderlich.[259])

e) Verbot der Verteilung von Gesellschaftsvermögen bzw Verbot der Einlagenrückgewähr

185   AktG und GmbHG stellen im Interesse des Gläubigerschutzes strenge Grundsätze über die Kapitalaufbringung und Kapitalerhaltung auf, da den Gläubigern einer Kapitalgesellschaft in der Regel nur das Vermögen ders haftet und dieses daher ungeschmälert erhalten werden muss.[260]) Gemäß § 82 Abs 1 GmbHG und § 52 Abs 1 AktG darf die Kapitalgesellschaft an ihre Gesellschafter nichts außer dem ordnungsgemäß festgestellten und zur Verteilung beschlossenen Bilanzgewinn leisten, dh jede (unmittelbare oder mittelbare) Leistung an einen Gesellschafter, der keine gleichwertige Gegenleistung gegenübersteht und die wirtschaftlich das Vermögen der Kapitalgesellschaft verringert, ist verboten.[261]) Ferner verboten sind auch auf Veranlassung eines Gesellschafters vorgenommene Zuwendungen der Gesellschaft an einen dem Gesellschafter nahe stehenden Dritten, so etwa an eine Gesellschaft, an der der Gesellschafter selbst beteiligt ist.[262]) Im Sinne des Kapitalschutzes der Kapitalgesellschaften und zur Vermeidung von Umgehungen ist nach hL eine weite Auslegung des Tatbestands der „Einlagenrückgewähr" geboten.[263]) Es ist zwar einer Kapitalgesellschaft nicht verwehrt, mit ihren Aktionären wie mit jeder anderen Person (jedem Dritten) Geschäfte zu tätigen und entsprechende Leistungen zu erbringen,[264]) doch ist bei derartigen Geschäften stets zu prüfen, ob sie dem Drittvergleich standhalten.[265])

186   Nach in Österreich hL erfordert der Tatbestand der verdeckten Einlagenrückgewähr keine subjektiven Elemente. Es ist vielmehr ausreichend, dass ein objektives Missverhältnis von Leistung und Gegenleistung zu Lasten der Kapitalgesellschaft besteht.[266])

187   Ein Verstoß gegen das Verbot der Einlagenrückgewähr führt zur Nichtigkeit des Rechtsgeschäfts.[267]) Aus der Nichtigkeit des zugrunde liegenden Rechtsgeschäfts ergibt sich, dass dem (vermeintlich) aus dem Vertrag Begünstigten kein durchsetzbarer Anspruch auf das verbotswidrig Versprochene besteht.[268]) Überdies sind die Aktionäre

---

[259]) *Jabornegg* in *Jabornegg/Strasser,* AktG[4] § 17 Rz 15; *Szep* in *Jabornegg/Strasser,* AktG[4] § 237 Rz 22.

[260]) OGH 23. 4. 1996, 1 Ob 2085/96 s, SZ 69/96 = wbl 1996/370 = GesRZ 1996, 240 = RdW 1996, 582; OGH 24. 3. 1998, 1 Ob 374/97 z, SZ 71/57 = ecolex 1998, 487 = RdW 1998, 404 = GesRZ 1998, 161.

[261]) OGH 12. 11. 1996, 4 Ob 2328/96 y, ecolex 1997, 360 [361] = ÖBA 1997, 489 = ZIK 1997, 63; BGH, BGHZ 31, 276; BGH, NJW 1987, 1194; *Krejci,* Zum GmbH-rechtlichen Ausschüttungsverbot, wbl 1993, 269 [270].

[262]) OGH 20. 1. 2000 = SZ 73/14; *Koppensteiner/Rüffler,* GmbHG[3] § 82 Rz 18.

[263]) *Saurer* in *Doralt/Nowotny/Kalss,* AktG § 52 Rz 10 mwN.

[264]) *Artmann* in *Jabornegg/Strasser,* AktG[4] § 52 Rz 10; *Saurer* in *Doralt/Nowotny/Kalss,* AktG § 52 Rz 19, jeweils mwN.

[265]) *Artmann* in *Jabornegg/Strasser,* AktG[4] § 51 Rz 11 mwN.

[266]) *Reich-Rohrwig,* Grundsatzfragen der Kapitalerhaltung bei der AG, GmbH sowie GmbH & Co KG (2004) 119; *Artmann* in *Jabornegg/Strasser,* AktG[4] § 52 Rz 15 mwN; *Saurer* in *Doralt/Nowotny/Kalss,* AktG § 52 Rz 31 f, jeweils mwN.

[267]) OGH 22. 10. 2003, RdW 2004/123.

[268]) *Artmann* in *Jabornegg/Strasser,* AktG[4] § 52 Rz 74.

und GmbH-Gesellschafter bzw die ihnen zurechenbaren tatsächlichen Empfänger der Leistung zum Rückersatz verpflichtet (§ 56 Abs 1 AktG, § 83 Abs 1 GmbHG).[269]) Die gesellschaftsrechtlichen Rechtsfolgen einer verdeckten Gewinnausschüttung sind streng: Die Geschäftsführer/Vorstände haften gegenüber der Gesellschaft gemäß §§ 25 GmbHG bzw 84 AktG für den erlittenen Schaden.

f) Cash Pooling

Unter dem Begriff Cash Pooling wird ein spezielles Verfahren verstanden, mit dessen Hilfe in einem Konzern das Zinsergebnis durch automatisierte Konzentration der Liquidität verbessert werden kann.[270]) Es kommt dabei zur Schaffung eines Kontenpools, welchem mindestens zwei Konten angehören müssen.[271]) Cash Pooling hat im Konzern (§ 15 AktG, § 115 GmbHG) große Bedeutung und dient dort der Finanzierung kapitalschwacher Gesellschaften durch Gesellschaften mit Liquiditätsüberhang mittels Darlehen.[272]) Beim Cash Pooling wird von einer zentralen Cash-Management-Gesellschaft (Master Company) ein Hauptkonto (Master Account) geführt und für die beteiligten Unternehmen jeweils ein Konto eingerichtet. Diese Master Company hat die Funktion einer konzerninternen Bank („In-house-Bank") und fungiert als Treasury für den Konzern.[273]) Dabei werden die Habensalden aus Konten der beteiligten Unternehmen täglich auf den Master Account übertragen und Sollsalden vom Master Account abgedeckt. Daneben besteht noch das sog fiktive Cash Pooling oder „Notional Pooling", bei dem eine Kompensation lediglich recherchiert erfolgt. Zu beachten ist, dass – je nach Gestaltung – der Darlehens- oder der Kreditvertrag eine Gebührenpflicht aufgrund des GebG auslöst bzw auslösen kann (§ 33 TP 8 oder 19 GebG).[274]) Befindet sich eine Tochtergesellschaft in der Krise, so ist ferner das Eigenkapitalersatzrecht zu beachten. Ein danach gewährtes Darlehen kann unter den Voraussetzungen des EKEG als Eigenkapital angesehen werden;[275]) Cash Pooling ist also nicht vom EKEG ausgenommen.[276])

188

Der Abschluss einer Cash-Pooling-Vereinbarung kann ebenso eine verbotene Einlagenrückgewähr darstellen (vgl Rz 185 ff).[277]) Es werden zB üblicherweise gesamtschuldnerische Haftungen der Pool-Gesellschaften für den Debetsaldo auf dem Master Account der Master Company übernommen oder dafür Sicherheiten (womöglich in unbegrenzter Höhe) bestellt, weswegen auch hier zu fragen ist, ob die Gesellschaft diese Cash-Pooling-Vereinbarung ebenso mit einem konzernfremden Dritten abgeschlossen hätte (zur Einlagenrückgewähr im Konzern, Haftung des Vorstandes iZm Cash Pooling vgl Rz 329 ff). [278])

189

---

[269]) *Koppensteiner/Rüffler*, GmbHG[3] § 83 Rz 6 f.
[270]) *Billek*, Cash Pooling im Konzern 5 mwN.
[271]) *Klampfl*, Cash Pooling 40.
[272]) *Billek*, Cash Pooling im Konzern 1.
[273]) *Artmann/Polster-Grüll*, RdW 2008/585 (627), *Klampfl*, Cash Pooling 40.
[274]) *Doralt*, Steuerrecht 2008/09, Rz 513; *Klampfl*, Cash Pooling 49.
[275]) Siehe dazu Punkt Rz 313 ff.
[276]) *Artmann/Polster-Grüll*, RdW 2008/585 (629).
[277]) *Artmann* in *Jabornegg/Strasser*, AktG[4] § 52 Rz 29.
[278]) *Artmann* in *Jabornegg/Strasser*, AktG[4] § 52 Rz 29.

g) Erwerb eigener Aktien/Geschäftsanteile

190   Der Erwerb eigener Aktien ist grundsätzlich verboten und gemäß § 65 Abs 1 AktG nur bei Vorliegen besonderer Gründe (als derivativer Erwerb), insb bei Erwerb zur Schadensabwehr, unentgeltlichem Erwerb, Einkaufskommission, Gesamtrechtsnachfolge, Erwerb für Arbeitnehmer, leitende Angestellte und Organmitglieder, Entschädigung von Minderheitsaktionären, Einziehung, Wertpapierhandel durch ein Kreditinstitut, zulässig.[279]) Ein Verstoß gegen diese Bestimmung macht das schuldrechtliche Geschäft nichtig, sodass kein Erfüllungsanspruch entsteht.[280]) Die Übertragung der Aktien, also das Verfügungsgeschäft, bleibt aber nach § 65 Abs 4 S 1 AktG wirksam.[281]) Allerdings bestehen gegenseitige Rückforderungsansprüche: Zugunsten der Aktionäre gemäß §§ 1431 f, 877 ABGB und zugunsten der Gesellschaft gemäß § 56 Abs 3 AktG *e-contrario*. Überdies haften die Aktionäre nach § 56 Abs 1 AktG für Verbindlichkeiten der Gesellschaft, soweit sie von dieser gesetzwidrige Zahlungen empfangen haben. Weitere Sanktion ist die Pflicht zur Veräußerung der Aktien innerhalb eines Jahres nach ihrem Erwerb (§ 65 a Abs 1 AktG).[282]) Die Rechte aus eigenen Aktien ruhen (§ 65 Abs 5 AktG).[283])

191   Den Vorstand trifft gemäß § 65 Abs 3 AktG eine Berichtspflicht gegenüber der Hauptversammlung über den Bestand eigener Aktien.[284]) Der Verstoß gegen ein Erwerbsverbot kann zugleich Schadenersatzpflichten der Verwaltungsmitglieder gemäß §§ 84 und 99 AktG gegenüber der Gesellschaft auslösen (§ 84 Abs 3 Z 3 AktG).[285])

192   Auch der Erwerb eigener Geschäftsanteile durch die Gesellschaft ist gemäß § 81 GmbHG grundsätzlich verboten und wirkungslos. Zulässig ist der Erwerb nur im Exekutionsweg eigener Forderungen der Gesellschaft.[286]) Weiters ist anerkannt, dass eine GmbH voll eingezahlte eigene Geschäftsanteile unentgeltlich erwerben kann.[287])

193   Für Verletzungen des Verbots haften Geschäftsführer und Aufsichtsrat gemäß § 25 Abs 3 Z 1 GmbHG.[288]) Weiters hat das GesRÄG 2007 klargestellt, dass zur Abfindung von Minderheitengesellschaftern sowie bei Gesamtrechtsnachfolge ein Erwerb eigener Anteile zulässig ist.[289])

194   § 66 a AktG sieht darüber hinaus noch die Unzulässigkeit von Rechtsgeschäften vor, die die Gewährung eines Vorschusses oder Darlehens oder die Leistung einer Si-

---

[279]) *Duursma/Duursma-Kepplinger/Roth*, Handbuch zum Gesellschaftsrecht Rz 3736; *Rieder/Huemer*, Gesellschaftsrecht 278.

[280]) *Duursma/Duursma-Kepplinger/Roth*, Handbuch zum Gesellschaftsrecht Rz 3765.

[281]) *Rieder/Huemer*, Gesellschaftsrecht 278; *Kalss* in *Doralt/Nowotny/Kalss*, AktG § 65 Rz 150 ff; *Karollus* in *Jabornegg/Strasser*, AktG[4] § 65 Rz 81.

[282]) *Duursma/Duursma-Kepplinger/Roth*, Handbuch zum Gesellschaftsrecht Rz 3767; *Kalss* in *Doralt/Nowotny/Kalss*, AktG § 65 Rz 151; *Rieder/Huemer*, Gesellschaftsrecht 280.

[283]) *Koppensteiner/Rüffler*, GmbHG[3] § 81 Rz 12 f.

[284]) *Duursma/Duursma-Kepplinger/Roth*, Handbuch zum Gesellschaftsrecht Rz 3768; *Aburumieh*, Der Vorstandsbericht über eigene Aktien in der Hauptversammlung, GesRZ 2005, 278 ff.

[285]) *Kalss* in *Doralt/Nowotny/Kalss*, AktG § 65 Rz 153.

[286]) *Rieder/Huemer*, Gesellschaftsrecht 245.

[287]) *Nowotny* in *Kalss/Nowotny/Schauer*, Österreichisches Gesellschaftsrecht Rz 4/435; *Gellis/Feil*, Kommentar zum GmbHG[6] § 81 Rz 3; *Koppensteiner/Rüffler*, GmbHG[3] § 81 Rz 8.

[288]) *Nowotny* in *Kalss/Nowotny/Schauer*, Österreichisches Gesellschaftsrecht Rz 4/435; *Koppensteiner/Rüffler*, GmbHG[3] § 81 Rz 11.

[289]) *Nowotny* in *Kalss/Nowotny/Schauer*, Österreichisches Gesellschaftsrecht Rz 4/435.

cherheit durch die Gesellschaft an einen anderen zum Zweck des Erwerbs von Aktien dieser Gesellschaft oder eines Mutterunternehmens (§ 228 Abs 3 UGB) zum Gegenstand haben. In diesem Fall ist das konkrete Rechtsgeschäft zwar wirksam, Vorstand und Aufsichtsrat haften jedoch der Gesellschaft gegenüber für einen eingetretenen Schaden. Eine vergleichbare Bestimmung im GmbHG fehlt zwar, jedoch fallen die meisten betroffenen Fälle ohnedies unter das Verbot der Einlagenrückgewähr.[290])

h) Unzulässige Ausgabe von Aktien bei bedingter Kapitalerhöhung

Die Bestimmung des § 164 AktG verbietet die Ausgabe neuer Aktien vor Eintragung des Kapitalerhöhungsbeschlusses in das Firmenbuch; beim genehmigten bedingten Kapital ist der „Beschluss über die bedingte Kapitalerhöhung" der Vorstandsbeschluss auf Ausübung der satzungsmäßigen Ermächtigung.[291]) Gemäß § 164 S 1 AktG ist bei Fehlen der Eintragung in das Firmenbuch die Ausgabe ungültig.[292]) Vor der Eintragung des Beschlusses ausgegebene Aktienurkunden sind gemäß § 164 S 3 leg cit nichtig. Eine Mitgliedschaft entsteht durch eine solche Ausgabe nicht und wird auch nicht wertpapierrechtlich verbrieft; das Grundkapital wird nicht erhöht. Ein gutgläubiger Erwerb der Mitgliedschaft ist nicht möglich.[293]) Die Nichtigkeit der Ausgabe wird nach hL nicht ohne weiteres durch die nachfolgende Eintragung im Firmenbuch geheilt.[294]) **195**

Die Ausgeber sind nach § 164 S 3 2. Halbsatz AktG den Besitzern der ungültigen Aktienurkunden verantwortlich. Das entspricht § 158 S 2 Halbsatz 2 AktG; Besonderheiten bei der bedingten Kapitalerhöhung bestehen nicht.[295]) Die Haftung ist nach der hM verschuldensabhängig.[296]) Ausgeber sind zunächst die Vorstandsmitglieder, aber im Einzelfall auch diejenigen, die eigenverantwortlich über die Ausgabe entscheiden, keinesfalls aber bloße Gehilfen. Personenmehrheiten haften solidarisch.[297]) **196**

Eine bedingte Kapitalerhöhung ist dem GmbH-Recht, ebenso wie das genehmigte Kapital, nicht bekannt.[298]) **197**

i) Ausgabe von Aktien vor voller Leistung des Ausgabebetrages

Bei der AG kommt es auf die Art der Anteilsscheine an, ob eine Ausgabe solcher vor voller Leistung des Ausgabebetrages erfolgen kann: Inhaberpapiere dürfen nicht ausgegeben werden, solange der Ausgabebetrag und ein allfälliges Agio nicht vollständig geleistet wurden. Namensaktien bzw Zwischenscheine dürfen auch bei nicht vollständiger Leistung der Einlage ausgegeben werden, auf den Aktien bzw Zwischenschei- **198**

---

[290]) *Kalss* in *Doralt/Nowotny/Kalss*, AktG § 66a Rz 3.

[291]) *Nagele* in *Jabornegg/Strasser*, AktG⁴ § 164 Rz 1.

[292]) *Winner* in *Doralt/Nowotny/Kalss*, AktG § 164 Rz 6.

[293]) *Winner* in *Doralt/Nowotny/Kalss*, AktG § 164 Rz 7; ebenso *Nagele* in *Jabornegg/Strasser*, AktG⁴ § 164 Rz 4.

[294]) *Winner* in *Doralt/Nowotny/Kalss*, AktG § 164 Rz 9.

[295]) *Winner* in *Doralt/Nowotny/Kalss*, AktG § 164 Rz 10; siehe auch *Hüffer*, AktG⁸ § 197 Rz 4.

[296]) *Winner* in *Kropff/Semler*, Münchener Kommentar zum AktG² (2005) § 197 Rz 26.

[297]) *Winner* in *Doralt/Nowotny/Kalss*, AktG § 158 Rz 15.

[298]) *Nowotny* in *Kalss/Nowotny/Schauer*, Österreichisches Gesellschaftsrecht Rz 4/524.

nen ist der Betrag der Teilleistung anzuführen.[299]) Wird eine Inhaberaktie trotz bloßer Teilleistung ausgegeben, liegt folglich ein Verstoß gegen § 10 Abs 2 AktG vor. Der Ausgeber (Vorstand) kann schadenersatzpflichtig werden. Der gutgläubige Erwerber haftet nicht mehr für die ausstehende Einlagenforderung. Zwischenscheine müssen auf den Namen lauten. Zwischenscheine, die auf Inhaber ausgestellt wurden, sind nach § 10 Abs 5 AktG nichtig; die Ausgeber haften den Besitzern auf Schadenersatz.

199 § 84 Abs 3 Z 4 AktG zählt die Ausgabe von Aktien vor voller Leistung des Ausgabebetrags ausdrücklich als rechtswidrige Verhaltensweise der Vorstandsmitglieder auf. Sie haften der Gesellschaft schon ab leichter Fahrlässigkeit für alle daraus resultierenden Schäden.[300])

200 Eine Stundung der Zahlungsverpflichtung ist bei GmbHs explizit untersagt (§ 63 Abs 3 S 1 GmbHG); ein nachträgliches Hinausschieben des Leistungstermins widerspricht nach hA dem Abs 3 leg cit nicht, da Gläubigerinteressen de facto nicht gefährdet werden.[301]) In § 65 GmbHG werden für den Fall der Nichtleistung Verzugszinsen, die Möglichkeit der Vereinbarung von Konventionalstrafen im Gesellschaftsvertrag und die einzuhaltende Form der Zahlungsaufforderung bestimmt.[302])

7. Besondere Pflichten in Bezug auf die Geschäftsführungsposition

a) Wettbewerbsverbot

201 Der Vorstand einer AG hat das Unternehmen weisungsfrei zu leiten. Es können ihm daher grundsätzlich weder der Aufsichtsrat noch die Hauptversammlung Weisungen erteilen. Vorstandsmitglieder dürfen nach § 79 Abs 1 AktG jedoch ohne Einwilligung des Aufsichtsrats weder ein anderes Unternehmen betreiben, noch Aufsichtsratsmandate in Unternehmen annehmen, die mit der Gesellschaft nicht konzernmäßig verbunden sind oder an denen die Gesellschaft nicht unternehmerisch beteiligt ist und ebenso nicht im Geschäftszweig der Gesellschaft für eigene oder fremde Rechnung Geschäfte machen (Wettbewerbsverbot). Sie dürfen sich weiters nicht an einer anderen unternehmerisch tätigen Gesellschaft als persönlich haftende Gesellschafter beteiligen (Konkurrenzverbot).

202 Verstößt ein Vorstandsmitglied gegen dieses Verbot, so kann die Gesellschaft Schadenersatz fordern, oder stattdessen von dem Mitglied verlangen, dass es die für eigene Rechnung gemachten Geschäfte als für Rechnung der Gesellschaft eingegangen gelten lasse und die aus den Geschäften für fremde Rechnung bezogene Vergütung herausgebe oder seinen Anspruch auf die Vergütung abtrete.

203 Ansprüche der AG bzw GmbH verjähren in drei Monaten ab dem Zeitpunkt, in dem die übrigen Mitglieder des Vorstands und des Aufsichtsrats von der zum Schadenersatz verpflichtenden Handlung Kenntnis erlangen; ohne Rücksicht auf diese Kenntnis verjähren sie in fünf Jahren seit ihrer Entstehung.

---

[299]) *Jabornegg/Geist* in *Jabornegg/Strasser*, AktG⁴ § 49 Rz 4; *Geist* in *Jabornegg/Strasser*, AktG⁴ § 10 Rz 10–31; *Micheler* in *Doralt/Nowotny/Kalss*, AktG § 10 Rz 5.
[300]) *Strasser* in *Jabornegg/Strasser*, AktG⁴ §§ 77–84 Rz 122.
[301]) *Koppensteiner/Rüffler*, GmbHG³ § 63 Rz 4, 6, 10; *Gellis/Feil*, Kommentar zum GmbHG⁶ § 63 Rz 2, 6.
[302]) *Koppensteiner/Rüffler*, GmbHG³ § 65 Rz 1 ff.

Die Vereinbarung eines über die Dauer der Vorstandsfunktion hinaus geltenden **204** Wettbewerbsverbotes (Konkurrenzklausel) ist im Übrigen in den Grenzen der guten Sitten zulässig.[303])

Ähnlich dürfen die Geschäftsführer einer GmbH ohne Einwilligung der Gesell- **205** schaft nach § 24 GmbHG weder Geschäfte in deren Geschäftszweige für eigene oder fremde Rechnung machen, noch bei einer Gesellschaft des gleichen Geschäftszweiges als persönlich haftende Gesellschafter sich beteiligen oder eine Stelle im Vorstand bzw als Geschäftsführer bekleiden oder im Aufsichtsrat tätig sein. Ein Verstoß dagegen bildet gemäß § 24 Abs 3 GmbHG einen Grund für die vorzeitige Abberufung des Geschäftsführers ohne Verpflichtung zur Leistung einer Entschädigung; in Zusammenhang mit dem Wettbewerbsverbot stehen auch Verschwiegenheits- und Geheimhaltungspflichten.

b) Kreditgewährung

Kredite jeder Art an Vorstandsmitglieder und leitende Angestellte der AG bedür- **206** fen der Zustimmung des Aufsichtsrats, sofern sie ein Monatsgehalt übersteigen (vgl § 80 Abs 1, 2 AktG);[304]) gleiches gilt für Kredite an gesetzliche Vertreter oder leitende Angestellte eines abhängigen oder herrschenden Unternehmens.[305]) Die Zustimmung kann für gewisse Kreditgeschäfte oder Arten von Kreditgeschäften im Voraus, jedoch nicht für länger als drei Monate erteilt werden (§ 80 Abs 1 AktG).[306]) Wird dem entgegen, in Abweichung vom Aufsichtsbeschluss oder gänzlich ohne einen solchen, dennoch ein Kredit gewährt, ist er grundsätzlich (nachträgliche Genehmigung möglich) unverzüglich zurückzustellen (vgl § 80 Abs 4 AktG). Der Verstoß führt nicht zur Nichtigkeit des Vertrags, soweit nicht bei Vorstandskrediten eine wirksame Vertretung fehlt; der sofort fällige Rückforderungsanspruch beruht direkt auf dem AktG und richtet sich gegen den Kreditnehmer. Entgegenstehende Vereinbarungen sind unwirksam. Alle Mitglieder des Vorstands und des Aufsichtsrats können diesbezüglich Schadenersatzpflichten nach § 84 Abs 3 Z 7 bzw § 99 AktG treffen.[307])

Anders als das d Recht und im Unterschied zu Vorstandsmitgliedern enthält das **207** Gesetz keine speziellen Regelungen für Kredite der Gesellschaft zugunsten von Aufsichtsratsmitgliedern. Kreditverträge zwischen der Gesellschaft und Aufsichtsratsmitgliedern sind nicht generell verboten.[308]) Ausreichend ist unternehmensinterne Offenlegung; unterlässt der Vorstand oder das einzelne Aufsichtsratsmitglied allerdings seine Informationspflicht gegenüber dem Aufsichtsvorsitzenden und erleidet die Gesellschaft

---

[303]) *Strasser* in *Jabornegg/Strasser,* AktG⁴ §§ 77–84 Rz 69.

[304]) *Nowotny* in *Doralt/Nowotny/Kalss,* AktG § 80 Rz 3 ff; *Strasser* in *Jabornegg/Strasser,* AktG⁴ § 77–84 Rz 39.

[305]) *Duursma/Duursma-Kepplinger/Roth,* Handbuch zum Gesellschaftsrecht Rz 3918; genauer *Strasser* in *Jabornegg/Strasser,* AktG⁴ § 77–84 Rz 50; *Pichler/Weninger,* Der Vorstand der AG (2004) 89; *Kalss* in *Kalss/Nowotny/Schauer,* Österreichisches Gesellschaftsrecht Rz 3/296.

[306]) *Duursma/Duursma-Kepplinger/Roth,* Handbuch zum Gesellschaftsrecht Rz 3919.

[307]) *Nowotny* in *Doralt/Nowotny/Kalss,* AktG § 80 Rz 15.

[308]) *Kalss* in *Doralt/Nowotny/Kalss,* AktG § 98 Rz 33; ebenso *Strasser* in *Jabornegg/Strasser,* AktG⁴ § 77–84 Rz 40.

wegen Uneinbringlichkeit des Kredits einen Schaden, droht bei Vorliegen der allgemeinen Voraussetzungen die Haftung gegenüber der Gesellschaft.[309]

208 Geschäftsführer der GmbH dürfen nach § 25 Abs 4 GmbHG jegliche Geschäfte, also auch Kreditverträge, mit der Gesellschaft, ausnahmslos erst nach Zustimmung sämtlicher (übriger) Geschäftsführer abschließen. Im Falle des Bestehens eines Aufsichtsrats ist dessen Zustimmung ausreichend; dieser hat aber im Zuge der nächsten Generalversammlung die Gesellschafter davon zu unterrichten.[310] Bezüglich der Regelungen über Kreditgewährung an Aufsichtsratsmitglieder kann auf die Ausführung zur AG verwiesen werden.

8. Interessenkonflikte und Geschäfte mit der Gesellschaft, Stimmverbot

209 Der Vorstand hat die Leitung der AG möglichst frei von Interessenkonflikten wahrzunehmen. Dies gilt auch für Aufsichtsratsmitglieder.

210 Bei Geschäften zwischen der Gesellschaft und einem Vorstandsmitglied vertritt grundsätzlich der Aufsichtsrat die Gesellschaft (siehe § 97 AktG). Es kann zu keinem In-sich-Geschäft kommen.

211 Geschäfte zwischen einem Mitglied des Aufsichtsrats und der Gesellschaft, sog Organgeschäfte, unterliegen nach § 95 Abs 5 Z 12 AktG vereinfacht gesagt der Genehmigungspflicht des Aufsichtsrats.[311] Bei schweren Interessenkonflikten steht einem betroffenen Aufsichtsratsmitglied eine Teilnahme an der Sitzung nicht zu.[312] Auch die Möglichkeit eines temporären Informationsausschlusses besteht. Bei weniger schwerwiegenden Interessenkonflikten (zB bei Abstimmung über ein Rechtsgeschäft, an dem das Mitglied mittelbar oder unmittelbar beteiligt sein wird) trifft das Mitglied bloß ein Stimmverbot.[313] Zur Unterlassung der Mitwirkung an der Beschlussfassung ist das Aufsichtsratsmitglied selbst verpflichtet; andernfalls ist der Beschluss fehlerhaft.

212 Den Aktionären bzw Gesellschaftern ist eine Mitbestimmung in eigener Sache allgemein verboten (§ 114 Abs 5 AktG und § 39 Abs 4 und Abs 5 GmbHG).[314] Bei der AG sind stimmverbotswidrig abgegebene Stimmen ungültig; Beschlüsse, die trotzdem zustande kommen, sind anfechtbar. Die trotz Stimmverbots bei der GmbH abgegebenen Stimmen sind nichtig. Die Rsp bezüglich Beschlüsse, die unter Berücksichtigung nichtiger Stimmen zustande gekommen sind, ist uneinheitlich.[315] Eine Schadenersatzpflicht des Geschäftsführers stützt sich bei „In-sich-Geschäften" auf § 25 Abs 4 GmbHG.[316]

---

[309] *Kalls* in *Doralt/Nowotny/Kalss*, AktG § 98 Rz 36.

[310] *Nowotny* in *Kalss/Nowotny/Schauer*, Österreichisches Gesellschaftsrecht Rz 4/208; *Koppensteiner/Rüffler*, GmbHG³ § 30 j Rz 1.

[311] *Kalss* in *Kalss/Nowotny/Schauer*, Österreichisches Gesellschaftsrecht Rz 3/574; *Rauter/Ratka* in *Rauter/Ratka*, Geschäftsführerhaftung Rz 2/163–3/178.

[312] *Kalss* in *Doralt/Nowotny/Kalss*, AktG § 93 Rz 4; *Hüffer*, AktG⁸ § 109 Rz 2; *Strasser* in *Jabornegg/Strasser*, AktG⁴ §§ 92–94 Rz 65.

[313] *Kalss* in *Doralt/Nowotny/Kalss*, AktG § 92 Rz 72.

[314] *Strasser* in *Jabornegg/Strasser*, AktG⁴ § 114 Rz 20–22; *Schmidt* in *Doralt/Nowotny/Kalss*, AktG § 114 Rz 54–83; *Koppensteiner/Rüffler*, GmbHG³ § 39 Rz 31–48; *Gellis/Feil*, Kommentar zum GmbHG⁶ § 39 Rz 14 ff.

[315] *Koppensteiner/Rüffler*, GmbHG³ § 39 Rz 7, 8.

[316] *Koppensteiner/Rüffler*, GmbHG³ § 25 Rz 11.

9. Geschäftsführerhaftung

a) Allgemeines zur Haftung

Unabhängig davon, ob eine Geschäftsführerhaftung der Gesellschaft oder den **213** Gläubigern gegenüber begründet werden soll, müssen hiefür jedenfalls aus zivilrechtlicher Sicht nach den §§ 1295 ff ABGB allgemeine Voraussetzungen gegeben sein:[317]

- Schaden (des Anspruchstellers);
- (adäquate) Verursachung des Schadens durch eine Handlung oder Unterlassung;
- Rechtswidrigkeit der Handlung oder Unterlassung (dh ein Verstoß gegen Gebote oder Verbote der Rechtsordnung oder gute Sitten); und
- Verschulden (zu unterscheiden ist zwischen Vorsatz und Fahrlässigkeit). Die Unterscheidung zwischen den Graden des Verschuldens ist bedeutsam für die Berechnung der Höhe des zu ersetzenden Schadens (wer leicht fahrlässig schädigt, hat nur den objektiven Wert der beschädigten Sache zu ersetzen; wer grob fahrlässig handelt, den objektiven Wert oder, wenn dies den höheren Ersatz ergibt, den subjektiv-konkreten Schaden im Vermögen des Geschädigten; und wer vorsätzlich schädigt, hat den Wert der „besonderen Vorliebe" zu ersetzen) und für die Aufteilung des Schadens zwischen mehreren Haftenden im Innenverhältnis.

b) Haftung der Gesellschaft gegenüber

Geschäftsführer und Mitglieder des Vorstands haften grundsätzlich gegenüber der **214** Gesellschaft. Die Haftung von Geschäftsführern und Vorstandsmitgliedern beruht entweder auf inhaltlich weitgehend gleichen oder sogar auf identischen Vorschriften:

Nach § 70 Abs 1 AktG hat der Vorstand einer AG unter eigener Verantwortung **215** die Gesellschaft so zu leiten, wie das Wohl des Unternehmens unter Berücksichtigung der Interessen der Aktionäre und der Arbeitnehmer sowie des öffentlichen Interesses es erfordert.[318] § 84 Abs 1 AktG verpflichtet die Vorstandsmitglieder dazu, bei ihrer Geschäftsführung die Sorgfalt eines ordentlichen und gewissenhaften Geschäftsleiters anzuwenden.[319] Vorstandsmitglieder, die ihre Obliegenheiten verletzen, sind der Gesellschaft zum Ersatz des daraus entstehenden Schadens als Gesamtschuldner verpflichtet.[320]

§ 25 Abs 1 GmbHG verpflichtet die Geschäftsführer der Gesellschaft, bei ihrer Ge- **216** schäftsführung die Sorgfalt eines ordentlichen Geschäftsmannes anzuwenden.[321] Nach Abs 2 leg cit haften Geschäftsführer, die ihre Obliegenheiten verletzen, der Gesellschaft zur ungeteilten Hand für den daraus entstandenen Schaden.

---

[317] *Reischauer* in *Rummel*, ABGB³ § 1295 Rz 1 ff.

[318] *Strasser* in *Jabornegg/Strasser* AktG⁴ § 70 Rz 17.

[319] *Nowotny* in *Doralt/Nowotny/Kalss* AktG § 70 Rz 17; *Strasser* in *Jabornegg/Strasser* AktG⁴ § 77–84 Rz 95; *Schlosser*, Die Organhaftung der Vorstandsmitglieder der AG (2002) 27.

[320] *Strasser* in *Jabornegg/Strasser* AktG⁴ § 77–84 Rz 100; allgemein zur Vorstandshaftung: *Pichler/Weninger*, Der Vorstand der AG, 121 ff.

[321] *Reich-Rohrwig* in *Straube*, Wiener Kommentar zum GmbHG § 25 Rz 24; *Duursma/Duursma-Kepplinger/Roth*, Handbuch zum Gesellschaftsrecht Rz 2962; *Ratka/Rauter*, Geschäftsführerhaftung Rz 2/36.

217   Die Anspruchsgrundlagen gemäß § 84 Abs 2 AktG und § 25 Abs 1 GmbHG fordern einen Schaden der Gesellschaft, die Verursachung durch den Vorstand/die Geschäftsführung, eine Pflichtverletzung sowie ein Verschulden des Vorstands/der Geschäftsführung.

c) Haftung gegenüber Dritten

218   Gläubiger können ihre Ansprüche in erster Linie nur gegen die Gesellschaft geltend machen. Entgegen dem gesellschaftsrechtlichen Grundsatz des Trennungsprinzips haften Vorstandsmitglieder daher nur ausnahmsweise direkt gegenüber Gläubigern der Gesellschaft. Solche direkten Ersatzansprüche bestehen bei der Verletzung von Schutzgesetzen und darüber hinaus nach § 83 Abs 5 AktG dann, wenn diese von der Gesellschaft keine Befriedigung erlangen können und jene grob fahrlässig oder vorsätzlich gehandelt haben.[322] Bei Verletzung einer in § 84 Abs 3 AktG aufgezählten Pflicht ist bereits leichte Fahrlässigkeit haftungsbegründend.[323]

219   Sofern die Handlung auf einem gesetzmäßigen Beschluss der Hauptversammlung beruht, haften Vorstandsmitglieder für einen Schaden nur gegenüber den Gesellschaftsgläubigern, nicht aber gegenüber der Gesellschaft; dies gilt jedoch nur dann, wenn der Beschluss auch wirksam ist. Eine Billigung durch den Aufsichtsrat wirkt nicht haftungsbefreiend.[324]

220   Auch bei der GmbH müssen Dritte primär gegen die Gesellschaft vorgehen. Haben sie einen vollstreckbaren Titel, so können sie auch auf meist spiegelbildliche Ansprüche der Gesellschaft gegen die Geschäftsführer dadurch greifen, dass sie diese pfänden, sich überweisen lassen und so direkt gegen Geschäftsführer vorgehen können. Unmittelbare Ansprüche von Gesellschaftern oder sonstigen Dritten gegen die Geschäftsführer gibt es nur bei ausdrücklicher gesetzlicher Anordnung:

- Nach § 26 Abs 2 GmbHG haften die Geschäftsführer unmittelbar auch gegenüber Gesellschaftern oder Dritten für Schäden, die aus schuldhaft verzögerten Anmeldungen zum Firmenbuch entstehen.[325]

---

[322] *Strasser* in *Jabornegg/Strasser*, AktG⁴ § 77–84 Rz 122; *Duursma/Duursma-Kepplinger/Roth*, Handbuch zum Gesellschaftsrecht Rz 3949.

[323] Nach § 84 Abs 3 AktG sind Vorstandsmitglieder namentlich zum Ersatz verpflichtet, wenn sie entgegen dem AktG (Z 1) Einlagen an die Aktionäre zurückgewähren, (Z 2) den Aktionären Zinsen oder Gewinnanteile gezahlt haben; (Z 3) eigene Aktien der Gesellschaft oder einer anderen Gesellschaft gezeichnet, erworben, als Pfand genommen oder eingezogen haben, (Z 4) Aktien vor der vollen Leistung des Ausgabebetrages ausgegeben werden, (Z 5) Gesellschaftsvermögen verteilt wird, (Z 6) Zahlungen geleistet werden, nachdem die Zahlungsunfähigkeit der Gesellschaft eingetreten ist oder sich ihre Überschuldung ergeben hat; dies gilt nicht von Zahlungen, die auch nach diesem Zeitpunkt mit der Sorgfalt eines ordentlichen und gewissenhaften Geschäftsleiter vereinbart sind, (Z 7) Kredit gewährt wird, (Z 8) bei einer bedingten Kapitalerhöhung außerhalb des festgesetzten Zwecks oder vor der vollen Leistung des Gegenwerts Bezugsaktien ausgegeben werden.

[324] *Strasser* in *Jabornegg/Strasser*, AktG⁴ § 77–84 Rz 115; *Nowotny* in *Doralt/Nowotny/Kalss*, AktG § 84 Rz 28; *Duursma/Duursma-Kepplinger/Roth*, Handbuch zum Gesellschaftsrecht Rz 3944; *Schlosser*, Die Organhaftung der Vorstandsmitglieder der AG 115.

[325] *Duursma/Duursma-Kepplinger/Roth*, Handbuch zum Gesellschaftsrecht Rz 2993; *Ratka/Rauter*, Geschäftsführerhaftung Rz 2/120.

- Nach § 56 Abs 3 GmbHG haften die Geschäftsführer den Gläubigern für die Schädigung aus falschen Nachweisen oder Erklärungen anlässlich der Herabsetzung des Stammkapitals.[326])
- § 64 GmbHG ordnet die Haftung der Geschäftsführer für den Fall an, dass sie die Einforderungen auf das ausständige Stammkapital überhaupt nicht oder unrichtig zum Firmenbuch angemeldet haben.[327])

Außerhalb des GmbHG haften die Geschäftsführer wie auch Vorstandsmitglieder der AG unmittelbar für

- die schuldhafte Verkürzung von Abgabenschulden der Gesellschaft (§ 9 BAO);[328])
- Sozialversicherungsbeiträge, die die Gesellschaft abzuführen hatte (§ 67 Abs 10 ASVG);[329])
- im Rahmen von § 22 URG (siehe Punkt C.4)[330]) und
- für Schäden, die aus unrichtigen Angaben bei einer Verschmelzung der Gesellschaft als übertragende Gesellschaft resultieren (§ 227 Abs 1 iVm § 234 Abs 2 AktG).[331])

d) Maßnahmen zur Haftungsvermeidung und Versicherungsschutz sowie D & O-Versicherung für Gesellschaftsorgane

(1) Haftungsausschlussvereinbarungen mit der Gesellschaft

Nach § 84 Abs 4 erster S AktG wird die Haftung für ein haftungsbegründendes **221** Verhalten des Vorstandes der Gesellschaft gegenüber ausgeschlossen, wenn dieses auf einem gesetzmäßigen Beschluss der Hauptversammlung bzw der Billigung aller Aktionäre beruht.[332]) Voraussetzung für diese Ausschlusswirkung ist, dass der Beschluss weder wirksam angefochten wird, noch nichtig ist. Als Konsequenz des wirksamen Haftungsausschlusses entfällt die Haftung gegenüber der Gesellschaft; unwirksam ist dieser Haftungsausschluss jedenfalls insoweit, als der Ersatzanspruch zur Befriedigung von Gesellschaftsgläubigern erforderlich ist oder als hievon Pflichten betroffen sind, die dem Vorstand gerade im Interesse Dritter gesetzlich auferlegt sind.[333]) Ein Verzicht oder Vergleich über gemäß § 84 AktG entstandene Ansprüche sind nur unter den strengen Voraussetzungen des Abs 4 dritter S leg cit möglich. Diese Bestimmung verlangt, dass ein Verzicht oder Vergleich erst fünf Jahre nach Entstehung des Anspruchs

---

[326]) *Ratka/Rauter*, Geschäftsführerhaftung Rz 2/319; *Duursma/Duursma-Kepplinger/Roth*, Handbuch zum Gesellschaftsrecht Rz 2993.

[327]) *Duursma/Duursma-Kepplinger/Roth*, Handbuch zum Gesellschaftsrecht Rz 2993.

[328]) *Unger* in *Ratka/Rauter*, Geschäftsführerhaftung Rz 7/13 ff; *Duursma/Duursma-Kepplinger/Roth*, Handbuch zum Gesellschaftsrecht Rz 3030 f.

[329]) *Unger* in *Ratka/Rauter*, Geschäftsführerhaftung Rz 7/64; *Duursma/Duursma-Kepplinger/Roth*, Handbuch zum Gesellschaftsrecht Rz 3033.

[330]) *Binder* in *Ratka/Rauter*, Geschäftsführerhaftung Rz 3/89 ff; *Pichler/Weninger*, Der Vorstand der AG 103 f; *Duursma/Duursma-Kepplinger/Roth*, Handbuch zum Gesellschaftsrecht Rz 2985 f.

[331]) *Ratka/Rauter*, Geschäftsführerhaftung Rz 2/139 ff.

[332]) *Nowotny* in *Doralt/Nowotny/Kalss*, AktG § 84 Rz 28; *Kalss* in *Kalss/Nowotny/Schauer*, Österreichisches Gesellschaftsrecht Rz 3/417.

[333]) *Ratka/Rauter*, Geschäftsführerhaftung Rz 2/278.

möglich ist, diesem die Hauptversammlung zustimmt und nicht eine Minderheit, die 5% des Grundkapitals hält, widerspricht.

222   Auch die Geschäftsführer einer GmbH können mittels Gesellschafterbeschluss haftungsfrei gestellt werden. Dies ergibt sich bei der GmbH bereits aus der Weisungsgebundenheit der Geschäftsführer nach § 20 GmbHG sowie aus § 25 Abs 5 GmbHG:[334]) Dabei kommt es zu einem wirksamen Ausschluss der Haftung gegenüber der Gesellschaft für Verhalten, die auf einer wirksamen Weisung beruhen. Jedoch ist auch hier zu beachten, dass weder Haftungsausschlussvereinbarungen noch Verzichte oder Vergleiche über Ersatzansprüche wirksam sind, wenn diese zur Befriedigung von Gläubigeransprüchen erforderlich sind.

223   Keine Anwendung findet das des DHG auf Geschäftsführer, weil § 25 GmbHG die Haftung des Organmitgliedes unter Zugrundelegung des angeführten objektiven Haftungsmaßstabs zwingend regelt und als lex specialis die Regelungen des Dienstnehmerhaftpflichtgesetzes verdrängt.[335])

(2) Haftungsausschlussvereinbarungen mit Dritten

224   Haftungsfreistellungsvereinbarungen können zB zwischen dem geschäftsführungsbefugten Organmitglied und der Konzernobergesellschaft oder einem beherrschenden Unternehmen zustande kommen. Obwohl der Haftungsanspruch der Gesellschaft, bei der das Organmitglied tätig wird, von einer derartigen Vereinbarung unberührt bleibt, ist sie nach hM nur bis zur Grenze der leichten Fahrlässigkeit wirksam; darüber hinausgehende Vereinbarungen sind nichtig.

(3) Befolgung von Gesellschafterweisungen

225   Der Aufsichtsrat einer AG kann Mängel der Geschäftsführung lediglich beanstanden und Ratschläge erteilen bzw kann er anordnen, dass bestimmte Arten von Geschäften nur mit seiner Zustimmung vorgenommen werden dürfen.[336])

226   GmbH-Geschäftsführer sind im Gegensatz zum Vorstand der AG weisungsgebunden und haben Beschlüssen der Gesellschafter gemäß § 20 Abs 1 GmbHG Folge zu leisten;[337]) dies gilt auch für von Gesellschaftern (im Gesellschaftsvertrag oder in einem Gesellschafterbeschluss) für zulässig erklärte Weisungen von anderen Gesellschaftsorganen, wie etwa einem Aufsichtsrat oder einem Beirat. Ein Gesellschafterbeschluss kann aber nur in einer Generalversammlung oder bei einem schriftlichen Umlaufbeschluss gemäß § 34 GmbHG oder, nach der Rsp durch mündliche Weisung aller Gesellschafter zustande kommen, dh ein ausdrücklich oder konkludent als „Weisung" verpacktes Ansinnen eines Mehrheitsgesellschafters ist keine haftungsbefreiende Weisung, auch wenn er sich kraft seiner Mehrheit letztlich hätte durchsetzen können.[338])

---

[334]) *Koppensteiner/Rüffler*, GmbHG³ § 25 Rz 17 ff; *Nowotny* in *Kalss/Nowotny/Schauer*, Österreichisches Gesellschaftsrecht Rz 4/238 ff.

[335]) *Ratka/Rauter*, Geschäftsführerhaftung Rz 2/10.

[336]) *Rieder/Huemer*, Gesellschaftsrecht 312.

[337]) *Torggler* in *Straube*, Wiener Kommentar zum GmbHG § 20 Rz 31; *Ratka/Rauter*, Geschäftsführerhaftung Rz 2/262.

[338]) Zum Gesellschafterbeschluss: *Duursma/Duursma-Kepplinger/Roth*, Handbuch zum Gesellschaftsrecht Rz 3154 ff.

Die Befolgung von rechtswirksamen Weisungen wirkt grundsätzlich gegenüber **227** der Gesellschaft haftungsbefreiend, soweit der Ersatz des verursachten Schadens nicht zur Befriedigung der Gläubiger erforderlich ist. Ist eine Weisung nichtig, sind die Geschäftsführer daran nicht gebunden und werden auch nicht von ihrer Haftung befreit. Geschäftsführer können Weisungen, die sie strafbar oder ersatzpflichtig machen würden, jedenfalls gemäß § 41 Abs 3 GmbHG gerichtlich anfechten.[339])

(4) Verzicht, Vergleich

Die Entlastung des Vorstandes nach § 104 Abs 1 AktG wirkt als Verzicht auf all- **228** fällige Schadenersatzansprüche, so diese von allen Aktionären einstimmig erteilt wurde[340]) und den Aktionären die Tatsachen, die die Ersatzpflicht begründen, zum Zeitpunkt der Beschlussfassung bekannt sind oder bekannt sein müssten.

Das GmbHG enthält keine generelle Beschränkung für Verzichte auf oder Verglei- **229** che über Schadenersatzansprüche, die der Gesellschaft gegen einen Geschäftsführer zustehen. Solche sind jedoch wirkungslos, wenn der Ersatz zur Befriedigung der Gläubiger erforderlich ist. Eine Entlastung bewirkt, dass Ersatzansprüche von der Gesellschaft, soweit sie nicht zur Befriedigung der Gläubiger erforderlich sind, nicht nur geltend gemacht werden können, sofern sie für die Gesellschafter bei der Beschlussfassung erkennbar gewesen wären.

(5) Haftungsausschluss durch Ressortverteilung?

Bei größeren GmbHs und AGs ist die Aufteilung einzelner Geschäfte auf einzelne **230** Vorstands- oder Geschäftsführungsmitglieder nach Ressort (Geschäftsverteilung) zweckmäßig. Eine solche Pflicht zur Aufgabenverteilung besteht nicht. IZm der Haftung ist hervorzuheben, dass die Gesamtverantwortung der einzelnen Vorstandsmitglieder für die Geschäftsführung durch eine Ressortverteilung abgeschwächt, jedoch nicht beseitigt wird.[341]) In diesen Geschäftsführungsangelegenheiten entscheidet das zuständige Vorstands- bzw Geschäftsführungsmitglied zunächst allein. Die anderen Mitglieder sind jedoch verpflichtet, den jeweiligen Bereich der anderen Vorstands- und Geschäftsführungsmitglieder zu überwachen und zu kontrollieren. Dem gegenüber stehen Berichts- und Informationspflichten des ressortzuständigen Vorstands- bzw Geschäftsführungsmitglied gegenüber den anderen Mitgliedern. Die bedeutendste Folge dieser Ressortverteilung ist, dass die nicht-zuständigen Vorstands- bzw Geschäftsführungsmitglieder bei Geschäftsangelegenheit, die nicht in ihr Ressort fallen, nur dann haften, wenn sie ihrer Kontrollpflicht gegenüber dem ressortzuständigen Vorstands- bzw Geschäftsführungsmitglied nicht nachgekommen sind.[342])

---

[339]) *Duursma/Duursma-Kepplinger/Roth,* Handbuch zum Gesellschaftsrecht Rz 2975 f; *Ratka/Rauter,* Geschäftsführerhaftung Rz 2/267.

[340]) *Strasser* in *Jabornegg/Strasser* AktG[4] § 104 Rz 2; *Nowotny* in *Doralt/Nowotny/Kalss* AktG § 104 Rz 5; *Pichler/Weninger,* Der Vorstand der AG 143; OGH 3. 7. 1975, 2 Ob 356/74.

[341]) *Kalss* in *Kalss/Nowotny/Schauer,* Österreichisches Gesellschaftsrecht Rz 3/347.

[342]) Vgl dazu OGH 10. 1. 1978, 3 Ob 537/77 m; *Barbist/Ahammer,* Compliance in der Unternehmenspraxis (2009) 20 ff.

(6) Verjährung

231   Schadenersatzansprüche der Gesellschaft gegenüber Vorstand oder Geschäftsführung verjähren grundsätzlich in fünf Jahren.[343]) Beginn des Fristenlaufs ist die Kenntnis von Schaden und Schädiger.[344]) Schadenersatzansprüche der Gesellschaft aus mit mehr als einjähriger Freiheitsstrafe bedrohten gerichtlich strafbaren Handlungen, die nur vorsätzlich begangen werden können, verjähren gemäß §§ 1472, 1485 ABGB in 30 bzw 40 Jahren.[345]) Schadenersatzansprüche aus Verletzungen des die Geschäftsführer treffenden Wettbewerbsverbots erlöschen in drei Monaten (vgl Rz 201 ff).[346])

(7) Beweislastverteilung im Haftungsprozess

232   Sowohl für Vorstandsmitglieder als auch für Geschäftsführer gilt eine Beweislastumkehr: § 84 Abs 2 AktG ordnet eine Beweislastumkehr für Rechtswidrigkeit und Verschulden an. Nach § 84 Abs 2 AktG können sich Vorstandsmitglieder einer AG von der Schadenersatzpflicht durch den Gegenbeweis befreien, dass sie die Sorgfalt eines ordentlichen und gewissenhaften Geschäftsleiters angewendet haben.[347]) § 84 Abs 2 AktG wird auf GmbH-Geschäftsführer analog angewendet.[348])

(8) Gerichtszuständigkeit

233   Zuständig für die Geltendmachung der Klage ist das zuständige LG als HG, in dessen Sprengel sich der Sitz der Gesellschaft befindet.

e) D&O-Versicherung

234   Eine D&O-Versicherung ist eine Vermögensschadenhaftpflicht-Versicherung für Organmitglieder bzw Unternehmensleiter und in der Regel auch für leitende Angestellte, wobei der Nachteil des Versicherten, der ihm aus seiner Inanspruchnahme als Organ entsteht, versichert ist.[349]) Die D&O-Versicherung umfasst weder den Schaden des Versicherungsnehmers als solchen (dafür gibt es die Vertrauensschadensversicherung) noch die Haftung aus nicht-organschaftlichen Tätigkeiten (dafür gibt es die Berufshaftpflichtversicherung). Die D&O-Versicherung ist grundsätzlich zulässig.[350]) Die Gesellschaft kann nicht nur die D&O-Versicherung abschließen, sondern auch die Versicherungsprämie bezahlen.[351])

235   In Österreich wird die Versicherungsprämie, die von einer Gesellschaft gezahlt wird – anders als in Deutschland – als Teil des Entgelts angesehen.[352]) Dies hat auf die

---

[343]) *Reich-Rohrwig* in *Straube,* Wiener Kommentar zum GmbHG § 25 Rz 217; *Ratka/Rauter,* Geschäftsführerhaftung Rz 2/181.

[344]) OGH 27. 9. 2006, 9 ObA 148/05 p.

[345]) *Reich-Rohrwig* in *Straube,* Wiener Kommentar zum GmbHG § 25 Rz 218; *Ratka/Rauter,* Geschäftsführerhaftung Rz 2/181.

[346]) *Ratka/Rauter,* Geschäftsführerhaftung Rz 2/91.

[347]) *Strasser* in *Jabornegg/Strasser,* AktG⁴ § 77–84 Rz 108; *Nowotny* in *Doralt/Nowotny/Kalss,* AktG § 84 Rz 26; OGH 3 Ob 34/97 i, ecolex 1998, 774.

[348]) *Ratka/Rauter,* Geschäftsführerhaftung Rz 2/229.

[349]) *Gisch* in *Ratka/Rauter,* Handbuch Geschäftsführerhaftung 355.

[350]) *Kalss* in *Kalss/Nowotny/Schauer,* Österreichisches Gesellschaftsrecht Rz 3/453 mwN.

[351]) *Kalss* in *Kalss/Nowotny/Schauer,* Österreichisches Gesellschaftsrecht Rz 3/453 mwN.

[352]) *Kalss* in *Kalss/Nowotny/Schauer,* Österreichisches Gesellschaftsrecht Rz 3/453 mwN.

Kompetenz Auswirkungen: Geht man davon aus, dass die Versicherungsprämie Teil des Entgelts ist, bedarf der Abschluss auf Kosten der Gesellschaft eines Hauptversammlungsbeschlusses.[353]) Geht man hingegen (der d Meinung folgend) davon aus, dass die Versicherungsprämie nicht Teil des Entgelts, sondern Ersatz angemessener Auslagen ist, dann ist für Versicherungen von Vorstandsmitgliedern und Aufsichtsratsmitgliedern der Vorstand zuständig; ein Zustimmungsrecht des Aufsichtsrats ist naturgemäß sinnvoll.[354]) Zur Klärung der Zuständigkeit hat man sich am Versicherungsvertrag zu orientieren, ob dieser der Erweiterung des Haftungsfonds dient, im Interesse der Gesellschaft liegt, Organmitglieder in ihrer Gesamtheit versichert oder voller Regress oder hoher Selbstbehalt vorgesehen ist – diesfalls ist davon auszugehen, dass nicht von einem Vergütungscharakter ausgegangen werden kann.[355])

10. Vergütung an den Aufsichtsrat

Unter Vergütung versteht das Gesetz die Gegenleistung für die vom Aufsichtsratmitglied in seiner Funktion erbrachten Leistungen.[356]) Die Regelungen des § 98 AktG begründen zwar keine Verpflichtung zur Gewährung einer Vergütung, im Zweifel ist aber von einer entgeltlichen Tätigkeit auszugehen.[357]) Diese Bestimmung ist jedoch nur auf Kapitalvertreter im Aufsichtsrat anzuwenden, für Arbeitnehmervertreter bestimmt § 110 Abs 3 S 1 ArbVG die Ehrenamtlichkeit der Tätigkeit im Aufsichtsrat. **236**

Die Vergütung kann in der Satzung, durch Beschluss oder durch einzelvertragliche Vereinbarung festgelegt werden. Auch wenn die Vergütung in der Satzung festgelegt ist, kann gemäß § 98 Abs 1 AktG mittels Beschluss der einfachen Mehrheit in der Hauptversammlung davon abgegangen werden.[358]) **237**

Für den Bereich der GmbH hat § 31 GmbHG die aktienrechtliche Regelung der Aufsichtsratsvergütung übernommen. Diese gilt ebenso auch nur für die Vertreter der Kapitaleigner im Aufsichtsrat.[359]) Die Festsetzung der Vergütung kann wie bei der AG mittels Gesellschaftsvertrag oder Gesellschafterbeschluss sowie durch Vereinbarung zwischen Gesellschaft und Aufsichtsratsmitglied geschehen.[360]) **238**

B. M & A und DD

1. Transaktionsablauf

Im Zuge des Erwerbes eines Unternehmens oder -teils treffen die Organe aller beteiligten Unternehmen verschiedene Pflichten, die im folgenden Kapitel jeweils gesondert dargestellt werden sollen. **239**

---

[353]) *Kalss* in *Doralt/Nowotny/Kalss,* AktG § 98 Rz 8.
[354]) *Kalss* in *Kalss/Nowotny/Schauer,* Österreichisches Gesellschaftsrecht Rz 3/453.
[355]) *Kalss* in *Kalss/Nowotny/Schauer,* Österreichisches Gesellschaftsrecht Rz 3/505.
[356]) *Strasser* in *Jabornegg/Strasser,* AktG[4] § 98 Rz 11; *Duursma/Duursma-Kepplinger/Roth,* Handbuch zum Gesellschaftsrecht Rz 3986.
[357]) *Kalss* in *Kalss/Nowotny/Schauer,* Österreichisches Gesellschaftsrecht Rz 3/495.
[358]) *Rieder/Huemer,* Gesellschaftsrecht 311; *Gellis/Feil,* Kommentar zum GmbHG[6] § 31 Rz 1 ff.
[359]) *Nowotny* in *Kalss/Nowotny/Schauer,* Österreichisches Gesellschaftsrecht Rz 4/262.
[360]) *Koppensteiner/Rüffler,* GmbHG[3] § 31 Rz 6.

240   Bereits vor Vertragsabschluss treffen Vorstand und Geschäftsführer vorvertragliche Pflichten, zB ist neben der Erforschung von Motiven die Erbringung des Kapital- oder Finanzierungsnachweises zu erwähnen.[361]) Relevant ist auch der Abschluss eines Geheimhaltungsvertrages (sog „Confidentiality Agreement") mit Konventionalstrafe mit einem potenziellen Vertragspartner;[362]) die Erstellung eines Informationsmemorandums ist empfehlenswert, um potenziellen Käufern vorab Informationen zukommen zu lassen. In der Regel wird gleich zu Beginn der Verhandlungen eine DD-Anforderungsliste („Request List") erstellt und an den Verkäufer übermittelt, der dann die angeforderten Daten zusammenstellt, die in der Folge vom Käufer im Zuge der DD geprüft werden.

241   Nach dem ersten Stadium der Verhandlungen erfolgt häufig der Austausch einer Absichtserklärung (Letter of Intent), die in ihrer üblichen Ausgestaltungsform (noch) ohne rechtliche Bindungswirkung ist, aber zu Sorgfaltspflichten von rechtlicher Relevanz führen kann. Der Letter of Intent sollte die Vereinbarung exklusiver Verhandlungen (über bestimmten Zeitraum) bzw der Durchsetzbarkeit iS einer Pönale vorsehen, da andernfalls ein Schadenersatzanspruch bzw genauer gesagt dessen Höhe kaum festsetzbar ist. Ferner sollte ein Letter of Intent Geheimhaltungsbestimmungen enthalten. Für eine beabsichtigte Bindungswirkung ist der Abschluss eines Vorvertrages erforderlich; dieser ist allerdings beim „Unternehmenskauf" in der Praxis selten. Gelegentlich sieht man in der Praxis außerdem Angebote oder Optionen.

242   Im Anschluss erfolgt zumeist die DD, der – nach entsprechenden Vertragsverhandlungen – die Vertragsunterfertigung (das Signing), sohin der Abschluss des Verpflichtungsgeschäftes, folgt sowie letztlich auch das Closing, der Verfügung über das Unternehmen und sein Zubehör.[363]) Dabei sind diverse Anzeige- und Informationspflichten einzuhalten: Bewegliche Sachen sind zu übergeben bzw Liegenschaftsübertragungen zu verbüchern, sozialversicherungsrechtliche Ummeldungen der Arbeitnehmer müssen gemacht werden. Die Abwicklung des Kaufpreises durch einen Treuhänder muss veranlasst werden, eventuell ist eine Erklärung gegenüber der Öffentlichkeit abzugeben.[364]) Weiters erfolgt in der Regel die Anzeige des Vertrages beim FA für Gebühren und Verkehrsteuern sowie die Information des Betriebsrats; es können Pflichten bestehen, Vertragspartner zu verständigen bzw Arbeitnehmer abzumelden bzw neu anzumelden oder Kfz umzumelden oder für Zwecke der Kaufpreisanpassung Zwischenabschlüsse zu erstellen. Vertraglich festgelegte Pflichten sind gegebenenfalls zu erfüllen.

243   Dem Problem, dass sich aufgrund der oft langen Zeitspanne zwischen Signing und Closing die wirtschaftliche Einheit „Unternehmen" oft bis zur Durchführung der Transaktion erheblich verändert, kann mit einer sog MAC-Klausel (Material Adverse Change) im Kaufvertrag abgesichert werden; hierbei ist zumeist das Unternehmen wie bisher zu führen und in der Regel bedürfen bestimmte Geschäfte der Zustimmung der anderen Partei.[365])

---

[361]) *Reich-Rohrwig/Hanslik,* Checkliste Unternehmenskauf, ecolex 2006, 632.
[362]) *Reich-Rohrwig/Hanslik,* Checkliste Unternehmenskauf, ecolex 2006, 632.
[363]) *Torggler,* §§ 38 f UGB: Unternehmenserwerb de lege lata et ferenda, JBl 2008, 137.
[364]) *Reich-Rohrwig/Hanslik,* Unternehmenskauf-Checkliste, ecolex 2006, 632.
[365]) *Hanslik/Grossmayer,* MAC-Klauseln in Unternehmenskaufverträgen, ecolex 2007, 829.

Bei komplexen Unternehmensübertragungen empfiehlt es sich in der Regel ein **244** förmliches Closing mit Unterzeichnung eines Closing Memorandums vorzusehen.[366])

2. DD als Bestandteil unternehmerischer Sorgfalt

Auf welcher rechtlichen Grundlage die Verpflichtung der Geschäftsführer bzw des **245** Vorstandes zur Durchführung einer DD-Prüfung beim Kauf beruht, ist in Österreich noch nicht abschließend geklärt. Der Umstand, dass die Durchführung einer DD in der Praxis zumeist vorgenommen wird, resultiert vielleicht aus der Angst vor einer Haftung der Organe, denn aus § 84 Abs 1 AktG und § 25 Abs 1 GmbHG ergeben sich allgemeine, objektive Sorgfaltspflichten bzw bei Verletzung dieser eine Haftung der Vorstandsmitglieder bzw Geschäftsführer der Gesellschaft gegenüber. Unternehmensbezogene Entscheidungen liegen im Ermessen der handelnden Person.[367])

In Deutschland existieren zu den österreichischen Regelungen beinahe gleichlau- **246** tende Bestimmungen (§ 93 dAktG, § 43 dGmbHG) sowie umfangreiche Jud.[368]) Im Allgemeinen wurde für die Begrenzung des unternehmerischen Ermessensspielraumes die amerikanische Business Judgement Rule (siehe auch Rz 176 ff) herangezogen.[369]) Überschreitet der Vorstand/Geschäftsführer nun diese gebotene Sorgfalt und geht zu viel Risiko ein, haftet er für einen gegebenenfalls der Gesellschaft daraus erwachsenen Schaden (die Beweislast trifft im Streitfall den Vorstand/Geschäftsführer). Die interne Pflicht zur Durchführung einer DD orientiert sich va daran, ob das Zielunternehmen eine solche überhaupt zulässt oder ob im Gegenzug der Kaufpreis entsprechend dem Risiko gemindert bzw ein Rücktrittsrecht vereinbart wird und den Umfang der DD betreffend, welche Punkte aus Zeitgründen bei der DD geprüft werden können.[370]) Man wird daher grundsätzlich drei Fälle unterscheiden können: (i) Erwerb zu einem äußerst günstigen Kaufpreis, wobei eine DD nicht stattfindet, (ii) Erwerb zu einem günstigen Kaufpreis, wobei zwar keine DD stattfindet, jedoch eine Absicherung durch entsprechende Garantien im Vertrag erfolgt, oder (iii) der „klassische" Erwerb mit einer DD.

3. Grenzen der Zurverfügungstellung von Informationen bei der DD

Es stellt sich die Frage, welche Informationen vom Verkäufer an den Käufer be- **247** kanntgegeben werden müssen bzw welche allenfalls auch nicht bekanntgegeben werden dürfen.

---

[366]) *Fietz* in *Umnuß,* Corporate Compliance Checklisten – Rechtliche Risiken im Unternehmen erkennen und vermeiden (2008) Rz 100 f.

[367]) *Koppensteiner/Rüffler,* GmbHG[3] § 25 Rz 1 ff; *Gellis/Feil,* Kommentar zum GmbHG[6] § 25 Rz 1, 2, 8; *Reich/Rohrwig* in *Straube,* Wiener Kommentar zum GmbHG[8] § 25 Rz 33 – 46; *Strasser* in *Jabornegg/Strasser,* AktG[4] § 77 – 84 Rz 95 ff; *Strasser* in *Doralt/Nowotny/Kalss,* AktG § 84 Rz 4 – 11, 15.

[368]) *Mellert* in *Wecker/Laak,* Compliance in der Unternehmenspraxis – Grundlagen, Organisation, Umsetzung[2], 78 ff mwN; *Kiethe,* Vorstandshaftung aufgrund fehlerhafter DD beim Unternehmenskauf, NZG 1999, 976 mwN; *Böttcher,* Verpflichtung des Vorstandes einer AG zur Durchführung einer DD, NZG 2005, 49 mwN.

[369]) *Kalss* in *Kalss/Nowotny/Schauer,* Österreichisches Gesellschaftsrecht Rz 3/338 mwN.

[370]) *Beisel* in *Beisel/Klumpp,* Unternehmenskauf[5] (2006) Rz 27 – 31.

248   Es ist hierbei zu unterscheiden, ob ein Gesellschafter beabsichtigt Anteile an der Gesellschaft oder die Gesellschaft selbst beabsichtigt, Assets zu verkaufen: Bei der Veräußerung durch die Gesellschaft sind die Interessen des Verkäufers mit jenen der Gesellschaft ident. Vorsicht ist jedoch stets bei sensiblen Daten geboten. Bei der Veräußerung von Anteilen durch den Gesellschafter ist das Interesse der Gesellschaft zu prüfen; das Unternehmenswohl hat im Vordergrund zu stehen. Eine allfällige Auskunftspflicht ist hier besonders zu prüfen.

249   Als Ausprägung der Treuepflicht statuiert § 84 Abs 1 S 2 AktG, dass Vorstandsmitglieder über vertrauliche Angaben, ausgenommen dem Aufsichtsrat gegenüber,[371]) Stillschweigen zu bewahren haben, wobei zu vertraulichen Angaben alle „Geschäfts- und Betriebsgeheimnisse"[372]) zählen.[373]) Vertrauliche Informationen sind – allgemein und vereinfachend bemerkt – soweit alle Informationen, deren Nicht-Erörterung im Unternehmensinteresse der Gesellschaft liegt.[374]) Die Verschwiegenheitspflicht wurzelt in der Treue- bzw Fremdinteressenwahrungspflicht der Organwalter und dauert auch nach Beendigung der Organstellung fort.[375]) Die Schweigepflicht des Vorstandes kann nach ihrem Schutzzweck nicht absolut gelten.[376]) Die Pflicht zur Verschwiegenheit stellt daher kein absolutes Verbot dar, sondern es ist vielmehr im Einzelfall zu prüfen, ob die Weitergabe mit dem Interesse der Gesellschaft im Widerspruch steht bzw welche Risiken damit verbunden sind.

250   Ein Verstoß gegen die aktienrechtliche Schweigepflicht kann eine grobe Verletzung der Organpflichten darstellen.[377]) Ein Verstoß der Verschwiegenheit zieht Schadenersatzpflichten gemäß § 84 AktG nach sich und kann einen wichtigen Grund zur Abberufung des Vorstandes gemäß § 75 Abs 4 AktG und zur vorzeitigen Lösung des Anstellungsvertrages darstellen.[378])

251   Sofern die Gesellschaft selbst ihr Unternehmen verkauft, ist sie selbst in das Geschäft unmittelbar involviert, weswegen die Interessen des Verkäufers vorweg jene der Gesellschaft sind. Erfordert also das Gesellschaftsinteresse den Verkauf, dann erfordert eben dieses Gesellschaftsinteresse auch all jene Maßnahmen, die notwendig sind, um den Verkauf durchführen zu können. Daher ist dem potenziellen Käufer auch die für eine Unternehmensprüfung und -bewertung erforderliche Einsicht in Gegebenheiten und Umstände des Unternehmens zu gewähren und die Verschwiegenheitspflicht des

---

[371]) Statt vieler *Kittel*, Handbuch für Aufsichtsratmitglieder 129 mwN.

[372]) Eine nähere Untersuchung dazu, was als geschütztes Geheimnis zu verstehen ist, wurde an dieser Stelle nicht vorgenommen. Siehe dazu *Kalss*, Geheimnisschutz, Datenschutz-Informationsschutz im Gesellschaftsrecht, in Studiengesellschaft für Wirtschaft und Recht – WiR Geheimnisschutz, 241 ff; *Hofmann*, DD – Möglichkeiten und Grenzen des Managements 143 ff.

[373]) *Kalss/Nowotny/Schauer*, Österreichisches Gesellschaftsrecht Rz 3/402.

[374]) *Feltl/Mosing*, Grundrecht auf Datenschutz bei Verschmelzung und Spaltung, GesRZ 2007, 233 ff.

[375]) Statt vieler *Krejci*, Verschwiegenheitspflicht des AG-Vorstandes bei Due-Diligence-Prüfungen, RdW 1999, 574; *Kalss/Nowotny/Schauer*, Österreichisches Gesellschaftsrecht Rz 3/402; *Nowotny* in *Doralt/Nowotny/Kalss*, AktG § 84 RZ 17.

[376]) *Winker/Birkner*, Informationsweitergabe bei DD und Aktienerwerb, GesRZ 1999, 236.

[377]) *Krejci*, Verschwiegenheitspflicht, RdW 1999, 574.

[378]) *Kalss/Nowotny/Schauer*, Österreichisches Gesellschaftsrecht Rz 3/404 mwN; *Nowotny* in *Doralt/Nowotny/Kalss*, AktG § 84 RZ 18; *Strasser* in *Jabornegg/Strasser*, AktG⁴ §§ 77 – 84 RZ 93.

Vorstandes entsprechend zu relativieren.[379]) Die DD ist prinzipiell zulässig, insb wenn die Gesellschaft selbst als Verkäuferin auftritt und Beteiligungen und Vermögensgegenstände verkauft, da dies im Interesse der Gesellschaft selbst ist.[380])

Eine kritischere Situation liegt vor, wenn nicht die Gesellschaft selbst ihr Unter- **252** nehmen oder einen Teil davon verkauft, sondern ein Großaktionär seine Aktien einem oder mehreren Dritten verkaufen will.[381]) Das Auskunftsrecht des Gesellschafters gewährt bei der GmbH ein Einsichtsrecht (mit bestimmten Grenzen) und bei der AG ein Auskunftsrecht in der Hauptversammlung; bei der AG ist auch das Aktionärsgleichbehandlungsgebot zu beachten. Allgemein ist eine Ungleichbehandlung, die eine differenzierte Behandlung zwischen dem an der Transaktion beteiligten und anderen Aktionären sachgerecht, wenn an der Transaktion die Gesellschaft selbst ein Interesse hat. In diesem Fall lässt sich argumentieren, dass dem Unternehmen die Offenlegung interner Informationen gegenüber den anderen Aktionären keine vergleichbaren Vorteile bietet.[382]) Handlungsmaxime ist das „Unternehmenswohl unter Berücksichtigung der Interessen, wobei zu beachten ist, dass nicht mehr an Informationen preisgegeben wird, als zum Einen für die Meinungsbildung erforderlich und zum Anderen angesichts des zu beachtenden Schutzzwecks des Verschwiegenheitsgebotes zumutbar und zulässig."[383]) Es ist daher stets nur soviel mitzuteilen, wie erforderlich ist.

Mindeststandard ist der Abschluss einer Vertraulichkeitsvereinbarung; die Unter- **253** lassung des Abschlusses ist eine Treuepflichtverletzung.[384]) Unter Umständen kann es geboten sein, Dokumente teilweise abzudecken (oft auch für den Käufer irrelevant); auch die Durchführung der DD in mehreren Phasen bzw red file DD kann geboten sein. Ob vertrauliche Angaben stets nur gegenüber Personen offengelegt werden dürfen, die inländischen und berufsrechtlichen Schweigepflichten unterliegen, ist umstritten.[385]) Wenngleich auch berufsrechtliche Verhaltenspflichten ein höheres Maß an Sicherheit bieten als vertragliche, liegt die konkrete Abwägung im pflichtgebundenen Ermessen. Manche Autoren differenzieren hierbei auch danach, ob der Verhandlungspartner ein Wettbewerber der Gesellschaft ist, bzw das Zustandekommen des Vertrages fraglich erscheint.[386])

Besondere Fragen im Rahmen der Weitergabe von Informationen bestehen auch **254** bei der börsenotierten Gesellschaft. Lediglich der Vollständigkeit halber sei ferner angemerkt, dass sich besondere Fragen auch hinsichtlich des DSG und beispielsweise bei Veräußerungen eines Bankbetriebes ergeben; hier wäre auch das BWG zu beachten.[387]) Weiters können Vereinbarungen mit Dritten besondere vertragliche Geheimhaltungspflichten vorsehen.[388])

---

379) *Krejci*, Verschwiegenheitspflicht, RdW 1999, 575.
380) *Kittel*, Handbuch für Aufsichtsratmitglieder, 130 mwN.
381) *Krejci*, Verschwiegenheitspflicht, RdW 1999, 575.
382) *Strasser*, Treuepflicht, ecolex 2001, 748.
383) *Krejci*, Verschwiegenheitspflicht, RdW 1999, 575.
384) *Strasser*, Treuepflicht, ecolex 2001, 748.
385) *Strasser*, Treuepflicht, ecolex 2001, 748 unter Bezug auf *Nowotny*.
386) *Strasser*, Treuepflicht, ecolex 2001, 748.
387) *Krejci*, Verschwiegenheitspflicht, RdW 1999, 577.
388) *Nowotny*, Due-Diligence- und Gesellschaftsrecht, wbl 1998, 145.

4. Rechtliche DD unter Beachtung der Besonderheiten der Real Estate DD

a) Einleitung

255   Mit dem Ausdruck DD wird jener Prüfvorgang bezeichnet, durch den die Wertbestimmung des Unternehmens und die Aufdeckung der mit dem Erwerb verbundenen Risiken ermöglicht werden soll. Dabei werden typischerweise alle rechtlichen, wirtschaftlichen, finanziellen, organisatorischen und personellen Unternehmensgrundlagen geprüft und bewertet.[389]) Die DD dient nicht nur der Informationsbeschaffung, sondern vornehmlich dem Risikomanagement und der optimalen Transaktionsgestaltung, sowie der internen Absicherung durch den Käufer. Die DD ist sohin sowohl für die Organe des Käufers als auch des Verkäufers, wenngleich unter etwas anderen Blickwinkeln, relevant. Zum Erwerb als asset deal bzw share deal vgl Rz 261 ff.

256   Die Aufbereitung des Datenraums erfolgt durch den Verkäufer, ebenso wie die Organisation (insb Datenraumindex, Ort, Dauer, Teilnehmer, Datenraumrichtlinien). Dabei ist in der Praxis (insb wenn es mehrere Interessenten gibt) sicherzustellen, dass sich potenzielle Käufer nicht begegnen. Häufig führt auch der Verkäufer eine DD des Zielunternehmens durch („Vendor's DD"); die gut aufbereitete Dokumentation kann hierbei nämlich sogar zu einer Kaufpreismaximierung führen.

257   Die DD Request List wird durch den Käufer erstellt, bevor die DD durchgeführt wird. Für den Vorstand der Käuferin ist es, insb um persönliche Haftungen zu vermeiden, wesentlich, einen möglichst genauen und detaillierten Überblick über die Zielgesellschaft zu erlangen. Bei der DD Request List ist darauf zu achten, dass auch eine Leermeldung eine relevante Information darstellen kann.

258   Im Zuge der DD werden neben der Vertragpartei (va hinsichtlich Zustimmungspflichten und Vertretung) auch die Zielgesellschaft und ihre Leitungsorgane, sowie ihre historische Entwicklung (va durch Einsichtnahme in das Firmenbuch), ein Dritteinfluss auf die Gesellschaft und Haftungen für Dritte sowie die Beteiligung an anderen Unternehmen, Kooperationen und Konzernverbindungen und kartellrechtlich relevante Vereinbarungen, Verhaltensweisen oder Umstände geprüft. Darüber hinaus sind Vereinbarungen mit Gebietskörperschafen und anderen Behörden sowie Förderungen zu prüfen, ebenso wie die Bereiche Umwelt, öffentlich-rechtliche Bewilligungen und Genehmigungen und Einsicht ins Grundbuch zu nehmen sowie Recherchen betreffend Grundstücke, Restitutionen, Miet- und Pachtverhältnisse, Baurecht, Verträge iZm der Bebauung und der Liegenschaft zu betreiben. Auch im Blickpunkt der Prüfung stehen Bankverbindungen, Finanzierungen und Versicherungen. Ein wesentlicher Bestandteil einer DD stellt auch das Arbeitsrecht dar sowie sämtliche relevante Vereinbarungen der Zielgesellschaft. Einer der wesentlichsten Punkte betr ferner die Prüfung von öffentlichen Abgaben und Steuern sowie Rechtsstreitigkeiten. Obgleich es keine allgemeinen Richtlinien für die Erstellung eines DD-Berichtes gibt, sind es zumeist diese Punkte, die ein Bericht enthält; der DD-Bericht setzt sich zumeist aus einem Executive Summary und einem Detailbericht zusammen.

b) Einl Rechtliche Real Estate DD

259   Liegenschaften können – wie auch der Erwerb eines Betriebs oder Unternehmens – grundsätzlich auf zwei Arten erworben werden: Einerseits durch unmittelbaren

---

[389]) *Götze*, BB 1998, 2326; *Götze*, ZGR 1999, 202 ff.

Erwerb des zivilrechtlichen Eigentums an einer Liegenschaft („Asset Deal") oder durch den Erwerb der Anteile eines Rechtsträgers, der eine Liegenschaft hält („Share Deal").[390]) Diese Unterscheidung ist auch in Hinblick auf die unterschiedlichen Rechtsfolgen und Haftungsfolgen relevant.

Aufgrund der zunehmenden Konzentration des Immobilienbesitzes in Österreich **260** gelangt das Kartellrecht immer häufiger zur Anwendung, da sowohl Asset als auch Share Deal die Voraussetzungen eines Zusammenschlusses iSd KartG erfüllen können. Jedenfalls ist daher für den Erwerb einer Liegenschaft auch die Anwendbarkeit des Kartellrechtes (uU auch der Fusionskontrollverordnung) zu prüfen.[391])

c) Asset Deal

Beim Asset Deal erfolgt der Erwerb aller bzw einzelner Wirtschaftsgüter eines Un- **261** ternehmens, zB einer Liegenschaft oder eines Superädifikates im Wege der Einzelrechtsnachfolge. Prüfungsgegenstand ist das zu erwerbende Wirtschaftsgut (zB die Liegenschaft), an dem Eigentum erworben werden soll. Aufgrund der Einzelrechtsnachfolge und des sachenrechtlichen Spezialitätsgrundsatzes ist für jeden Gegenstand der jeweils notwendige Übertragungsakt zu setzen (insb sind bewegliche Sachen zu übergeben und Liegenschaften im Grundbuch einzuverleiben).[392])

Beim Asset Deal muss für jeden der zu übertragenden Vermögensbestandteile ein **262** entsprechender Übertragungsakt gesetzt werden, was selbstverständlich auch für die mit der Immobilie in Zusammenhang stehenden Rechtsverhältnisse gilt. Nur ausnahmsweise kommt es zu einem automatischen Übergang, nämlich bei Rechten oder Pflichten, die im Grundbuch zu der jeweiligen Liegenschaft eingetragen sind und in jenen Fällen, in denen ein Übergang aufgrund gesetzlicher Anordnung zwingend vorgeschrieben ist (Rz 265 ff). Liegt kein Fall einer gesetzlichen Vertragseintrittsautomatik vor, bedarf es einer Dreiparteienvereinbarung: Nicht automatisch geht beispielsweise ein Facility Management Vertrag über; der Veräußerer bleibt weiterhin Vertragspartner des Facility Managers und der Vertrag bleibt unverändert aufrecht. Es ist sohin der alte Eigentümer weiterhin zur Bezahlung des Entgelts verpflichtet. Dieses unerwünschte Ergebnis muss daher durch entsprechende Übertragung des Vertragsverhältnisses vom Veräußerer auf den Erwerber durch Dreiparteinvereinbarung verhindert werden. Beim Share Deal bleiben andererseits Vertragsverhältnisse grundsätzlich unberührt, lediglich auf Change-of-Control-Klauseln ist zu achten (siehe Rz 270 ff).

Der Erwerber eines Objekts hat bestehende Bestandverträge grundsätzlich zu **263** übernehmen (dies sogar wenn diese nicht bekannt waren).[393]) Der Erwerber ist jedoch (nach der Rsp auch der Bestandnehmer) an Befristungen und allfällige abgegebene Kündigungsverzichte nicht mehr gebunden; nach einem Eigentümerwechsel haben der Erwerber und der Bestandnehmer die Möglichkeit, das Bestandverhältnis unter Einhal-

---

[390]) *Bittner/Fida/Rosam/Zwinscher*, Liegenschaftserwerb durch Anteilskauf (2007) 15.

[391]) Siehe dazu den Beitrag *von Ablasser-Neuhuber/Neumayr* Rz 332 ff.

[392]) *Koziol/Welser*, Bürgerliches Recht[13] I, 239, 326; *Hackl-Miheljak/Holzapfel/Kohlmaier*, Liegenschaftskauf[2] (2004) 107.

[393]) ÖVI/*Dirnbacher*, MRG idF der WRN 2009 (2009) 82 f; *Fenyves* in *Hausmann/Vonkilch*, Österreichisches Wohnrecht MRG (2007) § 2 Rz 23 ff.

tung der gesetzlichen Kündigungsfrist aufzukündigen.[394]) Diese Rechtsfolgen des § 1120 ABGB können durch Verdinglichung (Eintragung des Bestandverhältnisses ins Grundbuch) ausgeschlossen werden. Abgesehen von der Verbücherung besteht auch die Möglichkeit, die Rechtsfolgen des § 1120 ABGB vertraglich auszuschließen.

264   Im Anwendungsbereich des MRG wird jedoch § 1120 ABGB von § 2 MRG überlagert, der vorsieht, dass der Erwerber die bestehenden Mietverträge vollinhaltlich zu übernehmen hat (Nebenabreden ungewöhnlichen Inhalts hingegen nur, wenn er sie kannte oder kennen musste); § 2 MRG ist zwingendes Recht.[395]) Nicht nur der neue Eigentümer, sondern auch der Mieter ist dann an das Vertragsverhältnis gebunden und Erwerber und Mieter haben die Befristungen- und Kündigungsverzichte einzuhalten. Darüber hinaus gelten für den Erwerber auch die vom MRG vorgeschriebenen allgemeinen Kündigungsbeschränkungen, sodass ein bestehendes Mietverhältnis vorzeitig nur bei Vorliegen wichtiger Gründe gekündigt werden kann.[396])

265   Keiner Dreiparteieneinigung bedarf es va in folgenden Fällen:

- Im Vollanwendungsbereich des MRG[397]) ordnet § 12a MRG bei Mietverträgen über Geschäftsräumlichkeiten eine gesetzliche Vertragsübernahme an, sofern der Hauptmieter sein Unternehmen zur Fortführung veräußert; im Gegenzug hat der Vermieter (von Ausnahmen abgesehen) das Recht der Mietzinsanhebung auf den zum Zeitpunkt des Unternehmensüberganges angemessenen Betrag; entgegenstehende Vereinbarungen sind unwirksam.[398]) Verkäufer und Käufer haften für den Schaden, der dem Vermieter durch die verspätete oder unterlassene Anzeige entsteht (insb durch Unterlassung des Begehrens auf Mietzinserhöhung); die vertretungsbefugten Organe der Mietergesellschaft werden bei schuldhafter Pflichtverletzung dem Vermieter schadenersatzpflichtig, sofern dieser sich nicht an der Mietergesellschaft befriedigen kann.[399])
- Arbeitsverträge gehen nach § 3 Abs 1 AVRAG zwingend automatisch auf den Erwerber über.
- Patentlizenzverträge (§ 37 PatG).
- Markenlizenzrechte (§ 11 Abs 1 MaSchG).
- Werknutzungsrechte, Werknutzungsbewilligung (§§ 27 und 28 UrhG).
- Schließlich besteht auch für Versicherungsverträge nach § 69 VersVG eine gesetzlich angeordnete Vertragsübernahme. Versicherungsverträge gehen gemäß § 69 VersVG auf den Käufer über; Käufer und Versicherer können den Versicherungsvertrag nach § 70 VersVG innerhalb eines Monats kündigen.[400])

---

[394]) *Binder* in *Schwimann*, ABGB Praxiskomm³ IV (2006) § 1120 Rz 56.

[395]) *Fenyves* in *Hausmann/Vonkilch*, Österreichisches Wohnrecht MRG § 2 Rz 30.

[396]) *ÖVI/Dirnbacher*, MRG idF der WRN 2009, 443 ff; *Hausmann* in *Hausmann/Vonkilch*, Österreichisches Wohnrecht MRG § 30 Rz 1 ff.

[397]) *ÖVI/Dirnbacher*, MRG idF der WRN 2009, 27.

[398]) *ÖVI/Dirnbacher*, MRG idF der WRN 2009, 175 ff; *Vonkilch* in *Hausmann/Vonkilch*, Österreichisches Wohnrecht MRG § 12a Rz 11 ff.

[399]) *Vonkilch* in *Hausmann/Vonkilch*, Österreichisches Wohnrecht MRG § 12a Rz 33; *ÖVI/Dirnbacher*, MRG idF der WRN 2009, 199 f mwN.

[400]) *Schauer*, Das Österreichische Versicherungsvertragsrecht³ (1995) 288 ff.

Gemäß § 1409 ABGB tritt der Käufer eines Vermögens oder Unternehmens den **266** vermögens- oder unternehmensbezogenen Schulden des Verkäufers bei (Schuldbeitritt), die er bei der Übernahme kannte oder kennen musste; die Haftung des Übernehmers tritt zwingend neben die Haftung des Verkäufers und sie kann gegenüber Dritten nicht ausgeschlossen werden, ist jedoch mit der Höhe des Wertes der übernommenen Aktiva beschränkt.[401]) Als ein Vermögen iS dieser Bestimmung ist die Gesamtheit jener körperlichen und unkörperlichen Güter anzusehen, die nach der Verkehrsauffassung im Wesentlichen den gesamten Güterstand des Verkäufers ausmachen. An sich ist § 1409 ABGB auf einen Liegenschaftserwerb nicht anwendbar; die Bestimmung ist nach der Rsp anzuwenden, wenn die erworbene Liegenschaft im Wesentlichen das gesamte Vermögen des Verkäufers darstellt.[402])

§ 38 UGB sieht einen Sonderhaftungstatbestand iZm dem Erwerb eines Unterneh- **267** mens vor. Danach übernimmt der Käufer eines Unternehmens, der dieses fortführt – sofern nichts anderes vereinbart ist – zum Zeitpunkt des Unternehmensüberganges die unternehmensbezogenen, nicht höchstpersönlichen Rechtsverhältnisse des Verkäufers mit den bis dahin entstandenen Rechten und Verbindlichkeiten (Zu beachten ist, dass eine Käuferhaftung nach § 1409 ABGB von der Regelung des § 38 UGB unberührt bleibt.).[403]) Anders als bei § 1409 ABGB kann die Haftung des Käufers gemäß § 38 Abs 4 UGB auch mit Wirkung gegenüber Dritten ausgeschlossen werden, wenn Verkäufer und Käufer eine diesbezügliche Vereinbarung treffen und die Gläubiger davon rechtzeitig in Kenntnis gesetzt werden, zB wenn die Haftungsbefreiung beim Unternehmensübergang in das Firmenbuch eingetragen oder auf verkehrsübliche Weise bekannt gemacht oder dem Dritten vom Verkäufer oder Käufer mitgeteilt wurde.

Neben den allgemeinen Haftungsregeln sind diverse Sondervorschriften zu beach- **268** ten, wie zB im Sozialversicherungs-, Umwelt- oder Steuerrecht.

d) Share Deal

Beim Share Deal erfolgt der Erwerb einer gesellschaftsrechtlichen Beteiligung am **269** Zielunternehmen (zB die Projektgesellschaft) iS einer „wirtschaftlichen Gesamtrechtsnachfolge". Prüfgegenstand ist daher das Zielunternehmen; Ziel ist der lastenfreie Erwerb der Anteile samt indirektem Erwerb der Liegenschaft, die im Eigentum der Zielgesellschaft steht. Vertragspartner bzw Verkäufer sind die Gesellschafter des Zielunternehmens. Wenn zum Vermögen einer Gesellschaft ein inländisches Grundstück gehört, wird Grunderwerbssteuer ua durch ein Rechtsgeschäft ausgelöst, das den Anspruch auf Übertragung eines oder mehrerer Anteile der Gesellschaft begründet, wenn durch die Übertragung alle Anteile der Gesellschaft in der Hand des Käufers allein oder in der Hand von Unternehmen iSd § 2 Abs 2 UStG (herrschende und abhängige Unternehmen) vereinigt werden würden.[404]) Um nicht den Tatbestand der Anteilsvereinigung nach § 1 Abs 3 Z 1 GrEStG zu erfüllen, wird in der Regel ein „Zwerganteil" nicht vom Käufer, sondern einer dritten Person erworben.

---

[401]) *Krejci*, Unternehmensrecht[4] (2008) 151 f.
[402]) OGH 8 Ob 51/01 k ecolex 2001/328.
[403]) *Krejci*, Unternehmensrecht[4] 146 f.
[404]) *Fida/Pelinka*, Gesellschafterausschluss und Grunderwerbsteuer, ecolex 2006, 877.

270   Beim Share Deal bleiben die Vertragsverhältnisse grundsätzlich unberührt, da sich der Vertragspartner nicht ändert, sondern lediglich die hinter der Gesellschaft stehenden Gesellschafter; in der Praxis ist es daher besonders relevant, Verträge auf allfällige Change-of-Control-Klauseln zu überprüfen, die einem Vertragspartner in diesem Fall die vorzeitige Kündigung ermöglichen. In diesem Zusammenhang ist auch § 12a MRG (vgl Rz 266 ff) zu erwähnen, denn nach § 12a Abs 3 iVm Abs 2 MRG kann der Vermieter den Mietzins bei einem „Machtwechsel" auf den angemessenen Mietzins anheben.[405] Wesentliche Voraussetzung ist – neben dem Vorliegen eines Hauptmietverhältnisses im Vollanwendungsbereich des MRG – eine entscheidende Änderung der rechtlichen und wirtschaftlichen Einflussmöglichkeiten in der Mietergesellschaft.[406] Eine wesentliche und in der Praxis bedeutsame Ausnahme vom Mietzinsanhebungsrecht besteht nach der Rsp, wenn ein Weitergaberecht vereinbart wurde.[407]

271   Bei einer DD sind selbstverständlich neben den zugleich dargestellten Besonderheiten auch die allgemeinen (im Zuge der M & A-Transaktion dargestellten) Punkte (vgl Rz 257 ff) zu beachten.

e) Besonderheiten der Rechtlichen Real Estate DD

(1) Vorbemerkung

272   In der Folge werden einzelne in der Praxis besonders relevante Punkte einer rechtlichen Real-Estate-DD-Prüfung behandelt; eine umfassendere Behandlung ist in diesem Rahmen nicht möglich.

(2) Grundbuchstand

273   Neben bücherlichen sind die außerbücherlichen Rechte zu prüfen, va ist dabei zu untersuchen, ob offenkundige Dienstbarkeiten bestehen. Zu prüfen ist va die Titel(kette), wobei eine Einsicht in die Kaufverträge (Urkundensammlung), durch die der Verkäufer Eigentum erworben hat, unerlässlich ist; es kann zB eine Rangordnung angemerkt sein, die sich weder in den Händen des Verkäufers noch des Käufers befindet.[408] Weiters ist nach dem jeweils anzuwendenden Ausländergrundverkehrsgesetz (vgl Rz 276) zu prüfen, ob der Erwerb im konkreten Fall zulässig ist; Sonderregelungen ergeben sich va auch beim land- und forstwirtschaftlichen Grundverkehr.

274   Zu prüfen sind ferner Superädifikate und Baurechte, Urkunden mit Plananlagen zu allen bücherlich eingetragenen Rechten und Belastungen, offene Eintragungsanträge („Plomben"), im A2-Blatt angemerkte Rechte (zB Reallastberechtigungen, Wegerechte) und im C-Blatt einverleibte Lasten, Dienstbarkeiten, Reallasten, Hypotheken, Bestandrechte, Veräußerungsverbote und Vorkaufsrechte sowie auch außerbücherliche Rechte und Pflichten.[409] Weiters ist auch auf solche Verträge Bedacht zu nehmen, die ex lege übergehen.

---

[405] *ÖVI/Dirnbacher,* MRG idF der WRN 2009, 202 ff.
[406] *Vonkilch* in *Hausmann/Vonkilch,* Österreichisches Wohnrecht MRG § 12a Rz 39 ff.
[407] *ÖVI/Dirnbacher,* MRG idF der WRN 2009, 179 f.
[408] *Gröss,* Immobilien DD, ecolex 2008, 308.
[409] Siehe auch *Hackl-Miheljak/Holzapfel/Kohlmaier,* Der Liegenschaftskauf[2] 95 ff.

Die Relevanz einer gründlichen Prüfung (und umso mehr der Eigentumsverhält- **275** nisse) ergibt sich va daraus, dass beim Share Deal ein gutgläubiger Liegenschaftserwerb ausscheidet. Es ist daher sorgfältig zu prüfen, ob die Liegenschaften tatsächlich im Eigentum der Zielgesellschaft stehen. Besonders wichtig ist dies in Fällen (bereits stattgefundener) Gesamtrechtsnachfolge, wie bei der Spaltung, bei der die Eintragung nur deklarative Bedeutung hat und die Berichtigung (nach § 136 GBG) va bei Umstrukturierungen im Konzern erfahrungsgemäß nicht immer durchgeführt wird.[410])

(3) Ausländergrunderwerb

Der Liegenschaftserwerb durch Ausländer (ie im Wesentlichen (i) natürliche Per- **276** sonen ohne österreichische Staatsbürgerschaft, (ii) Gesellschaften ohne Sitz in Österreich bzw mit Sitz in Österreich, aber mit Beherrschung – direkt oder in unterschiedlicher Ausprägung die einzelnen Bundesländer betreffend indirekt die Mehrheit der Anteile zu halten – von natürlichen oder juristischen Personen ohne österreichische Staatsbürgerschaft bzw ohne Sitz in Österreich) wird in Österreich durch die neun Grundverkehrsgesetze beschränkt. EU- und EWR-Mitglieder sind – unter Berufung auf die jeweilige Freiheit – österreichischen Staatsbürgern gleichgestellt, auch wenn dies in den einzelnen Grundverkehrsgesetzen noch nicht immer „nachgezogen" wurde, ist dies Praxis, dass „Negativbestätigungen" nicht mehr existieren (im Einklang mit der Rsp des OGH).[411])

(4) Ausgewählte Besonderheiten der Prüfung

Die DD-Prüfung differenziert stark nach der Nutzungsart, zB kommt bei der Ver- **277** mietung von Räumlichkeiten in Einkaufszentren der Frage der rechtlichen Einordnung dieser Bestandverträge, namentlich ob es sich dabei um Miet- oder um Pachtverträge handelt, eine wesentliche Bedeutung zu. Die Bedeutung der Unterscheidung liegt im Wesentlichen in der Anwendbarkeit des MRG und dessen Kündigungsschutzbestimmungen. Liegt Geschäftsraummiete vor, kann der Vermieter gemäß § 30 MRG den Vertrag nur aus „wichtigem Grund" kündigen.[412]) Handelt es sich hingegen um einen Pachtvertrag, kommen die Kündigungsbeschränkungen des MRG nicht zur Anwendung und die Gründe, aus denen der Vertrag gekündigt werden kann, können zwischen den Parteien frei vereinbart werden, sodass der Vermieter regelmäßig einen weitaus größeren Gestaltungsspielraum hat.

Neben der Prüfung der Anwendbarkeit des MRG sind insb Laufzeit und Kündi- **278** gungsfristen sowie ungewöhnliche Bestimmungen zu prüfen.[413]) Seit 1. 4. 2009 treten dazu strenge Veranlagungsvorschriften für erlegte Kautionen in Kraft, deren Verletzung zu Schadenersatzansprüchen führen kann.[414]) Ziel ist es natürlich dem Käufer einen Überblick über die künftigen Verpflichtungen zu verschaffen.

---

[410]) *Bittner/Fida/Rosam/Zwinscher*, Liegenschaftserwerb durch Anteilskauf 22.
[411]) *Koziol/Welser*, Bürgerliches Recht[13] I, 247; *Markl/Oberhofer*, Die grundverkehrsbehördliche Genehmigung aus zivilrechtlicher Sicht, wobl 1992, 169.
[412]) *Hausmann* in *Hausmann/Vonkilch*, Österreichisches Wohnrecht MRG § 30 Rz 3.
[413]) *Bittner/Fida/Rosam/Zwinscher*, Liegenschaftserwerb durch Anteilskauf 22.
[414]) § 16 b MRG idF BGBl I 2009/25.

279   Viele Bestandverträge sehen vor, dass bei Bestandbeginn Sicherheiten (Bankgarantie, Barkaution, Patronatserklärung etc) beizubringen sind;[415]) es sind daher das vertragsgemäße Vorliegen sowie die Übertragbarkeit zu prüfen.

280   Das DMSG verfolgt den Zweck, den nationalen Kulturgüterbestand vor Beeinträchtigungen zu schützen. Gebäude, deren Erhaltung im öffentlichen Interesse liegen, können aufgrund der Bestimmungen des DMSG unter Denkmalschutz gestellt werden. Dies hat die Konsequenz, dass die Zerstörung und Veränderung des Schutzobjektes verboten bzw eingeschränkt ist. Jegliche Veränderung bedarf einer Bewilligung des Bundesdenkmalamtes. Die Information im Grundbuch betreffend Unterschutzstellung hat nur Informationscharakter.

(5) Vergebührung der Bestandverhältnisse

281   Die Partner haften für Gebühren bei schriftlicher Vertragserrichtung zur ungeteilten Hand, dies unabhängig von der getroffenen Vereinbarung.

282   Nach § 33 TP 5 GebG sind Bestandverträge zu vergebühren; die Gebühr beträgt bei bestimmter Vertragsdauer 1% von einem Vielfachen – Laufzeit des Vertrages in Jahren – des Jahresmietzinses (= Hauptmietzins inklusive USt zuzüglich anteilige Betriebs- und Nebenkosten), höchstens jedoch vom 18-fachen Jahresentgelt, bei unbestimmter Dauer 1% des 3-fachen Jahresmietzinses; bei Wohnungen ist der Betrag mit dem 3-fachen des Jahresmietzinses gedeckelt.[416])

283   Zu prüfen ist bei der DD va, ob die Bestandverträge mit einem „Vergebührungsvermerk" versehen sind. Diesfalls kann üblicherweise davon ausgegangen werden, dass die Gebühr ordnungsgemäß entrichtet wurde.

284   Rechtsgeschäftsgebühren: Größte Vorsicht ist auch hinsichtlich der „Ersatzbeurkundung" von Verträgen geboten, wenn zB Mietverträge gebührenschonend (Anwaltskorrespondenz, Auslandsbeurkundung, sofern eine Partei Gebührenausländer ist, Anbot und schlüssige Annahme) errichtet wurden und beispielsweise in der Transaktion selbst die Gebühr ausgelöst wird. Für die Ersatzbeurkundung ist es ausreichend, dass eine Vertragspartei den wesentlichen Inhalt des Rechtsgeschäfts schriftlich festhält und an die andere Vertragspartei oder einen Dritten übersendet bzw aushändigt; hierbei reicht die bloße Bezugnahme.

(6) Exkurs: Anwendungsbereich MRG, Mietzinsbildung und Aufwandersatz

285   Das österreichische Bestandrecht ist sowohl im ABGB als auch im MRG geregelt. Generell finden auf Bestandverträge die Bestimmungen des ABGB Anwendung, jedoch sind Sondervorschriften für Mietverträge von Wohn- und Geschäftsräumen im MRG vorgesehen. Während die im ABGB enthaltenen Regelungen von den Parteien frei verhandelt werden können, ist beim MRG, das detaillierte und großteils zwingende Bestimmungen aufweist, eine Abänderung zulasten des Mieters nicht möglich (dh abweichende Bestimmungen können vom Vermieter gerichtlich nicht durchgesetzt werden).[417])

---

[415]) Vgl auch *Kuprian/Prader,* Der Mietvertrag[2] Rz 287 ff.
[416]) *Kuprian/Prader,* Der Mietvertrag[2] Rz 329.
[417]) ÖVI/*Dirnbacher,* MRG idF der WRN 2006, 27 f.

Es können drei Kategorien von Mietverhältnissen unterschieden werden, nämlich **286** (i) Mietverhältnisse, auf die das MRG zur Gänze anwendbar ist ("Vollanwendungsbereich"), (ii) Mietverhältnisse, auf die das MRG teilweise anwendbar ist ("Teilanwendungsbereich") und (iii) Mietverhältnisse, auf die das MRG nicht anwendbar ist, sondern ausschließlich die Bestimmungen des ABGB gelten ("Vollausnahmebereich"). Auf die reine Flächenmiete (zB Fußballfeld) ist das MRG zwar nicht anwendbar, da es nur Raummiete erfasst. Wenn das Grundstück hingegen zur Errichtung eines Wohn- oder Geschäftsraumsuperädifikats gemietet wird, gilt das MRG analog.[418]

Generell unterliegen Wohnungen und Geschäftsräumlichkeiten aller Art, die in **287** Gebäuden gelegen sind, die aufgrund einer vor dem 8. 5. 1945 erteilten Baubewilligung neu errichtet wurden ("Altbauten"), zur Gänze dem MRG (Vollanwendungsbereich).[419] Die wichtigste Konsequenz ist die Einschränkung der Vertragsfreiheit im Hinblick auf Kündigungs- und Befristungsmöglichkeiten, Verteilung der Erhaltungspflicht, zulässige Höhe des Mietzinses, verrechenbare Betriebskosten, Ersatz von Investitionen und die Rechtsnachfolge bei Unternehmensveräußerungen gemäß § 12 a MRG. Im Vollanwendungsbereich des MRG hingegen legt das MRG unterschiedliche Regelungen für die Mietzinsbestimmung fest (Mietzinsobergrenzen).

Dem Teilanwendungsbereich unterliegt ein Mietverhältnis va, wenn es sich um einen **288** Mietgegenstand handelt, der in einem Gebäude gelegen ist, das (ohne Zuhilfenahme öffentlicher Mittel) aufgrund einer nach dem 30. 6. 1953 erteilten Baubewilligung neu errichtet wurde (Neubau).[420] Sofern das MRG nur teilweise anzuwenden ist, gelten va die Bestimmungen des MRG betr das Mietrecht im Todesfall, die Kaution, befristungs- und kündigungsrechtlichen Bestimmungen. Die Höhe des Mietzinses kann im Teilanwendungsbereich mit wenigen Ausnahmen zwischen den Vertragsparteien frei vereinbart werden. Weitere Einschränkungen können sich auch in diesem Bereich aufgrund des KSchG ergeben.

Verträge über bestimmte Mietgegenstände, wie Mietverhältnisse in Ein- und Zwei- **289** objekthäusern, Mietverhältnisse mit einer Dauer von maximal sechs Monaten, wenn es sich dabei um eine Geschäftsraummiete oder eine Miete von Wohnungen zum vorübergehenden, beruflich bedingten Aufenthalt handelt, Dienstwohnungen, Ferienwohnungen, Mietverhältnisse im Rahmen des Betriebs von bestimmten Unternehmen (zB Beherbergung, Garagierung, Flughafenbetrieb, Spedition, Lagerhaus) unterliegen gänzlich nicht dem Anwendungsbereich des MRG (Vollausnahme).[421] Sofern ein Bestandverhältnis nicht (oder nicht zur Gänze) den Bestimmungen des MRG unterliegt, ist die Höhe des Bestandzinses frei vereinbar (die Höhe des Bestandzinses unterliegt den allgemeinen zivilrechtlichen Schranken wie Sittenwidrigkeit oder Wucher).

Wird ein höchstzulässiger Mietzins überschritten, besteht das Recht auf Überprü- **290** fung des Mietzinses und Rückforderung des zuviel bezahlten Mietzinses; bei der Ver-

---

[418] SZ 2004/161, wobl 2005, 308.

[419] ÖVI/*Dirnbacher,* MRG idF der WRN 2006, 26 ff.

[420] Vgl zum Teilanwendungsbereich: ÖVI/*Dirnbacher,* MRG idF der WRN 2009, 53 ff; *Hausmann* in *Hausmann/Vonkilch,* Österreichisches Wohnrecht MRG § 1 Rz 81 ff; *Kuprian/ Prader,* Der Mietvertrag[2] Rz 19 ff.

[421] ÖVI/*Dirnbacher,* MRG idF der WRN 2009, 37 ff; *Hausmann* in *Hausmann/Vonkilch,* Österreichisches Wohnrecht MRG § 1 Rz 57 ff; *Kuprian/Prader,* Der Mietvertrag[2] Rz 5 ff.

mietung von Geschäftsräumlichkeiten ist die Überprüfungsmöglichkeit eingeschränkt, da den Mieter eine Rügepflicht trifft.[422])

291   Üblicherweise ist im Bestandvertrag vorgesehen, dass der Bestandnehmer sämtliche Lasten und Abgaben wie Betriebs- und Nebenkosten zu tragen hat. Dies ist mit Ausnahme des Vollanwendungsbereiches möglich. Im letztgenannten hingegen können nur im MRG aufgezählte Betriebskosten, besondere Aufwendungen und ein pauschaler Kostenbeitrag für den Verwalter auf den Bestandnehmer umgelegt werden.

(7) Energieausweis

292   Mit 1. 1. 2009 ist das Energieausweis-Vorlage-Gesetz in Kraft getreten, wonach Verkäufer und Bestandgeber vor dem Verkauf oder der In-Bestandgabe ihrer Objekte dem jeweiligen Vertragspartner einen Energieausweis vorzulegen haben. Wird ein Energieausweis vorgelegt, haftet der Verkäufer bzw Bestandgeber grundsätzlich für die im Energieausweis festgestellten energietechnischen Eigenschaften der Immobilie. Eine Verpflichtung zur nachträglichen Vorlage eines Energieausweises bei bestehenden Verträgen besteht nicht. Ausnahmen von der Vorlagepflicht bestehen, abhängig vom jeweiligen Bundesland, für spezielle Gebäude wie zB landwirtschaftliche Nutzgebäude, Kleinstbauten oder denkmalgeschützte Objekte. Ein vertragliches Abgehen von der Vorlagepflicht ist nicht möglich, eine diesbezügliche Vereinbarung ist unwirksam.[423]) Wird kein Energieausweis vorgelegt, gilt kraft gesetzlicher Anordnung eine dem Alter und der Art des Gebäudes entsprechende Gesamtenergieeffizienz als vereinbart.

(8) Weitere wesentliche Bestandteile einer rechtlichen DD

293   Neben den bereits erwähnten sind va die folgenden Punkte bzw Themenbereiche zu prüfen:

- Verträge, zB Bau-, Architekten- und Ingenieurverträge, Service- und Dienstleistungsverträge, Managementverträge, Facility Management, Ansprüche aus Maklerverträgen[424])
- Öffentlich-rechtliche Bewilligungen und Genehmigungen, zB Flächenwidmungspläne, Bebauungspläne (zu prüfen ist insb die Übereinstimmung zwischen der bestehenden Widmung und dem vom Käufer geplanten Bauvorhaben sowie der bestehenden Widmung und den bereits errichteten Gebäuden),[425]) Stellplatznachweise, Ablösevereinbarungen, Betriebsbewilligungen und Baugenehmigungen, Benützungsbewilligungen, Fertigstellungsanzeigen, Prüfung der Bescheide mit der Realität vor Ort, Gewerbescheine, Betriebsanlagengenehmigungen der Mieter, Auflagen oder Bewilligungen, öffentliche Förderungen (Subventionen), Versicherungen, Umwelt (Umweltrechtliche Bescheide, Bodenkontaminationen und Verantwortlichkeiten, Altlastenatlas und Verdachtsflächenkataster).[426])

---

[422]) *ÖVI/Dirnbacher,* MRG idF der WRN 2009, 249.

[423]) *Prader/Mark,* Wer trägt die Kosten des Energieausweises? immolex 2008, 238; *Kothbauer,* Der Energieausweis im Wohnrecht, immolex 2007, 320.

[424]) *Bittner/Fida/Rosam/Zwischer,* Liegenschaftserwerb durch Anteilskauf 22.

[425]) *Gröss,* Immobilien DD, ecolex 2008, 308.

[426]) *Bittner/Fida/Rosam/Zwischer,* Liegenschaftserwerb durch Anteilskauf 22 f.

- Rechtsstreitigkeiten und sonstige Verfahren: Zu prüfen sind va Streitigkeiten mit Bestandnehmern.[427]) Angemerkt sei, dass bei Streitigkeiten über dingliche Rechte an den Liegenschaften die Veräußerung der Liegenschaft gemäß § 234 ZPO keinen Einfluss auf einen darüber anhängigen Prozess hat; der Käufer ist nicht berechtigt, ohne Zustimmung des Gegners als Hauptpartei in den Prozess einzutreten.
- Steuern und öffentliche Abgaben: Beim Liegenschaftskauf fallen in der Regel Grunderwerbsteuer iHv 3,5% des Kaufpreises und 1% Eintragungsgebühren (fällig am 15. des zweitfolgenden Monats nach Unterfertigung) an. Entfällt ein Teil des Kaufpreises auf Inventar, fällt keine GrESt und Eintragungsgebühr für diesen Teil an. Sofern ein Käufer sein Eigentumsrecht nicht verbüchern lässt, sondern zB gleich weiterverkauft, fällt die Eintragungsgebühr nicht an.
- Grunderwerbsteuer beim Anteilskauf: Vgl Rz 267 zur Anteilsvereinigung gemäß § 1 Abs 3 Z 3 GrEStG.
- Gegen Zwischeneintragungen im Grundbuch sind Rangordnungen zur Absicherung empfehlenswert.
- Altlasten: Die Haftung ist tunlichst im Kaufvertrag festzulegen, wobei – wie generell bei Zusicherungen und Garantien – das Bonitätsrisiko zu beachten ist; dh es ist allenfalls auf einen Kaufpreiseinbehalt, ein Treuhandkonto bzw Bankgarantien zurückzugreifen.
- Verträge mit Change-of-Control-Klauseln (Rz 270 ff).
- Generalunternehmerverträge: Zu prüfen ist die Übertragbarkeit des Vertrages.
- Öffentliches Recht: Bei fehlender Fertigstellungsanzeige oder Nichterfüllung sämtlicher Auflagen ist auf einen allenfalls drohenden Abriss Bedacht zu nehmen und vorweg Kontakt zu Behörden zu suchen.
- Stellplätze: Verpflichtung zur Errichtung bei Neu- und Zubauten oder auch bei Änderung der Raumwidmung: Naturalleistung (Errichtung), Ausgleichsabgabe oder Vereinbarung mit Garagen im Umfeld.

5. Corporate Governance der d Immobilienwirtschaft

Die Initiative Corporate Governance der d Immobilienwirtschaft hatte sich als Ziel **294** genommen, Regelungen für eine professionelle und transparente Unternehmensführung zu erarbeiten; weiters sollte verdeutlicht werden, dass auch die Immobilienwirtschaft an Professionalität, Managementqualität und Effektivität der Kontrollmechanismen der übrigen Wirtschaft nicht nachsteht.[428])

Der Corporate Governance Kodex der Immobilienwirtschaft beinhaltet Regeln, die **295** von den Organen und Mitarbeitern von börsenotierten Unternehmen und von der juristischen Person zu beachten sind; Zweck ist insb auch die Förderung des Anlegervertrauens. Die Unterwerfung ist freiwillig. Im Oktober 2008 kam es zu einigen Neuregelungen, die auch eine Sanktionierung bei einem Verstoß gegen Compliance-bezogene Regelungen vorsehen. In einem weiteren Schritt wurde das „Pflichtenheft zum Compli-

---

[427]) *Benner,* Corporate Real Estate DD 227.
[428]) *Dieners,* Auditierung und Zertifizierung von Compliance-Organisationen in der Immobilienwirtschaft, CCZ 3/2009, 113; *Loritz,* Corporate Governance Grundsätze für Immobilienfonds, ZfIR 4/2007, 152 [153].

ance-Management der d Immobiliengesellschaft" erarbeitet, durch das die Zielsetzung sichergestellt werden soll.[429])

296   Derartige Sonderbestimmungen für die Immobilienwirtschaft sind in Österreich nicht vorhanden, sondern es finden die allgemeinen Bestimmungen des Corporate Governance Anwendung.

C. Unternehmenskrise

1. Einleitung

297   Die Unternehmenskrise ist eine ungewollte Situation, in der die Existenz des Unternehmens bedroht ist.[430]) In einem solchen Zustand trifft die Geschäftsleitung eine umfassende Verantwortung, die konkrete Aufgaben und Pflichten zur Sanierung des Unternehmens nach sich zieht. Werden diese Aufgaben und Pflichten nicht erfüllt, kann dies insb zur Haftung der Geschäftsleitung führen.

298   Im Rahmen einer Compliance-Organisation sind daher Maßnahmen zur Insolvenzprophylaxe, zur rechtzeitigen Stellung eines Insolvenzantrags und zur Einhaltung von weiteren Bestimmungen und Pflichten vorzusehen, um eine mögliche Haftung zu vermeiden.

299   Im Folgenden werden überblicksweise die wesentlichen Sorgfaltspflichten iZm der Unternehmenskrise dargelegt.

2. Die Insolvenz

a) Insolvenzprophylaxe

300   Aus der allgemeinen Pflicht zur Konkursantragstellung nach § 69 Abs 2 und 3 KO und der damit zusammenhängenden möglichen Haftung wegen Konkursverschleppung wird die allgemeine Pflicht des Vorstands der AG und der Geschäftsführung der GmbH abgeleitet, das Vorliegen eines Insolvenzeröffnungsgrundes zu prüfen. Diese Pflicht trifft alle Mitglieder der Geschäftsleitung,[431]) und zwar unabhängig von einer Ressortverteilung.[432])

301   Den Vorstand bzw die Geschäftsführung trifft daher die Verantwortung zur Aufstellung eines Überschuldungsstatus und einer Fortbestehensprognose. Er hat in diesem Zusammenhang eine Verpflichtung zur laufenden Zukunftsvorschau sowie zur Planung und Überprüfung des Fortbestands des Unternehmens.[433])

b) Pflicht zur Stellung des Insolvenzantrags und Zahlungssperre

302   Liegen die Vorraussetzung für die Eröffnung eines Konkurses (§§ 66 und 67 KO) vor, so hat der Vorstand bzw die Geschäftsführung ohne schuldhaftes Zögern, spätes-

---

[429]) *Dieners*, CCZ 3/2009, 113.

[430]) *Groß*, Sanierung durch Fortführungsgesellschaften (1982) 2; *Jaufer*, Das Unternehmen in der Krise (2009) 60.

[431]) Eine Delegation dieser Pflicht auf andere Personen in einem Unternehmen ist nicht zulässig (*Chalupsky/Schmidsberger*, Zivilrechtliche Haftungsrisiken der Gesellschafter, der Gesellschaftsorgane und der Berater aus Konkursverschleppung; *URG* in *Bertl/Mandl/Mandl/Ruppe*, Insolvenzsanierung, Liquidation (1998) 77.

[432]) Vgl *Jaufer*, Das Unternehmen in der Krise 165 mwN.

[433]) *Jaufer*, Das Unternehmen in der Krise, 163.

tens aber 60 Tage nach dem Eintritt der Voraussetzungen, die Eröffnung eines Kon-
kursverfahrens zu beantragen. Schuldhaft verzögert ist der Antrag nicht, wenn die Eröffnung eines Ausgleichsverfahrens sorgfältig betrieben worden ist.

Die Vorraussetzungen für die Konkurseröffnung sind die Zahlungsunfähigkeit so- **303**
wie die Überschuldung. Jeder der beiden Gründe begründet für sich alleine einen Kon-
kurseröffnungsgrund.

Eine Zahlungsunfähigkeit liegt nach der Rsp vor, wenn „der Schuldner mangels **304**
breiter Mittel[434]) nicht in der Lage ist, (alle) seine fälligen Schulden zu bezahlen und
sich die erforderlichen Zahlungsmittel voraussichtlich auch nicht alsbald verschaffen
kann".[435]) Gemäß § 66 Abs 2 KO ist die Zahlungsunfähigkeit insb dann anzunehmen,
wenn der Schuldner seine Zahlungen einstellt. Ein Andrängen der Gläubiger ist nach
§ 66 Abs 3 KO dafür nicht erforderlich.

Die Überschuldung wird in der KO nicht definiert. Nach der hL liegt eine Über- **305**
schuldung vor, wenn die Passiva des Schuldners größer sind als seine Aktiva.[436]) Die
Überschuldung ist auf der Grundlage der OGH-Entscheidung vom 3. 12. 1986[437]) in einem zweistufigen Verfahren zu beurteilen. Danach liegt eine insolvenzrechtlich bedeutsame Überschuldung nur vor, wenn die Fortbestehensprognose[438]) ungünstig, dh die Liquidation oder Zahlungsunfähigkeit wahrscheinlich und das – nicht nach Fortfüh-
rungs-, sondern nach Liquidationswerten zu bewertende – Vermögen zur Befriedigung
der Gläubiger im Liquidationsfall unzureichend ist. Konkursreife besteht demnach auch
bei rechnerischer Überschuldung, etwa zufolge des weitgehenden Verlustes des Eigenkapitals, nur dann, wenn sich eine positive Fortbestehensprognose nicht erstellen
lässt.[439]) Bei der Prüfung, ob eine rechnerische Überschuldung vorliegt, sind Verbindlichkeiten – auch solche aus eigenkapitalersetzenden Leistungen – dann nicht zu berücksichtigen, wenn der Gläubiger erklärt, dass er Befriedigung erst nach Beseitigung
eines negativen Eigenkapitals (§ 225 Abs 1 UGB) oder im Fall der Liquidation nach Befriedigung aller Gläubiger begehrt und dass wegen dieser Verbindlichkeit kein Insol-
venzverfahren eröffnet zu werden braucht.[440])

Der Insolvenzantrag ist binnen 60 Tagen nach Eintritt der Zahlungsunfähigkeit/ **306**
Überschuldung zu stellen. Der Beginn der 60-Tages-Frist wird nach überwiegender
Auffassung jedenfalls mit positiver Kenntnis der Unternehmensleitung von der Zah-

---

[434]) Breite (oder „liquide") Zahlungsmittel sind Bargeld, Giralgeld, offene Kreditlinien sowie
Gegenstände, die wie bestimmte Wertpapiere (etwa von Dritten ausgestellte Schecks oder von
Dritte akzeptierte oder sonst unterfertigte Wechsel) von den Gläubigern üblicherweise zahlungs-
halber entgegen genommen werden (OLG Innsbruck 12. 11. 1999, 1 R 275/99 x).

[435]) OGH 2 Ob 532, 533/86, ÖBA 1987, 341; *Jaufer*, Das Unternehmen in der Krise 84
mwN.

[436]) Vgl *Jaufer*, Das Unternehmen in der Krise 102 mwN.

[437]) OGH 03. 12. 1986 SZ 59/213, ÖBA 1987, 332 *(Hoyer)*.

[438]) Durch die Fortbestehensprognose ist die Wahrscheinlichkeit der künftigen Zahlungsunfähigkeit und damit der Liquidation der Gesellschaft zu prüfen (OGH 1 Ob 655/86, SZ 59/216).
In einem weiteren Schritt ist zu prüfen, ob eine künftige positive Unternehmensentwicklung erwartet werden kann (OGH 1 Ob 655/86, SZ 59/216); vgl *Dellinger* in *Konecny/Schubert*, Kommentar zu den Insolvenzgesetzes (1999) § 67 Rz 107 mwN.

[439]) OGH 3. 12. 1986 Sz 59/213, ÖBA 1987, 332 *(Hoyer)*.

[440]) § 67 Abs 3 KO.

lungsunfähigkeit/Überschuldung angenommen.[441]) Die 60-Tages-Frist ist als Höchstmaß zu verstehen. Steht vor Ablauf dieser Frist fest, dass eine Sanierung iSd Beseitigung der Insolvenzeröffnungsgründe aussichtslos ist, so darf mit der Konkursantragsstellung nicht bis zum Ablauf der Frist zugewartet werden.[442])

307   Zum Schutz der Gläubiger legen § 25 Abs 3 Z 2 GmbHG für GmbHs und § 84 Abs 3 Z 6 AktG für AGs fest, dass ab dem Zeitpunkt, zu dem die Pflicht zur Konkursanmeldung bestand – also ab dem Zeitpunkt des Eintritts der Insolvenz ohne weitere Sanierungsaussicht – die Geschäftsführer/der Vorstand keine Zahlungen mehr leisten dürfen. Zweck dieser Bestimmungen ist es, Masseschmälerungen zugunsten einzelner Gläubiger nach Eintritt der Konkursreife zu verhindern. Zu den unzulässigen Zahlungen gehören insb die vorzugsweise Bezahlung einzelner Gläubiger, die Reduzierung des Kreditsaldos bei einer Bank, Zahlungen, die inkonkruente Deckung gewähren oder denen keine entsprechende Gegenleistung gegenübersteht.[443])

c) Rechtsfolgen bei Überschreitung der Insolvenzantragspflicht

308   Eine Konkursverschleppung liegt vor, wenn der Konkursantrag nicht innerhalb von 60 Tagen ab Eintritt der materiellen Insolvenz, dh zu spät, gestellt wurde. § 69 Abs 2 KO wird iVm § 1311 ABGB als Schutzgesetz zugunsten der Gläubiger des Gemeinschuldners betrachtet,[444]) was bei Verletzung der Konkursantragstellungspflicht und bei Vorliegen der schadenersatzrechtlichen Voraussetzungen zur Haftung der Geschäftsführer bzw Vorstandsmitglieder führt, und zwar gegenüber den Gläubigern als auch gegenüber der Gesellschaft.[445])

309   Verletzt der Geschäftsführer die Konkursantragstellungspflicht, kann er gemäß § 25 GmbH bzw als Vorstand gemäß § 84 AktG zur Haftung gegenüber der Gesellschaft herangezogen werden. Im Verhältnis zur Gesellschaft erfolgt die Rechtwidrigkeit der Konkursverschleppung unmittelbar aus der Verletzung der Sorgfaltspflichten der Unternehmensleitung.

310   Darüber hinaus haften der Vorstand bzw die Geschäftsführung wegen Konkursverschleppung nach § 69 Abs 2 KO iVm § 1311 ABGB gegenüber geschädigten Gläubigern unmittelbar. Nach § 69 Abs 5 KO können Konkursgläubiger Schadenersatzansprüche wegen einer Verschlechterung der Konkursquote in Folge der Verletzung der Konkursantragspflicht erst nach Rechtskraft der Aufhebung des Konkurses geltend machen.

311   Dabei erhalten die Gläubiger den sog Quotenschaden, das ist jener Schaden, den die Gläubiger dadurch erleiden, dass der Konkurs verspätet beantragt wurde und das

---

441) *Jaufer*, Das Unternehmen in der Krise 166.
442) *Harrer*, Haftungsprobleme bei der GmbH (1990) 37 f.
443) *Jaufer*, Das Unternehmen in der Krise 169.
444) *Dellinger/Oberhammer*, Insolvenzrecht[2] (2004) Rz 320 ff mwN; *Dellinger* in *Konecny/Schubert*, Kommentar zu den Insolvenzgesetzen § 69 Rz 70.
445) Voraussetzung für jede Schadenersatzpflicht ist zum Einem das Vorliegen eines Schadens, dass ist jede Vermögensminderung der Gesellschaft, auch wenn das Vermögen der Gesellschaft bereits durch Schulden aufgezehrt ist. Der Schaden muss vom Schädiger verursacht worden sein. Hinzu kommt, dass der Haftpflichtige (Geschäftführer oder Vorstand), sich nicht so verhalten hat, wie er sich hätte verhalten sollen oder können; er muss also rechtswidrig und schuldhaft, dh persönlich vorwerfbar, gehandelt haben.

Vermögen der Gesellschaft in der Zwischenzeit – zwischen dem Zeitpunkt der rechtzeitigen Insolvenzantragstellung bis zur tatsächlichen Insolvenzantragstellung – geschrumpft ist. Der Quotenschaden ist also die Differenz zwischen der tatsächlichen Konkursquote und der hypothetischen Quote bei rechtzeitiger Konkurseröffnung. Dieser wird insb Altgläubigern zuerkannt; Altgläubiger sind Gläubiger, die ihre Forderung vor dem Zeitpunkt, in dem eine Verpflichtung zur Konkursantragstellung bestand, erworben haben. Neugläubiger (das sind solche, die ihre Forderung erst nach diesem Zeitpunkt erworben haben) haben darüber hinaus noch Anspruch auf den Vertrauensschaden, der sich auf die Verletzung vorvertraglicher Aufklärungspflichten über die Konkursreife des Unternehmens begründet.[446]

Weitere Anspruchsgrundlagen, die eine (zivilrechtliche) Haftung der Geschäftsführung begründen können, sind die Normen des Strafrechtes. Neben den Straftatbeständen Betrug und Untreue, erkennt das StGB auch besondere Krida-Delikte, wie die betrügerische Krida oder das grob fahrlässige Beeinträchtigen von Gläubigerinteressen.[447] **312**

3. Eigenkapitalersatz

Rechtsgrundlage für das Eigenkapitalersatzrecht ist das Eigenkapitalersatz-Gesetz (EKEG).[448] Danach ist **313**

- ein Kredit,
- den ein Gesellschafter
- der Gesellschaft
- in der Krise gewährt,
- eigenkapitalersetzend.

Der Begriff des „Kredits" ist weit zu interpretieren. Ein solcher liegt nicht vor, wenn (i) ein Geldkredit für nicht mehr als 60 Tage oder (ii) ein Waren- oder sonstiger Kredit für nicht mehr als 6 Monate zur Verfügung gestellt wird oder (iii) ein vor der Krise gewährter Kredit verlängert oder dessen Rückzahlung gestundet wird. Die Frist von 60 Tagen verlängert sich, wenn der Gesellschafter nachweist, dass für seine Leistung die Einräumung längerer Zahlungsziele branchenüblich ist. Ferner gelten nicht als Kredite ein im Rahmen eines Sanierungskonzepts gewährter Kredit[449], Kredite als Reorganisationsmaßnahmen im Sinn des URG[450] sowie Rechtshandlungen des Schuldners oder des Ausgleichsverwalters, die diesen zur Fortführung des Unternehmens gestattet sind.[451] **314**

Von der Rückzahlungssperre erfasste Gesellschafter sind nach § 5 Abs 1 EKEG, wer (Z 1) an einer Gesellschaft kontrollierend[452] oder (Z 2) mit einem Anteil von min- **315**

---

[446] Diese erhalten auch sog nutzlose Aufwendungen für die Vorbereitung oder Abwicklung eines nicht oder nicht gültig zustande gekommenen Vertrages, wie Kosten und Spesen der Vertragserrichtung, Reisekosten etc.

[447] Siehe dazu im Detail den Beitrag von *Dürager/Leiter* Rz 1088 ff.

[448] Art I des Gesellschafts- und Insolvenzrechtsänderungsgesetzes 2003, BGBl I 2003/92.

[449] § 13 EKEG.

[450] Siehe dazu im Detail Rz 368 ff.

[451] § 8 Abs 5 AO.

[452] Eine Beteiligung ist nach § 5 Abs 2 EKEG kontrollierend, wenn (Z 1) dem Gesellschafter die Mehrheit der Stimmrechte zusteht oder (Z 2) dem Gesellschafter das Recht zusteht, die Mehrheit der Mitglieder des Leitungs- oder Aufsichtsorgans zu bestellen oder abzuberufen oder

destens 25% beteiligt ist, und zwar bei einer Kapitalgesellschaft am Nennkapital, bei einer Genossenschaft mit beschränkter Haftung am Geschäftsanteilskapital und an einer Personengesellschaft am Gesellschaftsvermögen oder (Z 3) wie ein Gesellschafter, dem die Mehrheit der Stimmrechte zusteht, einen beherrschenden Einfluss auf eine Gesellschaft ausübt, selbst wenn er an dieser nicht beteiligt ist; kreditvertragstypische Informations- und Einflussrechte und Sicherheiten bleiben hierbei außer Betracht.

316   Erfasste Gesellschaften sind ua GmbHs, AGs sowie Personengesellschaften, bei denen kein unbeschränkt haftender Gesellschafter eine natürliche Person ist, also zB die GmbH & Co KG.[453])

317   Eine Krise liegt vor, wenn die Gesellschaft zahlungsunfähig (§ 66 KO)[454]) oder überschuldet (§ 67 KO)[455]) ist oder, wenn die Eigenmittelquote[456]) der Gesellschaft weniger als 8% und die fiktive Schuldentilgungsdauer mehr als 15 Jahre betragen,[457]) es sei denn, die Gesellschaft bedarf nicht der Reorganisation.

318   Ein von einem Gesellschafter an die Gesellschaft während einer Krise gewährter Kredit unterliegt der Rückzahlungssperre. Nach § 14 Abs 1 EKEG darf der Gesellschafter einen eigenkapitalersetzenden Kredit samt den darauf entfallenden Zinsen nicht zurückfordern, solange die Gesellschaft nicht saniert ist. Die Gesellschaft ist nicht saniert, solange sie zahlungsunfähig oder überschuldet ist oder Reorganisationsbedarf besteht oder einer dieser Umstände durch Rückzahlung des eigenkapitalersetzenden Kredites eintreten würde. Eine dennoch geleistete Zahlung hat der Gesellschafter der Gesellschaft rückzuerstatten. Dasselbe gilt, wenn sich der Gesellschafter durch Aufrechnung, Pfandverwertung oder in anderer Weise Befriedigung verschafft. Diese Rückzahlungssperre umfasst auch ein Verbot an die Geschäftsführung, den Kredit zurückzuzahlen. Ein Verstoß gegen dieses Verbot löst eine Haftung nach § 25 GmbHG bzw § 94 AktG aus, wobei leichte Fahrlässigkeit ausreicht.[458]) Mangels ausdrücklicher Regelung im EKEG wird keine Ausfallshaftung der Mitgesellschafter für den Rückzahlungsanspruch angenommen.[459])

4. Die Unternehmensreorganisation nach dem URG

319   Rechtsgrundlage der Unternehmensreorganisation ist das URG.[460])

(Z 3) er das Sonderrecht hat, selbst Mitglied des Leitungsorgans zu sein oder (Z 4) dem Gesellschafter aufgrund eines Vertrages mit einem oder mehreren Gesellschaftern das Recht zur Entscheidung zusteht, wie Stimmrechte der Gesellschafter, soweit sie mit seinen eigenen Stimmrechten zur Erreichung der Mehrheit aller Stimmen erforderlich sind, bei Bestellung oder Abberufung der Mehrheit der Mitglieder des Leitungs- oder Aufsichtsorgans auszuüben sind oder (Z 5) sie dem Gesellschafter ermöglicht, einen beherrschenden Einfluss auszuüben; dies wird vermutet, wenn ein Gesellschafter zumindest 25% der Stimmrechte innehat und kein anderer eine zumindest gleichwertige Stimmrechtsmacht hat.

[453]) § 4 EKEG.
[454]) Siehe dazu im Detail Rz 304.
[455]) Siehe dazu im Detail Rz 305.
[456]) Siehe dazu Rz 320.
[457]) Diese Kennzahlen müssen sich aus dem zuletzt aufgestellten Jahresabschluss ergeben; §§ 23 f URG.
[458]) Vgl *Mohr* in *Dellinger/Mohr*, EKEG (2004) § 14 Rz 8 f und 23 mwN.
[459]) Vgl *Umfahrer*, Die GmbH⁶ (2008) Rz 701.
[460]) BGBl I 1997/114 (Art XI Insolvenzrechtsänderungsgesetz 1997) idF BGBl I 2003/92.

Bedarf ein Unternehmen einer Reorganisation, so kann es nach § 1 URG, sofern **320** es nicht insolvent ist, die Einleitung eines Reorganisationsverfahrens beantragen. Nach § 1 Abs 2 URG ist Reorganisation eine nach betriebswirtschaftlichen Grundsätzen durchgeführte Maßnahme zur Verbesserung der Vermögens-, Finanz- und Ertragslage eines im Bestand gefährdeten Unternehmens, die dessen nachhaltige Weiterführung ermöglicht. Reorganisationsbedarf wird nach § 22 URG vermutet, wenn die Eigenmittelquote weniger als 8%[461]) und die fiktive Schuldentilgungsdauer mehr als 15 Jahre beträgt.

Das URG kennt keine ausdrückliche Verpflichtung zur Antragsstellung. Es will ei- **321** nem Unternehmen lediglich Hilfestellung in der Krise bieten. Das URG ist auch kein Schutzgesetz zugunsten der Gläubiger.[462])

Wird jedoch über das Vermögen einer prüfpflichtigen juristischen Person, die ein **322** Unternehmen betreibt, der Konkurs oder der Anschlusskonkurs eröffnet, so haften die Mitglieder des vertretungsbefugten Organs gegenüber der juristischen Person zu ungeteilten Hand, jedoch je Person nur bis zu EUR 100.000,00, für die durch die Konkursmasse nicht gedeckten Verbindlichkeiten, wenn sie innerhalb der letzten zwei Jahre vor dem Konkurs- oder Ausgleichsantrag (i) einen Bericht des Abschlussprüfers erhalten haben, wonach die Vermutung des Reorganisationsbedarfes vorliegt und sie nicht unverzüglich ein Reorganisationsverfahren beantragt oder nicht gehörig fortgesetzt haben oder (ii) einen Jahresabschluss nicht oder nicht rechtzeitig aufgestellt oder nicht unverzüglich dem Abschlussprüfer mit dessen Prüfung beauftragt haben. Gemäß § 26 Abs 1 URG tritt die Haftung nicht ein, wenn die Mitglieder des vertretungsbefugten Organs unverzüglich nach Erhalt des Berichtes des Abschlussprüfers über das Vorliegen der Voraussetzungen für die Vermutung eines Reorganisationsbedarfs, ein Gutachten eines Wirtschaftreuhänders, der zur Prüfung des Jahresabschlusses der juristischen Person befugt ist, eingeholt haben und dieses einen Reorganisationsbedarf verneint hat.

Die Geschäftsführer haften für die EUR 100.000,00 zu ungeteilter Hand. Die Haf- **323** tung setzt kein Verschulden voraus, sie ist eine reine Erfolgshaftung. Wurde vom Vertretungsorgan die Einleitung eines Reorganisationsverfahrens vorgeschlagen, hat es aber die dafür nötige Zustimmung des Aufsichtsrats oder der Gesellschafterversammlung nicht erhalten oder wurde die Weisung erteilt, ein solches Verfahren nicht einzuleiten, ist das vertretungsbefugte Organ von der Haftung befreit. Vielmehr haften in diesem Fall nach § 25 URG der Aufsichtsrat oder die Gesellschaft zu ungeteilter Hand pro Person bis zu EUR 100.000,00.

5. Verlust des halben Nennkapitals

Der Vorstand der AG und die Geschäftsführung der GmbH sind gemäß § 83 **324** AktG bzw § 36 Abs 2 GmbHG verpflichtet, bei Verlust des halben Nennkapitals die

---

[461]) Eigenmittelquote im Sinne des URG ist der Prozentsatz, der sich aus dem Verhältnis zwischen dem Eigenkapital (§ 224 Abs 3 A UGB) und den unversteuerten Rücklagen (§ 224 Abs 3 B UGB) einerseits sowie den Posten des Gesamtkapitals (§ 224 Abs 3 UGB), vermindert um die nach § 225 Abs 6 UGB von den Vorräten absetzbaren Anzahlungen andererseits, ergibt (§ 23 URG).

[462]) *Jaufer,* Das Unternehmen in der Krise 190.

Haupt- oder Generalversammlung unverzüglich einzuberufen. Sinn der Vorschrift ist es, ein Krisensignal an die Gesellschafter abzugeben.[463]

325   Nach § 83 AktG besteht die Verlustanzeigpflicht des Vorstands, wenn sich bei der Aufstellung der Jahresbilanz oder einer Zwischenbilanz ergibt oder anzunehmen ist, dass ein Verlust in der Höhe des halben Grundkapitals besteht. Das AktG knüpft dabei an einen bilanziellen Reinverlust an. § 36 Abs 2 GmbHG sieht die Verlustanzeigepflicht dann vor, wenn sich ergibt, dass die Hälfte des Stammkapitals verloren gegangen ist. Das GmbHG sieht vom Erfordernis einer Jahres- oder Zwischenbilanz ab.

326   Die Geschäftsführer bzw die Vorstände trifft die Einberufungspflicht. Dafür zuständig ist jedes Mitglied für sich alleine.[464]

327   Aus der Unternehmensleitungsverpflichtung und speziellen Krisenverantwortung der Unternehmensleitung ergibt sich, dass neben der Einberufungspflicht auch Vorbereitungsmaßnahmen zur Versammlung zu treffen sind, damit anhand einer Krisenursachenanalyse konkrete Vorschläge zur Sanierung der negativen Entwicklung gemacht werden können.[465]

328   Kommt der Vorstand bzw die Geschäftsführung der Pflicht zur Einberufung einer Haupt- oder Generalversammlung nicht nach, so kann dies bei Eintritt eines Schadens der Gesellschaft zur Haftung der Geschäftsführung bzw Vorstands nach § 25 Abs 2 GmbHG bzw § 84 Abs 2 AktG führen. Zur Haftung kommt es bereits bei leichter Fahrlässigkeit. Diese Haftung besteht gegenüber der Gesellschaft. Eine Haftung gegenüber Unternehmensgläubigern besteht mE nicht, weil die § 83 AktG und § 36 Abs 2 GmbHG nicht als Schutzgesetze zugunsten der Gläubiger zu qualifizieren sind.

D. Besonderheiten beim Konzern

329   Bei der AG sind Vorstand und Aufsichtsrat der herrschenden Gesellschaft verpflichtet den gesamten Konzern zu überwachen; dabei wird ein breites Leitungsermessen des Vorstandes anerkannt.[466] Der Vorstand der beherrschten AG unterliegt keiner Weisungsbefolgungspflicht (§ 70 AktG ist jedoch jedenfalls einzuhalten). Den Vorstand der beherrschten AG trifft eine Prüfpflicht, und zwar dahingehend, ob die geplante Maßnahme nachteilig für seine Gesellschaft sein kann; der Ausgleich dieses festgestellten Nachteils hat dann spätestens mit Durchführung der geplanten Maßnahme zu erfolgen. Es ist hierbei eine Abwägung von Leistung und Gegenleistung sowie die Prü-

---

[463]) Nach § 36 Abs 2 letzter S GmbHG, nicht jedoch nach dem AktG, haben die Geschäftsführer einen von der Gesellschaft in der Generalversammlung gefassten Beschluss dem Firmenbuchgericht mitzuteilen. Aus dieser Pflicht wird von einem Teil der L abgeleitet, dass diese Bestimmung dem Gläubigerschutzinteresse dient. Bei der AG wird das Gläubigerschutzargument darauf gestützt, dass die Einberufung einer Hauptversammlung samt Tagesordnung in den Bekanntmachungsblättern zu veröffentlichen ist (vgl *Nowotny*, Verlust des halben Stammkapitals, in *FS Semmler* (1993) Unternehmen und Unternehmensführung im Recht; *Bierich/Hommelhoff/Kropff*, 240). Der historische Gesetzgeber des GmbHG hat dem entgegen den Gläubigerschutz nicht als Gläubigerschutzbestimmung gesehen (*Jauffer*, Das Unternehmen in der Krise, 321 mwN).

[464]) *Koppensteiner/Rüffler*, GmbHG[3] § 36 Rz 5; *Strasser* in *Jabornegg/Strasser*, AktG[4] §§ 77 bis 84 Rz 23.

[465]) *Koppensteiner/Rüffler*, GmbHG[3] § 36 Rz 12.

[466]) *Kalss* in *Kalss/Nowotny/Schauer*, Österreichisches Gesellschaftsrecht Rz 3/934; OGH 7 Ob 700/88.

fung, ob die Vereinbarung auch mit einem konzernfremden Dritten geschlossen worden wäre, durchzuführen. Bei der Informationsweitergabe von Mutter- an Tochtergesellschaften ist neben dem Verbot der Nachteilszufügung auch das Gleichbehandlungsgebot des § 47a AktG zu beachten.[467]) Für die Zulässigkeit des Cash Pooling wird in der Regel va darauf abgestellt, ob bei der Konzernmuttergesellschaft Zinsnachteile zugunsten des Gesellschafters bzw einer anderen Konzerngesellschaft auftreten bzw ob ausreichende Bonität der Konzerngesellschaft sichergestellt ist.

Die Haftung aus dem Verbot der Einlagenrückgewähr nach § 25 Abs 3 Zif 1 **330** GmbHG wird bei Konzernen nicht durch eine Weisung der Muttergesellschaft an die Tochtergesellschaft aufgehoben.[468]) Die Geltung des sich daraus ergebenden Verbots der Nachteilszufügung im Konzern, welches die Muttergesellschaft zu einem Vermögensausgleich der Tochter verpflichtet, wenn dieser durch Geschäftsleitungsentscheidungen im Konzerninteresse ein Nachteil erwächst, ist in der Lit strittig.[469])

Bezüglich der Außenhaftung bildet der Konzern keinen einheitlichen Haftungsver- **331** band,[470]) die Durchgriffshaftung wird regelmäßig eine Rolle spielen.[471])

---

[467]) *Kalss* in *Kalss/Nowotny/Schauer*, Österreichisches Gesellschaftsrecht Rz 3/938.
[468]) *Rauter/Ratka* in *Rauter/Ratka*, Geschäftsführerhaftung Rz 2/159.
[469]) *Koppensteiner/Rüffler*, GmbHG³ § 61 Rz 13.
[470]) *Jabornegg* in *Jabornegg/Strasser*, AktG⁴ § 15 Rz 45; OGH 6 Ob 579/83, SZ 56/101.
[471]) OGH 8 ObA 98/00w, DRdA 2002, 401.

IV. Compliance und Kartellrecht

Astrid Ablasser-Neuhuber / Florian Neumayr

Literatur: *Abele/Kodek/Schäfer,* Zur Ermittlung der Schadenshöhe bei Kartellverstößen – Eine Integration juristischer und ökonomischer Überlegungen, OZK 2008/6, 211; *Arquit/Buhart/Antoine* (Hrsg), Leniency Regimes[2] (2007); *Dahlheimer/Feddersen/Miersch* (Hrsg), EU-Kartellverfahrensverordnung (2005); *Eilmannsberger/Holoubek,* Der öffentliche Auftraggeber als Kartellbehörde? – Zur kartellrechtlichen Überprüfung von Angeboten einer Bietergemeinschaft im Vergabeverfahren, ÖZW 2008/2, 11; *Fleischer,* Kartellrechtsverstöße und Vorstandsrecht, Betriebs-Berater 2009, 1070; *Ginner,* Erstes österreichisches Urteil zum Private Enforcement – Fahrschulkartell Graz, OZK 2008/3, 110; *Hirsch/Montag/Säcker,* Münchener Kommentar zum Europäischen und Deutschen Wettbewerbsrecht (Kartellrecht) I (2007); *Hoffer,* Kartellgesetz (2007); *Hoffer/Innerhofer,* Kartellrechts-Compliance in *Barbist/Ahammer* (Hrsg), Compliance in der Unternehmenspraxis (2009); *Immenga/Mestmäcker,* Wettbewerbsrecht I[4] (2007); *Janssen,* Kartellrechts-Compliance, in *Wecker/van Laak* (Hrsg), Compliance in der Unternehmerpraxis[2] (2009); *Kapp,* Kartellrecht in *Umnuß* (Hrsg), Corporate Compliance Checklisten (2008); *Koppensteiner,* Österreichisches und Europäisches Wettbewerbsrecht[3] (1997); *Loewenheim/Meessen/Riesenkampff,* Kartellrecht[2] (2009); *Lukascheck/Matousek,* Auskunftspflichten gegenüber der Bundeswettbewerbsbehörde, ecolex 2007/02, 117; *Neumayr/Stegbauer,* Die Reichweite des Anwaltsprivilegs in Österreich, OZK 2008/01, 10; *Pampel,* Die Bedeutung von Compliance-Programmen im Kartellordnungswidrigkeitenrecht, Betriebs-Berater 2007, 1636; *Petsche/Urlesberger/Vartian* (Hrsg), Kartellgesetz 2005 (2007); *Pospisil,* Zuverlässigkeitsprüfung bei der Stadt Wien, ZVB 2004/02, 43; *Reidlinger/Hartung,* Das österreichische Kartellrecht[2] (2008); *Rummel* (Hrsg), ABGB[3] (2007); *Schramm/Aicher/Fruhmann/Thienel* (Hrsg), Bundesvergabegesetz 2006[2] (2009); *Thyri,* Wieviel „Private Enforcement" braucht die Kartellrechtsdurchsetzung? ecolex 2006/10, 800; *Wessely,* Das Recht der Fusionskontrolle und Medienfusionskontrolle (1995).

A. Einführung

Das europäische und in jüngerer Zeit auch das österreichische Kartellrecht kön- **332** nen mit beeindruckenden Geldbußen aufwarten. Damit ist der Sanktionenkatalog jedoch noch nicht erschöpft. Insb drohen bei Kartellrechtsverstößen auch die zivilrechtliche Nichtigkeit und Schadenersatz. In Kartellrechtsverstöße involvierte Individuen können ihres Arbeitsplatzes verlustig gehen und – bei bestimmten Verhaltensweisen – strafrechtlich verfolgt werden. Auch für Unternehmen stellt sich die Frage strafrechtlicher Konsequenzen über das VbVG. Als weitere Nach- und Nebenwirkungen sind zB mögliche Rufschädigung und uU Ausschluss von Vergabeverfahren zu nennen.[472]

Compliance spielt deshalb gerade auch im Hinblick auf das Kartellrecht eine we- **333** sentliche Rolle. Kartellrechts-Compliance soll helfen, Verstöße zu vermeiden und bei deren Entdeckung – sei es durch das betroffene Unternehmen oder die Behörden – richtig zu reagieren.[473]

---

[472]) Siehe zu den Sanktionen im Einzelnen IV.B.2.

[473]) Vgl zB *Janssen,* Kartellrechts-Compliance, in *Wecker/van Laak* (Hrsg), Compliance in der Unternehmerpraxis[2] (2009) 199.

334   Da bei Vorliegen von tatsächlichen oder vermuteten Kartellrechtsverstößen unmittelbar gehandelt werden muss, so geht im Falle von Leniency-Anträgen regelmäßig nur das erste Unternehmen „straffrei" aus und bleibt bei Hausdurchsuchungen keine Zeit, um das richtige Verhalten erst dann zu überlegen,[474]) kommt einer bestehenden Compliance-Organisation besondere Bedeutung zu.

335   Im Folgenden wird zunächst der geltende Kartellrechtsrahmen skizziert, und zwar die wesentlichen materiellen Bestimmungen, Sanktionen und die Behördenstruktur sowie besondere verfahrensrechtliche Aspekte (Abschnitt B). Sodann wird dargelegt, wie eine Einschätzung der spezifischen Risikogeneigtheit vorgenommen werden kann (Abschnitt C). Schließlich wird auf die Besonderheiten einer Kartellrechts-Compliance von spezifischen Schulungen bis zum Verhalten bei Hausdurchsuchungen eingegangen (Abschnitt D).

B. Kartellrecht

[handschriftliche Notiz: Fokus in diesem Buch?]

1. Die 3 Säulen des Kartellrechts

a) Wettbewerbsrecht

336   International trifft man häufig auf den Begriff „Wettbewerbsrecht" (Competition Law). Dieser Begriff meint im österreichischen Rechtsverständnis häufig das Lauterkeitsrecht (UWG) oder umfasst auch Rechtsbereiche wie das Beihilfe- oder Vergaberecht. Hier soll demgegenüber das Kartellrecht als das Wettbewerbsrecht ieS behandelt werden, und zwar mit dem „3 Säulen"-Kartellverbot, Marktmachtmissbrauchsverbot und Fusionskontrolle. Das bedeutet freilich nicht, dass sich nicht auch im Wettbewerbsrecht iwS Compliance-Themen stellen würden. Es würde jedoch den Rahmen dieser Publikation sprengen, auch auf diese Bereiche näher einzugehen.

b) Die erste Säule – das Kartellverbot

(1) Tatbestand

337   Verboten sind gemäß § 1 KartG 2005 (Kartellverbot)

- Vereinbarungen, abgestimmte Verhaltensweisen und Beschlüsse (Vereinbarungen iwS) von
- mindestens zwei Unternehmen, die
- eine Wettbewerbsbeschränkung bezwecken oder bewirken, sofern
- die Wettbewerbsbeschränkung „spürbar" ist.

338   Soweit zudem die Wettbewerbsbeschränkung geeignet ist, den Handel zwischen Mitgliedstaaten spürbar zu beeinträchtigen, findet auch Art 101 Abs 1 AEUV[475]) Anwendung, der im Wesentlichen ein gleichlautendes Verbot enthält wie § 1 KartG 2005.

---

[474]) Siehe dazu und zu weiteren Aspekten der kartellrechtsspezifischen Risikoanalyse Rz 423 ff.

[475]) Vormals Art 81 Abs 1 EG-Vertrag.

(2) Die einzelnen Tatbestandselemente

Vereinbarungen iwS

§ 1 KartG 2005 und Art 101 Abs 1 AEUV nennen folgende „Kollusionsformen": **339**
Vereinbarungen, abgestimmte Verhaltensweisen und Beschlüsse von Unternehmensvereinigungen.

Der Begriff der „Vereinbarung" ist weit zu verstehen: Er umfasst schriftliche eben- **340**
so wie mündliche Verträge, einschließlich „Gentlemen's Agreements". Auch Musterverträge und AGB können Vereinbarungen iSd Kartellverbots sein,[476] obwohl sie inhaltlich nur von einem Vertragspartner bestimmt werden.[477] Vom Kartellverbot erfasst
können sowohl „horizontale" Vereinbarungen (zwischen Unternehmen auf derselben
Marktstufe, zB zwischen zwei Lifterstellern) als auch „vertikale" Vereinbarungen (zwischen Unternehmen auf verschiedenen Marktstufen, typischerweise zwischen Lieferant
und Wiederverkäufer) sein.

Abgestimmte Verhaltensweisen stellen die in der Praxis am schwierigsten fass- **341**
und (von zulässigem „Parallelverhalten") abgrenzbare Kollusionsform dar. Es entspricht
wettbewerblichem Verhalten, dass sich Unternehmen bei der Preisbildung an den Preisen/Konditionen der Wettbewerber orientieren, um diese ggf (knapp) zu unter- bzw
überbieten. Parallelverhalten kann zu einer abgestimmten Verhaltensweise werden,
wenn eine direkte oder indirekte „Fühlungnahme" mit den Wettbewerbern erfolgt, die
allerdings nicht den Grad des Abschlusses einer Vereinbarung erreichen muss. Eine abgestimmte Verhaltensweise liegt vor, wenn eine bewusste Zusammenarbeit an die Stelle
der Risiken des Wettbewerbs tritt. Abgestimmte Verhaltensweisen spielen praktisch nur
auf horizontaler Ebene (zwischen Unternehmen derselben Marktstufe) eine Rolle, dort
jedoch eine sehr wesentliche.[478]

Auch der Begriff „Beschlüsse von Unternehmensvereinigungen" ist weit zu verste- **342**
hen: Ist es Unternehmen außerhalb von Fachverbänden udgl[479] verboten, wettbewerbswidrige Verhaltensweisen zu setzen, muss dies natürlich, um Umgehung zu vermeiden,
auch innerhalb gelten. Erfasst können daher vom Kartellverbot schriftliche und mündliche Beschlüsse in Gremien, Satzungen und sonstige „Verbandsnormen" sein.[480]

Unternehmen

§ 1 KartG 2005 bzw Art 101 Abs 1 AEUV sprechen von „Unternehmer", „Unter- **343**
nehmen" und „Unternehmensvereinigungen".

Die Begriffe „Unternehmer" und „Unternehmen" meinen dasselbe; Kartellrecht **344**
gilt für unternehmerische Tätigkeit im Gegensatz insb zu unselbständiger Arbeit und

---

[476] So zB schon Kommission 16. 12. 1991, COMP 33.242 *Yves St. Laurent.*
[477] Siehe zum grundsätzlichen Erfordernis des Zusammenwirkens zumindest zweier Unternehmen unten.
[478] Vgl zB KG 19. 12. 2002, 26 Kt 369/96: Mehrere selbständige Händler hielten die unverbindliche Preisempfehlung des Lieferanten im stillschweigenden Vertrauen auf entsprechendes
Verhalten der anderen Händler ein, wobei die einheitliche Preisgestaltung weder zufällig noch
aus einem auf dem Markt bestehenden Zwang zum Mitziehen resultierte.
[479] Siehe zum Begriff „Unternehmensvereinigung" unten.
[480] Vgl zB KOG 20. 12. 2005, 16 Ok 45/05 *(HOB)*: Die Honorarordnung der Baumeister
wurde als kartellrechtswidrig angesehen.

hoheitlichem Handeln.[481]) Oft wird gesagt, ein Unternehmen sei eine selbständige, organisierte Erwerbsgelegenheit.

345 Eine Unternehmensvereinigung ist, wie der Name sagt, eine Vereinigung mehrerer Unternehmen. Abgrenzungskriterium zum Konzern oder einem Gemeinschaftsunternehmen ist, dass die Unternehmensvereinigung nicht selbst unmittelbar am Wirtschaftsleben teilnimmt.[482])

Bezweckte oder bewirkte Wettbewerbsbeschränkung

346 Was Wettbewerbsbeschränkungen sein können, ist in § 1 Abs 2 KartG 2005 und Art 101 Abs 1 AEUV beispielhaft angeführt, nämlich die

- (unmittelbare oder mittelbare) Festsetzung der An- und Verkaufspreise oder sonstiger Geschäftsbedingungen;
- Einschränkung oder Kontrolle der Erzeugung, des Absatzes, der technischen Entwicklung oder der Investitionen;
- Aufteilung der Märkte oder Versorgungsquellen;
- kollektiv abgestimmte Diskriminierung von Handelspartnern und
- die Abstimmung über Kopplungsgeschäfte.[483])

347 Zum Wesen aller Wettbewerbsbeschränkungen iSd Kartellverbots gehört es, dass zumindest zwei Unternehmen zusammenwirken, um einen ansonst vorhandenen Wettbewerb zu reduzieren. Wird nur ein Unternehmen (autonom) tätig, kann sein Verhalten allenfalls dem Marktmachtmissbrauchsverbot[484]), nicht aber dem Kartellverbot widersprechen. Weiters stellt „Notwendiges" keinen Kartellverstoß dar. Dh wenn eine Zusammenarbeit zwei Unternehmen erst in die Lage versetzt, zB erfolgreich für einen öffentlichen Auftrag zu bieten, beschränkt eine derartige Bieter- oder Arbeitsgemeinschaft nicht den Wettbewerb (im Gegenteil: ohne die Zusammenarbeit hätten die Unternehmen nicht am Wettbewerb um den Auftrag teilnehmen können).[485])

---

[481]) Unternehmer sind zB Einzelhändler (EuGH 12. 12. 1967, Rs 23/67 *Brasserie de Haecht I*), urheberrechtliche Verwertungsgesellschaften (Kommission 29. 10. 1981, COMP 29.839 *GVL*) ebenso wie Künstler (Kommission 26. 5. 1978, COMP 29.559 *RAI-Unitel*) und Berufssportler (EuGH 12. 12. 1974, Rs 36/74 *Radrennsport*). Demgegenüber sind etwa Krankenkassen, zumindest soweit sie nur zur Sicherstellung des gesetzlich vorgegebenen Sachleistungssystems privatrechtliche Verträge abschließen, wie sowohl der EuGH als auch das KOG entschieden haben, keine Unternehmen iSd Kartellrechts (KOG 14. 6. 2004, 16 Ok 5/04; EuGH 16. 3. 2004, verb Rs C-264/01, C-306/01, C-354/01 und C-355/01 *AOK Bundesverband*).

[482]) Unternehmensvereinigungen sind zB Architektenkammer, (Kommission 24. 6. 2004, COMP 38.549 *Bareme d'honoraires de l'Ordre des Architectes belges*), Rechtsanwaltskammern (EuGH 19. 2. 2002, Rs C-309/99 *Wouters*) und der Fachverband Bundesinnung Bau der Wirtschaftskammer (KOG 20. 12. 2005, 16 Ok 45/05).

[483]) Für eine Aufarbeitung dieser typischen Wettbewerbsbeschränkungen in Form von Fragen und kurzen Erläuterungen siehe *Kapp*, Kartellrecht in *Umnuß* (Hrsg), Corporate Compliance Checklisten (2008) 224 ff.

[484]) Siehe dazu Rz 352 ff.

[485]) Vgl zB *Eilmannsberger/Holoubek*, Der öffentliche Auftraggeber als Kartellbehörde? – Zur kartellrechtlichen Überprüfung von Angeboten einer Bietergemeinschaft im Vergabeverfahren, ÖZW 2008/2, 5 f.

Für ein Zuwiderhandeln gegen das Kartellverbot ist es nicht erforderlich, dass eine **348** Vereinbarung sowohl einen wettbewerbswidrigen Zweck als auch eine wettbewerbswidrige Wirkung hat; die beiden Tatbestandsmerkmale „bezwecken" und „bewirken" verstehen sich alternativ. Bezweckt eine Vereinbarung eine Wettbewerbsbeschränkung, so müssen deren tatsächliche Auswirkungen nicht festgestellt werden (eine bezweckte Wettbewerbsbeschränkung ist insofern „per se" verboten); dies gilt auch für abgestimmtes Verhalten in Bereichen, in denen Beeinflussungen erfahrungsgemäß zu nachteiligen Auswirkungen auf dem Markt führen (etwa Preiskoordinierungen oder Gebietsaufteilungen).[486] Ist keine Wettbewerbsbeschränkung bezweckt, muss genau geprüft werden, ob eine Wettbewerbsbeschränkung nichtsdestotrotz bewirkt wird. So können etwa langfristige Bezugsverpflichtungen, auch ohne als Ausschließlichkeitsbindung formuliert zu sein, doch den ganzen oder einen ganz erheblichen Anteil am Bedarf des Verpflichteten abdecken, eine Wettbewerbsbeschränkung bewirken.[487]

Spürbarkeit

Nicht jede Wettbewerbsbeschränkung verzerrt den Wettbewerb in einer Weise, **349** die deren Untersagung erforderlich macht. Ausfluss dieses Gedankens ist insb die Bagatell- oder De-Minimis-Ausnahme. Gemäß § 2 Z 1 KartG 2005 sind Wettbewerbsbeschränkungen zwischen Unternehmen mit einem Marktanteil von nicht mehr als 5% in Österreich und nicht mehr als 25% auf einem *„allfälligen inländischen räumlichen Teilmarkt"* vom Kartellverbot ausgenommen (Bagatellkartelle). Etwas andere Marktanteilsschwellen sieht die de minimis-Bekanntmachung der Kommission für das EG-Kartellrecht vor; außerdem sind nach der de minimis-Bekanntmachung *„Kernbeschränkungen"* nicht ausgenommen.[488]

Zwischenstaatlichkeit

Das Kriterium der Zwischenstaatlichkeit spielt nur für die Anwendung des EU- **350** Kartellrechts eine Rolle. Ist Zwischenstaatlichkeit gegeben, ist (auch) Art 101 Abs 1 AEUV anwendbar, der – bei einem allfälligen Widerspruch – Anwendungsvorrang vor nationalem Kartellrecht genießt.

---

[486] Vgl zB KOG 8. 10. 2008, 16 Ok 5/08 *(Aufzüge)*.

[487] Vgl zB *Koppensteiner*, Österreichisches und Europäisches Wettbewerbsrecht[3] (1997) § 7 Rz 110.

[488] Nach der europäischen De-Mininis-Bekanntmachung, ABl 2001/C 368/7, betragen die relevanten Marktanteilsschwellen bei Wettbewerbern (typischerweise Unternehmen auf derselben Marktstufe – horizontale Vereinbarungen iwS) 10% und bei Nichtwettbewerbern (typischerweise Unternehmen auf verschiedenen Marktstufen – vertikale Vereinbarungen iwS) grundsätzlich 15% auf den *„von der Vereinbarung betroffenen relevanten Märkte*[n]"; im Falle sogenannter kumulativer Marktabschottungseffekte ist die Schwelle auf 5% herabgesetzt. Kernbeschränkungen sind zwischen Wettbewerbern die Festsetzung von Preisen, die Beschränkung der Produktion oder des Absatzes sowie die Aufteilung von Märkten oder Kunden; bei Preisbindungen (zulässig ist jedoch die Festlegung von Höchstverkaufspreisen), gewisse Beschränkungen des Gebiets oder des Kundenkreises, in das bzw an den der Verkäufer verkaufen darf (va Verbot des passiven Verkaufs an Endverbraucher) sowie gewisse Beschränkungen von Ersatzteillieferungen.

351 Das Konzept wird in der Praxis weit verstanden: Zwar spricht Art 101 Abs 1 AEUV davon, dass das fragliche Verhalten geeignet sein muss, den Handel zwischen den Mitgliedstaaten *„zu beeinträchtigen"*; es ist jedoch stRsp, dass sich die Eignung lediglich auf eine Veränderung des zwischenstaatlichen Austausches von Waren bzw Dienstleistungen und nicht notwendig eine „Beeinträchtigung" (im Sinne einer negativen Veränderung) beziehen muss.[489] Regelmäßig wird die Zwischenstaatlichkeit gleichsam vermutet – so jüngst der EuGH im Fall *Österreichische Banken (Lombardclub)* im Hinblick auf ein Kartell, das sich auf das gesamte Hoheitsgebiet eines Staates erstreckt.[490]

c) Die zweite Säule – das Marktmachtmissbrauchsverbot

(1) Tatbestand

352 Verboten ist gemäß § 5 KartG 2005 (Marktmachtmissbrauchsverbot)

- die missbräuchliche Ausnutzung
- einer marktbeherrschenden Stellung
- durch ein Unternehmen, sofern
- eine gewisse „Spürbarkeit" gegeben ist.

353 Soweit zudem die marktbeherrschende Stellung auf dem gemeinsamen Markt bzw einem wesentlichen Teil desselben und eine Eignung zur spürbaren Beeinträchtigung des Handels zwischen den Mitgliedstaaten bestehen, findet auch Art 102 AEUV[491] Anwendung, der im Wesentlichen ein gleichlautendes Verbot enthält wie § 5 KartG 2005.

(2) Die einzelnen Tatbestandselemente

Missbrauch

354 Nicht die Marktmacht[492] als solche stellt einen Verstoß dar, sondern nur der Missbrauch derselben. Nach der Rsp sind – eine gewisse Spürbarkeit vorausgesetzt[493] – sämtliche Verhaltensweisen eines marktbeherrschenden Unternehmens missbräuchlich, welche die Aufrechterhaltung des auf dem Markt noch bestehenden Wettbewerbs oder dessen Entwicklung durch die Verwendung von Mitteln behindern, die von Mitteln *„eines normalen Produkt- und Dienstleistungswettbewerbs"* abweichen.[494]

355 Was einen Marktmachtmissbrauch darstellen kann, ist in § 5 Abs 1 KartG 2005 bzw Art 102 AEUV beispielhaft angeführt, nämlich die

---

[489] Vgl mwN zB *Gippini-Fournier/Mojzesowicz* in *Loewenheim/Meessen/Riesenkampff,* Kartellrecht² (2009) Art 81 Abs 1 EG Rz 178 ff.

[490] EuGH 24. 9. 2009, verb Rs C-125/07 P, C-133/07 P, C-135/07 P und C-137/07 P, *Österreichische Banken (Lombardclub).*

[491] Vormals Art 82 EG-Vertrag.

[492] Siehe zur Thematik „marktbeherrschende Stellung" unten.

[493] Siehe zum Konzept der „Spürbarkeit" unten.

[494] Vgl für die ständige österreichische Rsp zB KOG 19. 1. 2009, 16 Ok 13/08 (*KombiPaket),* für die europäische Rsp zB die Grundsatzentscheidung EuGH 13. 2. 1979, Rs 85/76 *Hoffmann-La Roche.*

- (mittelbare oder unmittelbare) Erzwingung unangemessener Einkaufs- oder Verkaufspreise oder sonstiger Geschäftsbedingungen (wie Zahlungsfristen und Verzugszinsen);
- Einschränkung der Erzeugung, des Absatzes oder der technischen Entwicklung zum Schaden der Verbraucher;
- Benachteiligung von Vertragspartnern im Wettbewerb durch Anwendung unterschiedlicher Bedingungen bei gleichwertiger Leistung (Diskriminierung);
- an die Vertragsschließung geknüpfte Bedingung, dass die Vertragspartner zusätzliche Leistungen annehmen, die weder sachlich noch nach dem Handelsbrauch in Beziehung zum Vertragsgegenstand stehen (Kopplung);
- sachlich nicht gerechtfertigte Veräußerung von Waren unter dem Einstandspreis.

Marktbeherrschende Unternehmen unterliegen, wenn man will, einer besonderen **356** „Wohlverhaltenspflicht"; es kann gesagt werden: quod licet bovi non licet Iovi. Während Unternehmen, die keine marktbeherrschende Stellung innehaben zB Geschäftsbeziehungen (kartellrechtlich) ohne weiteres abbrechen können, ist dies marktbeherrschenden Unternehmen grundsätzlich nur erlaubt, wenn sachliche Gründe dafür vorliegen.[495] Ebenso können etwa nicht marktbeherrschende Unternehmen ihre Produkte oder Dienstleistungen (kartellrechtlich) in zulässiger Weise zu einem Preis verkaufen, der nicht einmal die eigenen variablen Kosten deckt; marktbeherrschenden Unternehmen ist dies grundsätzlich verboten.[496]

Marktbeherrschende Stellung

Wann eine marktbeherrschende Stellung vorliegt, hat der EuGH grundlegend im **357** Fall *United Brands* definiert: „*Ein Unternehmen hat eine den Markt beherrschende Stellung, wenn seine Marktmacht es ihm erlaubt, die Aufrechterhaltung wirksamen Wettbewerbs auf dem relevanten Markt zu verhindern, indem sie ihm die Möglichkeit verschafft, sich seinen Konkurrenten, Abnehmern bzw Verbrauchern gegenüber in nennenswertem Umfang **unabhängig zu verhalten.**"*[497] In der Grundsatzentscheidung *Hoffmann-La Roche* hat der EuGH klargestellt, dass eine „*solche Stellung [. . .] im Gegensatz zu einem Monopol oder Quasi-Monopol einen gewissen Wettbewerb nicht aus*[schließt], *versetzt aber die begünstigte Firma in die Lage, die Bedingungen, unter denen sich der Wettbewerb entwickeln kann, zu bestimmen oder wenigstens merklich zu beeinflussen, jedenfalls aber weitgehend in ihrem Verhalten hierauf keine Rücksicht nehmen zu müssen, ohne dass ihr dies zum Schaden gereichte*".[498]

Große Bedeutung kommt in der Praxis den Marktmachtvermutungsschwellen zu: **358**

Gemäß § 4 Abs 2 KartG 2005 gilt ein Unternehmen als marktbeherrschend, wenn **359** es einen Marktanteil von „*mindestens 30%*" hat, einen Marktanteil „*von mehr als 5% hat und dem Wettbewerb von höchstens 2 Unternehmern ausgesetzt ist*" oder einen

---

[495] Vgl *Vartian* in *Petsche/Urlesberger/Vartian* (Hrsg), Kartellgesetz 2005 (2007) § 5 KartG Rz 74.

[496] Vgl *Vartian* in *Petsche/Urlesberger/Vartian* (Hrsg), Kartellgesetz 2005 (2007) § 5 KartG Rz 62 ff.

[497] EuGH 14. 2. 1978, Rs 27/76 *United Brands*.

[498] EuGH 13. 2. 1979, Rs 85/76 *Hoffmann-La Roche*.

Marktanteil *„von mehr als 5% hat und zu den vier größten Unternehmern auf diesem Markt gehört, die zusammen einen Marktanteil von mindestens 80% haben".* Wenn einer dieser Tatbestände erfüllt ist, liegt die Beweislast bei dem betroffenen Unternehmen, dass – aufgrund besonderer Umstände (zB niedrige Marktzutrittsschranken) – im konkreten Einzelfall keine Marktbeherrschung vorliegt.

360 Im europäischen Recht gibt es keine ausdrücklich geregelten Marktmachtvermutungsschwellen. Es wird jedoch in der Regel von Marktbeherrschung ausgegangen, wenn ein Unternehmen über 75% Marktanteil hält. Bei einem Marktanteil von 40% bis 70% und weiteren Faktoren, wie der Marktstellung der übrigen Wettbewerber, liegt regelmäßig eine marktbeherrschende Stellung vor und bei 25% bis 40% ist eine marktbeherrschende Stellung nicht ausgeschlossen. Ein Marktanteil von unter 25% ist regelmäßig zu niedrig, um Marktbeherrschung zu begründen – in atypischen Fällen kann dennoch eine marktbeherrschende Stellung vorliegen.[499]

361 Neben den Marktmachtvermutungsschwellen normiert § 4 KartG 2005 ausdrücklich auch das Konzept der „relativen Marktmacht". Nach § 4 Abs 3 KartG 2005 hat ein Unternehmen auch dann eine marktbeherrschende Stellung, wenn Geschäftspartner zur Vermeidung schwerwiegender betriebswirtschaftlicher Nachteile auf die Aufrechterhaltung der Geschäftsbeziehung angewiesen sind.[500]

362 Wie in den Marktmachtvermutungsschwellen des österreichischen Kartellrechts anklingt, kann einem Unternehmen im Übrigen nicht nur alleine, sondern auch iZm anderen Unternehmen eine dann als kollektive marktbeherrschende Stellung bezeichnete Marktbeherrschung zukommen. Dieses Phänomen wurde grundlegend im Fall *Compagnie Maritime Belge* behandelt; danach setzt kollektive Marktbeherrschung voraus, dass

- jedes Mitglied des Oligopols das Verhalten der anderen Mitglieder in Erfahrung bringen kann, um feststellen zu können, ob sie einheitlich vorgehen (Transparenz des Marktes),
- die Koordinierung auf Dauer ausgelegt ist und
- im Falle des Abweichens mit Gegenmaßnahmen zu rechnen ist sowie
- die voraussichtliche Reaktion von Konkurrenten und Verbrauchern die erwarteten Ergebnisse des gemeinsamen Vorgehens nicht in Frage stellen.[501]

Unternehmen

363 Der Begriff „Unternehmen" meint dasselbe wie im Bereich des Kartellverbots.

Spürbarkeit

364 Ähnlich wie im Bereich des Kartellverbots muss das Verhalten dergestalt sein, dass gewisse Auswirkungen auf den Markt zumindest zu befürchten sind:

365 Schon in der Grundsatzentscheidung *Hoffmann-La Roche* hat der EuGH etwa ausgesprochen, dass Verhaltensweisen nur dann missbräuchlich sind, wenn sie *„die*

---

[499] Vgl zB *Möschel* in *Immenga/Mestmäcker*, Wettbewerbsrecht I⁴ (2007) Art 82 EGV Rz 82 ff.

[500] Vgl zB KOG 26. 6. 2006, 16 Ok 3/06 *(Filmverleih)*.

[501] EuGH 16. 3. 2000, Rs C-395/96 P *Compagnie Maritime Belge.*

Strukturen eines Marktes beeinflussen können, auf dem der Wettbewerb gerade wegen der Anwesenheit des fraglichen Unternehmens bereits geschwächt ist".[502]) Ganz ähnlich auch die österreichische Rsp, die für das Vorliegen eines Missbrauchs konkrete Verhaltensweisen im wirtschaftlichen Wettbewerb verlangt, die sich negativ auf den Markt auswirken können.[503])

Als konkretes Beispiel kann etwa die Entscheidung im Fall *Virgin/British Airways* **366** dienen: Der EuGH sah eine missbräuchliche Kalkulation von Reisebüro-Kommissionen, wenn bei Verkaufszielerreichung höhere Kommissionszahlungen auf alle Ticketverkäufe geleistet werden (ungebührlicher Anreiz Tickets zu verkaufen); zwar verlangte der EuGH nicht den Nachweis einer tatsächlichen Auswirkung, die Diskriminierung musste jedoch die wettbewerbliche Situation von Geschäftspartnern beeinträchtigen können.[504])

Zwischenstaatlichkeit

Das Kriterium der Zwischenstaatlichkeit hat grundsätzlich dieselbe Bedeutung wie **367** im Bereich des Kartellverbots;[505]) die nationale Missbrauchsaufsicht kann jedoch strenger sein als die der EU.[506])

d) Die dritte Säule – Fusionskontrolle

(1) Tatbestand

Während die ersten beiden Säulen (Kartell- bzw Marktmachtmissbrauchsverbot) **368** der Marktverhaltenskontrolle (Bekämpfung sachlich nicht gerechtfertigter, spürbarer Wettbewerbsmethoden) dienen, verfolgt die Fusionskontrolle die ex ante Kontrolle der Marktstruktur. Sie soll die Verschlechterung der Wettbewerbsbedingungen aufgrund externen Unternehmenswachstums hintanhalten.

Dementsprechend untersagt die Fusionskontrolle **369**

- Zusammenschlüsse
- von Unternehmen(steilen)
- oberhalb gewisser Schwellenwerte, wenn
- diese zur Entstehung oder Verstärkung einer marktbeherrschenden Stellung führen würden (§ 12 Abs 1 Z 2 KartG 2005) bzw zu einer erheblichen Behinderung wirksamen Wettbewerbs (Art 2 Abs 3 FKVO).

Um die Vorab-Kontrolle sicherzustellen, ist grundsätzlich die Durchführung jedes **370** Zusammenschlusses oberhalb der maßgeblichen Schwellenwerte verboten, solange keine Freigabe erteilt wurde (Durchführungsverbot).[507]) Um eine Freigabe zu erlangen, muss

---

[502]) EuGH 13. 2. 1979, Rs 85/76 *Hoffmann-La Roche.*
[503]) Vgl zB KOG 19. 1. 2009, 16 Ok 13/08 (*KombiPaket*).
[504]) EuGH 15. 3. 2007, C-95/04 P, *Virgin/British Airways.*
[505]) Siehe dazu Rz 337 ff.
[506]) Nach allgemeinen Grundsätzen genießt Europarecht bei Widersprüchen Anwendungsvorrang vor nationalem Recht; Art 3 Abs 2 VO Nr 1 sieht jedoch ausdrücklich vor, dass es den Mitgliedstaaten nicht verwehrt ist, *„in ihrem Hoheitsgebiet strengere innerstaatliche Vorschriften zur Unterbindung oder Ahndung einseitiger Handlungen von Unternehmen zu erlassen oder anzuwenden".*
[507]) Vgl § 17 KartG 2005 und Art 7 FKVO.

das Zusammenschlussvorhaben bei der (oder den) zuständigen Wettbewerbsbehörde(n) angemeldet werden.

(2) Die einzelnen Tatbestandselemente

Zusammenschlüsse

371 Sowohl nach österreichischem als auch europäischem Recht stellt der (unmittelbare oder mittelbare) Erwerb von Kontrolle an einem Unternehmen bzw einem Unternehmensteil[508]) durch ein anderes Unternehmen einen Zusammenschluss iSd Fusionskontrolle dar.

372 Mit „Kontrolle" ist gemeint, dass man *„über das strategische Wirtschaftsverhalten des anderen Unternehmens bestimmen"* kann.[509]) Kontrolle kann einem Unternehmen allein zukommen (alleinige Kontrolle) oder mehreren Unternehmen gemeinsam, wenn diese nur einvernehmlich die Geschäftspolitik des kontrollierten (Gemeinschafts-)Unternehmens festlegen können (gemeinsame Kontrolle); typischer Fall gemeinsamer Kontrolle ist eine je 50%-Beteiligung zweier Unternehmen an einem anderen Unternehmen.[510])

373 Auch die (Neu-)Gründung eines Gemeinschaftsunternehmens stellt nach österreichischem und europäischem Recht einen Zusammenschluss dar, soweit dieses *„auf Dauer alle Funktionen einer selbständigen wirtschaftlichen Einheit erfüllt"* (Vollfunktionsgemeinschaftsunternehmen).[511])

374 Nach österreichischem Recht gilt zudem unabhängig vom Vorliegen von Kontrolle der (unmittelbare oder mittelbare) Erwerb von Gesellschaftsanteilen an einem Unternehmen als Zusammenschluss, *„wenn dadurch ein Beteiligungsgrad von 25%, als auch dann, wenn dadurch ein solcher von 50% erreicht oder überschritten wird"* (§ 7 Abs 1 Z 3 KartG 2005). Ferner stellt *„das Herbeiführen der Personengleichheit von mindestens der Hälfte der Mitglieder der zu der Geschäftsführung berufenen Organe oder der Aufsichtsräte"* von zwei Unternehmen nach österreichischem Recht einen Zusammenschluss dar (§ 7 Abs 1 Z 4 KartG 2005).

375 Im Hinblick auf alle Zusammenschlusstatbestände ist darauf hinzuweisen, dass ein Zusammenschluss nur dann verwirklicht wird, wenn eine gewisse Dauerhaftigkeit gegeben ist. Die Fusionskontrolle befasst sich mit Änderungen der Marktstruktur und nicht bloß vorübergehenden Erscheinungen.

Unternehmen(steil)

376 Da Anliegen der Fusionskontrolle die Marktstruktur ist, ist auch für die Frage wann ein Unternehmen(steil) vorliegt entscheidend, inwieweit an dem zu Erwerbenden eine Marktposition haftet; immer dann, wenn der Erwerber in eine (vormals vom Veräußerer gehaltene) Marktposition eintreten kann, ist grundsätzlich vom Vorliegen eines Unternehmens(teils) auszugehen.[512])

---

[508]) Siehe zu diesen Begriffen unten.
[509]) Vgl Konsolidierte Mitteilung der Kommission zu Zuständigkeitsfragen, Rz 54.
[510]) Vgl Konsolidierte Mitteilung der Kommission zu Zuständigkeitsfragen, Rz 54 ff und 62 ff.
[511]) § 7 Abs 2 KartG 2005 bzw Art 3 Abs 4 FKVO.
[512]) Vgl mwN *Urlesberger* in *Petsche/Urlesberger/Vartian* (Hrsg), Kartellgesetz 2005 (2007) § 7 KartG Rz 17 ff.

Schwellenwerte

Es kann gesagt werden, dass die Schwellenwerte im Rahmen der Fusionskontrolle **377** gleichsam jene Funktionen erfüllen, die der Spürbarkeit und Zwischenstaatlichkeit bei den ersten beiden Säulen zukommen: Bei Überschreiten der Schwellenwerte der FKVO[513] ist die Europäische Kommission – und innerhalb der EU grundsätzlich nur diese („one stop shop"-Prinzip)[514] – zuständig. Werden diese nicht überschritten, kann die Europäische Kommission allenfalls noch durch einen Verweis zuständig werden (Art 4 Abs 5 und Art 22 FKVO), grundsätzlich ist jedoch – sofern die jeweiligen nationalen Schwellenwerte[515] erfüllt sind – bei den Wettbewerbsbehörden der Mitgliedstaaten anzumelden. Werden nicht einmal die nationalen Schwellenwerte überschritten, liegt gleichsam ein „de-minimis-Zusammenschluss" vor, der keiner fusionskontrollrechtlichen Genehmigung bedarf.

Die fusionskontrollrechtlichen Schwellenwerte in Österreich stellen sich wie folgt **378** dar: Ein Zusammenschluss ist bei der BWB anmeldepflichtig, wenn die beteiligten Unternehmen insgesamt mehr als EUR 300 Mio weltweit und EUR 30 Mio im Inland erzielen sowie mindestens zwei beteiligte Unternehmen weltweit je mehr als EUR 5 Mio (§ 9 Abs 1 KartG 2005).[516] Eine Ausnahme besteht insoweit, als von den beteiligten Unternehmen nur eines im Inland mehr als EUR 5 Mio und die übrigen beteiligten Unternehmen weltweit insgesamt nicht mehr als EUR 30 Mio erzielen (§ 9 Abs 2 KartG 2005).

Entstehung oder Verstärkung einer marktbeherrschenden Stellung

In Österreich ist – sowie früher auch in der europäischen Fusionskontrolle – der **379** einzig relevante materielle Test, ob eine marktbeherrschende Stellung[517] durch den Zusammenschluss entsteht oder verstärkt wird. Selbst wenn es zur Entstehung oder Verstärkung einer marktbeherrschenden Stellung kommt, ist jedoch der Zusammenschluss

---

[513] Die Schwellenwerte der FKVO sind in deren Art 1 Abs 2 und 3 geregelt: Nach Art 1 Abs 2 FKVO ist ein Zusammenschluss bei der Kommission anmeldepflichtig (bzw hat in der Terminologie der FKVO *„gemeinschaftsweite Bedeutung"*), wenn die beteiligten Unternehmen gemeinsam mehr als EUR 5 Mrd weltweit und mindestens zwei beteiligte Unternehmen jeweils mehr als EUR 250 Mio in der EU erzielen; nach der sogenannten Zwei-Drittel-Regel besteht jedoch keine Anmeldepflicht, wenn trotz Erfüllung dieser Schwellenwerte mehr als zwei Drittel des EU-Umsatzes in ein und demselben Mitgliedstaat erzielt werden. Nach Art 1 Abs 3 FKVO besteht Anmeldepflicht, wenn die beteiligten Unternehmen gemeinsam mehr als EUR 2,5 Mrd weltweit, jeweils mehr als EUR 100 Mio in mindestens drei Mitgliedstaaten, wobei in mindestens drei dieser Mitgliedstaaten der Umsatz von mindestens zwei beteiligten Unternehmen jeweils mehr als EUR 25 Mio betragen muss, und mindestens zwei beteiligte Unternehmen ferner jeweils mehr als EUR 100 Mio in der EU erzielen; die Zwei-Drittel-Regel gilt auch im Hinblick auf Art 1 Abs 3 FKVO.

[514] Eine Ausnahme bilden Medienzusammenschlüsse, die uU auch parallel in Mitgliedstaaten anzumelden sind – vgl Art 21 Abs 4 FKVO. Hinzuweisen ist außerdem auf die Möglichkeit eines Verweises der Zuständigkeit von der Kommission – vgl Art 4 Abs 4 und Art 9 FKVO.

[515] Meist handelt es sich bei diesen ebenfalls um Umsatzschwellen; in einzelnen Jurisdiktionen sind aber auch Marktanteilsschwellenwerte anzutreffen.

[516] Zu beachten ist, dass für Zusammenschlüsse im Medienbereich Umsatzmultiplikatoren Anwendung finden – siehe im Einzelnen § 9 Abs 3 KartG 2005.

[517] Siehe zu diesem Begriff Rz 352 ff.

nicht zu untersagen, wenn *„auch Verbesserungen der Wettbewerbsbedingungen eintreten, die die Nachteile der Marktbeherrschung überwiegen"* oder *„der Zusammenschluss zur Erhaltung oder Verbesserung der internationalen Wettbewerbsfähigkeit der beteiligten Unternehmen notwendig und volkswirtschaftlich gerechtfertigt ist"* (§ 12 Abs 2 KartG 2005). Das Kartellgericht kann die Nichtuntersagung eines Zusammenschlusses auch mit Beschränkungen oder Auflagen verbinden (§ 12 Abs 3 KartG 2005).

Erhebliche Behinderung wirksamen Wettbewerbs

380   Anders als nach österreichischem Recht kann nach Art 2 Abs 3 FKVO ein Zusammenschluss bereits dann untersagt werden, wenn durch diesen *„wirksamer Wettbewerb im gemeinsamen Markt oder in einem wesentlichen Teil desselben erheblich behindert würde"* (SIEC-Test).

e) Rechtfertigungsmöglichkeiten im Rahmen der ersten und zweiten Säule

(1) Rechtfertigung und Kartellverbot

381   Unter gewissen Vorraussetzungen erfüllt ein potenziell kartellrechtswidriges Verhalten von vornherein nicht den Tatbestand des Kartellverbots. Zu denken ist etwa an das Vorliegen eines Bagatellkartells[518]), ein Handeln innerhalb eines Konzerns (Konzernprivileg) oder unter staatlichem Zwang. Daneben normieren §§ 2 Abs 2 und 24 Abs 3 KartG 2005 einige hier nicht näher zu behandelnde „Sonderausnahmen", etwa zugunsten von Buchpreisbindungen und Wettbewerbsbeschränkungen zwischen Genossenschaftsmitgliedern.

382   Abgesehen von diesen Ausnahmen ieS (im Englischen „exceptions") kann ein an sich unter das Kartellverbot fallendes Verhalten auch gerechtfertigt sein (Ausnahme iwS – im Englischen „exemption"). In diesem Sinne sind gemäß § 2 Abs 1 KartG 2005 bzw Art 101 Abs 3 AEUV[519]) Vereinbarungen iwS vom Kartellverbot ausgenommen, die

- unter angemessener Beteiligung der Verbraucher an dem entstehenden Gewinn
- zur Verbesserung der Warenerzeugung oder -verteilung oder zur Förderung des technischen oder wirtschaftlichen Fortschritts beitragen,
- ohne dass Beschränkungen auferlegt werden, die für die Verwirklichung dieser Ziele erlässlich sind und
- keine Möglichkeit eröffnet wird für einen wesentlichen Teil der betreffenden Waren den Wettbewerb gänzlich auszuschalten.

383   Während in der Vergangenheit die Möglichkeit bestand hinsichtlich der Anwendbarkeit dieser durchaus komplexen Kriterien eine sogenannte Einzelfreistellung bei der Kommission zu beantragen, obliegt es seit 1. 5. 2004 der Selbstbeurteilung der betroffenen Unternehmen, ob ein bestimmtes Verhalten in dem Sinne von § 2 Abs 1 KartG 2005 bzw Art 101 Abs 3 AEUV gerechtfertigt ist. Eine wesentliche Hilfestellung bei dieser Selbstbeurteilung stellen die sogenannten Gruppenfreistellungsverordnungen wie die

---

[518]) Siehe dazu Rz 337 ff.
[519]) Vormals Art 81 Abs 3 EG-Vertrag.

vGVO sowie diverse Leitlinien der Kommission wie jene betreffend horizontaler Beschränkungen (hLL) dar.

(2) Rechtfertigungen beim Marktmachtmissbrauchsverbot

Anders als im Rahmen der ersten Säule normiert weder das österreichische noch **384** das europäische Kartellrecht eine ausdrückliche Rechtfertigungsmöglichkeit iZm einem (potenziellen) Marktmachtmissbrauch.

Die Europäische Kommission hat zunächst in ihrem Diskussionspapier zur An- **385** wendung von Art 82 EG-Vertrag[520]) und sodann in ihrer Mitteilung zu Prioritäten in der Anwendung von Art 82 EG-Vertrag auf Fälle von Behinderungsmissbrauch[521]) dargelegt, dass ein Verhalten auch im Rahmen der zweiten Säule unter ganz ähnlichen Voraussetzungen wie nach Art 101 Abs 3 AEUV (die im Wesentlichen ident sind mit jenen des § 2 Abs 1 KartG 2005) gerechtfertigt sein kann.

2. Sanktionen

Verstöße gegen Kartellrecht können vielfältige Sanktionen zur Folge haben; einer- **386** seits solche, die unmittelbar in kartellrechtlichen Normen verankert sind, wie va Geldbußen aber auch die Nichtigkeit bei Verstößen gegen das Kartellverbot und andererseits solche, die sich mittelbar ergeben, wie (weitere) zivilrechtliche Folgen, Ausschluss von Vergabeverfahren oder Rufschädigung. Im Folgenden wird auf die zentral erscheinenden Konsequenzen näher eingegangen.

a) Geldbußen

Sowohl das europäische als auch das österreichische Kartellrecht sehen vor, dass bei **387** Verstößen Geldbußen bis zu 10% des weltweiten Gruppenumsatzes verhängt werden können (Art 23 Abs 2 VO Nr 1, Art 14 Abs 2 FKVO bzw § 29 Z 1 KartG 2005). Auf europäischer Ebene ist die Europäische Kommission und in Österreich das Kartellgericht – über Antrag der BWB und/oder des Bundeskartellanwaltes – zur Verhängung zuständig.[522])

Wie nahe die Geldbuße im Einzelfall an dieser Obergrenze liegt, hängt von einer **388** Vielzahl von Faktoren ab; berücksichtigt werden ua

- die Schwere der Zuwiderhandlung und
- deren Dauer,
- die erzielte Bereicherung und die wirtschaftliche Leistungsfähigkeit,
- Grad des Verschuldens und ggf Wiederholungstäterschaft, aber auch
- die allfällige Mitwirkung an der Aufklärung der Zuwiderhandlung.[523])

---

[520]) DG Competition discussion paper on the application of Article 82 of the Treaty to exclusionary abuses, abrufbar unter http://ec.europa.eu/competition/antitrust/art82/discpaper2005.pdf.

[521]) Mitteilung der Kommission – Erläuterungen zu den Prioritäten der Kommission bei der Anwendung von Art 82 des EG-Vertrages auf Fälle von Behinderungsmissbrauch durch marktbeherrschende Unternehmen, ABl 2009/C 45/02.

[522]) Siehe dazu im Einzelnen Rz 405 ff.

[523]) In Österreich sind die Grundsätze der Bußgeldbemessung nur sehr allgemein in § 30 KartG 2005 verankert. Auf europäischer Ebene enthalten die Leitlinien der Kommission für das

389 Auf europäischer Ebene wurde die „Milliardengrenze", dh eine Geldbuße von mehr als einer Milliarde EUR gegen ein einzelnes Unternehmen (bzw eine Unternehmensgruppe), bereits überschritten.[524])

390 In Österreich wurden die höchsten Geldbußen in absoluten Zahlen bis dato im sogenannten *Aufzugskartell* verhängt: Gegen fünf Unternehmen (drei davon zum Zeitpunkt der erstinstanzlichen Entscheidung konzernmäßig verflochten) wurde eine Buße von insgesamt EUR 75,4 Mio verhängt, wobei die höchste Geldbuße gegen eine einzelne Unternehmensgruppe EUR 34,7 Mio betrug.[525]) Bezogen auf den Umsatz des betroffenen Unternehmens wurde, soweit ersichtlich, die höchste Geldbuße gegen *Europay* (nunmehr *Paylife*) verhängt, wo die Geldbuße von EUR 7 Mio immerhin 7,8% eines Jahresumsatzes des bebußten Unternehmens entsprochen hat.[526])

b) Nichtigkeit

391 Dass Verletzungen des Kartellverbots zur Nichtigkeit der betreffenden Vereinbarungen iwS führen, ist ausdrücklich in § 1 Abs 3 KartG 2005 bzw Art 101 Abs 2 AEUV[527]) geregelt. Auch im Hinblick auf einen Verstoß gegen das fusionskontrollrechtliche Durchführungsverbot ist eine Nichtigkeitssanktion unmittelbar in kartellrechtlichen Normen vorgesehen: Gem § 17 Abs 3 KartG 2005 sind *„Verträge [. . .] unwirksam, soweit sie dem Durchführungsverbot widersprechen"*; nach Art 7 Abs 4 FKVO ist die *„Wirksamkeit"* eines Rechtsgeschäfts abhängig von einer entsprechenden Freigabeentscheidung durch die Kommission.

392 Im Hinblick auf einen Marktmachtmissbrauch kann sich eine Nichtigkeit nach allgemeinem nationalen Zivilrecht ergeben; für Österreich va aus § 879 ABGB.[528])

393 In jedem Fall ist die Nichtigkeit in Österreich vor den Zivilgerichten (und nicht im kartellgerichtlichen Verfahren) geltend zu machen. Dies kann zB durch Feststellungsklage erfolgen oder als Einwendung in einem Prozess, wenn etwa der Vertragspartner auf Erfüllung eines kartellrechtswidrigen Vertrages klagt.

c) Schadenersatz

394 Nach hA sind die kartellrechtlichen Verbotsnormen Schutzgesetze iSd § 1311 ABGB; ihre schuldhafte Verletzung kann dabei zu Schadenersatzansprüchen führen.[529])

Verfahren zur Festsetzung von Geldbußen gemäß Art 23 Abs 2 lit a VO Nr 1/2003, ABl 2006/C 210/2, erheblich detailliertere Regelungen. Weder in Österreich noch im EU-Kartellrecht ist ausdrücklich verankert, dass eine Compliance-Organisation Bußgeld mindernd zu berücksichtigen ist. Ein umfassendes Kartellrechts-Compliance-Programm kann jedoch uU mildernd im Rahmen des Verschuldensgrades berücksichtigt werden; tatsächlich hat etwa die Kommission Compliance-Programme in Fällen mildernd berücksichtigt – vgl mwN *Pampel*, Die Bedeutung von Compliance-Programmen im Kartellordnungswidrigkeitenrecht, Betriebs-Berater 2007, 1636.

[524]) Kommission 13. 5. 2009, COMP 37.990 *Intel*.
[525]) KG 14. 1. 2007, 25 Kt 12/07 (bestätigt durch KOG 8. 10. 2008, 16 Ok 5/08).
[526]) KOG 12. 9. 2007, 16 Ok 4/07.
[527]) Vormals Art 81 Abs 2 EG-Vertrag.
[528]) Vgl mwN zB OGH als KOG 19. 1. 2009, 16 Ok 13/08 *(KombiPaket)*.
[529]) Vgl mwN zB *Thyri*, Wieviel „Private Enforcement" braucht die Kartellrechtsdurchsetzung? ecolex 2006/10, 800 ff.

Nach allgemeinen zivilrechtlichen Grundsätzen kommt weiters eine Solidarhaftung **395** aller am kartellrechtswidrigen Verhalten Beteiligter in Betracht.[530])

Problematisch ist in der Praxis der Nachweis eines konkreten Schadens und des- **396** sen Höhe.[531]) Gemäß § 273 Abs 1 ZPO kann jedoch, wenn feststeht, dass einer Partei der Ersatz eines Schadens gebührt, das Gericht dessen Höhe *„nach freier Überzeugung festsetzen"*, sofern die Feststellung der genauen Schadenshöhe *„gar nicht oder nur mit unverhältnismäßigen Schwierigkeiten zu erbringen ist"*. § 273 Abs 2 ZPO erlaubt dem Gericht auch über das Bestehen dem Grunde nach *„nach freier Überzeugung* [zu] *entscheiden"*, wenn die vollständige Aufklärung einzelner *„im Verhältnis zum Gesamtbetrag unbedeutende*[r]*"* Ansprüche mit Schwierigkeiten verbunden wäre, die *„in keinem Verhältnis stehen"* oder *„der begehrte Betrag jeweils 1.000 Euro nicht übersteigt"*.[532])

Zu den nicht ausjudizierten Fragen gehören ua die Themenkomplexe der denkba- **397** ren Schadensüberwälzung[533]) und Verjährung[534]). In der Lit wurden für den Beginn der Verjährung folgende Möglichkeiten angedacht:

- Der Verbraucher holt Angebote ein und erhält jeweils denselben Preis, möglicherweise noch „gespickt" mit Informationen, dass die Preise abgesprochen sind;
- die BWB informiert, dass sie nach Ermittlungen gegen diverse Unternehmen wegen des Verdachts kartellrechtswidriger Verhaltensweisen einen Bußgeldantrag beim Kartellgericht eingebracht hat;
- das KG bzw die BWB informiert über den Abschluss eines kartellgerichtlichen Verfahrens und darüber, dass Absprachen (rechtskräftig) festgestellt wurden.[535])

d) Strafrechtliche Konsequenzen

Kartellrechtsverstöße sind in Österreich zwar grundsätzlich nicht mehr (auch) **398** strafrechtlich verboten, sie können jedoch insb den Straftatbestand des Submissionsbetrugs (§ 168 b StGB) und/oder des Betrugs (§ 146 StGB)[536]) erfüllen:

Gemäß § 168 b StGB macht sich strafbar, wer *„bei einem Vergabeverfahren einen* **399** *Teilnahmeantrag stellt, ein Angebot legt oder Verhandlungen führt, die auf einer rechtswidrigen Absprache beruhen, die darauf abzielt, den Auftraggeber zur Annahme eines bestimmten Angebots zu veranlassen"*. Die Strafdrohung sind bis zu drei Jahre Freiheitsstrafe. Ob § 168 b StGB nur für Vergabeverfahren iSd BVergG 2006 gilt oder auch für private Bietungsverfahren ist umstritten.

---

[530]) So auch das LG für ZRS Graz 17. 8. 2007, 17 R 91/07 p *(Grazer Fahrschulen).*

[531]) Siehe dazu mwN zB *Abele/Kodek/Schäfer,* Zur Ermittlung der Schadenshöhe bei Kartellverstößen – Eine Integration juristischer und ökonomischer Überlegungen, OZK 2008/6, 211 ff.

[532]) § 273 Abs 2 ZPO wurde auch bereits in einem Schadenersatzprozess wegen Kartellrechtsverstoßes herangezogen – siehe LG für ZRS Graz 17. 8. 2007, 17 R 91/07 p *(Grazer Fahrschulen).*

[533]) Siehe zu dieser Thematik allgemein mwN zB *Reischer* in *Rummel* (Hrsg), ABGB³ (2007) § 1295 Rz 27 ff.

[534]) Gem § 1489 ABGB verjähren Schadenersatzansprüche innerhalb von drei Jahren ab Kenntnis von Schaden und Schädiger; daneben besteht eine absolute Verjährungsfrist von 30 Jahren.

[535]) *Ginner,* Erstes österreichisches Urteil zum Private Enforcement – Fahrschulkartell Graz, OZK 2008/3, 113.

[536]) Siehe dazu den Beitrag von *Dürager/Leiter* Rz 1065 ff.

400   Eine Bestrafung nach § 168 b StGB setzt nicht voraus, dass auch ein Schaden aus dem kartellrechtswidrigen Verhalten nachgewiesen wird; eine Bestrafung wegen Betrugs sehr wohl.[537]) Umgekehrt kann Betrug jedenfalls auch aufgrund von kartellrechtswidrigem Verhalten iZm privaten Bietungsverfahren verwirklicht werden und sind die Strafdrohung bei schwerem und/oder gewerbsmäßigem Betrug bis zu zehn Jahren Freiheitsstrafe[538]).

401   Tatsächlich ist es in der Praxis bereits wiederholt zu Strafverfahren und auch Verurteilungen wegen Submissions- bzw Betrugs iZm kartellrechtswidrigen Verhaltensweisen gekommen.[539]) Aufgrund des VbVG stellt sich das Thema Strafrecht bei Kartellrechtsverstößen nicht nur für Individuen sondern auch für Unternehmen.[540])

e) Sonstige Folgen

402   Zu nennen sind hier aus Sicht des Unternehmens insb der mögliche Ausschluss von Vergabeverfahren,[541]) und drohende Rufschädigung.[542])

403   Für die in kartellrechtswidrige Verhaltensweisen involvierten Individuen kann va der Verlust des Arbeitsplatzes die Folge sein;[543]) auch eine Verpflichtung zur Leistung von Schadenersatz ist nicht ausgeschlossen, und zwar va im Falle von Vorständen, Geschäftsführern oder leitenden Angestellten.[544])

3. Behördenstruktur und wesentliche verfahrensrechtliche Aspekte

404   Auch für die hier interessierende Kartellrechts-Compliance ist es wesentlich, „mit wem man es zu tun hat"; mit anderen Worten, wer das Kartellrecht auf europäischer Ebene und in Österreich vollzieht. Zudem sind bei der Gestaltung einer Compliance-Organisation einige verfahrensrechtliche Aspekte des Kartellvollzuges zu beachten. Insb

---

[537]) Zu beachten ist jedoch, dass die Rsp keine sehr strengen Anforderungen an diesen Schadensnachweis zu stellen scheint – vgl OGH 28. 6. 2000, 14 Os 107/99.

[538]) Diese Strafdrohung ergibt sich aus §§ 146 iVm 147 Abs 3 bzw 148 StGB.

[539]) Vgl zB OGH 28. 6. 2000, 14 Os 107/99 und OGH 26. 9. 2001, 13 Os 34/01.

[540]) Siehe dazu den Beitrag von *Dürager/Leiter* Rz 1096 ff.

[541]) Gem § 68 Abs 1 Z 1 BVergG 2006 sind Unternehmer von der Teilnahme an einem Vergabeverfahren auszuschließen, wenn der Auftraggeber Kenntnis von einer rechtskräftigen Verurteilung ua wegen Betrugs hat. Auch ohne einer solchen Verurteilung kann jedoch ein Ausschlussgrund des § 68 Abs 2 Z 4 BVergG 2006 (*„rechtskräftiges Urteil wegen eines Deliktes [. . .], das ihre berufliche Zuverlässigkeit in Frage stellt"*) oder Z 5 (*„im Rahmen ihrer beruflichen Tätigkeit eine schwere Verfehlung [. . .] begangen haben, die vom Auftraggeber nachträglich festgestellt wurde"*) verwirklicht sein. Die Materialien führen als Beispiel für eine die berufliche Zuverlässigkeit in Frage stellende Verurteilung ausdrücklich eine solche nach § 168 b StGB (Submissionsbetrug) an; als schwere Verfehlung iSd § 68 Abs 1 Z 5 BVergG 2006 kommen gerade auch Verstöße gegen wettbewerbsrechtliche Bestimmungen in Betracht – vgl zB *Meyer* in *Schramm/Aicher/Fruhmann/Thienel* (Hrsg), Bundesvergabegesetz 2006² (2009) § 68 va Rz 42 und 47. Zur Thematik inwieweit eine „Besserung" möglich ist, siehe etwa *Pospisil,* Zuverlässigkeitsprüfung bei der Stadt Wien, ZVB 2004/02, 44.

[542]) So auch etwa *Hoffer/Innerhofer,* Kartellrechts-Compliance in *Barbist/Ahammer* (Hrsg), Compliance in der Unternehmenspraxis (2009) 118.

[543]) Siehe dazu den Beitrag von *Leiter* Rz 790 ff.

[544]) Vgl zur Thematik zB *Fleischer,* Kartellrechtsverstöße und Vorstandsrecht, Betriebs-Berater 2009, 1070 ff. Siehe auch den Beitrag von *Napokoj/Pelinka* Rz 213 ff.

ist die Kurzfristigkeit, binnen derer ggf Handlungen gesetzt bzw Entscheidungen getroffen werden müssen, vorzustellen, um die eigene Compliance-Organisation entsprechend ausrichten zu können.

a) Behördenstruktur

Das gerade auch aus Sicht der Kartellrechts-Compliance wesentliche Vollzugsorgan auf europäischer Ebene ist die Europäische Kommission, genauer die Generaldirektion Wettbewerb (GD Comp). **405**

Die Kommission ist zuständig für die Kartell- und Marktmachtmissbrauchsverfolgung, wenn das Kriterium der Zwischenstaatlichkeit gegeben ist,[545]) sowie für die Fusionskontrolle, wenn die Schwellenwerte der FKVO erfüllt sind bzw ein Zusammenschlussfall an sie verwiesen wird.[546]) Sie ist sowohl Aufgriffs-, Ermittlungs- als auch Entscheidungsbehörde in erster Instanz. **406**

In Österreich ist ausschließlich das OLG Wien als Kartellgericht für erstinstanzliche Entscheidungen im (unmittelbaren) Kartellrechtsvollzug zuständig.[547]) In zweiter und letzter Instanz entscheidet der OGH als Kartellobergericht. **407**

Die BWB ist Aufgriffs- und Ermittlungsbehörde. Auf Antrag der BWB erlässt das Kartellgericht ggf zB eine Geldbußentscheidung wegen eines Kartellverstoßes oder eines Marktmachtmissbrauchs. Hat die BWB Bedenken gegen einen bei ihr angemeldeten Zusammenschluss, stellt sie ebenfalls einen Antrag an das Kartellgericht, wodurch die sogenannte Phase II (vertiefte Prüfung des Zusammenschlussvorhabens) eingeleitet wird, die mit einer Entscheidung des Kartellgerichts endet.[548]) **408**

Eine weitere Aufgriffsbehörde ist der Bundeskartellanwalt, der ebenso wie die BWB eine sogenannte Amtspartei ist, dh ua auch in von privaten Unternehmen eingeleiteten kartellgerichtlichen Verfahren Parteistellung hat. Der Bundeskartellanwalt kann nur dann ausnahmsweise keinen Antrag auf Verhängung einer Geldbuße stellen, wenn er von der BWB benachrichtigt wurde, dass diese im Hinblick auf eine bestimmte Zuwiderhandlung eines Unternehmens nach dem Kronzeugenregime vorgeht.[549]) **409**

b) Wesentliche verfahrensrechtliche Aspekte des Kartellrechtsvollzuges

(1) Weitreichende Ermittlungsbefugnisse der Behörden

Der Europäischen Kommission kommen im Kartellrechtsvollzug weitreichende Ermittlungsbefugnisse zu. So kann die Kommission **410**

- mittels Auskunftsverlangen Informationen von Unternehmen einholen,[550])

---

[545]) Siehe dazu Rz 337 ff und Rz 352 ff.

[546]) Siehe dazu Rz 368 ff.

[547]) Andere Gerichte und Behörden können Kartellrecht „mittelbar" anzuwenden haben, indem das Vorliegen eines Kartellrechtsverstoßes zB eine Vorfrage in einem UWG-Prozess wegen Wettbewerbsvorsprung durch Rechtsbruch iSd § 1 UWG sein kann (vgl etwa OGH 14. 7. 2009, 4 Ob 60/09 s [Anwaltssoftware]).

[548]) In keinem Fall trifft daher die BWB selbst eine Entscheidung ieS.

[549]) Dies ergibt sich aus § 36 Abs 3 KartG 2005 und soll sicherstellen, dass das Kronzeugenprogramm zentralisiert und einheitlich von der BWB administriert wird.

[550]) Siehe im Einzelnen Art 18 VO Nr 1 bzw Art 11 FKVO.

- sogenannte Hausdurchsuchungen (Dawn Raids) durchführen[551]) und
- einen ganzen Wirtschaftszweig näher untersuchen, wenn die Vermutung besteht, dass der Wettbewerb möglicherweise eingeschränkt oder verfälscht wird (Sector Inquiry)[552]).

411 Die Befolgung bzw Duldung dieser Befugnisse kann die Kommission durch Geldbußen erzwingen.[553])

412 Auch der BWB kommen vergleichbare Befugnisse zu, wobei sie deren Befolgung bzw Duldung nicht unmittelbar selbst, sondern mit Hilfe des Kartellgerichts erzwingen kann.[554])

(2) Im Einzelnen: Hausdurchsuchungen

413 Die Möglichkeit der Kommission und der BWB Hausdurchsuchungen durchzuführen, sind für die Kartellrechts-Compliance von besonderer Bedeutung:

414 Bei derartigen Nachprüfungen erscheinen die diese durchführenden Beamten unangemeldet und regelmäßig in den frühen Morgenstunden bei Niederlassungen der betroffenen Unternehmen, um für einen bestimmten Vorwurf relevant erscheinende Unterlagen in physischer oder elektronischer Form zu untersuchen und ggf zu kopieren. Die nachprüfende Behörde hat außerdem das Recht, Fragen zum Thema zu stellen.

415 Da die Hausdurchsuchung idR unmittelbar nach Erscheinen der Beamten beginnt, ist es wesentlich, schon im Vorhinein auf diese Situation vorbereitet zu sein.

416 Zwar haben die Beamten weitreichende Ermittlungsbefugnisse, die Sichtung von Unterlagen, die

- nichts mit dem konkreten Vorwurf zu tun haben,
- rein privater Natur sind oder
- dem sogenannten Anwaltsprivileg unterliegen,

ist jedoch nicht zulässig.[555])

417 Ähnliches gilt für die Stellung von Fragen durch die Beamten. Es besteht wie auch bei Auskunftsverlangen ein Recht die Aussage zu verweigern, wenn eine Antwort der Eingestehung der Zuwiderhandlung gleich käme; Fragen nach Fakten, auch wenn diese belastend sind, müssen jedoch beantwortet werden.[556])

---

[551]) Und zwar auch im Rahmen der Fusionskontrolle (vgl Art 13 FKVO); siehe zu Hausdurchsuchungen im Einzelnen unten.

[552]) Siehe im Einzelnen Rz 522 und 544 ff.

[553]) So drohen etwa gemäß Art 23 Abs 1 VO Nr 1 Geldbußen bis zu 1% des weltweiten Gruppenumsatzes bei unrichtigen, unvollständigen oder irreführenden Angaben im Rahmen eines Auskunftsverlangens (in Form einer Entscheidung); um ein Unternehmen zur Duldung einer durch Entscheidung angeordneten Hausdurchsuchung zu zwingen, können nach Art 24 Abs 1 VO Nr 1 bis zu 5% des weltweiten durchschnittlichen Tagesumsatzes für jeden Tag der Nicht-Duldung verhängt werden. Daneben sieht das europäische Kartellrecht weitere Geldbußen und Zwangsgelder vor.

[554]) Siehe va §§ 11 a und 12 WettbG sowie §§ 29 Z 2 und 35 KartG 2005.

[555]) Siehe insb auch zur Frage inwieweit das Anwaltsprivileg bei Hausdurchsuchungen der BWB überhaupt gilt, *Neumayr/Stegbauer,* Die Reichweite des Anwaltsprivilegs in Österreich, OZK 2008/01, 10.

[556]) Vgl mwN etwa *Miersch* in *Dahlheimer/Feddersen/Miersch* (Hrsg), EU-Kartellverfahrensverordnung (2005) vor Art 17 Rz 17 ff und Art 20 Rz 30; zur Rechtslage in Österreich siehe *Lu-*

Um vor diesem Hintergrund als Unternehmen die richtigen Entscheidungen tref- **418** fen zu können (Gewährung von Einsicht ja/nein etc), sind naturgemäß eine Reihe von Maßnahmen (etwa Hausdurchsuchungsbeauftragte etc) zu erwägen.[557])

(3) Leniency

Ein weiterer Vollzugsbereich, der für die Kartellrechts-Compliance eine besondere **419** Rolle spielt, sind die in vielen Jurisdiktionen bestehenden Kronzeugenregime (Leniency) iZm Kartellen, dh die Möglichkeit eine (gänzliche oder teilweise) Reduktion der an- sonsten drohenden Geldbuße dadurch zu erhalten, dass man der zuständigen Behörde ein Kartell „beichtet".[558])

Besondere Bedeutung haben diese Kronzeugenregime oder auch -programme für ei- **420** ne Compliance-Organisation va aufgrund der ihnen inhärenten zeitlichen Komponente:

Sowohl auf europäischer Ebene als auch in Österreich kann nur eine gänzliche **421** Reduktion der Geldbuße erlangt werden, wenn man das erste Unternehmen ist, das die Behörde über eine dieser noch nicht bekannte Zuwiderhandlung gegen das Kartellver- bot in Kenntnis setzt. Als nachfolgender Leniency-Antragsteller muss der zuständigen Behörde ein „Mehrwert" an Information geliefert werden, um zumindest noch eine teilweise Reduktion zu erhalten.

Eine Kartellrechts-Compliance sollte daher allfällige Verstöße zeitnah erkennen **422** (etwa durch wiederkehrende Audits) und Informationen darüber systematisch sowie rasch sammeln können,[559]) um die Möglichkeiten eines erfolgreichen Kronzeugenan- trags zu schaffen.

C. Risikoanalyse

1. Rolle im Rahmen der Kartellrechts-Compliance

Bevor eine Compliance-Organisation im Hinblick auf Kartellrecht auf- oder aus- **423** gebaut wird, ist es sinnvoll, eine spezifische Risikoanalyse durchzuführen.

Eine solche soll die Feststellung ermöglichen, in welchem Umfang Kartellrechts- **424** Compliance geboten und zweckmäßig ist. So kann es etwa sein, dass eine Analyse zu dem Schluss kommt, dass die Anforderungen der zweiten Säule (Marktmachtmiss- brauchsverbot) nicht oder nicht in allen Bereichen berücksichtigt werden müssen, weil keine Marktbeherrschung vorliegt. Erst eine genaue Analyse der eigenen „Unterneh- mensaufstellung" in den einzelnen Tätigkeitsfeldern zeigt auch, welche Personen(-grup- pen) zB welchen Schulungsbedarf haben etc.

Es versteht sich von selbst, dass eine Risikoanalyse nicht ein einmaliger Akt sein **425** sollte, sondern eine regelmäßig wiederkehrende Einrichtung. Insofern sollte die Risiko- analyse nicht nur der Implementierung einer Kartellrechts-Compliance vorgelagert, sondern fester Bestandteil der laufenden Compliance-Bemühungen sein. Wie oft und

---

kascheck/Matousek, Auskunftspflichten gegenüber der Bundeswettbewerbsbehörde, ecolex 2007/02, 117.

[557]) Siehe dazu im Einzelnen Rz 539 ff.

[558]) Vgl zB *Arquit/Buhart/Antoine* (Hrsg), Leniency Regimes[2] (2007).

[559]) Siehe zu den zu erwägenden Maßnahmen im Einzelnen Rz 532 ff.

in welchem Umfang eine Risikoanalyse zu wiederholen ist, hängt nicht zuletzt vom Ausmaß des bei der ersten bzw vorangehenden Risikoanalyse festgestellten Risikos ab. Je größer die festgestellte Risikogeneigtheit, desto häufiger und umfassender werden wiederholt Risikoanalysen vorzunehmen sein.

426 Insb wenn neue Geschäftsbereiche erschlossen werden oder sich in bestehenden Geschäftsfeldern wesentliche Veränderungen ergeben (zB wenn zwei größere Wettbewerber fusionieren oder ein wichtiges Unternehmen aus dem Markt ausscheidet), ist eine zumindest auf diese Vorgänge und deren Folgen beschränkte neuerliche Risikoanalyse geboten.

2. Prüfschritte und Konzern-Betrachtung

427 Im Folgenden werden im Lichte des geltenden Kartellrechts sinnvoll erscheinende Prüfschritte vorgestellt.

428 Die einzelnen Schritte sind nicht streng voneinander getrennt zu sehen; im Gegenteil, sie beeinflussen sich wechselseitig. So können etwa die zur Veranschaulichung als eigener Prüfschritt behandelten „Marktbedingungen" naturgemäß erheblichen Einfluss auf die ebenfalls als eigener Prüfschritt dargestellte Marktabgrenzung haben. Insofern kann es sein, dass die Ergebnisse späterer Prüfschritte ein „Nachjustieren" früherer erfordert. Dennoch hat es sich in der Praxis bewährt, die folgenden Prüfschritte im Wesentlichen der Reihe nach abzuarbeiten. Ein systematisches Vorgehen minimiert auch das Risiko, dass Wesentliches übersehen wird.

429 Zu betonen ist vorab weiters, dass – wie generell im Kartellrecht – die Konzern-Betrachtung maßgeblich ist: Ein Unternehmen ist nicht isoliert zu betrachten, sondern es kommt auf die durch Kontrolle verbundene Unternehmens-Gruppe (Konzern) an.[560] Selbst wenn daher etwa eine Gesellschaft der Gruppe bei isolierter Betrachtung nur einen geringen Marktanteil hätte, die Gruppe aber insgesamt über eine namhafte Marktstellung verfügt, kann es sein, dass auch die Gesellschaft mit geringem Marktanteil an die Regeln der Marktmachtmissbrauchsaufsicht gebunden ist.

430 Daraus folgt, dass die Risikoanalyse entweder bei der Konzernmutter für die gesamte Gruppe vorzunehmen ist, oder, wenn einzelne Unternehmen im Konzern eine Kartellrechts-Compliance einrichten wollen, die Stellung der anderen Konzernunternehmen mitberücksichtigt werden muss. Wenn im Folgenden vom „eigenen Unternehmen" gesprochen wird, ist immer zu bedenken, dass auch die Tätigkeiten, Finanzkraft, besonderen Rechte etc aller Konzernunternehmen zu berücksichtigen sind.

3. Die Marktabgrenzung

a) Relevanz

431 Ausgangspunkt jeder Kartellrechtsanalyse ist eine Definition oder Abgrenzung des relevanten Marktes.

432 Auch wenn in vielen Kartellrechtsentscheidungen zu lesen ist, dass die genaue Marktabgrenzung letztlich offen gelassen werden konnte,[561] muss doch zumindest eine

---

[560] Siehe zum Begriff „Kontrolle" Rz 368 ff.
[561] Dies ist eine va in der Fusionskontrolle häufig anzutreffende Formulierung.

relativ genaue Idee vorhanden sein, um welche Märkte es geht oder gehen könnte, um eine seriöse kartellrechtliche Beurteilung vornehmen zu können:

Schon für die Frage, ob zwei Unternehmen Wettbewerber sind (und deshalb uU eine **433** horizontale Wettbewerbsbeschränkung vorliegt), muss streng genommen entschieden werden, was der relevante Markt ist. Denn nur wenn voneinander unabhängige Unternehmen auf demselben Markt tätig sind oder unmittelbar werden könnten, handelt es sich um aktuelle oder potenzielle Wettbewerber. Zwischen Unternehmen auf vor- oder nachgelagerten Märkten können uU vertikale Wettbewerbsbeschränkungen zustande kommen etc.[562)]

Auch die Risikoanalyse im Rahmen einer Kartellrechts-Compliance beginnt **434** zweckmäßigerweise mit der Abgrenzung des kartellrechtlich relevanten Marktes, um darauf in der Folge die weiteren Prüfschritte aufzusetzen (welche Art von Markt liegt vor, welche Bedingungen herrschen auf diesem etc).

b) Herangehensweise

Anders als bei der Beurteilung eines konkreten Sachverhaltes auf seine kartell- **435** rechtliche Relevanz, kann die Frage der Marktabgrenzung im Rahmen der Kartellrechts-Compliance regelmäßig nicht von vornherein auf einen engen Bereich eingegrenzt werden. Vielmehr ist im Hinblick auf sämtliche Tätigkeiten des eigenen Unternehmens zu untersuchen, in welchen kartellrechtlich relevanten Markt sie fallen. Ein Unternehmen kann dabei freilich auf einer Vielzahl von Märkten tätig sein.

Zu betonen ist, dass untersucht werden muss, auf welchen kartellrechtlich relevan- **436** ten Märkten das eigene Unternehmen Tätigkeiten entfaltet:

In welchem Bereich oder welchen Bereichen das eigene Unternehmen tätig ist, **437** wird relativ schnell beantwortbar sein. Damit ist zwar etwa für ein Telekommunikationsunternehmen eingegrenzt, dass zB Postmärkte keine Relevanz haben werden – es sei denn, ein Unternehmen, das derartige Dienstleistungen erbringt, wäre konzernverbunden –, es muss jedoch weiter untersucht werden, auf welchen Märkten iSd Kartellrechts das Unternehmen im Bereich Telekommunikation tätig ist.

Um beim gewählten Beispiel zu bleiben, könnte es etwa sein, dass es sich um einen **438** Festnetzanbieter handelt und deshalb Mobilfunkmärkte nicht relevant erscheinen. Bei genauerer Marktabgrenzung iSd Kartellrechts kann sich jedoch ergeben, dass uU Mobilfunk ein Substitut für Festnetztelefonie ist, so dass beide einen gemeinsamen Markt bilden.

Auch Marktabgrenzungen anderer „Disziplinen" – im gewählten Beispiel etwa **439** Marktdefinitionen aufgrund sektorspezifischer Regulierung – oder für nicht-kartellrechtliche Zwecke (zB die Festlegung von Zielgruppen für das Marketing) können wertvolle Anhaltspunkte im Hinblick auf die relevanten Märkte geben; die Analyse sollte an dieser Stelle jedoch nicht stehen bleiben.

In der Praxis besonders hilfreich bei der kartellrechtlichen Marktabgrenzung sind **440** die veröffentlichten Fusionskontrollentscheidungen der Europäischen Kommission[563)] sowie generell einschlägige kartellrechtliche Entscheidungen.[564)]

[562)] Siehe auch Rz 337 ff.
[563)] Abrufbar unter http://ec.europa.eu/competition/mergers/cases/.
[564)] Der Terminus „Entscheidungen" ist nicht ieS zu verstehen; aufschlussreich können etwa auch Berichte iZm Branchenuntersuchungen udgl sein.

441 Eine abschließende kartellrechtliche Marktabgrenzung – des sachlichen und geografischen Marktes sowie des zeitlich relevanten Marktes – wird regelmäßig nicht ohne Zuziehung auch eines Wettbewerbsökonomen möglich sein.[565] Der damit verbundene Aufwand wird jedoch vielfach nur dann im Rahmen einer Kartellrechts-Compliance zweckmäßig sein, wenn eine erste Analyse zB ergibt, dass das eigene Unternehmen auf dem für relevant gehaltenen Markt uU marktmächtig ist, sich das Unternehmen aber mit dem Gedanken trägt, die zusätzlichen Anforderungen der zweiten Säule (Marktmachtmissbrauchsverbot) nicht zu beachten und dementsprechend einer genauen Marktabgrenzung besondere Bedeutung zukommt.

4. Art des Marktes

a) Begriffsverständnis

442 Die „Art des Marktes" ist anders als der Begriff der Marktabgrenzung kein allgemein gebräuchlicher Terminus. Unter der Art des Marktes wird hier – speziell auf das Thema Kartellrechts-Compliance zugeschnitten – neben der Branche zu welcher der Markt gehört verstanden, ob es sich (aus Sicht des betroffenen Unternehmens) um einen Beschaffungs-, Absatz- oder „sonstigen" Markt handelt.

b) Branchenzugehörigkeit

(1) Allgemein

443 Zu welcher Branche ein Markt gehört, wird vielfach feststehen, bevor der Markt überhaupt exakt abgegrenzt[566] ist. Verschiedene kartellrechtlich relevante Märkte können zur selben Branche gehören. So kann etwa gesagt werden, dass sowohl das Einlagengeschäft als auch das Kreditgeschäft zur Branche der Bankdienstleistungen gehört.

444 Die Begriffe „Branche" und „Branchenzugehörigkeit" sind nicht klar zu definieren. Für die Zwecke der Kartellrechts-Compliance kommt ihnen insofern Bedeutung zu, als für verschiedene Branchen oft spezifische Wettbewerbsregeln und Parameter gelten:

(2) Branchenuntersuchungen

445 Gemäß § 2 Abs 1 Z 3 WettbG kann die BWB eine „*allgemeine Untersuchung eines Wirtschaftszweigs* [durchführen], *sofern die Umstände vermuten lassen, dass der Wettbewerb in dem betreffenden Wirtschaftszweig eingeschränkt oder verfälscht ist*". Die Möglichkeit derartiger Branchen- oder Sektoruntersuchungen sieht auch die VO Nr 1 zugunsten der Europäischen Kommission vor.[567]

446 Hat bereits eine Branchenuntersuchung stattgefunden, gibt es in aller Regel einen oder mehrere Bericht(e) der untersuchenden Behörde darüber.[568]

---

[565] Vgl in diesem Zusammenhang auch die von der BWB in Auftrag gegebene Studie zu den wettbewerbsökonomischen Methoden der Marktabgrenzung, abrufbar unter http://www.bwb.gv.at/bwb/service/publikationen/rbb_studie_marktabgrenzung.htm.

[566] Siehe zum Prüfschritt der Marktabgrenzung Rz 431 ff.

[567] Siehe zu den Ermittlungsbefugnissen bereits Rz 410 ff.

[568] Die Berichte der BWB sind über ihre Homepage http://www.bwb.gv.at/bwb/default/htm abrufbar; jene der europäischen Kommission unter http://ec.europa.eu/competition/index_de.html.

Diese Berichte enthalten typischerweise Ausführungen zur Abgrenzung der rele- **447** vanten Märkte der Branche. Sie können dementsprechend hilfreich bei der Abgrenzung des kartellrechtlich relevanten Marktes[569]) sein.

Die Branchenuntersuchungsberichte identifizieren außerdem meist Wettbewerbs- **448** probleme. Dementsprechend können sie wertvolle Anhaltspunkte dafür liefern, worauf sich eine Kartellrechts-Compliance bei einem Unternehmen der betreffenden Branche besonders fokussieren sollte.

Ist bekannt, dass eine Untersuchung eingeleitet wurde oder im Hinblick auf eine **449** bestimmte Branche eingeleitet werden wird, indiziert dies, dass kartellrechtliche Themen bestehen und legt eine strenge Compliance im betreffenden Bereich nahe.

Dementsprechend sollte im Rahmen der Risikoanalyse recherchiert werden, ob **450** und in welchem Umfang Branchenuntersuchungen stattgefunden haben oder stattfinden (werden). Anhaltspunkte dafür finden sich in der Regel auf den Websites der Wettbewerbsbehörden.

(3) Schwergewichtssetzungen der Wettbewerbsbehörden

Auch wenn keine formale Branchenuntersuchung eingeleitet wird, kann eine **451** Branche im besonderen Fokus der Wettbewerbsbehörden stehen.

So ist etwa die BWB seit geraumer Zeit intensiv mit den „Spritpreisen" beschäf- **452** tigt.[570])

Auch der Feststellung einer derartigen Schwergewichtsbildung der Wettbewerbsbe- **453** hörden kommt dementsprechend im Rahmen der Risikoanalyse eine wichtige Bedeutung zu. Nicht anders als Branchenuntersuchungen indizieren sie, dass kartellrechtliche Themen bestehen und legen einen entsprechenden Fokus der Kartellrechts-Compliance des eigenen Unternehmens nahe.

Anhaltspunkte können wiederum die Websites der Wettbewerbsbehörden bieten. **454** Die Wettbewerbsbehörden veröffentlichen außerdem regelmäßig Tätigkeits- und sonstige Berichte.[571]) Diese enthalten nicht nur wertvolle Aussagen zu bisherigen Aktivitäten der Wettbewerbsbehörden, sondern können auch Rückschlüsse auf künftige Schwergewichtssetzungen der Wettbewerbsbehörden erlauben. Fanden bei anderen Unternehmen der Branche Hausdurchsuchungen[572] statt, ist dies ebenfalls ein wesentlicher Hinweis, dass sich auch beim eigenen Unternehmen Kartellthemen stellen könnten.

(4) Vor-Entscheidungen

Nicht zuletzt sind verschiedene Branchen in unterschiedlichem Umfang Gegen- **455** stand gerichtlicher und verwaltungsbehördlicher Kartellentscheidungen. Kartellentscheidungen treten dabei in vielfältigen Erscheinungsformen auf:

---

[569]) Siehe zum Prüfschritt der Marktabgrenzung Rz 431 ff.

[570]) Jüngst veröffentlicht die BWB auf ihrer Homepage sogar regelmäßig einen eigenen Treibstoff-Newsletter.

[571]) Vgl zB den ebenfalls auf der Website der BWB abrufbaren BWB Tätigkeitsbericht 2008; Bericht der Kommission 23. 7. 2009, „Bericht über die Wettbewerbspolitik 2008", KOM (2009) 374 endgültig samt begleitendem Arbeitsdokument der Kommissionsdienststellen 23. 7. 2009, SEK (2009) 1004 endgültig.

[572]) Siehe dazu Rz 410 ff.

456   Zu nennen sind zunächst die Abstellungs-, Feststellungs- und Bußgeld- bzw in der Fusionskontrolle Untersagungsbeschlüsse des KG und des KOG.[573]) Das kartellgerichtliche Verfahren kann aber zB auch zur Verbindlicherklärung von Verpflichtungszusagen führen.[574])

457   Auch UWG-Entscheidungen können in der Sache über Kartellrecht absprechen (Fallgruppe des „Wettbewerbsvorsprungs durch Rechtsbruch" iSd § 1 UWG).[575]) In zunehmendem Maß sind weiters die allgemeinen Zivilgerichte mit Kartellrecht befasst – so im Fall von Schadenersatzansprüchen wegen behaupteten Kartellrechtsverstoßes oder der Geltendmachung einer zivilrechtlichen Nichtigkeit.[576]) Daneben gibt es immer wieder verwaltungsrechtliche Entscheidungen, die auf Kartellrecht als Vorfrage Bezug nehmen.[577])

458   Auf europäischer Ebene sind die Entscheidungen der Kommission und die Urteile des EuG sowie des EuGH zu nennen. Wie in vielen Rechtsbereichen wird auch im Kartellrecht in der Praxis oft nach Deutschland geblickt, namentlich auf die Entscheidungen des dt BKartA und des OLG Düsseldorf.

459   Derartige Vor-Entscheidungen können gerade im Kartellrecht mit seinen relativ unbestimmten generellen Verbotsnormen maßgeblich den Rahmen des in einer Branche (Un-)Zulässigen abstecken. Beispielhaft erwähnt sei die Entscheidung des OLG Düsseldorf in Sachen Gaslieferverträge der *E.ON Ruhrgas AG*.[578]) Mit dieser wurde ausgesprochen, dass Gaslieferverträge überregionaler Gasunternehmen mit regionalen und örtlichen Versorgern nur dann mit Art 101 AEUV[579]) in Einklang stehen, wenn sie im Fall einer Deckung von über 50% bis einschließlich 80% des tatsächlichen Vertriebsbedarfs des Abnehmers eine Laufzeit von maximal vier Jahren nicht überschreiten; bei noch höherer Bedarfsdeckung darf die Laufzeit maximal zwei Jahre betragen. Zahlreiche Unternehmen haben seither entsprechende Verpflichtungszusagen abgegeben und ihre Verträge an die Vorgaben dieser Entscheidung angepasst, um Verfahren wegen Kartellrechtsverletzung zu vermeiden.[580])

460   Es ist deshalb wesentlich, dass im Rahmen der Kartellrechts-Compliance die einschlägigen Entscheidungen, auch wenn sie nicht unmittelbar das eigene Unternehmen, sondern nur die Branche betreffen, ermittelt und berücksichtigt werden.

(5) Branchenverfassung

461   Mit „Branchenverfassung" ist hier weniger gemeint, ob es einer Branche wirtschaftlich gut oder schlecht geht – wobei „schwierige Zeiten" zumindest in der Vergan-

---

[573]) Diese Entscheidungsformen sind in den §§ 12, 26, 28 und 29 KartG 2005 geregelt.

[574]) Vgl § 27 KartG 2005.

[575]) Vgl jüngst zum Verhältnis von Kartellrecht und § 1 UWG OGH 14. 7. 2009, 4 Ob 60/09 s *(Anwaltssoftware)*.

[576]) Vgl zB *Ginner,* Erstes österreichisches Urteil zum Private Enforcement – Fahrschulkartell Graz, ÖZK 2008/3, 110.

[577]) Siehe zB VKS 28. 2. 2008, VKS-9174/07 und VKS-9175/07 *(Rahmenvertrag Installateure);* VwGH 7. 9. 2004, 2003/05/0094 *(TIRAG)*.

[578]) OLG Düsseldorf 4. 10. 2007, VI-2 Kart 1/06.

[579]) Vormals Art 81 EG-Vertrag.

[580]) Vgl zB BKartA 7. 8. 2007, B8 – 113/03 – 05 *(Erdgas-Verkaufs-Gesellschaft)*.

genheit immer wieder zu Kartellbildungen geführt haben, sondern, in welchem Ausmaß einerseits spezifische wettbewerbliche Marktregeln und andererseits Fachverbände udgl bestehen.

Spezifische wettbewerbliche Marktregeln sind va die zunehmend in zahlreichen **462** Bereichen vorhandenen regulierungsrechtlichen Bestimmungen. Diese dienen in der Regel der Liberalisierung vormals von Monopolstrukturen geprägter Märkte. Zu nennen ist etwa die bestehende Strom-, Gas- und Telekomregulierung.[581]

Die Besonderheit derartiger Regeln besteht darin, dass sie ähnlich dem Kartell-**463** recht den Wettbewerb als Schutzobjekt haben. Es kann an dieser Stelle nicht im Einzelnen auf das nicht unumstrittene Verhältnis von Kartellrecht und Regulierung eingegangen werden, es ist jedoch für die Zwecke der Kartellrechts-Compliance Folgendes festzuhalten:

- Regulierungsrechtliche Entscheidungen können Sachverhalte betreffen, die auch kartellrechtlich relevant sind. Insofern können hinsichtlich ein und desselben Sachverhalts zwei Entscheidungen (iwS) ergehen – eine der zuständigen Regulierungsbehörde und eine in einem kartellgerichtlichen Verfahren. Für die Kartellrechts-Compliance ist zu beachten, dass die kartellgerichtliche Entscheidung durchaus von der regulierungsrechtlichen abweichen kann.[582] Auch wenn daher zB regulierungsrechtlich ein bestimmter Tarif genehmigt ist, kann dieser kartellrechtlich verboten sein.[583] Die Kartellrechts-Compliance darf daher im gewählten Beispiel nicht bei der Feststellung stehen bleiben, dass ohnedies ein regulierungsrechtlich genehmigter Tarif vorliegt, sondern muss weiterfragen, ob dieser auch kartellrechtlichen Anforderungen gerecht wird.
- Gleichsam umgekehrt kann es sein, dass strenge regulierungsrechtliche Maßstäbe in das allgemeine Wettbewerbsrecht „herüberschwappen", dh regulierungsrechtliche Maßstäbe die vergleichsweise unbestimmten allgemeinen kartellrechtlichen Verbotsnormen konkretisieren.[584]

Dementsprechend ist es wichtig, auch das allfällige Bestehen derartiger Regeln im Rahmen der Kartellrechts-Compliance zu berücksichtigen.

Im Rahmen der Analyse der Branchenverfassung sollte auch festgestellt werden, **464** inwieweit die Branche „organisiert" ist, dh in welchem Ausmaß Fachverbände udgl be-

---

[581] Vgl ElWOG, GWG und TKG 2003.

[582] Vgl KOG 19. 1. 2009, 16 Ok 13/08 (*KombiPaket*).

[583] Vgl KOG 11. 10. 2004, 16 Ok 11/04 (*Minimumtarif*).

[584] Derartiges scheint sich zB in der Telekom-Branche abzuzeichnen, wo das regulierungsrechtliche Institut des Margin Squeeze (Kosten-Preis-Schere) zunehmend im Rahmen des allgemeinen Kartellrechts diskutiert wird – vgl auf europäischer Ebene etwa EuG 10. 4. 2008, T-271/03 *Deutsche Telekom*. In Österreich stand die Rsp mit *Reidlinger/Hartung*, Das österreichische Kartellrecht[2] (2008) 131, formuliert Margin Squeeze „*bisher skeptisch gegenüber*" – es bleibt abzuwarten, welche Entwicklung die Rsp nimmt (vgl zuletzt KOG 19. 1. 2009, 16 Ok 13/08). In den USA hat der Supreme Court jüngst Margin Squeeze im Rahmen des allgemeinen Kartellrechts eine eindeutige Absage erteilt: (US Supreme Court 9. 2. 2009, *Pacific Bell Telephone Company, dba AT&T California, et al., petitioners v. linkLine communications, inc., et al.*).

stehen. Derartige Gremien sind nicht per se kartellrechtlich problematisch. In der Praxis kommt es jedoch immer wieder gerade in oder iZm Fachverbandstreffen zu Absprachen.

465 Dementsprechend hat der Befund, in welchem Ausmaß eine Branche von Fachverbänden iwS geprägt ist, für die Kartellrechts-Compliance nicht unwesentliche Bedeutung. Je stärker eine derartige Prägung vorhanden ist, desto intensiver muss die Kartellrechts-Compliance auch darauf ausgerichtet sein.

466 Insb folgende Umstände können im Rahmen der Risikoanalyse Auskunft darüber geben, wie potenziell kartellrechtsträchtig die Branchenorganisation ist:

- Anzahl und Gegenstand der Gremien: Je dichter das Netz derartiger Gremien, va wenn zusätzlich zu den in (fast) jeder Branche existierenden Institutionen (zB Wirtschaftskammer), Foren bestehen, desto genauer muss sich die Kartellrechts-Compliance mit der Branchenorganisation auseinandersetzen. „Marktlastige" Gegenstände sind besonders zu hinterfragen – während es etwa zulässig sein kann, Sicherheitsstandards zu diskutieren, ist es kartellrechtlich problematischer gemeinsames Marketing zu besprechen.
- „Förmlichkeit" der Treffen: Gibt es klar definierte Agenden und Themen, werden Protokolle geführt etc? Zwar bedeutet das Nicht-Vorhandensein von Protokollen, eindeutigen Tagesordnungen (mit zulässigen Themen) etc nicht automatisch, dass eine kartellrechtlich relevante Zusammenkunft vorliegt. Für die Risikoanalyse bedeutet dies jedoch, dass derartigen Treffen, va wenn sie zwischen Wettbewerbern stattfinden, besonderes Augenmerk zu widmen ist. Zumindest kann Erklärungsbedarf bestehen, wenn zB eine Branchenuntersuchung auf ein derartiges Treffen stößt.
- Häufigkeit der Treffen: Wiederum gilt, dass auch häufige Treffen zwischen Wettbewerbern nicht automatisch das Vorliegen eines kartellrechtlich relevanten Verhaltens bedeuten. Ein gewisses Verdachtsmoment stellen besonders häufige Treffen, va wenn sie über einen längeren Zeitraum stattfinden, dar, und daher sollten bei Feststellung besonderer Häufigkeit im Rahmen der Risikoanalyse deren Gründe genauer hinterfragt werden.
- Anzahl und Gegenstand von Verbandsnormen: Verbandsnormen iwS sind eine in der Praxis übliche Erscheinung. Wie erwähnt sind derartige Normen aber nicht von vornherein kartellrechts-immun. Im Gegenteil, die Wettbewerbsbehörden haben sich in jüngerer Vergangenheit intensiv mit diesem Thema befasst. Insb wenn es direkt oder indirekt zu Preis- oder Konditionenfestlegungen kommen könnte, besteht ein Risiko, dass die Verbandsnorm kartellrechtlich unzulässig ist.

c) Beschaffungs-, Absatz- und sonstige Märkte

467 Je nachdem ob das eigene Unternehmen auf einem Markt als Nachfrager oder Anbieter auftritt, kann dieser als Beschaffungs- bzw Absatzmarkt bezeichnet werden.

468 Diese Unterscheidung ist im Rahmen der Risikoanalyse insofern von Bedeutung, als va das Verhalten auf Absatzmärkten besonders kritisch im Lichte des Kartellrechts zu hinterfragen ist. Während etwa Kundenaufteilungen und Abstimmen über den Verkaufspreis (also Verhaltensweisen auf Absatzmärkten) typische Beispiele sogenannter Kernbeschränkungen darstellen, sind zB Einkaufskooperationen als Vereinbarungen hinsichtlich Beschaffungsmärkten vergleichsweise weitgehend zulässig. Dementsprechend ist auch bei Kartellrechts-Schulungen besonderes Augenmerk auf den Vertrieb in Absatzmärkten des eigenen Unternehmens zu legen.

Daneben gibt es oft Aktivitäten eines Unternehmens, die sich nicht einem Be- **469** schaffungs- oder Absatzmarkt zuordnen lassen. Man kann hier von einem „sonstigen Markt" sprechen. Zu denken ist etwa an die Bereiche Forschung und Entwicklung, Rohstoffaufsuchung udgl. Auch in diesen Bereichen sind in der Praxis Kooperationen zwischen (potenziellen) Wettbewerbern keine Seltenheit und nicht von vornherein kartellrechtsneutral. Es gibt jedoch viele Möglichkeiten kartellrechtlich zulässiger Zusammenarbeit, sofern, nachdem die entsprechenden Risiken identifiziert wurden, gewisse Rahmenbedingungen eingehalten werden.[585]

5. Marktbedingungen

a) Begriffsverständnis

Eng mit der Art des Marktes verbunden und nicht scharf von ihr zu trennen sind **470** die Marktbedingungen. Auch dieser Terminus ist nicht allgemein gebräuchlich. Unter Marktbedingungen wird hier insb verstanden, inwieweit

- andere Marktteilnehmer vorhanden sind,
- potenzieller Wettbewerb besteht,
- die Marktgegenseite strukturiert ist,
- der Markt transparent ist.

All diese Faktoren spielen bei der Risikoanalyse ebenfalls eine wesentliche Rolle.

b) Andere Marktteilnehmer

Sind neben dem eigenen Unternehmen nur wenige Anbieter bzw Nachfrager am **471** Markt tätig, ist die Wahrscheinlichkeit von Absprachen oder abgestimmten Verhaltensweisen deutlich höher (es ist einfacher, wenige Marktteilnehmer zu koordinieren).

Zudem ist es wahrscheinlicher, dass Marktmacht vorliegt und deshalb auch die **472** Anforderungen der zweiten Säule (Marktmachtmissbrauchsverbot)[586] im Rahmen der Kartellrechts-Compliance zu beachten sind.

Gerade für die Frage der Erfüllung von (kollektiven) Marktmachtvermutungs- **473** schwellen[587] ist es auch nicht unwesentlich nach Möglichkeit festzustellen, welcher Marktanteil den anderen Marktteilnehmern jeweils zukommt.[588]

---

[585]) Siehe etwa zur kartellrechtlichen Beurteilung von Vereinbarungen über gemeinsame Forschung und Entwicklung hLL, Rz 39 ff.
[586]) Siehe dazu Rz 352 ff.
[587]) Siehe dazu ebenfalls Rz 352 ff.
[588]) Siehe zur Feststellung von Marktanteilen Rz 483 ff.

c) Potenzieller Wettbewerb

474   Potenzieller Wettbewerb ist typischerweise umso eher vorhanden und stärker ausgeprägt, je geringer die Marktzutrittsschranken zu einem Markt sind. Potenzieller Wettbewerb und Marktzutrittsschranken werden deshalb hier gemeinsam behandelt. Typische Marktzutrittsschranken sind wichtige, besondere oder ausschließliche Rechte, hohe – bei den etablierten Wettbewerbern (Incumbents) zudem oftmals bereits „versunkene" (sunken costs) – Investititionskosten, erforderliche aufwändige Forschungs- oder Entwicklungsvorbereitungen etc.[589]) Hat der Prüfschritt „Art des Marktes"[590]) ergeben, dass ein Markt reguliert ist, kann es sein, dass die Marktzutrittsschranken zwar ohne diese Regulierung hoch wären, dank der Regulierung aber der Marktzutritt geregelt ist. ZB müssen Unternehmen mit beträchtlicher Marktmacht in der Telekom-Branche sogenannte Standardangebote hinsichtlich für Wettbewerber sonst nicht oder schwer verfügbarer (Vor-)Leistungen legen.[591])

475   Ein starker potenzieller Wettbewerb kann auch bei wenigen (aktuellen) Marktteilnehmern Absprachen oder abgestimmte Verhaltensweisen „unrentabel" und damit unwahrscheinlich machen. Tragen sich zB die vier bestehenden Marktteilnehmer mit dem Gedanken, eine Preisabsprache zu treffen, wird wahrscheinlich der Umstand, dass ein potenzieller Wettbewerber sofort in den Markt einsteigt, wenn ein gewisses Preisniveau überschritten oder gehalten wird, eher dazu führen, dass es letztlich zu keiner Preisabsprache zwischen den bestehenden Marktteilnehmern kommt.

476   Starker potenzieller Wettbewerb ist weiters ein Faktor, der dazu führen kann, dass selbst bei sehr hohen Marktanteilen keine Marktbeherrschung vorliegt, weil sich auch die wenigen marktstarken Unternehmen nicht unabhängig verhalten können, sondern ihr Marktverhalten durch den potenziellen Wettbewerb „diszipliniert" wird. So kann es etwa sein, dass auch ein sehr starker Anbieter deshalb keinen Preis über Wettbewerbsniveau („Monopolrente") verlangt, weil ansonsten unmittelbar potenzielle Wettbewerber in den Markt eintreten würden. Die Feststellung von starkem potenziellen Wettbewerb im Rahmen der Risikoanalyse kann daher – oft iVm weiteren Faktoren – dazu führen, dass nicht vom Vorliegen einer marktbeherrschenden Stellung ausgegangen werden muss und dementsprechend die strengen Anforderungen der zweiten Säule (Marktmachtmissbrauchsverbot)[592]) nicht auch in die Kartellrechts-Compliance aufgenommen werden müssen.

d) Marktgegenseite

477   Der „Aufbau" der Marktgegenseite, dh bei einem Absatzmarkt die Kunden und bei einem Beschaffungsmarkt die Lieferanten, kann (indirekt) Auskunft über die Marktaufstellung des eigenen Unternehmens[593]) und nicht zuletzt auch die Marktmacht des eigenen Unternehmens geben:

---

[589]) Vgl zB *Hoffer,* Kartellgesetz (2007) 92 f.
[590]) Siehe dazu Rz 442 ff.
[591]) Vgl zB den telekommunikationsrechtlichen Regulierungs-Bescheid TKK 28. 2. 2006, M 1/05 – 59.
[592]) Siehe dazu Rz 481 ff.
[593]) Siehe dazu auch Rz 481 ff.

Ist die Marktgegenseite sehr „zersplittert", wie es typischerweise bei Endkunden- **478** Märkten der Fall ist, so kommt dieser in aller Regel keine nennenswerte Nachfragemacht (buyer power) zu. Dementsprechend kann eine Marktmacht des Anbieters ganz anders „durchschlagen" als wenn etwa nur einige wenige Nachfrager vorhanden sind, so dass auch ein Anbieter mit einem großen Marktanteil letztlich auf diese Nachfrager angewiesen ist.

Eine wenig konzentrierte Marktgegenseite erfordert jedenfalls absatzseitig in der **479** Regel eine große Vertriebsstruktur. Auch diese Feststellung – wobei oft von vornherein klar sein wird wie groß die Vertriebsstruktur des eigenen Unternehmens ist – kann für die Ausrichtung der Kartellrechts-Compliance wesentlich sein: Eine entsprechende Rolle sollte etwa der Schulung von Mitarbeitern im Vertriebskartellrecht zukommen.

e) Markttransparenz

Je transparenter ein Markt, dh je einfacher sich angebotene Preise und Leistungen **480** sowie die Nachfrage danach feststellen lassen, desto leichter ist kollusives Verhalten möglich.[594] Wird im Rahmen der Risikoanalyse eine hohe Transparenz festgestellt, bedeutet dies für die Kartellrechts-Compliance, dass auf den betreffenden Markt besonderes Augenmerk zu legen ist.

6. Aufstellung des eigenen Unternehmens

a) Begriffsverständnis

Auch die „Aufstellung des eigenen Unternehmens" ist kein allgemein gebräuchli **481** cher Terminus. Gemeint ist hier va

- Marktanteil,
- generelle Größe (va Umsatz, Mitarbeiterzahl, Anzahl der Abteilungen und Standorte),
- Marktaufstellung (va Vertriebsstruktur und Lieferantenbeziehungen),
- unmittelbare Wettbewerber,
- Mitgliedschaften und
- „Vor-Verurteilungen"

des eigenen Unternehmens.

Da es keine allgemein gültigen Compliance-Programme gibt, sondern sie auf das **482** jeweilige Unternehmen zugeschnitten sein müssen, um die erwünschte Wirkung (Vermeidung von Rechtsverstößen und damit Reduzierung des Risikos Sanktionen iwS tragen zu müssen) zu erzielen, kommt der Aufstellung des eigenen Unternehmens bei der Risikoanalyse iZm Kartellrechts-Compliance naturgemäß besondere Bedeutung zu.

---

[594] Dies wird „verschärft", wenn die Transparenz durch einen Informationsaustausch erhöht wird – vgl zB *Paschke* in *Hirsch/Montag/Säcker,* Münchener Kommentar zum Europäischen und Deutschen Wettbewerbsrecht (Kartellrecht) I (2007) Art 81 EG Rz 67.

b) Marktanteil

483 Der Marktanteil eines Unternehmens ist im Kartellrecht in vielerlei Hinsicht relevant: Werden gewisse Schwellen nicht überschritten, kann ein ansonsten unzulässiges Verhalten eine nicht verbotene de-minimis-Beschränkung darstellen und umgekehrt.[595]) Die im Vertriebskartellrecht zentrale vGVO, findet nur Anwendung, wenn der Marktanteil der Betroffenen 30% nicht überschreitet etc. Nicht zuletzt gibt der Marktanteil auch Auskunft darüber, ob Marktmachtvermutungsschwellen überschritten sind.[596])

484 Dementsprechend zentral ist die Feststellung des Marktanteils des eigenen Unternehmens im Rahmen der Risikoanalyse.

485 Die Feststellung des Marktanteils – bzw der Marktanteile, da das eigene Unternehmen regelmäßig auf mehr als nur einem Markt iSd Kartellrechts tätig sein wird – setzt voraus, dass eine Marktabgrenzung erfolgt ist.[597]) Zudem muss eingeschätzt werden, wie groß das Marktvolumen insgesamt ist.[598])

486 Abgesehen von eigener Marktkenntnis, können zB ggf vorhandene Studien[599]) oder auch einschlägige Kartellentscheidungen hilfreiche Anhaltspunkte bei dieser Beurteilung liefern. Die „Gegenprobe" und zudem zweckmäßiger Prüfungsschritt im Rahmen der Risikoanalyse ist eine Einschätzung der Marktanteile der (wichtigsten) Wettbewerber.

c) Unternehmensgröße

(1) Umsatz

487 Der Umsatz auf den einzelnen Märkten ist im Rahmen der Feststellung der Marktanteile des eigenen Unternehmens wesentlich.[600])

488 Aber auch der Gesamtumsatz – wobei die Maßgeblichkeit der Konzern-Betrachtung[601]) in Erinnerung zu rufen ist – sollte im Rahmen der Risikoanalyse festgestellt werden, spielt er doch bei der Berechnung eines allfälligen Bußgelds eine wesentliche Rolle: Je größer der Umsatz, desto wahrscheinlicher führen bereits geringe Verstöße zu vergleichsweise hohen Geldbußen.[602])

489 Was die Feststellung des Umsatzes anbelangt, so ist für das österreichische Kartellrecht auf die Besonderheit hinzuweisen, dass nicht nur der (Außen-)Umsatz von über Kontrolle verbundenen Unternehmen beim eigenen Unternehmen zu berücksichtigen ist, sondern grundsätzlich auch der Umsatz von Unternehmen an denen ein Kon-

---

[595]) Siehe dazu Rz 337 ff.
[596]) Siehe dazu Rz 352 ff.
[597]) Siehe dazu Rz 431 ff.
[598]) Der eigene Absatz (auf Absatzmärkten bzw die eigene Nachfrage auf Beschaffungsmärkten) im Verhältnis zum Gesamtmarktvolumen ergibt sodann den eigenen Marktanteil. Insb in der Fusionskontrolle ist es üblich, sowohl auf den Marktanteil „in Geld" (zB mit verkauften Autos erzielter Umsatz) als auch „in Einheiten" (zB Anzahl der verkauften Autos) abzustellen. Für die Zwecke der Risikoanalyse wird es in der Regel genügen, die in der Branche übliche Herangehensweise zu wählen.
[599]) ZB AC Nielsen-Studien – vgl http://at.nielsen.com/site/index.shtml.
[600]) Siehe auch Rz 483 ff.
[601]) Siehe dazu Rz 427 ff.
[602]) Siehe dazu Rz 386 ff.

zern-Unternehmen (nicht kontrollierend) zu 25% oder mehr beteiligt ist bzw das an einem Konzern-Unternehmen eine solche Beteiligung hält.[603])

(2) Mitarbeiterzahl

Wie viele Mitarbeiter das eigene Unternehmen hat, wird auch ohne kartellrechtli-**490** che Risikoanalyse bekannt sein. Die Mitarbeiteranzahl ist für die Gestaltung der Kartellrechts-Compliance insofern wichtig, als sie etwa mitbestimmt wie viele Leitfäden odgl vorzusehen sind; Schulungsmaßnahmen werden bei vielen Mitarbeitern auf mehrere Tage zu verteilen sein etc.

(3) Abteilungen und Standorte

Über je mehr Abteilungen ein Unternehmen verfügt, insb wenn diese über ver-**491** schiedene Standorte verteilt sind, desto mehr Bedarf an in Kartellrechts-Compliance geschulten Mitarbeitern hat es. So sollte zB an jedem Standort und idealerweise in jeder Abteilung zumindest ein Mitarbeiter wissen, welche koordinierenden Maßnahmen zu setzen sind, wenn das eigene Unternehmen Gegenstand einer kartellrechtlichen Hausdurchsuchung[604]) wird. Da der betreffende Mitarbeiter im „Ernstfall" zB krank oder auf Urlaub sein kann, ist es zweckmäßig, dass zumindest ein weiterer Mitarbeiter entsprechend geschult ist.

Zudem ist zu berücksichtigen, dass gerade im Hinblick auf Hausdurchsuchungen **492** die Zuziehung eines externen, auf Kartellrecht spezialisierten Anwalts zweckmäßig ist.[605]) Gibt es mehr als nur den Standort, der sich ohnedies in der Nähe des eigenen Anwalts befindet, ist zu überlegen, auch im Hinblick auf die weiteren Standorte vorbeugend Kartellrechtsspezialisten ausfindig zu machen, die im Bedarfsfall kurzfristig vor Ort sein können.

Die Feststellung, über wie viele Abteilungen und Standorte das eigene Unter-**493** nehmen verfügt, wird sich schnell treffen lassen. Im Rahmen der Risikoanalyse ist es entscheidend, daraus die skizzierten Schlüsse für die Kartellrechts-Compliance zu ziehen.

d) Marktaufstellung

Die Marktaufstellung gibt Auskunft darüber, wie die Kunden- und Lieferantenbe-**494** ziehungen ausgestaltet sind.

Abgesehen von der Feststellung wie der Einkauf und der Vertrieb organisatorisch **495** aufgestellt sind (viele Vertriebsmitarbeiter, Einkäufer etc) ist va zu untersuchen,

- inwieweit langfristige und/oder

---

[603]) Lediglich auf der „zweiten Stufe" findet eine „Kappung" statt; dh zB wenn das eigene Unternehmen an einem anderen Unternehmen mit 25% beteiligt ist und dieses wiederum mit nur 25% an einem weiteren Unternehmen beteiligt ist, so wird der Umsatz dieses weiteren Unternehmens nicht dem eigenen Unternehmen zugerechnet – vgl *Wessely*, Das Recht der Fusionskontrolle und Medienfusionskontrolle (1995) 110 ff.

[604]) Siehe dazu Rz 410 f.

[605]) Siehe zu dieser Thematik im Einzelnen Rz 410 ff.

- exklusive Verträge bestehen und welches Ausmaß an Bedarf einzelner Kunden diese decken;
- ob Gebiets-/Kundenschutzklauseln vereinbart sind;
- ob Einkaufskooperationen mit anderen (unabhängigen) Unternehmen und/oder sogar;
- Hinweise darauf bestehen, dass im Absatz auf Wettbewerber „Rücksicht" genommen wird.

496 Langfristige Verträge, va wenn sie einen großen Teil des Bedarfs des Kunden decken, sind kartellrechtlich nicht unproblematisch[606] und deshalb genau zu hinterfragen. Dies gilt umso mehr für exklusive Verträge oder solche mit Gebiets- und/oder Kundenschutzklauseln. Auf Einkaufskooperationen, insb mit Wettbewerbern, ist ebenfalls im Rahmen der Risikoanalyse ein Augenmerk zu legen.[607]

497 Ganz besonders zu berücksichtigen und ggf weiter zu verfolgen sind freilich Hinweise, dass auf Absatzmärkten Vereinbarungen iwS mit Wettbewerbern bestehen, die den Wettbewerb beschränken könnten.[608] Erhärten sich die Hinweise kann ua ein Leniency-Antrag zu erwägen sein.[609]

e) Unmittelbare Wettbewerber

498 Schon im Rahmen des Prüfschritts „Marktbedingungen" ist zu hinterfragen, wie viele Marktteilnehmer es neben dem eigenen Unternehmen gibt.[610] Hier steht weniger die Anzahl als die Qualifikation einzelner Unternehmen als unmittelbare oder besonders enge Wettbewerber des eigenen Unternehmens im Vordergrund:

499 Naturgemäß wird Wettbewerb leichter beschränkt, wenn Wettbewerber „gemeinsame Sache machen" als wenn Unternehmen auf verschiedenen Marktstufen oder in gänzlich unterschiedlichen Bereichen zusammenarbeiten. Eine Beschränkung des Wettbewerbs ist dabei umso wahrscheinlicher, je direkter zwei Unternehmen (ohne das fragliche Verhalten) im Wettbewerb stehen.

500 Dementsprechend ist es wesentlich, dass im Rahmen der Risikoanalyse eine Qualifikation der übrigen Marktteilnehmer dahingehend vorgenommen wird, inwieweit es sich um nahe Wettbewerber handelt. Verhalten und Zusammenkünfte von Mitarbeitern des eigenen Unternehmens mit Wettbewerbern – umso mehr mit den „Hauptkonkurrenten" – ist im Rahmen der Kartellrechts-Compliance besonderes Augenmerk zu schenken.

f) Mitgliedschaften

501 Dieser (Unter-)Prüfschritt knüpft an die Feststellung der Branchenorganisation[611] an.

---

[606] Vgl zB *Möschel* in *Immenga/Mestmäcker* (Hrsg), Wettbewerbsrecht I⁴ (2007) Art 82 EGV Rz 182.

[607] Siehe dazu bereits Rz 467 ff.

[608] Siehe dazu Rz 337 ff.

[609] Siehe dazu Rz 410.

[610] Siehe dazu Rz 470 ff.

[611] Siehe dazu Rz 442 ff.

Während schon eine allgemeine Prägung der Branche durch Fachverbände udgl **502** in der Kartellrechts-Compliance Niederschlag finden muss, gilt dies umso mehr, je stärker das eigene Unternehmen in derartigen Organisationen engagiert ist. Im Rahmen der Risikoanalyse ist daher festzustellen, in welchen Gremien der Branchenorganisation das eigene Unternehmen Mitglied ist und in welcher Form und durch wen es an diesen teilnimmt.

Da die betreffenden Mitarbeiter typischerweise in Fachverbänden udgl auf Wett- **503** bewerber treffen und mit diesen Themen erörtern, ist es im Rahmen der Kartellrechts-Compliance zweckmäßig, solche Mitarbeiter entsprechend über kartellrechtlich korrektes Verhalten zu schulen. Um diese Schulungen wiederum zielgerichtet gestalten zu können und generell einen Überblick über den Ablauf der Gremien zu erlangen, kann es sinnvoll sein, Protokolle udgl zu sichten und ggf Interviews mit aktuellen sowie früheren Teilnehmern zu führen.

g) Vor-Verurteilungen

Dieser (Unter-)Prüfschritt ist eng mit der Feststellung von den für die Branche re- **504** levanten Vor-Entscheidungen verknüpft.[612]

Während schon die Branche betreffende Kartellentscheidungen maßgeblich den **505** Rahmen des kartellrechtlich (Un-)Zulässigen abstecken können, gilt dies naturgemäß umso mehr für Entscheidungen, die unmittelbar das eigene Unternehmen betreffen.

Vor-Verurteilungen führen zudem dazu, dass im Falle eines weiteren Verstoßes **506** mit einem noch höheren Bußgeld zu rechnen ist.[613]

D. Maßnahmen der Kartellrechts-Compliance

1. Allgemeines

Compliance-Maßnahmen im Bereich Kartellrecht können und sollen in die allge- **507** meine Compliance-Organisation des Unternehmens eingebunden werden. Allerdings sind einige zusätzliche Vorkehrungen zu treffen, wie etwa Verhaltensrichtlinien für den Umgang mit Wettbewerbern, Lieferanten und Abnehmern, Vorbereitung des Unternehmens auf eine mögliche Hausdurchsuchung, Richtlinien für den Umgang mit dem Anwaltsprivileg, das zumindest im europäischen Kartellrecht zum Tragen kommt und Vorteile bietet, die nur bei richtiger Anwendung genutzt werden können. Andere wichtige Maßnahmen, die aufgrund kartellrechtsspezifischer Rahmenbedingungen notwendig werden, sind etwa Vorkehrungen im Hinblick auf Kronzeugenprogramme. Diese und andere Maßnahmen werden im Folgenden näher erläutert.

2. Erweiterter Personenkreis

Während sich allgemeine Compliance-Programme im Wesentlichen auf Mitarbei- **508** ter, Angestellte und Führungskräfte beziehen, ist aus kartellrechtlicher Sicht uU ein größerer Personenkreis zu berücksichtigen. Dies hängt mit der (strittigen) Rechtsansicht der Europäischen Kommission zusammen, wonach Unternehmen Kartellrechts-

---

[612] Siehe dazu Rz 442 ff.
[613] Siehe dazu Rz 386 ff.

verstöße auch dann zugerechnet werden sollen, wenn diese nicht durch die eigenen Angestellten sondern beispielsweise durch Handelsvertreter oder andere Absatzmittler erfolgen, die als „verlängerter Arm" des Unternehmens zu betrachten sind und nicht als selbständige Marktteilnehmer.[614]) Bedient sich ein Unternehmen solcher Absatzmittler, sind diese in das Compliance-Programm soweit als möglich einzubeziehen. Da in einem solchen Fall idR kein Arbeitsverhältnis vorliegt, ist es darüber hinaus empfehlenswert, entsprechende Verpflichtungen auch vertraglich festzuschreiben.

509 In bestimmten Fällen kann es darüber hinaus notwendig sein, auch Unternehmen und deren Mitarbeiter miteinzubeziehen, die zwar nicht aufgrund eines Kontrollverhältnisses dem selben Konzern zuzurechnen sind, die aber aus tatsächlichen Gründen zur selben Einflusssphäre gehören. Zu denken ist hier etwa an genossenschaftlich organisierte Unternehmensgruppen, die unter bestimmten Voraussetzungen aus kartellrechtlicher Sicht als Einheit betrachtet werden was etwa durch Hinzurechnung zu erhöhten Bußgeldern führen kann.[615])

3. Zusätzliche organisatorische Maßnahmen

510 Zusätzlich zu den allgemeinen Maßnahmen der Compliance-Organisation sollten im Hinblick auf ein effektives Compliance-Programm im Bereich Kartellrecht noch weitere organisatorische Maßnahmen getroffen werden. So ist etwa zu entscheiden, ob ein eigener Kartellrechtsbeauftragter eingesetzt werden muss. Zudem empfiehlt sich, eine zentrale Erfassungsstelle für Dokumentation und Koordinierung sämtlicher Kommunikation mit den Wettbewerbsbehörden, ebenso wie ein internes Notifizierungssystem für heikle Verträge oder wettbewerblich sensible Maßnahmen und Projekte einzuführen. Darüber hinaus ist es im Hinblick auf Vorkehrungen für den Fall einer Hausdurchsuchung unabdingbar, dass mittels Vorkehrungen (insb „Kartellrechtshotline" und Checklisten) aus organisatorischer Sicht sichergestellt ist, dass das Unternehmen alle ihm zustehenden Verteidigungsrechte in vollem Umfang wahrnehmen kann.

a) Bestellung eines eigenen Kartellrechts-Beauftragten

511 Aufgrund des Umfangs der Aufgaben, die im Idealfall beim Kartellrechts-Beauftragten konzentriert werden sollten, muss überlegt werden, ob für Kartellrecht ein eigener Compliance-Beauftragter eingerichtet wird. So empfiehlt es sich, die verschiedenen unten dargestellten zusätzlichen Maßnahmen (zentrale Stelle für die Dokumentation und Koordinierung der Kommunikation mit Behörden, Ansprechpartner im Falle einer Hausdurchsuchung, Notifizierungsstelle für heikle Vorhaben) bei ein und derselben Person zu konzentrieren. Zu beachten ist auch, dass bei mehreren Standorten jeweils ein geschulter Mitarbeiter als Ansprechpartner im Falle von Hausdurchsuchungen zur Verfügung stehen sollte.[616])

---

[614]) *Feddersen* in *Dalheimer/Feddersen/Miersch (Hrsg)* (2005), EU-Kartellverfahrensverordnung, Art 23 VO 1/2003, Rz 55; *Nolte* in *Langen/Bunte*, Kommentar zum deutschen und europäischen Kartellrecht[10], Band 2, Art 81 Fallgruppen, Rn 826 ff.

[615]) EuGH 24. 9. 2009, verb Rs C-125/07 P, C-133/07 P, C-135/07 P und C-137/07 P, *Österreichische Banken (Lombardclub)*.

[616]) *Hauschka*, Der Compliance-Beauftragte im Kartellrecht, BB 2004, 1180.

b) Einführung eines (internen) Notifizierungssystems für heikle Verträge

In vielen Unternehmen ist es ohnehin üblich, heikle Verträge und Projekte vor **512** Abschluss an die Rechtsabteilung heranzutragen. Da nach kartellrechtlichen Vorschriften aber auch bloße praktische Maßnahmen (zB Absprachen, wonach jeweils auf Preisänderungen des Wettbewerbers in bestimmter Art und Weise reagiert werden soll, Besprechungen, in denen Informationen ausgetauscht werden, mündliche Abreden etc[617])) als schwerwiegender Verstoß angesehen werden können, ist es notwendig, auch für solche Verhaltensweisen eine Konsultationspflicht mit der Rechtsabteilung oder dem Compliance-Beauftragten einzuführen.

c) Zentrale Erfassung und Koordinierung der Kommunikation mit den Wettbewerbsbehörden

Eine weitere Besonderheit, die sich aus kartellrechtlichen Vorgaben ergibt, ist die **513** Notwendigkeit der Einführung einer zentralen Stelle, die für die Kommunikation mit den Wettbewerbsbehörden (und in regulierten Industrien zusätzlich auch für die Kommunikation mit dem Regulator) zuständig ist.

Dabei geht es nicht etwa nur um die Korrespondenz in bereits gegen das betreffende Unternehmen laufenden Verfahren wegen aktueller Verstöße, sondern vor allem **514** auch um Fusionskontrollprojekte, die in der Regel dazu führen, dass umfassende Daten über das betreffende Unternehmen an die entsprechende Wettbewerbsbehörde gemeldet werden. Einzubeziehen sind auch andere Anfragen im Rahmen von Auskunftsverlangen, beispielsweise in jenen Fällen, in denen das betreffende Unternehmen als ein von einem Zusammenschluss betroffener Wettbewerber, Kunde oder Lieferant befragt wird. Auskunftsverlangen erfolgen auch in Fällen, in denen das Unternehmen als „Zeuge" in Kartell- oder Missbrauchsverfahren geführt wird oder auch in Verfahren, in denen Auskünfte im Rahmen von Branchenuntersuchungen von Seiten der Behörden angefordert werden.

Wesentlich ist in diesem Zusammenhang, eine einheitliche Strategie zu entwickeln **515** und insb auch leichten Zugriff auf bereits an die Behörde übermitteltes Material zu gewährleisten. Irreführende Angaben oder gar falsche Angaben (beide sind bußgeldbewehrt) können in der Regel so leichter vermieden und strategische Ziele besser umgesetzt werden.

Dies gilt im Übrigen nicht nur für die Kommunikation mit ein und derselben Behörde, da damit gerechnet werden muss, dass aufgrund der Zusammenarbeit im Netz **516** der europäischen Wettbewerbsbehörden Informationen auch zwischen den nationalen Behörden und/oder der Europäischen Kommission ausgetauscht werden.

d) Einführung einer Kartellrechts-Hotline

Kartellrechts-Hotlines können als bloße **517**

- Hotline für den Fall einer Hausdurchsuchung
  dienen und so die rasche Verständigung der Zuständigen (idR Geschäftsführung,

---

[617]) Siehe dazu auch Rz 336 ff.

leitende Angestellte, Kartellrechtsbeauftragter und externe Anwälte) sicherstellen; sie kann aber auch zusätzlich als

- *Whistleblower*-Hotline
ausgestaltet sein, die es Mitarbeitern – teilweise auch anonym – ermöglicht, Kartellrechtsverstöße zu melden. Im Hinblick auf die *Whistleblower*-Hotline kann auf die allgemeinen Ausführungen unter Rz 142 f verwiesen werden.[618])

e) Vorkehrungen im IT-System

518   Aus kartellrechtlicher Sicht sind im Zusammenhang mit der Organisation des IT-Systems insb Zugangsrechte für wettbewerblich sensible Daten von Bedeutung. Zum einen sollte schon aus allgemeinen geschäftspolitischen Erwägungen sichergestellt sein, dass nur Befugten Zugang zu solchen Daten eingeräumt wird und so von vornherein der Kreis der Personen, die über entsprechende Kenntnisse verfügen, eingeschränkt wird. Wichtig ist allerdings auch, dass beispielsweise im Falle einer internen Ermittlung[619]) nachvollzogen werden kann, welche Personen tatsächlich Zugriff auf solche Daten haben und hatten und somit vorrangig bei einer internen Ermittlung zu befragen sind. Weitere technische Vorkehrungen sind im Hinblick auf Hausdurchsuchungen relevant.[620])

4. Herausgabe spezifischer Verhaltensrichtlinien

a) Regeln für Treffen mit Wettbewerbern

519   Der Erstellung von klaren Regeln für Treffen mit Wettbewerbern kommt eine besondere Bedeutung zu, da ein Großteil der als Kartellverstöße geahndeten Verhaltensweisen seinen Anfang in ursprünglich harmlosen Treffen im Rahmen von gemeinsamen Projekten oder auch Verbandstreffen oder Kontakten im Zuge von Branchenorganisationen gefunden hat. Jene Mitarbeiter, die an solchen Treffen teilnehmen, müssen daher eine klare Vorstellung davon haben, welche Inhalte bei einem solchen Zusammentreffen überhaupt besprochen werden können. Absolute Tabus sind hier Angaben und Gespräche über:

- Ein- und Verkaufspreise,
- andere Ein- und Verkaufskonditionen,
- Absatz- und Einkaufsvolumina,
- Kostenkalkulationen,
- zukünftige Marketingaktionen,
- Informationen, die eine Kunden- oder Marktaufteilung ermöglichen.

Auch schon der bloße Informationsaustausch über diese Themen kann zu Bußgeldern führen.[621]) In diesem Zusammenhang ist das Thema „Statistik" gesondert zu er-

---

[618]) Siehe unten Rz 531 ff.
[619]) Siehe unten Rz 532 ff.
[620]) Siehe unten Rz 542 ff.
[621]) Siehe Pressemeldung des Bundeskartellamts vom 10. 7. 2008; sowie: *Stancke*, Marktinformation, Benchmarking und Statistiken – Neue Anforderungen an Kartellrechts-Compliance, BB 2009, 912.

wähnen. Die gemeinsame Erstellung von Marktdaten ist nur dann unproblematisch, wenn sie von einer neutralen Stelle durchgeführt wird, ausschließlich aggregierte Informationen zurückgemeldet werden, nicht mehr marktrelevante Daten beinhaltet und va keinerlei Rückschlüsse auf einzelne Unternehmen und deren künftige Preissetzung oder andere Marktstrategien zulässt. Unproblematisch sind demgegenüber in der Regel Informationen über technische Erfordernisse, Gesetzesvorhaben, allgemeine Branchenentwicklungen, Qualitätsanforderungen, Normen etc.

Von ganz besonderer Bedeutung ist es, Handlungsanweisungen für den Fall vor- **520** zusehen, dass bei einem Treffen mit Wettbewerbern (sei es in einem offiziellen oder inoffiziellen Rahmen) tatsächlich Kartellabsprachen getroffen oder ein solches Ansinnen an die Mitarbeiter des betroffenen Unternehmens gestellt wird. In dieser Situation ist es wichtig, dass der betreffende Mitarbeiter richtig reagiert und sich klar und für alle erkennbar von einer möglichen Teilnahme an einer Absprache distanziert. Hintergrund dafür ist die strenge Rsp des EuGH, wonach auch bei bloßer Anwesenheit bei einem solchen Treffen regelmäßig die Beteiligung an einem Kartellverstoß angenommen wird.[622] Es ist in jedem Fall anzuraten, dass hier auch eine schriftliche Dokumentation der bereits in der Sitzung erklärten Distanzierung erfolgt und auch das Thema mit Vorgesetzten besprochen und weitergemeldet wird.

Darüber hinaus gilt der Grundsatz „Einmal ist keinmal" (auch) gerade nicht im **521** Kartellrecht. Unter Umständen kann bereits eine einzige Kontaktaufnahme ausreichen, dass ein Verstoß festgestellt und bebußt wird.[623]

b) Richtiger Umgang mit dem Anwaltsprivileg

Unter dem sogenannten Anwaltsprivileg oder englisch *Legal Profession Privilege* **522** ist der Schutz der Kommunikation zwischen Anwalt und seinem Klienten zu verstehen. Diese Kommunikation darf und muss ohne Erlaubnis des Klienten nicht offengelegt werden, sie darf auch weder beschlagnahmt noch im Zuge einer Hausdurchsuchung geprüft oder durchgesehen werden. Sollte bereits ein kursorischer Blick den Inhalt offenbaren, ist nicht einmal dieser erlaubt.[624] Das Anwaltsprivileg kommt neben seinem Hauptanwendungsfall der Hausdurchsuchung[625] auch im Falle von Auskunftsverlangen[626] zur Anwendung. Beim Umgang im Zusammenhang mit dem Anwaltsprivileg sind bestimmte Grenzen zu beachten, außerhalb derer nicht davon Gebrauch gemacht werden kann:

- Das Anwaltsprivileg gilt nur für die Kommunikation mit externen, dh unabhängigen Rechtsanwälten, nicht für Auskünfte durch die unternehmensinterne Rechts-

---

[622] EuGH 7. 1. 2004, verb Rs C-204/00 P, C-205/00 P, C-211/00 P, C-213/00 P, C-217/00 P und C-219/00 P, *Aalborg Portland ua*; Rz 81.

[623] EuGH 4. 6. 2009, Rs C-8/08, *T-Mobile Netherlands ua*, Rz 56.

[624] EuG 18. 9. 2007, T-125/03 und T-253/03 *Akzo Nobel*, Rz 83. Im Streitfall darüber werden die Dokumente in einen Umschlag gegeben und versiegelt. Die Europäische Kommission muss dann eine rechtsmittelfähige Entscheidung über die Herausgabe erlassen. Diese kann vor dem Gericht erster Instanz angefochten werden.

[625] Art 20 und 21 VO 1/2003, ABl 2003/L 01/1.

[626] Art 18 VO 1/2003, ABl 2003/L 01/1.

abteilung (auch dann nicht, wenn etwa der Leiter der Rechtsabteilung über eine Anwaltszulassung – zB in den USA – verfügt).[627])

- Das Anwaltsprivileg gilt in der beschriebenen Form auch nur für Verfahren nach europäischem Recht. Geltung und Reichweite in nationalen Verfahren kann aber – so wie in Österreich[628]) – strittig oder überhaupt ausgeschlossen sein.[629])
- Es ist weiters nur auf schriftliche Kommunikation anwendbar, die entweder
  – erst nach Eröffnung des Verfahrens erstellt wurde, oder
  – davor erfolgt ist, aber in einem klaren Zusammenhang mit dem Verfahren steht.

Dies bedeutet, dass Dokumente, die bereits vor der Konsultation durch den Anwalt existierten und dem Anwalt lediglich zur Durchsicht übermittelt wurden (zB Protokolle von Treffen mit Wettbewerbern), nicht vom Anwaltsprivileg erfasst sind.

523 Schließlich kann auch für Dokumente, die nicht physisch an den externen Rechtsanwalt geschickt wurden, das Anwaltsprivileg gelten, allerdings nur dann, wenn sie ausschließlich für den Zweck erstellt wurden, rechtlichen Rat bei diesem einzuholen. Darauf ist bei der Zusammenstellung von Memos, etwa durch die interne Rechtsabteilung, Bedacht zu nehmen und von Beginn an eine entsprechende Kennzeichnung vorzunehmen. Dem gegenüber reicht die bloße Diskussion eines bereits bestehenden Dokumentes mit einem externen Rechtsanwalt nicht, um das Dokument unter den Schutz des Anwaltsprivilegs zu stellen.

c) Regeln für Kennzeichnung und Aufbewahrung von Unterlagen

524 Die Kommunikation, die unter das Anwaltsprivileg fällt, ist deutlich als solche zu kennzeichnen. In diesem Zusammenhang bewähren sich Aufschriften wie „Attorney-Client-Privilege" etwa in der Kopfzeile auf jeder Seite des Dokuments. Wird ein Memo für den Anwalt zusammengestellt, sollte dies auch aus dem oben unter litera b) beschriebenen Gründen ebenfalls kenntlich gemacht werden, etwa durch die Aufschrift „zur Verwendung für RA X zu Verteidigungszwecken erstellt". Verträge oder Unterlagen über Projekte und Vorhaben, die noch nicht abgeschlossen wurden und die noch der Prüfung durch die Rechtsabteilung unterliegen, sollten deutlich als „Entwurf" gekennzeichnet werden.

5. Regelmäßige Schulungen

525 Kartellrechtliche Fragestellungen sind außerhalb des Kernbereichs (Verbot von Marktaufteilung, Preisabsprachen etc) häufig sehr komplex. Darüber hinaus bestehen zahlreiche Grauzonen. Ein industriespezifisches Kartellrechtshandbuch (siehe dazu sogleich) sowie laufende Schulungen sind daher unerlässlich, um ein ausreichendes Ver-

---

[627]) EuGH 18. 5. 1982, C-155/79, *AM&S Europe Limited*; EuG 18. 9. 2007, T-125/03 und T-253/03 *Akzo Nobel*.

[628]) Siehe insb *Neumayr/Stegbauer*, Die Reichweite des Anwaltsprivilegs in Österreich, ÖZK 2008/01, 10.

[629]) So etwa in Deutschland. Zur Diskussion siehe zB *Buntscheck*, Anwaltskorrespondenz – Beitrag zur geordneten Rechtspflege oder „tickende Zeitbombe", WuW 3/2007, 229.

ständnis der Mitarbeiter zu erreichen. Schulungen können in verschiedenster Form durchgeführt werden und bestehen üblicherweise aus:

- einem Grundkurs betreffend kartellrechtliche Verbotsnormen,
- Seminaren über industrie- bzw branchen- und unternehmensspezifische Fragestellungen,
- laufenden Trainingseinheiten – auch im Rahmen von interaktiven Computerprogrammen,
- sogenannten „Mock Dawn Raids" – fingierte Hausdurchsuchungen zu Übungszwecken und
- Einzeltrainings für Führungskräfte.

Es versteht sich von selbst, dass Grundkurs und Spezialseminare didaktisch **526** zweckmäßig aufgebaut sein sollen. Es empfiehlt sich hier auch auf (tw von den Wettbewerbsbehörden selbst hergestellte) „Kartellrechtsvideos" zurückzugreifen, die typische Situationen von der Entstehung von Absprachen bis hin zu deren negativen Folgen, wie Hausdurchsuchungen und Bebußung, zumeist recht anschaulich nachempfinden. Schulungen sind regelmäßig zu wiederholen, neu hinzukommende Führungskräfte sollten auch außerhalb der Schulungstermine informiert werden. Beim Einsatz interaktiver Computerprogramme ist jedenfalls darauf zu achten, dass sie die Möglichkeit eröffnen, industriespezifische Fragestellungen mit aufzunehmen.

Motivation und Aufmerksamkeit der Mitarbeiter kann weiters durch die mittler- **527** weile schon berühmt-berüchtigten „Mock Dawn Raids" enorm gesteigert werden. Im Zuge einer solchen fingierten Hausdurchsuchung werden in der Regel externe Anwälte beauftragt, die sich als Kommissionsbeamte oder Beamte der nationalen Wettbewerbsbehörde ausgeben und eine entsprechende Durchsuchung durchführen. Mock Dawn Raids können verdeckt (dh ohne dass die betroffenen Mitarbeiter über den bloßen Übungscharakter vorab informiert werden) aber auch offen durchgeführt werden. Wird die wahre Identität der Durchsuchenden nicht offengelegt, ist Vorsorge zu treffen, dass keinesfalls Informationen an die Presse gelangen. In der Praxis hat sich hier als vorteilhaft erwiesen, die Dauer der verdeckten Hausdurchsuchung auf eine oder eineinhalb Stunden zu beschränken, die weitere Durchsuchung aber nach Offenlegung der wahren Identität weiterzuführen. Eine solche Vorgangsweise bietet zudem die Möglichkeit, bereits direkt an Ort und Stelle Erläuterungen und Verbesserungsvorschläge anzubringen.

In der Praxis hat sich weiters va ein Einzeltraining für Führungskräfte bewährt, **528** das auch in Form von „Trockentraining" erfolgen kann. Dabei werden anhand von konkreten Fragestellungen zum betroffenen Geschäftsbereich typische Situationen einer Hausdurchsuchung, insb Fragestellung der Beamten durchgespielt und zumeist sehr effektiv aufgezeigt, welche Grenzen aber auch welche Möglichkeiten zur Wahrung von Verteidigungsrechten bestehen. Beispielsweise kann getestet werden, ob der Befragte Auskünfte außerhalb des Prüfungsumfangs (etwa zu anderen Geschäftsbereichen) erteilt, ob bei entsprechenden Dokumenten auf das Anwaltsprivileg hingewiesen und wie mit dem Verbot des Zwangs zur Selbstbezichtigung umgegangen wird.[630]

---

[630]) Siehe unten Rz 547 ff.

6. Kartellrechtshandbuch

529   Ebenso unerlässlich wie regelmäßige Schulungen ist ein auf das jeweilige Unternehmen zugeschnittenes Kartellrechtshandbuch. Der Mindestinhalt für ein Kartellrechtshandbuch besteht aus

- einem gut verständlichen und praxisnahen Abriss des geltenden Kartellrechts,
- Aufarbeitung von unternehmensspezifischen Fragestellungen,
- Verhaltensanweisungen für Hausdurchsuchungen aber auch etwa für Auskunftsverlangen durch Wettbewerbsbehörden,
- konkreten Verhaltensregeln für Kontakte mit Wettbewerbern, Abnehmern und Lieferanten, insb auch im Falle der Mitgliedschaft in diversen Verbänden,
- klaren Regeln für den Fall, dass Mitarbeiter von anderen Unternehmen zur Teilnahme an einer Kartellabsprache aufgefordert werden,
- Vorgaben für Werbung und Marketing sowie andere Veröffentlichungen wie Angaben auf der Homepage oder in diversen Geschäftsberichten,
- Informationen über den Umgang mit dem Anwaltsprivileg,
- klaren Richtlinien für das Verfassen, Kennzeichnen und Aufbewahren von Unterlagen,
- Informationen darüber, wer im Falle eines Verstoßes unternehmensintern zu informieren ist,
- Informationen darüber, wer im Falle einer Hausdurchsuchung unternehmensintern und extern (Rechtsanwalt) zu verständigen ist.

530   Besteht ein interaktives Computerprogramm, so sollte das Kartellrechtshandbuch auf das Computerprogramm abgestimmt sein und ein Studium des Kartellrechtshandbuches die Lösung von etwaigen Aufgaben im interaktiven Computerprogramm ermöglichen.

7. Maßnahmen im Fall eines konkreten Verdachts

531   In den Rz 423 ff wurden bereits ausführlich die Grundpfeiler einer allgemeinen kartellrechtlichen Risikoanalyse, die am Beginn eines kartellrechtlichen Compliance-Programmes stehen sollte, dargelegt. Bei einem konkreten Verdacht müssen in der Regel aus kartellrechtlicher Sicht jedoch sehr rasch folgende Maßnahmen ergriffen werden:

- Durchführung einer intensiven internen Ermittlung,
- Entscheidung über und Vorkehrungen für die Inanspruchnahme von Kronzeugenprogrammen,
- sofortige Abstellung des inkriminierten Verhaltens (siehe zu bestimmten Ausnahmefällen unten Rz 538).

a) Interne Ermittlungen und erste Vorkehrungen für eine mögliche Inanspruchnahme eines Kronzeugenprogramms

532   Als erster Schritt muss ein geeignetes Ermittlerteam zusammengestellt werden, das neben internen üblicherweise auch externe „Ermittler" umfasst. Dabei bietet es sich aufgrund der beruflichen Verschwiegenheitsverpflichtung und der Nutzung des sog Anwaltsprivilegs an, auf spezialisierte Rechtsanwälte zurückzugreifen. Darüber hinaus kommt es in der Praxis auch vor, dass Unternehmen kriminaltechnisch geschulte Personen hinzuziehen.

Die konkreten Ermittlungshandlungen, die in der Regel va im Hinblick auf eine **533** mögliche Inanspruchnahme eines Kronzeugenprogramms unter hohem Zeitdruck durchgeführt werden müssen, können hier nur kursorisch beschrieben werden, da diese zur Gänze einzelfallabhängig sind. Üblicherweise werden im Zuge einer internen Untersuchung

- Unterlagen (Protokolle oder Berichte über Kontakte zu Wettbewerbern, etwa diverse Verbands- oder Branchentreffen, Spesenabrechnungen der betroffenen Mitarbeiter, Angebotsunterlagen, Preiskalkulationen etc) durchgesehen und geprüft,
- Durchsuchungen der Büroräumlichkeiten einschließlich elektronisch gespeicherter Daten und E-Mail-Verkehr vorgenommen und
- Interviews mit den möglicherweise betroffenen Mitarbeitern geführt und darüber genaue Protokolle angefertigt.

Zu beachten ist, dass bei einer solchen internen Ermittlung auch arbeits-, daten- **534** schutz- und strafrechtliche Aspekte[631] berücksichtigt werden müssen, va auch dann, wenn das Ermittlerteam auf sich selbst gestellt ist und Büros oder auch E-Mail-Verkehr und andere Unterlagen gegen den Willen der Betroffenen durchgesehen werden müssen. Interviews sollten auch aus Beweisgründen idR immer von zwei Personen des Ermittlerteams durchgeführt werden.

Von ganz besonderer Bedeutung ist, Vorkehrungen für einen möglicherweise zu **535** stellenden Kronzeugenantrag zu treffen. Dies bezieht sich zum einen auf das gefundene Material einschließlich der Protokolle über die Interviews – beides muss rasch gesammelt und ausgewertet werden; zum anderen sollten, unter Beachtung von arbeitsrechtlichen Vorgaben, soweit möglich, Maßnahmen (etwa in Ausscheidensvereinbarun-

---

[631]) Bei Ermittlungen hat der Dienstgeber seiner Fürsorgepflicht gegenüber den Betroffenen Rechnung zu tragen. Führt nicht er selbst, sondern Mitarbeiter oder Beauftragte einer Konzerngesellschaft die Ermittlungen, hat er auf das Ermittlerteam im Sinne seiner Fürsorgepflicht einzuwirken; diese Pflicht ist allerdings durch Weisungen der Gesellschafter des Arbeitgebers begrenzt, soweit diese für den Arbeitgeber beachtlich sind (unbeachtlich wäre ua die Anwendung strafrechtswidriger Methoden bei den Ermittlungen). Die Fürsorgepflicht umfasst nach gängiger Lehrmeinung die Persönlichkeit des Dienstnehmers als Ganzes (vgl *Löschnigg*, Arbeitsrecht (2003) 331). Daher sind neben Rechtsgütern wie Gesundheit, Eigentum und Sittlichkeit auch die Persönlichkeitsrechte des Dienstnehmers zu achten. Private Unterlagen und Gegenstände als auch E-Mails mit eindeutig privatem Hintergrund sind folglich von Untersuchungen tunlichst auszuschließen, dies allerdings wohl nur, als ein Zusammenhang mit dem Untersuchungsgegenstand ausgeschlossen werden kann. Bei Verletzung der Fürsorgepflicht drohen dem Dienstgeber unter Umständen Schadenersatzansprüche des Dienstnehmers oder könnte dieser bei länger andauernden Verstößen seinen vorzeitigen (berechtigten) Austritt aus dem Dienstverhältnis erklären. Zur Fürsorgepflicht im Allgemeinen siehe den Beitrag von *Leiter* Rz 746 ff. In Österreich besteht weiters eine Aufklärungspflicht seitens in Österreich zugelassener Rechtsanwälte. Für den Fall, dass der Rechtsanwalt die Befragung durchführt und es ihm erkennbar ist, dass der betreffende Mitarbeiter (der in der Regel noch unvertreten sein wird) Auskunft über Tatsachen gibt, die dessen eigene Rechtsposition (insb strafrechtliche Aspekte) betreffen können, sind österreichische Anwälte verpflichtet, die unvertretene Person über mögliche negative Konsequenzen aufzuklären.

gen[632])) getroffen werden, die sicherstellen, dass betroffene Mitarbeiter dem Unternehmen für eine weitere Kooperation mit der Behörde zur Verfügung stehen.

b) Entscheidung über die Inanspruchnahme eines Kronzeugenprogramms

536   Werden tatsächlich belastende Unterlagen gefunden oder werden die internen Ermittler durch Mitarbeiter informiert, muss sehr rasch entschieden werden, ob eine Zusammenarbeit mit der Behörde im Rahmen von Kronzeugenprogrammen angestrebt wird. Dies ist jeweils im Einzelfall zu beurteilen und wird ua vom gefundenen Material, der Marktstellung, den Verteidigungschancen, der tatsächlichen Kooperationsmöglichkeit (zB Vorhandensein von aussagewilligen Mitarbeitern, beweisträchtige Dokumente etc) abhängen. Häufig kann eine Kooperation auch dann sinnvoll sein, wenn Hinweise vorliegen, dass ein anderes Unternehmen bereits als Kronzeuge fungiert. In diesem Fall ist zwar kein 100%iger Erlass der Geldbuße mehr möglich, immerhin jedoch noch weitere Reduzierungen der Buße (in der Regel 10–50%, je nach Reihenfolge des Einlangens sowie des erbrachten Mehrwertes).

537   In die Entscheidung sind selbstverständlich auch Folgen möglicher Schadenersatzansprüche miteinzubeziehen. In der Regel sehen die europäischen Rechtsordnungen keine Immunität oder Vergünstigung (auch nicht für erfolgreiche) Kronzeugen vor, sodass im Endergebnis lediglich eine Ersparnis bei der Buße, nicht jedoch beim Schadenersatz möglich ist.

538   Schließlich muss der Verstoß sofort beendet werden, um weitere negative Folgen (die Buße wird ua nach der Dauer des Verstoßes bemessen)[633]) abzuwehren. Zu beachten ist allerdings, dass einige Behörden, wie zB die BWB, eine Einstellung des kartellrechtswidrigen Verhaltens nur „im Einvernehmen mit der Bundeswettbewerbsbehörde" fordert.[634])

8. Vorbereitung eines Unternehmens auf eine Hausdurchsuchung – Verhaltensregeln

539   Im Zuge von Ermittlungen gegen verbotene wettbewerbsbeschränkende Absprachen oder den Missbrauch einer marktbeherrschenden Stellung (Art 101, 102 AEUV), sowie wegen Verstößen gegen das Durchführungsverbot nach der Europäischen Fusionskontrollverordnung[635]) kann die Europäische Kommission sog „Nachprüfungen" in Unter-

---

[632]) Zu beachten ist in diesem Zusammenhang, dass dem Dienstnehmer gemäß § 104a ArbVG vor dem Abschluss von Auflösungsvereinbarungen das Recht zukommt, sich mit dem Betriebsrat zu beraten. Sollte der Dienstnehmer dieses Recht einfordern, kann innerhalb von zwei Arbeitstagen nach Ausspruch dieses Verlangens keine rechtswirksame Auflösung des Dienstverhältnisses vereinbart werden. Weiters sei darauf hingewiesen, dass eine Auflösungsvereinbarung vor/bei deren Abschluss der Dienstnehmer unter Druck gesetzt wurde, von Nichtigkeit (§ 879 ABGB) bedroht ist. Zur Beendigung von Arbeitsverhältnissen siehe den Beitrag von *Leiter* Rz 760 ff.

[633]) Siehe dazu Rz 386 ff (die vor allem auch auf die Dauer des Verstoßes abstellt).

[634]) Siehe das auf der Homepage veröffentlichte Leniency-Handbuch der BWB (www.bwb. gv.at/NR/rdonlyres/09178F06–0058-4F34-ACFE-5DB38113D9A1/0/BWBleniency.pdf), Punkt 2.3. Hintergrund dieser Forderung ist, dass die anderen Kartellteilnehmer nicht „gewarnt" werden sollen und es der Behörde so unter Umständen möglich ist, zB im Rahmen einer Hausdurchsuchung weiteres Beweismaterial gegen die betreffenden Unternehmen zu erlangen.

[635]) Art 7 VO Nr 139/2004, ABl 2004/L 24/1 iVm Art 13 VO Nr 139/2004 (FKVO).

nehmen anordnen. Diese werden in der Regel auf Grundlage einer Entscheidung der Europäischen Kommission durchgeführt, können aber auch durch bloßen Auftrag erfolgen.[636])

Hausdurchsuchungen werden von Beamten der Europäischen Kommission, meist **540** unterstützt durch Beamte der nationalen Wettbewerbsbehörde (in Österreich der BWB), durchgeführt. Besteht der begründete Verdacht der Zuwiderhandlung gegen Art 101, 102 AEUV oder die korrespondierenden Vorschriften des österreichischen KartG (§§ 1, 5 KartG) sowie des Verstoßes gegen das Durchführungsverbot von anmeldebedürftigen Unternehmenszusammenschlüssen (§ 17 KartG), kann ferner auch das Kartellgericht Hausdurchsuchungen anordnen.[637]) In diesem Fall wird die BWB selbst mit der Durchführung beauftragt.

Zur Vorbereitung eines Unternehmens für eine Hausdurchsuchung sind organisa- **541** torische Vorkehrungen zu treffen. Wichtig ist va, vorab konkrete Verhaltensregeln und -anweisungen den möglicherweise betroffenen Mitarbeitern und dem im Unternehmen für Hausdurchsuchungen Hauptverantwortlichen (idR der Kartellrechtsbeauftragte) am besten in Form von Checklisten mitzuteilen und diese auch einzuüben.

a) Organisatorische Vorbereitungsmaßnahmen

Maßnahmen, die vor dem „Ernstfall" getroffen werden können, sind **542**

- Einrichtung einer Kartellrechts-Hotline intern (Verständigung der Geschäftsführung, leitender Angestellter, Kartellrechtsbeauftragter) und extern (spezialisierte Rechtsanwälte),
- Verteilung von Checklisten,
- regelmäßiges Training,
- technische Vorkehrungen im IT-System (insb die Möglichkeiten, Computer-Arbeitsplätze vom restlichen Daten- und E-Mail-Verkehr abzutrennen, da die Europäische Kommission häufig die Sperrung von Zugängen zum System für bestimmte Personen für die gesamte Dauer der Hausdurchsuchung verlangt; in der Praxis kommt der Prüfung des E-Mail-Verkehrs von Mitarbeitern inzwischen besondere Bedeutung zu),
- Information der Mitarbeiter am Empfang, um sicherzustellen, dass die richtigen Personen im Falle des plötzlichen Eintreffens von Kommissionsbeamten und Inspektoren der BWB umgehend verständigt werden.

b) Die ersten 30–40 Minuten – Checkliste der wichtigsten Maßnahmen

Um einen von Betriebsstörungen freien Ablauf der Durchsuchung zu gewährleis- **543** ten, die Verteidigungsrechte zu wahren, der aktiven Mitwirkungspflicht des Unternehmens[638]) nachzukommen und va um Bußgelder sowie die Herausgabe überflüssiger Information zu vermeiden, ist es entscheidend, dass zu Beginn der Durchsuchung die richtigen Schritte gesetzt werden.

---

[636]) Siehe insb Art 20 Abs 3 (Auftrag) und Art 20 Abs 4 (Entscheidung) VO Nr 1/2003. Zu den Folgen dieser Unterscheidung siehe unten Rz 544, FN 636.

[637]) Siehe § 12 WettbG.

[638]) Siehe zB EuG 8. 3. 1995, T-34/93, *Société Générale,* Rz 71.

544   Die folgende Checkliste richtet sich va an den Kartellrechtsbeauftragen bzw denjenigen, der auf Unternehmensseite als erster Ansprechpartner für die Kommissionsbeamten sowie die Mitarbeiter zur Verfügung steht:

- Prüfung der Legitimation der Beamten sowie das Vorliegen einer Nachprüfungsentscheidung und eines Hausdurchsuchungsbefehls.[639]) Es ist ratsam, eine Liste der einschreitenden Beamten zu erstellen.
- Prüfung, ob es sich um eine Entscheidung oder einen bloßen Auftrag handelt, da in letzterem Fall keine Pflicht zur Duldung besteht.[640])
- Sofortige Verständigung der Unternehmensleitung, allenfalls des Kartellrechtsbeauftragten sowie eines spezialisierten Rechtsanwaltes. In der Regel warten die Beamten auf das Eintreffen eines externen Rechtsanwaltes, sofern dies binnen kurzer Zeit möglich ist. Es besteht allerdings kein Rechtsanspruch darauf, dass mit den Untersuchungshandlungen zugewartet wird. Falls zugewartet wird, muss die Unternehmensleitung in der Regel gewährleisten, dass während des Zuwartens keine Unterlagen verändert werden und die Inspektoren die Räumlichkeiten ihrer Wahl bereits betreten können.
- Gegebenenfalls Koordinierung mit Filialen/Tochterunternehmen, in denen ebenfalls eine Hausdurchsuchung stattfindet.
- Genaue Prüfung des Inhalts der Nachprüfungsentscheidung, da diese Rahmen und Umfang der Hausdurchsuchung festlegt. Konkret muss geprüft werden:
  - auf welche (Konzern-)Unternehmen sich die Entscheidung bezieht (Schwester- oder auch Muttergesellschaften dürfen nicht durchsucht werden, jedoch alle Tochterunternehmen des bezeichneten Unternehmens, sofern diese selbst als Adressaten der Entscheidung bestimmbar sind, was in der Praxis durch den Zusatz „und ihre Tochtergesellschaften" bewirkt wird);
  - ob auch Privaträumlichkeiten erfasst sind und ob die dafür notwendigen Voraussetzungen (konkreter Verdacht, dass sich dort Bücher oder sonstige Geschäftsunterlagen befinden, die sich auf den Gegenstand der Nachprüfung beziehen und die als Beweismittel für einen schweren Verstoß gegen die EU-Wettbewerbsregeln von Bedeutung sein könnten) vorliegen;
  - welcher konkrete Verstoß vorgeworfen wird (Kartellvorwurf, Vorwurf des Missbrauchs einer marktbeherrschenden Stellung) sowie
  - auf welche sachlichen und örtlichen Märkte sowie Produkte sich dieser bezieht. Insb die Abgrenzung der Märkte, Produkte und Geschäftsbereiche ist von großer praktischer Bedeutung. So dürfen nur Dokumente und elektronische Daten

---

[639]) Hausdurchsuchungsbefehle sind nicht erforderlich für Nachprüfungen nach Art 20 VO 1/2003, wohl aber für die Befugnis, unmittelbaren Zwang anzuwenden, für Nachprüfungen nach Art 21 oder 22 Abs 2 VO 1/2003 oder bei Hausdurchsuchungen nach § 12 WettbG.

[640]) Im Falle eines Auftrags gem Art 20 Abs 3 VO 1/2003 besteht keine Pflicht zur Duldung der Nachprüfung. In der Regel empfiehlt es sich jedoch, die Nachprüfung freiwillig zu dulden; dann müssen aber auch alle Anordnungen der Europäischen Kommission vollständig befolgt werden. Das Unternehmen ist dagegen zur Duldung verpflichtet, wenn die Nachprüfung durch Entscheidung gem Art 13 FKVO, Art 20 Abs 4, Art 21 oder Art 22 Abs 2 VO 1/2003 oder durch Beschluss des Kartellgerichts angeordnet wurde. Diese Anordnungen können im Falle der Verweigerung durch Organe des öffentlichen Sicherheitsdienstes durchgesetzt werden.

durchsucht bzw Fragen gestellt werden, wenn sich dies auf die von der Entscheidung umfassten Produkte, Märkte und Geschäftsbereiche bezieht. Bezieht sich die Entscheidung also zB auf vorgeworfene Preisabsprachen des Produktes A in Österreich, dürfen keine Unterlagen zu Produkt B, aber auch keine Unterlagen zu Produkt A in Frankreich kopiert und mitgenommen werden.

- Durchführung einer einleitenden Besprechung mit dem die Hausdurchsuchung leitenden Beamten. Eine solche Besprechung wird in der Regel ohnehin seitens der durchsuchenden Beamten initiiert. In diesem Rahmen (oder außerhalb) sollte der Leiter der Durchsuchung ersucht werden, den Umfang der Nachprüfungsentscheidung (bzw des Hausdurchsuchungsbefehls) im Detail auch mündlich zu erläutern.
- Entscheidung über Stellung eines Kronzeugen-Antrags. Wie oben unter Rz 536 ff dargelegt, hängt eine solche Entscheidung von den im Einzelfall vorliegenden Umständen ab. Nach der europäischen Kronzeugenregelung kann selbst zum Zeitpunkt einer Hausdurchsuchung noch ein 100%iger Erlass möglich sein. Dies allerdings nur dann, wenn das Unternehmen als erstes klare Beweise für einen Verstoß gegen Art 101, 102 AEUV vorlegt.

c) Beginn der Ermittlungshandlungen – weitere Vorkehrungen

Nach den oben beschriebenen Schritten liegt es im Interesse der Beamten, zügig **545** mit der Durchsuchung zu beginnen. Dem Leiter der Hausdurchsuchung sollte spätestens zu diesem Zeitpunkt ein entsprechend geschulter unternehmensinterner Ansprechpartner zur Seite gestellt werden. Es sollte sich hierbei um eine zentrale Person (Organ) handeln, die entsprechende Zugangs- und Weisungsbefugnisse hat und über Zuständigkeiten und Aufenthalt der Mitarbeiter des Unternehmens unterrichtet ist. Weiters sollten folgende Maßnahmen in dieser Phase von Seiten der Unternehmensleitung getroffen werden:

- Rasche Weitergabe der durch genaues Studium und Erläuterungen der Nachprüfungsentscheidung gewonnenen Erkenntnisse über Zweck und va Umfang der Nachprüfung an alle betroffenen Mitarbeiter, damit sichergestellt ist, dass keine darüber hinausgehenden Informationen offengelegt werden.
- Klare Anweisung, dass keine Unterlagen vernichtet oder Daten gelöscht werden. Dies ist einerseits nicht zielführend, da die Spezialisten der Europäischen Kommission und der BWB gelöschte elektronische Daten wiederherstellen können. Zum anderen besteht die reale Gefahr der Verhängung eines Bußgeldes nach Art 23 Abs 1 VO 1/2003 von bis zu 1% des weltweiten Gesamtumsatzes.
- Verständigung von IT-Mitarbeitern, die über die entsprechenden Benutzerrechte verfügen, um diverse Anforderungen der Beamten zu erfüllen (zB Sperrung bestimmter Arbeitsplätze), aber auch um etwa rasche Lösungen für eine möglichst schonende Durchsuchung des elektronischen Datenbestandes und deren Dokumentation anzubieten.
- Verständigung der Presseabteilung, die sich für Reaktionen auf Presseberichterstattung über die Hausdurchsuchung zur Verfügung halten muss.

- Klarstellung, dass die Anweisungen der Inspektoren (zB kein Siegelbruch, keine externen Telefonate) befolgt werden sollen.
- Vorkehrung, dass jedem Beamten ein entsprechend geschulter Mitarbeiter oder ein externer Anwalt zur Seite gestellt wird bzw kein Beamter in Abwesenheit von Unternehmensvertretern Dokumente oder Unterlagen durchsucht.
- Anweisung an diese Begleitpersonen, die einzelnen Ermittlungshandlungen zu überwachen und zu protokollieren.
- Überblick über die Lage bewahren, insb über die Räumlichkeiten, in denen gerade parallel durchsucht wird. Gegebenenfalls eine Person designieren, die einen Überblick mit Liste über die laufenden Durchsuchungshandlungen führt.

d) Spezifische Verhaltensregeln für die wichtigsten Ermittlungshandlungen

(1) Durchsuchung von Unterlagen und elektronisch gespeicherten Daten und Dokumenten durch die Beamten

546   Folgendes ist zu beachten:

- Der betroffene Mitarbeiter bzw die Begleitperson hat darauf zu achten, dass keine Durchsuchung oder Kopie von Unterlagen erfolgt,
  – die nicht in den Prüfungsumfang fallen,
  – dem Anwaltsprivileg[641]) unterliegen oder
  – rein privater Natur sind.
- Dies gilt insb auch bei der Durchsuchung elektronisch gespeicherter Daten. So dürfen die Beamten zwar auch elektronische Kopien etwa auf mobilen Speichermedien (USB-Stick) vornehmen, jedoch nur soweit die gespeicherten Daten den oben angeführten Erfordernissen entsprechen.
- Ist es strittig, ob bestimmte Unterlagen von Gegenstand und Zweck der Untersuchung umfasst sind bzw dem Anwaltsprivileg unterliegen, besteht die Möglichkeit, diese zu versiegeln. Eine Entscheidung wird dann vom Kartellgericht bzw auf europäischer Ebene vom EuG getroffen.[642])
- Die Beamten dürfen (außer in den Fällen, in denen vom Hausdurchsuchungsbefehl nach nationalem Recht Gebrauch gemacht wird) keine Unterlagen beschlagnahmen, sondern lediglich Kopien anfertigen. (Nicht verlangt werden kann die Erstellung von Unterlagen, etwa Statistiken oder Übersichten).[643]) Es ist darauf zu achten, dass jeweils auch ein Satz Kopien für das Unternehmen hergestellt wird, um nach Beendigung der Hausdurchsuchung feststellen zu können, welche Unterlagen Teil des Verfahrens sein werden.

---

[641]) Siehe oben Rz 522 ff.

[642]) Die Kopie zB einer gesamten Datenbank ist daher in der Regel nicht zulässig, sehr wohl aber zuvor ausgewählte Dokumente, sofern seitens der Durchsuchten überprüft werden kann, ob diese in den Prüfungsumfang fallen. In der Praxis wird eher angestrebt, dass die betreffenden Dateien ausgedruckt werden. In Einzelfällen wurden auch praktische Lösungen gefunden, wonach ein größerer Datenbestand elektronisch kopiert, der Datenträger versiegelt und erst zu einem späteren Zeitpunkt in den Räumlichkeiten der Kommission gemeinsam ausgedruckt und überprüft wird.

[643]) *Nowak* in *Loewenheim/Meessen/Riesenkampff*, Kartellrecht[2] (2009) Art 20 VerfVO Rz 70.

- Auf Geschäfts- und Betriebsgeheimnisse ist hinzuweisen.
- Dauert die Hausdurchsuchung länger als einen Tag (was häufig vorkommt), können betriebliche Räumlichkeiten und Bücher oder Unterlagen bis zu 72 Stunden versiegelt werden. Da ein vorsätzlicher oder fahrlässiger Siegelbruch gem Art 23 Abs 1 lit e VO 1/2003 mit einem Bußgeld bestraft werden kann, sind alle Mitarbeiter und alle sonstige Personen, die Zugang zu den Räumlichkeiten und Unterlagen haben (bei Dritten beschäftige Dienstleister, Sicherheits- und Reinigungspersonal) anzuweisen, in dieser Hinsicht besondere Sorge walten zu lassen.

(2) Befragung von Mitarbeitern während der Hausdurchsuchung

Die durchsuchenden Beamten haben das Recht, Fragen an die Mitarbeiter zu richten und Auskünfte zu verlangen. In diesem Zusammenhang sind folgende Verhaltensregeln zu beachten: **547**

- Alle Mitarbeiter sind anzuweisen, nur dann Auskünfte zu erteilen, wenn diese ausdrücklich verlangt werden; freiwillige Auskünfte sind zu unterlassen.
- Werden im Zuge der Nachprüfung Fragen gestellt, so sollte um schriftliche Vorlage gebeten werden.
- Es müssen nur Fragen beantwortet werden, die dem Gegenstand und Zweck des Verfahrens entsprechen und nicht dem Verbot der Selbstbezichtigung[644]) widersprechen. Kreuzverhöre sind nicht zulässig.
- Fragen und Antworten sind zu protokollieren. Mitarbeiter der Europäischen Kommission sind gemäß Art 4 Abs 1 und 2 VO 773/2004 verpflichtet, Fragen und Antworten zu protokollieren und eine Kopie des Protokolls zur Verfügung zu stellen.

(3) Abschluss der Nachprüfung

Am Ende der Hausdurchsuchung wird üblicherweise eine Abschlussbesprechung **548** mit den durchsuchenden Beamten durchgeführt. Dabei ist seitens des Unternehmens noch Folgendes zu beachten:

- Es sollte eine abschließende Überprüfung und Abgleichung der von der Europäischen Kommission kopierten Unterlagen erfolgen.
- Die Europäische Kommission muss auch ein Protokoll bzw eine genaue Auflistung über sämtliche kopierten Unterlagen anfertigen. (Die Dokumente erhalten auch jeweils eine Registriernummer, die ein Kürzel des Namens des durchsuchenden Beamten sowie fortlaufende Nummern enthält.) Diese Auflistung sollte unbedingt kopiert werden, da sie für die nächsten Verteidigungsschritte eine wichtige Orientierungshilfe darstellt.
- Protokolle über Befragungen von Mitarbeitern sollten va auch von der Unternehmensleitung überprüft werden. Offensichtliche Fehler oder auch missverständliche Formulierungen können – mittels Zusatzprotokoll – in der Regel berichtigt werden.

---

[644]) Siehe oben Rz 543 ff. Zum Verbot des Zwangs zur Selbstbezichtigung vgl zB *Sura* in *Langen/Bunte,* Kommentar zum deutschen und europäischen Kartellrecht[10], Band 2, Art 20 VO 1/2003, Rz 28.

V. Kapitalmarktrecht

Elke Napokoj

Literatur: *Aicher/Kalss/Oppitz* (Hrsg) Grundfragen des neuen Börserechts (1998); *Apathy/Iro/Koziol* (Hrsg), Österreichisches Bankvertragsrecht, Band VI (2007); *Assmann/Schneider* (Hrsg), Kommentar zum Wertpapierhandelsgesetz (2006); *Assmann/Schütze* (Hrsg), Handbuch des Kapitalanlagerechts (1997); *Assmann/Schütze,* Handbuch des Kapitalanlagerechts, Ergänzungsband (2001); *Betzyk/Oelkers,* Die neue Regelpublizität nach dem BörseG 2007 und URÄG 2008, ÖBA 2009, 508; *Brandl/Hohensinner,* Die Haftung des Vorstands für Verletzungen der Ad-hoc-Publizität nach § 2 Abs 3 BörseG, ecolex 2002, 93; *Brandl/Kalss/Oppitz/Lucius/Saria,* Handbuch Kapitalmarktrecht (2006); *Burger/Kalss,* GesRZ-Sonderheft 2002 (Corporate Governance); *Bydlinski,* Haftung für fehlerhafte Anlageberatung: Schaden und Schadenersatz, ÖBA 2008, 159; *Canaris,* Bankvertragsrecht[2] (1981); *Doralt/Nowotny/Kalss,* Kommentar zum Aktiengesetz (2003); *Gancz,* Zur Architektur des Kapitalmarktrechts, ÖBA 2004; *Gruber,* Ad-hoc-Publizität, ÖBA 2003, 239; *Gruber,* Kapitalmarktinformationshaftung der Aktiengesellschaft und Kapitalerhaltungsgrundsatz, JBl 2007, 2; *Gruber,* Organhaftung für Kapitalmarktinformation, wbl 2006, 445; *Habersack/Mülbert/Schlitt* (Hrsg) Handbuch Kapitalmarktinformation (2008); *Hausmaninger/Kretschmer/Oppitz,* Insiderrecht und Compliance (1995); *Heindl,* Kapitalmarkt, Anlegerschutz und Haftungsfragen, ecolex 2007, 427; *Hellgardt,* Kapitalmarktrecht (2008); *Huber* (Hrsg), Übernahmegesetz Kommentar (2007); *Holoubek/Potacs,* Handbuch des öffentlichen Wirtschaftsrechts, Bd 1 (2002); *Hopt/Voigt,* Prospekthaftung und Kapitalmarktinformation (2005); *Jabornegg/Strasser* (Hrsg) Kommentar zum AktG (ab 2002); *Kalss,* Anlegerinteresse, Anleger im Handlungsdreieck von Vertrag, Verband und Markt (2001); *Kalss,* Die rechtliche Grundlage kapitalmarktbezogener Haftungsansprüche, ÖBA 2000, 641; *Kalss,* Das Aktien vertretende Zertifikat, ÖBA 2009, 339; *Kalss/Nowotny/Schauer,* Österreichisches Gesellschaftsrecht (2008); *Kalss/Oelkers,* Öffentliche Bekanntgabe – ein wirksames Aufsichtsinstrument im Kapitalmarktrecht, ÖBA 2009, 123; *Kalss/Oppitz/Zollner,* Kapitalmarktrecht (2005); *Kalss/Zollner,* Die Offenlegung von Beteiligungen nach der Börsegesetznovelle 2007, ÖBA 2007, 884, *Kalss/Zollner,* Directors' Dealings – Der neue § 48 d Abs 4 BörseG, GeS 2005, 106, *Kalss/Zollner,* Markttransparenz bei Put- und Call-Optionen, ecolex 2002, 22; *Kapfer/Puck,* Marktmanipulationstatbestand im österreichischen Börserecht, ÖBA 2005, 517; *Koppensteiner,* Zurechnung von Beteiligungen im Wirtschaftsrecht, wbl 2005, 291; *Kuthe/Rückert/Sickinger* (Hrsg) Compliance-Handbuch Kapitalmarktrecht (2008); *Lenenbach,* Kapitalmarkt- und Börsenrecht (2002); *Marsch-Barner/Schäfer,* Handbuch börsenotierte AG (2005); *Oppitz,* Die börsegesetzlichen Marktmanipulationstatbestände im Lichte des verfassungsrechtlichen Bestimmtheitsgebots, ÖBA 2009, 171; *Oppitz,* Zum Prüfungsmaßstab bei der Prospektbilligung durch die Finanzmarktaufsichtsbehörde (FMA) nach dem KMG, GesRZ 2008, 365; *Raschauer/Kreisl,* Aufsichtsrechtliche Pflichten des Geschäftsführers nach BWG, InvFG, ImmoInvFG und BMVG in *Ratka/Rauter* (Hrsg) Handbuch Geschäftsführerhaftung (2008); *Roth,* Grundriss des österreichischen Wertpapierrechts (1999); *Rummel,* Kommentar zum ABGB (2003); *Schwimann,* Praxiskommentar zum ABGB (1997); *Schenz/Eberhartinger,* Der Österreichische Corporate Governance Kodex in der Fassung Jänner 2009, ÖBA 2009, 333; *Spatz,* Die neue Emittenten-Compliance-Verordnung – ECV, RWZ 2002, 45; *Völkl,* Zur Ad-hoc-Relevanz von Corporate-Governance-Informationen, ÖBA 2004, 17; *Weber,* Kapitalmarktrecht (1999); *Winternitz/Aigner,* Haftung der Anlageberatung (2004); *Zivny,* KapitalmarktG (2007); *Zuffer,* Berichtigungs- und Aktualisierungspflicht von Prospekten, ÖBA 2003, 847; *Zuffer/Karollus-Bruner,* Compliance für Emittenten (I), ecolex 2002, 251; *Zuffer/Karollus-Bruner,* Compliance für Emittenten (II), ecolex 2002, 352.

A. Einleitung

549   Hintergrund einer Emission von Wertpapieren und des Gangs an die Börse ist mittel- bzw langfristig die Inanspruchnahme der von einer Börse zur Verfügung gestellten Finanzierungsmöglichkeiten.[645]) Dies erfolgt erstmalig über ein Initial Public Offering (IPO), dh durch das erstmalige öffentliche Angebot des Verkaufs von Wertpapieren an Investoren sowie später durchgeführte Kapitalerhöhungen oder die Veräußerung von bereits bestehenden Aktien.

550   Mit der Notierung von Aktien oder Wertpapieren an der Börse geht ein stringentes Transparenzgebot einher, dessen Zweck im Wesentlichen die Sicherstellung der Funktionsfähigkeit der Kapitalmärkte sowie der Schutz der Anleger ist. In diesem Zusammenhang treffen AGs, dessen Aktien oder Wertpapiere an der Börse notieren, umfangreiche Veröffentlichungs-, Melde- und Verhaltenspflichten. Die Nichteinhaltung dieser Pflichten kann zur Verwirklichung verwaltungsbehördlicher Straftatbestände, zur Verwirklichung gerichtlicher Straftatbestände, zu zivilrechtlicher Haftung und zum Widerruf der Börsezulassung durch das Börseunternehmen führen.

551   Aus diesen Gründen ist die Implementierung einer Compliance-Organisation für Emittenten von Wertpapieren unbedingt erforderlich. Das gegenständliche Kapitel gibt einen Überblick (aufgrund der Regelungsdichte ist eine umfassende Darstellung nicht möglich) über die kapitalmarktrechtlichen Pflichten, die eine börsenotierte AG und deren Vorstand betreffen. Darüber hinaus sollen auch die Sanktionen im Falle eines Verstoßes gegen kapitalmarktrechtliche Pflichten aufgezeigt werden. Aufgabe der Compliance-Organisation ist im Wesentlichen die Sicherstellung der Einhaltung der im Folgenden angeführten Pflichten.

B. Prospektpflicht

1. Rechtliche Grundlage

552   Rechtsgrundlagen für die Prospektpflicht ist das KMG idF der Nov 2008[646]) sowie die Prospektverordnung (Prospekt-VO)[647]). Das KMG 2008 setzt insb in der Nov 2005[648]) die Prospektrichtlinie 2003[649]) um.

553   Ergänzend dazu hat die FMA im Rundschreiben vom 29. 3. 2007 zu Fragen der Umsetzung der Prospektrichtlinie in KMG und BörseG eine Information über die Anforderungen, die sich nach Rechtsansicht der FMA unmittelbar aus den einschlägigen Bestimmungen des KMG, des BörseG und der Prospekt-VO ergeben, herausgegeben.[650])

---

[645]) Vgl *Meyer* in *Marsch-Barner/Schäfer*, Handbuch börsenotierte AG (2005) § 6 Rz 1.

[646]) BGBl I 1991/625 idF BGBl I 2008/69.

[647]) VO (EG) Nr 809/2004 der Kommission.

[648]) BGBl I 2005/78.

[649]) RL 2003/71/EG ABl L 345, 31. 12. 2003 S 64 ff.

[650]) Rundschreiben der Finanzmarktaufsicht vom 29. 3. 2007 zu Fragen der Umsetzung der Prospektrichtlinie in Kapitalmarktgesetz und Börsegesetz, www.fma.gv.at.

2. Öffentliches Angebot und Anbotsgegenstand

§ 1 Abs 1 KMG definiert ein öffentliches Angebot als Mitteilung an das Publikum **554** in jedweder Form und auf jedwede Art und Weise, die ausreichende Informationen über die Bedingungen eines Angebots (oder einer Einladung zur Zeichnung) von Wertpapieren oder Veranlagungen und über die anzubietenden Wertpapiere oder Veranlagungen enthält, um einen Anleger in die Lage zu versetzen, sich für den Kauf oder die Zeichnung dieser Wertpapiere oder Veranlagungen zu entscheiden. Das Gesetz spricht ausdrücklich von einer Mitteilung. Der Begriff „Mitteilung" ist weit zu verstehen[651]), dennoch muss gemäß der Definition in § 1 Abs 1 KMG eine Verkaufsabsicht klar zum Ausdruck kommen.

Das Angebot muss daher in Bezug auf die Verkaufsabsicht sowie auf den Kaufge- **555** genstand und den Preis hinreichend genug bestimmt sein, sodass es eine maßgebliche Grundlage für einen Anleger für die bevorstehende Kaufentscheidung bildet. Wertpapiere sind gemäß § 1 Abs 1 Z 4a KMG Aktien und vergleichbare Titel (Aktienanleihen), verbriefte Genussrechte (Genussscheine) gemäß § 174 AktG sowie jede andere Art von Wertpapieren (Optionsscheine) als Dividendenwerte, die von einem Emittenten begeben werden und das Recht auf die Umwandlung bzw den Erwerb von Aktien des Emittenten verkörpern. Nicht-Dividendenwerte sind gemäß der Definition in § 1 Abs 1 Z 4b KMG alle anderen Wertpapiere, die nicht als Dividendenwerte anzusehen sind (insb also Schuldverschreibungen).

3. Prospektpflicht und Adressat der Prospektpflicht

Jedes öffentliche Angebot von Wertpapieren im Inland löst eine Prospektpflicht **556** aus, nicht nur das erstmalige Angebot.[652]) Unter die Prospektpflicht fallen daher insb das IPO, das Secondary Public Offering, in dessen Rahmen ein Großanleger seine Wertpapiere öffentlich anbietet, die Weiterveräußerung eigener Aktien sowie auch Kapitalerhöhungen. Nach § 2 KMG darf ein öffentliches Angebot im Inland nur dann erfolgen, wenn spätestens einen Bankarbeitstag[653]) davor ein nach den Bestimmungen des KMG erstellter und gebilligter Prospekt veröffentlicht wurde.

Der Adressat der Prospektpflicht wird im KMG nicht ausdrücklich festgelegt. Je- **557** denfalls unterliegt nach § 1 Abs 1 Z 6 KMG die Person, die ein Angebot unterbreitet (der „Anbieter"), der Prospektpflicht. Das sind – so § 1 Abs 1 Z 6 KMG – juristische oder natürliche Personen, die Wertpapiere oder Veranlagungen öffentlich anbieten. Diese Person ist in der Praxis bei einem IPO oder einer Kapitalerhöhung in der Regel die Gesellschaft, die das Kapital erhält.[654]) In diesem Fall hat die Gesellschaft ein dem KMG entsprechenden Prospekt zu erstellen.[655])

---

[651]) *Zivny,* KapitalmarktG (2007) § 1 Rz 6.

[652]) Vgl § 2 KMG.

[653]) Das sind die Tage Montag bis Freitag, ausgenommen Feiertage (vgl *Kalss/Oppitz/Zollner,* Kapitalmarktrecht [2005] § 10 Rz 9).

[654]) Vgl § 1 Abs 1 Z 2 KMG.

[655]) Weiters können auch Anbieter und Zulassungsantragssteller, sofern diese Personen nicht mit dem Emittenten ident sind, in enger Kooperation mit dem Emittenten (der den Prospekt jedenfalls unterfertigen muss) einen Prospekt erstellen.

4. Prospektinhalt und Sprache

558   Das Gesetz definiert den Begriff des Prospektes nicht, sondern regelt nur den Inhalt, die Form (Gliederung der Darstellung) und die Gestaltung (einteiliger und mehrteiliger Prospekt, Möglichkeit der Verweise).[656]) Nach der Generalklausel von § 7 KMG hat ein Prospekt sämtliche Angaben zu enthalten, die entsprechend den Merkmalen des Emittenten und der öffentlich angebotenen Wertpapiere oder Veranlagungen bzw zum Handel an dem geregelten Markt zugelassenen Wertpapiere erforderlich sind, damit die Anleger sich ein fundiertes Urteil über die Vermögenswerte und Verbindlichkeiten, die Finanzlage, die Gewinne und Verluste, die Zukunftsaussichten des Emittenten und die des Garantiegebers sowie über die mit diesen Wertpapieren oder Veranlagungen verbundenen Rechte bilden können. Insb hat der Prospekt nach § 7 Abs 2 KMG Angaben zum Emittenten und zu den Wertpapieren zu enthalten, die öffentlich angeboten oder zum Handel an einem geregelten Markt zugelassen werden sollen. Er hat ferner eine Zusammenfassung zu enthalten, die kurz und in allgemein verständlicher Sprache die wesentlichen Merkmale und Risiken (sog Risikofaktoren) nennt, die auf den Emittenten, jeden Garantiegeber und die Wertpapiere zutreffen. Nach § 7 Abs 8 KMG ist der Prospekt für Wertpapiere nach den Bestimmungen der Prospekt-VO zu erstellen. Der konkrete Inhalt der Prospekte für die verschiedenen Wertpapiere wird in den jeweiligen im Anhang III zur Prospekt-VO festgelegten Schemata zusammengestellt.[657])

559   Soll ein Prospekt nur im Inland angeboten werden oder soll nur dort die Zulassung zum Handel an einem geregelten Markt beantragt werden, so ist der Prospekt gemäß § 7b KMG auf Deutsch oder Englisch oder in einer von der FMA durch Verordnung anerkannten Sprache zu erstellen und zu veröffentlichen.

5. Ausnahmen von der Prospektpflicht

560   Das KMG legt verschiedene Ausnahmen von der Prospektpflicht fest. Neben emittentenbezogenen Ausnahmen[658]) sind die transaktionsbezogenen und die anlegerbezogenen Ausnahmen wesentlich. Transaktionsbezogene Ausnahmen betreffen

- Aktien, die den Aktionären unentgeltlich angeboten oder zugeteilt werden bzw zugeteilt werden sollen, sowie Dividenden in Form von Aktien derselben Gattung

---

[656]) *Kalss/Oppitz/Zollner*, Kapitalmarktrecht § 10 Rz 23.

[657]) Siehe dazu *Kalss/Oppitz/Zollner*, Kapitalmarktrecht § 10 Rz 30.

[658]) Darunter fallen nach § 3 Abs 1 Z 1 bis Z 5 KMG Wertpapiere des Bundes oder der Länder oder der Oesterreichischen Nationalbank sowie vom Bund oder den Ländern unbedingt und unwiderruflich garantierte Wertpapiere; Nicht-Dividendenwerte dh insb Schuldverschreibungen, die von einem EWR-Vertragsstaat oder einer Zentralbank eines EWR-Vertragsstaates ausgegeben werden; Nicht-Dividendenwerte einer internationalen Organisation öffentlichen Rechts, der Österreich angehört und der Europäischen Zentralbank; Nicht-Dividendenwerte, die von Kreditinstituten dauernd oder wiederholt begeben werden, sofern diese nicht nachrangig, konvertibel (wandelbar) oder austauschbar sind und nicht zur Zeichnung oder zum Erwerb anderer Wertpapiere berechtigen und nicht an ein Derivat gebunden sind und ferner den Empfang rückzahlbarer Einlagen vergegenständlichen und von einem Einlagensicherungssystem gedeckt sind; in- und ausländische Kapitalanteilscheine nach dem InvFG, sowie Genussscheine gemäß § 6 Beteiligungsfondsgesetz.

wie die Aktien, für die solche Dividenden ausgeschüttet werden; Voraussetzung dafür ist die Veröffentlichung eines Dokuments, das Informationen über die Anzahl und die Art der Aktien enthält und in dem die Gründe und Einzelheiten zu dem Angebot dargelegt werden;

- Aktien, die im Austausch für bereits ausgegebene Aktien derselben Gattung ausgegeben werden, sofern mit der Emission dieser neuen Aktien keine Kapitalerhöhung des Emittenten verbunden ist; dies trifft va bei einem sog Aktien-Split, bei dem Aktien mit einem geringeren Nominalwert anstelle von Aktien mit höherem Nenn- und Ausgabewert ausgegeben werden;
- Wertpapiere, die anlässlich einer Übernahme im Wege eines Tauschangebots angeboten werden oder die anlässlich einer Verschmelzung angeboten oder zugeteilt werden, sofern jeweils ein Dokument veröffentlicht wurde, dessen Angaben nach Ansicht der zuständigen Behörde des Herkunftsmitgliedstaates denen eines Prospekts gleichwertig sind;
- ein Angebot von Wertpapieren oder Veranlagungen, bei denen ein Anleger Wertpapiere oder Veranlagungen im Ausmaß von mindestens EUR 50.000,00 erwerben muss oder Wertpapiere oder Veranlagungen mit einer Mindeststückelung von EUR 50.000,00; im ersteren Fall ist eine geringere Stückelung zulässig, aber jeder einzelne Anleger hat jedenfalls Wertpapiere im Ausmaß von mindestens EUR 50.000,00 zu erwerben;
- die Ausgabe von Wertpapieren über einen Gesamtgegenwert von weniger als EUR 100.000,00 gerechnet über einen Zeitraum von zwölf Monaten, womit eine sog Bagatellemission von der Prospektpflicht befreit wird.

Daneben bestehen folgende anlegerbezogene Ausnahmen: **561**

- ein Angebot von Wertpapieren oder Veranlagungen an ausschließlich qualifizierte Anleger[659],
- Wertpapierangebote an Arbeitnehmer und Führungskräfte; das KMG nimmt nur Angebote von Wertpapieren, nicht hingegen von Veranlagungen von der Pros-

---

[659] Unter einem qualifizierten Anleger versteht § 1 Abs 1 Z 5a KMG a) juristische Personen, die in Bezug auf ihre Tätigkeit auf den Finanzmärkten zugelassen sind bzw beaufsichtigt werden; dazu zählen insb Kreditinstitute, Wertpapierfirmen, sonstige zugelassene oder beaufsichtigte Finanzinstitute, Versicherungsgesellschaften; b) nationale und regionale Regierungen, Zentralbanken, internationale und supranationale Institutionen wie der Internationale Währungsfonds, die Europäische Zentralbank, die Europäische Investitionsbank und andere vergleichbare internationale Organisationen; c) Gesellschaften, die laut ihrem letzten Jahresabschluss bzw konsolidierten Abschluss zumindest zwei der nachfolgenden drei Kriterien erfüllen: eine durchschnittliche Beschäftigungszahl im letzten Geschäftsjahr von mehr als 250, eine Gesamtbilanzsumme von EUR 43.000.000,00 oder mehr und einen Jahresnettoumsatz von EUR 50.000,00 oder mehr; d) bestimmte natürliche Personen, die im Inland ihren Wohnsitz haben und bestimmte in § 1 Abs 2 KMG genannte Kriterien erfüllen (das sind Anleger, die an Wertpapiermärkten Geschäfte im großen Umfang getätigt haben und in den letzten vier Quartalen durchschnittlich mindestens 10 Transaktionen pro Quartal abgeschlossen haben, deren Wert des Wertpapierportfolios EUR 0,5 Mio. übersteigt oder mindestens ein Jahr lang im Finanzsektor in einer beruflichen Position tätig waren, die Kenntnisse auf dem Gebiet Wertpapieranlage voraussetzt); e) bestimmte kleinere und mittlere Unternehmen, sog KMUs, die im Inland ihren Sitz und bei der FMA beantragen, als qualifizierte Anleger zugelassen zu werden.

pektpflicht aus, sodass Mitarbeiterbeteiligungen in Form von stillen Beteiligungen oder Kommanditbeteiligungen nicht unter diese Ausnahmebestimmung fallen;[660])
- ein Angebot an weniger als 100 natürliche oder juristische Personen in Österreich bzw in einem sonstigen EWR-Land, die nicht als qualifizierte Anleger anzusehen sind.

562   Die Ausnahmetatbestände schließen einander nicht aus, sondern können vielmehr auch kumulativ angewendet werden, sodass ein Angebot, das sowohl an 88 nicht qualifizierte Anleger als auch an eine Vielzahl qualifizierter Anleger, ebenso wenig eine Prospektpflicht auslöst, wie ein Angebot nur an qualifizierte Anleger[661]).

6. Gültigkeit des Prospektes sowie Berichtigungs- und Aktualisierungspflicht

563   § 2 KMG legt fest, dass für jedes öffentliche Angebot ein Prospekt zu erstellen ist und nicht nur für ein erstmaliges Angebot. Nach § 6a KMG ist ein Prospekt zwölf Monate lang nach seiner Veröffentlichung für öffentliche Angebote oder Zulassungen gültig, vorausgesetzt, der Prospekt wird um etwaige nach § 6 KMG erforderliche Nachträge ergänzt.

564   Dazu enthält § 6 KMG eine Berichtigungs- und Aktualisierungspflicht. Im Rahmen der Berichtigungspflicht hat der Emittent bis zum Schluss des öffentlichen Angebots bzw der Eröffnung des Handels an einem geregelten Markt jede wesentliche Unrichtigkeit oder Ungenauigkeit, die die Beurteilung der Wertpapiere oder Veranlagungen beeinflussen können, in einem Nachtrag zu veröffentlichen. Kommt eine solche Unrichtigkeit erst nach Eröffnung des Handels hervor, dann ist zwar eine Berichtigung möglich und aus Anlegerschutz geboten, eine gesetzliche Verpflichtung besteht jedoch nicht.

565   Daneben besteht die Aktualisierungspflicht. Danach muss unverzüglich – abgesehen von unwesentlichen Unrichtigkeiten und Ungenauigkeiten – jeder wichtige neue Umstand über im Prospekt enthaltene Angaben, die die Beurteilung der Wertpapiere oder Veranlagungen beeinflussen könnten und die zwischen Billigung des Prospektes und dem endgültigen Schluss des öffentlichen Angebots bzw der Öffnung des Handels an einem geregelten Markt auftreten bzw festgestellt werden, in einem Nachtrag zum Prospekt genannt werden. Dabei stellt das Gesetz klar, dass es sich nur um wichtige neue Umstände handelt. Umstände, die überhaupt keinen Einfluss auf die Beurteilung des Prospekts haben, lösen keine Aktualisierungspflicht aus.[662])

566   Ein solcher Nachtrag (im Rahmen der Berichtigung oder Aktualisierung) ist nach § 6 Abs 1 KMG unverzüglich vom Emittenten in gleicher Weise zu veröffentlichen wie

---

[660]) *Zivny,* KapitalmarktG § 3 Rz 91.
[661]) Vgl dazu *Kalss/Oppitz/Zollner,* Kapitalmarktrecht § 10 Rz 50.
[662]) Wichtige neue Umstände sind – so die hL – personelle Veränderungen im Vorstand oder im Aufsichtsrat des Emittenten, Kündigung wesentlicher Vereinbarungen des Emittenten mit Kunden oder Lieferanten, Überschreitung des Emissionsvolumens, Änderungen bei den emissionsbegleitenden Banken, Änderungen ISIN-Codes (vgl dazu *Zivny,* KapitalmarktG § 6 Rz 8 ff mwN).

der ursprüngliche Prospekt.[663]) Ebenso ist die Billigung des Nachtrags bei der FMA zu beantragen.[664])

7. Billigung des Prospektes

Der Emittent hat bei der FMA die Billigung des Prospektes sowie seiner Nachträ- **567** ge zu beantragen. Diese ist von der FMA zu erteilen, wenn der Prospekt vollständig, kohärent und verständlich ist und sonst die im KMG geforderten Voraussetzungen erfüllt.[665]) Die FMA ist in diesem Zusammenhang insb berechtigt, Prospektkontrolleure und Sachverständige beizuziehen sowie Ergänzungen des Prospektes und die Vorlage weiterer Informationen und Unterlagen zu verlangen. Die Frist zur Billigung des Prospektes beträgt zehn Bankarbeitstage und kann verlängert werden.[666])

8. Veröffentlichung und Hinterlegung des Prospekts sowie des Nachtrags

§ 10 KMG legt fest, dass ein Prospekt nicht vor Billigung durch die FMA veröf- **568** fentlicht werden darf.[667])

Als veröffentlicht gilt der Prospekt, wenn er (i) im Amtsblatt zur Wiener Zeitung **569** oder wenigstens einer Zeitung mit Verbreitung in ganz Österreich veröffentlicht wurde, oder (ii) dem Publikum in gedruckter Form kostenlos bei den zuständigen Stellen des Marktes, an dem die Wertpapiere zum Handel zugelassen werden sollen oder am Sitz des Emittenten zur Verfügung gestellt wurde, oder (iii) in elektronischer Form auf der Internetseite des Emittenten veröffentlicht wurde, oder (iv) in elektronischer Form auf der Internetseite des geregelten Marktes, für den die Zulassung zum Handel beantragt wurde, veröffentlicht wurde, oder (v) in elektronischer Form auf der Internetseite der FMA oder auf der Internetseite einer von dieser dazu gegen angemessene Vergütung beauftragten Einrichtung veröffentlicht wurde, wenn die FMA entschieden hat, diese Dienstleistung anzubieten. Dies gilt auch für einen Nachtrag zum Prospekt.

Der FMA ist vorab anzuzeigen, wie veröffentlicht wird und wo der Prospekt bzw **570** der Nachtrag erhältlich sein soll. Der Emittent hat jedenfalls – sofern Österreich Herkunftsmitgliedstaat ist – eine Mitteilung im Amtsblatt zur Wiener Zeitung oder sonst in wenigstens einer Zeitung mit Verbreitung im gesamten Bundesgebiet zu veröffentlichen, aus der hervorgeht, wie der Prospekt sonst veröffentlicht worden ist und wo er erhältlich ist (sog Hinweisbekanntmachung).

Die OeKB AG hat als Meldestelle alle Prospekte auf das Vorhandensein der erfor- **571** derlichen Mindestunterfertigungen zu prüfen und die Prospekte zu verwahren.[668])

---

[663]) Siehe dazu Rz 569.

[664]) Siehe dazu Rz 567.

[665]) Auf der Homepage der FMA (www.fma.gv.at) kann in die Liste der gebilligten Prospekte der letzten zwölf Monate Einsicht genommen werden.

[666]) Vgl dazu § 8a KMG.

[667]) Nach seiner Billigung ist der Prospekt durch den Emittenten sobald wie praktisch möglich zu veröffentlichen, auf jeden Fall aber spätestens einen Bankarbeitstag vor Beginn des öffentlichen Angebots bzw einen Bankarbeitsarbeitstag vor Zulassung der betreffenden Wertpapiere zum Handel.

[668]) Vgl dazu § 12 KMG.

9. Werbung

572   Der Emittent muss im Rahmen der Werbung, die sich auf ein öffentliches Angebot von Wertpapieren oder Veranlagungen bezieht, die in § 4 KMG festgelegten Grundsätze beachten. Danach ist in allen Werbeanzeigen darauf hinzuweisen, dass ein Prospekt samt allfälligen ändernden oder ergänzenden Angaben veröffentlicht wurde oder zur Veröffentlichung ansteht und wo Anleger diesen erhalten können. Ferner müssen Werbeanzeigen als solche klar erkennbar sein. Die darin enthaltenen Angaben dürfen nicht unrichtig oder irreführend sein und dürfen darüber hinaus nicht im Widerspruch zu den Angaben im Prospekt stehen. Alle mündlich oder schriftlich verbreiteten Informationen über das öffentliche Angebot oder die Zulassung zum Handel an einem geregelten Markt, selbst wenn sie nicht zu Werbezwecken dienen, müssen mit dem im Prospekt und in den allfälligen ändernden oder ergänzenden Angaben übereinstimmen.

573   Besteht keine Prospektpflicht, so sind wesentliche Informationen des Emittenten oder des Anbieters, die sich an qualifizierte Anleger oder besondere Anlegergruppen richten, einschließlich Informationen, die im Verlauf von Veranstaltungen über Angebote von Wertpapieren mitgeteilt werden, allen qualifizierten Anlegern bzw allen besonderen Anlegergruppen, an die sich das Angebot richtet, mitzuteilen. Muss ein Prospekt veröffentlicht werden, so sind solche Informationen in den Prospekt oder in einen Nachtrag zum Prospekt aufzunehmen.

574   Die FMA kann die Werbung auf Einhaltung der oben genannten Grundsätze kontrollieren.

10. Sanktionen und Prospekthaftung

575   Verstöße gegen das KMG stellen zum Teil gerichtlich strafbare Handlungen und zum Teil Verwaltungsübertretungen dar. Darüber hinaus steht Anlegern bei Vorliegen bestimmter Voraussetzungen ein Schadensersatzanspruch zu.

576   **Verwaltungsübertretung:** Sofern es sich nicht um eine gerichtlich strafbare Handlung handelt, begeht eine Verwaltungsübertretung und ist von der FMA mit einer Geldstrafe bis zu EUR 50.000,00 zu bestrafen, wer iZm einem öffentlichen Angebot von Wertpapieren oder Veranlagungen, das nach dem KMG prospektpflichtig ist,

- Wertpapiere oder Veranlagungen anbietet, wenn der Prospekt oder die nach § 6 KMG ändernden oder ergänzenden Angaben oder deren Veröffentlichungen den Vorschriften des KMG widersprechen oder
- als Emittent in einem Prospekt oder in einer nach § 6 KMG ergänzenden oder ändernden Angabe falsche Angaben macht oder
- entgegen den Vorschriften des KMG Werbung macht oder
- als Anbieter für Schuldverschreibungen, für die ein Rating nach § 9 KMG zu veröffentlichen ist, kein Rating veröffentlicht oder es nicht rechtzeitig der Meldestelle übermittelt oder
- als Anbieter nicht gemäß § 12 KMG oder als Meldepflichtiger nicht gemäß § 13 KMG die Meldestelle in Kenntnis setzt oder
- als Anbieter nicht rechtzeitig den Prospekt oder die nach § 6 KMG ändernden oder ergänzenden Angaben der Meldestelle übersendet oder

- Schuldverschreibungen ohne die nach § 9 Abs 1 Z 1 KMG erforderliche Bewilligung des BMF anbietet oder
- den Anordnungen der FMA zuwiderhandelt.

Die FMA ist nach § 16 a KMG insb berechtigt, im Falle der Verhängung einer **577** Sanktion die Namen der Personen oder Unternehmen, gegen die die Sanktion verhängt wurde, zu veröffentlichen.

Strafrecht: Wer iZm einem öffentlichen Angebot von Wertpapieren oder Veranla- **578** gungen, das nach dem KMG prospektpflichtig ist (i) Wertpapiere oder Veranlagungen anbietet, ohne dass zeitgerecht ein gebilligter Prospekt oder die „gebilligten" nach dem KMG vorgeschriebenen ändernden oder ergänzenden Angaben veröffentlicht wurden oder (ii) in einem öffentlichen Prospekt oder in den ändernden oder ergänzenden Angaben nach § 6 KMG hinsichtlich der für die Entscheidung über den Erwerb erheblichen Umstände gemäß § 7 KMG unrichtige vorteilhafte Angaben macht oder nachteilige Angaben verschweigt, ist, sofern die Tat nicht nach anderen Bestimmungen mit strengerer Strafe bedroht ist, vom Gericht mit einer Freiheitsstrafe bis zu zwei Jahren oder mit einer Geldstrafe bis zu 300 Tagessätzen zu bestrafen.[669] Die Strafbarkeit wird unter den Voraussetzungen des § 167 StGB durch tätige Reue aufgehoben, sofern sich die Schadensgutmachung auf die gesamte für den Erwerb erforderliche Leistung einschließlich der damit verbundenen Nebenkosten bezieht.

Weiters strafrechtlich relevant im Rahmen der Prospekterstellung ist § 255 Abs 1 **579** Z 1 und 2 AktG. Diese Bestimmung untersagt die vorsätzliche unrichtige Wiedergabe, das Verschleiern oder Verschweigen der Verhältnisse der Gesellschaft oder mit ihr verbundener Unternehmen oder erheblicher Umstände, auch wenn sie nur einzelne Geschäftsfälle betreffen, in Berichten, Darstellungen und Übersichten an die Gesellschafter oder an die Öffentlichkeit oder in der öffentlichen Aufforderung um Beteiligung. Diese Bestimmung stellt damit die falsche Prospektwerbung unter Strafe, jedoch anders als § 15 KMG nicht die völlige Unterlassung der Information.[670]

Zivilrechtliche Haftung: Als zivilrechtliche Haftung spielt die Prospekthaftung nach **580** § 11 KMG eine wichtige Rolle. Jedem Anleger haften für den Schaden, der ihm in Vertrauen auf die Prospektangaben sowie sonstige erforderliche Angaben, die für die Beurteilung der Wertpapiere und Veranlagungen erheblich sind, entstanden sind (ua) der Emittent für durch eigenes Verschulden oder durch Verschulden seiner Leute oder sonstiger Personen, deren Tätigkeit zur Prospekterstellung herangezogen wurde, erfolgte unrichtige oder unvollständige Angaben. Der Emittent haftet bereits bei leichter Fahrlässigkeit. Werden damit die inhaltlichen Erfordernisse, die an den Prospekt gestellt werden, nicht oder nur unvollständig erfüllt, liegt ein haftungsbegründender Prospektmangel vor.

Prospekthaftungsansprüche des Anlegers bestehen – bei Vorliegen der sonstigen **581** Voraussetzungen, wie Verschulden, Schaden, Kausalität etc – wenn er durch falsche, unvollständige oder irreführende Prospektangaben zur Zeichnung einer Kapitalanlage bewegt wird.

Dabei ist bei Prognosen und Werturteilen zu beachten, dass diese nicht unrichtig, **582** und damit nicht haftungsrelevant sind, wenn sie durch die weitere Entwicklung wider-

---

[669] Vgl § 15 KMG.
[670] Vgl *Kalss/Oppitz/Zollner,* Kapitalmarktrecht § 11 Rz 9.

legt werden, sondern nur dann, wenn sie auf falschen Tatsachen, auf Verstößen gegen die Denkgesetze oder allgemeine Erfahrungssätze oder auf eine Außerachtlassung der bei Werturteilen und Prognosen gebotenen Zurückhaltung beruhen.[671] Als Beispiele sind die völlig falsche Bewertung (Wahl ungeeigneter Methoden) des Anlagevermögens, die Nicht-Offenlegung der maßgeblichen Eigentümer oder eines zentralen Syndikatsvertrages zu nennen.[672]

583   Weitere Voraussetzung für die Haftung ist ein Schaden des Anlegers. Zu ersetzen ist der Vertrauensschaden[673], das ist jener Schaden, den der Anleger im Vertrauen auf die vollständige und richtige Information erlitten hat.

584   Die Prospekthaftung kann zum Nachteil von Anlegern weder ausgeschlossen noch beschränkt werden. Die Höhe der Prospekthaftung gegenüber jedem einzelnen Anleger ist, sofern das schädigende Verhalten nicht auf Vorsatz beruhte, begrenzt durch den vom Anleger bezahlten Erwerbspreis zuzüglich Spesen und Zinsen ab Zahlung des Erwerbspreises.

585   Ansprüche der Anleger nach dem KMG müssen bei sonstigem Ausschluss binnen zehn Jahren nach Beendigung des prospektpflichtigen Angebotes gerichtlich geltend gemacht werden.

586   Darüber hinaus können die Anleger wegen irreführender Information die Haftung auch auf Grundlage der §§ 1 und 2 UWG geltend machen.[674]

587   Daneben sind noch die allgemeinen zivilrechtlichen Anspruchslagen, so zB die Fortentwicklung der Haftung aus culpa in contrahendo, anwendbar.

C. Börsezulassung

588   Zuständig für die Stellung des Antrags auf Börsezulassung ist der Vorstand der Emittentin. Er hat dazu die Zustimmung des Aufsichtsrates einzuholen.[675] Das Aktiengesetz sieht keine Zuständigkeit der Hauptversammlung für die Entscheidung über die Stellung eines Antrags auf Börsezulassung vor. Nach der in Österreich hM ist eine solche nicht erforderlich.[676]

589   Der Antrag ist bei der Wiener Börse einzubringen. Neben verschiedenen gesellschaftsrechtlichen Beilagen ist ein nach den Bestimmungen von §§ 2 ff KMG zu erstellender Börseprospekt erforderlich und in gebilligter Form vorzulegen. Das BörseG legt dazu in § 75 BörseG verschiedene Ausnahmen von der Prospektpflicht fest. Die Zulassung ist von der Wiener Börse nur dann zu erteilen, wenn die Finanzinstrumente fair, ordnungsgemäß und effizient gehandelt werden können und – im Falle von übertragbaren Wertpapieren – frei handelbar sind.[677]

---

[671]) *Canaris,* Bankvertragsrecht² 1981, Rz 2279.

[672]) *Kalss/Oppitz/Zollner,* Kapitalmarktrecht § 11 Rz 17.

[673]) OGH 21. 05. 1997, 70 x 2387/96 x; ecolex 1998, 25; *Zivny,* KapitalmarktG § 11 Rz 43.

[674]) Siehe dazu den Beitrag von *Dürager* Rz 826 ff.

[675]) Nach der in Österreich hL handelt es sich bei der Antragstellung um eine Angelegenheit der Geschäftspolitik, die gemäß § 95 Abs 5 Z 8 AktG die Zustimmung des Aufsichtsrates erfordert (vgl dazu *Kalss* in *Aicher/Kalss/Oppitz,* Börserecht 290).

[676]) Siehe dazu *Kalss/Oppitz/Zollner,* Kapitalmarktrecht § 12 Rz 2 mwN.

[677]) Vgl § 66 BörseG.

D. Regelpublizität

1. Rechtliche Grundlagen

Rechtsgrundlagen der Regelpublizität sind die Rechnungslegungsvorschriften des **590** UGB, die §§ 82 ff BörseG sowie das Regelwerk der Wiener Börse für den Prime Market idF 1. 6. 2008.[678]) Ferner ist die Regelpublizität in Regeln 65 ff des ÖCGK geregelt.

2. Veröffentlichungspflichten

a) Jahresabschluss und Konzernabschluss („Jahresfinanzbericht")

UGB: Die gesetzlichen Vertreter von börsenotierten AGs haben den Jahresab- **591** schluss, den Lagebericht, den Corporate-Governance-Bericht[679]) sowie den Bestätigungsvermerk oder den Vermerk über dessen Versagung, den Bericht des Aufsichtsrates und den Vorschlag des Vorstands über die Gewinnverwendung nach seiner Behandlung in der Hauptversammlung beim Firmenbuch einzureichen und den Jahresabschluss samt Bestätigungsvermerk oder dessen Versagung im Amtsblatt zur Wiener Zeitung veröffentlichen. Die Einreichung beim Firmenbuch hat spätestens neun Monate nach dem Bilanzstichtag zu erfolgen, die Veröffentlichung im Amtsblatt zur Wiener Zeitung unmittelbar nach der Behandlung in der Hauptversammlung, spätestens neun Monate nach dem Bilanzstichtag.[680]) Bei bestehender Konzernrechnungslegungspflicht haben die gesetzlichen Vertreter einer Gesellschaft auch einen geprüften Konzernabschluss mit dem Bestätigungsvermerk oder dessen Versagung und den Konzernlagebericht beim Firmenbuch einzureichen und unter sinngemäßer Anwendung von § 277 Abs 2 UGB im Amtsblatt zur Wiener Zeitung zu veröffentlichen.[681])

BörseG: § 82 Abs 4 BörseG sieht dazu vor, dass der Vorstand einer börsenotierten **592** Gesellschaft den Jahresfinanzbericht[682]), bestehend aus dem Jahresabschluss, dem Lage-

---

[678]) Das Regelwerk der Wiener Börse für den Prime Market idF 1. 6. 2008 findet sich unter www.wienerborse.at. Der Prime Market ist ein Marktsegment der Wiener Börse AG, in dem seit 1. 1. 2002 Aktien von Gesellschaften (sowohl Stammaktien als auch Zertifikate, die Stammaktien vertreten), welche sich über die für die Zulassung von Aktien zum Amtlichen Handel oder zum Geregelten Freiverkehr an der Wiener Börse geltenden gesetzlichen Bestimmungen des BörseG hinausgehend vertraglich zur Einhaltung erhöhter Transparenz-, Qualitäts- und Publizitätskriterien verpflichten, zusammengefasst sind.

[679]) Nach der Regel 60 des ÖCGK hat der Corporate Governance Bericht zumindest folgende Angaben zu enthalten: die Nennung eines in Österreich oder am jeweiligen Börseplatz allgemein anerkannten Corporate-Governance-Kodex, die Angabe, wo dieser öffentlich zugänglich ist, soweit die Gesellschaft von den Comply or Explain-Regeln des Kodex abweicht, eine Erklärung, in welchen Punkten und aus welchen Gründen diese Abweichung erfolgt, wenn sie beschließt keinem Kodex zu entsprechen, eine Begründung dafür, die Zusammensetzung und die Arbeitsweise des Vorstands und des Aufsichtsrats sowie seiner Ausschüsse. Dieser Bericht ist nach Regel 61 des ÖCGK auf der Homepage der Gesellschaft zu veröffentlichen.

[680]) Siehe § 277 UGB.

[681]) § 280 Abs 1 UGB.

[682]) Das Regelwerk des Prime Market der Wiener Börse sowie Regel 68 des ÖCGK verlangen, dass der Jahresfinanzbericht auch in englischer Sprache zu erstellen ist. Falls der Jahresfinanzbericht einen Konzernabschluss enthält, braucht der im Jahresfinanzbericht enthaltene Jahresabschluss lediglich in deutscher Sprache veröffentlicht werden.

bericht und dem Bilanzeid zu veröffentlichen hat. Danach haben die Mitglieder des Vorstands einer börsenotierten AG unter Angabe ihres Namens und ihrer Stellung zu bestätigen, (i) dass der im Einklang mit den maßgebenden Rechnungslegungsstandards aufgestellte Jahresabschluss ihres Wissens ein möglichst getreues Bild der Vermögens-, Finanz- und Ertragslage des Emittenten oder der Gesamtheit der in die Konsolidierung einbezogenen Unternehmen vermittelt und (ii) dass der Lagebericht den Geschäftsverlauf, das Geschäftsergebnis oder die Lage der Gesamtheit der in die Konsolidierung einbezogenen Unternehmen so darstellt, dass ein möglichst getreues Bild der Vermögens-, Finanz- und Ertragslage entsteht, und dass er die wesentlichen Risiken und Ungewissheiten, denen sie ausgesetzt sind, beschreibt.[683]

593 Die Veröffentlichung hat spätestens vier Monate nach Ablauf des Geschäftsjahres zu erfolgen.[684] Die Gesellschaft hat ferner sicherzustellen, dass die Unterlagen fünf Jahre lang öffentlich zugänglich sind. Es genügt dazu, die Unterlagen auf der Homepage der Gesellschaft zu veröffentlichen und diese Bereitstellung öffentlich anzukündigen.[685] Nach § 82 Abs 6 BörseG hat die FMA die technischen Voraussetzungen für die Veröffentlichung festzulegen. Dies ist bislang noch nicht erfolgt. Es ist daher die Veröffentlichungs- und Meldeverordnung (VMV)[686] anzuwenden.

b) Halbjahresfinanzbericht

594 Der Emittent von Aktien oder Schuldtiteln hat gemäß § 87 BörseG einen Halbjahresbericht über die ersten sechs Monate des Geschäftsjahres unverzüglich, längstens jedoch zwei Monate[687] nach Ablauf des Berichtszeitraums zu veröffentlichen und sicherzustellen, dass dieser mindestens fünf Jahre lang öffentlich zugänglich ist.[688] Der Halbjahresfinanzbericht besteht aus einem verkürzten Abschluss, einem Halbjahreslagebericht sowie dem Bilanzeid des Vorstands. Im Halbjahresbericht sind zumindest die wichtigsten Ereignisse der ersten sechs Monate des Geschäftsjahres und deren Auswirkungen auf den verkürzten Abschluss anzugeben.[689] Für den Halbjahresfinanzbericht besteht keine Prüfungspflicht.[690]

595 Bezüglich des Umfangs sowie die Art der Veröffentlichung gilt das zum Jahresabschluss Gesagte.[691]

---

[683] Regel 66 des ÖCGK legt fest, dass im Rahmen der Jahresberichterstattung der Vorstand die wesentlichen Änderungen oder Abweichungen sowie deren Ursachen und Auswirkungen für das laufende bzw folgende Geschäftjahr sowie wesentliche Abweichungen von bisher veröffentlichten Umsatz-, Gewinn- und Strategiezielen erläutert.

[684] § 82 Abs 4 BörseG; Regel 65 ÖCGK.

[685] Vgl § 11 a Abs 2 VMV.

[686] BGBl II 2005 /109 idF BGBl II 2008/113.

[687] Regel 65 des ÖCGK sowie das Regelwerk des Prime Market legen für Halbjahresfinanzberichte eine Frist von zwei Monaten fest.

[688] Regel 68 des ÖCGK sowie das Regelwerk des Prime Market verlangen, dass der Halbjahresfinanzbericht auch in englischer Sprache zu erstellen ist.

[689] Vgl § 87 Abs 4 BörseG.

[690] Vgl § 87 Abs 3 BörseG.

[691] Siehe dazu Rz 593.

c) Zwischenmitteilung und Quartalsberichte

Gemäß § 87 Abs 6 BörseG haben Emittenten von Aktien, die keine Quartalsbe- **596** richte[692]) erstellen, Zwischenmitteilungen des Vorstands über das erste und dritte Quartal des Geschäftsjahres unverzüglich zu veröffentlichen, dies spätestens sechs Wochen nach Ablauf des Berichtszeitraumes.[693]) Die Zwischenmitteilungen umfassen jedenfalls eine Erläuterung der wesentlichen Ereignisse und Transaktionen sowie eine allgemeine Beschreibung der Finanzlage und des Geschäftsergebnisses der Emittenten sowie seiner konsolidierten Unternehmen.[694])

Für die Art der Veröffentlichung gilt das zum Jahresabschluss Gesagte.[695]) **597**

3. Sanktionen

Verwaltungsübertretung: Nach § 48 Abs 1 Z 6 BörseG begeht eine Verwaltungs- **598** übertretung, wer als Emittent seinen Verpflichtungen zur Veröffentlichung, Übermittlung oder Miteilung gemäß §§ 82 bis 89 BörseG nicht oder nicht rechtzeitig nachkommt. Der Emittent ist von der FMA mit einer Geldstrafe von bis EUR 30.000,00 zu bestrafen, sofern die Tat nicht den Tatbestand einer in die Zuständigkeit der Gerichte fallenden strafbaren Handlung bildet.

Strafrecht: Darüber hinaus liegt eine gerichtlich strafbare Handlung nach § 255 **599** AktG vor, wenn in einem Jahresabschluss, Konzernabschluss, Lagebericht, Konzernlagebericht, Zwischenbericht oder Quartalsbericht vom Vorstand oder Aufsichtsrat vorsätzlich eine Angabe unrichtig wiedergegeben, verschwiegen oder verschleiert wird. Die Vorstands- oder Aufsichtsratsmitglieder sind in diesem Fall mit einer Freiheitsstrafe bis zu einem Jahr oder mit einer Geldstrafe bis zu 360 Tagessätzen zu bestrafen.[696])

Wiener Börse: Das Regelwerk des Prime Market der Wiener Börse sieht im Fall **600** der Nicht-Erfüllung der Regelpublizität ebenso Sanktionen vor, nämlich die Abmahnung des Emittenten, die Veröffentlichung der Tatsache auf der Homepage der Wiener Börse sowie die Verhängung von Konventionalstrafen. Darüber hinaus ist das Börseunternehmen verpflichtet, die Einhaltung der Offenlegungspflichten zu überwachen, um damit die Folgepflichten der Zulassung eines Wertpapiers zur Börse entsprechend zu kontrollieren. Die notorische Nicht-Einhaltung der Berichterstattung

---

[692]) Erstellt eine Gesellschaft Quartalsberichte, so sind diese nach den International Financial Reporting Standards, wie sie von der EU übernommen wurden, zu erstellen (IAS 34). Nachdem die Diskussion über eine allgemeine Pflicht zur Erstellung von Quartalsberichten sehr kontrovers geführt wurde, stellen die Zwischenmitteilungen einen Kompromiss dar. Spätestens fünf Jahre nach Inkrafttreten der Transparenzrichtlinie wird die EU-Kommission prüfen, ob die Zwischenmitteilungen den Bedürfnissen der Kapitalmarktteilnehmer gerecht werden und ob sie eine ausreichende Beurteilung der finanziellen Situation des Emittenten erlauben *(Betzyk/Oelkers,* Die neue Regelpublizität nach dem BörseG 2007 und URÄG 2008, ÖBA 2009, 508 [514]).

[693]) Vgl dazu auch Regel 65 des ÖCGK.

[694]) Regel 68 des ÖCGK sowie das Regelwerk des Prime Market verlangen, dass der Halbjahresfinanzbericht auch in englischer Sprache zu erstellen ist.

[695]) Siehe dazu Rz 593.

[696]) Siehe dazu *Kalss* in *Doralt/Nowotny/Kalss,* AktG § 255 Rz 22.

kann daher sogar zum Widerruf der Zulassung des Wertpapiers an der Wiener Börse führen.[697])

601   **Zivilrechtliche Haftung:** Die Verletzung der Regelpublizität zieht bei Vorliegen der sonstigen zivilrechtlichen Voraussetzungen eine Haftung des Emittenten gegenüber dem geschädigten Anleger nach sich.[698]) §§ 87 ff BörseG iVm § 255 AktG stellen ein Schutzgesetz gemäß § 1311 ABGB dar, sodass Aktionären oder potenziellen Anlegern, die sich bei ihrer Vermögensdisposition auf die veröffentlichten Jahresabschlüsse, die Halbjahresberichte oder die Zwischenmitteilungen gestützt haben, ein Schadenersatzanspruch gegen die Emittentin und darüber hinaus bei Vorliegen von Vorsatz auch gegenüber den einzelnen Mitgliedern des Vorstandes entsteht.[699])

E. Ad-hoc-Publizität

1. Rechtsgrundlagen

602   Rechtsgrundlage der Ad-hoc-Publizität ist § 48 d BörseG. Die FMA hat dazu die VMV[700]) erlassen, die Form, Inhalt und Art der Veröffentlichung, die Übermittlung sowie die Verbreitung von Ad-hoc-Meldungen regelt und ein Rundschreiben veröffentlicht, in dem die FMA ihre Auslegung über die Anforderungen zu § 48 d BörseG bekanntgibt.[701]) Ferner ist die Ad-hoc-Publizität in Regel 71 ÖCGK und im Regelwerk des Prime Market der Wiener Börse geregelt.

2. Regelungsgehalt von § 48 d BörseG

603   Emittenten von Finanzinstrumenten haben Insider-Informationen, die sie unmittelbar betreffen[702]), unverzüglich der Öffentlichkeit bekanntzugeben. Gemäß § 48 a Abs 1 BörseG ist eine Insider-Information[703])

- eine genaue Information,
- die öffentlich nicht bekannt ist,
- die direkt oder indirekt einen oder mehrere Emittenten von Finanzinstrumenten oder ein oder mehrere Finanzinstrumente betrifft und
- die geeignet wäre, im Falle ihres öffentlichen Bekanntwerdens den Kurs dieser Finanzinstrumente erheblich zu beeinflussen, weil sie ein verständiger Anleger wahrscheinlich als Teil der Grundlage seiner Anlageentscheidung nutzen würde.

---

[697]) § 64 Abs 5 BörseG: Erhält die FMA Kenntnis von Gründen, die den zum Widerruf der Zulassung zum amtlichen Handel rechtfertigen, hat sie das Börseunternehmen zu informieren und mit der Prüfung der vorliegenden Gründe für den Widerruf zu beauftragen.

[698]) *Betzyk/Oelkers,* Die neue Regelpublizität nach dem BörseG 2007 und URÄG 2008, ÖBA 2009, 508 (515).

[699]) Siehe dazu *Kalss/Oppitz/Zollner,* Kapitalmarktrecht § 13 Rz 56.

[700]) BGBl II 2005 /109 idF BGBl II 2008/113.

[701]) Rundschreiben der FMA vom 6. 3. 2006 idF vom 5. 4. 2007 betreffend Ad-hoc-Publizität und Directors' Dealings-Meldungen (www.fma.gv.at).

[702]) Eine unmittelbare Betroffenheit knüpft an die Tatsachen im Tätigkeitsbereich des Emittenten an (vgl *Kalss/Oppitz/Zollner,* Kapitalmarktrecht § 14 Rz 6).

[703]) Siehe dazu auch Regel 71 ÖCGK.

Eine Information gilt dann als genau, wenn sie eine Reihe von bereits vorhande-   **604**
nen oder solchen Tatsachen und Ereignissen erfasst, bei denen mit hinreichender
Wahrscheinlichkeit davon ausgegangen werden kann, dass sie in Zukunft eintreten
werden, und darüber hinaus bestimmt genug ist, dass sie einen Schluss auf die mögliche Auswirkung dieser Tatsachen oder Ereignisse auf die Kurse von Finanzinstrumenten oder damit verbundenen derivativen Finanzinstrumenten zulässt.[704]

Von einer öffentlich bekannten Information ist auszugehen, wenn sie einem brei-   **605**
ten Anlegerpublikum und damit einem unbestimmten Kreis von Personen zugänglich
gemacht wurde.[705]

Die Eignung zur Kursbeeinflussung ist ex ante zu beurteilen[706] und hängt – so   **606**
die FMA im Rundschreiben – von der historischen Volatilität und der Liquidität des
jeweiligen Wertpapiers ab. Dabei ist von der Sicht eines verständigen Anlegers auszugehen.[707]

Die Information muss hinreichend wahrscheinlich sein. Die FMA hat dazu ausge-   **607**
führt, dass bei mehrstufigen Akquisitionsprozessen ein Letter of Intent, bei dem die
wesentlichen Vertragsinhalte noch nicht feststehen, grundsätzlich noch keine Insider-
Information darstellt. Demgegenüber sollte bei einer DD-Prüfung, die zu einem zufrie-
denstellenden Ergebnis führt, geprüft werden, ob eine Insider-Information vorliegt.[708]
Nur bei einer hinreichenden Wahrscheinlichkeit kann von ausreichender Genauigkeit
gesprochen werden, dh wenn nach kaufmännischem Ermessen kein vernünftiger Grund
besteht, am Abschluss der Transaktion zu zweifeln.[709]

Beispiele für zu veröffentlichende Insider-Informationen sind personelle Verände-   **608**
rungen im Vorstand, wesentliche Rechtsstreitigkeiten, Wertverluste bei wesentlichen
Teilen des Anlagevermögens, Entscheidungen zu Umgründungen bzw Umstrukturierungen im Konzern, der Erwerb oder die Veräußerung von Beteiligungen oder wesentlichen Assets des Konzerns, Kartellverfahren sowie die Richtigstellung inhaltlich falscher Pressemeldungen.[710]

3. Veröffentlichung

Die Insiderinformation ist nach § 48 d BörseG unverzüglich bekanntzugeben. Im   **609**
Regelfall hat daher der Emittent binnen weniger Stunden ab Eintritt und Kenntnis der
Insider-Information die Veröffentlichung vorzunehmen. Diese Veröffentlichungspflich-

---

[704] § 48 a Abs Z 1 lit a BörseG.

[705] Vgl dazu Ausführungen im Rundschreiben der FMA vom 6. 3. 2006 idF vom 5. 4. 2007
betreffend Ad-hoc-Publizität und Directors' Dealings-Meldungen.

[706] *Zaharadnik/Kapeller,* Ad-hoc-Publizität, in *Brandl/Kalss/Oppitz/Lucius/Saria,* Handbuch
Kapitalmarktrecht, 2006, 138.

[707] Vgl dazu Ausführungen im Rundschreiben der FMA vom 6. 3. 2006 idF vom 5. 4. 2007
betreffend Ad-hoc-Publizität und Directors' Dealings-Meldungen.

[708] Vgl dazu Ausführungen im Rundschreiben der FMA vom 6. 3. 2006 idF vom 5. 4. 2007
betreffend Ad-hoc-Publizität und Directors' Dealings-Meldungen.

[709] *Zahradnik/Kapeller,* Ad-hoc-Publizität, in *Brandl/Kalss/Oppitz/Lucius/Saria,* Informa-
tionsverhalten am Kapitalmarkt, 2006, 146.

[710] Vgl dazu auch *Kalss/Oppitz/Zollner,* Kapitalmarktrecht § 14 Rz 7 sowie das Rundschreiben der FMA vom 6. 3. 2006 idF vom 5. 4. 20047 betreffend Ad-hoc-Publizität und Directors'
Dealings-Meldungen.

ten gelten unabhängig von den Börsehandelszeiten. Die Veröffentlichung hat gemäß der VMV folgende Punkte zu umfassen:

- kurzes einleitendes Informationsfeld der Veröffentlichung,
- Überschrift „Ad-hoc-Meldung",
- als Betreff erkennbare Schlagwörter, die den Inhalt der Veröffentlichung kurz zusammenfassen,
- die Firma des Emittenten,
- die Anschrift des Emittenten,
- die ISIN sowie die Börsen- und Handelssegmente, für welche Zulassungen bestehen oder beantragt werden,
- die zu veröffentlichende Insider-Information und
- das Datum des Eintritts jener Umstände, die der Insider-Information zugrunde liegen.

610 Die Insider-Information muss kurz und prägnant formuliert werden.

611 Die Veröffentlichung hat über ein elektronisch betriebenes Informationsverbreitungssystem, das zumindest innerhalb der Europäischen Gemeinschaft verbreitet ist[711]), zu erfolgen[712]) und ist für die Dauer von mindestens sechs Monaten auf der Homepage des Emittenten zugänglich zu machen.

612 Ferner hat jeder Emittent die Ad-hoc-Meldung der FMA und der Wiener Börse mitzuteilen.[713])

4. Aufschub der Veröffentlichung

613 Das BörseG sieht die Möglichkeit des Aufschubs der sofortigen Offenlegung einer Insider-Information vor. Damit wird die Verpflichtung zur Veröffentlichung aufgeschoben, nicht jedoch aufgehoben.[714])

614 Ein Emittent kann danach die Bekanntgabe von Insider-Informationen aufschieben, wenn diese Bekanntgabe seinen berechtigten Interessen schaden könnte, sofern diese Unterlassung nicht geeignet ist, die Öffentlichkeit irrezuführen[715]) und der Emittent in der Lage ist, die Vertraulichkeit[716]) der Information zu gewährleisten. Berechtigte Interessen liegen dabei insb bei laufenden Verhandlungen und damit verbundenen

---

[711]) Gemäß § 11 Abs 2 VMV sind das Reuters, Bloomberg und Dow Jones Newswire.

[712]) Gemäß dem Regelwerk des Prime Market ist der Emittent verpflichtet, einen Anschluss an ein geeignetes Ad-hoc-System zu unterhalten und die gemäß § 48 d BörseG unverzüglich zu veröffentlichenden Insider-Informationen über dieses System zu verbreiten. Ein derartiges System ist dann als geeignet anzusehen, wenn es einen direkten Zugriff auf mindestens zwei elektronisch betriebene Informationsverbreitungssysteme gemäß § 11 Abs 2 VMV sicherstellt und dadurch eine rasche und zuverlässige Verteilung der Meldungen ohne redaktionellen Eingriff gewährleistet.

[713]) § 82 Abs 7 BörseG.

[714]) Vgl dazu *Kalss/Oppitz/Zollner*, Kapitalmarktrecht § 13 Rz 30.

[715]) Eine solche Irreführung der Öffentlichkeit ist jedenfalls dann gegeben, wenn Gerüchte am Markt kursieren oder Zeitungen darüber berichten. In einem solchen Fall hat der Emittent unverzüglich die Ad-hoc-Meldung zu erstatten.

[716]) § 48 d Abs 2 Z 2 BörseG verlangt, dass die Emittenten zur Sicherung der Vertraulichkeit den Zugang zu Insider-Informationen zu kontrollieren haben und insb wirksame Vorkehrungen zu treffen haben, dass nur Personen im unbedingt notwendigen Ausmaß Zugang zu den Infor-

Umständen, wenn das Ergebnis oder der normale Ablauf der Verhandlungen von der Veröffentlichung wahrscheinlich beeinträchtigt werden würden, insb auch bei Sanierungen, in denen die finanzielle Überlebensfähigkeit des Emittenten stark und unmittelbar gefährdet ist.

Die Entscheidung über den Aufschub liegt beim Vorstand. Der FMA kommt in **615** diesem Zusammenhang keine Entscheidungskompetenz zu.

5. Aktualisierungspflicht

§ 48 d Abs 1 3. Satz BörseG legt fest, dass alle erheblichen Veränderungen im Hin- **616** blick auf eine bereits offengelegte Insider-Information unverzüglich nach Eintritt dieser Veränderungen bekannt zu geben sind. Die Veröffentlichung hat auf demselben Weg zu erfolgen wie die Bekanntgabe der ursprünglichen Insider-Information.

6. Sanktionen

Verwaltungsübertretung: Gemäß § 48 Abs 1 Z 1 BörseG hat die FMA einem **617** Emittenten, der seiner Verpflichtung zur Veröffentlichung von Insider-Informationen nach § 48 d BörseG nicht nachkommt oder gegen eine Verordnung der FMA[717] verstößt, mit einer Verwaltungsstrafe von bis zu EUR 30.000,00 zu bestrafen, sofern die Tat nicht den Tatbestand einer gerichtlich strafbaren Handlung verwirklicht. Auch der Versuch ist strafbar.

Strafrecht: Vorstands- und Aufsichtsratsmitglieder können sich nach § 255 Abs 1 **618** Z 1 AktG gerichtlich strafbar machen, wenn sie bei einer Ad-hoc-Meldung vorsätzlich Tatsachen unrichtig wiedergeben, verschleiern oder verschweigen.[718]

Wiener Börse: Das Regelwerk des Prime Market sieht bei einem Verstoß gegen **619** Ad-hoc-Meldpflichten Sanktionen vor. Darüber hinaus kann die Börsezulassung widerrufen werden.[719]

Zivilrechtliche Haftung der Emittenten: Haftungsbegründend sind die gänzliche **620** Unterlassung der Information, die Falscherteilung der Information sowie die Nichteinhaltung der Veröffentlichungsmodalitäten. Voraussetzungen der Haftung sind ein Schaden des Anlegers[720], die Kausalität[721], der Rechtswidrigkeitszusammenhang, dass der

---

mationen erlangen. Diese Personen sind über die maßgeblichen Pflichten zu belehren. Die ECV konkretisiert diese Maßnahmen, siehe dazu Punkt Rz 674 ff.

[717] In diesem Zusammenhang kommt insb die VMV in Betracht.

[718] Siehe dazu auch Rz 579.

[719] Siehe dazu im Detail Rz 600.

[720] Wegen Verletzung der Ad-hoc-Publizität ist dem geschädigten Anleger der Vertrauensschaden zu ersetzen. Das ist der Schaden, den der Anleger im Vertrauen auf die vollständige und richtige Information erlitten hat (vgl *Kalss/Oppitz/Zollner*, Kapitalmarktrecht § 20 Rz 4 mwN). Der Anleger kann den Schadenersatzanspruch nur geltend machen, wenn er den Schaden tatsächlich realisiert hat. Er hat entweder dem Emittenten das Wertpapier zu übertragen oder zu einem niedrigeren Kurs zu verkaufen. Der Aktionär ist nicht zur nachträglichen Schadensminderungspflicht verpflichtet und muss daher einen Kursanstieg nicht abwarten, sondern kann jederzeit seine Anteile verkaufen (OGH 9. 3. 1999, 4 Ob 353/98 k, ÖBA 1999, 733).

[721] Erforderlich für die Haftung ist der Kausalzusammenhang zwischen unterlassener oder fehlerhafter Ad-hoc-Mitteilung und dem Erwerb oder der Veräußerung der Aktien. Der Anleger ist in diesem Fall vom Beweis der tatsächlichen Kenntnis der Unterlassung oder der fehlerhaften

Schaden bei rechtmäßigem Alternativverhalten nicht eingetreten wäre und der Schutzzweck der Norm. Normadressat ist der Anleger; Verpflichteter ist – bereits bei Vorliegen leichter Fahrlässigkeit – der Emittent. Einerseits können sich Anleger auf § 48 d BörseG stützen, dessen Bestimmung nach der hL ein Schutzgesetz im Sinne von § 1311 ABGB ist[722]), und andererseits begründet § 48 d BörseG ein gesetzliches kapitalmarktrechtliches Sonderverhältnis zwischen Anleger und Emittenten, dessen Verletzung daher eine Haftung aus culpa in contrahendo auslöst. Ferner steht auch § 2 UWG als Rechtsgrundlage zur Verfügung.[723])

621   **Zivilrechtliche Haftung von Organmitgliedern:** Daneben besteht noch eine unmittelbare Haftung der Organmitglieder im Falle vorsätzlicher fehlerhafter Ad-hoc-Meldungen nach § 255 AktG. Diese Bestimmung ist ein Schutzgesetz zugunsten der Anleger.[724]) Nach der hL haften die Organmitglieder noch kraft Verletzung der gesetzlichen Sonderbeziehung zwischen Anlegern und Emittenten, wenn die Organmitglieder (i) ein ausgeprägtes wirtschaftliches Interesse am Zustandekommen des Vertrages haben[725]) oder (ii) bei den Vertragsverhandlungen in besonderem Maß besonderes Vertrauen in Anspruch genommen haben und die Verhandlungen dadurch beeinflusst haben.[726])

F. Beteiligungspublizität

1. Gesetzliche Grundlage und Geltungsbereich

622   Die Börsegesetznovelle 2007[727]) setzte die Transparenzrichtlinie[728]) um. Maßgebliche Bestimmung für die Offenlegungspflicht der Beteiligung in Bezug auf den Veräußerer und den Erwerber von Aktien sind die §§ 91 ff BörseG. Hinsichtlich Emittenten ist § 93 BörseG anwendbar. Ferner ist die Beteiligungspublizität für Emittenten in Regel 63 ÖCGK geregelt.

623   Der territoriale Anwendungsbereich der Beteiligungspublizität ist vom Sitz des Emittenten bzw der Börse abhängig, an dem die Aktien des Emittenten notieren. Die Beteiligungspublizität der Aktionäre gilt gemäß § 91 Abs 1 Satz 2 BörseG für Aktionäre von Emittenten, deren Herkunftsmitgliedstaat Österreich ist. Das sind in diesem Fall Emittenten mit dem Sitz in Österreich, deren Wertpapiere zum Handel an der Wiener Börse zugelassen sind.[729])

Ad-hoc-Mitteilung befreit; erforderlich ist lediglich der Nachweis, dass die unterlassene oder fehlerhafte Mitteilung zum Zeitpunkt der Anlageentscheidung zu erbringen gewesen wäre (vgl *Kalss/Oppitz/Zollner*, Kapitalmarktrecht § 20 Rz 6 mwN).

[722]) Vgl *Brandl/Hohensinner*, Die Haftung des Vorstands für Verletzungen der Ad-hoc-Publizität nach § 82 Abs 6 BörseG, ecolex 2002, 93 (95) sowie *Kalss/Oppitz/Zollner*, Kapitalmarktrecht § 14 Rz 53 mwN.

[723]) Vgl dazu den Beitrag von *Dürager* Rz 826 ff.

[724]) Vgl § 1295 Abs 2 ABGB, § 1311 S 2 ABGB oder § 874 ABGB.

[725]) OGH 29. 10. 1996, 4 Ob 2308/96 g, wbl 1997/124.

[726]) Zuletzt OGH 8. 7. 2003, 5 Ob 120/03 p, immolex 2009, 140.

[727]) BGBl 2007/19.

[728]) 2004/109/EG.

[729]) Aktionäre von ausländischen Emittenten, das sind Emittenten ohne Sitz in Österreich, deren Wertpapiere an der Wiener Börse in einem geregelten Markt notieren, unterliegen den Vorschriften der Österreichischen Beteiligungspublizität, wenn ihr Sitz außerhalb der Europä-

2. Publizitätspflichten der Emittenten

Gesellschaften, deren Aktien an der Wiener Börse notieren[730]) haben gemäß § 93 **624** BörseG

- die Gesamtzahl der Stimmrechte und des Kapitals am Ende eines jeden Kalendermonats, in dem es zu einer Zu- oder Abnahme von Stimmrechten oder Kapital gekommen ist, zu veröffentlichen[731]);
- sobald sie eine Mitteilung eines Emittenten gemäß § 92 a Abs 1 BörseG[732]) erhalten haben, spätestens jedoch zwei Handelstage nach deren Erhalt, alle darin enthaltenden Informationen zu veröffentlichen,[733])
- im Falle des Erwerbs oder der Veräußerung von eigenen Aktien (entweder durch den Emittenten selbst oder über eine im eigenen Namen aber für Rechnung des Emittenten handelnde Person) unverzüglich, spätestens jedoch zwei Handelstage nach dem Erwerb oder der Veräußerung zu veröffentlichen, wenn der Anteil an eigenen Aktien die Schwelle von 5 vH oder 10 vH der Stimmrechte erreicht, über- oder unterschreitet sowie
- unverzüglich jede Änderung bei den an die verschiedenen Aktiengattungen geknüpften Rechte
- zu veröffentlichen.

Emittenten von anderen Wertpapieren als Aktien haben nach § 93 Abs 5 BörseG **625** jede Änderung bei den Rechten der Inhaber dieser Wertpapiere zu veröffentlichen.

Die Veröffentlichung des Emittenten hat gemäß § 82 Abs 8 BörseG über ein elekt- **626** ronisch betriebenes Informationsverbreitungssystem zu erfolgen.[734])

---

ischen Gemeinschaften (EU und EWR), dh in einem Drittland, liegt und diese die jährliche Information nach Art 10 der Prospektrichtlinie bei der Österreichischen Behörde, dh der FMA, hinterlegen müssen.

[730]) Im Unterschied zu den Bekanntmachungspflichten für Aktionäre enthält § 93 BörseG keine Einschränkung auf Emittenten, deren Herkunftsmitgliedstaat Österreich ist. Systematische Überlegungen sprechen aber für den Gleichklang der Anwendungsbereiche der Offenlegungspflichten nach §§ 91 bis 92 BörseG und der Informationspflichten für Emittenten nach § 93 BörseG (vgl *Kalss/Zollner*, Die Offenlegung von Beteiligungen nach der Börsegesetznovelle 2007, ÖBA 2007, 884 [885 f]).

[731]) Diesem Regelungsanliegen entsprechend ist auch jede – noch so kleine – Veränderung durch den Emittenten offenzulegen. Im Unterschied zu den Offenlegungspflichten nach den §§ 91 ff BörseG (Beteiligungspublizität die Aktionäre) wird eine bestimmte Erheblichkeitsschwelle der Veränderung gerade nicht vorausgesetzt (vgl *Kalss/Zollner*, Die Offenlegung von Beteiligungen nach der Börsegesetznovelle 2007, ÖBA 2007, 884 [899]).

[732]) Siehe dazu Rz 627 ff.

[733]) Vgl auch Regel 63 des ÖCGK. Darüber hinaus hat nach Regel 64 ÖCGK die Gesellschaft, soweit ihr das bekannt ist, die aktuelle Aktionärsstruktur, differenziert nach geografischer Herkunft und Investortyp, Kreuzbeteiligungen, das Bestehen von Syndikatsverträgen, Stimmrechtsbeschränkungen, Namensaktien und damit verbundene Rechte und Beschränkungen, auf der Homepage offen zu legen. Aktuelle Stimmrechtsänderungen nach Regel 63 ÖCGK sind ebenfalls umgehend auf der Homepage der Gesellschaft bekannt zu geben.

[734]) Gemäß § 11 Abs 2 VMV sind das Reuters, Bloomberg, Dow Jones Newswire.

3. Beteiligungspublizität von Aktionären

a) Allgemein

627 Erwerben oder veräußern Personen mittelbar oder unmittelbar Aktien eines Emittenten, dessen Aktien zum Handel an einem geregelten Markt zugelassen sind, so haben sie unverzüglich, spätestens jedoch nach zwei Handelstagen, die FMA und das Börseunternehmen (die Wiener Börse) sowie den Emittenten über den Anteil an Stimmrechten zu unterrichten, den sie nach diesem Erwerb oder dieser Veräußerung halten, wenn als Folge dieses Erwerbs oder dieser Veräußerung der Anteil an den Stimmrechten 5 vH, 10 vH, 15 vH, 20 vH, 25 vH, 30 vH, 35 vH, 40 vH, 45 vH, 50 vH, 75 vH und 90 vH erreicht, über- oder unterschreitet.[735])

628 Die Frist von zwei Handelstagen berechnet sich nach § 91 Abs 1 BörseG ab dem Tag der auf den Tag folgt, an dem die Personen (i) von dem Erwerb oder Veräußerung oder Möglichkeit der Ausübung der Stimmrechte Kenntnis erhalten oder an dem sie unter den gegebenen Umständen davon Kenntnis erhalten müssen, ungeachtet des Tages an dem der Erwerb, die Veräußerung oder die Möglichkeit der Ausübung der Stimmrechte wirksam wird, oder (ii) über das Ereignis der Veränderung informiert werden.

629 Die Melde- und Offenlegungspflicht knüpft nicht an das Kapital, sondern an den von Aktien vermittelten Stimmrechten an. Ob eine offenlegungspflichtige Schwelle erreicht, über- oder unterschritten wird, ist durch eine Division der vom potenziell Meldepflichtigen gehaltenen Stimmrechte durch die Anzahl aller Stimmrechte der Gesellschaft zu ermitteln.[736]) Dabei ist gemäß § 91 Abs 1a BörseG von der Gesamtzahl der mit den Stimmrechten versehenen Aktien auszugehen, es ist somit auf das gesamte stimmberechtigte Kapital abzustellen. Gemäß § 91 Abs 1a BörseG kommt es gerade nicht darauf an, ob die Stimmrechte aus diesen Aktien auch aktuell ausübbar sind oder endgültig oder vorübergehend ruhen.[737]) Auch in Folge des Erwerbs eigener Anteile durch den Emittenten ruhen die Stimmrechte aus diesen eigenen Aktien, was sich jedoch gemäß § 91 Abs 1a BörseG nicht auf die Schwellenwertberechnung der relevanten Gesamtzahl aller mit Stimmrechten versehenen Aktien auswirkt. Stimmrechtslose Vorzugsaktien gewähren ihren Inhabern im Regelfall kein Stimmrecht und sind daher bei der Ermittlung der Schwellenwerte grundsätzlich nicht zu berücksichtigen.[738])

630 Offenlegungspflichtige Vorgänge sind

- der Erwerb und die Veräußerung von Aktien,[739])
- die erstmalige Zulassung von Aktien an einem geregelten Markt,

---

[735]) Dies gilt auch für die Anteilsschwelle, die ein solcher Emittent in Ansehung des § 27 Abs 1 Z 1 ÜbG in der Satzung vorgesehen hat.

[736]) Diese Information hat der Emittent zu veröffentlichen; siehe dazu Rz 624.

[737]) Individuelle Stimmverbote, zB aufgrund einer Interessenskollision nach § 118 Abs 1 AktG oder in Folge von Verstößen gegen das Übernahmerecht (vgl § 84 ÜbG), werden dennoch mitgezählt.

[738]) Vgl dazu *Kalss/Zollner,* Die Offenlegung von Beteiligungen nach der Börsegesetznovelle 2007, ÖBA 2007, 884 (887).

[739]) Dabei kommt es auf jeden Transfer von Eigentum an stimmrechtstragenden Aktien an.

- die Änderung der Aufteilung der Stimmrechte,[740]) sowie
- sonstige offenlegungspflichtige Vorgänge, die in § 92 BörseG genannt sind.[741])

Das BörseG legt mehrere Tatbestände fest, bei denen die Beteiligungsschwellen **631** nicht offengelegt werden müssen. Danach müssen Transaktionen in Aktien nicht offengelegt werden, (i) wenn diese im Rahmen der Abrechnung und Abwicklung von Wertpapiergeschäften, (ii) im Depot, (iii) beim Market Making und schließlich (iv) im Rahmen des Effektengeschäfts erfolgen.

b) Inhalt der Veröffentlichung, Vorschriften für Aktionäre

Die Anzeige der Aktionäre muss gemäß § 92 a BörseG folgende Angaben enthalten: **632**

- die Anzahl der Stimmrechte nach dem Erwerb oder der Veräußerung,
- gegebenenfalls die Kette der kontrollierenden Unternehmen, über die diese Stimmrechte tatsächlich ausgeübt werden können,
- das Datum, zu dem die Schwelle erreicht oder überschritten wurde, sowie
- den Namen des Aktionärs, selbst wenn dieser nicht berechtigt ist, Stimmrechte unter den Voraussetzungen des § 92 BörseG auszuüben sowie der Person, die berechtigt ist, Stimmrechte im Namen dieses Aktionärs auszuüben.

Die Veröffentlichung hat gegenüber der FMA, der Wiener Börse und dem Emittenten zu erfolgen. **633**

4. Zusammenspiel von Beteiligungspublizität und Ad-hoc-Publizität

Grundsätzlich kann ein Vorfall, der die Beteiligungspublizität auslöst, auch der **634** Ad-hoc-Publizität unterliegen. Beide Publizitätspflichten bestehen grundsätzlich nebeneinander. So kann der Erwerb einer Beteiligung durch ein börsenotiertes Unternehmen

---

[740]) § 91 Abs 1 a Satz 2 BörseG dehnt die Mitteilungspflicht auch auf Personen aus, deren Stimmrechtsanteil in Folge von Ereignissen, die die Aufteilung von Stimmrechten verändern, eine der oben genannten offenlegungspflichtigen Schwellen erreicht, über- oder unterschreitet. Damit erfasst sind va Kapitalmaßnahmen, wie die Kapitalerhöhung oder die Kapitalherabsetzung, sowie Umstrukturierungen, zB Verschmelzung oder Spaltung.

[741]) Danach gilt die Mitteilungspflicht auch für jene Personen, die zur Ausübung von Stimmrechten in einem oder mehreren der folgenden Fälle berechtigt sind: (i) Stimmrechte aus Aktien eines Dritten, mit dem diese Person eine Vereinbarung getroffen hat, die beide verpflichtet, langfristig eine gemeinsame Politik bezüglich der Geschäftsführung des betreffenden Emittenten zu verfolgen, indem sie die Stimmrechte einvernehmlich ausüben, (ii) Stimmrechte aus Aktien, die diese Person einem Dritten zur Sicherheit (Sicherungsübereignung) übertragen hat, wenn sie die Stimmrechte ohne ausdrückliche Weisung des Sicherungsnehmers ausüben oder die Ausübung der Stimmrechte durch den Sicherungsnehmer beeinflussen kann, (iii) Stimmrechte aus Aktien, an denen dieser Person ein Fruchtgenussrecht eingeräumt wird, wenn sie die Stimmrechte ohne ausdrückliche Weisung des Sicherungsnehmers ausüben oder die Ausübung der Stimmrechte durch den Sicherungsnehmer beeinflussen kann, (iv) Stimmrechte aus Aktien, die einem Unternehmen gehören oder ihm nach den angeführten litera (i) bis (iii) zugerechnet werden, an dem diese Person eine unmittelbare oder mittelbare kontrollierende Beteiligung hält, (v) Stimmrechte, die diese Person ausübt, ohne Eigentümer zu sein, (vi) Stimmrechte, die diese Person als Bevollmächtigte im eigenen Ermessen ausüben darf, wenn keine besonderen Weisungen der Aktionäre vorliegen sowie (vii) Stimmrechte, die der Person gemäß § 23 Abs 1 oder Abs 2 ÜbG zuzurechnen sind.

an einem anderen börsenotierten Unternehmen eine Ad-hoc-Publizität auslösen. Dieser Beteiligungserwerb ist aber auch nach den Vorschriften von § 91 BörseG zu prüfen und gegebenenfalls bekannt zu machen.

5. Sanktionen

635 **Verwaltungsübertretung:** Gemäß § 48 Abs 1 Z 5 BörseG ist von der FMA mit einer Verwaltungsstrafe von bis zu EUR 30.000,00 zu bestrafen, wer eine Melde- oder Veröffentlichungspflicht nach den §§ 91 bis 94 BörseG nicht rechtzeitig erfüllt.

636 **Wiener Börse:** Die Wiener Börse ist bei Verletzung der Pflichten nach den §§ 91 bis 94 BörseG gemäß § 64 Abs 5 BörseG zum Widerruf der Börsezulassung berechtigt.[742])

637 **Zivilrechtliche Haftung der Aktionäre:** Aktionäre, die ihren Bekanntmachungspflichten nach § 96 BörseG nicht nachgekommen sind, haften – bereits bei Vorliegen leichter Fahrlässigkeit – und bei Vorliegen der weiteren Voraussetzungen[743]) der Gesellschaft, den aktuellen Aktionären sowie potenziellen Investoren gegenüber wegen einer Schutzgesetzverletzung. § 91 BörseG ist als ein Schutzgesetz iSd § 1311 ABGB zu qualifizieren.[744]) Darüber hinaus kann die Unterlassung der Bekanntmachungspflichten auch als Marktmissbrauch[745]) qualifiziert werden. Nicht zuletzt kommt noch – bei Vorliegen von Vorsatz – auf Seiten des veräußernden oder erwerbenden Aktionärs eine Treuepflichtverletzung gegenüber den anderen Aktionären bzw der Gesellschaft in Betracht, die zu einer Haftung führen kann. Dafür ist jedoch erforderlich, dass dadurch ein Aktionär zu Lasten der Gesellschaft oder zu Lasten der übrigen Aktionäre Sondervorteile erlangen möchte.[746])

638 **Zivilrechtliche Haftung der Emittenten und Organmitglieder:** Die Haftung der Emittenten und der Organmitglieder ist mit der Rechtslage bei Verletzung der Ad-hoc-Publizität vergleichbar.[747])

G. Publizität in Bezug auf eigene Aktien

1. Rechtsgrundlage

639 Rechtsgrundlage der Veröffentlichung des Erwerbs und der Veräußerung eigener Aktien sind neben § 65 Abs 1 a AktG der § 82 Abs 9 und Abs 10 BörseG sowie die VeröffentlichungsVO 2002.[748])

2. Regelungsgegenstand

a) Aktienrechtliche Veröffentlichungspflichten

640 Nach § 65 Abs 1 a AktG ist der Beschluss der Hauptversammlung über den Erwerb eigener Aktien zum Zwecke der Ausgabe dieser an Organmitglieder oder zum Zwecke der

---

[742]) Siehe dazu im Detail Rz 600.
[743]) Schaden, Kausalität, Rechtswidrigkeitszusammenhang, rechtmäßiges Alternativverhalten und Schutzzweck der Norm (siehe dazu im Detail Rz 558).
[744]) Vgl dazu *Kalss/Oppitz/Zollner*, Kapitalmarktrecht § 17 Rz 82.
[745]) Siehe dazu im Detail Rz 665 ff.
[746]) Vgl *Kalss/Oppitz/Zollner*, Kapitalmarktrecht § 17 Rz 84.
[747]) Siehe dazu im Detail Rz 617 ff.
[748]) BGBl II 2002/112.

Einziehung oder zum zweckfreien Erwerb zu veröffentlichen.[749]) Diese Veröffentlichungspflicht des AktG gilt für alle österreichischen AGs, unabhängig davon, wo diese notieren.

b) Börserechtliche Veröffentlichungspflichten

Daneben bestehen nach § 82 Abs 9 BörseG iVm der VeröffentlichungsVO 2002 **641** für österreichische AGs börserechtliche Veröffentlichungspflichten, deren Aktien an der Wiener Börse notieren. Danach sind (i) der Erwerb eigener Aktien und (ii) die Veräußerung eigener Aktien zu veröffentlichen.

Im Rahmen des Erwerbs eigener Aktien hat jeder Emittent folgende Veröffentli- **642** chungs- und Mitteilungspflichten:

- Veröffentlichung des Tags und des Inhalts des Ermächtigungsbeschlusses der Hauptversammlung und unverzügliche Mitteilung an die FMA und das Börseunternehmen (vgl § 2 VeröffentlichungsVO);
- Veröffentlichung der geplanten Durchführung eines Rückerwerbsprogramms, wenn erhebliche Kursbewegungen oder Gerüchte und Spekulationen auftreten und anzunehmen ist, dass diese auf den bevorstehenden Rückerwerb zurückzuführen sind (sog Marktverzerrungen, § 4 Abs 1 VeröffentlichungsVO);
- Veröffentlichung des Beschlusses des Vorstands, eigene Aktien aufgrund der Ermächtigung der Hauptversammlung zur Einziehung oder zum zweckfreien Erwerb zurückzuerwerben (§ 4 Abs 2 VeröffentlichungsVO);[750])
- Veröffentlichung des Rückerwerbsprogramms bzw des Rückerwerbs eigener Aktien; danach sind der Tag des Ermächtigungsbeschlusses der Hauptversammlung, der Tag und die Art der Veröffentlichung des Hauptversammlungsbeschlusses, der Beginn und die voraussichtliche Dauer des Rückerwerbsprogramms, die Aktiengattungen, auf die sich das Rückerwerbsprogramm bezieht, das beabsichtigte Volumen des Rückerwerbs, der höchste und niedrigste zu leistende und/oder zu

---

[749]) Nach § 65 Abs 1 AktG darf eine AG eigene Aktien nur dann erwerben, Z 1) wenn es zur Abwendung eines schweren, unmittelbar bevorstehenden Schadens notwendig ist, Z 2) wenn der Erwerb unentgeltlich oder in Ausführung einer Einkaufskommission durch ein Kreditinstitut erfolgt, Z 3) durch Gesamtrechtsnachfolge, Z 4) aufgrund einer höchstens 30 Monate geltenden Ermächtigung der Hauptversammlung, wenn die Aktien Arbeitnehmern, leitenden Angestellten und Mitgliedern des Vorstands oder des Aufsichtsrates der Gesellschaft oder eines mit ihr verbundenen Unternehmens zum Zweck des Erwerbs angeboten werden (sog Ausgabe an Organmitglieder), Z 5) zur Entschädigung von Minderheitsaktionären, soweit dies gesetzlich vorgesehen ist, Z 6) aufgrund eines Beschlusses der Hauptversammlung zur Einziehung nach den Vorschriften über die Herabsetzung des Grundkapitals, Z 7) wenn sie ein Kreditinstitut ist, aufgrund einer Genehmigung der Hauptversammlung zum Zweck des Wertpapierhandels, Z 8) aufgrund einer 30 Monate geltenden Ermächtigung der Hauptversammlung, wenn die Aktien an einem geregelten Markt oder einer anderen vergleichbaren Börse in einem OECD-Staat notieren (sog zweckfreier Erwerb). Der Rückerwerb für die Ausgabe an Organmitglieder, die Einziehung oder den zweckfreien Erwerb bedarf der Zustimmung der Hauptversammlung.

[750]) Falls der Rückerwerb und die Veräußerung eigener Aktien nur mit Zustimmung des Aufsichtsrates durchgeführt werden darf, entsteht die Veröffentlichungspflicht erst dann, wenn entsprechende Beschlüsse des Vorstands und des Aufsichtsrates vorliegen, es sei denn, dass bereits zu einem früheren Zeitpunkt die überwiegende Wahrscheinlichkeit für die Ausnützung der Hauptversammlungsermächtigung besteht (vgl § 4 Abs 3 VeröffentlichungsVO).

erzielende Gegenwert der Aktie, die Art und der Zweck des Rückerwerbs, allfällige Auswirkungen des Rückerwerbsprogramms auf die Börsezulassung der Aktien sowie die Anzahl und Aufteilung der einzuräumenden oder bereits eingeräumten Aktienoptionen auf Arbeitnehmer, leitende Angestellte und auf die Organmitglieder der Gesellschaft oder eines mit ihr verbundenen Unternehmens zu veröffentlichen (§ 5 VeröffentlichungsVO);

- Veröffentlichung allfälliger Änderungen des Rückerwerbsprogramms (§ 6 VeröffentlichungsVO);
- Veröffentlichung aller Transaktionen des Rückerwerbs; diese sind jeweils am zweiten Börsetag, der auf die durchgeführte Transaktion folgenden Kalenderwoche, jeweils gegliedert nach börslich oder außerbörslich rückerworbenen Aktien, auf Tagesbasis nach den getrennten jeweiligen Aktiengattungen zu veröffentlichen (§ 7 Abs 2 VeröffentlichungsVO);
- Veröffentlichung der Beendigung des Rückerwerbs (§ 7 Abs 4 VeröffentlichungsVO).

643 Beim Erwerb eigener Aktien sind nur bestimmte Erwerbstatbestände erfasst, dagegen sind alle Veräußerungtatbestände von den Veröffentlichungspflichten erfasst, ausgenommen davon sind lediglich Aktien, die im Zuge des Wertpapierhandels gemäß § 65 Abs 1 Z 7 AktG veräußert werden.

644 Im Rahmen der Veräußerung eigener Aktien hat jeder Emittent folgende Veröffentlichungs- und Mitteilungspflichten:

- Veröffentlichung des Tags und des Inhalts des Ermächtigungsbeschlusses der Hauptversammlung zur Veräußerung eigener Aktien und unverzügliche Mitteilung an die FMA und das Börseunternehmen (vgl § 2 VeröffentlichungsVO);
- Veröffentlichung des (allfälligen) Beschlusses der Hauptversammlung über eine andere Art der Veräußerung eigener Aktien als über die Börse oder über ein öffentliches Angebot (§ 3 Abs 1 VeröffentlichungsVO);
- Veröffentlichung der geplanten Durchführung der Veräußerung, wenn erhebliche Kursbewegungen oder Gerüchte und Spekulationen auftreten und anzunehmen ist, dass diese auf die geplante Veräußerung zurückzuführen sind (sog Marktverzerrungen, § 4 Abs 1 VeröffentlichungsVO);
- Veröffentlichung des Beschlusses des Vorstands bzw des Aufsichtsrates über die tatsächliche Veräußerung eigener Aktien (§ 4 Abs 2 und 3 VeröffentlichungsVO);
- Veröffentlichung eines allfälligen Wiederveräußerungsprogramms oder Wiederveräußerung mindestens drei Tage vor Durchführung der Veräußerung (siehe oben zu Rz 94; § 5 VeröffentlichungsVO);
- Veröffentlichung einer allfälligen Änderung des Programms oder der geplanten Veräußerung (§ 6 VeröffentlichungsVO);
- Veröffentlichung der Transaktionen der Veräußerung (siehe oben Rz 94, § 7 Abs 1 VeröffentlichungsVO);
- Veröffentlichung der Beendigung der Veräußerung (§ 7 Abs 4 VeröffentlichungsVO).

645 Schließlich sieht das Gesetz noch die Offenlegung der Berichte über die Einräumung von Aktienoptionen (Stock Option Plans) vor. Diese sind gemäß § 82 Abs 8 BörseG zu veröffentlichen.

3. Veröffentlichung

Die Veröffentlichung ist über ein elektronisch betriebenes Informationsverbrei- **646** tungssystem, das zumindest innerhalb der Europäischen Gemeinschaft verbreitet ist, vorzunehmen.[751]) Die Veröffentlichung nach dem BörseG ersetzt die Veröffentlichung nach dem AktG.

Darüber hinaus bestehen Mitteilungspflichten an die FMA und das Börseunter- **647** nehmen (Wiener Börse). Danach sind alle Veröffentlichungen sowie die zu veröffentlichenden Angaben an die FMA und das Börseunternehmen zu senden.[752])

Nach § 9 VeröffentlichungsVO geht eine Ad-hoc-Publizität den Offenlegungs- **648** pflichten von § 82 Abs 9 BörseG vor, was aber die Kursrelevanz der Insider-Tatsache voraussetzt.

4. Sanktionen

Verwaltungsübertretung: Wer als Emittent seiner Verpflichtung zur Veröffentli- **649** chung nach § 82 Abs 9 und Abs 10 bzw nach der VeröffentlichungsVO nicht oder nicht rechtzeitig erfüllt, ist von der FMA mit einer Geldstrafe von bis zu EUR 30.000,00 zu bestrafen, sofern die Tat nicht den Tatbestand einer gerichtlich strafbaren Handlung bildet.

Wiener Börse: Die Nicht-Einhaltung berechtigt im äußersten Fall die Wiener Bör- **650** se zum Widerruf der Börsenotierung.[753])

Zivilrechtliche Haftung: Darüber hinaus haftet die Emittentin bei Nichteinhaltung **651** der Veröffentlichungspflichten analog zur Beteiligungspublizität und zur Ad-hoc-Publizität geschädigten Anlegern gegenüber.[754])

H. Directors' Dealings

1. Rechtsgrundlage

Zentrale Bestimmung der Directors' Dealings ist § 48 d Abs 4 BörseG, der in Um- **652** setzung der Marktmissbrauchsrichtlinie[755]) formuliert wurde. Ferner hat die FMA die VMV[756]) zu Form, Inhalt und Art der Veröffentlichung von Directors'-Dealings-Meldungen erlassen. Regeln 19 und 73 des ÖCGK enthalten Bestimmungen zu Directors'-Dealing-Meldungen.

2. Regelungsgehalt

Gemäß § 48 d Abs 4 BörseG sowie Regel 19 ÖCGK haben Personen, die bei einem **653** Emittenten von Finanzinstrumenten[757]) mit dem Sitz in Österreich Führungsaufgaben

---

[751]) Gemäß § 11 Abs 2 VMV sind das Reuters, Bloomberg und Dow Jones Newswire.
[752]) Siehe dazu § 2 Abs 2, § 3 Abs 2, § 4 Abs 5, § 5 Abs 3, § 6 Abs 2, § 7 Abs 4 VeröffentlichungsVO.
[753]) Siehe dazu Rz 600.
[754]) Siehe dazu Rz 620 und Rz 638.
[755]) 2003/6/EG.
[756]) BGBl II 2005/109 idF BGBl II 2008/113.
[757]) Siehe dazu § 48 a Abs 1 Z 3 BörseG.

wahrnehmen, sowie gegebenenfalls in enger Beziehung zu ihnen stehende Personen, der FMA alle von ihnen auf eigene Rechnung getätigten Geschäfte mit Aktien, diesen gleichgestellten Wertpapieren des Emittenten oder sich darauf beziehenden Derivaten zu melden und diese Informationen auch dem Publikum durch Veröffentlichung bekannt zu machen.

654 Der Anwendungsbereich dieser Bestimmung erstreckt sich somit auf Führungskräfte von Emittenten mit dem Sitz im Inland.[758] Normadressaten sind Führungskräfte sowie gegebenenfalls in enger Beziehung zu ihnen stehende Personen. Führungskräfte sind Vorstands- und Aufsichtsratsmitglieder einer börsenotierten AG sowie Verwaltungsratsmitglieder einer börsenotierten österreichischen SE. Geschäftsführende Direktoren einer österreichischen SE werden nur dann erfasst, wenn sie gemäß § 48a Abs 1 Z 8 lit b BörseG regelmäßig Zugang zu Insider-Informationen[759] des Emittenten haben und befugt sind, unternehmerische Entscheidungen über zukünftige Entwicklungen und Geschäftsperspektiven dieses Emittenten zu treffen. Für sog sonstige Führungskräfte müssen diese im letzten Satz genannten Voraussetzungen ebenso zutreffen, damit sie der Veröffentlichungspflicht unterliegen. Damit wird die zweite und dritte Managementebene grundsätzlich nicht von den Veröffentlichungs- und Meldepflichten erfasst, sondern nur bei Vorliegen der genannten Voraussetzungen. Dasselbe gilt für Prokuristen und Generalbevollmächtigte.[760] Ebenso wenig gilt die Offenlegungspflicht für Mutter- und Tochterunternehmen des Emittenten. Normadressaten sind ferner – wie bereits ausgeführt – Personen, die mit Führungskräften in einer engen Beziehung stehen.[761]

655 Offenlegungspflichtig sind sämtliche auf eigene Rechnung getätigten Geschäfte mit Wertpapieren, sofern diese die Bagatellgrenze von EUR 5.000,00 übertreten.[762]

---

[758] Vgl dazu die Ausführungen bei *Kalss/Zollner,* Directors' Dealings – Der neue § 48d Abs 4 BörseG, GeS 2005, 106, die darauf hinweisen, dass die Nicht-Einbeziehung von ausländischen Emittenten europarechtswidrig ist.

[759] Vgl dazu Rz 603.

[760] *Kalss/Zollner,* Directors' Dealings – Der neue § 48d Abs 4 BörseG, GeS 2005, 106 (108).

[761] Darunter fallen gemäß § 48a Abs 1 Z 9 BörseG a) der Ehegatte der Person, die diese Führungsaufgabe wahrnimmt, oder ein sonstiger Lebensgefährte, der nach einzelstaatlichem Recht einem Ehegatten gleichgestellt ist, b) ein nach einzelstaatlichem Recht unterhaltsberechtigtes Kind der Person, die diese Führungsaufgaben wahrnimmt, c) ein sonstiges Familienmitglied der Person, die diese Führungsaufgaben wahrnimmt, das vor dem betreffenden Geschäft für die Dauer von mindestens einem Jahr mit diesem in einem Haushalt gelebt hat sowie d) eine juristische Person, treuhänderisch tätige Einrichtung oder Personengesellschaft, deren Führungsaufgaben durch eine Person nach § 48a Z 8 BöreseG (= eine Person, die Führungsaufgaben wahrnimmt) oder nach den § 48a Abs Z 9 lit a bis c BörseG (= nahestehende Personen) wahrgenommen werden (sog Organverflechtung), die direkt oder indirekt von einer solchen Person kontrolliert wird (sog kontrollierte Rechtsträger), die zugunsten einer solchen Person gegründet wurde (Gründung zugunsten der Führungskraft) oder deren wirtschaftliche Interessen weitgehend denen einer solchen Person entsprechen (Interessensgleichrichtung).

[762] Entgegen dieser sehr weiten Formulierung in § 48d Abs 4 BörseG werden nicht sämtliche Rechtsgeschäfte unabhängig von ihrem Rechtsgrund erfasst, sondern – wie die richtlinienkonforme Interpretation ergibt – nur entgeltliche Rechtsgeschäfte. Schenkungen und Erwerbe im Wege der Erbfolge unterliegen daher nicht der Meldepflicht (vgl *Kalss/Oppitz/Zollner,* Kapitalmarktrecht § 18 Rz 16).

Die Offenlegungspflicht wird durch den Abschluss einer vertraglichen Vereinba- **656** rung und nicht durch den vollzogenen Eigentumstransfer ausgelöst. Dies gilt auch für die der Meldepflicht unterliegenden Optionsgeschäfte, die sich auf Aktien oder aktienähnliche Wertpapiere der Emittenten beziehen.

Die Meldung hat nach § 48 d Abs 4 Z 1 BörseG iVm § 9 VMV folgende Informa- **657** tionen zu enthalten:

- Überschrift „Directors'-Dealings-Meldung",
- Name der meldepflichtigen Person (einschließlich Geschäftsanschrift, bei natürlichen Personen die Privatanschrift, Geburtsdatum und Geburtsort),
- den Emittenten der Wertpapiere sowie das Instrument, durch dessen Transaktion die Meldepflicht begründet wurde;
- weiters sind Zeit und Ort des Geschäftsabschlusses anzugeben ebenso wie Preis, Geschäftsvolumen und Art des Geschäftes – Ankauf, Verkauf oder Tausch.

Offenzulegen ist ferner der Grund der Meldepflicht, bei Führungskräften deren **658** Aufgabenbereich und Position beim Emittenten sowie bei Personen in naher Beziehung ist die Art der Nahebeziehung anzugeben. Nicht offenzulegen ist jedoch der Gesamtbestand von Aktien oder sonstiger offenlegungspflichtiger Instrumente des Emittenten.

Gemäß § 9 VMV ist für die Meldung von natürlichen Personen die Anlage 1 **659** zur VMV als Formblatt zu verwenden und für juristische Personen, treuhänderisch tätige Einrichtungen und Personengesellschaften das Formblatt gemäß Anlage 2 zur VMV.

Die Meldung hat die Führungskraft und bei Transaktionen durch nahestehende **660** Personen auch diese zusätzlich (doppelte Meldepflicht) an die FMA, Abteilung Markt- und Börseaufsicht, innerhalb von fünf Tagen nach Abschluss zu erstatten. Diese kann jedoch aufgehoben werden, wenn die Gesamtabschlusssumme von EUR 5.000,00 nicht erreicht wird. Falls dieser Betrag am Ende des Kalenderjahres nicht erreicht wird, kann die Meldung unterbleiben. Bei der Ermittlung der Gesamtabschlusssumme sind die getätigten Geschäfte der Personen mit Führungsaufgaben und aller Personen, die zu ihnen in enger Beziehung stehen, zusammenzurechnen.

Neben der Meldung an die FMA ist auch das Publikum, nicht innerhalb von fünf **661** Tagen, sondern unverzüglich zu informieren. Die Veröffentlichung hat gemäß § 10 iVm § 11 Abs 2 VMV über ein elektronisch betriebenes Informationsverbreitungssystem[763]) zu erfolgen.

Nach Regel 73 ÖCGK hat der Vorstand der Gesellschaft alle Directors'-Dealings- **662** Meldungen auf der Homepage der Gesellschaft bekannt zu geben und dort für mindestens drei Monate zu belassen. Diese Bekanntgabe kann auch durch einen Verweis auf die Homepage der FMA erfolgen.

3. Sanktionen

Verwaltungsübertretung: Die Verletzung der Veröffentlichungspflicht unterliegt **663** gemäß § 48 Abs 1 Z 2 BörseG einer Verwaltungsstrafe von bis zu EUR 30.000,00, so-

---

[763]) Das sind derzeit Reuters, Bloomberg und Dow Jones Newswire.

fern die Tat nicht den Tatbestand einer gerichtlich strafbaren Handlung erfüllt. Die Verwaltungsstrafe wird von der FMA verhängt.[764])

664 **Zivilrechtliche Haftung:** § 48 d Abs 4 BörseG ist als Schutzgesetz gegenüber den Anlegern und der Gesellschaft zu qualifizieren.[765]) Die Meldepflicht nach § 48 d Abs 4 BörseG ist mit der Beteiligungspublizität nach § 91 BörseG mit der Besonderheit vergleichbar, dass im gegenständlichen Fall die Verpflichteten im Regelfall Organmitglieder der Emittenten sind und daher die von ihnen getätigten Transaktionen für Anleger von großer Bedeutung sind. Es gilt mit der genannten Besonderheit in Bezug auf die zivilrechtliche Haftung das zur Beteiligungspublizität Gesagte.[766])

I. Insider-Informationen

1. Rechtsgrundlagen

665 Der Insidertatbestand ist in § 48 b Abs 1 BörseG definiert. Darüber hinaus hat die FMA die Emittenten-Compliance-Verordnung 2007 (ECV 2007)[767]) erlassen, welche die Grundsätze für die Informationsweitergabe im Unternehmen regelt und organisatorische Maßnahmen zur Vermeidung von Insider-Informationsmissbrauch für Emittenten vorgibt. Ferner enthalten die Regeln 20 f ÖCGK eine Bestimmung in Bezug auf die ECV.

2. Regelungsgehalt von § 48 b BörseG

666 1. Tatbestand: Wer als Insider eine Insider-Information[768]) mit dem Vorsatz ausnützt, sich oder einem Dritten einen Vermögensnachteil zu verschaffen, indem er

- davon betroffene Finanzinstrumente kauft, verkauft oder einem Dritten zum Kauf oder Verkauf anbietet (Transaktionsverbot), empfiehlt (Empfehlungsverbot) oder
- diese Information, ohne dazu verhalten zu sein, einem Dritten zugänglich macht (Weitergabeverbot),

ist vom Gericht mit einer Freiheitsstrafe bis zu drei Jahren, wenn durch die Tat ein EUR 50.000,00 übersteigender Vermögensvorteil verschafft wird, jedoch mit einer Freiheitsstrafe von sechs Monaten bis zu fünf Jahren zu bestrafen.

667 2. Tatbestand: Wer ohne Insider zu sein, eine Insider-Information, die ihm mitgeteilt wurde oder sonst bekannt gemacht worden ist, auf die in Rz 666 bezeichnete Weise mit dem Vorsatz ausnützt, sich oder einem Dritten einen Vermögensvorteil zu verschaffen, ist vom Gericht mit einer Freiheitsstrafe bis zu einem Jahr oder mit einer Geldstrafe bis zu 360 Tagessätzen, wenn durch die Tat ein EUR 50.000,00 übersteigender Vermögensvorteil verschafft wird, jedoch mit einer Freiheitsstrafe bis zu drei Jahren zu bestrafen.

---

[764]) Die Sanktionen gelten primär für die Führungskräfte und die diesen gleichgestellten Personen.

[765]) Vgl *Kalss/Oppitz/Zollner,* Kapitalmarktrecht § 18 Rz 53.

[766]) Siehe dazu Rz 637.

[767]) BGBl II 2007/213.

[768]) Die Insider-Information ist in § 48 a Abs 1 Z 1 definiert. Siehe dazu im Detail zur Ad-hoc-Publizität Rz 603.

3. Tatbestand: Wer sonst als Insider oder ohne Insider zu sein, eine Information **668** in Kenntnis oder grob fahrlässiger Unkenntnis davon, dass es sich um eine Insider-Information handelt, auf die in Rz 666 bezeichnete Weise, jedoch ohne den Vorsatz, sich oder einem Dritten einen Vermögensvorteil zu verschaffen, verwendet, ist vom Gericht mit einer Freiheitsstrafe bis zu sechs Monaten oder mit einer Geldstrafe bis zu 360 Tagessätzen zu bestrafen.

Insider ist nach § 48b Abs 4 BörseG, wer als Mitglied eines Verwaltungs-, Lei- **669** tungs- oder Aufsichtsorgans des Emittenten oder sonst aufgrund seines Berufes, seiner Beschäftigung[769]), seiner Aufgaben oder seiner Beteiligung am Kapital des Emittenten[770]) zu einer Insider-Information Zugang hat.

Ebenso ist Insider, wer sich die Information durch die Begehung strafbarer Hand- **670** lungen verschafft hat. Handelt es sich um eine juristische Person, so ist jene natürliche Person Insider, die am Beschluss, das Geschäft für Rechnung der juristischen Person zu tätigen, beteiligt ist.

3. Sanktionen

Strafrecht: Die strafrechtlichen Sanktionen wurden bereits oben dargelegt.[771]) **671**

Wiener Börse: Die FMA kann nach § 48q Abs 3 BörseG iZm der Bekämpfung **672** von Marktmanipulationen und Insiderhandel das Börseunternehmen beauftragen, den Handel mit den betreffenden Finanzinstrumenten auszusetzen[772]) und im Falle der Verhängung von Sanktionen die Namen der Personen oder der Unternehmen, für die Personen verantwortlich sind, gegen die eine Sanktion verhängt wurde, sowie die verhängte Sanktion veröffentlichen.[773])

Zivilrechtliche Haftung: Das BörseG selbst sieht für Insiderverstöße keine zivil- **673** rechtliche Haftung vor. § 48b Abs 1 BörseG ist als Schutzgesetz im Sinne von § 1311 ABGB zugunsten der übrigen Marktteilnehmer zu qualifizieren.[774]) Die übrigen Marktteilnehmer haben daher im Falle der Verletzung von Insider-Tatbeständen einen Schadenersatzanspruch.[775])

---

[769]) Dazu zählen neben (leitenden) Mitarbeitern oder Betriebsratsangehörigen auch unternehmensexterne Personen wie Wirtschaftsprüfer, Rechtsanwälte, Unternehmensberater, Journalisten, die mit oder ohne Vertragsbeziehung zum Emittenten einschlägig tätig sind. Ferner gehören dazu Mitarbeiter der Aufsichtsbehörde oder der Oesterreichischen Nationalbank.

[770]) Schwierig ist die Beurteilung der Insider-Qualifikation aufgrund der Beteiligung am Kapital des Emittenten. In der Literatur wird hierzu eine praktikable 5%-Beteiligungsschwelle vorgeschlagen (vgl dazu *Kalss/Oppitz/Zollner,* Kapitalmarktrecht § 20 Rz 12 mwN).

[771]) Dazu ist ergänzend anzuführen, dass Personen, die beruflich Geschäfte mit Finanzinstrumenten tätigen, unverzüglich der FMA zu melden haben, wenn sie aufgrund der ihnen zur Kenntnis gelangenden Fakten und Informationen den begründeten Verdacht haben, dass eine Transaktion ein Insidergeschäft ist.

[772]) § 48q Abs 3 BörseG.

[773]) Von einer solchen Veröffentlichung ist nach § 48q Abs 4 Z 2 BörseG abzusehen, wenn die Veröffentlichung zu einem unverhältnismäßigen Schaden bei einem von der Veröffentlichung Betroffenen führen würde.

[774]) *Kalss/Oppitz/Zollner,* Kapitalmarktrecht § 20 Rz 49.

[775]) Zum Schaden und zu den übrigen Voraussetzungen siehe Rz 620.

4. Emittenten-Compliance-Verordnung 2007

674   Die ECV regelt die Grundsätze der Weitergabe von Informationen im Unternehmen eines Emittenten sowie Grundsätze für die organisatorischen Maßnahmen zur Verhinderung einer missbräuchlichen Verwendung oder Weitergabe von Insider-Informationen.[776]) Die ECV legt folgende Verpflichtungen für den Emittenten fest:

- Schaffung von Vertraulichkeitsbereichen: Jeder Emittent hat in seinem Unternehmen sowohl ständige als auch vorübergehende (projektbezogene) Vertraulichkeitsbereiche einzurichten, in denen Personen regelmäßig oder anlassbezogen Zugang zu Insider-Informationen haben. Als ständige Vertraulichkeitsbereiche gelten insb der Aufsichtsrat, die Geschäftsleitung, der Zentralbetriebsrat, die Gesamtheit der im Unternehmen des Emittenten gewählten Betriebsräte, sofern nicht ein Zentralbetriebsrat besteht, sowie die für Controlling, Finanzen, Rechnungswesen und Kommunikation zuständigen Unternehmensbereiche.[777]) Vertraulichkeitsbereiche sind von anderen Unternehmensbereichen durch geeignete organisatorische Maßnahmen zur Verhinderung einer missbräuchlichen Verwendung oder Weitergabe von Insider-Informationen abzugrenzen.[778]) Darüber hinaus hat der Emittent auch sicherzustellen, dass Personen aus Vertraulichkeitsbereichen ihre Verpflichtungen schriftlich anerkennen und schriftlich erklären, sich der Sanktionen bewusst zu sein, die bei einer missbräuchlichen Verwendung oder einer nicht ordnungsgemäßen Verbreitung von Insider-Informationen verhängt werden können (§ 4 ECV).
- Umgang mit Insider-Informationen: Der Emittent hat geeignete Anweisungen zu erteilen, damit innerhalb eines Vertraulichkeitsbereiches Insider-Informationen nur jenen Personen zur Kenntnis gelangen, die mit der Bearbeitung dieser Information aufgrund ihrer Tätigkeit befasst sind. Ferner hat der Emittent durch geeignete Anweisungen sicherzustellen, dass alle im Unternehmen erstmals bekannt gewordenen Insider-Informationen dem Compliance-Verantwortlichen gemeldet werden (§ 5 ECV).[779])
- Weitergabe von Insider-Informationen: Sicherzustellen ist, dass Insider-Informationen auch im internen Geschäftsverkehr gegenüber anderen Unternehmensbereichen streng vertraulich behandelt werden und einen Vertraulichkeitsbereich nur dann verlassen, wenn dies zu Unternehmenszwecken erforderlich ist. Der Emittent hat geeignete Vorkehrungen zu treffen, sodass Insider-Informationen auch nach dem Verlassen eines Vertraulichkeitsbereiches einer weiteren Geheimhaltung un-

---

[776]) Der Begriff Insider-Informationen wird in § 3 Z 1 ECV geregelt und stimmt mit der Definition in § 48 a Abs 1 Z 1 BörseG überein.

[777]) Siehe § 3 Z 3 ECV.

[778]) Dies kann durch Versperren von Behältern und Schränken, eine räumliche Trennung, Zutrittsbeschränkungen, personelle Unvereinbarkeitsbestimmungen oder EDV-Zugriffsbeschränkungen erfolgen.

[779]) Diese Maßnahmen können dadurch erreicht werden, dass Schriftstücke und externe Datenträger derart aufzubewahren sind, dass sie jenen Personen nicht zugänglich sind, die mit der Bearbeitung dieser Insider-Informationen, der Schriftstücke oder der internen Datenträger nicht aufgrund ihrer Tätigkeit befasst sind. Elektronisch gespeicherte Daten, einschließlich elektronischer Post, die Insider-Informationen enthalten, sind derart zu sichern, dass sie auch jenen Personen nicht zugänglich sind, die nicht mit diesen Informationen arbeiten.

terliegen, es sei denn, diese Insider-Information wurde im Rahmen der Ad-hoc-Publizität[780]) veröffentlicht (§ 6 ECV).

- Sperrfrist und Handelsverbote: Der Emittent hat angemessene Zeiträume festzulegen, innerhalb derer Personen aus Vertraulichkeitsbereichen keine Orders in Finanzinstrumenten des Emittenten erteilen dürfen (sog Sperrfristen; § 8 ECV).[781])
- Insider-Verzeichnis: Der Compliance-Verantwortliche hat ein Verzeichnis (Insiderverzeichnis) zu führen, dieses regelmäßig zu aktualisieren und auf Anfrage der FMA zu übermitteln. Das Insiderverzeichnis hat insb die Personen aus Vertraulichkeitsbereichen zu enthalten (§ 11 ECV).
- Compliance-Richtlinie: Jeder Emittent hat nach § 12 ECV eine Compliance-Richtlinie zu erlassen und den Mitgliedern des Aufsichtsrates und der Geschäftsleitung sowie den Arbeitnehmern und sonstiger für den Emittenten tätigen Personen nach § 3 Z 4 ECV[782]) zur Kenntnis bringen. Die Richtlinie hat insb die im Unternehmen bestehenden ständigen Vertraulichkeitsbereiche, die Umsetzung der Pflichten zum Umgang mit Insider-Informationen im Unternehmen, die bei der Weitergabe von Insider-Informationen zu beachtenden Pflichten, die Länge der Sperrfristen, die Handelsverbote, zu enthalten.
- Compliance-Verantwortlicher: Die Geschäftsleitung des Emittenten ist für die Umsetzung und Einhaltung der ECV verantwortlich und kann dafür – sofern es die Größe und Struktur des Unternehmens erfordern – einen eigenen Compliance-Verantwortlichen bestellen (§ 13 ECV).[783])

J. Marktmanipulation

1. Rechtsgrundlage

Durch die Börsegesetznovelle 2004[784]) wurden die Marktmissbrauchsrichtlinie[785]) **675** sowie die hierzu im Wege Komitologie-Verfahrens ergangenen Durchführungsakte der

---

[780]) Siehe dazu Rz 602 ff.

[781]) Als angemessen gelten Zeiträume von drei Wochen vor der geplanten Veröffentlichung der (vorläufigen) Quartalszahlen und von sechs vor der geplanten Veröffentlichung der (vorläufigen) Jahreszahlen. Weitere Sperrfristen sollten für Projekte wie Transaktionen, Umstrukturierungen, verhängt werden.

[782]) Das sind Personen aus Vertraulichkeitsbereichen, die in einem Dienstverhältnis zum Emittenten stehen und organisatorisch oder funktionell einem Vertraulichkeitsbereich zur Dienstverrichtung zugeordnet sind.

[783]) Die Aufgaben des Compliance-Verantwortlichen sind die Überprüfung der Einhaltung der Bestimmung über die Weitergabe von Insider-Informationen sowie über die organisatorischen Maßnahmen zur Verhinderung einer missbräuchlichen Verwendung oder Weitergabe von Informationen, die Beratung und Unterstützung in Angelegenheiten der ECV, die Erstattung regelmäßiger Berichte an die Geschäftsleitung in Angelegenheiten der ECV, die Erstellung eines jährlichen Tätigkeitsberichts über das abgelaufene Geschäftsjahr im Rahmen der ECV, die Schulung und Ausbildung der Arbeitnehmer aus Vertraulichkeitsbereichen des Emittenten in Angelegenheiten der ECV sowie die Unterrichtung der Arbeitnehmer sowie der sonstigen für den Emittenten tätigen Personen über das Verbot des Missbrauchs von Insider-Informationen.

[784]) BGBl I 2004/127.

[785]) RL 2003/8/EG, ABl 1996 L 16.

Europäischen Kommission umgesetzt. Im Einzelnen definiert § 48 a Abs 1 Z 2 BörseG die Marktmanipulation.

2. Erster Tatbestand der Marktmanipulation (§ 48 a Abs 1 Z 2 lit a BörseG)

676 Marktmanipulationen sind Kauf- bzw Verkaufsaufträge,

- die falsche oder irreführende Signale für das Angebot von Finanzinstrumenten, die Nachfrage danach oder ihren Kurs geben oder geben können, oder
- die den Kurs eines oder mehrerer Finanzinstrumente durch eine Person oder mehrere, in Absprache handelnde Personen in der Weise beeinflussen, dass ein anormales oder künstliches Kursniveau erzielt wird,

es sei denn, dass die Person, welche die Geschäfte abgeschlossen oder die Aufträge erteilt hat, legitime Gründe dafür hatte und dass diese Geschäfte oder Aufträge nicht gegen die zulässige Marktpraxis auf dem betreffenden geregelten Markt verstoßen.

677 Die „legitimen Gründe" werden im Gesetz nicht definiert. Unter „zulässiger Marktpraxis" sind nach der Definition von § 48 a Abs 1 Z 5 BörseG Gepflogenheiten, die auf einem oder mehreren Finanzmärkten nach vernünftigem Ermessen erwartet werden können und von der FMA durch Verordnung anerkannt werden, zu verstehen. Die FMA hat die Marktmissbrauchsverordnung 2005[786]) erlassen und sog Kompensationsgeschäfte in Schuldverschreibungen behandelt. Diese legt im Wesentlichen fest, dass von professionellen Marktteilnehmern zu marktadäquaten Kursen abgeschlossene geringfügige Kompensationsgeschäfte in gewählten Schuldverschreibungen als im Rahmen einer zulässigen Marktpraxis abgeschlossen gelten.

678 § 48 a Abs 2 BörseG legt verschiedene Umstände fest, die zwar als solche nicht unbedingt als Marktmanipulation gelten, jedoch zu berücksichtigen sind.

3. Zweiter Tatbestand der Marktmanipulation (§ 48 a Abs 1 Z 2 lit b BörseG)

679 Marktmanipulation sind Geschäfte oder Kauf- bzw Verkaufsaufträge unter Vorspiegelung falscher Tatsachen oder unter Verwendung sonstiger Täuschungshandlungen. Bei der Beurteilung der Geschäfte oder Kauf- bzw Verkaufsaufträge sind insb folgende Umstände zu berücksichtigen: (i) ob von bestimmten Personen erteilte Geschäftsaufträge oder abgewickelte Geschäfte vorab oder im Nachhinein von der Verbreitung falscher oder irreführender Informationen durch dieselben oder in enger Beziehung zu ihnen stehende Personen begleitet wurden und (ii) ob Geschäftsaufträge von Personen erteilt bzw Geschäfte von diesen abgewickelt werden, bevor oder nachdem diese Personen oder in enger Beziehung zu ihnen stehende Personen Analysen oder Anlageempfehlungen erstellt oder weitergegeben haben, die unrichtig oder verzerrt sind oder ganz offensichtlich von materiellen Interessen beeinflusst wurden.

---

[786]) BGBl II 2005/1.

4. Dritter Tatbestand der Marktmanipulation (§ 48 a Abs 1 Z 2 lit c BörseG)

Marktmanipulation ist die Verbreitung von Informationen über die Medien, ein- **680** schließlich Internet oder auf anderem Wege, die falsche oder irreführende Signale in Bezug auf Finanzinstrumente geben oder geben könnten, ua durch Verbreitung von Gerüchten sowie falschen oder irreführenden Nachrichten, wenn die Person, die diese Information verbreitet hat, wusste oder hätte wissen müssen, dass sie falsch oder irreführend waren.[787]

5. Erfasste Manipulationsakte

§ 48 a Abs 2 BörseG gibt Beispiele von Marktmanipulationen wieder, so die Siche- **681** rung einer marktbeherrschenden Stellung in Bezug auf das Angebot eines Finanzinstrumentes oder die Nachfrage danach durch eine Person oder mehrere in Absprache handelnde Personen mit der Folge einer direkten oder indirekten Festsetzung des Ankaufs- oder Verkaufspreises oder anderer unlauterer Handelsbedingungen, den Kauf oder Verkauf von Finanzinstrumenten bei Börseschluss mit der Folge, dass Anleger, die aufgrund des Schlusskurses tätig werden, irregeführt werden sowie die Ausnutzung eines gelegentlichen oder regelmäßigen Zugangs zu den traditionellen oder elektronischen Medien durch Abgabe einer Stellungnahme zu einem Finanzinstrument, wobei zuvor Positionen bei diesem Finanzinstrument eingegangen wurden und anschließend Nutzen aus den Entwicklungen der Stellungnahme auf den Kurs dieses Finanzinstruments gezogen wird, ohne dass der Öffentlichkeit gleichzeitig dieser Interessenskonflikt auf ordnungsgemäße und effiziente Weise mitgeteilt wird.

Ein umfassender Beispielkatalog ist auch im Richtlinienentwurf enthalten. Danach **682** fallen geschäftliche Handlungen, die den – falschen – Eindruck einer Aktivität erwecken sollen,[788] geschäftliche Handlungen, die eine Verknappung beabsichtigen, zeitspezifische geschäftliche Handlungen oder informationsbezogene Handlungen unter Marktmanipulation.[789]

6. Sanktionen

Verwaltungsübertretung: Nach § 48 c BörseG ist jemand, der Marktmanipula- **683** tion betreibt oder gegen eine von der FMA erlassene Verordnung verstößt, sofern die Tat nicht den Tatbestand einer in die Zuständigkeit der Gerichte fallenden strafbaren

---

[787] Bei Medienmitarbeitern, die in Ansehung ihres Berufs handeln, ist eine solche Verbreitung von Informationen unter Berücksichtigung der für ihren Berufsstand geltenden Regeln zu beurteilen.

[788] Das sind Geschäfte, mit denen kein wirklicher Wechsel des Eigentums an dem Finanzinstrument verbunden ist, Geschäfte, bei denen gleichzeitig ein Kauf- oder Verkaufsauftrag zum gleichen Kurs und im gleichen Umfang von verschiedenen Parteien, die sich absprechen, erteilt werden, Aktivitäten einer Person oder mehrerer in Absprache handelnder Personen mit dem Ziel, den Kurs des Finanzinstrumentes hochzutreiben und anschließend die eigenen Finanzinstrumente in großen Mengen abzustoßen.

[789] ZB Kauf eines Finanzinstruments auf eigene Rechnung, bevor es anderen empfohlen wird und anschließender Verkauf mit Gewinnen.

Handlung bildet, von der FMA mit einer Geldstrafe bis zu EUR 75.000,00 zu bestrafen.

684   **Wiener Börse:** Daneben hat das Börsenunternehmen strukturelle Vorkehrungen zur Vorbeugung gegen Marktmanipulation und zur Aufdeckung dieser zu treffen (§ 48 d Abs 6 BörseG). Die FMA kann iZm der Bekämpfung von Marktmanipulationen und Insiderhandel das Börsenunternehmen beauftragen, den Handel mit den betreffenden Finanzinstrumenten auszusetzen[790]) und im Falle der Verhängung von Sanktionen die Namen der Personen oder der Unternehmen, für welche die Personen verantwortlich sind, gegen die eine Sanktion verhängt wurde, sowie die verhängte Sanktion veröffentlichen.[791])

685   **Zivilrechtliche Haftung:** Daneben kommen schadenersatzrechtliche Konsequenzen in Betracht. Nach der in Österreich hM ist die Verletzung des Verbots, den Kurs durch Abschluss eines Scheingeschäftes oder durch das vorsätzliche Verbreiten falscher Gerüchte zu beeinflussen, eine Verletzung eines Schutzgesetzes.[792]) Die Anleger fallen demnach in den Schutzbereich der Kursmanipulation und haben bei Vorliegen der sonstigen Voraussetzungen einen Schadenersatzanspruch.[793])

K. Sonstige Pflichten der Emittenten

686   Das BörseG legt neben dem ÖCGK weitere Pflichten für den Emittenten fest. Die wesentlichen Pflichten sind:

- Jeder Emittent hat für neu ausgegebene Aktien derselben Gattung wie die Aktien, die bereits an der Börse notieren, innerhalb eines Jahres nach der Emission die Einbeziehung dieser neu ausgegebenen Aktien in den Börsehandel zu beantragen.[794])
- Jeder Emittent hat während der Dauer der Notierung eine Zahl- oder Hinterlegungsstelle bei einem Kreditinstitut am Börseort aufrechtzuerhalten.[795])
- Jeder Emittent von Aktien muss alle Aktionäre, die sich in der gleichen Lage befinden, gleich behandeln.[796])
- Darüber hinaus hat der Emittent Vorkehrungen zur Sicherung der Ausübung von Aktionärsrechten gemäß § 83 Abs 2 BörseG zu treffen. Danach hat er sicherzustellen, dass die Aktionäre ihre Rechte auch ausüben können. Zwar ist diese Bestimmung dem Wortlaut nach sehr weit gefasst und bezieht sich damit sowohl auf Vermögens- als auch Mitwirkungsrechte. In Bezug auf die Hauptversammlung sind Aktionäre über die Hauptversammlung zu unterrichten und ist ihnen die Ausübung ihres Stimmrechtes zu ermöglichen. Insb muss der Emittent die Aktio-

---

[790]) § 48 q Abs 3 BörseG.

[791]) Von einer solchen Veröffentlichung ist nach § 48 q Abs 4 Z 2 BörseG abzusehen, wenn die Veröffentlichung zu einem unverhältnismäßigen Schaden bei einem von der Veröffentlichung Betroffenen führen würde.

[792]) Vgl dazu *Kalss/Oppitz/Zollner*, Kapitalmarktrecht § 21 Rz 48 mwN.

[793]) Siehe dazu im Detail auch Rz 673.

[794]) Vgl § 82 Abs 1 BörseG.

[795]) Vgl § 82 Abs 3 BörseG.

[796]) Dieser Gleichbehandlungsgrundsatz ist in § 47 a AktG sowie in Regel 1 ÖCGK festgehalten.

näre über Ort, Zeitpunkt und Tagesordnung der Hauptversammlung, wie auch über die Aktien und Stimmrechte und die Rechte der Aktionäre bezüglich der Teilnahme an der Hauptversammlung informieren.

- Ferner hat der Emittent gemäß § 86 BörseG jede beabsichtigte Änderung der Satzung vorab im Änderungsentwurf an die Wiener Börse sowie an die FMA zu übermitteln.

Regel 6 des ÖCGK legt fest, dass die Abstimmungsergebnisse der Hauptversammlung sowie die allfällig geänderte Satzung der Gesellschaft unverzüglich auf der Homepage der Gesellschaft zu veröffentlichen sind. **687**

Nach Regel 74 ÖCGK hat die Emittentin einen Unternehmenskalender[797]) am Ende des laufenden Geschäftsjahres für das kommende Geschäftsjahr mit allen für Investoren und andere Stakeholder relevanten Terminen, wie zB Veröffentlichung von Geschäfts- und Quartalsberichten, Hauptversammlung, Ex-Dividenden-Tag, Dividenden-Zahltag und Investor Relations-Aktivitäten zu erstellen und unverzüglich nach Erstellung auf der Homepage der Gesellschaft zu veröffentlichen. **688**

Nach Regel 75 des ÖCGK sind die bei Conference Calls oder ähnlichen Informationsveranstaltungen für Analysten und Investoren verwendeten Informationsunterlagen (Präsentationen) über die Homepage der Gesellschaft dem Publikum zugänglich zu machen. Andere kapitalmarktrelevante Veranstaltungen, wie zB Hauptversammlungen, sind, soweit wirtschaftlich vertretbar, als Audio- und/oder Videoübertragung auf der Webseite der Gesellschaft zugänglich zu machen. Ebenso sind alle Finanzinformationen zum Unternehmen, die auf anderem Wege veröffentlicht wurden (zB gedruckte Berichte, Presseaussendungen, Ad-hoc-Meldungen), auf der Webseite zugänglich zu machen (Regel 76 ÖCGK). Darüber hinaus ist gegebenenfalls der Termin der Veröffentlichung vorläufiger Ergebnisse anzugeben. Die Termine von außerordentlichen Hauptversammlungen sind nach deren Festsetzung zu übermitteln. Im Falle von Verstößen gegen diese Bestimmung kann die Wiener Börse unter Setzung einer angemessenen Nachfrist zur Herstellung des ordnungsgemäßen Zustands auffordern und diese Tatsache auch auf der Webseite oder in anderer angemessener Weise zugänglich zu machen oder veröffentlichen. Ferner ist die Wiener Börse berechtigt, eine Konventionalstrafe zu verhängen. **689**

L. Übernahmerecht

1. Einleitung und Rechtsgrundlage

Das Übernahmerecht steht an der Schnittstelle zwischen Kapitalmarkt- und Gesellschaftsrecht. Aus kapitalmarktrechtlicher Sicht unterliegen sowohl der Bieter[798]) als auch die Zielgesellschaft[799]) umfangreichen Pflichten, die im Falle der Nichteinhaltung **690**

---

[797]) Das Regelwerk des Prime Market verlangt ebenso einen Unternehmenskalender (Corporate Action Timetable) in der deutschen und englischen Sprache.

[798]) Bieter ist jede natürliche oder juristische Person – unabhängig vom Personalstatut – die ein Angebot stellt oder ein solches zu stellen beabsichtigt oder zur Angebotsstellung verpflichtet ist (§ 1 Z 3 ÜbG).

[799]) Mit Zielgesellschaft wird jene AG bezeichnet, deren Beteiligungspapiere Gegenstand eines öffentlichen Angebots sind (§ 1 Z 2 ÜbG). Sie ist Emittentin jener Beteiligungspapiere, die im

Risiken für den Bieter bzw die Zielgesellschaft mit sich bringen können. Im Folgenden werden die Pflichten der Zielgesellschaft bzw ihrer Organe erläutert und wird auf allfällige Konsequenzen hingewiesen. Rechtsgrundlage ist das ÜbG.[800]) Das ÜbG gilt für alle öffentlichen Angebote zum Erwerb von Beteiligungspapieren, die von einer AG mit dem Sitz im Inland ausgegeben wurden und an einer österreichischen Börse zum Handel auf einem geregelten Markt zugelassen sind.

2. Gebote und Pflichten der Zielgesellschaft im Übernahmeverfahren

691 Zunächst ist der sog Gleichbehandlungsgrundsatz zu beachten. § 3 Z 1 ÜbG legt fest, dass alle Inhaber von Beteiligungspapieren der Zielgesellschaft, die sich in gleichen Verhältnissen befinden, gleich behandelt werden müssen, soweit im ÜbG nichts anderes bestimmt ist. Die Pflicht zur Gleichbehandlung gilt insb auch für Inhaber von Aktien, die der gleichen Gattung angehören. Dieses übernahmerechtliche Gleichbehandlungsgebot gilt va für die Zielgesellschaft einschließlich ihrer Organe. Begünstigt sind sämtliche Beteiligungspapierinhaber im Sinne von § 1 Z 4 ÜbG.

692 Ferner hat die Zielgesellschaft das sog Transparenzgebot zu beachten. Gemäß § 3 Z 2 ÜbG sind die Zielgesellschaft sowie die beizuziehenden Sachverständigen verpflichtet, den Angebotsadressaten hinreichende und mit wahrheitsgemäßen Tatsachen unterlegte Informationen zur Verfügung zu stellen und diesen eine angemessene Frist zur Entscheidung zu gewähren, um in voller Kenntnis der Sachlage entscheiden zu können. Angaben dürfen nicht unrichtig oder irreführend sein. Gemäß § 30 Abs 5 ÜbG sind alle Stellungnahmen und Äußerungen der Zielgesellschaft sowie deren Organe, der Sachverständigen und deren Berater der Übernahmekommission unverzüglich zur Kenntnis zu bringen, sofern sie nicht ohnehin vor der Veröffentlichung anzuzeigen sind.

693 Ferner unterliegt die Zielgesellschaft ebenso dem Verbot von Marktverzerrungen.[801]) Dieses richtet sich grundsätzlich an sämtliche Beteiligte des Übernahmeverfahrens. Danach dürfen beim Handel mit Wertpapieren der Zielgesellschaft, der Bietergesellschaft oder anderer durch das Angebot betreffende Gesellschaften keine Marktverzerrungen durch künstliche Beeinflussung der Wertpapiere und durch Verfälschung des normalen Funktionierens des Marktes geschaffen werden.

694 Interessenswahrungspflicht: In Anlehnung an § 70 AktG legt § 3 Z 3 ÜbG für den Vorstand und den Aufsichtsrat der Zielgesellschaft fest, dass diese im Interesse aller Aktionäre und sonstigen Inhaber von Beteiligungspapieren sowie auch im Interesse der Arbeitnehmer, der Gläubiger und im öffentlichen Interesse handelt. Eine Verletzung dieses Gebots ist von der Übernahmekommission zu ahnden.

695 Darüber hinaus trifft die Zielgesellschaft das sog Objektivitätsgebot nach § 12 Abs 1 ÜbG. Ab Bekanntwerden der Absicht des Bieters, ein Übernahmeangebot abzugeben bis zum Ende der Annahmefrist, sind dem Vorstand und dem Aufsichtsrat der Zielgesellschaft sämtliche Maßnahmen untersagt, die dieses Angebot vereiteln können.[802])

Rahmen eines einfachen Erwerbsangebots oder eines freiwilligen Übernahmeangebots erworben werden sollen oder auf welche das Pflichtangebot nach einem Kontrollwechsel zu beziehen ist.

[800]) BGBl I 1998/127 idF BGBl I 2007/72.
[801]) § 3 Z 4 ÜbG.
[802]) § 12 Abs 1 ÜbG.

Vorstand und Aufsichtsrat der Zielgesellschaft unterliegen ferner dem Verhinde- **696**
rungsverbot. Ab Bekanntwerden der Übernahmeabsicht müssen Maßnahmen, die den
Erfolg eines Übernahmeangebots verhindern können, von der Hauptversammlung
sanktioniert werden. Von dieser Zustimmungspflicht ausgenommen ist nur die Suche
nach konkurrierenden Bietern. Vor Bekanntwerden der Übernahmeabsicht von den
Verwaltungsorganen der Zielgesellschaft beschlossene Maßnahmen, die bis zu diesem
Zeitpunkt nicht einmal teilweise umgesetzt wurden, müssen nach § 12 Abs 3 ÜbG
ebenfalls von der Hauptversammlung genehmigt werden, wenn diese außerhalb des
normalen Geschäftsverlaufs liegen und – zumindest abstrakt – geeignet sind, den Erfolg
des Angebots zu verhindern.[803])

Sachverständiger: Die Zielgesellschaft hat nach § 13 ÜbG zu ihrer Beratung wäh- **697**
rend des gesamten Verfahrens und zur Prüfung ihrer Äußerung einen hierfür geeigneten von der Zielgesellschaft unabhängigen Sacherständigen beizuziehen.

Äußerung: Zum Anbot hat der Vorstand der Zielgesellschaft gemäß § 14 ÜbG **698**
Stellung zu nehmen. Diese Stellungnahme muss eine Beurteilung enthalten, ob die angebotene Gegenleistung dem Interesse der Beteiligungspapierinhaber entspricht. Darüber hinaus hat sich der Vorstand darüber zu äußern, ob das Angebot als solches den
Interessen der Beteiligungspapierinhaber, der Gläubiger, der Arbeitnehmer und dem öffentlichen Interesse angemessen Rechnung trägt. Sieht sich der Vorstand nicht in der
Lage, eine solche Beurteilung abzugeben, hat er wenigstens die Argumente für und gegen die Annahme des Angebots darzulegen. Auch der Sachverständige der Zielgesellschaft hat eine Stellungnahme über das Angebot sowie über die Stellungnahme des
Vorstands abzugeben. Der Aufsichtsrat der Zielgesellschaft kann eine solche Stellungnahme abgeben, er ist jedoch gesetzlich dazu nicht verpflichtet.

Die Zielgesellschaft unterliegt ferner dem Geheimhaltungsgebot nach § 6 Abs 2 **699**
ÜbG. Die Verwaltungsorgane der Zielgesellschaft müssen insb die Anbotsüberlegungen
bzw die Anbotsabsicht des Bieters geheim halten und dafür Sorge tragen, dass die für
die Zielgesellschaft im Rahmen des Übernahmeverfahrens tätigen Personen über ihre
Geheimhaltungspflichten belehrt sind. Ferner unterliegt die Zielgesellschaft Bekanntmachungspflichten. Die Zielgesellschaft ist nach § 6 Abs 2 ÜbG verpflichtet, die Anbotsüberlegungen des Bieters bzw dessen Anbotsabsicht bekannt zu machen, wenn bei den
Beteiligungspapieren der Zielgesellschaft erhebliche Kursbewegungen oder Gerüchte
und Spekulationen betreffend eines bevorstehenden Anbots auftreten. Alle Bekanntma-
chungen sind der Übernahmekommission unverzüglich zur Kenntnis zu bringen.

3. Sanktionen

Verwaltungsübertretung: Das Verletzen übernahmerechtlicher Pflichten kann ge- **700**
mäß § 35 Abs 1 Z 2 ÜbG verwaltungsstrafrechtliche Konsequenzen für die Verwaltungsorgane der Zielgesellschaft haben, sofern die Tat nicht den Tatbestand einer gerichtlich strafbaren Handlung erfüllt. Wer eine in § 35 Abs 1 Z 2 ÜbG genannte Verwaltungsübertretung begeht ist mit einer Geldstrafe von EUR 5.000,00 bis EUR
50.000,00 zu bestrafen.

---

[803]) *Zollner* in *Huber* (Hrsg), ÜbG Kommentar (2007) § 12 Rz 17.

701   **Zivilrechtliche Haftung:** Das ÜbG enthält keine Regelungen zu Schadenersatzansprüchen gegenüber der Zielgesellschaft, die die Vorschriften des ÜbG verletzt hat. Dies bedeutet jedoch nicht, dass den Beteiligungspapierinhabern keine Schadenersatzansprüche zukommen. Als Adressaten kommen insb auch die Zielgesellschaft bzw deren Verwaltungsorgane in Betracht. Die Ersatzpflicht kann sich in diesem Zusammenhang entweder aus der Verletzung übernahmerechtlicher oder allgemein kapitalmarktrechtlicher Informationspflichten oder aus unmittelbaren Handlungspflichten des ÜbG ergeben. Im Zusammenhang mit der Zielgesellschaft kommen insb eine Verletzung der oben angeführten Gebote und Verbote durch die Verwaltungsorgane der Zielgesellschaft oder durch falschen Rat bzw eine falsche Beurteilung in Betracht. Wegen Schutzgesetzverletzung iSd § 1311 ABGB iVm § 12 ÜbG werden die Verwaltungsorgane der Zielgesellschaft den Beteiligungspapierinhabern darüber hinaus ersatzpflichtig, wenn diesen durch einen Verstoß gegen das übernahmerechtliche Neutralitätsgebot ein Schaden entstanden ist.

VI. Compliance in der arbeitsrechtlichen Praxis

Dominik Leiter

Literatur: *Angermair/Prchal,* Aufdecker oder Nestbeschmutzer? Die Presse 2008/40/02; *Dittrich/Tades,* Arbeitsrecht (1963), 96. Egl; *Freudhofmeier,* Dienstvertrag – freier Dienstvertrag – Werkvertrag, taxlex 2009, 253; *Gerhartl,* Probleme des Dienstzeugnisses, ASoK 2008, 413; *Kittelberger,* External Reporting als Pflicht zum Whistleblowing, ÖBA 2007,90; *Kryda,* Mitwirkung des Betriebsrates bei der Einstellung neuer Dienstnehmer, SWK 1986, B I 17; *Lehner,* Die Auswirkungen des Arbeitszeitgesetzes auf das Kontrollverfahren der Abgabenbehörden, ÖStZ 2008/344, 174; *Löschnigg,* Arbeitsrecht (2003); *Ludwig,* Schadenersatz bei intersektioneller Diskriminierung, RdA 2009, 276; *Mayr,* Diskriminierungen im betrieblichen Alltag, RdA 2009, 153; *Müller-Bonanni/Sagan,* BB-Special Compliance, 2008, 28; *Neumayr/Reissner* (Hrsg), Zeller Kommentar zum Arbeitsrecht (2006); PVInfo 2006 H 10, 13; *Rabanser,* Interessensabwägung beim Fragerecht des Dienstgebers, ecolex 1993, 179; *Rebhahn* (Hrsg), Kommentar zum Gleichbehandlungsgesetz: GlBG und GBK-GAW-G (2005); *Schrank,* Neue Melde- und Sanktionsprobleme im ASVG, ZAS 2008/2; *Wonisch,* Die gerichtlichen Straftatbestände des Sozialbetrugsgesetzes (SozBeG, BGBl I 2004/152), ZAS 2008/3.

A. Einleitung

Das Arbeitsrecht mit seinen unzähligen Schutznormen zugunsten der Arbeitneh- **702** mer gehört zu den Rechtsbereichen mit dem größten Bedarf an einer Implementierung von wirksamen Compliance-Systemen. Vor allem in den letzten Jahren wurden die Fürsorgepflichten des Arbeitgebers erheblich ausgeweitet, man denke nur an die letzten Novellierungen zum Gleichbehandlungsgesetz (GlBG)[804], welche den Schutzbereich vor Diskriminierung aufgrund von Geschlecht, Alter, Religion, ethnischer Herkunft oder sexueller Orientierung auf das gesamte Arbeitsverhältnis ausgeweitet haben. Auch im Bereich des Arbeitnehmerschutzes werden die Arbeitgeber immer mehr in die Pflicht genommen. Tendenziell konnte in der letzten Zeit beobachtet werden, dass Strafbestimmungen bei Verstößen gegen arbeitsrechtliche Schutzbestimmungen verschärft wurden, was ua zu einer Erhöhung der potenziellen Geldstrafen führt.

Im Folgenden sollen daher einerseits Bereiche des Arbeitsverhältnisses dargestellt **703** werden, die von einer Compliance-Organisation unbedingt erfasst werden sollen, eine umfassende Darstellung wird jedoch aufgrund der Regelungsdichte im arbeitsrechtlichen Bereich nicht möglich sein. In einem weiteren Schritt soll geklärt werden, wie diese Maßnahmen im Betrieb zu implementieren sind, insb welche Instrumente dem Arbeitgeber dafür zur Verfügung stehen.

B. Anbahnung von Arbeitsverhältnissen

Bereits bei der Anbahnung von Arbeitsverhältnissen hat der potenzielle Arbeitge- **704** ber aufgrund rechtlicher Vorgaben, welche insb im GlBG festgelegt sind, Mindeststan-

---

[804]) BGBl I 2004/66 idgF.

dards insb hinsichtlich der Kommunikation mit Bewerbern und der Dokumentation des Bewerbungsprozesses einzuhalten um potenziellen Schadenersatzansprüchen vorzubeugen. Der OGH hat erst kürzlich festgehalten, dass sich das im GlBG normierte Diskriminierungsverbot auf den gesamten Einstellungsprozess bezieht.[805])

705 Darüber hinaus ist zu beachten, dass auch dem Betriebsrat gemäß § 99 Abs 1 bis 3 Arbeitsverfassungsgesetz (ArbVG)[806]) beim Einstellungsprozess Mitwirkungsrechte zukommen, wobei die endgültige Entscheidung über eine Einstellung jedoch allein in der Hand des Arbeitgebers liegt. Konkret bedeuten diese Mitwirkungsrechte, dass der Betriebsinhaber den Betriebsrat allgemein zu informieren hat, wenn er Einstellungen plant, der Betriebsrat aufgrund dieser Informationen über einzelne Einstellungen eine besondere Information, insb über die Namen der Bewerber und deren Qualifikationen verlangen kann und der Betriebsrat aufgrund der so erlangten Informationen eine Beratung mit dem Betriebsinhaber verlangen kann.[807])

1. Stellenausschreibung

706 Ein sorgfältiges Vorgehen ist bereits bei der Stellenausschreibung geboten. § 9 und 23 GlBG legen fest, dass Stellenausschreibungen diskriminierungsfrei zu erfolgen haben, wobei zu beachten ist, dass von diesen gesetzlichen Bestimmungen neben Ausschreibungen in öffentlich zugängigen Medien auch nur unternehmensintern erfolgte Ausschreibungen erfasst sind. Formulierungen, die ein Geschlecht von der Bewerbung ausschließen oder auf ein bestimmtes Geschlecht hindeuten, bzw auf Alter, Religion, ethnische Herkunft oder sexuelle Orientierung der Bewerber abstellen, sind daher unzulässig.

707 Nur wenn die an und für sich diskriminierende Anforderung wesentlich und entscheidend für die vorgesehene Tätigkeit ist, kann eine Diskriminierung uU gerechtfertigt sein. So wird es beispielsweise gerechtfertigt werden können, offene Stellen in einem Beratungszentrum für Frauen ausschließlich für weibliche Sozialarbeiter auszuschreiben.[808])

708 Anforderungen an Bewerber in Ausschreibungen, die jenseits der Grenzen des GlBG liegen, sind hingegen zulässig. So ist es beispielsweise möglich, Raucher von der Bewerbung auszuschließen. Ein derartiges Vorgehen ist nach der derzeitigen Rechtslage nicht diskriminierend.[809])

709 Bei Verstößen gegen das Verbot einer neutralen Ausschreibung drohen dem Arbeitgeber gemäß § 10 und 24 GlBG Verwaltungsstrafen von EUR 360 je Verstoß. Der Bewerber selbst hat allein wegen einer gegen das Gleichheitsgebot verstoßenden Stellenausschreibung jedoch (noch) keinen Schadenersatzanspruch. Für einen Anspruch des

---

805) Vgl OGH 23. 4. 2009, 8 ObA 11/09 i. Im gegenständlichen Fall wurde einer Interessentin, die sich aufgrund eines Internet-Inserats bei dem ausschreibenden Unternehmen gemeldet hatte, die mündliche Auskunft erteilt, dass die Bewerbungen von Frauen wenig aussichtsreich seien.

806) BGBl 1974/22 idgF.

807) Vgl *Kryda*, Mitwirkung des Betriebsrates bei der Einstellung neuer Dienstnehmer, SWK 1986, B I 17.

808) *Rebhahn* in *Rebhahn*, GlBG § 3 Rz 82.

809) Vgl PVInfo 2006 H 10, 13.

Bewerbers selbst bedürfte es zusätzlich der Voraussetzung, dass das Arbeitsverhältnis wegen der Verletzung des Gleichbehandlungsgebots nicht begründet wurde.[810])

2. Bewerbungsprozess

Für den weiteren Bewerbungsprozess (Sichtung der Bewerbungsunterlagen, Vor- **710** stellungsgespräche, Auswahlverfahren) ist eine schriftliche Dokumentation, welche die Gründe für das Setzen bestimmter Schritte klar nachvollziehbar machen, unumgänglich. Diese Unterlagen sollten mindestens ein Jahr nach Abschluss des Bewerbungsprozesses aufbewahrt werden, da Ansprüche aus der Ablehnung einer Bewerbung bis zu einem Jahr nach Ausspruch der Absage geltend gemacht werden können (§ 15 Abs 1 GlBG). Auf die datenschutzrechtlichen Bestimmungen bezüglich des korrekten Umgangs mit personenbezogenen Daten, worunter auch der Schutz von Daten der Bewerber zu verstehen ist, sei an dieser Stelle ebenfalls hingewiesen.[811])

a) Bewerbungsgespräch

Bei Bewerbungsgesprächen ist va zu berücksichtigen, dass Bewerber bei bestimm- **711** ten Fragestellungen nicht verpflichtet werden können, auf diese wahrheitsgemäß zu antworten. Das Fragerecht des zukünftigen Arbeitgebers wird daher de facto eingeschränkt. Da es meist von den Umständen des Einzelfalls und einer Abwägung der gegenseitigen Interessen abhängt, ob eine bestimmte Fragestellung zulässig ist,[812]) lässt sich ein abschließender Katalog der unzulässigen Fragen nicht aufstellen. Dennoch sind Anhaltspunkte für zumeist unzulässige Fragen auszumachen: Ein Bewerber ist beispielsweise idR nicht verpflichtet, diskriminierende Fragen iSd GlBG (also Fragen, welche auf Geschlecht, Alter, Religion, ethnische Herkunft oder sexuelle Orientierung abstellen) wahrheitsgemäß zu beantworten. So muss eine Bewerberin auf eine Frage, welche auf das Bestehen einer Schwangerschaft oder die weitere Familienplanung abzielt, nicht wahrheitsgemäß antworten.[813])

Auch die Frage nach dem Vorliegen einer begünstigten Behinderung im Sinn des **712** Behinderteneinstellungsgesetzes[814]) muss der Bewerber uU nicht wahrheitsgemäß beantworten.[815])

Fragen, die die Persönlichkeitsrechte des Arbeitnehmers jedoch nicht verletzen **713** und an deren wahrheitsgemäßer Beantwortung der potenzielle Arbeitgeber ein berechtigtes Interesse hat, sind hingegen zulässig. So sieht der OGH die Frage nach ungetilgten Vorstrafen als berechtigt, nach getilgten Vorstrafen in der Regel jedoch als nicht zulässig an.[816])

Hat der Bewerber auf eine Frage, deren wahrheitsgemäße Beantwortung ihm nicht **714** zumutbar war, eine falsche Information erteilt und erlangt der Arbeitgeber nach Begründung des Arbeitsverhältnisses Kenntnis von der falschen Beantwortung, so berech-

---

[810]) Vgl OGH 12. 1. 2000, 9 ObA 318/99 a.

[811]) Siehe dazu den Beitrag von *Dürager* Rz 993 ff.

[812]) Vgl *Rabanser,* Interessensabwägung beim Fragerecht des Dienstgebers, ecolex 1993, 179.

[813]) Vgl EuGH 4. 10. 2001, Rs C-109/00, Tele Danmark.

[814]) BGBl 1970/22 idgF.

[815]) Vgl OGH 2. 4. 2003, 9 ObA 240/02 p.

[816]) Vgl OGH 15. 11. 2001, 8 ObA 123/01 y.

tigt ihn der Umstand der falschen Beantwortung nicht zur Entlassung des Arbeitnehmers.[817])

715   In diesem Zusammenhang ist weiters zu beachten, dass die Verwendung von sog „qualifizierten Personalfragebögen" beim Bewerbungsgespräch – sowie auch während des laufenden Arbeitsverhältnisses – der Zustimmung des Betriebsrats in Form einer Betriebsvereinbarung bedarf (§ 96 Abs 1 Z 2 ArbVG). Dabei handelt es sich um einen Fragebogen, bei dem mehr als nur die Generalien und die fachliche Qualifikation abgefragt werden. Nur solche Maßnahmen des Betriebsinhabers können unter den Begriff der „Personalfragebögen" iSd § 96 Abs 1 Z 2 ArbVG fallen, die geeignet sind, dem Arbeitgeber Informationen über persönliche Umstände oder Meinungen eines einzelnen Arbeitnehmers zu verschaffen, an deren Geheimhaltung dieser ein Interesse haben könnte.[818])

b) Formulierung von Absagen

716   Bei der endgültigen Auswahl von Bewerbern ist insb bei der Begründung der Absagen umsichtig vorzugehen. UU empfiehlt es sich hier auf standardisierte Absageschreiben zurückzugreifen, die vorweg auf ihre Unbedenklichkeit hinsichtlich allfälliger Diskriminierungen geprüft wurden. Bei unklaren Absagen, auch mündlichen Aussagen, die als diskriminierend gewertet werden könnten, drohen dem Arbeitgeber sonst erhebliche Probleme.

717   Die Beweislastverteilung in solchen Fällen ist so ausgestaltet, dass, wenn Bewerber, die sich durch eine Verletzung des Gleichbehandlungsgrundsatzes für beschwert erachten, Tatsachen glaubhaft machen, die das Vorliegen einer unmittelbaren oder mittelbaren Diskriminierung vermuten lassen, es dem Arbeitgeber obliegt zu beweisen, dass keine Verletzung des Gleichbehandlungsgrundsatzes vorgelegen hat.[819])

718   Ein Sachverhalt, bei dem die bestqualifizierte Bewerberin eine Stelle als Ärztin in einer Kuranstalt mit der Begründung der Weigerung ihr Kopftuch im Dienst abzulegen, nicht erhalten hat, wird in mehrfacher Weise als diskriminierend anzusehen sein. Einerseits wegen der unmittelbaren Diskriminierung aufgrund der Religion, andererseits ist hier auch an eine mittelbare Diskriminierung aufgrund des Geschlechts sowie der ethnischen Herkunft zu denken.[820])

719   Kann der abgelehnte Bewerber bescheinigen, dass das Arbeitsverhältnis wegen Verletzung des Gleichbehandlungsgebots nicht begründet wurde, hat er Anspruch auf Ersatz des Vermögensschadens sowie einer Entschädigung aufgrund der erlittenen persönlichen Beeinträchtigung (§ 12 und 26 GlBG). Der Schadenersatz beträgt mindestens zwei Monatsgehälter, wenn der Bewerber bei diskriminierungsfreier Auswahl die Stelle erhalten hätte (§ 12 Abs 1 Z 1 GlBG) bzw bis zu EUR 500, wenn der Arbeitgeber nachweisen kann, dass der Schaden durch die Diskriminierung nur darin bestand, dass die Berücksichtigung der Bewerbung verweigert wurde (§ 12 Abs 1 Z 2 GlBG).

---

[817]) Vgl *Löschnigg,* Arbeitsrecht (2003) 185 ff.
[818]) Vgl OGH 15. 12. 2004, 9 ObA 114/04 m.
[819]) Vgl OGH 7. 7. 2004, 9 ObA 46/04 m.
[820]) Vgl *Ludwig,* Schadenersatz bei intersektioneller Diskriminierung, RdA 2009, 276.

3. Beginn des Arbeitsverhältnisses

Haben sich Arbeitgeber und Arbeitnehmer über die Aufnahme eines Beschäfti- **720** gungsverhältnisses geeinigt, kommen auf den Arbeitgeber die nächsten Verpflichtungen zu, welche oftmals schon vor Antritt des Dienstes zu berücksichtigen sind.

a) Ausländerbeschäftigung

So hat der Arbeitgeber bei ausländischen Arbeitnehmern unbedingt zu überprü- **721** fen, ob diese über die notwendige Berechtigung zur Aufnahme einer Arbeit in Österreich verfügen und hat gegebenenfalls selbst Anträge auf Zulassung zum Arbeitsmarkt zu stellen. Die diesbezüglichen gesetzlichen Grundlagen finden sich im Wesentlichen im Ausländerbeschäftigungsgesetz (AuslBG)[821].

Die Verpflichtung zur Einhaltung des AuslBG trifft allein den Arbeitgeber, er **722** kann sich dieser Verantwortung nicht entledigen. So hat die Jud festgehalten, dass für die Einhaltung des AuslBG der Arbeitgeber und nur dieser allein haftbar ist.[822] Die Verpflichtung des Arbeitnehmers geht so weit, dass vom Arbeitgeber verlangt wird, sich mit den gesetzlichen Vorschriften betreffend die Ausländerbeschäftigung laufend vertraut zu machen. Die Unkenntnis der Rechtslage wirkt daher grundsätzlich nicht haftungsbefreiend.[823]

Vom AuslBG sind grundsätzlich alle Personen erfasst, die nicht die österreichische **723** Staatsbürgerschaft besitzen und in einem Arbeitsverhältnis oder arbeitnehmerähnlichen Arbeitsverhältnis tätig sind. Bestimmte Gruppen sind jedoch gemäß § 1 Abs 2 AuslBG vom Anwendungsbereich ausgeschlossen, wie ua EU- und EWR-Bürger sowie deren Ehegatten und Kinder (die Übergangsregelungen für Bürger der neuen Mitgliedsländer laufen spätestens 7 Jahre nach dem Beitritt zur EU aus), Familienangehörige von österreichischen Staatsbürgern, Asylberechtigte, Forscher und Führungskräfte sowie deren Familie.

Unterliegt das Arbeitsverhältnis eines Ausländers den Bestimmungen des AuslBG, **724** so ist für diesen vor Aufnahme der Tätigkeit in Österreich die entsprechende Genehmigung einzuholen bzw vom Arbeitnehmer vorzuweisen. Die Regelungen bezüglich der verschiedenen Titel, welche einem Ausländer die Beschäftigung in Österreich erlauben, sind komplex und umfangreich. Im Folgenden kann daher nur ein kurzer Überblick über die verschiedenen Titel und den Weg zu deren Erlangung gegeben werden.

Verfügt der Ausländer bereits über einen Aufenthaltstitel in Österreich, kann der **725** Arbeitgeber einen Antrag auf Erteilung einer Beschäftigungsbewilligung für die Dauer von maximal 1 Jahr bei der regionalen Geschäftsstelle des AMS des zukünftigen Beschäftigungsortes einbringen (§ 4 AuslBG).

Liegen die Voraussetzungen für die Zulassung als Schlüsselkraft nach § 12 AuslBG **726** vor (besondere am inländischen Arbeitsmarkt nachgefragte Ausbildung oder spezielle Kenntnisse und Fertigkeiten mit Berufserfahrung, Mindestentlohnung von mindestens 60 Prozent der ASVG-Höchstbeitragsgrundlage, sowie Erfüllung eines weiteren Kriteriums wie Position als Führungskraft, Transfer von Investitionskapital, besondere anerkannte Qualifikation oder Hochschulstudium, Schaffung neuer oder Sicherung beste-

---

[821] BGBl 218/1975 idgF.
[822] VwGH 13. 12. 1990, 90/09/0141.
[823] VwGH 17. 12. 1998, 96/09/0364.

hender Arbeitsplätze oder besondere Bedeutung für eine Region oder einen Teilarbeits-
markt), so ist der diesbezügliche Antrag vom Arbeitnehmer mit Zustimmung des
Arbeitgebers beim LH zu stellen. Die Zulassung als Schlüsselkraft ist längstens für die
Dauer von 18 Monaten gültig, danach kann eine unbefristete Niederlassungsbewilligung
beantragt werden.

727   Eine Arbeitserlaubnis wird vom AMS auf Antrag des Ausländers ausgestellt, wenn
dieser in den letzten 14 Monaten insgesamt 52 Wochen im Bundesgebiet erlaubt beschäftigt war. Diese ist für längstens zwei Jahre gültig (§ 14 a AuslBG).

728   Ein Befreiungsschein ist dem Ausländer auszustellen, wenn dieser in den letzten
acht Jahren mindestens fünf Jahre im Bundesgebiet erlaubt beschäftigt war. Der Befreiungsschein ist für fünf Jahre gültig und erlaubt eine Beschäftigung im gesamten
Bundesgebiet (§ 15 AuslBG).

729   Wird ein Ausländer von einem ausländischen Arbeitgeber mit Betriebssitz im
Staatsgebiet eines Mitgliedstaats der EU zur Erbringung einer vorübergehenden Dienstleistung nach Österreich entsandt, so ist diese der regionalen Geschäftsstelle des AMS
vor der Aufnahme der Tätigkeit anzuzeigen.

730   Führt ein Ausländer im Auftrag seines ausländischen Arbeitgebers in Österreich
Arbeiten durch und wird dadurch zwischen dem österreichischen Arbeitgeber und dem
ausländischen Arbeitnehmer kein Arbeitsverhältnis begründet, so ist für diese Tätigkeit
eine Entsendebewilligung, welche vier Monate gültig ist, vom Arbeitgeber einzuholen.
Dauert die Beschäftigung länger als vier Monate, ist eine Beschäftigungsbewilligung für
Entsendung beim zuständigen regionalen AMS zu beantragen. Weitere Voraussetzung
für die Erteilung einer Entsendebewilligung ist, dass die Arbeiten in Österreich nicht
länger als 6 Monate dauern dürfen (§ 18 AuslBG).

731   Ausländer, welche über einen Niederlassungsnachweis, den Titel Daueraufenthalt-
EG, oder eine Niederlassungsbewilligung unbeschränkt verfügen, haben das Recht zur
unbeschränkten Ausübung einer Erwerbstätigkeit im gesamten Bundesgebiet. Eine weitere Bewilligung nach dem AuslBG ist daher nicht mehr erforderlich.

732   Wird ein Ausländer entgegen den Bestimmungen des AuslBG beschäftigt, drohen
dem Arbeitgeber empfindliche Verwaltungsstrafen. Diese Strafen berechnen sich nach
der Anzahl der illegal Beschäftigten und danach, ob wiederholte Verstöße begangen
wurden. Sie reichen von EUR 1000 bis zu EUR 50.000 pro widerrechtlich beschäftig-
tem Ausländer (§ 28 AuslBG).

733   Daneben drohen bei wiederholter illegaler Beschäftigung das Verbot der Beschäftigung von Ausländern für einen Zeitraum von maximal einem Jahr per Bescheid der
BVB (§ 30 AuslBG) sowie der Entzug der Gewerbeberechtigung (§ 30 a AuslBG). Jede
Verwaltungsstrafe nach § 28 AuslBG scheint darüber hinaus in der zentralen Verwal-
tungsstrafevidenz auf (§ 28 b AuslbG).

b) Sozialversicherung

734   Gemäß § 33 Abs 1 des Allgemeinen Sozialversicherungsgesetzes (ASVG)[824]) haben
seit 1. 1. 2008 sämtliche Anmeldungen eines neu eintretenden Arbeitnehmers zur Sozialversicherung bereits vor dessen Arbeitsantritt zu erfolgen. Andere Meldungen (Ab-

---

[824]) BGBl 1955/189 idgF.

meldungen, Änderungsmeldungen) können binnen 7 Tagen an den zuständigen Krankenversicherungsträger nachgemeldet werden (§ 34 Abs 1 ASVG). Bei der Anmeldung, die vom Arbeitgeber durchzuführen ist, ist insb auch zu berücksichtigen, dass die darin enthaltenen Angaben korrekt zu sein haben. Eine unrichtige Meldung (beispielsweise Meldung eines „echten" Arbeitnehmers als freier Arbeitnehmer) kann uU ebenso wie die Unterlassung der Meldung verwaltungsrechtliche Sanktionen nach sich ziehen.[825]

Die Verwaltungsstrafen bei Verstößen gegen diese Meldungsverpflichtung sind in **735** § 111 Abs 2 ASVG festgelegt und bewegen sich zwischen EUR 730 und EUR 2.180, im Wiederholungsfall von EUR 2.180 bis zu EUR 5.000, bei Uneinbringlichkeit der Geldstrafe mit Freiheitsstrafe bis zu zwei Wochen.

Zu beachten ist iZm Verstößen gegen das Sozialversicherungsrecht des Weiteren, **736** dass bestimmte Formen der Schwarzarbeit, sowie das Vorenthalten von Arbeitnehmerbeiträgen zur Sozialversicherung seit Einführung des Sozialbetrugsgesetzes (SozBeG)[826] sowie der dazugehörigen Straftatbestände § 153 c bis 153 e StGB mit Freiheitsstrafe bis zu 2 Jahren geahndet werden.[827]

c) Eingliederung als „echter"/freier Dienstnehmer bzw Werkunternehmer

Wie bereits kurz angesprochen, ist die richtige Einstufung des Arbeitnehmers als **737** „echter" oder freier Dienstnehmer bzw als Werkunternehmer von entscheidender Bedeutung.

Der echte Dienstnehmer wird nach gängiger Auffassung dadurch gekennzeichnet, **738** dass er im Dauerschuldverhältnis Leistungen höchstpersönlich und unter persönlicher Abhängigkeit erbringt. Der freie Dienstnehmer ist zwar genauso im Dauerschuldverhältnis tätig, ist jedoch persönlich unabhängig, was beispielsweise dadurch gekennzeichnet ist, dass er nicht in die betrieblichen Strukturen des Unternehmens eingegliedert wird. Er kann seine Zeit frei einteilen und kann sich in der Regel auch vertreten lassen. Der Werkunternehmer schuldet keine Dienstleistungen, sondern einen konkreten Erfolg – das Werk.[828]

Stellen die Behörden fest, dass Beschäftigte falsch eingeordnet wurden, kommen **739** auf den Arbeitgeber erhebliche Rück- bzw Nachforderungen an Sozialversicherungs- und Lohnsteuerzahlungen zu. Daneben hätte der Arbeitnehmer selbst die Möglichkeit, arbeitsrechtliche Ansprüche (beispielsweise auf kollektivvertragliche Sonderzahlungen, Überstundenentgelt, Jubiläumsgeld etc) grundsätzlich für die letzten drei Jahre geltend zu machen, soweit solche Ansprüche nicht einer kollektiv- oder dienstvertraglichen Verfallsfrist unterliegen.

d) Verständigung des Betriebsrats

Gemäß § 99 Abs 4 Arbeitsverfassungsgesetz (ArbVG) ist der Betriebsrat von jeder **740** erfolgten Einstellung unverzüglich in Kenntnis zu setzen. Das Informationsrecht gemäß

---

[825]) Vgl *Schrank,* Neue Melde- und Sanktionsprobleme im ASVG, ZAS 2008/2.

[826]) BGBl I 2004/152.

[827]) Vgl *Wonisch,* Die gerichtlichen Straftatbestände des Sozialbetrugsgesetzes (SozBeG, BgBl I 2004/152), ZAS 2008/3.

[828]) Vgl *Freudhofmeier,* Dienstvertrag – freier Dienstvertrag – Werkvertrag, taxlex 2009, 253.

Abs 4 ist nicht von einem Verlangen des Betriebsrats abhängig; der Betriebsinhaber muss die Einhaltung dieser Vorschrift kontrollieren. Eine zufällige Kenntnisnahme des Betriebsrats ist nicht ausreichend.[829])

741   Diese Mitteilung kann sowohl schriftlich als auch mündlich erfolgen (eine schriftliche Mitteilung mit Datumsangabe ist jedoch zu Beweiszwecken ratsam). Die Mitteilung hat Angaben über die vorgesehene Verwendung und Einstufung des Arbeitnehmers, den Lohn oder das Gehalt sowie eine vereinbarte Probezeit oder Befristung des Arbeitsverhältnisses zu enthalten (§ 99 Abs 4 S 2 ArbVG).

742   Gemäß § 160 Abs 1 ArbVG sind ua Zuwiderhandlungen gegen die Bestimmung des § 99 Abs 4 ArbVG, sofern die Tat nach anderen Gesetzen nicht einer strengeren Strafe unterliegt, von der BVB mit einer Geldstrafe bis zu EUR 2180 zu ahnden.

e) Dienstzettel

743   Der Arbeitgeber hat dem Arbeitnehmer unverzüglich nach Beginn des Arbeitsverhältnisses eine schriftliche Aufzeichnung über die „wesentlichen Rechte und Pflichten" (diese werden in § 2 AVRAG taxativ aufgezählt) aus dem Arbeitsvertrag (Dienstzettel) auszuhändigen (§ 2 Arbeitsvertragsanpassungsgesetz [AVRAG][830])). Die Ausstellung eines schriftlichen Arbeitsvertrages kann jedoch den Dienstzettel ersetzen, sofern dieser alle notwendigen Bestandteile des Dienstzettels enthält.[831])

C. Compliance-Verpflichtungen während des aufrechten Arbeitsverhältnisses

744   Den Arbeitgeber treffen während des aufrechten Arbeitsverhältnisses eine Vielzahl von gesetzlich festgelegten Verpflichtungen gegenüber dem Arbeitnehmer, welche aufgrund ihrer Fülle im Rahmen dieses Beitrags nicht im Einzelnen behandelt werden können. Insb sei an dieser Stelle auf die diversen Zahlungsverpflichtungen des Arbeitgebers hingewiesen, welche bei Nichterfüllung vom Arbeitnehmer innerhalb von drei Jahren nachträglich geltend gemacht werden können, soweit der anzuwendende Kollektivvertrag für diese Forderungen keine kürzeren Verfallsfristen vorsieht. Hier ist an das kollektivvertragliche Mindestentgelt, die im Kollektivvertrag festgelegte Verpflichtung zur Leistung von Sonderzahlungen (Weihnachts- und Urlaubsremuneration, Jubiläumsgelder) und Überstundenentgelt zu denken.

745   Des Weiteren sind die gesetzlichen Bestimmungen zu Urlaub, Arbeitszeit (zB AZG), Wettbewerbs- und Konkurrenzregelung etc besonders zu beachten.

1. Fürsorgepflicht

746   Während der Dauer des Arbeitsverhältnisses trifft den Arbeitgeber eine besondere Schutzpflicht gegenüber dem Arbeitnehmer, die sog Fürsorgepflicht. Daher hat der Arbeitgeber Sorge dafür zu tragen, dass die Gesundheit des Arbeitnehmers, sein Eigen-

---

829) Vgl *Dittrich/Tades,* Arbeitsrecht, § 99 ArbVG, E 5.
830) BGBl I 1993/459 idgF.
831) *Löschnigg,* Arbeitsrecht (2003) 194 ff.

tum, sowie generell seine Persönlichkeitsrechte geachtet werden (§ 18 AngG).[832]) Zur Durchsetzung dieser Verpflichtung hat der Arbeitgeber einerseits selbst alle Handlungen zu unterlassen, welche die geschützten Rechte des Arbeitnehmers gefährden könnten und hat andererseits dafür zu sorgen, dass die Rechte des Arbeitnehmers auch von dritter Seite respektiert werden.

Ausfluss der Fürsorgepflicht sind die zahlreichen technischen Arbeitsschutzbestimmungen, welche im Arbeitnehmerschutzgesetz (ASchG)[833]) festgelegt sowie durch unzählige Verordnungen konkretisiert werden. Hierunter fallen beispielsweise Regelungen bezüglich der Beschaffung des Arbeitsplatzes, wie Umgang mit gefährlichen Arbeitsstoffen, Arbeitskleidungsvorschriften, Vorschriften zu Bildschirmarbeitsplätzen. **747**

2. Technischer Arbeitnehmerschutz

Für die Durchführung eines effektiven Arbeitnehmerschutzes hat der Arbeitgeber auf seine Kosten zu sorgen (§ 3 ASchG). Daher sind beispielsweise Baustellen entsprechend zu sichern, gefährliche Arbeitsstoffe zu kennzeichnen, sowie die Arbeitnehmer auf potenzielle Gefahren hinzuweisen und gegebenenfalls einzuschulen. **748**

In größeren Betrieben (über 10 Arbeitnehmer) hat der Arbeitgeber darüber hinaus Sicherheitsvertrauenspersonen zu bestellen, welche als Ansprechpersonen für Arbeitgeber und Arbeitnehmer in sämtlichen Belangen des Arbeitnehmerschutzrechts dienen (§ 10 ASchG). Daneben wachen Sicherheitsfachkräfte und der Arbeitsschutzausschuss als weitere betriebsinterne Einrichtungen sowie das Arbeitsinspektorat als Behörde über die Einhaltung der Arbeitnehmerschutzvorschriften. Zusätzlich zu berücksichtigen ist, dass auch der Betriebsrat gemäß § 89 Abs 3 ArbVG zur Durchführung und Überwachung der Arbeitnehmerschutzvorschriften berufen ist. **749**

Verstößt der Arbeitgeber gegen die Verpflichtung zur Einhaltung des Arbeitnehmerschutzes und wird der Arbeitnehmer in Folge verletzt, so kann sich der Sozialversicherungsträger für die dem Arbeitnehmer gegenüber erbrachten Leistungen am Arbeitgeber regressieren, wenn der Arbeitsunfall vorsätzlich oder grob fahrlässig vom Arbeitgeber verursacht wurde. Für leichte Fahrlässigkeit haftet der Arbeitgeber nicht, sog Dienstgeberhaftungsprivileg (§ 333 ASVG). Dies gilt insb dann, wenn der Arbeitgeber bereits von den Kontrollorganen auf Mängel/Gefahrenquellen hingewiesen wurde und es unterlassen hat, diese zu beheben. In diesem Fall wird von der Jud grob fahrlässiges Unterlassen angenommen.[834]) **750**

Sondervorschriften für den technischen Arbeitnehmerschutz auf Baustellen beinhaltet das Bauarbeitenkoordinationsgesetz (BauKG)[835]). Neben der Bestellung eines Planungs- und eines Baustellenkoordinators, die gewisse Pflichten zur Sicherstellung der Sicherheit der auf der Baustelle tätigen Arbeitnehmer treffen, verlangt dieses Gesetz vom Bauherrn eine Voranmeldung von Baustellen (ausgenommen Kleinstbaustellen) an das zuständige Arbeitsinspektorat, die Erstellung eines Sicherheits- und Gesundheitsschutzplans für die Bauzeit und einer Unterlage für spätere Arbeiten wie zB War- **751**

---

[832]) OGH 26. 5. 2004, 9 ObA 64/04 h.
[833]) BGBl 450/1994 idgF.
[834]) OGH 26. 4. 2001, 8 ObA 308/00 b.
[835]) BGBl I 37/1999 idF BGBl I 159/2001.

tungsarbeiten nach Baufertigstellung. Bestimmte Verletzungen dieser Vorschriften sind mit Verwaltungsstrafe bedroht. Typischerweise überträgt der Bauherr seine Verpflichtungen aus diesem Gesetz, soweit gestattet, an einen Projektleiter.

3. Mutterschutz, Schutz jugendlicher Arbeitnehmer

752 Neben dem technischen Arbeitnehmerschutz basieren die Schutzvorschriften für jugendliche Arbeitnehmer (als Jugendlicher gelten Personen bis zur Vollendung des 18. Lebensjahres), genauso wie Bestimmungen des Mutterschutzrechts, auf dem Fürsorgeprinzip.

753 Das Mutterschutzrecht sieht va ein generelles Beschäftigungsverbot für eine Zeit von zumindest 8 Wochen vor der voraussichtlichen Entbindung und Einschränkungen in der Verwendung für bestimmte Arbeiten während der Schwangerschaft (§§ 3, 4 MuttSchG) vor. Dazu tritt, dass der Arbeitgeber für Arbeitsplätze, an denen Frauen beschäftigt werden, die Gefahren für die Sicherheit und Gesundheit von werdenden und stillenden Müttern und ihre Auswirkungen auf die Schwangerschaft oder das Stillen zu ermitteln und zu bewerten hat, sowie, sollten sich Gefahren für werdende oder stillende Mütter ergeben, diese durch Änderung der Beschäftigung auszuschließen sind (§§ 2 a, 2 b MuttSchG). Weiters dürfen werdende oder stillende Mütter – mit einzelnen Ausnahmen – nicht in der Nachtzeit oder an Sonn- und Feiertagen oder über die tägliche Normalarbeitszeit hinaus beschäftigt werden; stillenden Müttern ist Stillzeit einzuräumen (§§ 5 bis 9 MuttSchG). Eine Verletzung dieser Bestimmungen zieht Verwaltungsstrafen nach sich.

4. Arbeitszeitschutz

754 Der Arbeitgeber hat grundsätzlich für alle Arbeitnehmer Arbeitszeitaufzeichnungen zu führen. Ausgenommen von der Anwendung des Arbeitszeitgesetzes (AZG)[836] sind nur die sog leitenden Angestellten (solche Arbeitnehmer, denen maßgebliche Führungsaufgaben selbstverantwortlich übertragen sind) sowie Arbeitnehmer, auf deren Arbeitsverhältnisse andere Arbeitszeitbestimmungen zur Anwendung kommen (zB Hausbesorger). Die Verpflichtung zur Führung von Arbeitszeitaufzeichnungen kann der Arbeitgeber an den Arbeitnehmer übertragen. In diesem Fall hat er für eine Anleitung und eine entsprechende Kontrolle (zB Kontrollvermerke in den Aufzeichnungen des Arbeitnehmers) zu sorgen.[837]

755 Das Verzeichnen der Arbeitszeit soll möglichst täglich erfolgen. Es sind für jeden Tag Angaben über die Ist-Arbeitszeiten nach Kalendertagen und Uhrzeiten inklusive Beginn und Ende der Ruhepausen[838]), die Aufteilung der geleisteten Arbeitszeit auf Normalarbeitszeit, Mehrarbeit und Überstunden, Feiertagsstunden/Ruhezeiten sowie Urlaub, Krankenstand und freie Tage zu machen. Für Außendienstmitarbeiter sind

---

[836]) BGBl 1969/461 idgF.

[837]) Vgl *Lehner*, Die Auswirkungen des Arbeitszeitgesetzes auf das Kontrollverfahren der Abgabenbehörden, ÖStZ 2008/344, 174.

[838]) § 26 Abs 5 AZG sieht vor, dass die Verpflichtung zur Führung von Aufzeichnungen über die Ruhepausen gemäß § 11 AZG entfällt, wenn durch Betriebsvereinbarung Beginn und Ende der Ruhepausen festgelegt werden oder es dem Arbeitnehmer überlassen wird, innerhalb eines festgelegten Zeitraumes die Ruhepausen zu nehmen.

ausschließlich Aufzeichnungen über die Dauer der Tagesarbeitszeit zu führen, es genügen sog „Saldoaufzeichnungen" (§ 26 Abs 3 AZG).

Zu beachten ist insb, dass die gesetzlich erlaubte Höchstarbeitszeit im Ausmaß **756** von 50 Wochenstunden und 10 Stunden pro Arbeitstag (§ 9 Abs 1 AZG) vom Arbeitnehmer nicht überschritten und die gesetzlich vorgesehenen Ruhepausen eingehalten werden. Weiters ist zu beachten, dass gemäß § 12 AZG dem Arbeitnehmer nach Beendigung der Tagesarbeitszeit eine ununterbrochene Ruhepause von mindestens 11 Stunden zu gewähren ist. Diese Ruhezeit kann nach Maßgabe des § 20b AZG für Arbeitnehmer auf einer Dienstreise unterschritten werden, wenn der betroffene Arbeitnehmer während der Fahrzeit keine Arbeitsleistung erbringt.

Bei Verstößen gegen das AZG drohen gemäß § 28 AZG je nach Schwere der Verstöße **757** Geldstrafen von EUR 20 (bei leichten Verstößen) bis zu EUR 3600 (bei sehr schweren Verstößen). Verletzungen der Aufzeichnungspflichten sind hinsichtlich jedes einzelnen Arbeitnehmers gesondert zu bestrafen, wenn durch das Fehlen der Aufzeichnungen die Feststellung der tatsächlich geleisteten Arbeitszeit unmöglich oder unzumutbar wird. Zur Überwachung der Verpflichtungen des AZG ist wiederum das Arbeitsinspektorat berufen.

5. Gleichbehandlungspflicht

Auch die Einhaltung des Gleichbehandlungsgebots ist ein Ausfluss der arbeitgeberischen Fürsorgepflicht. Der Arbeitgeber hat für ein diskriminierungsfreies Arbeitsumfeld zu sorgen. Diese Verpflichtung bezieht sich einerseits auf die Arbeitsbedingungen des Arbeitnehmers, andererseits auf das Verhalten der Arbeitnehmer untereinander. Mobbing oder sexuelle Belästigung darf ein Arbeitgeber in seinem Unternehmen nicht dulden.[839] **758**

6. Sicherung der Einhaltung der Compliance durch die Mitarbeiter

Neben dem Schutz der Arbeitnehmer hat Compliance naturgemäß auch die Aufgabe, sicherzustellen, dass sich die Arbeitnehmer selbst an die für ihre Tätigkeit relevanten Vorschriften halten. Welche dies sind, ergibt sich (soweit hier Arbeitnehmer angesprochen sind, die aufgrund interner Ermächtigung gewisse Arbeitgeberfunktionen ausüben) aus diesem und generell ua aus den weiteren Kapiteln dieses Buches. Die Frage, ob sich aus der Fürsorgepflicht des Arbeitgebers eine arbeitsrechtliche Verpflichtung ergibt, Maßnahmen zu ergreifen, um Arbeitnehmer vor der Verletzung von Rechtsvorschriften in deren eigenem Interesse zu schützen, ist derzeit in Lehre und Jud noch unbeantwortet.[840] Oftmals wird sich diese Frage aber in der Praxis nicht stellen, weil der Arbeitgeber ohnehin – etwa im strafrechtlichen Bereich aus dessen Verbandsverantwortlichkeit[841] oder im Zivilrecht aus Erfüllungsgehilfenhaftung – gut beraten sein wird, Compliance-Maßnahmen zu setzen. **759**

---

[839] Siehe zu diesem Themenkreis die Fallbeispiele in: *Mayr,* Diskriminierungen im betrieblichen Alltag, RdA 2009, 153.

[840] Etwa eine Verpflichtung, Mitarbeiter über neue, ihren Bereich betreffende, Rechtsentwicklungen zu unterrichten.

[841] Vgl *Dürager,* Rz 1096.

D. Beendigung des Arbeitsverhältnisses

1. Auflösung des Arbeitsverhältnisses

760 Entschließt sich ein Arbeitgeber dazu, das Arbeitsverhältnis mit einem Arbeitnehmer zu beenden, hat er insb auf die gesetzmäßige Abwicklung der Formalitäten und die notwendige Einbeziehung des Betriebsrats zu achten, wobei diese erheblich von der Art der Auflösung abhängt. Das österreichische Arbeitsrecht bietet dem Arbeitgeber – neben dem Auslaufen eines befristeten Arbeitsverhältnisses – drei Möglichkeiten zur Beendigung des Arbeitsverhältnisses: Die ordentliche Kündigung unter Einhaltung der vereinbarten, kollektivvertraglichen oder gesetzlichen Fristen und Termine, die (fristlose) Entlassung, die nur aus wichtigem Grund erfolgen kann und die einvernehmliche Lösung des Arbeitsverhältnisses, die aber der Mitwirkung des Arbeitnehmers bedarf. Bei allen drei Maßnahmen ist – bei der einvernehmlichen Lösung nur auf Verlangen des Arbeitnehmers – der Betriebsrat bei sonstiger Unwirksamkeit der Beendigung einzubinden.

761 Bereits vor Ausspruch einer Kündigung ist gemäß § 105 Abs 1 ArbVG der Betriebsrat zu verständigen. Der Betriebsrat hat die Möglichkeit, innerhalb von fünf Arbeitstagen dazu Stellung zu nehmen. Eine vor Ablauf dieser Frist ausgesprochene Kündigung ist rechtsunwirksam, es sei denn, der Betriebsrat hat eine Stellungnahme bereits abgegeben. Den Betriebsinhaber trifft weiters die Pflicht, den Betriebsrat auch vom erfolgten Kündigungsausspruch zu verständigen. Der Inhalt der Stellungnahme des Betriebsrats zur geplanten Kündigung (Zustimmung, Ablehnung, keine Stellungnahme) hat direkte Auswirkungen auf die gesetzlich normierten Anfechtungsmöglichkeiten der Kündigung durch den Arbeitnehmer.

762 Gemäß § 104 a ArbVG kann eine einvernehmliche Auflösung des Arbeitsverhältnisses innerhalb von zwei Arbeitstagen nicht rechtswirksam vereinbart werden, wenn der Arbeitnehmer gegenüber dem Betriebsinhaber nachweislich verlangt, sich mit dem Betriebsrat zu beraten.

763 Vor dem Ausspruch einer Entlassung muss der Betriebsrat nicht eingebunden werden. Dies wäre auch deshalb nicht möglich, weil eine Entlassung unverzüglich nach Kenntnis des Entlassungsgrundes vom Arbeitgeber ausgesprochen werden muss, um rechtswirksam zu sein. Die Einhaltung eines Vorverfahrens, ähnlich dem bei der Kündigung, ist mit diesem Grundsatz nicht vereinbar. Daher normiert § 106 ArbVG, dass der Betriebsrat sich innerhalb von drei Tagen nach seiner Verständigung, welche unverzüglich nach der Entlassung zu erfolgen hat, zur Entlassung äußern kann. Von dieser Äußerung hängt wiederum das Anfechtungsrecht des Arbeitnehmers bei Gericht ab.

764 Es besteht die Möglichkeit des Betriebsrates bzw des Arbeitnehmers selbst, eine vom Arbeitgeber ausgesprochene Kündigung bzw Entlassung bei Gericht binnen einer Frist von (grundsätzlich) einer Woche anzufechten. Anfechtungsgründe sind ua gegeben, wenn die Kündigung aufgrund eines verpönten Motivs ausgesprochen wurde, sog „Motivkündigung" (zB Kündigung wegen gewerkschaftlicher Tätigkeit, Bewerbung um eine Mitgliedschaft zum Betriebsrat, Geltendmachung von Ansprüchen aus dem Arbeitsverhältnis).[842] Weiters kann eine Kündigung dann erfolgreich angefochten werden,

---

[842] Die „verpönten" Kündigungsmotive sind in § 105 Abs 3 Z 1 ArbVG angeführt; diese Liste wird erweitert durch § 15 Abs 1 AVRAG.

wenn sie „sozialwidrig" ist, was bedeutet, dass wesentliche Interessen eines Arbeitnehmers, der bereits sechs Monate im Betrieb bzw Unternehmen beschäftigt ist, von der Kündigung beeinträchtigt sind. Kündigungen werden von den Arbeits- und Sozialgerichten insb dann als sozialwidrig eingestuft, wenn ältere Arbeitnehmer, welche in der Praxis oft große Schwierigkeiten haben, eine neue Anstellung zu finden, gekündigt werden. Für die Anfechtung einer Entlassung ist des Weiteren erforderlich, dass diese ungerechtfertigt ausgesprochen wurde, dh dass der Arbeitnehmer keine Verfehlung begangen hat, die den Arbeitgeber zum Ausspruch einer Entlassung berechtigen würde. Stimmt der Betriebsrat der Kündigung zu, so kommt dem Entlassenen allein die Möglichkeit einer Anfechtung aufgrund des Vorliegens eines verpönten Motivs zu (§ 106 Abs 2 ArbVG).[843])

765 Darüber hinaus ist zu beachten, dass bestimmten Arbeitnehmergruppen ein besonderer Kündigungsschutz zukommt. Mitglieder des Betriebsrats dürfen bei sonstiger Rechtsunwirksamkeit nur mit Zustimmung des Gerichts gekündigt oder entlassen werden. Voraussetzung für die Zustimmung des Gerichts ist, dass einer der vom Gesetz taxativ aufgezählten Kündigungs- oder Entlassungsgründe vorliegt (§ 122 ff ArbVG).

766 Die Kündigung eines begünstigten Behinderten (Grad der Behinderung von mindestens 50%) ist nur unter Einhaltung einer zumindest 4-wöchigen Kündigungsfrist und – grundsätzlich sofern das Arbeitsverhältnis zum Zeitpunkt des Ausspruches der Kündigung länger als sechs Monate bestanden hat – nur nach vorheriger Zustimmung des Behindertenausschusses zulässig (§ 8 Behinderteneinstellungsgesetz, BEinstG).[844])

767 Die Kündigung einer Arbeitnehmerin während der Schwangerschaft und bis zum Ablauf von 4 Monaten nach der Entbindung, sowie bis zum Ablauf von 4 Wochen nach Beendigung des Karenzurlaubes ist gemäß § 10 MuttSchG[845]) grundsätzlich – eine Ausnahme gilt bei bereits erfolgter Stilllegung des Betriebes – nur nach vorheriger Zustimmung des Gerichtes zulässig. Dieser Kündigungsschutz gilt auch für Väter, die Karenzurlaub in Anspruch nehmen. Sonderregelungen gelten etwa für „aufgeschobenen Karenzurlaub", den geteilten „Karenzurlaub" oder eine Teilzeitbeschäftigung nach dem Mutterschutz.

768 Wird eine Kündigung erfolgreich angefochten, so ist das Arbeitsverhältnis nach wie vor aufrecht, was bedeutet, dass der Arbeitgeber den Arbeitnehmer grundsätzlich weiter zu beschäftigen hat und seine damit fälligen Ansprüche aus der Zeit des Anfechtungsverfahrens nachzuzahlen hat.

769 Darüber hinaus sei nochmals auf das Gleichbehandlungsgebot hingewiesen, das auch bei Beendigung des Arbeitsverhältnisses Anwendung findet (§ 3 Abs 1 Z 7 bzw § 17 Abs 1 Z 7 GlBG). Dabei wird insb hinterfragt, ob eine arbeitsvertragliche Klausel, welche die Beendigung des Arbeitsverhältnisses bei Erreichung des Regelpensionsalters vorsieht, als diskriminierend anzusehen ist. Der OGH hat in diesem Zusammenhang

---

[843]) In § 15 AVRAG ist vorgesehen, dass auch Arbeitnehmer in nicht betriebsratspflichtigen Betrieben (also mit weniger als 5 Beschäftigten) die Kündigung wegen Sozialwidrigkeit anfechten können, wenn diese als Arbeitnehmer zu den Jahrgängen 1935 bis 1942 und als Arbeitnehmerin in die Jahrgänge 1940 bis 1947 fallen.

[844]) BGBl 1970/22 idgF.

[845]) BGBl 1979/221 idgF.

zuletzt entschieden, dass keine Diskriminierung aufgrund des Alters vorliegt, wenn ein Angestellter nach Erreichen des 65. Lebensjahres gekündigt wird.[846]) Allerdings ist aufgrund aktueller Rechtsprechung eine Ausweitung des Altersdiskriminierungsschutzes zu erwarten.[847])

770　Beabsichtigt der Arbeitgeber, innerhalb eines Zeitraums von 30 Tagen das Arbeitsverhältnis mit (i) 5 oder mehr Arbeitnehmern in einem Betrieb mit 20 bis 99 Beschäftigten oder (ii) zumindest 5% der Beschäftigten in einem Betrieb mit 100 bis 600 Beschäftigten oder (iii) mindestens 30 Arbeitnehmern in einem Betrieb mit mehr als 600 Beschäftigten oder (iv) mindestens fünf Arbeitnehmern, die das 50. Lebensjahr vollendet haben, zu beenden, so hat er die zuständige Geschäftsstelle des AMS schriftlich mindestens 30 Tage vor der ersten Auflösung eines Arbeitsverhältnisses bei sonstiger Unwirksamkeit der Beendigung zu verständigen (§ 45 a AMFG).

2. Nachvertragliche Fürsorgepflichten

771　Doch selbst nach Beendigung des Arbeitsverhältnisses treffen den Arbeitgeber noch Fürsorgepflichten. So ist er einerseits gemäß § 39 AngG dazu verpflichtet, dem Arbeitnehmer auf dessen Verlangen ein Dienstzeugnis auszustellen, das zumindest Angaben über die Dauer des Arbeitsverhältnisses und die konkrete Tätigkeit des Arbeitnehmers zu enthalten hat (sog einfaches Dienstzeugnis). Darüber hinaus statuiert das Gesetz, dass das Dienstzeugnis keine Angaben enthalten darf, welche dem Arbeitnehmer das berufliche Fortkommen erschweren. Bei Ausstellung eines qualifizierten Dienstzeugnisses[848]) hat der Arbeitgeber daher besonders darauf zu achten, dass allfällige Werturteile oder andere Angaben über den Arbeitnehmer nicht in einer Art formuliert sind, dass die Erlangung einer neuen Stelle (auch nur indirekt) erschwert werden könnte (sog Erschwernisverbot).[849])

772　Dieses Erschwernisverbot ist jedoch nicht allein auf das Dienstzeugnis beschränkt, sondern kommt nach neuerer Jud auch für mündliche Auskünfte über den Arbeitnehmer zur Anwendung[850]). Daher darf ein Arbeitgeber auf Anfrage keine Auskunft über den ehemaligen Arbeitnehmer erteilen, wodurch dessen weitere Karriere negativ beeinflusst werden könnte.

E. Arbeitsrechtliche Implementierung der Compliance

773　Um die umfassenden Verpflichtungen, die das Arbeitsrecht dem Arbeitgeber auferlegt, bewältigen zu können, stehen dem Arbeitgeber verschiedene Instrumente zur Verfügung, welche je nach Lage des Einzelfalls schlagend werden. Im Folgenden soll ein Überblick über die Möglichkeiten, welche dem Arbeitgeber zur Verfügung stehen, gegeben werden.

---

[846]) OGH 18. 10. 2006, 9 ObA 131/05 p.

[847]) EuGH 19. 1. 2010, Rs 235/08; Vorlagebeschluss des AG Hamburg vom 20. 1. 2009, 21 Ca 235/08.

[848]) Dienstzeugnis, in dem die Leistungen des Arbeitnehmers genauer beschrieben sowie teilweise auch Werturteile über die Arbeit des Arbeitnehmers abgegeben werden.

[849]) Vgl *Gerhartl*, Probleme des Dienstzeugnisses, ASoK 2008, 413.

[850]) OGH 7. 2. 2008, 9 ObA 107/07 w.

1. Präventive Maßnahmen

a) Weisungen

Der Arbeitgeber kann dem Arbeitnehmer Weisungen erteilen, welche sich im **774** Rahmen des Dienstvertrags bewegen und welche nicht gesetzeswidrig sind (auch Direktionsrecht genannt). So hat der OGH ausgesprochen, dass sich das Direktionsrecht des Arbeitgebers nur auf die arbeitsspezifischen Umstände erstreckt und nicht auf die Freizeit des Arbeitnehmers. Der Arbeitgeber kann auch nicht das Erfolgsrisiko durch Weisungen auf den Arbeitnehmer überwälzen. Generell ist eine Weisung dann nicht gerechtfertigt, wenn sie der Fürsorgepflicht des Arbeitgebers widerspricht oder wenn sie für den Arbeitnehmer nicht zumutbar ist.[851] Weitere Einschränkungen des Weisungsrechts liegen in den Fällen, in denen dem Betriebsrat Mitspracherechte zukommen sowie im Schikaneverbot.[852]

Daher kann der Arbeitgeber sowohl Weisungen erteilen, welche den Arbeit- **775** nehmer zur Einhaltung der gesetzlichen Standards verpflichten, wie zB Weisungen zur Einhaltung der arbeitsschutzrechtlichen Bestimmungen oder Weisungen, welche auf ein angemessenes Verhalten im Unternehmen generell abzielen als auch gleichzeitig eine Werthaltung des Arbeitgebers zum Ausdruck bringen (oftmals als Ethikcode bezeichnet).

Generell empfiehlt es sich, Weisungen schriftlich zu formulieren. Richtet sich eine **776** Weisung an die gesamte Belegschaft, erscheint ein Anschlag am schwarzen Brett, die Aushändigung am Beginn des Arbeitsverhältnisses sowie eine Gegenzeichnung jedes einzelnen Arbeitnehmers als probates Mittel zur Bekanntmachung der Weisung.

Verweigert ein Arbeitnehmer die Befolgung einer rechtmäßigen Weisung, so be- **777** rechtigt diese Weigerung den Arbeitgeber uU zur Entlassung des betreffenden Arbeitnehmers (§ 27 Z 4 AngG). Voraussetzung dafür bildet jedoch, dass die Befolgung der Weisung beharrlich verweigert wird. Darüber hinaus wird eine Entlassung bei Nichtbefolgung einer Weigerung nur dann als gerechtfertigt angesehen, wenn die Weiterbeschäftigung des Arbeitnehmers dem Arbeitgeber in Folge der Nichtbefolgung der Weisung unzumutbar ist.[853]

b) Betriebsvereinbarungen

Soweit der Arbeitgeber nicht selbst Weisungen erteilt, ist der Betriebsrat, soweit **778** ein solcher besteht, ua berechtigt, Betriebsvereinbarungen über allgemeine Ordnungsvorschriften, die das Verhalten der Arbeitnehmer im Betrieb regeln (§ 97 Abs 1 Z 1 ArbVG) oder Betriebsvereinbarungen über Maßnahmen zur zweckentsprechenden Benützung von Betriebseinrichtungen und Betriebsmitteln zu erzwingen.

c) Schulungen

Darüber hinaus empfiehlt es sich, den Arbeitnehmer entsprechenden Schulungen **779** zu unterziehen. In diesen sollen dem Arbeitnehmer der Sinn und Zweck von Weisun-

---

[851] OGH 14. 2. 2001, 9 ObA 348/00 t.
[852] *Löschnigg,* Arbeitsrecht (2003) 56.
[853] OGH 18. 12. 2002, 9 ObA 241/02 k.

gen bzw von Betriebsvereinbarungen und deren gesetzlichen Grundlagen eingehend dargestellt werden. Darüber hinaus soll die Notwendigkeit der Einhaltung von Weisungen vor Augen geführt werden. Hier hat sich in der Praxis bewährt, eine Dokumentation zu diesen Schulungen zu erstellen, Schulungsunterlagen aufzubewahren und Anwesenheitslisten zu führen, um dem Arbeitnehmer, der sich nicht an Weisungen hält, den Einwand abzuschneiden, er wäre nicht in Kenntnis der Schulungsinhalte gewesen.[854]

d) Vermeidung von Weisungsketten

780 Besonders hingewiesen sei darauf, dass es bei Weisungen und Schulungen nicht ausreicht, die jeweilige Führungsebene einzubinden und die weitere Unterrichtung bzw Weisung diesen Personen zu überlassen. Dies, weil in der Praxis der jeweils betroffene Arbeitnehmer dazu neigt, im Streitfall zu behaupten, ihm sei die Weisung bzw Schulung nicht oder in anderer Form weitergegeben worden. Compliance-relevante Weisungen und Schulungen sollten daher in gut dokumentierter Form den jeweils betroffenen Arbeitnehmer erreichen.[855]

2. Kontrollmaßnahmen

781 Neben entsprechenden präventiven Maßnahmen ist es aus arbeitsrechtlicher Sicht auch erforderlich, die Einhaltung der entsprechenden Vorschriften zu kontrollieren.

a) Überwachung

782 Bei Überwachungsmaßnahmen ist ua an Videoüberwachung[856], die Aufzeichnung von Telefonaten von Mitarbeitern, Überwachung des E-Mail-Verkehrs oder der Internetnutzung der Mitarbeiter[857] und Mitarbeiterbefragungen zu denken.

783 Generell ist zu allen Maßnahmen anzumerken, dass die Einführung von Kontrollmaßnahmen und technischen Systemen zur Kontrolle der Arbeitnehmer, soweit diese die Menschenwürde berühren, zwingend einer Zustimmung des Betriebsrates bedürfen. Soweit kein Betriebsrat besteht, bedarf die Einführung solcher Maßnahmen der – jederzeit widerruflichen – Zustimmung aller Arbeitnehmer (§ 10 Abs 1 AVRAG). Maßnahmen, die die Menschenwürde verletzen (und nicht nur berühren) sind generell – auch bei Zustimmung durch den Betriebsrat – unzulässig, etwa eine ständige Videoüberwachung, Telefonabhöranlagen oder Leibesvisitationen.[858]

---

[854] Vgl *Müller-Bonanni/Sagan*, BB-Special Compliance, 2008, 28.

[855] Zu denken ist hier va an den an sich einfachen Fall, dass ein Mitarbeiter einer unteren Führungsebene eine Weisung nicht weitergibt. Problematisch und praktisch relevant sind aber Fälle, bei denen Mitarbeiter in Weisungskollisionen zwischen mehreren Führungsebenen geraten oder gar – tatsächlich oder nach Behauptung des betreffenden Mitarbeiters – im Konzern implementierte generelle Weisungen von der gesamten Führungsebene der Arbeitgebergesellschaft missachtet werden. Derartigen Problemen kann nur durch entsprechende Kontrollmaßnahmen begegnet werden.

[856] Vgl den Beitrag von *Dürager* Rz 1046 ff.

[857] Vgl den Beitrag von *Dürager* Rz 1033 ff.

[858] *Reissner* in *Neumayr/Reissner* (Hrsg), Zeller Kommentar zum Arbeitsrecht § 96 ArbVG Rz 24.

Die Frage, ob eine Maßnahme die Menschenwürde berührt, ist nur im Einzelfall **784** zu entscheiden. Videoüberwachungen wurden zwar überwiegend als die Menschenwürde berührend (oder gar verletzend angesehen), zum Teil jedoch auch als nicht der Zustimmung nach § 96 ArbVG unterfallend (wenn ein Verladevorgang nur unvollständig überwacht werden konnte).[859]

Daneben bedarf aber auch die Einführung von Systemen zur automationsunter **785** stützten Ermittlung, Verarbeitung und Übermittlung von personenbezogenen Daten des Arbeitnehmers, die über die Ermittlung von allgemeinen Angaben zur Person und fachlichen Voraussetzungen hinausgeht (§ 96a Abs 1 Z 1 ArbVG) – soweit dies nicht in Erfüllung gesetzlicher, kollektivvertraglicher oder arbeitsvertraglicher Verpflichtungen erfolgt – einer Zustimmung des Betriebsrates, und zwar auch dann, wenn die Verwendung dieser Systeme die Menschenwürde nicht berühren. Eine Sammlung und Auswertung von – auch legal erworbenen – Mitarbeiterdaten zu Zwecken der Compliance ist somit ohne Zustimmung des Betriebsrates nur im Rahmen des § 96a Abs 1 Z 1 ArbVG zulässig.

b) Whistleblower-Hotlines, Ombudsmänner und Kronzeugenregelungen

Neben die genannten Überwachungsmaßnahmen treten in letzter Zeit noch ande **786** re Maßnahmen, um Mitarbeiter zur Mitteilung von Compliance-Verstößen im Unternehmen zu motivieren. Zum einen handelt es sich um sog Whistleblowing-Hotlines, also Telefonstellen, bei denen Compliance-Verstöße gemeldet werden können, zum anderen um die Beauftragung Dritter, Meldungen von Compliance-Verstößen von Mitarbeitern entgegenzunehmen (Ombudsmänner).

Beide Maßnahmen können durchaus die Menschenwürde berühren oder als Kon **787** trollmaßnahme iSd § 96 Abs 1 Z 3 ArbVG ausgestattet sein, und unterliegen dann der Zustimmungspflicht durch den Betriebsrat.[860] Selbst wenn eine solche Maßnahme aber eingerichtet wird, ist der erwartbare Erfolg der Maßnahme mangels entsprechenden Rechtsschutzes des Whistleblowers in Österreich begrenzt.[861] Zwar können Arbeitnehmer insb wenn sie entsprechende Positionen im Betrieb einnehmen, bei denen dies geboten ist, als Ausfluss ihrer Treuepflicht verpflichtet sein, bestimmte Rechtsverstöße im Betrieb zu melden, diese Verpflichtung besteht jedoch nur in eher eingeschränktem Umfang. So könnte eine solche Pflicht etwa bei dringendem Verdacht schwerer Pflichtverletzungen oder strafbarer Handlungen bestehen oder wenn ein leitender Angestellter bemerkt, dass ein Mitarbeiter einen Konkurrenzbetrieb gründen will.[862] Auch durch entsprechende vertragliche Vereinbarungen lässt sich eine solche Pflicht nur eingeschränkt herstellen, nämlich ausschließlich hinsichtlich solcher Verstöße, die anders nicht verhindert werden können.[863]

---

[859] *Reissner* in *Neumayr/Reissner* (Hrsg), Zeller Kommentar zum Arbeitsrecht § 96 ArbVG Rz 25.

[860] *Angermair/Prchal,* Aufdecker oder Nestbeschmutzer? Die Presse 2008/40/02.

[861] *Kittelberger,* External Reporting als Pflicht zum Whistleblowing, ÖBA 2007, 90.

[862] *Rebhahn/Kietaibl* in *Neumayr/Reissner* (Hrsg), Zeller Kommentar zum Arbeitsrecht § 1153 ABGB Rz 39.

[863] *Rebhahn/Kietaibl* in *Neumayr/Reissner* (Hrsg), Zeller Kommentar zum Arbeitsrecht § 1153 ABGB Rz 44.

788   Die Frage, ob die Einrichtung von Whistleblower-Hotlines oder Ombudsmännern als solche arbeitsrechtlich zulässig ist, ist durch die Jud soweit ersichtlich noch nicht geklärt.[864]) Beide Institute erscheinen arbeitsrechtlich insofern unproblematisch, als durch diese nur der innerbetriebliche Berichtsweg verkürzt oder modifiziert wird und eine Nutzung durch die Arbeitnehmer freiwillig ist. Eine Verpflichtung zur Nutzung stößt an die vorgenannten Grenzen. Wichtig für den Arbeitgeber erscheint va sicherzustellen, dass dem Arbeitnehmer, der eine solche Stelle in Anspruch nimmt, offengelegt wird, dass im Falle va eines Strafverfahrens, das durch seine Nutzung der Einrichtung ausgelöst wird oder sonst mit diesem in Zusammenhang steht, Nachteile für den Arbeitnehmer nicht ausgeschlossen werden können, insb dann, wenn er anonym bleiben will. Zu den Nachteilen gehört va die Einvernahme in einem öffentlichen Strafverfahren, die im Betrieb des Arbeitnehmers mit großer Wahrscheinlichkeit bekannt wird.[865]) Darauf, dass bei Einführung dieser Maßnahmen auch die datenschutzrechtlichen Vorschriften einzuhalten sind (insbesondere bei Übermittlung von Daten in das Ausland oder bei der Verwendung des E-Mail-Verkehrs bei Whistleblowing-Maßnahmen), sei hingewiesen.

789   Ergänzend zu Whistleblower-Hotlines, Ombudsmännern und vergleichbaren Maßnahmen wird oft mit sog Kronzeugenregelungen gearbeitet. Dies sind Regelungen, die sicherstellen sollen, dass der am Verstoß beteiligte Whistleblower keine negativen Konsequenzen seitens des Arbeitgebers zu erwarten hat. Hier ist jedoch zu bedenken, dass ein Vorabverzicht auf Schadenersatzansprüche jedenfalls für vorsätzliches Verhalten sittenwidrig und damit unwirksam ist.[866]) Negative Konsequenzen, die vom Arbeitgeber nicht beeinflusst werden können (insb die Verfolgung durch Strafbehörden) lassen sich durch den Arbeitgeber nicht ausschließen.

3. Sanktionen

790   Sanktionen, die im Fall eines Verstoßes gegen Compliance-Vorschriften verhängt werden können, sind die Beendigung des Arbeitsverhältnisses, Disziplinarstrafen und die Geltendmachung von Schadenersatz.

791   Die Beendigung des Arbeitsverhältnisses unter Einhaltung der vereinbarten bzw gesetzlich oder kollektivvertraglich normierten Kündigungsfristen –bzw -termine durch den Arbeitgeber ist nach österreichischem Recht grundsätzlich ohne Begründung möglich. Allerdings besteht für einige Arbeitnehmergruppen, etwa Betriebsratsmitglieder, Mütter iSd MuttSchG, Behinderte ein spezieller Kündigungsschutz. Abgesehen davon besteht, insb bei älteren Arbeitnehmern, auch ein genereller Kündigungsschutz[867]) bei Sozialwidrigkeit der Kündigung, falls bei Abwägung der Arbeitgeber- und Arbeitnehmerinteressen die Interessen des Arbeitnehmers an der Fortsetzung des Arbeitsverhältnisses überwiegen. In eine solche Abwägung sind auch Verstöße gegen Compliance-Vorschriften einzubeziehen. Ob diese den Ausschlag für die Wirksamkeit der Kündigung geben, lässt sich nur im Einzelfall beurteilen.

---

[864]) Vgl zur datenschutzrechtlichen Zulässigkeit den Beitrag von *Dürager* Rz 1044 ff.
[865]) Siehe dazu den Beitrag von *Dürager* Rz 993 ff.
[866]) OGH 5. 11. 1920, Rv II 284/20 = SZ 2/104.
[867]) Siehe dazu Rz 760 ff.

Bei besonders schweren Verletzungen der Pflichten des Arbeitnehmers ist auch eine Entlassung, also Beendigung des Arbeitsverhältnisses mit sofortiger Wirkung möglich. § 27 AngG enthält für Angestellte[868]) eine demonstrative – also nicht abschließende – Aufzählung von Entlassungsgründen. Z 1 behandelt Fälle der Untreue, wobei hierunter nur ein schwerwiegender und bewusster Verstoß gegen die Treuepflicht verstanden werden kann; darunter fällt auch der Tatbestand der Vertrauensunwürdigkeit, der ua dann verwirklicht wird, wenn ein Dienstnehmer Betriebsgeheimnisse verrät oder rufschädigende Äußerungen über seinen Dienstgeber tätigt. Auch einzureihen sind hier Verstöße gegen strafrechtliche Bestimmungen zulasten des Arbeitgebers, wenngleich nicht jeder Verstoß eine Entlassung rechtfertigt. Strafbare Handlungen, die mit dem Dienstgeber gemeinsam begangen werden, stellen keinen, solche, die nicht iZm dem Dienstverhältnis stehen, nur ausnahmsweise einen Entlassungsgrund dar.[869]) Z 2 behandelt Fälle der Dienstunfähigkeit, wobei hierunter Fälle einer dauernden Dienstunfähigkeit zu verstehen sind, die den Dienstnehmer für seine Tätigkeit unverwendbar machen.[870]) Z 3 umfasst Verstöße gegen das Konkurrenzverbot nach § 7 AngG, weshalb einem Dienstnehmer, der ohne Erlaubnis des Dienstgebers ein selbständiges, kaufmännisches Unternehmen betreibt, uU die Entlassung droht. Z 4 beschreibt Fälle der pflichtwidrigen und beharrlichen Unterlassung von Arbeitsleistungen, wozu auch die beharrliche Missachtung eindeutiger, nicht rechtswidriger Weisungen des Dienstgebers oder die beharrliche Verweigerung oder Verhinderung von zumutbaren Kontrollmaßnahmen seitens des Dienstgebers[871]) zählt, Z 5 umfasst Fälle der Arbeitsverhinderung wegen Inhaftierung, und Z 6 ermächtigt den Dienstgeber zur Entlassung eines Dienstnehmers, wenn dieser schuldhafte Tätlichkeiten (insb Körperverletzungen) sowie (erhebliche) Ehrverletzungen oder Verstöße gegen die Sittlichkeit begeht. Entlassungen sind auch aus anderen Gründen zulässig, jedoch nur dann, wenn diese die Fortführung des Dienstverhältnisses für den Dienstgeber unzumutbar machen.[872]) Ob dies der Fall ist, wird von den Gerichten streng geprüft. Sind die vom Arbeitgeber herangezogenen Entlassungsgründe nicht ausreichend, so ist die Entlassung im Falle einer gerichtlichen Anfechtung in eine Kündigung umzudeuten,[873]) die wiederum gegebenenfalls dem allgemeinen Kündigungsschutz nach § 105 ArbVG sowie den verschiedenen Regelungen zum besonderen Kündigungsschutz unterliegt.

792

Bei Vorliegen einer Disziplinarordnung (die nur durch Kollektivvertrag oder Betriebsvereinbarung erlassen werden kann) besteht auch die Möglichkeit, vom betreffenden Arbeitnehmer eine Disziplinarstrafe zu fordern. Die Verhängung der Strafe kann jedoch nur von einer unter Mitwirkung des Betriebsrates eingerichteten Disziplinarkommission erfolgen (§ 102 ArbVG).

793

---

[868]) Im Wesentlichen gleichartige Bestimmungen enthält § 82 GewO für Arbeiter.

[869]) *Pfeil* in *Neumayr/Reissner* (Hrsg), Zeller Kommentar zum Arbeitsrecht § 27 AngG Rz 36, 39.

[870]) Vgl OGH 21. 5. 2003, 9 ObA 1/03 t.

[871]) *Pfeil* in *Neumayr/Reissner* (Hrsg), Zeller Kommentar zum Arbeitsrecht § 27 AngG Rz Rz 131 f.

[872]) *Pfeil* in *Neumayr/Reissner* (Hrsg), Zeller Kommentar zum Arbeitsrecht § 27 AngG Rz 1.

[873]) vgl *Wolligger*, in *Neumayr/Reissner* (Hrsg), Zeller Kommentar zum Arbeitsrecht § 106 ArbVG Rz 13.

794   Falls der Arbeitnehmer durch sein Compliance-widriges Verhalten einen Schaden verursacht hat, besteht auch die Möglichkeit, von ihm Schadenersatz zu fordern. Dabei sind die Grenzen des DHG zu berücksichtigen.

bzb. AG oder einem Dritten

richterliches Mäßigungsrecht
keine Haftung bei entschuldbarer Fehlleistung

VII. Immaterialgüterrechtliche Aspekte der Compliance

Sonja Dürager

Literatur: *Braunböck/Grötschl,* Produktpiraten auf der Spur, ÖBl 2007/23; *Jolly/Philpott,* A handbook of intellectual property management (2004); *Koppensteiner,* Österreichisches und Europäisches Wettbewerbsrecht (1997); *Kucsko* (Hrsg), marken.schutz – Systematischer Kommentar zum Markenschutzgesetz (2006); *Kucsko* (Hrsg), urheber.recht – Systematischer Kommentar zum Urheberrechtsgesetz (2008); *Thiele,* Keyword-Advertising – lauterkeitsrechtliche Grenzen der Online-Werbung, RdW 2001,492; *Wiebe/Kodek* (Hrsg), Kommentar zum UWG-Gesetz gegen den unlauteren Wettbewerb (2009); *Wiltschek* (Hrsg), UWG – Gesetz gegen den unlauteren Wettbewerb⁷ (2003).

A. Immaterialgüterrechte

Gerade in einer schnelllebigen Gesellschaft, in der beinahe alles überall auf der **795** Welt über raschen Informationsaustausch hergestellt werden kann, kommt dem, was ein Unternehmen weiß und kann (Know-how[874])), entwickelt (Patent[875]) und Gebrauchsmuster[876])) oder entworfen hat (Geschmacksmuster[877])) und womit es beim Publikum einen Eindruck hinterlässt (Marken[878]) oder andere Kennzeichen[879])), unschätzbarer Wert zu. Mit diesen Vermögenswerten sichert sich ein Unternehmen einen Wettbewerbsvorsprung in einem bestimmten Umfeld und erlangt Unabhängigkeit vom Markt. Diese Werte müssen daher besonders geschützt oder verteidigt, aber auch – soweit sie einem Mitbewerber zuzurechnen sind – geachtet werden. Es liegt daher am Geschäftsführer, IP-Assets wie auch alle anderen materiellen Vermögenswerte zu verwalten.[880])

[handschriftliche Notiz: IP = Intellectual Property ≈ geistiges Eigentum]

---

[874]) Als Know-how sind technische, kaufmännische und betriebswirtschaftliche Kenntnisse und Erfahrungen anzusehen, deren Benutzung dem Know-how-Nehmer Produktion und Vertrieb von Gegenständen, aber auch sonstige betriebliche Tätigkeiten, wie Organisation und Verwaltung, gestattet bzw ermöglicht (*Wiebe* in *Wiebe/Kodek* (Hrsg), Kommentar zum UWG-Gesetz gegen den unlauteren Wettbewerb (2009) § 1 Rz 620 mwN).

[875]) Ein Patent ist ein Schutzrecht an Erfindungen (vgl § 1 PatG).

[876]) Mit einem Gebrauchsmuster wird auch eine Erfindung geschützt, wobei dafür nicht dieselbe erfinderische Höhe verlangt wird wie beim Patent (vgl § 1 GMG).

[877]) Das Geschmacksmuster dient dem Schutz eines Designs (vgl § 1 MuSchG).

[878]) Mit einer Marke werden Kennzeichen eines Unternehmens, welche die Zuordnung einer Ware oder Dienstleistung zu diesem Unternehmen ermöglichen sollen, geschützt (vgl § 1 MSchG).

[879]) Unter Kennzeichen werden geschäftliche Individualisierungsmittel, die dazu dienen, den Namen, das Unternehmen, die Ware oder Leistung des Kennzeicheninhabers von anderen Unternehmen und deren Angebot abzuheben, verstanden (*Schmid* in *Wiebe/Kodek,* Kommentar zum UWG, § 9 Rz 3). Kennzeichen sind neben einer Marke, ein Name, eine Firma, eine Geschäftsbezeichnung, die Bezeichnung eines Druckwerks und ein Domain-Name.

[880]) Vgl *Jolly/Philpott,* A handbook of intellectual property management (2004) 3 ff.

1. Portfolio der Immaterialgüterrechte

796   Die Organisation im Unternehmen bezüglich der Verwaltung von Immaterialgüterrechten ist nach eigenen und fremden Immaterialgüterrechten abzugrenzen.

a) Eigene Immaterialgüterrechte

797   Bezüglich der eigenen Immaterialgüterrechte gilt es vorrangig, diese vor Angriffen durch Dritte zu schützen und zu verteidigen. Zu diesem Zweck sollte eine Aufstellung aller eigenen Immaterialgüterrechte samt allfälliger Lizenzierungen existieren, anhand welcher die zuständigen Mitarbeiter angewiesen werden, die zur Aufrechterhaltung des Schutzes der Rechte erforderlichen Maßnahmen zu Treffen[881]), sowie den Markt zu beobachten und potenzielle Verletzungshandlungen von Lizenznehmern, Mitbewerbern oder anderen Dritten dem Unternehmensleiter unverzüglich zu melden, damit vom Management die notwendigen Schritte gesetzt bzw veranlasst werden können.

798   Ferner gilt es, zu determinieren, welche Vermögenswerte, die im Laufe der Unternehmensgeschichte entstehen, geschützt werden sollen und wie dabei vorzugehen ist. Damit kann einerseits die eigene Rechtsposition rechtzeitig abgesichert werden[882]) und andererseits kann man sich vor Verletzungsklagen durch Dritte absichern.[883])

799   So steht einem Markeninhaber das Recht, andere von der Nutzung der gleichen oder einer ähnlichen Marke auszuschließen nur gegenüber Inhabern von Zeichen zu, die nach dem Anmeldetag der Marke entstanden sind. Ältere registrierte Rechte bleiben davon unberührt. Der Unternehmensinhaber sollte daher vor Anmeldung eines Zeichens als Marke eine Recherche über die Existenz älterer ähnlicher oder gleicher Zeichen in sämtlichen öffentlichen Registern[884]) veranlassen. Damit kann bereits im Vorfeld die Existenz identer oder verwechslungsfähig ähnlicher älterer Marken geklärt, und das Risiko eines nachträglichen Löschungsantrages wegen Verwechslungsgefahr[885])

---

[881]) ZB Verlängerung der Schutzdauer.

[882]) Vgl *Rath/Hunecke* in *Umnuß*, Corporate Compliance Checklisten (2008) 51 ff.

[883]) The right name for the business or product could help it stand out from the crowd, while the wrong one could place it in a legal dispute (*Jolly/Philpott,* A handbook of intellectual property management 38).

[884]) Beim Österreichischen Patentamt kann die Durchführung einer kostenpflichtigen Markenähnlichkeitsrecherche beantragt werden. Das Patentamt prüft anhand des Markenwortlautes nach identischen und ähnlichen Marken in Österreich, registrierten internationalen Marken mit Schutzausdehnung für Österreich und die EU (WIPO) und registrierten und angemeldeten Gemeinschaftsmarken (HABM) (vgl Näheres auf der Website des Österreichischen Patentamtes www.patentamt.at).

[885]) Gemäß § 30 MSchG hat der Inhaber einer früher angemeldeten, noch zu Recht bestehenden Marke den Anspruch, die Löschung einer Marke zu begehren, sofern diese Marken und die Waren/Dienstleistungen gleich sind, oder die beiden Marken und Waren/Dienstleistungen ähnlich sind, und dadurch für das Publikum die Gefahr von Verwechslungen besteht, die die Gefahr einschließt, dass die Marke mit der älteren Marke gedanklich in Verbindung gebracht würde.

abgeschätzt werden. Ein gewisses Restrisiko bleibt ungeachtet einer solchen Ähnlichkeitsrecherche in öffentlichen Registern bestehen, da nicht nur Inhaber eingetragener Marken, sondern auch Inhaber nicht eingetragener Zeichen,[886] die behaupten, dass ihr nichtregistriertes Zeichen bereits zum Zeitpunkt der Anmeldung der Marke als Kennzeichen dieser Waren/Dienstleistungen gegolten habe, die Löschung einer Marke beantragen können.

Ähnliche Vorsicht ist auch bei der Registrierung einer Domain walten zu lassen. **800** Soweit ein anderes Unternehmen dieses Kennzeichen bereits verwendet, könnte das Unternehmen dem Vorwurf einer unlauteren Wettbewerbshandlung nach § 1 UWG unter dem Aspekt des Domain-Grabbings[887] ausgesetzt sein. Vorausgesetzt wird, dass der Verletzer bei Reservierung und Nutzung der Domain in Behinderungsabsicht[888] gehandelt hat. Es genügt, wenn diese Absicht des Verletzers das überwiegende, wenn auch nicht das einzige Motiv zum Rechtserwerb war.[889]

Die Herstellung von Produkten unter Verwendung von Patenten birgt auch ein **801** hohes Risiko, Patentrechte Dritter zu verletzen in sich.[890] Es empfiehlt sich daher, den für die Forschung und Entwicklung verantwortlichen Mitarbeitern Richtlinien darüber vorzugeben, wie festzustellen ist, ob Rechte Dritter durch das neue Produkt berührt werden, bejahendenfalls wie eine Kollision vermieden werden kann[891] und nicht zuletzt wie das eigene Produkt geschützt werden soll.

---

[886] Vgl §§ 31 und 32 MSchG.

[887] Domain-Grabbing liegt dann vor, wenn jemand die Registrierung einer Domain ausschließlich deshalb erwirbt, um vom Inhaber des Kennzeichens einen finanziellen Vorteil für die Übertragung der aus seinem Kenzeichen gebildeten Domain zu erlangen (zB OGH 20. 3. 2007, 17 Ob 2/07 d; Domain-Vermarktung), oder wenn jemand eine Domain nur zum Schein oder überhaupt nicht benützt, sondern nur belegt, um derart ein Vertriebshindernis für einen Dritten zu errichten und diesen an der Verwendung des von ihm bereits verwendeten Kennzeichens als Domain zu hindern (zB OGH 12. 6. 2001, 4 Ob 139/01 x; Domain-Blockade).

[888] Es genügt allerdings der Beweis eines Sachverhalts, aus dem kein nachvollziehbares Eigeninteresse des Beklagten am Rechtserwerb an einer Domain erkennbar ist. Dies wird etwa dann der Fall sein, wenn die gewählte Domain gleich lautend mit dem Kennzeichen eines Dritten ist, hingegen mit dem eigenen Namen oder der eigenen Tätigkeit des Beklagten in keinerlei Zusammenhang steht (OGH 12. 6. 2001, 4 Ob 139/01 x; OGH 10. 2. 2004, 4 Ob 229/03 k, RIS-Justiz RS0115378).

[889] Vgl OGH 12. 6. 2001, 4 Ob 139/01 x.

[890] Der Patentinhaber hat Anspruch auf Unterlassung und Beseitigung sowie auf Entgelt, Schadenersatz und Ersatz des entgangenen Gewinns bzw Herausgabe des Gewinns, den der Verletzer durch die Patentverletzung erzielt hat. Einer der bis heute bekanntesten Streitfälle um Patentrechtsverletzungen war Polaroid gegen Kodak. Ein amerikanisches Bundesgericht hat im Jahr 1985 Kodak für schuldig erkannt, 7 Patente von Polaroid iZm der Entwicklung von Sofortbildkameras verletzt zu haben. Kodak wurde zu einer Schadenersatzzahlung in Höhe von $ 925 Mio verurteilt, musste seine Produktionsstätten stilllegen und die 16 Mio Kameras, welche von 1976 bis 1985 verkauft worden waren, zurückholen, http://www.ftc.gov/os/comments/intelpropertycomments/quillenattachments/patentstandardsinnovation.pdf (7. 1. 2009); *Deloitte*, Value, Protect, Exploit: How Managing Intellectual Property Can Build and Sustain Competitive Advantage (2007).

[891] ZB durch Abschluss von Lizenzverträgen, Joint-Venture Verträgen oder Erwerb der fremden IP-Rechte.

b) Fremde Immaterialgüterrechte

(1) Allgemeines zur Lizenzverwaltung

802 Fremde Immaterialgüterrechte, welche entweder eingekauft oder einlizenziert[892]) werden, müssen im Rahmen der vertraglichen Grenzen genutzt werden. Es sollte daher va sichergestellt werden, dass der Umfang der Nutzungsbefugnis nicht überschritten wird, Verträge rechtzeitig gekündigt oder verlängert werden, Pflichten – wie etwa die Verteidigung der Rechte gegen Angriffe Dritter – wahrgenommen und Rechte ausgeübt werden. Anhand einer Matrix, in welcher sämtliche fremde Rechte, die genutzt werden, samt den wesentlichen Vertragsbestimmungen der Lizenzvereinbarung in Stichworten, aufgelistet sind, könnte die Verwaltung dieser Rechte und der entsprechenden vertraglichen Vereinbarungen organisiert werden.[893])

(2) Lizenzmanagementsystem

803 Im Zusammenhang mit Software-Lizenzen ist der Aufbau eines Lizenzmanagements (Software-Asset-Management) unerlässlich. Ein Lizenzmanagementsystem hat zum einen die Funktion, die Planung und Beschaffung von Softwarelizenzen sicherzustellen, ein Softwareregister zu etablieren[894]), sowie zum anderen die Einhaltung der vorhandenen Lizenzverträge bezüglich Umfang der Lizenzen, Dauer, Kündigungsfristen und sonstige Lizenzbedingungen, zu ermöglichen. Es sind zudem im Lizenzmanagementsystem die Zuständigkeiten und Kompetenzen für diese Bereiche, die den Mitarbeitern durch interne Organisationsanweisungen bekannt zu geben sind, festzulegen.[895])

804 Diese Verpflichtung des Unternehmensinhabers zur Implementierung eines Lizenzmanagementsystems geht so weit, durch Handlungsanweisungen sicherzustellen[896]), dass die Mitarbeiter fremde Schutzrechte lizenzieren oder erwerben, bzw dies anregen, und jedenfalls so lange nicht aktiv werden, als die Lizenzen nicht im erforderlichen Umfang vorhanden sind. Nach einer Entscheidung des OLG Karlsruhe ist der Geschäftsführer etwa verpflichtet, dafür Sorge zu tragen, dass auf den Computern des Betriebes nur lizenzierte Software genutzt wird. Der Geschäftsführer wird diesen Anforderungen nicht gerecht, wenn er Mitarbeiter nur schriftlich darauf hinweist, dass ausschließlich lizenzierte Software eingesetzt werden darf. Vielmehr hat er durch geeignete Maßnahmen, etwa durch regelmäßige äußere Kontrolle oder durch technische Beschränkungen, sicherzustellen, dass auf den Computern der GmbH nur lizenzierte Software installiert und eingesetzt wird.[897])

---

[892]) Dies kann sowohl über einen eigenen Lizenzvertrag als auch über einen anderen Vertrag, der die Geschäftsbeziehung regelt, und welcher die Nutzung eines Immaterialgüterrechts des Vertragspartners erlaubt, geschehen.
[893]) Vgl *Mäder* in *Wecker/van Laak* (Hrsg), Compliance in der Unternehmerpraxis² 168.
[894]) Die Softwaredatenbank hat anzuführen, welche Softwareprogramme welcher Mitarbeiter auf welchem Rechner im Unternehmen nutzt (vgl *Jäger/Rödl/Nave*, Praxishandbuch Corporate Compliance (2009) 195).
[895]) *Jäger/Rödl/Nave*, Praxishandbuch Corporate Compliance 195.
[896]) Vgl *Bierekoven/Schiffmann* in *Mäder* in *Wecker/van Laak* (Hrsg), Compliance in der Unternehmerpraxis² 168.
[897]) OLG Karlsruhe 23. 4. 2008, 6 U 180/06; CR 2009, 217.

Soweit in einem Unternehmen Software eingesetzt wird, für welche keine Lizenzen **805** im erforderlichen Umfang vorhanden sind, zieht dies zum einen zivilrechtliche und zum anderen strafrechtliche Folgen nach sich. Bei Verstoß gegen die Rechte des Softwareinhabers drohen dem Unternehmer bei Unterlizenzierung Unterlassungs-, Beseitigungs-, Entgelt- und Schadenersatzansprüche.[898])

Der Unternehmer ist dem Risiko ausgesetzt, dass der Softwareinhaber wegen der **806** unzulässigerweise erworbenen und verwendeten Software mit Unterlassungsklage[899]) vorgeht. Ferner könnte der Unternehmer einem Beseitigungsanspruch[900]), der verlangen würde, dass eine unbefugt erworbene Software (Raubkopie) zerstört wird, ausgesetzt sein. Sowohl der Unterlassungs- als auch der Beseitigungsanspruch sind verschuldensunabhängig. Für die unbefugte Benutzung könnte der Unternehmer ein angemessenes Entgelt[901]), das sich am tatsächlichen Marktpreis in Form des im Geschäftsverkehr für vergleichbare Nutzungen üblichen Lizenzentgelts orientiert, geltend machen. Wenn dem Unternehmer ein Verschulden anzulasten wäre, könnte der Entgeltanspruch sogar verdoppelt werden. Letztlich würden auch Schadenersatzansprüche – die immer auch unabhängig vom Grad des Verschuldens den entgangenen Gewinn erfassen – drohen, soweit der Unternehmer Kenntnis vom Eingriff in die Urheberrechte gehabt bzw es unterlassen hat, notwendige Informationen einzuholen.[902])

Darüber hinaus ist der unbefugte Gebrauch der Software auch strafrechtlich über **807** Verlangen des Verletzten zu verfolgen.[903])

Ein ordentliches Lizenzmanagementsystem muss daher geeignet sein, eine Unterli- **808** zenzierung erkennbar zu machen. Neben dem Schutz der Softwarerechte Dritter und damit auch dem Schutz vor den genannten Sanktionen des Unternehmers mangels einer Lizenz vermag der Unternehmer anhand eines ordnungsgemäßen Lizenzmanagementsystems auch festzustellen, in welchen Bereichen eine Überlizenzierung vorliegt, etwa weil ein Mitarbeiter ein Computerprogramm schon seit längerer Zeit nicht mehr benutzt.[904])

---

[898]) Der Unternehmensinhaber haftet gemäß § 88 UrhG im Fall von Urheberrechtsverletzungen für die Zahlung eines angemessenen Entgelts, wenn die hierfür anspruchsbegründende Handlung im Betrieb des Unternehmens von einem Bediensteten oder Beauftragten begangen worden ist, auch dann wenn er vom Eingriff keine Kenntnis und aus der Rechtsverletzung keinen Vorteil erlangt hat (vgl *Korn, St.* in *Kucsko,* urheber.recht 1299 ff mwN). Der Softwareinhaber kann bezüglich der Ansprüche auf Unterlassung, Beseitigung, angemessenes Entgelt, Schadenersatz und Herausgabe des Gewinns zur Sicherung der Ansprüche auch die Erlassung einer einstweiligen Verfügung beantragen.

[899]) § 81 Abs 1 UrhG.

[900]) § 82 UrhG.

[901]) Der Anspruch nach § 86 UrhG besteht unabhängig vom Verschulden des Verletzers, sowie unabhängig davon, ob dieser tatsächlich einen Nutzen erzielt hat (*Guggenbichler* in *Kucsko* (Hrsg), urheber.recht (2008) 1235).

[902]) Vgl *Guggenbichler* in *Kucsko* (Hrsg), urheber.recht 1244 ff.

[903]) § 91 UrhG normiert die relevanten Straftatbestände. Es ist nicht jede Benutzung eines Werkes eine strafbare Handlung iSd § 91 Abs 1 (§ 86 Abs 1 Z 1) UrhG, sondern nur eine auf eine nach den §§ 14 bis 18 a dem Urheber vorbehaltene Verwertungsart (§ 86 Abs 1 Z 1) (vgl OGH 18. 9. 2001, 14 Os 91,92/01).

[904]) Vgl *Bierekoven/Schiffmann* in *Mäder* in *Wecker/van Laak* (Hrsg), Compliance in der Unternehmerpraxis² 196.

2. Produktpiraterie

809 Zunehmend breitere Formen nimmt der Handel mit gefälschten und nachgeahmten Markenprodukten an. Neben Bekleidung und Bekleidungsgegenständen, Uhren und Schmuck, Elektrogeräten und Software sind auch Medikamente von Produktpiraterie betroffen.[905])

810 Produktpiraterie ist das Fälschen und Nachahmen von Produkten unter Verletzung von geistigem Eigentum Dritter.[906]) Als Waren, die ein Recht am geistigen Eigentum verletzen, gelten nachgeahmte Waren, unerlaubt hergestellte Waren sowie Waren, die ein Patent, ein ergänzendes Schutzzertifikat, ein Sortenschutzrecht, eine Ursprungsbezeichnung oder eine geografische Angabe verletzen.[907]) Um das sich stetig ausweitende Phänomen der Produktpiraterie[908]) einzudämmen, gilt es prophylaktisch Abwehrmaßnahmen gegen Nachahmung und Fälschung zu treffen, um ein Inverkehrbringen schon von vornherein zu verhindern.

811 Soweit ein Unternehmen seine Waren in Ländern, die für Verletzungen von Immaterialgüterrechten bekannt sind (das ist va Asien und im Besonderen China),[909]) herstellen lässt, sollte bereits im Vertrag das Herstellen und Inverkehrbringen eines vergleichbaren Produktes ausdrücklich unter Auferlegung einer Vertragsstrafe im Fall eines Zuwiderhandelns verboten werden.[910])

812 Neben vertraglichen Maßnahmen liegt die Verantwortung der Geschäftsführung zur Vermeidung von Schäden durch Produktpiraterie va in Schulungsmaßnahmen. Die Mitarbeiter sind zur Wachsamkeit in Bezug auf Fälschungen und Nachahmungen zu ermahnen und über die Beschlagnahmeverfahren der Zollverwaltung sowie die Möglichkeit der Intervention des betroffenen Unternehmens aufzuklären.[911])

813 Ein weiterer Compliance-relevanter Aspekt von Produktpiraterie liegt für Händler oder Importeure in der Beteiligung an dieser Rechtsverletzung. Jeder, der eine Rechtsverletzung nach den Bestimmungen des gewerblichen Rechtsschutzes begeht oder daran teilnimmt, kann nach stRsp in Anspruch genommen werden, sofern zwischen seinem Verhalten und der Rechtsverletzung ein adäquater Kausalzusammenhang besteht. Täter ist nicht nur der persönlich Handelnde, der die Tat als eigene will, sondern auch, wer

---

[905]) BMF, Produktpiraterie-Aufgriffe der Österreichischen Zollverwaltung (2008) 1; abrufbar unter www.bmf.gv.at.

[906]) Vgl *Braunböck/Grötschl,* Produktpiraten auf der Spur, ÖBl 2007/23.

[907]) BMF, Produktpirateriebericht (2008) 22; abrufbar unter www.bmf.gv.at.

[908]) Im Jahr 2008 wurden von den Zollbehörden 619.897 Plagiate beschlagnahmt; der Wert der beschlagnahmten Produkte stieg im Jahr 2008 auf 83 Mio EUR (gemessen am Originalpreis) (BMF, Produktpirateriebericht (2008) 3; abrufbar unter www.bmf.gv.at.

[909]) China gilt nach wie vor als größte Quelle von Fälschungen, vgl BMF, Produktpirateriebericht (2008) 3, abrufbar unter www.bmf.gv.at.

[910]) Vgl *Rath/Hunecke* in *Umnuß,* Corporate Compliance 217 Rz 61.

[911]) Vgl die Bestimmungen der Produktpiraterie-Verordnung (EG) Nr 1383/2003 (PPVO 2004) und das Produktpirateriegesetz BGBl I 2004/56 (PPG 2004). Das Grenzbeschlagnahmeverfahren, das nicht nur von Amts wegen sondern auch über Antrag des Rechtsinhaber eingeleitet werden kann, gibt den Zollbehörden die rechtliche Möglichkeit, eine Ware anzuhalten, um dem jeweiligen Rechtsinhaber Gelegenheit zur Prüfung zu geben, ob es sich tatsächlich um schutzrechtsrelevante Produkte handelt (BMF, Produktpirateriebericht (2008) 23; abrufbar unter www.bmf.gv.at).

eine Handlung als eigene veranlasst oder einen sonstigen Grund für eine adäquate Verursachung setzt.[912]) Soweit daher ein österreichischer Unternehmer einen Produktpiraten beim Import, dem Inverkehrbringen, der Bewerbung oder jeder sonstigen Maßnahme, die den Absatz der gefälschten Waren fördert, unterstützt, ist dieser den Ansprüchen des Rechtsinhabers ausgesetzt.

Ferner kann ein Unternehmen bzw dessen Geschäftsführung bei Vorliegen des erforderlichen Vorsatzes auch nach den strafrechtlichen Bestimmungen des Immaterialgüterrechts als Beitragstäter iSd § 12 StGB verurteilt werden.[913]) Täter kann daher beispielsweise im Urheberstrafrecht nicht nur derjenige sein, der Raubpressungen herstellt, sondern auch derjenige, der Fälschungen durch Österreich durchführt[914]) oder in verkehr bringt. Es genügt bereits bedingter Vorsatz, wonach der Täter von der Möglichkeit der drohenden Deliktsverwirklichung weiß, und den Eintritt des tatbildmäßigen Erfolges ernstlich für möglich hält,[915]) sich aber dennoch zur Tat entschließt, weil er diesen Verlauf der Ereignisse hinzunehmen gewillt ist.[916]) **814**

Alleine eine Vertragsbestimmung, wonach der Lieferant garantiert, dass keine Rechte Dritter verletzt werden, exkulpiert den Importeur wohl noch nicht.[917]) Wenn die Umstände der Einfuhr einer Ware[918]) Zweifel an der Rechtmäßigkeit des Inverkehrbringens in Österreich aufkommen lassen, ist dem Importeur anzuraten weitere Nachforschungen über die Herkunft der Ware anzustellen; andernfalls würde der Importeur dem Vorwurf, die Produktpiraterie in Kauf genommen zu haben, ausgesetzt sein und Gefahr laufen, sich wegen Verletzung eines Immaterialgüterrechts strafbar zu machen. **815**

B. Werbung

1. Unternehmenskommunikation

In jedem Interview, jeder Pressekonferenz und jeder sonstigen an das Publikum gerichteten Aussage – va auch Werbung – ist das Risiko einer unlauteren, ruf- oder kreditschädigenden oder sonst die Rechte Dritter verletzenden Äußerung verborgen. Es kann daher sowohl im Rahmen der internen als auch insb im Rahmen der externen Unternehmenskommunikation zu Kollisionen mit Rechten Dritter kommen.[919]) **816**

---

[912]) OGH 28. 5. 1991, 4 Ob 19/91.

[913]) Im Urheberstrafrecht gilt etwa, dass Beitragstäter im Sinn des § 12 dritter Fall StGB ist, wer sonst (außer dem ersten und zweiten Fall) zur Ausführung einer strafbaren Handlung (eines anderen) beiträgt. Darunter fällt jedes Verhalten, das die Tatbildverwirklichung durch einen anderen ermöglicht, erleichtert, absichert oder sonst fördert. Erfasst wird somit jede auch noch so geringe, aber konkret wirksam gewordene Förderung der Tatausführung durch einen anderen (OGH 16. 12. 1993, 15 Os 156/93).

[914]) Vgl OLG Wien 8. 10. 1999, 21 Bs 399/799 = MR 1999,285.

[915]) Vgl OGH 25. 4. 1990, 11 Os 13/90; RIS-Justiz RS0088899.

[916]) *Spreitzer-Kropiunik/Mosing* in *Kucsko* (Hrsg), urheber.recht – Systematischer Kommentar zum Urheberrechtsgesetz (2008) 1372.

[917]) Vgl zur deutschen Rechtslage: *Rath/Hunecke* in *Umnuß*, Corporate Compliance Checklisten 218, Rz 64.

[918]) ZB unübliche Route oder unübliches Verpackungsmaterial.

[919]) *Rath/Hunecke* in *Umnuß*, Corporate Compliance Checklisten 219; vgl *Mäder* in *Wecker/van Laak*, Compliance in der Unternehmerpraxis[2] 169.

817   Zur Sicherstellung der Rechtmäßigkeit der Unternehmenskommunikation sollten Richtlinien aufgestellt werden,[920]) welche va Verhaltensweisen für öffentliche Äußerungen über Wettbewerber, Kunden und Lieferanten sowie über Konkurrenzprodukte regeln. Es empfiehlt sich, zusätzlich zu den Richtlinien für spontane Aussagen ein Verfahren zu implementieren, in dem die Äußerungen, welche Gegenstand in einem Interview, einer Pressekonferenz oder einer Podiumsdiskussion sein sollen, vorabgestimmt werden. Die Einrichtung einer dauernden zentralen Pressestelle (Pressesprecher), die im Umgang mit den Medien besonders geschult ist, und eine vermittelnde Position zwischen dem Unternehmen und der Öffentlichkeit einnimmt, empfiehlt sich, um eine sachliche und rechtmäßige Unternehmenskommunikation sicherzustellen.

2. Bilder in der Werbung

818   Beinahe jede Form der Werbung hat Lichtbilder integriert. Die mit der Werbung verbundene Veröffentlichung von fremden Lichtbildern tangiert allerdings die Rechte des Abgebildeten an seinem Bild und kann daher uU unzulässig sein.

819   Gemäß § 78 UrhG dürfen Bildnisse von Personen weder öffentlich ausgestellt noch auf eine andere Art, wodurch sie der Öffentlichkeit zugänglich gemacht werden, verbreitet werden, wenn dadurch berechtigte Interessen des Abgebildeten verletzt würden. Es wird daher jedermann gegen einen Missbrauch seiner Abbildung in der Öffentlichkeit geschützt, also davor, dass er durch die Verbreitung seines Bildnisses bloßgestellt und dadurch sein Privatleben der Öffentlichkeit preisgegeben wird. Die Beurteilung, ob berechtigte Interessen verletzt wurden, hat darauf abzustellen, ob Interessen des Abgebildeten bei objektiver Prüfung als schutzwürdig anzusehen sind[921]), und erfolgt unter Würdigung des Gesamtzusammenhangs der Veröffentlichung.[922]) Ein entscheidender Gesichtspunkt ist dabei, ob die Person des Abgebildeten durch die Veröffentlichung in einen nicht den Tatsachen entsprechenden Zusammenhang gestellt wurde.[923]) Wenn daher für die Bewerbung einer Ware die Abbildung von Personen an einem öffentlichen Ort verwendet wird und zwischen der Veröffentlichung der Bilder und dem darin abgebildeten Geschehen einerseits sowie den beworbenen Waren andererseits kein Zusammenhang besteht, ist die Veröffentlichung unzulässig, da der falsche Eindruck entstehen könnte, die ins Zentrum des Geschehens gestellte Person habe eine besondere Verbindung zu der Ware bzw dessen Hersteller. Behauptet derjenige, der das Bild verbreitet, seinerseits ein Interesse an diesem Vorgehen, sind die beiderseitigen Interessen gegeneinander abzuwägen.[924]) Die entgegen ihren Interessen auf dem veröf-

---

[920]) So auch *Rungg* in *Barbist/Ahammer,* Compliance in der Unternehmerpraxis 135; *Rath/ Hunecke* in *Umnuß,* Corporate Compliance Checklisten 220 Rz 77.
[921]) OGH 24. 6. 1979, 4 Ob 318/75 = ÖBl 1976, 51; OGH 25. 5. 1976, 4 Ob 38/76 = ÖBl 1977, 22; OGH 29. 4. 1980, 4 Ob 327/80 = ÖBl 1980, 166.
[922]) Vgl *Kodek* in *Kucsko,* urheber.recht 1065.
[923]) Der OGH erkannte, dass die Art der Veröffentlichung des Bildnisses des Klägers (ein Porträtfoto, ohne Zusammenhang mit öffentlichen Orten oder aktuellem Geschehen) den Eindruck erweckt, das Lichtbild sei zum Zweck der Illustration des vorliegenden Artikels aufgenommen worden, bestünde Anlass zu der Missdeutung, der Kläger habe als Modell gedient und der Veröffentlichung seines Bildnisses gegen Entgelt zugestimmt, weshalb die Rechte des Abgebildeten verletzt würden (OGH am 15. 3. 1988, 4 Ob 20/88).
[924]) ZB OGH 20. 10. 2009, 4 Ob 132/09 d.

fentlichten Lichtbild abgebildete Person stehen Schadenersatz- und Unterlassungsansprüche zu.

Der Geschäftsführung ist zur Vermeidung der vorgenannten Rechtsfolgen anzuraten, durch Richtlinien und Schulungsmaßnahmen die Mitarbeiter im Umgang mit Lichtbildern fremder Personen anzuweisen. Ferner sollte die Unternehmenspolitik lauten, dass im Zweifel für die Veröffentlichung fremder Lichtbilder die Zustimmung des Abgebildeten eingeholt wird. **820**

3. Keyword Advertising

Ein Webauftritt[925]) ist mit vielen rechtlichen Risiken verbunden; so hat der im Internet werbende Unternehmer etwa seine Website nach den Vorgaben des E-Commerce-Gesetzes[926]) zu gestalten, urheberrechtliche sowie markenrechtliche Schranken und das Verbot unlauterer Geschäftspraktiken zu beachten. Im Folgenden soll nur Keyword Advertising als ein Aspekt der markenrechtlichen Beschränkungen infolge der Aktualität wegen eines erwarteten Urteils des EuGH Gegenstand näherer Erläuterung sein. **821**

Für den Webauftritt eines Unternehmens hat sich die Suchmaschinenwerbung zu einem beliebten Marketingtool entwickelt. Unter „Keyword Advertising" wird eine Werbemethode verstanden, die das Aufscheinen von Anzeigen in Trefferlisten von Suchmaschinen mit der Eingabe bestimmter Begriffe verknüpft.[927]) Der Unternehmer erstellt seine individuelle Anzeige und wählt jene Keywords, welche im Fall ihrer Eingabe bewirken sollen, dass die Anzeige neben oder oberhalb der Suchergebnisse in einem gesonderten Werbeblock oder in einem Werbebanner angezeigt wird. Soweit die Verknüpfung des Kennzeichens mit der Werbeeinschaltung bewirkt, dass die Anzeige bei Eingabe des Suchbegriffs unmittelbar oberhalb der Trefferliste und damit noch vor dem Hinweis auf die Website des Markeninhabers aufscheint, werden fremde Markenrechte wegen Verwechslungsgefahr verletzt.[928]) Unklar ist noch, ob bloß die Methode, dass bei Eingabe eines Suchwortes ein Link zur Website des werbenden Unternehmen, das nicht Markeninhaber ist, in einem von der Trefferliste räumlich getrennten Werbeblock aufscheint, schon eine Benutzung der Marke darstellt, welche dem Markeninhaber vorbehalten ist.[929]) **822**

---

[925]) Unter Webauftritt wird im Folgenden nicht nur der Betrieb der Website, sondern insgesamt der Vertrieb und das Marketing eines Homepagebetreibers im Internet verstanden.

[926]) ZB Informationspflichten (§§ 5 ff ECG), Zurverfügungstellung der AGB (§ 11 ECG), Verlinkung auf fremde Websites (§ 17 ECG).

[927]) OGH am 20. 3. 2007, 17 Ob 1/07 g.

[928]) Die Vorreihung lässt ebenso wie die Hervorhebung den Eindruck eines besonderen Zusammenhangs zwischen dem Suchwort und dem Angebot der Beklagten entstehen, was wiederum den Eindruck wirtschaftlicher oder organisatorischer Nahebeziehungen zwischen der Klägerin und Beklagten entstehen lässt (OGH 20. 7. 2007, 17 Ob 1/07 g).

[929]) Der EuGH wurde mittlerweile in vier Vorabentscheidungsersuchen von Mitgliedstaaten (Frankreich – Vorabentscheidungsersuchen des Cour de cassation, eingereicht am 3. 6. 2008, Google France/Louis Vuitton Malletier, Rs C-236/08; Österreich – Vorabentscheidungsersuchen des Obersten Gerichtshofes, eingereicht am 26. 6. 2008, Die BergSpechte Outdoor Reisen und Alpinschule Edi Koblmüller GmbH/Günther Guni und trekking.at Reisen GmbH, Rs C-278/08; Deutschland – Vorabentscheidungsersuchen des Bundesgerichtshofes, eingereicht am Rs C-91/09;

823   Abgesehen von markenrechtlichen Implikationen sind auch lauterkeitsrechtliche Aspekte zu beachten. Soweit die Werbung unter unlauteren Umständen erscheint, ist der Vorwurf einer unlauteren Geschäftspraktik iSd § 1 UWG naheliegend.

824   Einschlägig könnte etwa der Vorwurf des unlauteren Abfangens von Kunden eines Mitbewerbers sein.[930] Bloß die Buchung der Keywords ohne weitere unlautere Umstände wird dem allerdings noch nicht genügen.[931] Ferner könnte der werbende Unternehmer dem Vorwurf der unlauteren Rufausbeutung ausgesetzt sein.[932] Soweit das Image des Markeninhabers auf das werbende Unternehmen übertragen wird, und dieses daher in unbilliger Weise für den Absatz seiner Waren auszunützen versucht, wäre die Benutzung der Keywords unzulässig.[933]

825   Festzuhalten ist, dass bei der Verwendung einer fremden Marke als Keyword Vorsicht geboten ist, um nicht Unterlassungs- und Schadenersatzansprüchen des Markeninhabers ausgesetzt zu sein. Unproblematisch scheint derzeit nur die Buchung der eigenen Kennzeichen als Adwords oder beschreibender Angaben.[934]

C. Exkurs: Unlauterer Wettbewerb

1. Überblick über unlautere Geschäftspraktiken

826   Jeder Unternehmer versucht im wirtschaftlichen nach Gewinn strebenden Handeln an Absatzmärkten, Kunden und Marktstärke zu gewinnen und besser als der Mitbewerber zu sein. Ein solches Streben nach einem Wettbewerbsvorsprung liegt grund-

---

Niederlande – Vorabentscheidungsersuchen des Hoge Raad der Niederlanden, eingereicht am 17. 12. 2008, Portakabin Limited und Portakabin B.V./Primakabin B.V., Rs C-558/08) zu dieser Frage angerufen. Generalanwalt Maduro hat sich bereits zum Vorabentscheidungsersuchen Frankreichs geäußert. Er gelangt zu dem Schluss, dass bloß die Auswahl einer Marke als AdWord noch keine Markenbenutzung durch den Anzeigenkunden darstellt. Erst wenn die Ads den Internetnutzern aufgezeigt werden, kann der Markeninhaber eingreifen (Schlussanträge des Generalanwaltes M. Poiares Maduro vom 22. 9. 2009, Rs C-236/08, C-237/08 und C-238/08).

[930] Der Kunde könnte durch den Link – ohne einen sachlichen Leistungsvergleich vornehmen zu können – dazu verleitet werden, die Website des werbenden Unternehmers zu besuchen.

[931] So hat etwa das OLG Köln entschieden, dass bei entsprechender an die Marke anlehnende Gestaltung der Werbung auf der rechten Bildschirmseite, die bei Eingabe der Marke als Suchwort erscheint, es sich um einen Fall von sittenwidriger Umleitung von Kunden handelt, wenn der Internetnutzer zumindest in nicht unerheblicher Zahl angenommen haben wird, es handele sich zwar um den Antragsgegnerin zwar um ein eigenständiges Unternehmen, dieses arbeite aber mit der Antragstellerin in einer bestimmten, wenn auch nicht erkennbaren Form zusammen (OLG Köln 8. 6. 2004, 6 W 59/04); vgl auch *Fuchs,* Die marken- und wettbewerbsrechtliche Zulässigkeit von kontextabhängiger Suchmaschinenwerbung (Keyword Advertising), wbl 2007, 414.

[932] Vgl zB LG Berlin: Durch das Koppeln der Werbung mit einem fremden Markennamen hängt sich der Wettbewerber an den guten Ruf der Marke an, um sich selbst als alternativen Lieferanten anzupreisen (LG Berlin 12. 1. 2001, 15 O 22/01); vgl auch *Thiele,* Keyword-Advertising – lauterkeitsrechtliche Grenzen der Online-Werbung, RdW 2001, 492.

[933] Vgl zB OGH 17. 9. 1996, 4 Ob 2209/96.

[934] Angaben sind dann beschreibend, wenn der in dem Wort enthaltene Hinweis auf die Herstellung, die Beschaffenheit oder die Bestimmung der Ware innerhalb der beteiligten Verkehrskreise allgemein und ohne besondere Denkarbeit erfasst werden kann (std Rsp RIS-Justiz RS0066456).

sätzlich innerhalb der Grenzen des freien Leistungswettbewerbs, soweit keine unlauteren Mittel eingesetzt oder unlautere Zwecke verfolgt werden. Zweck des UWG ist, eine solche Beeinträchtigung und Verfälschung des Wettbewerbs zu vermeiden, die Leistungsfähigkeit des Wettbewerbs zu erhalten, und damit Mitbewerber, Verbraucher und die Allgemeinheit vor unlauteren Geschäftspraktiken zu schützen („Schutzzwecktrias"[935]).) Es liegt in der Verantwortung jedes einzelnen Unternehmensinhabers die Lauterkeit seiner Geschäftspraktiken zu beurteilen, um sich vor negativen Konsequenzen aus dem Vorwurf wettbewerbswidriger Handlungen zu schützen.[936])

Zentraler Tatbestand des UWG ist die große Generalklausel in § 1 UWG. Danach **827** sind Geschäftspraktiken, die geeignet sind, den Wettbewerb zum Nachteil von Unternehmen nicht nur unerheblich zu beeinflussen, oder die den Erfordernissen der beruflichen Sorgfalt widersprechen, und in Bezug auf das jeweilige Produkt geeignet sind, das wirtschaftliche Verhalten des Durchschnittsverbrauchers wesentlich zu beeinflussen, verboten. Zur Erleichterung der Feststellung der Unlauterkeit einer Geschäftspraktik und damit der Anwendbarkeit der Generalklausel wurden von der Rsp Fallgruppen[937]) mit jeweils typischen Unlauterkeitsmerkmalen entwickelt.[938])

Daneben gibt es die kleinen Generalklauseln. In § 1a UWG wird normiert, unter **828** welchen Umständen eine Geschäftspraktik als aggressiv gilt und daher unlauter ist. Aggressive Geschäftspraktiken sind beispielsweise Ausübung eines physischen oder psychischen Kaufzwangs auf den Kunden, Ausnutzen von Zwangslagen oder Zusendung unbestellter Ware. § 2 UWG determiniert, welche Umstände eine Geschäftspraktik irreführend machen; § 2a UWG bezieht sich nur auf vergleichende Werbung. Irreführend ist, unrichtige Angaben über Eigenschaften des Produktes, die Umstände des Verkaufes und/oder des Unternehmens zu machen (zB Herkunft des Produktes, Verkaufsanlass, Preisbildung oder Qualifikationen des Unternehmers). Die kleinen Generalklauseln zeichnen sich dadurch aus, dass zusätzlich in einem Anhang[939]) jeweils einzelne Handlungen aufgezählt sind, welche jedenfalls Unlauterkeit begründen.

Bezüglich der Rangordnung zwischen den einzelnen Generalklauseln gilt, dass zu- **829** nächst das Verhalten anhand der Anhänge zu prüfen ist. Erst wenn diese nicht zur Anwendung gelangen, sind die kleinen Generalklauseln anzuwenden, und als letzter Fallprüfungsschritt ist bei Nichtanwendbarkeit der kleinen Generalklauseln das Verhalten unter die große Generalklausel zu subsumieren.

---

[935]) Vgl *Heidinger* in *Wiebe/Kodek* (Hrsg), UWG, § 1 Rz 5.

[936]) So sind nicht nur die zivilrechtlichen Ansprüche (siehe unten Rz 831 ff), sondern auch die Kosten, die in UWG-Verfahren wegen der häufig einander abtauschenden UWG-Klagen der Konkurrenten entstehen können, zu berücksichtigen.

[937]) Die Fallgruppen können grob unterteilt werden in Kundenfang (zB Koppelungsgeschäfte, übertriebenes Anlocken, Preisausschreiben und Gewinnspiele), Behinderung (zB Boykott, Liefer- oder Bezugssperre, Eindringen in fremde Kundenkreise), Ausbeutung fremder Leistung (zB Rufausbeutung, sklavisches Nachahmen einer Leistung), Rechtsbruch, irreführende und aggressive Geschäftspraktiken (grundsätzlich seit der UWG-Nov 2007 in §§ 1a und 2 UWG normiert; Anwendung der großen Generalklausel, soweit weitere die Unlauterkeit begründende Merkmale vorliegen).

[938]) Vgl *Heidinger* in *Wiebe/Kodek* (Hrsg), UWG, § 1 Rz 15.

[939]) „black list" per se Verbote: Die Punkte 1 bis 23 sind irreführend und die Punkte 24 bis 31 sind aggressiv.

830 Neben den Generalklauseln normiert das UWG Sondertatbestände[940]), die grundsätzlich den Generalklauseln vorgehen und als leges speciales aufzufassen sind.[941])

2. Rechtsfolgen einer unlauteren Geschäftspraktik

831 Durchgesetzt wird ein Anspruch nach UWG vor den Zivilgerichten. Dem Mitbewerber und den klagebefugten Verbänden kommt ein Anspruch auf Unterlassung der unlauteren Geschäftspraktik (§ 14 UWG) zu. Der Unterlassungsanspruch verlangt eine Unterlassungspflicht und die Gefahr, dass dieser Unterlassungspflicht zuwidergehandelt wird. Es muss daher eine Wiederholungs- oder Erstbegehungsgefahr bejaht werden können. Fehlt eines dieser Elemente, dann besteht kein (vorbeugender) Unterlassungsanspruch.[942]) Der wettbewerbsrechtliche Unterlassungsanspruch umfasst auch das Recht, die Beseitigung des rechtswidrigen Zustandes zu verlangen (§ 15 UWG).[943]) Unterlassungs- und Beseitigungsansprüche müssen binnen 6 Monaten, nachdem der Geschädigte von der Gesetzesverletzung und der Person des Verpflichteten Kenntnis erlangt hat, geltend gemacht werden. Nachdem ein Gericht über einen Unterlassungs- und Beseitigungsanspruch entschieden hat, steht dem Kläger auch – soweit er dies beantragt hat – ein Urteilsveröffentlichungsanspruch (§ 25 Abs 3 UWG) zu. Das UWG räumt dem durch eine unlautere Geschäftspraktik geschädigten Mitbewerber einen Schadenersatzanspruch ein, der auch den entgangenen Gewinn erfasst (§ 16 UWG).

832 Grundsätzlich haftet im UWG der unmittelbare Täter. § 18 UWG ordnet nun aber die Unternehmerhaftung an, der zufolge der Inhaber eines Unternehmens wegen einer wettbewerbswidrigen Handlung in Anspruch genommen werden kann, wenn die Handlung im Betrieb seines Unternehmens durch eine andere Person begangen wurde.[944]) Nach stRsp ist diese Bestimmung weit auszulegen.[945]) Der Begriff „im Betrieb" ist primär organisatorisch zu verstehen und umfasst auch die Tätigkeit solcher Personen, die zwar nicht Arbeitnehmer oder Beauftragte, aber, wenngleich nur locker, in den Betrieb eingegliedert und für diesen dauernd oder vorübergehend irgendwie tätig sind.[946]) Für die Haftung nach § 18 UWG ist allerdings erforderlich, dass die Handlung der „anderen Person" in den gewerblichen Tätigkeitsbereich des Unternehmensinhabers fällt.[947]) Es reicht daher in der Regel nicht aus, dass eine Tätigkeit im Interesse seines Unternehmens entfaltet wurde und diesem zugute kommt.[948])

---

[940]) Das sind § 7 UWG (Herabsetzung eines Unternehmens), § 9 UWG (Missbrauch von Kennzeichen eines Unternehmens) und § 9a UWG (Zugaben). Weitere Sondertatbestände (zB § 10 UWG-Bestechung; § 11 UWG-Verletzung von Betriebs- und Geschäftsgeheimnissen; § 28a UWG-Erlagscheinwerbung) sind gesondert zu prüfen.

[941]) Vgl *Koppensteiner,* Österreichisches und Europäisches Wettbewerbsrecht (1997) § 32 Rz 10.

[942]) Zuletzt OGH 24. 3. 2009, 17 Ob 40/08 v; RIS-Justiz RS0037660.

[943]) Die Beseitigung kann auch in der Vernichtung betroffenen Gegenstände liegen (vgl OGH 22. 4. 1975, 4 Ob 316/75).

[944]) Es handelt sich dabei um eine reine, nicht an ein Verschulden des Unternehmensinhabers gebundene, Erfolgshaftung (vgl *Herzig* in *Wiebe/Kodek* (Hrsg), UWG, § 18 Rz 2).

[945]) OGH 25. 4. 1995, 4 Ob 24/95.

[946]) OGH 31. 5. 1994, 4 Ob 64/94.

[947]) OGH 12. 9. 2001, 4 Ob 134/01 m; RIS-Justiz RS0115631.

[948]) OGH 10. 9. 1991, 4 Ob 90/91; RIS-Justiz RS0079514.

Die Haftung nach § 18 UWG trifft die juristische Person als Unternehmer und **833** kann nicht auf ihre Organe ausgedehnt werden. Die Organe der juristischen Person machen sich dann eines wettbewerbswidrigen Verhaltens schuldig, wenn sie die Wettbewerbsverstöße selbst begangen haben oder sie zumindest daran beteiligt waren. Sie können daher auch dann in Anspruch genommen werden, wenn ihnen ein Wettbewerbsverstoß bekannt war oder bekannt gewesen sein musste und sie ihn nicht verhindert haben, obwohl sie dazu in der Lage gewesen wären.[949]

§ 19 UWG normiert eine strafrechtliche Verantwortung des Unternehmensinha- **834** bers für irreführende Angaben in öffentlichen Mitteilungen (§ 4 UWG), die Bestechung von Bediensteten oder Beauftragten (§ 10 UWG), die Verletzung von Betriebs- oder Geschäftsgeheimnissen (§ 11 UWG) sowie den Missbrauch anvertrauter Vorlagen (§ 12 UWG). Das Gesetz bedroht hier das vorsätzliche Unterlassen, eine der genannten Handlungen zu verhindern, mit Strafe. Soweit es sich beim Unternehmensinhaber um eine juristische Person handelt, haftet der Unternehmensinhaber nach VerbVG.

Organe einer juristischen Person haften nur, wenn sie Beitragstäter iSd § 12 StGB **835** iVm den Strafbestimmungen des UWG sind.[950] Eine Verantwortung des Geschäftsführers für die Unterlassung der Verhinderung der strafbaren Handlung nach Maßgabe des § 19 UWG existiert daher nicht.

---

[949] OGH 11. 9. 1979, 4 Ob 377/79; RIS-Justiz RS0079752.
[950] Vgl *Herzig* in *Wiebe/Kodek* (Hrsg), UWG § 19 Rz 5.

VIII. Compliance in der Informationstechnologie

Sonja Dürager

Literatur: *Bertele/Lehner,* IT-Compliance: Rechtliche Aspekte des IT-Managements (2008); *Bigl,* Outsourcing – eine strategische Unternehmensentscheidung, VR 2002, 33; *Bundeskanzleramt, Informationssicherheitsbüro in Zusammenarbeit mit A-Sit (Zentrum für sichere Informationstechnologie – Austria) und der OCG (Österreichische Computer Gesellschaft),* Österreichisches Informationssicherheitshandbuch, Version 2.3 (2007); *Bundesamt für Sicherheit in der Informationstechnik,* IT-Grundschutz-Kataloge, 9. EL (2007); *Dohr/Pollirer/Weiss/Knyrim* (Hrsg), Kommentar Datenschutzrecht – Datenschutzgesetz samt Europarecht, Nebengesetzen, Verordnungen und Landesdatenschutz (2002); *Fischer/Hofer,* Lexikon der Informatik (2007); *Fröschle/Strahringer* (Hrsg), IT-Governance (2004); *Grühnendahl/Steinbacher/Will,* Das IT-Gesetz: Compliance in der IT-Sicherheit Leitfaden für ein Regelwerk zur IT-Sicherheit im Unternehmen (2009); *Hansen/Neumann,* Wirtschaftsinformatik I Grundlagen und Anwendungen (2005); *Hansen/Neumann,* Wirtschaftsinformatik II Informationsrecht (2005); *Hasberger,* IT-Sicherheit und Haftung, ecolex 2007, 508; *Heckmann,* Rechtspflichten zur Gewährleistung von IT-Sicherheit im Unternehmen, MMR 2006, 280; *Koziol,* Österreichisches Haftpflichtrecht (1997); *Taeger/Rath* (Hrsg), IT-Compliance als Risikomanagement-Instrument (2007); *Nikzad/Griessenberger/Grabner,* Das interne Kontrollsystem – erste Umsetzungsschritte in der Niederösterreichischen Gebietskrankenkasse, SozSi 2009, 278; *Posch,* Richtlinie zur PC-Nutzung, ZAS 2003/40; *Rath/Sponholz,* IT-Compliance – Erfolgreiches Management regulatorischer Anforderungen (2009); *Ritz,* Bundesabgabenordnung[2] (1999); *Roth/Schneider,* IT-Sicherheit und Haftung, ITRB 2005, 19; *Rotter,* Internet-Zugang für Arbeitnehmer – Mustervereinbarung gibt dem Arbeitnehmer klare Verhaltensmaßregeln, ASoK 1999, 118; *Schauer,* Gehört das EDV-System in jedem Fall zum festen Bestandteil der Buchführung? SKW 1999 S 624; *Schultze-Melling,* IT-Sicherheit in der anwaltlichen Beratung – Rechtliche, praktische und wirtschaftliche Aspekte eines effektiven Information Security Managements, CR 2005, 73; *Speichert,* Praxis des IT-Rechts Praktische Rechtsfragen der IT-Sicherheit und Internetnutzung (2004); *Steckel/Zatura-Rieser,* Überlegungen zur Gestaltung und Prüfung von internen Kontrollsystemen (IKS) am Beispiel gemeinnütziger Bauvereinigungen, RWZ 2001, 278; *Strauss,* Technische und organisatorische Maßnahmen zur Abwehr von Computerviren, EDVuR 1989, 130; *Straube,* HGB-Kommentar zum Handelsgesetzbuch II[2] (2000); *Wegenstein,* Das interne Kontrollsystem – Zwingend für alle Kapitalgesellschaften seit 1. Juli 1998, persaldo 1998 H 3.

A. Einleitung

1. Das Risiko der Informationstechnologie

Für viele Unternehmen stellen die Informationen und die unterstützende Techno- **836** logie einen der wertvollsten, jedoch zumeist am wenigsten verstandenen Vermögensgegenstand dar. Erfolgreiche Unternehmen erkennen den Nutzen der Informationstechnologie (IT) und verwenden sie, um den Stakeholder-Value zu erhöhen. Diese Unternehmen verstehen und managen auch die damit zusammenhängenden Risiken, wie die steigende Anforderung hinsichtlich regulatorischer Compliance und Abhängigkeit vieler

Geschäftsprozesse von der IT.[951]) Die modernen Technologien sind aber auch in weniger technologielastigen Unternehmen im Zentrum des Geschehens, da eine Teilnahme am wirtschaftlichen Alltag ohne Einsatz von Informationstechnologie unmöglich geworden ist. Allerdings steigt durch den sämtliche reale und virtuelle Grenzen überschreitenden und weitgehend unkontrollierten Kommunikationsfluss die Gefahr des Eindringens von Angreifern rapide. Das Risiko vom Ausfall sämtlicher Dienste, vom Datenverlust oder Datenbeschädigung durch Viren, Trojanische Pferde, Würmer oder sonstigen Datenmissbrauch durch Hacker, sowie durch Fehlbedienungen oder Einflüsse von außen, wie Brand, ist sehr hoch und könnte im Worst-Case-Szenario den gesamten Betrieb zum Stillstand bringen.

837   IT-Compliance ist ein Oberbegriff für Maßnahmen der Geschäftsleitung, die der Beherrschung von IT-Risiken dienen. Darunter wird eine Vielfalt von Anforderungen an den Unternehmensinhaber oder die Geschäftsleitung verstanden, die weitgehend rechtlich nicht einheitlich festgeschrieben und daher nur schwer fassbar sind. Es gibt eine Vielzahl vom Compliance-Anforderungen[952]), die in unterschiedlichen Normen, Gesetzen oder Richtlinien enthalten sind. IT-Compliance zeichnet sich daher dadurch aus, dass es – bis auf Spezialgesetze, etwa im Bereich von Finanz- und Kreditinstituten – kaum spezifische regulatorische Vorschriften[953]) gibt, sondern schlicht allgemeine Vorschriften zur sorgfältigen Unternehmensführung auch in automationsunterstützten Prozessen einzuhalten sind.

838   Aus diesen Anforderungen die Eckpunkte für die IT-Compliance im konkreten Anwendungsfall zu extrahieren, ist eine schwierige Aufgabe. Es gibt zwar verschiedene Standards, welche als Grundlage einer ordnungsgemäßen IT herangezogen werden können, aber letztlich fehlt die Sicherheit, tatsächlich alle Maßnahmen gesetzt zu haben, die als erforderlich angesehen werden, um sämtliche mit der Informationstechnik verbundene Risiken zu beherrschen, zu minimieren oder ganz auszuschließen, und damit dem Maßstab einer ordentlichen Unternehmensführung gerecht zu werden.

2. Verantwortung der Geschäftsführung

839   Die Besonderheit von IT-Compliance besteht darin, dass ihr zugehörige Aufgaben nicht allein in den Verantwortungsbereich einer Abteilung – va der IT-Abteilung – des Unternehmens fallen, sondern auch in allen anderen Unternehmensbereichen Beachtung finden müssen.

840   Die Bandbreite der von diesem Begriff erfassten Themen reicht von der Etablierung eines IT-gestützten Informations- und Kontrollsystems (IKS), über die Schaffung von IT-Sicherheit, die Sicherstellung von Datenschutz und Datensicherheit, bis hin zur gesetzeskonformen elektronischen Archivierung.[954]) Mit diesen Themen verbundene in-

---

[951]) IT Governance Institute, CobiT 4.0 Deutsche Ausgabe (übersetzt von KPMG Österreich) 6, www.isaca.at/Ressourcen/CobiT%204.0%20Deutsch.pdf (19. 9. 2009).

[952]) Weltweit soll es schätzungsweise 25.000 Compliance-Anforderungen iwS geben (vgl *Rath/Sponholz*, IT-Compliance – Erfolgreiches Management regulatorischer Anforderungen (2009) 68; *Rath* in *Wecker/van Laak* (Hrsg), Compliance in der Unternehmerpraxis[2] (2009) 151).

[953]) Im Ansatz finden sich IT-Compliance-Anforderungen im Datenschutzgesetz, vgl Rz 1024 ff.

[954]) Vgl *Rath* in *Taeger/Rath*, IT-Compliance als Risikomanagement-Instrument (2007) 5.

formationstechnische Fachtermini wie Firewall, Proxy, Back-Ups, DNS-Spoofing oder Secure Socket Layer mögen den Eindruck erwecken, als wäre IT-Compliance eine den Informatikern vorbehaltene Wissenschaft und käme dem Unternehmensinhaber bzw der Geschäftsführung in diesem Zusammenhang keine besondere Kompetenz zu. IT-Compliance ist allerdings aufgrund der Interdependenzen zwischen der IT und anderen Abteilungen ein zentrales Thema in einem Unternehmen und dessen umfassender Compliance-Organisation, und keinesfalls eine Aufgabe, die allein von der IT-Abteilung bewältigt werden kann. Zur Vermeidung einer persönlichen Haftung des Vorstandes oder der Geschäftsführung ist vielmehr gerade das Management aufgerufen, sich um die Einhaltung von IT-Compliance in den unterschiedlichen Fachbereichen zu bemühen.[955])

Angesichts der Bedeutung von IT für das Funktionieren und den Fortbestand des Unternehmens gehört es damit zu den Pflichten eines gewissenhaften Geschäftsführers, das Unternehmen vor erkennbaren Gefahren zu schützen.[956]) Bei Maßnahmen der Früherkennung von für das Unternehmen maßgeblichen Entwicklungen, dem Überwachungssystem und einem allgemeinen Risikomanagement handelt es sich um Kernfunktionen der IT. Nur ein IT-System, das diesen Erfordernissen entspricht, kann die Einhaltung der Organisationsanforderungen (zB internes Kontrollsystem), für deren Umsetzung der Organwalter verantwortlich ist, gewährleisten.[957]) Die Verantwortung der Geschäftsführung darf allerdings nicht so verstanden werden, dass der Geschäftsführer erkennen und entscheiden muss, ob etwa ein Paketfilter oder ein Anwendungs-Gateway – beides sind Firewall-Rechner – besser geeignet ist, das lokale Netz vor Angriffen zu schützen. Die technische Umsetzung des Sicherheitskonzeptes kann in der Compliance-Organisation primär der IT-Abteilung vorbehalten sein. IT-Compliance ist daher ein Themengebiet, das in höchstem Maße interdisziplinäres Arbeiten erforderlich macht.[958]) **841**

IT-Compliance soll im Folgenden unter dem Schwerpunkt „IT-Security" behandelt werden. Ausgangspunkt soll der Teilbereich „Internes Kontrollsystem" (IKS) sein, welches System bereits seit dem Jahr 1997 die gesetzliche Verpflichtung zur Herstellung von IT-Sicherheit im weitesten Sinn auf Geschäftsebene einführt. Die Verpflichtung zur elektronischen Archivierung als Teilbereich der IT-Compliance soll überblicksartig in einem eigenen Unterkapitel erwähnt werden. Datenschutz und Datensicherheit werden an dieser Stelle nicht näher erläutert, da diesem umfangreichen und für viele Unternehmensphilosophien zunehmend an Bedeutung gewinnenden Thema ein eigenes Kapitel gewidmet ist. **842**

B. Internes Kontrollsystem

1. Rechtliche Anforderungen

Mit dem IRÄG 1997 wurden § 82 AktG und § 22 Abs 1 GmbHG geändert und lauten nunmehr: „Die Geschäftsführer haben dafür zu sorgen, dass ein Rechnungswe- **843**

---

[955]) *Rath* in *Wecker/Van Laak* (Hrsg), Compliance in der Unternehmerpraxis² 150.
[956]) *Rath* in *Taeger/Rath* (Hrsg), IT-Compliance als Risikomanagement-Instrument 6.
[957]) *Hasberger*, IT-Sicherheit und Haftung, ecolex 2007, 508.
[958]) *Rath/Sponholz*, IT-Compliance 34.

sen und ein internes Kontrollsystem geführt werden, die den Anforderungen des Unternehmens entsprechen." Das IKS umfasst alle in der Unternehmensorganisation vorgesehenen Maßnahmen, die dazu bestimmt sind, das vorhandene Vermögen zu sichern, die betriebliche Leistungsfähigkeit zu steigern und die Einhaltung der Geschäftspolitik sowie die Richtigkeit und Vollständigkeit der Aufzeichnungen zu gewährleisten.[959] Damit sind alle Maßnahmen angesprochen, die feststellen, ob betriebliche Abläufe und Handlungen bzw Prozesse normgerecht und effizient verlaufen, ob die vorgegebenen Leitlinien eingehalten und unternehmerische Entscheidungen durchgeführt werden, ob der Schutz des betrieblichen Vermögens gegeben ist und ob die Daten des Rechnungswesens verlässlich und genau sind.[960] Die Geschäftsführung trifft daher die Pflicht, ein Überwachungssystem einzurichten, welche das Erkennen von den Fortbestand der Gesellschaft gefährdenden Entwicklungen gewährleistet.[961] Bleibt der Geschäftsführer untätig, und entsteht der Gesellschaft daraus ein Schaden, so ist von einer Sorgfaltspflichtverletzung auszugehen, die zur Haftung führen kann.[962]

844 Da ein IKS in der Regel größtenteils IT-basiert ist, nimmt die Absicherung der IT im Rahmen des IKS über die Finanzberichterstattung einen hohen Stellenwert ein.[963] Seit dem Inkrafttreten dieser Verpflichtung zum 1. 7. 1998 und der daraus resultierenden Verpflichtung des Managements zur Führung eines IKS gehört auch die Ordnungsmäßigkeit der Finanzberichterstattung zur IT-Compliance.

2. Maßnahmen des IKS

a) Einführung eines IKS

845 Der Aufbau eines IKS ist unternehmensspezifisch und kann sich auf verschiedene Methoden und Modelle berufen.[964] Ein bewährtes Rahmenkonzept zur Implementierung eines IKS wurde beispielsweise von COSO (Committee of Sponsoring Organisations of the Treadway Commission) herausgegeben.[965] Mögliche Fragen, die sich die

---

[959] Fachgutachten des Fachsenates für Datenverarbeitung des Institutes für Betriebswirtschaft, Steuerrecht und Organisation der Kammer der Wirtschaftstreuhänder zu „Die Ordnungsmäßigkeit von EDV-Buchführungen" Kommentierte Fassung des Fachgutachtens, 3. 6. 1998 (KFS DV1) 14.

[960] *Wegenstein*, Das interne Kontrollsystem – Zwingend für alle Kapitalgesellschaften seit 1. Juli 1998, persaldo 1998 H 3,12.

[961] Vgl *Beham/Schatz in Barbist/Ahammer*, Compliance in der Unternehmerpraxis (2009) 67.

[962] *Hasberger*, IT-Sicherheit und Compliance, ecolex 2007, 508.

[963] Vgl *Speichert*, Praxis des IT-Recht[2] (2004) 258. IT hat im IKS ein janusköpfiges Antlitz; einerseits können etliche gesetzliche Anforderungen zur Erfüllung der Grundsätze ordnungsgemäßer Buchführung nur automationsunterstützt erreicht werden, andererseits muss die Wirksamkeit IT-basierter Kontrollanwendungen überprüft werden (vgl *Beham/ Schatz in Barbist/Ahammer*, Compliance in der Unternehmerpraxis 68; *Rath/Sponholz*, IT-Compliance 62 ff).

[964] *Nikzad/Griessenberger/Grabner*, Das interne Kontrollsystem – erste Umsetzungsschritte in der Niederösterreichischen Gebietskrankenkasse, SozSi 2009, 278.

[965] COSO setzt sich aus den Organisationen American Accounting Association, American Institute of Certified Public Accountants, Financial Executives International, Instituteof Management Accountants und The Institute of Internal Auditors zusammen. COSO hat das Rahmenkon-

Geschäftsführung zur Überprüfung, ob IT-Sicherheitsanforderungen in Hinblick auf ein ordnungsgemäßes IKS umgesetzt sind, stellen sollte, sind:[966])

- Erfüllt die Datenverarbeitung im Wesentlichen die Kriterien des KFS/DV1[967]) der Kammer der Wirtschaftstreuhänder?
- Sind ausreichende Zugriffsregelungen zum EDV-System gegeben?
- Ist eine entsprechende Absicherung gegen Viren gegeben?
- Gibt es zur Sicherheit des Rechnungswesens eigene Kreise für Rechnungswesen und internetverknüpfte Anwendungen?
- Ist die Sicherung der Daten entsprechend ausgeprägt?
- Werden Änderungen in den Programmen und Neuanschaffungen dokumentiert?
- Gibt es Vorkehrungen zur Betriebssicherheit?
- Ist in wesentlichen Anwendungen eine Personenunabhängigkeit des Systems gegeben?
- Erfolgen eine regelmäßige Überprüfung der Plattenspeicher und eine Reorganisation der Daten- und Programmbestände?

Die Beantwortung dieser Fragen stellt letztlich eine Bestandsaufnahme im Unter- **846** nehmen über Risiken in der IT-Sicherheit und die getroffenen Maßnahmen zur Abwehr derselben dar und gewährleistet so eine umfassende IT-Sicherheit[968]). Ziel des IKS ist es daher, IT-Sicherheit herzustellen.

b) Prüfung des IKS

Die Prüfung der Informationstechnik ist ein Teilbereich der Prüfung des IKS und **847** damit ein integrierender Bestandteil einer Abschlussprüfung.[969]) Das Ziel der Prüfung des Informationstechnik-Systems eines Unternehmens besteht hauptsächlich in der Beurteilung der Verlässlichkeit der mit Hilfe von programmgesteuerten Verarbeitungen ermittelten und im Rechnungswesen verwendeten Daten. Ein weiteres Ziel ist festzustellen, ob das Unternehmen aufgrund der mit dem Einsatz der IT verbundenen Risiken im Fortbestand gefährdet ist.[970])

---

zept „COSO's Internal Control – Integrated Framework" herausgegeben. Siehe zu näheren Informationen unter www.coso.org.

[966]) *Steckel/Zatura-Rieser* haben diese Frage am Beispiel gemeinnütziger Bauvereinigungen formuliert (vgl *Steckel/Zatura-Rieser,* Überlegungen zur Gestaltung und Prüfung von internen Kontrollsystemen (IKS) am Beispiel gemeinnütziger Bauvereinigungen, RWZ 2001, 278). Die branchenunabhängigen Fragen sind allerdings auch für Unternehmen geeignet, die gewinnorientiert sind und nicht der Baubranche zuzurechnen sind.

[967]) Fachgutachten des Fachsenates für Datenverarbeitung des Institutes für Betriebswirtschaft, Steuerrecht und Organisation der Kammer der Wirtschaftstreuhänder zu „Die Ordnungsmäßigkeit von EDV-Buchführungen" Kommentierte Fassung des Fachgutachtens, 3. 6. 1998.

[968]) Zur Definition von „IT-Sicherheit" siehe Rz 849 ff.

[969]) Fachgutachten der Fachsenate für Datenverarbeitung und für Handelsrecht und Revision des Instituts für Betriebswirtschaftslehre, Steuerrecht und Organisation der Kammer der Wirtschaftstreuhänder über Abschlussprüfung bei Einsatz von Informationstechnik, 22. 6. 2004/ 20. 10. 2004 (KFS DV2) 2.

[970]) Fachgutachten der Fachsenate für Datenverarbeitung und für Handelsrecht und Revision des Instituts für Betriebswirtschaftslehre, Steuerrecht und Organisation der Kammer der

848 Werden bei der Prüfung Schwächen des Informationstechnik-Systems festgestellt, die zu wesentlichen Mängeln bei der Buchführung und Fehlern bei der Rechnungslegung führen, ist das Prüfungsurteil im Bestätigungsbericht einzuschränken oder gegebenenfalls zu versagen. Über Verbesserungspotenziale hinsichtlich der Sicherheit und Wirtschaftlichkeit der Informationstechnik ist die Geschäftsleitung zu unterrichten.[971])

C. IT-Sicherheit

1. Begriffsdefinitionen

a) Definition von IT-Sicherheit

849 Um IT-Sicherheit erfassen zu können, ist zunächst eine Definition für IT, sprich die Informationstechnik, zu finden. Als Synonym findet man den Begriff Informationsverarbeitung[972]); Informatik ist die Wissenschaft rund um die systematische Verarbeitung und Speicherung von Informationen.[973])

850 Im Visier der IT-Sicherheit stehen daher Informationen und Daten. IT-Sicherheit bezeichnet einen Zustand, in dem Risiken in Bezug auf Daten und auf die Systeme zu deren Verarbeitung, die beim Einsatz von Informationstechnik aufgrund von Bedrohungen und Schwachstellen vorhanden sind, durch angemessene Maßnahmen auf ein tragbares Maß reduziert sind. IT-Sicherheit beschreibt daher den Idealzustand des Sicherseins vor Gefahren oder Schäden im Bereich der Informations- und Kommunikationstechnik.[974])

b) Definition der Basisziele der IT (IT-Basisziele)

851 Bei vollkommener IT-Sicherheit sind Vertraulichkeit, Integrität und Verfügbarkeit von Informationen und Informationstechnik durch angemessene Maßnahmen geschützt.[975]) Die nachfolgenden Ausführungen referenzieren mehrfach auf diese Begriffe, da Ziel der Maßnahmen der IT-Compliance die Herstellung und Aufrechterhaltung der damit verbundenen Idealzustände ist. Vor dem Hintergrund soll zunächst eine Definition für diese Begriffe gegeben werden.

852 Die Begriffe Vertraulichkeit, Integrität und Verfügbarkeit sind Basisziele in der angewandten Informatik.[976])

Wirtschaftstreuhänder über Abschlussprüfung bei Einsatz von Informationstechnik, 22. 6. 2004/ 20. 10. 2004 (KFS DV2) 3.

[971]) Fachgutachten der Fachsenate für Datenverarbeitung und für Handelsrecht und Revision des Instituts für Betriebswirtschaftslehre, Steuerrecht und Organisation der Kammer der Wirtschaftstreuhänder über Abschlussprüfung bei Einsatz von Informationstechnik, 22. 6. 2004/ 20. 10. 2004 (KFS DV2) 12.

[972]) *Hansen/Neumann*, Wirtschaftsinformatik I Grundlagen und Anwendungen (2005) 8.

[973]) *Fischer/Hofer*, Lexikon der Informatik (2007) 403.

[974]) *Roth/Schneider*, IT-Sicherheit und Haftung, ITRB 2005, 19.

[975]) Vgl Bundesamt für Sicherheit in der Informationstechnik, IT-Grundschutz-Kataloge, 10. ErgL (2008) 44.

[976]) Vgl dazu ausführlich *Hansen/Neumann*, Wirtschaftsinformatik I, 285 ff.

(1) Vertraulichkeit

Vertraulichkeit beschreibt einen Zustand, in dem geheime Informationen für ei- **853** nen Dritten nicht zugänglich sind. Unter Diensten zur Sicherung der Vertraulichkeit versteht man daher all jene Maßnahmen, die verhindern, dass eine geheime Information für einen unberechtigten Dritten zugänglich wird.

(2) Datenintegrität

Unter Zusicherung der Datenintegrität versteht man Maßnahmen, die garantieren, **854** dass Daten in unveränderter Form vorliegen. Ziel des Integritätsschutzes ist es, dass ein Empfänger einer Nachricht feststellen kann, ob er diese Nachricht unverfälscht erhalten hat. Die Echtheit und Richtigkeit von Informationen sind daher die Indikatoren der Datenintegrität.

(3) Verfügbarkeit

Die Verfügbarkeit eines Informationssystems garantiert, dass die Dienste, die ei- **855** nem berechtigten Benutzer von einem Informationssystem angeboten werden, diesem auch stets zur Verfügung stehen. Die Schutzrichtung Verfügbarkeit meint den Schutz vor Informationsverlust, Informationsentzug, Informationsblockade und Informationszerstörung. Informationen und Systeme sollen permanent verfügbar sein.[977]

2. Maßnahmen der IT-Sicherheit

Um Verfügbarkeit, Datenintegrität und Vertraulichkeit zu erreichen, gilt es **856** zunächst den Ist-Zustand festzustellen, die Missstände praktisch und rechtlich zu durchdringen, und Gegenmaßnahmen[978] zu ergreifen. Am Anfang stehen daher Überlegungen darüber, welche IT-basierten Geschäftsprozesse implementiert sind, welche Bedrohungen es gibt, wie diese Bedrohungen minimiert oder ganz vermieden werden können und wie ein Schaden aus einer realisierten Bedrohung ausgeschlossen werden kann.

Diese Fragen und die korrelierenden Antworten sind in einem Informationssi- **857** cherheitsmanagementsystem (ISMS) zu definieren. Für einige allgemeine Geschäftsrisiken, die nicht der IT-Infrastruktur eigen sind, werden bereits im allgemeinen Risikomanagement des Unternehmens Vorsorgemaßnahmen getroffen.[979] Die Behandlung eigenständiger IT-Risiken ist in einem ISMS auszugestalten.

a) Bedrohungen der Verfügbarkeit, Vertraulichkeit und Integrität

Zu unterscheiden ist zwischen allgemeinen Risiken und dem IT-System inhären- **858** ten Risiken. Der ersten Gruppe sind Bedrohungen wie Stromausfälle, Wasser- oder

---

[977] *Heckmann,* Rechtspflichten zur Gewährleistung von IT-Sicherheit im Unternehmen, MMR 2006, 280, 281.

[978] Soweit personenbezogene Daten betroffen sind, ergibt sich eine gesetzliche Verpflichtung zur Implementierung von Sicherheitsmaßnahmen aus § 14 DSG, vgl dazu den Beitrag von *Dürager* Rz 993 ff.

[979] Vgl dazu den Beitrag von *Napokoj,* Rz 36 ff.

Feuerschäden oder andere externe Bedrohungen, beispielsweise Einbruch, unterzuordnen. Zu den allgemeinen Risiken zählt wohl auch der „Mensch", das ist va der Mitarbeiter im Umgang mit der IT.

859 Eine weitere für die Informationstechnik typische Gefahr neben diesen nicht beherrschbaren äußeren Schadensursachen ist Malware.[980] Die Auswirkungen von Malware reichen von harmlosen Bildschirmanzeigen über das Ausspionieren von Daten und die unberechtigte Ressourcennutzung hin bis zu vollständigem Programm- und Datenverlust oder Unbenutzbarkeit des Rechners.[981]

860 Malware wird über Angriffe (Attacken) eingeschleust. Zu unterscheiden ist zwischen aktiven und passiven Angriffen. Bei passiven Angriffen versucht der Angreifer so viele Daten wie möglich zu sammeln, ohne die Netzwerkhardware oder die darauf laufenden Softwareprogramme zu manipulieren oder in ihrer Funktion zu stören.[982] Im Rahmen aktiver Angriffe werden Aktionen durchgeführt, die entweder die Hardware oder die Software des Netzwerks in ihrer Funktion einschränken oder diese Komponenten derart manipulieren, dass sie nicht mehr fehlerfrei oder iSd Betreibers funktionieren.[983] Die Attacken können einen Stillstand des Betriebes als Folge von Datenverlust oder Verhinderung des Zugriffs zum System verursachen. Die genannten Risiken sind daher für jedes Unternehmen existenzgefährdend, da sie die Sicherheit des gesamten Informationssystems und der Kommunikation bedrohen.

b) Schutzmaßnahmen zur Gewährleistung der Basisziele

861 Zur Modellierung des Idealzustandes von IT-Sicherheit bedarf es eines elaborierten Studiums, welche Probleme sich in einem Unternehmen überhaupt aktualisieren und wie sie zu lösen sind. Voranzustellen ist, dass im Folgenden nur eine Auswahl an IT-Sicherheitsmaßnahmen genannt wird, und es letztlich vom konkreten Betrieb des Unternehmens und den sich darin realisierenden Risiken abhängt, welche Maßnahmen in welchem Ausmaß zu ergreifen sind.[984] Generell und branchenunabhängig gilt nur,

---

[980] Malware ist der Sammelbegriff für unerwünschte Softwareprodukte aller Art, wie Viren, Würmer, Spyware (*Fischer/Hofer*, Lexikon der Informatik 506).

[981] *Hansen/Neumann*, Wirtschaftsinformatik I, 305.

[982] *Hansen/Neumann*, Wirtschaftsinformatik II Informationsrecht (2005) 706; ein solcher Angriff besteht etwa darin, die Verbindung bei der Datenübertragung zu belauschen und die dabei übertragenen Daten aufzuzeichnen (*Hansen/Neumann*, Wirtschaftsinformatik II, 708).

[983] *Hansen/Neumann*, Wirtschaftsinformatik II, 707; die aktiven Angriffe sind einerseits solche, die Teile der Kommunikationsstruktur außer Funktion setzen sollen (zB Denial-of-Service-Attacke) und andererseits solche, die dazu dienen, unbefugt an vertrauliche Informationen zu gelangen, oder vertrauliche Informationen zu manipulieren, um anderen zu schaden und/oder selbst einen Vorteil zu erlangen. Cracker brechen beispielsweise mit dem Ziel in ein Rechnersystem ein, unberechtigt Informationen zu entwenden und/oder zu zerstören. Sie manipulieren zudem häufig die auf einem System laufende Software, sodass diese anschließend nicht mehr ihre korrekte Funktion erfüllt, und/oder zusätzliche Funktionen enthält, die dem Besitzer des jeweiligen Rechners schaden (*Hansen/Neumann*, Wirtschaftsinformatik II, 707).

[984] Siehe dazu unten Rz 872 ff.

dass die Basisziele für die konkrete Situation des Unternehmens optimal erreicht werden müssen.[985])

(1) Zugriffsschutz

In einem System, das von mehreren Anwendern genutzt wird, und jedem unterschiedliche Nutzungsbefugnisse und Zugriffsrechte zukommen, ist die Authentifikation ein wichtiger Schritt, um die Benutzung der einzelnen Programmbereiche nachvollziehen und kontrollieren zu können. Zu dem Zweck wird innerhalb eines Rechnersystems jeder Benutzer durch eine bestimmte Benutzerkennung identifiziert und durch ein Kennwort geschützt.[986]) Da nur Benutzer mit einem gültigen Passwort und einer entsprechenden Benutzerkennung auf die jeweiligen Systeme und Programme zugreifen können, gewährleistet der Passwortschutz, dass nur solche Benutzer einen Zugriff auf die Daten und IT-Anwendungen erhalten, die eine entsprechende Berechtigung nachweisen.[987]) **862**

> **Praxistipp:**
>
> Der Benutzer-Account muss vom Administrator unverzüglich mit Ende des Beschäftigungsverhältnisses eines Mitarbeiters für alle Dienste gelöscht werden.

Grundsätze für die Auswahl, Vergabe und Verwaltung von Passwörtern sind explizit zu regeln. Dazu zählen beispielsweise Bestimmungen, wonach das Passwort nicht weitergegeben werden darf, aus welchen Symbolen, Buchstaben und Zahlen es zu bestehen hat, wie Passwörter aufzubewahren sind, und in welchen Abständen das Passwort geändert werden muss. **863**

Neben diesen beinahe schon in allen Unternehmen standardisierten Funktionen zum Einloggen in das Netzwerk gibt es noch andere Zugriffsschutzmaßnahmen, zB Anmeldung bei einem Dienst mit einer Smartcard.[988]) **864**

(2) Virenbekämpfung

Notwendige Bedingung zur Sicherstellung der Vertraulichkeit und Integrität von Daten sind der Einsatz von Anti-Virusprogrammen[989]) und Firewalls[990]). **865**

---

[985]) Eine gesetzliche Verpflichtung zur Umsetzung der erforderlichen IT-Sicherheitsmaßnahmen ist in § 14 DSG 2000 statuiert.

[986]) *Hansen/Neumann,* Wirtschaftsinformatik I, 309.

[987]) Vgl IT-Grundschutz-Kataloge, Maßnahmenkatalog Hardware/Software, M 4.1, 2246.

[988]) Einen solchen erhöhten technischen Zugriffsschutz setzt zB die österreichische Bürgerkarte um.

[989]) Anti-Virus-Programme (Virenscanner) sollen die Eigenschaft haben, Viren vorzubeugen ("Wächterprogramme"), Viren zu erkennen ("Virendetektionsprogramme") und in letzter Konsequenz Viren zu vernichten ("Viruskillerprogramme"). Zur Qualität eines Anti-Virus Programms führt das BSI entsprechend aus, dass ein gutes Anti-Viren-Programm nicht nur in der Lage sein muss, viele Viren zu finden, sondern sie auch möglichst exakt zu identifizieren (BSI-Grundschutz-Kataloge, M 4.3., 2248).

[990]) Zum Schutz eines lokalen Netzwerkes vor bestimmten Angriffen kann ein Firewall-Rechner eingesetzt werden. Ein Firewall-Rechner dient als zentraler Übergang zwischen zwei

866   Wichtig ist va auch zu bedenken, dass die einmalige Installation dieser Programme noch nicht vor Risiken schützt, sondern gerade das regelmäßige Einspielen von Updates und Patches[991]) unerlässlich ist, um auch der raschen Mutation bei Computerviren vorzubeugen. In welchen Intervallen die Antiviren-Software upzudaten ist, kann nicht generell beantwortet werden und hängt vor allem auch vom jeweiligen Hersteller ab. Es kommt va darauf an, welches Gefahrenpotenzial die Tätigkeit des Versenders birgt. Regelmäßig wird man jedoch beim gewerblichen Einsatz des E-Mail-Dienstes den upgedateten Virenscanner als erforderlich und verhältnismäßig ansehen dürfen. Man wird dann auf die Marktüblichkeit der Intervalle im Rahmen des wirtschaftlich Zumutbaren abstellen können.[992])

(3) Datensicherung

867   Vorzusorgen ist auch der Ausfall des Systems bzw der Angriff auf dasselbe und der damit einhergehende Datenverlust. Die technische Datensicherung ist auf breiter Front von großem Interesse. Sei es der Geschäftspartner, der um seine anvertrauten Daten fürchtet, oder der Staat, der die Abrechnungsgrundlagen für die Steuererhebung gesichert haben will, oder das Unternehmen selbst, das Datensicherung zum Eigenschutz oder aus Angst vor Schadenersatzansprüchen betreibt.[993]) Zweck der Datensicherung ist es, im Fall eines Datenverlustes oder einer Datenfälschung die Daten rasch und zuverlässig rekonstruieren zu können.[994])

868   Vor dem Hintergrund ist es notwendig, entsprechende regelmäßige sowie zeitnahe Sicherungen sämtlicher elektronisch vorliegender Unternehmensdaten vorzunehmen und diese, im besten Fall räumlich getrennt, zu archivieren.[995]) Zusätzlich sind die Sicherungsbänder auf ihre Funktionstauglichkeit regelmäßig zu überprüfen.[996]) Diese Verantwortung und daher auch konsequenterweise das Risiko des Datenverlustes bei unzu-

---

Netzwerken. Er kann jedes Datenpaket kontrollieren, das zwischen lokalen und externen Rechnern ausgetauscht wird (*Hansen/Neumann*, Wirtschaftsinformatik II, 712).

[991]) Während der Virenschutz dazu dient, Rechner und Netzwerk vor schädlichen Programmen zu schützen, dient das Patchmanagement dazu, notwendig erkannte Sicherheitslücken oder Fehler in der installierten Software zu beseitigen (*Jäger/Rödl/Nave*, Praxishandbuch Corporate Compliance 201).

[992]) *Speichert*, Praxis des IT-Rechts 94. In der Literatur finden sich Meinungen, wonach der Virenscanner mindestens im Intervall von 4 Stunden auf allen Systemen aktualisiert werden muss (*Jäger/Rödl/Nave*, Praxishandbuch Corporate Compliance (2009) 203.

[993]) *Speichert*, Praxis des IT-Rechts 291.

[994]) *Hansen/Neumann*, Wirtschaftsinformatik I, 314.

[995]) *Kalkbrenner* in *Taeger/Rath* (Hrsg), IT-Compliance 66.

[996]) Im „Leitfaden Informationssicherheit – IT-Grundschutz kompakt" wird dazu ein sehr einprägsames Fallbeispiel, das die mit mangelnder Kontrolle der Sicherungsbänder verbundenen Risiken veranschaulicht, genannt: „[...] Der Server enthält ein Bandlaufwerk, auf das in regelmäßigen Abständen eine Sicherungskopie gespeichert wird. Der Administrator bewahrt die Sicherungsbänder in einem verschlossenen Schrank in seinem Büro auf. Als eines Tages der Server durch einen Festplattendefekt ausfällt, sollen die Daten vom Sicherungsband wieder eingespielt werden. Dabei stellt sich jedoch heraus, dass das Bandlaufwerk offenbar bereits längere Zeit defekt war und gar keine Daten auf die Sicherungsbänder geschrieben hatte. Das einzige noch funktionstüchtige Sicherungsband ist mehr als fünf Jahre alt. Alle Daten der letzten Jahre sind damit verloren" (BSI, Leitfaden Informationssicherheit 11).

reichender Datensicherung – als Muss wird die einmal tägliche Sicherung[997]) erachtet – hat der OGH der Sphäre des Unternehmens zugerechnet.[998])

(4) Kryptographie

Die Gewährleistung der Vertraulichkeit und der Integrität der Daten, dh es ist **869** keinem Unbefugten möglich, die Information zu lesen, und die Daten sind in unverändertem Zustand, kann durch den Einsatz von Kryptographie erreicht werden. Die Kryptographie ist die Lehre, die sich mit der Verschlüsselung von Informationen beschäftigt. Es gibt verschiedene Verschlüsselungstechniken[999]), wobei nach der konkreten Behandlung der Daten (zB Übermittlung oder Speicherung von Daten) eine adäquate Technik (zB Verschlüsselung nur der Daten und nicht des Übertragungskanals) gewählt werden sollte.

Der kryptographische Hash-Wert[1000]) kombiniert mit den Vorteilen der Verschlüs- **870** selung dient dem Integritätsschutz, damit anhand der mitgeschickten Kontrollinformation die Unverfälschtheit der eigentlichen Nachricht überprüft werden kann.[1001]) Eine Manipulation des Dokuments kann dadurch einfach vom Empfänger erkannt werden.

---

[997]) Auch nach der deutschen Rsp ist die Routine zur Datensicherung in einem Unternehmen nur dann ordnungsgemäß, wenn eine einmal tägliche Sicherung und mindestens eine einmal monatliche Vollsicherung vorgesehen sind (OLG Hamm 1. 12. 2003, 13 U 133/03).

[998]) Der Aufbau der Datensicherung ist Angelegenheit der Unternehmensorganisation. Es obliegt dem Unternehmer bzw dem für den Softwarebereich Verantwortlichen, genaue Richtlinien hinsichtlich der Datensicherung zu erstellen, um einen Verlust von Daten und Programmen im Fall eines Maschinenschadens oder einer Fehlbedienung der Anlage zu vermeiden. Zur Durchführung des erarbeiteten Sicherheitssystems sind an die Arbeitnehmer Weisungen zu erteilen. Die tägliche Datensicherung nach dem Drei-Generationen-Prinzip ist ein Muss für jede EDV-Abteilung. Die „Vater-Generation" sollte zu einer eventuell notwendig werdenden Rekonstruktion schnell zur Verfügung stehen. Eine Generation ist im EDV-Archiv aufzubewahren. Für das Außer-Haus-Archiv genügt uU eine wöchentliche Sicherung (OGH 29. 8. 1990, 9 ObA 182/90; RIS-Justiz RS0009748).

[999]) Durch Verschlüsselung wird eine im Klartext vorliegende Information nach einer bestimmten Methode und unter Einbeziehung eines Schlüssels in eine scheinbar sinnlose Zeichenfolge umgewandelt. Die resultierende Zeichenfolge kann durch Anwendung des richtigen Schlüssels wiederum in den Klartext zurück verwandelt werden (*Hansen/Neumann*, Wirtschaftsinformatik I, 292). Es gibt symmetrische und asymmetrische Verschlüsselungstechniken. Symmetrische Verschlüsselungsverfahren benutzen denselben geheimen Schlüssel für die Ver- und Entschlüsselung. Teilnehmer einer vertraulichen Kommunikation müssten sich daher paarweise einen geheimen Schlüssel vereinbaren, der zwischen diesen sicher übertragen werden muss. Asymmetrische Verschlüsselungsverfahren benutzen ein Schlüsselpaar, das aus einem geheimen und einem öffentlichen Schlüssel besteht. Eine Meldung, die mit einem der beiden Schlüssel verschlüsselt wurde, kann nur mit dem jeweils anderen Schlüssel wieder entschlüsselt werden. Wenn daher etwa eine Nachricht mit dem öffentlichen Schlüssel des Empfängers verschlüsselt wird, kann diese nur mit dem privaten Schlüssel des Empfängers wieder entschlüsselt werden (vgl ausführlich *Hansen/Neumann*, Wirtschaftsinformatik I, 293 ff, und BSI, IT-Grundschutz-Kataloge, M 3.23, 2109 ff).

[1000]) Die Hash-Funktion generiert aus beliebig vielen Daten einen wesentlich kürzeren und eindeutigen „Hash-Wert". Bereits die kleinste Änderung des Dokuments führt zu einem völlig anderen Hash-Wert (*Hansen/Neumann*, Wirtschaftsinformatik I, 290).

[1001]) BSI, IT-Grundschutz-Kataloge, M 3.23, 2112.

(5) Protokoll

871 Zur Kontrolle der Zulässigkeit der Verwendung des Datenbestandes, va der Konformität mit Zugriffsberechtigungen, dient die Aufzeichnung von Aktivitäten im IT-System. Zu den Mindestanforderungen zählt die Protokollierung von Systemereignissen, Einrichten von Benutzern, Erteilung von Benutzerrechten, Installation von Anwendungssoftware, Änderung der Dateiorganisation, Durchführung von Datensicherungsmaßnahmen, Benutzung von Administrations-Tools, Versuche unbefugten Einloggens und Überschreitung von Befugnissen.[1002] Da die Protokolldaten regelmäßig kontrolliert und ausgewertet werden sollen, mag es auch sinnvoll sein, diese zu archivieren.[1003]

3. Auswahl des IT-Standards

872 IT-Security kann mittels einer Vielzahl von organisatorischen und technischen Maßnahmen erreicht werden. Die Einführung eines konzernweiten Informationssicherheitsmanagementsystems (ISMS) ist ein wichtiges, meist überlebensnotwendiges Unterfangen, das mit einem nicht zu unterschätzenden Aufwand verbunden ist. Um den Aufwand in einem überschaubaren Rahmen zu halten, tut man gut daran, sich sowohl vorhandener Standards als auch professioneller Unterstützung zu bedienen.[1004] Für den Aufbau eines ISMS ist es daher sinnvoll, auf einen etablierten Standard zurückzugreifen.[1005]

873 Einen systematischen Überblick und eine strukturierte Vorgehensweise zur Implementierung eines ISMS geben in der Praxis verschiedene IT-Standards. IT-Standards normieren weder einen zwingenden Minimalstandard noch strafbedrohte Handlungsvorschriften.[1006] Es liegt letztlich im Ermessen der Geschäftsführung in Kooperation mit der IT-Abteilung, die Optimallösung zur Herstellung des Idealzustandes „IT-Sicherheit" zu finden.

874 Nachfolgend soll eine Auswahl an IT-Standards in ihren Grundzügen gegeben werden.[1007] Bei der Überlegung, welcher IT-Standard die Sicherheitslücken und Bedrohungen in einem Unternehmen am effizientesten und effektivsten erfassen könnte, darf nicht vergessen werden, dass IT-Standards keine Allheilmittel zur Herstellung von IT-Sicherheit sind. Letztlich können IT-Risiken nie ausgeschaltet, sondern nur minimiert werden. Ein gewisses Restrisiko verbleibt immer; ein Schaden kann nie mit Gewissheit

---

[1002] Vgl ausführlich: Bundeskanzleramt, Informationssicherheitsbüro in Zusammenarbeit mit A-Sit (Zentrum für sichere Informationstechnologie – Austria) und der OCG (Österreichische Computer Gesellschaft), Österreichisches Informationssicherheitshandbuch II, Version 2.3 (2007) 262 ff.

[1003] Vgl Bundeskanzleramt, Informationssicherheitsbüro in Zusammenarbeit mit A-Sit (Zentrum für sichere Informationstechnologie – Austria) und der OCG (Österreichische Computer Gesellschaft), Österreichisches Informationssicherheitshandbuch II, Version 2.3, 263 ff.

[1004] *Dohr/Pollirer/Weiss/Knyrim* (Hrsg), Kommentar Datenschutzrecht – Datenschutzgesetz samt Europarecht, Nebengesetzen, Verordnungen und Landesdatenschutz (2002) 9. ErgLfg 121.

[1005] Vgl *Münch* in *Taeger/Rath* (Hrsg), IT-Compliance 94.

[1006] Die Missachtung der Anforderungen eines IT-Standards kann allerdings sehr wohl im Rahmen der Beurteilung des schuldhaften Verhaltens eines Geschäftsführers eine Rolle spielen (vgl dazu unten Rz 901 ff).

[1007] Die Aufzählung ist nicht abschließend. Neben den dargestellten IT-Standards (Österreichisches Informationssicherheitshandbuch, CobiT und IT-Grundschutzhandbuch) gibt es va noch: ISO 27001, ITIL (Information Technology Infrastructure Library) und ITSEC/Common Criteria.

ausgeschlossen werden.[1008]) So könnte ein völliger Schutz vor Computerviren wohl nur durch völlige Isolation des Systems gewährleistet werden; hundertprozentiger Schutz kann daher unter betriebsüblichen Bedingungen nicht gewährleistet werden.[1009])

a) Österreichischer Standard

Für die österreichischen Verwaltungsbehörden wurde das Österreichische Informationssicherheitshandbuch[1010]) geschaffen, das allerdings auch in allen Teilen die Bedürfnisse der Wirtschaft und Industrie berücksichtigt[1011]) und daher auch von privaten Unternehmen angewendet werden kann. Das österreichische Informationssicherheitshandbuch versteht sich als Sammlung von Leitlinien und Empfehlungen, die entsprechend den spezifischen Anforderungen und Bedürfnissen in einer Einsatzumgebung angepasst werden müssen. Es orientiert sich an internationalen Standards[1012]) unter Berücksichtigung österreichischer Vorschriften und trägt zur Umsetzung einer einheitlichen Vorgehensweise im Bereich des Informationssicherheitsmanagements bei.[1013]) **875**

Das Handbuch besteht aus zwei Teilen: Teil 1 beschreibt den grundlegenden Vorgang, Informationssicherheit in einer Behörde, Organisation bzw einem Unternehmen zu etablieren und bietet eine konkrete Anleitung, den umfassenden und kontinuierlichen Sicherheitsprozess zu entwickeln. Der zweite Teil beschreibt konkrete Einzelmaßnahmen, sodass den spezifischen Bedrohungen angemessene Standardsicherheitsmaßnahmen für IT-Systeme und Informationen entgegengesetzt werden können.[1014]) **876**

In der Anwendung des Handbuches offenbart sich für die Unternehmensleitung eine Leitlinie zur Handhabung der Risikoanalyse und Risikominimierung im Unternehmen. **877**

b) CobiT

Central Objectives for Information and related Technology (CobiT)[1015]) wurde erstellt, um die Integration der IT-Governance in die Corporate Governance zu gewährleisten.[1016]) CobiT basiert auf dem folgenden Prinzip: **878**

[1008]) *Roth/Schneider,* IT-Sicherheit und Haftung 19.

[1009]) *Strauss,* Technische und organisatorische Maßnahmen zur Abwehr von Computerviren, EDVuR 1989, 130.

[1010]) Bundeskanzleramt, Informationssicherheitsbüro in Zusammenarbeit mit A-Sit (Zentrum für sichere Informationstechnologie – Austria) und der OCG (Österreichische Computer Gesellschaft), Österreichisches Informationssicherheitshandbuch, Version 2.3 (2007).

[1011]) Bundeskanzleramt, Informationssicherheitsbüro in Zusammenarbeit mit A-Sit (Zentrum für sichere Informationstechnologie – Austria) und der OCG (Österreichische Computer Gesellschaft), Österreichisches Informationssicherheitshandbuch I, Version 2.3, 12.

[1012]) Insb den „Guidelines on the Management of IT Security (GMITS)" ISO/IEC TR 13335 und ISO/IEC 27001, vgl Österreichisches Informationssicherheitshandbuch 17.

[1013]) Vgl Vorwort von *Silhavy* in Bundeskanzleramt, Informationssicherheitsbüro in Zusammenarbeit mit A-Sit (Zentrum für sichere Informationstechnologie – Austria) und der OCG (Österreichische Computer Gesellschaft), Österreichisches Informationssicherheitshandbuch I, 5.

[1014]) Bundeskanzleramt, Informationssicherheitsbüro in Zusammenarbeit mit A-Sit (Zentrum für sichere Informationstechnologie – Austria) und der OCG (Österreichische Computer Gesellschaft), Österreichisches Informationssicherheitshandbuch I, 12.

[1015]) Entwickelt und herausgegeben von IT Governance Institute, Illinois.

[1016]) *Rath/Sponholz,* IT-Compliance 89.

879   Um die für die Erreichung der Ziele des Unternehmens erforderlichen Informationen bereitzustellen, muss das Unternehmen die IT-Ressourcen durch eine strukturierte Menge an Prozessen managen und steuern, die gewährleisten, dass die entsprechenden Services bereitgestellt werden. CobiT liefert Werkzeuge, die helfen, die Ausrichtung auf die Unternehmenserfordernisse sicherzustellen.[1017] Dieser Standard ist ein Modell von generell anwendbaren und international akzeptierten IT-prozessbezogenen Kontrollzielen[1018], die in einem Unternehmen beachtet und umgesetzt werden sollten, um eine verlässliche Anwendung der Informationstechnologie zu gewährleisten.[1019] Die Auswahl des für die konkreten Bedürfnisse des Unternehmens erforderlichen IT-Prozesses unterstützt CobiT durch eine Matrix mit 20 generischen Unternehmenszielen[1020], denen jeweils IT-Ziele gegenübergestellt werden.[1021]

c) IT-Grundschutz-Kataloge des BSI

880   Einer der bekanntesten und der wohl am häufigsten implementierte IT-Standard ist jener des Bundesamtes für Sicherheit und Informationstechnik (BSI), der mittlerweile rund 4000 Seiten misst. Das BSI hat die abstrakten internationalen Vorgaben der ISO 27001[1022], welche die erste internationale Norm zur Zertifizierung des IT-Sicherheitsmanagements war, um die konkreten IT-Grundschutz-Empfehlungen erweitert. Eine ISO 27001-Zertifizierung auf der Basis von IT-Grundschutz[1023] umfasst sowohl eine Prüfung des IT-Sicherheitsmanagements als auch der konkreten IT-Sicherheitsmaßnahmen.[1024] Die IT-Grundschutz Vorgehensweise beschreibt Schritt für Schritt,

---

[1017] CobiT 4.0, Deutsche Ausgabe 14.

[1018] Angelehnt ist die Struktur der Kontrollziele an ein Geschäftsmodell, das innerhalb der Informationstechnologie 34 zentrale IT-Prozesse unterscheidet, für welche CobiT jeweils ein übergeordnetes Kontrollziel und zwischen 3 und 14 Detailziele formuliert; insgesamt definiert CobiT daher über 200 Kontrollziele *(Gaulke* in *Fröschle/Strahringer* (Hrsg), IT-Governance (2006) 22).

[1019] Vgl *Gaulke* in *Fröschle/Strahringer* (Hrsg), IT-Governance 22 ff.

[1020] Anhang I „Verbindung von Unternehmenszielen IT-Zielen" zu CobiT 4.0, Deutsche Ausgabe. Unternehmensziele sind etwa: Marktanteil erhöhen, Erträge erhöhen, Rendite, Automatisierung und Integration der Wertschöpfungskette. IT-Ziele, welche nach der Matrix beispielweise „Marktanteil erhöhen" zugeordnet werden, sind „Setze Projekte pünktlich und im Budgetrahmen und unter Einhaltung der Qualitätsstandards um" (Ziel 25) und „Stelle sicher, dass die IT eine kosteneffiziente Servicequalität, eine kontinuierliche Verbesserung und Bereitschaft für zukünftige Veränderungen zeigt" (Ziel 28). Vervollständigt wird diese Matrix dadurch, dass in einer dritten Tabelle die IT-Ziele den entsprechenden IT-Prozessen zugeteilt werden.

[1021] Vgl CobiT 4.0, Deutsche Ausgabe 14.

[1022] ISO/IEC 27001 war der erste internationale Standard zum IT-Sicherheitsmanagement, der auch eine Zertifizierung ermöglicht (vgl *Speichert,* Praxis des IT-Rechts 262). Der ISO 27001 beschränkt sich auf generische Maßnahmen, die je nach Risikostufe und Schutzobjekt in unterschiedlicher Tiefe und Detaillierung durchgeführt werden. Für konkrete Bereiche und Maßnahmen wird im Anhang des ISO 27001 auf den ISO 17799, der sich mit der Einhaltung von regulatorischen und gesetzlichen Anforderungen sowie mit der Einhaltung von Sicherheitspolicen, Standards und technischen Anforderungen beschäftigt, verwiesen (*Bertele/Lehner,* IT-Compliance 86).

[1023] IT-Grundschutz repräsentiert einen Standard für die Etablierung und Aufrechterhaltung des angemessenen IT-Sicherheitsniveaus bei einer Institution (*Münch* in *Taeger/Rath* (Hrsg), IT-Compliance 97).

[1024] *Münch* in *Taeger/Rath* (Hrsg), IT-Compliance 96.

wie ein IT-Sicherheitsmanagement in der Praxis aufgebaut und betrieben werden kann.[1025]

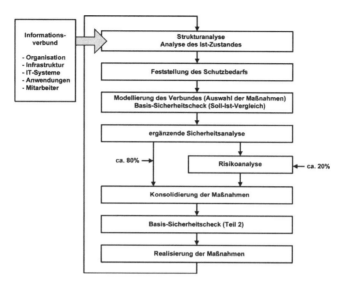

Abbildung 1: Erstellung der Sicherheitskonzeption im Informationssicherheitsmanagement[1026]

Die vornehmlichsten Schritte bei der Erstellung einer Sicherheitskonzeption sind **881** nach dem BSI-Standard zusammengefasst folgende:[1027]

- **Strukturanalyse:** Als ersten Schritt ist es erforderlich, das Zusammenspiel der Geschäftsprozesse, der Anwendungen und der vorliegenden Informationstechnik zu analysieren und zu dokumentieren.
- **Schutzbedarfsfeststellung:** Zweck der Schutzbedarfsfeststellung ist es, zu ermitteln, welcher Schutz für die Geschäftsprozesse, die dabei verarbeiteten Informationen und die eingesetzte Informationstechnik ausreichend und angemessen ist. Hierzu werden für jede Anwendung und die verarbeiteten Informationen die zu erwartenden Schäden betrachtet, die bei einer Beeinträchtigung von Vertraulichkeit, Integrität oder Verfügbarkeit entstehen können.
- **Auswahl und Anpassung von Maßnahmen:** Um geeignete Sicherheitsmaßnahmen identifizieren zu können, müssen anschließend die Bausteine der IT-Grundschutz-Kataloge auf die Zielobjekte und Teilbereiche abgebildet werden. Die Maßnahmen müssen angemessen sein, dh wirksam zum Schutz vor möglichen Gefährdungen, geeignet zur Umsetzung in der Praxis, praktikabel, für alle Benutzer bar-

---

[1025] *Münch* in *Taeger/Rath* (Hrsg), IT-Compliance 97.
[1026] Bundesamt für Sicherheit und Informationstechnik, BSI-Standard 100-2 IT-Grundschutz-Vorgehensweise, Version 2.0, Abb 5, 36.
[1027] Vgl dazu ausführlich Bundesamt für Sicherheit und Informationstechnik, BSI-Standard 100-2 IT-Grundschutz-Vorgehensweise, Version 2.0, 36 ff.

rierefrei anwendbar und zuletzt sollen die Maßnahmen Risiken bestmöglich minimieren und in geeignetem Verhältnis zu den zu schützenden Werten stehen.[1028]

- **Basis-Sicherheitscheck:** Der Basis-Sicherheitscheck und die Realisierung der Maßnahmen sind der letzte Schritt zur Implementierung eines Sicherheitskonzeptes. Der Basis-Sicherheitscheck ist ein Organisationsinstrument, welches einen schnellen Überblick über das vorhandene Sicherheitsniveau bietet. Es soll anhand eines Soll-Ist-Vergleichs herausgefunden werden, welche Standard-Sicherheitsmaßnahmen ausreichend oder nur unzureichend umgesetzt sind.

4. IT am Arbeitsplatz

882   Im Rahmen der IT-Sicherheit ist als eines der größten Risikos immer auch der Mensch zu berücksichtigen. Es ist vor dem Hintergrund in einem Informationssicherheitskonzept unerlässlich, das Verhalten der Mitarbeiter im Umgang mit der IT zu determinieren und zu lenken.[1029]

a) Problemstellung

883   Als Querschnittsmaterie stellen sich die Fragen rund um die Nutzung der Hard- und Software und va des Internetdienstes und des E-Mail-Accounts, durch den Arbeitnehmer auf seinem Arbeitsplatz dar. Es gilt dabei neben dem Aspekt der IT-Sicherheit arbeitsvertragsrechtliche, arbeitsverfassungsrechtliche[1030] und datenschutzrechtliche[1031] Themen zu erörtern. Da allerdings zum Schutz des Unternehmens und seiner Betriebsmittel zunächst zu analysieren ist, ob überhaupt Handlungsbedarf[1032] für eine generelle Regelung einer solchen Nutzung[1033] und bejahendenfalls in welchem Umfang besteht, soll primär an dieser Stelle ein Überblick über diese organisatorischen Sicherheitsmaßnahmen zur Gewährleistung von IT-Sicherheit gegeben werden. Die aus der Nutzung der Betriebsmittel entstehenden rechtlichen Fragestellungen sollen im jeweils thematisch zugeordneten Kapitel behandelt werden.[1034]

[1028] Vgl Bundesamt für Sicherheit und Informationstechnik, BSI-Standard 100-2 IT-Grundschutz-Vorgehensweise, Version 2.0, 65.

[1029] Das Österreichische Informationssicherheitshandbuch empfiehlt die Erstellung einer PC-Richtlinie, in der verbindlich vorgeschrieben wird, welche Randbedingungen eingehalten werden müssen und welche Sicherheitsmaßnahmen zu ergreifen sind, um einen sicheren und ordnungsgemäßen Einsatz von Personalcomputern in größeren Organisationen zu gewährleisten (*Bundeskanzleramt, Informationssicherheitsbüro in Zusammenarbeit mit A-Sit (Zentrum für sichere Informationstechnologie – Austria) und der OCG (Österreichische Computer Gesellschaft)*, Österreichisches Informationssicherheitshandbuch II, Version 2.3, 188).

[1030] Vgl dazu den Beitrag von *Leiter* Rz 702 ff.

[1031] Vgl den Beitrag von *Dürager*, Rz 1034.

[1032] Zur Argumentation eines Bedarfs solcher Richtlinien ist zu berücksichtigen, dass nach einer vom BRZ zitierten Statistik nur 20 Prozent der Angriffe auf IT-Systeme von außen kommen, 80 Prozent hingegen aus dem internen Bereich (*Brehm*, IT-Security im Bereich der Kanzleien, Gerichte und der Verwaltung, NetV 2007, 31).

[1033] Derartige Regelungen sind bekannt unter den Stichworten „Internet Policy" oder „IT-Richtlinie" und finden sich ua auch im „Code of Conduct" eines Unternehmens.

[1034] Vgl dazu den Beitrag von *Dürager*, Rz 1032 ff.

b) Organisatorische Maßnahmen

Um den Zugang zu sämtlichen EDV-Systemen vor unbefugten Dritten und da- **884** durch die Funktionstauglichkeit der Systeme zu schützen, die Einschleusung von Viren zu verhindern und Daten des Unternehmens vor unrechtmäßiger Zerstörung und Verlust zu bewahren, ist es unerlässlich, den Zugang und Zugriff zu Informations- und Kommunikationstechniken zu reglementieren.

Eine IT-Richtlinie sollte, zum Zweck der Verringerung von IT-Risiken folgenden **885** Mindestinhalt – kurz zusammengefasst[1035]) – aufweisen:

(1) Private Datenträger

Zum Schutz der Hard- und Software des Unternehmens vor Schäden durch un- **886** sachgemäße Verwendung ist es unabdingbare Voraussetzung, die Mitarbeiter zu verpflichten, nicht ohne die Zustimmung der Gesellschaft auf den zugeteilten Informatikmitteln andere als die zur Verfügung gestellten Programme zu verwenden und keine Modifikation an den vorhandenen Einstellungen vorzunehmen. Neben dem unmittelbaren Schutz der Software ist die Nutzung und Integration privater Datenträger und Hardware zu untersagen. Das Verbot, Programmdateien einzuspielen und herunterzuladen, entspricht dem vitalen Interesse des Dienstgebers, einerseits um Verstöße gegen das Urheberrecht Dritter hintanzuhalten[1036]) und andererseits den PC und die Speichermedien des Computers für betriebliche Zwecke freizuhalten und insb den Import von Viren zu verhindern.[1037])

(2) E-Mail und Internet

Eben dieses Interesse des Unternehmers Schäden an seinem Eigentum vorzubeu- **887** gen, realisiert sich auch bei der Beschränkung der Nutzung von Internet und E-Mail. Unbeschränkt zulässig soll in der Regel die Verwendung von Internet und E-Mail zu unmittelbar dienstlichen Zwecken im Rahmen des Aufgabengebietes des Mitarbeiters sein. Auch für die dienstliche Verwendung ist aber mahnend zu bestimmen, dass der Mitarbeiter mit den neuen Medien vertrauenswürdig umzugehen hat. Soweit eine unternehmerische Entscheidung auch die private Nutzung dieser Medien erlaubt, ist auch dabei vom Mitarbeiter die erforderliche Vorsicht walten zu lassen.

Es empfiehlt sich zusätzlich zu technischen Maßnahmen (zB Spamfilter) eine Vor- **888** gehensweise für die Öffnung von Attachments zu E-Mails oder den Download von Dateien aus dem Internet festzulegen. Der Mitarbeiter muss darin sensibilisiert werden, welche Schritte beim Auftreten des Verdachts eines Virusbefalls einzuleiten sind. Es sollte zu dem Zweck jedenfalls eine zentrale Stelle bestimmt werden, die zur Empfang-

---

[1035]) Vgl ausführlich „Vorschlag für eine Richtlinie zum sicheren IT-Betrieb" in *Grünendahl/Steinbacher/Will* (Hrsg), Das IT-Gesetz: Compliance in der IT-Sicherheit (2009) 138 ff. Der Vorschlag orientiert sich am Maßnahmenkatalog des IT-Grundschutzes des BSI. *Posch,* Richtlinie zur PC-Nutzung, ZAS 2003/40.

[1036]) Das Thema ist etwa iZm dem Download von Musikdateien über Tauschbörsen durch Mitarbeiter über den Computer am Arbeitsplatz aktuell.

[1037]) *Rotter,* Internet-Zugang für Arbeitnehmer – Mustervereinbarung gibt dem Arbeitnehmer klare Verhaltensmaßregeln, ASoK 1999,118.

nahme von Meldungen über einen Virus verpflichtet ist und die erforderlichen Maßnahmen einleitet.

(3) IT-Sicherheitsmaßnahmen

889   Die Sicherheitsmaßnahmen zur Gewährleistung der Basisziele müssen zu deren effektiven Umsetzung den Mitarbeitern kommuniziert werden. Der Passwortschutz, der Umfang der Zugriffsrechte, der Einsatz von Verschlüsselungstechniken und der Virenschutz sind dem Mitarbeiter in der IT-Richtlinie näherzubringen.

(4) Überwachungsmaßnahmen und Sanktionen

890   Zur Erreichung der IT-Sicherheit sollte überlegt werden, Maßnahmen zu implementieren, welche das Verhalten des Mitarbeiters an seinem Arbeitsplatz kontrollieren.[1038]

891   Vorbeugende Maßnahmen sind etwa die Beschränkung des Internetzugangs durch vorsorgliche Sperre bestimmter für gefährlichen Inhalt verdächtige Websites oder solcher, die Downloaddateien zur Verfügung stellen, va durch Content-Filter. Zur Sicherstellung des ordnungsgemäßen Betriebes ist das Mitloggen der IP-Adresse, womit die Websiteaufrufe eines Arbeitsplatzes – ohne dabei die Identität des Benutzers zu kennen – protokolliert werden, geeignet. Durch die Verknüpfung der IP-Adresse mit den Login-Files könnte auch der bestimmte Arbeitnehmer identifiziert werden; solche Auswertungen der Daten sind allerdings nur sehr restriktiv innerhalb der Schranken des Datenschutzrechts und des Arbeitsverfassungsrechts[1039] zulässig. Analog der Internetbenutzung könnte auch das Versenden und Empfangen von E-Mails im Rahmen der datenschutzrechtlichen Grenzen durch Aufzeichnung der Verkehrsdaten überwacht werden.

892   Zuletzt sollten die drohenden Sanktionen im Fall einer Verletzung der IT-Richtlinie normiert werden.[1040]

(5) Schulungen

893   Neben einer IT-Richtlinie sind regelmäßige Schulungen[1041] der Mitarbeiter unabdingbar. Schulungsinhalt sollte neben IT-Sicherheit und Sicherheitsmaßnahmen, das

---

[1038] Bestehende Sicherheitsrichtlinien und -vorgaben sind nur dann wirksam, wenn ihre Einhaltung auch kontrolliert werden kann. Ebenso problematisch ist es, wenn Mitarbeiter im Fall von Sicherheitsverstößen nicht mit Konsequenzen rechnen müssen. Beide Sachverhalte führen in der Folge zu einer zunehmenden Missachtung bestehender Vorschriften, erhöhen dadurch das Sicherheitsrisiko und enden in tatsächlichen Schadensfällen (BSI, Leitfaden IT Sicherheit 14).

[1039] Vgl zur datenschutzrechtlichen Zulässigkeit von Log-Files *Dürager* Rz 1035; zur arbeitsverfassungsrechtlichen Zulässigkeit *Leiter* Rz 702.

[1040] Eine wiederholte Verletzung der IT-Richtlinie wiegt wohl derart schwer, dass sie den Mitarbeiter im Sinne des § 27 Z 1 AngG vertrauensunwürdig macht, so dass eine Aufrechterhaltung des Vertragsverhältnisses unzumutbar und der Arbeitgeber zur vorzeitigen Beendigung des Vertragsverhältnisses aus wichtigem Grund berechtigt ist. Daneben haftet der Mitarbeiter für allfällige Schäden der Gesellschaft. Soweit der Schaden bei Erbringung der Dienstleistung verursacht wurde, finden die Haftungserleichterungen des Dienstnehmerhaftpflichtgesetzes (DHG) Anwendung.

[1041] Das BSI schlägt vor, die Schulungen im Rahmen von kürzeren Veranstaltungen zu aktuellen Sicherheitsthemen oder im Rahmen regelmäßiger Veranstaltungen, wie Abteilungsbespre-

Verhalten bei Auftreten eines Virus, der Passwortgebrauch, die Datensicherung, der Datenschutz und der Umgang mit personenbezogenen Daten und die Einweisung in Notfallmaßnahmen sein.[1042])

D. Archivierung

Archivierung ist die dauerhafte Speicherung von elektronischen Dokumenten. In **894** elektronischen Archiven, die in den laufenden Systembetrieb eingebunden sind, werden große Mengen von elektronischen Dokumenten abgelegt, die jederzeit aus dem elektronischen Archivsystem abgerufen werden können.[1043]) Von der Archivierung wird erwartet, dass einerseits die Dokumente bis zum Ablauf einer vorgegebenen Aufbewahrungsfrist verfügbar sind, und dass andererseits die Vertraulichkeit und Integrität der Daten gewahrt bleibt.

1. Rechtliche Anforderungen

Pflichten zur Archivierung finden sich in den Bestimmungen zur Führung von **895** Büchern nach unternehmensrechtlichen Vorschriften (§§ 189 UGB ff), nach der Bundesabgabenordnung (§§ 131, 132 BAO) und nach dem Umsatzsteuergesetz (§ 18 UStG).

Nach § 212 Abs 1 UGB hat der Unternehmer seine Bücher, Inventare, Eröff- **896** nungsbilanzen, Jahresabschlüsse samt den Lageberichten, Konzernabschlüsse samt den Konzernlageberichten, empfangene Geschäftsbriefe, Abschriften der abgesendeten Geschäftsbriefe und Belege für Buchungen sieben Jahre aufzubewahren. Die Benützung von Datenträgern für die Aufbewahrung wird in § 212 Abs 5 UGB als zulässig erklärt. Die Unterlagen sind so aufzubewahren, dass sie jederzeit wiedergegeben werden können.[1044]) Das Erfordernis der Wiedergabebereitschaft entfällt, wenn die Unterlagen nur auf Datenträgern vorliegen (§ 190 Abs 5 UGB).[1045])

---

chungen oder im Rahmen interaktiver Schulungsprogramme abzuhalten (BSI, IT-Grundschutzkataloge, M 3.5, 2085).

[1042]) Vgl ausführlich BSI, IT-Grundschutzkataloge, M 3.5, 2083 ff.

[1043]) Selbst wenn eine Archivierung uU auch die Datensicherung übernehmen kann, so sind die beiden Funktionen doch streng voneinander zu unterscheiden. Bei einer Datensicherung werden im Gegensatz zur Archivierung Kopien von System- und Nutzdaten abgelegt. Die gesicherten Daten werden hierbei physikalisch vom IT-System getrennt und gefahrengeschützt gelagert (BSI, IT-Grundschutzkataloge, B 1.12., 89).

[1044]) Bei einer EDV-Buchführung mit fortlaufendem Ausdruck genügt handelsrechtlich die Aufbewahrung der Ausdrucke bzw der Mikrofilme oder optischen Speicherplatten (mit Bereithaltung der erforderlichen Hilfsmittel); wegen § 131 Abs 3 Satz 3, § 132 Abs 3 Satz 2 BAO müssen aber auch Druckdateien oder Export-Files aufbewahrt werden (*Torggler, H. / Torggler, U.* in *Straube* (Hrsg), HGB-Kommentar zum Handelsgesetzbuch II² (2000) § 189 Rz 25).

[1045]) ZB die Datenbestände einer Speicherbuchführung, bei welcher der gesamte aufbewahrungspflichtige Bestand an Buchführungsdaten in vollem Umfang auf EDV-Datenträgern über den vorgeschriebenen Aufbewahrungszeitraum hinweg gespeichert wird (*Schauer*, Gehört das EDV-System in jedem Fall zum festen Bestandteil der Buchführung? SWK 1999, S 624), oder elektronische Geschäftsbriefe (zB E-Mails) (vgl *Torggler, H. / Torggler, U.* in *Straube* (Hrsg), HGB² § 189 Rz 25).

897   Die abgabenrechtliche Pendantbestimmung findet sich in § 132 iVm § 131 Abs 3 BAO. Danach ist die Aufbewahrung von Büchern, Aufzeichnungen, Belegen und Geschäftspapieren auf Datenträgern zulässig. Zu beachten ist, dass eine Pflicht besteht, die Datenträger den Finanzbehörden zur Verfügung zu stellen, wenn dauerhafte Wiedergaben erstellt wurden (§ 131 Abs 3 BAO). Die Erstellung von dauerhaften Wiedergaben (zB Ausdruck auf Papier) löst somit die Pflicht aus, derartige Datenträger zur Verfügung zu stellen bzw von den Wiedergaben Druckdateien oder Exportfiles anzufertigen.[1046]

2. Elektronische Buchführung

898   Beim Einsatz von EDV wird zwischen der konventionellen EDV-Buchführung und der Speicherbuchführung unterschieden. Eine konventionelle EDV-Buchführung liegt vor, wenn die maschinell aufgezeichneten Buchungen in Anschluss an die Verarbeitung ausgedruckt werden. Wird hingegen auf den Ausdruck verzichtet, spricht man von einer Speicherbuchführung.[1047]

899   So wird bei der Speicherbuchführung das EDV-System zum integrierten Bestandteil der Buchführungsorganisation, weil ohne Nutzung des EDV-Systems kein Zugang zum Zahlenwerk der Buchführung möglich ist.[1048] Der gesamte buchführungspflichtige Bestand an Daten muss daher auf Datenträgern abrufbar bleiben. Daraus ergibt sich die Verantwortung der Unternehmensleitung dafür Sorge zu tragen, dass elektronisch archivierte Daten nicht in Verlust geraten, zerstört oder sonst unbrauchbar gemacht werden. Im Fall eines Release-Wechsels, eines Austausches der Produktiv- oder E-Mail-Systeme oder gar eines vollständigen Wechsels des IT-Providers müssen daher die (unveränderten) Altdaten in das neue IT-System übertragen oder aber während der Aufbewahrungspflicht in zwei Systemen parallel verfügbar gehalten werden.[1049]

E. Rechts- und Haftungsfolgen

900   Der Verlust der Vertraulichkeit, der Datenintegrität und der Verfügbarkeit kann nicht nur für das Unternehmen selbst schädlich sein, etwa durch das Bekanntwerden von Geschäfts- und Betriebsgeheimnissen, sondern va auch Dritte – Mitarbeiter oder Geschäftspartner – schädigen. Neben finanziellen Auswirkungen, die solche Schadensereignisse nach sich ziehen, ist es auch der Reputationsverlust in der Öffentlichkeit durch das verlorene Vertrauen in die Qualität der Leistung des Unternehmens, der nachteilige Auswirkungen hat. Der Schaden, welcher für ein Unternehmen durch Mängel in der IT-Sicherheit entsteht, kann daher enorm sein. Der Frage nach den verantwortlichen Personen kommt daher eine wichtige Bedeutung zu.

[1046] Vgl *Ritz*, Bundesabgabenordnung² (1999), § 131 Rz 21.
[1047] Vgl *Ritz*, Bundesabgabenordnung, § 131 Rz 16.
[1048] *Schauer*, SWK 1999, S 624.
[1049] *Rath* in *Taeger/Rath* (Hrsg), IT-Compliance 16.

1. Voraussetzungen des Schadenersatzes

Allgemein haftet ein Schädiger nach §§ 1294 ff ABGB für den durch sein schuld- **901** haftes Verhalten adäquat verursachten Schaden. Zu prüfen sind daher das Vorliegen von Rechtswidrigkeit, Verschulden, Kausalität und Adäquanz.

a) Rechtswidrigkeit

Die Zurechnung eines Schadens setzt voraus, dass dem Organ ein Verstoß gegen **902** seine Pflichten zur Last gelegt werden kann, dh das Verhalten muss objektiv sorgfalts-widrig sein.[1050] Ein Geschäftsführer, der es unterlässt Sicherheitsmaßnahmen zur Ab-wendung von IT-Risiken zu treffen, ist regelmäßig dem Vorwurf rechtswidrigen Unter-lassens ausgesetzt, wobei zur Beurteilung der Sorgfaltsverletzung der allgemeine Sorg-faltsmaßstab des § 25 GmbHG (bzw § 84 AktG)[1051] anzuwenden ist. Ein rechtswidriges Verhalten könnte bejaht werden, wenn die in einem IT-Standard vorgeschlagene Struk-tur eines IT-Risikomanagements völlig unbeachtet geblieben ist. Es kann nämlich von einem ordentlichen und gewissenhaften Geschäftsleiter[1052] erwartet werden, dass er die bekannten IT-Standards angepasst an die konkrete Situation im Unternehmen anwen-det. Tritt ein Schaden ein, obwohl die für das Unternehmen erforderlichen Sicherheits-maßnahmen getroffen wurden, wird eine Rechtswidrigkeit wohl entfallen.

b) Organisationsverschulden

Im Zusammenhang mit mangelhaften IT-Sicherheitsmaßnahmen in einem Unter- **903** nehmen spielt va der Vorwurf von Organisationsverschulden eine große Rolle. Danach haftet die juristische Person für eigenes Verschulden ihrer leitenden Funktionäre, wenn die Organisation unzureichend war.[1053] Wenn beispielsweise in einem Unternehmen keine ausreichenden Maßnahmen zur Datensicherung getroffen werden und durch den Verlust von Daten ein Schaden entsteht, so haftet primär das Unternehmen gegenüber dem Verletzten aus Organisationsverschulden, in weiterer Folge kann sich das Unter-nehmen allerdings gegebenenfalls beim Geschäftsführer persönlich wegen Verletzung seiner Sorgfaltspflicht regressieren.

Die nachweisbare Implementierung eines ISMS befreit daher uU vor Haftung we- **904** gen Organisationsverschulden und vor der persönlichen Haftung des Geschäftsführers. Die Effektivität eines solchen ISMS wird durch die Durchführung der Zertifizierung von Abläufen und Geschäftsprozessen perpetuiert.[1054] Größter Vorteil der Zertifizie-rung ist daher, dass IT-Sicherheit im Unternehmen nicht nur installiert, sondern die

---

[1050] *Koziol*, Österreichisches Haftpflichtrecht (1997) 145 Rz 4/13.
[1051] Vgl dazu *Napokoj* Rz 25.
[1052] Der Geschäftsführer ist nach § 25 GmbHG verpflichtet, das Unternehmen nach gesi-cherten und praktisch bewährten betriebswirtschaftlichen Erkenntnissen und unter Beachtung al-ler maßgeblichen Rechtsvorschriften zu leiten, sich über alle relevanten wirtschaftlichen Umstände und Entwicklungen zu orientieren und sich stets ein genaues Bild von der Lage des Unterneh-mens, insb hinsichtlich der Rentabilität und Liquidität, hinsichtlich des Ganges der Geschäfte, der Umsatzentwicklung und der Konkurrenzfähigkeit zu machen (zB OGH 9. 1. 1985, 3 Ob 521/84).
[1053] Vgl OGH 12. 3. 1987, 8 Ob 66/86.
[1054] Ob und wie das Zertifikat erworben werden kann, richtet sich jeweils nach den Maß-stäben des angewendeten Sicherheitsstandards.

Nachweisbarkeit eines geprüften Sicherheitsniveaus gegenüber Dritten nach außen ermöglicht wird.[1055])

905 Zur Entlastung und zum Nachweis einer hinreichenden Organisation kann auch die Bestellung eines IT-Sicherheitsbeauftragten von Vorteil sein. Dessen Aufgaben sollten sein:[1056])

- den Informationssicherheitsprozess zu steuern und zu koordinieren,
- die Leitungsebene bei der Erstellung der Leitlinie zur Informationssicherheit zu unterstützen, und über den Status Quo der Informationssicherheit zu berichten,
- die Erstellung des Sicherheitskonzepts,
- den Realisierungsplan für die Sicherheitsmaßnahmen zu erstellen und deren Realisierung zu initiieren und zu überprüfen,
- sicherheitsrelevante Projekte zu koordinieren und den Informationsfluss zwischen Bereichs-IT-, Projekt- sowie IT-System-Sicherheitsbeauftragten sicherzustellen,
- sicherheitsrelevante Zwischenfälle zu untersuchen, sowie
- Sensibilisierungs- und Schulungsmaßnahmen zur Informationssicherheit zu initiieren und zu steuern.

c) Adäquater Kausalzusammenhang

906 Eine Haftung der juristischen Person oder des Geschäftsführers wäre dann ausgeschlossen, wenn der eingetretene Schaden nach allgemeiner Kenntnis und Erfahrung nicht typische Folge des inkriminierten Verhaltens ist. Vom adäquaten Kausalzusammenhang sind alle Folgen eines schuldhaften und schädigenden Verhaltens umfasst, mit denen abstrakt nach dem gewöhnlichen Lauf der Dinge gerechnet werden muss, nicht aber ein atypischer Erfolg. Die Adäquanz wird nur dann verneint, wenn das schädigende Ereignis für den eingetretenen Schaden nach allgemeiner Lebenserfahrung gleichgültig ist und nur durch eine außergewöhnliche Verkettung von Umständen Bedingung für den Schaden war.[1057])

907 Wenn es daher nicht als ganz außergewöhnlich qualifiziert werden kann, dass beispielsweise als Folge einer unzureichenden Datensicherung Kundendaten vertragswidrig behandelt wurden oder verlustig gehen und der Vertragspartner daraufhin seine Geschäftsbeziehung zum Unternehmen abgebrochen hat, was einen massiven Umsatzeinbruch zur Folge hatte, wäre primär der Unternehmensinhaber für allfällige Dritte verantwortlich, der den eingetretenen Schaden beim Geschäftsführer liquidieren könnte.

d) Fallvariante: IT-Outsourcing und andere Dienstleister

908 IT-Outsourcing[1058]) ist ein Stichwort, das in vielen Unternehmen eine gesteigerte Beliebtheit zu verzeichnen hat.[1059]) Die Vorteile, die für die Auslagerung von IT-Prozes-

---

[1055]) Vgl *Speichert*, Praxis des IT-Rechts (2007) 261.

[1056]) Vgl dazu ausführlich: BSI, IT-Grundschutzhandbuch, Aufbau einer geeigneten Organisationsstruktur für IT-Sicherheit, M 2.193.

[1057]) StRsp OGH 15. 3. 1979, 8 Ob 11/79; RIS-Justiz RS0098939.

[1058]) Outsourcing ist die langfristige oder endgültige Vergabe von Leistungen, die bisher selbst erbracht wurden, an externe Anbieter. Beim IT-Outsourcing werden IT-Infrastrukturen und Softwareanwendungen an Outsourcing-Anbieter vergeben (*Horst/Sponholz*, IT-Compliance 207).

[1059]) So wurde etwa prognostiziert, dass der weltweite Outsourcing-Markt einen Gesamtbetrag von mehr als 25 Mrd EUR erzielen werde. Das entspricht einem Anstieg von 14,4 Prozent

sen ins Treffen geführt werden können, sind va Kostenersparnis, Effizienzsteigerung und höhere Qualität der IT-Leistung.[1060])

Selbst wenn dadurch, dass ein Dritter beispielweise den Firewall-Betrieb oder den **909** Virenschutz übernimmt, ein Nachweis für eine der IT-Sicherheit gerecht werdende Organisationsmaßnahme erbracht werden könnte, tun sich durch die Auslagerung andere Haftungsfelder auf.[1061])

In der Gestaltung von IT-Outsourcing-Verträgen und Systemwartungsverträgen **910** liegt ein nicht zu unterschätzendes Haftungspotenzial.[1062]) Häufig beinhalten Systemwartungs- und -pflegeverträge Regelungen, nach der dem jeweiligen Dienstleister die Möglichkeit eingeräumt wird, seine Wartungsleistungen per Fernzugriff auf die jeweiligen Systeme zu erbringen. Was für den IT-Dienstleister beim Aktualisieren der Software sehr bequem ist, bedeutet für den Auftraggeber ein offenkundiges potenzielles Sicherheitsleck.[1063]) Andere Gefährdungen könnten etwa darin liegen, dass die Service Levels als zentraler Bestandteil eines Outsourcing-Vertrages nicht genau definiert sind, nicht für alle Ausstiegsszenarien Vorsorge getroffen wird, keine Implementierung eines Berichtswesens implementiert wird bzw nur eine lückenhafte Kontrolle über den Dienstleister vereinbart ist.

Wer daher als Geschäftsführer eines Unternehmens derartige mangelhafte Verträ- **911** ge abschließt, verletzt seine Sorgfaltspflichten als Geschäftsführer und macht sich bei Eintritt eines Schadens ersatzpflichtig. Es ist daher bei der Auslagerung von IT-Unternehmensbereichen ua auf folgende Punkte[1064]) zu achten: (i) sorgfältige Auswahl des Dienstleisters, (ii) detailgetreue Definition der Rechte und Pflichten der Vertragsparteien sowie (iii) Erstellung eines gemeinsamen IT-Sicherheitskonzeptes zwischen Dienstleister und Auftraggeber für das Outsourcing-Projekt.

Besondere Vorsicht ist auch beim Einsatz neuer Technologien geboten, in **912** deren Zentrum virtuelle Server und Full-Service-Angebote über Internet stehen und da-

---

(*Pelkmann*, Weltweiter Outsourcing Markt, Zweistellige Wachstumsraten trotz Krise, http://www. computerwoche.de/1908799 (15. 11. 2009).

[1060]) Als wichtigste Gründe, die für IT-Outsourcing sprechen, werden genannt: (i) Entlastung der IT – Mangel an internen Ressourcen, (ii) Kompensierung von fehlendem internen Know-how, (iii) Konzentration auf Kernkompetenzen, (iv) Netzwerk-Anbindung – rasche Skalierbarkeit von Bandbreiten, (v) hohe Sicherheit in Bezug auf Brand, Wasser, Zutrittskontrollen, (vi) Kostenersparnisse von 60 – 70 Prozent, Kosten sind auf Jahre fix vorhersehbar, (vii) Rund-um-die-Uhr-Betreuung von unternehmenskritischen Internetapplikationen durch Spezialisten, (viii) mehr Flexibilität und raschere Entscheidungsfindung (*Bigl*, Outsourcing – eine strategische Unternehmensentscheidung, VR 2002,33).

[1061]) So ist sogar das Dienstleistungsunternehmen im Rahmen der Abschlussprüfung beim Auftraggeber zu berücksichtigen (siehe Fachgutachten, KFS DV2, 12 ff).

[1062]) So auch das BSI: „Durch die enge Verbindung zum Dienstleister und die entstehende Abhängigkeit von der Dienstleistungsqualität ergeben sich Risiken für den Auftraggeber, durch die im schlimmsten Fall sogar die Geschäftsgrundlagen des Unternehmens vital gefährdet werden können" (IT-Grundschutzkataloge, B 1.11, 84).

[1063]) *Schultze-Melling*, IT-Sicherheit in der anwaltlichen Beratung – Rechtliche, praktische und wirtschaftliche Aspekte eines effektiven Information Security Managements, CR 2005, 73,78.

[1064]) Vgl zu Maßnahmenempfehlungen bei IT-Outsourcing-Vorhaben ausführlich: BSI, IT-Grundschutzkataloge, B.11 und M 2.250 ff.

her erhöhte Gefahr durch eine diesem System immanente Unkontrollierbarkeit entsteht.[1065]

2. Checkliste über die Umsetzung wichtiger IT-Sicherheitsmaßnahmen

913　Die folgende Auflistung[1066] gibt eine Reihe von Fragen wieder, welche sich der Unternehmensinhaber bzw der Geschäftsführer bei der Erfassung der Ist-Situation und der Festlegung von Sicherheitsmaßnahmen stellen sollte.

(1) Sicherheit im Unternehmen

- Wie sieht der aktuelle IT-Sicherheitszustand im Unternehmen aus?
- Gibt es ein Sicherheitskonzept, Sicherheitsziele und Sicherheitsmaßnahmen?
- Gibt es Verhaltensregeln für die Mitarbeiter?
- Wer ist für die IT-Sicherheit verantwortlich?

(2) Sicherheit von IT-Systemen

- Werden Viren-Schutzprogramme eingesetzt?
- Gibt es Zutrittsbeschränkungen zu Serverräumen?
- Ist im Rahmen einer Zugriffsregelung festgelegt, auf welche Datenbestände jeder Mitarbeiter zugreifen darf?
- Werden Sicherheits-Updates regelmäßig eingespielt?
- Bieten Programme und Anwendungen Sicherheitsmechanismen wie Passwortschutz oder Verschlüsselung?
- Sind alle Mitarbeiter in der Wahl sicherer Passwörter geschult?
- Werden Arbeitsplatzrechner bei Verlassen mit Bildschirmschoner und Kennwort gesichert?

(3) Vernetzung und Internet-Anbindung

- Gibt es eine Firewall? Werden Konfiguration und Funktionsfähigkeit der Firewall regelmäßig kritisch überprüft und kontrolliert?
- Sind Websites mit einem besonders hohen Gefährdungspotenzial für Mitarbeiter gesperrt?
- Sind Web-Browser und E-Mail-Programm sicher konfiguriert?

[1065] ZB Cloud-Computing, bei welchem jungen Konzept das Rechenzentrum nicht mehr durch den Anwender selbst betrieben wird, sondern durch einen Cloud-Computing-Anbieter bereitgestellt wird. Software und Daten sind daher nicht mehr im Unternehmen, sondern in der „Cloud" (vgl ausführlich zu Cloud Computing: *Armbrust/Fox/Griffith/Joseph/Katz/Konwinski/Lee/ Patterson/Rabkin/Stoica/Zaharia*, Above the Clouds: A Berkely View of Cloud Computing, 2009; http://d1smfj0g31qzek.cloudfront.net/abovetheclouds.pdf (25. 9. 2009).

[1066] Diese Auflistung, welche angelehnt ist an die Checklisten im „Leitfaden IT-Sicherheit" (BSI, Leitfaden IT-Sicherheit 42 ff), kann nur als Zusammenfassung der als in diesem Kapitel für die IT-Sicherheit relevante Themen verstanden werden. Um die aktuelle Situation in einem Unternehmen vollständig erfassen zu können, müssen die Fragen in Hinblick auf die aktuelle Situation des Unternehmens und den *in concreto* implementierten IT-Standard jedenfalls ergänzt werden.

(4) Datensicherung

- Gibt es eine Backupstrategie?
- Ist festgelegt, welche Daten wie lange gesichert werden?
- Bezieht die Sicherung auch tragbare Computer und nicht vernetzte Systeme mit ein?
- Werden die Sicherungsbänder regelmäßig kontrolliert?
- Sind die Sicherungs- und Rücksicherungsverfahren dokumentiert?

Je mehr Fragen abschlägig zu beantworten sind, desto mehr Schwachstellen in der **914** IT-Sicherheit gibt es im Unternehmen, die raschen Handlungsbedarf verlangen. Für IT-Compliance gilt aber auch wie für alle anderen Compliance-Themen, dass auch in dem Fall, dass alle Fragen positiv beantwortet werden können, nachhaltige IT-Sicherheit nur durch laufende Kontrolle, Verbesserung und Anpassung an sich stetig verändernde Umstände erreicht werden kann.

IX. Compliance im öffentlichen Recht

Christian F. Schneider

Literatur: *Aicher/Holoubek* (Hrsg), Der Schutz der Verbraucherinteressen. Ausgestaltung im öffentlichen Recht und im Privatrecht (2000); *Aichinger,* Die EMAS-V II und andere ökonomische Instrumente des Umweltrechts, in *Kerschner* (Hrsg), EMAS-V II und Umweltmanagementgesetz (UMG) (2002) 75; *Barbist/Pinggera,* Public Law Compliance, in *Barbist/Ahammer* (Hrsg), Compliance in der Unternehmenspraxis (2009) 105; *Bußjäger,* Rechtsfragen zum Umweltmanagementgesetz, ecolex 2001, 870; *Catharin/Gürtlich,* Eisenbahngesetz (2007); *Dellinger* (Hrsg), Bankwesengesetz. Kommentar (LB ab 2007); *Diwok/Göth* (Hrsg), Bankwesengesetz. Kommentar (2005); *Donninger/Mayer/Stock,* Gaswirtschaftsgesetz (2001); *Hauenschild/Wilhelm,* Bundes-Umwelthaftungsgesetz (2009); *Grabler/Stolzlechner/Wendl,* Gewerbeordnung² (2003); *Grün,* Schritt für Schritt zum Umweltmanagement, RdU-UT 2009/8; *Heidenhain* (Hrsg), Handbuch des Europäischen Beihilfenrechts (2003); *Hoffer/Schmölz,* Umwelt- und soziale Belange bei der Vergabe öffentlicher Aufträge, ecolex 2002, 64; *Jaeger* in *Schramm/Aicher/Fruhmann/Thienel* (Hrsg), Bundesvergabegesetz 2006² (LB ab 2009) § 77; *Kerschner* (Hrsg), EMAS-V II und Umweltmanagementgesetz (UMG) (2002); *Koenig/Kühling/Ritter,* EG-Beihilferecht² (2005); *Laurer / Borns / Strob / M. Schütz / O. Schütz* (Hrsg), BWG³ (2008); *Liebmann/Netzer,* EisbG – Eisenbahngesetz² (2008); *List,* Verwaltungsvereinfachungen durch das UMG, in *Kerschner* (Hrsg), EMAS-V II und Umweltmanagementgesetz (UMG) (2002) 13; *List/Schmelz,* Abfallwirtschaftsgesetz 2002 (2009); *List/Tschulik,* Verwaltungsvereinfachungen und Umweltmanagementgesetz, RdU 2001, 83; *Mayr/Rosenberger/Wohlgemuth,* Qualitätskontrolle bei der Eignungsprüfung im Zusammenhang mit der Vergabe von Bauaufträgen, ZVB 2006, 267; *Meyer,* Umweltschutz, in *Hauschka* (Hrsg), Corporate Compliance. Handbuch der Haftungsvermeidung in Unternehmen (2007) 613; *Öhlinger/Potacs,* Gemeinschaftsrecht und nationales Recht³ (2006); *Paliege-Barfuß,* Der Begriff der Betriebsanlage, in *Stolzlechner/Wendl/Bergthaler* (Hrsg), Die gewerbliche Betriebsanlage³ (2008) 89; *Praunegger,* Gewerberecht I (1926); *Schäffer,* Wirtschaftsaufsichtsrecht, in *Raschauer* (Hrsg), Österreichisches Wirtschaftsrecht² (2003) 181; *Schilcher/Bretschneider* (Hrsg), Konsumentenschutz im öffentlichen Recht (1984); *Schmelz,* Das Öko-Audit – ein neuer Ansatz im Umweltrecht? ÖZW 1996, 65; *Schoppen/Engel,* Umweltrecht, in *Umnuß* (Hrsg), Corporate Compliance Checklisten (2008) 293; *Stolzlechner,* Die Genehmigungspflicht der Betriebsanlage, in *Stolzlechner/Wendl/Zitta* (Hrsg), Die Gewerbliche Betriebsanlage² (1991) 77; *Stolzlechner,* Die Genehmigungspflicht der Betriebsanlage, in *Stolzlechner/Wendl/Bergthaler* (Hrsg), Die gewerbliche Betriebsanlage³ (2008) 98; *Stöger,* Die verwaltungsstrafrechtliche Verantwortlichkeit und die Möglichkeiten ihrer Übertragung auf andere Personen, in *Ratka/Rauter* (Hrsg), Handbuch Geschäftsführerhaftung (2008) 254; *Thienel,* Gewerbeumfang und Gewerbeausübung – Ausgewählte Änderungen durch die GewRNov 1992, in *Korinek* (Hrsg), Gewerberecht. Grundfragen der GewO 1994 in Einzelbeiträgen (1995) 87; *Thienel/Schulev-Steindl,* Verwaltungsverfahrensrecht⁵ (2009); *Tschulik,* Die Stellung des Umweltgutachters nach EMAS-V II und UMG, in *Kerschner* (Hrsg), EMAS-V II und Umweltmanagementgesetz (UMG) (2002) 1; *Vogelsang,* Verordnungen im Betriebsanlagenrecht, in *Stolzlechner/Wendl/Bergthaler* (Hrsg), Die gewerbliche Betriebsanlage³ (2008) 171; *Vogelsang,* Die Überwachung von Betriebsanlagen, in *Stolzlechner/Wendl/Bergthaler* (Hrsg), Die gewerbliche Betriebsanlage³ (2008) 401; *Weber/Barbist,* Bundes-Umwelthaftungsgesetz (2009).

A. Allgemeines

Bei Compliance im öffentlichen Recht geht es um die unternehmensinterne Über- **915** wachung der Einhaltung der im öffentlichen Recht begründeten Pflichten einschließlich

239

jener organisatorischen Vorkehrungen, welche die Überwachung und Einhaltung dieser öffentlich-rechtlichen Pflichten sicherstellen sollen. In diesem Sinne gibt das vorliegende Kapitel zunächst einen Überblick über jene öffentlich-rechtlichen Verhaltenspflichten, auf die sich die Compliance bezieht. Im Anschluss daran werden jene Anforderungen an die Aufbau- und Ablauforganisation behandelt, die der Einhaltung dieser öffentlich-rechtlichen Verhaltenspflichten dienen. In diesem Zusammenhang ist zu beachten, dass sich aus dem öffentlichen Recht zahlreiche konkrete Anforderungen an die Organisation von Unternehmen ergeben, während die Compliance-Organisation im Hinblick auf die Einhaltung der Vorschriften in anderen Rechtsgebieten weniger konkreten rechtlichen Vorgaben unterliegt.

B. Verhaltenspflichten

1. Berufsberechtigungen

916   In Österreich benötigen Unternehmen für die Ausübung beruflicher Tätigkeiten im Allgemeinen eine Berufsberechtigung. Da die meisten Tätigkeiten in den Anwendungsbereich der GewO 1994 fallen, ist im Regelfall eine Gewerbeberechtigung erforderlich; diese wird gemäß § 5 Abs 1 GewO 1994 im Allgemeinen durch Anmeldung des Gewerbes bei der Gewerbebehörde, das ist laut § 339 GewO 1994 die BVB (BH bzw in den Statutarstädten Magistrat), erworben.[1067] § 5 Abs 2 GewO 1994 unterscheidet in diesem Zusammenhang zwischen freien Gewerben, die keinen Befähigungsnachweis erfordern,[1068] und den in § 94 GewO 1994 aufgezählten reglementierten Gewerben, die an den jeweils geforderten Befähigungsnachweis gebunden sind.[1069]

917   Einzelne Berufe und Wirtschaftszweige sind allerdings – wie sich auch aus deren § 2 ergibt – vom Anwendungsbereich der GewO 1994 ausgenommen und unterliegen eigenen Berufsberechtigungsregimes.[1070] Das gilt insb für die freien Berufe,[1071] den Gesundheitssektor,[1072] den Bergbau, die Finanzbranche[1073], Verkehrs-[1074] und Energieun-

---

[1067] Nur die Gewerbe iSd § 95 GewO 1994 sowie das Rauchfangkehrergewerbe dürfen gemäß § 340 Abs 2 GewO 1994 erst nach Erlassung eines Bescheides, mit dem das Vorliegen der maßgebenden Voraussetzungen für die Ausübung des betreffenden Gewerbes festgestellt werden, ausgeübt werden.

[1068] Zu den freien Gewerben siehe insb die „Liste der freien Unternehmenstätigkeiten" auf der Website des BMWFJ, www.bmwfj.gv.at/Unternehmen/Gewerbe/Documents/Liste%20 freite% 20Unternehmenstätigkeiten.pdf. Vgl dazu auch *Grabler/Stolzlechner/Wendl*, GewO, § 5 zu Rz 9.

[1069] Dieser entfällt allerdings im Regelfall nach § 7 Abs 5 GewO 1994, wenn das Gewerbe in Form eines Industriebetriebes (siehe dazu die Kriterien in § 7 Abs 1 bis 4 GewO 1994) ausgeübt wird.

[1070] Lediglich die von der GewO 1994 ebenfalls ausgenommene Landwirtschaft darf ohne besondere Berufsberechtigung ausgeübt werden.

[1071] Rechts- und Patentanwälte, Notare, Ärzte, Zahnärzte, Dentisten, Tierärzte, Apotheker, Ziviltechniker.

[1072] Abgesehen von den bereits iZm den freien Berufen erwähnten Gesundheitsberufen sind hier insb Krankenanstalten sowie die zahlreichen nichtärztlichen Gesundheitsberufe zu nennen.

[1073] Kreditinstitute, Wertpapierfirmen, E-Geld-Institute.

[1074] Güterbeförderungs-, Kraftfahrlinien- und Gelegenheitsverkehrsunternehmen; Eisenbahn (infrastruktur)- und Eisenbahnverkehrsunternehmen, Seilbahnunternehmen, Schifffahrtsunternehmen, Luftverkehrsunternehmen.

ternehmen[1075]) sowie Post- und Telekommunikationsunternehmen; zudem sind einige Wirtschaftszweige landesgesetzlich geregelt.[1076])

Welche Tätigkeiten auf Grundlage einer konkreten Berufsberechtigung ausgeübt **918** werden dürfen, ist, soweit keine ausdrücklichen Regelungen bestehen,[1077]) grundsätzlich anhand des überlieferten Berufsbildes zu beurteilen. § 29 GewO 1994 bestimmt allerdings, dass für den Umfang der Gewerbeberechtigung primär der Wortlaut der Gewerbeanmeldung iZm den einschlägigen Rechtsvorschriften maßgebend ist; sekundär sind die den einzelnen Gewerben eigentümlichen Arbeitsvorgänge, die verwendeten Roh- und Hilfsstoffe, Werkzeuge und Maschinen, die historische Entwicklung und die in den beteiligten gewerblichen Kreisen bestehenden Anschauungen und Vereinbarungen heranzuziehen.[1078]) Vielfach wird der Berechtigungsumfang jedoch durch Einräumung sog „Nebenrechte" erweitert.[1079]) So sind etwa nach § 31 Abs 1 GewO 1994 einfache Tätigkeiten reglementierter Gewerbe den betreffenden Gewerben nicht vorbehalten, und § 32 Abs 1 GewO 1994 enthält einen umfangreichen Katalog von Nebenrechten.[1080])

Im Allgemeinen ist eine Berufsberechtigung allerdings nur erforderlich, wenn die **919** Tätigkeit gewerbsmäßig ausgeübt wird[1081]). § 1 Abs 2 GewO 1994 umschreibt dies etwa dahingehend, dass die Tätigkeit selbständig, dh auf eigene Rechnung und Gefahr (vgl § 1 Abs 3 GewO 1994) regelmäßig und in der Absicht ausgeübt wird, einen Ertrag oder sonstigen wirtschaftlichen Vorteil zu erzielen.[1082]) Von wesentlicher Bedeutung ist auch, dass das österreichische Verwaltungsrecht iZm beruflichen Tätigkeiten im Allgemeinen kein Konzernprivileg kennt.[1083]) Dies hat zur Folge, dass auch die Leistungserbringung

---

[1075]) Elektrizitäts- und Erdgasunternehmen unterliegen dem ElWOG bzw GWG; nur die Tätigkeit als Erdgashändler erfordert überdies eine Gewerbeberechtigung.

[1076]) Veranstaltungsbetriebe, Sportanlagen, Skischulen, Bergführer, Privatzimmervermietung, Buschenschanken, Campingplätze, Buchmacher und Totalisateure.

[1077]) ZB § 2 ÄrzteG 1998. Vgl auch § 150 GewO 1994.

[1078]) Zur Klärung dieser Frage sieht § 349 GewO 1994 ein besonderes Feststellungsverfahren vor dem BMWFJ vor.

[1079]) Siehe dazu etwa § 1 Abs 3 BWG, § 3 Abs 3 WAG 2007, § 18 d EisbG.

[1080]) Dazu gehören insb Vor- und Vollendungsarbeiten aus anderen Gewerben, die Anfertigung bzw Instandhaltung der eigenen Betriebsmittel, die Herstellung und Bedruckung von Verpackungen der benötigten Umhüllungen, die Übernahme gewisser Gesamtaufträge, die Ausführung gewisser einfacher Tätigkeiten reglementierter Gewerbe, der Werksverkehr. Nach § 32 Abs 2 GewO 1994 muss dabei allerdings der wirtschaftliche Schwerpunkt und die Eigenart des Betriebes erhalten bleiben und hat sich der Gewerbetreibende, soweit dies aus Gründen der Sicherheit erforderlich ist, entsprechend ausgebildeter und erfahrener Fachkräfte zu bedienen. Umfassend zur Frage des Berechtigungsumfanges und der Nebenrechte *Thienel*, Gewerbeumfang und Gewerbeausübung, in *Korinek*, Gewerberecht 89 ff; die Ausführungen beziehen sich jedoch auf die Rechtslage durch die GewR-Nov BGBl I 2002/111, die insb die Nebenrechte novelliert hat.

[1081]) Vor allem für die Gesundheitsberufe besteht die Einschränkung auf die Gewerblichkeit nicht; vgl dazu etwa § 2 ÄrzteG 1998.

[1082]) Das BWG knüpft dagegen an den Gewerblichkeitsbegriff des Umsatzsteuerrechts (siehe dazu § 2 Abs 1 UStG 1994) an; vgl *Laurer* in *Laurer / Borns / Strobl / M. Schütz / O. Schütz*, BWG, § 1 Rz 2. § 6 Z 13 GWG und § 7 Z 8 ElWOG stellen ausschließlich auf die Gewinnabsicht ab.

[1083]) Nach der GewO 1994 genügt nämlich, wenn der Betrieb über einen einzigen Abnehmer verfügt; vgl dazu bereits *Praunegger*, Gewerberecht I, 9 f. Dafür kann auch § 1 Abs 5 GewO 1994 ins Treffen geführt werden, wonach die Absicht, einen Ertrag oder sonstigen wirtschaftli-

an Konzernunternehmen, sofern sie die Kriterien der Gewerblichkeit erfüllt, entsprechender Berufsberechtigungen bedarf. Große praktische Bedeutung hat dies insb dann, wenn eine Konzerngesellschaft an andere Konzerngesellschaften Bankgeschäfte iSd § 1 Abs 1 BWG erbringt; dies kann nämlich uU den Erwerb einer Konzession als Kreditinstitut erforderlich machen.[1084]

920 Berufsberechtigungen sind nach österreichischem Recht im Allgemeinen an einen bestimmten Standort gebunden. Die Ausübung beruflicher Tätigkeiten außerhalb des Standortes ist zulässig, unterliegt aber uU Beschränkungen.[1085] Nach § 46 Abs 2 GewO 1994 ist die Einrichtung einer weiteren Betriebsstätte außerhalb des Standortes grundsätzlich bei der für den Standort zuständigen BVB anzeigepflichtig.[1086] Im Recht der freien Berufe wird der Standort typischerweise als Berufssitz bezeichnet und bestehen häufig Beschränkungen der Anzahl der Berufssitze.[1087]

921 Die Ausübung einer beruflichen Tätigkeit ohne die erforderliche Berufsberechtigung bildet im Allgemeinen den Tatbestand einer Verwaltungsübertretung;[1088] auch besteht das Risiko, von Mitbewerbern nach § 1 UWG infolge einer unlauteren Geschäftspraxis in Anspruch genommen zu werden.[1089] Nach § 19 Abs 1 BVergG 2006 begründet zudem das Fehlen der erforderlichen Berufsberechtigung(en) die mangelnde Befugnis und damit Eignung des Teilnehmers bzw Bieters; dieser ist zwingend vom Vergabeverfahren auszuschließen bzw sein Angebot nach §§ 129 Abs 1 Z 2 bzw 269 Abs 1 Z 2 BVergG 2006 auszuscheiden.[1090]

Praxistipp:

Angesichts der vorangeführten Rechtsfolgen sollten Unternehmen in regelmäßigen Abständen prüfen, ob sie über all jene Berufsberechtigungen verfügen, die sie für ihre Tätigkeit benötigen.

---

chen Vorteil zu erzielen, auch dann vorliegt, wenn dieser den Mitgliedern einer Personenvereinigung zufließen soll. Ein Konzernprivileg normiert ausnahmsweise § 135 Abs 2 Z 4 GewO 1994, wonach die Arbeitskräfteüberlassung im Konzern kein reglementiertes, sondern ein freies Gewerbe ist.

[1084] Zum fehlenden Konzernprivileg im BWG *Karas/Träxler/Waldherr* in *Dellinger*, Bankwesengesetz, § 1 Rz 11. Näher zu den damit verbundenen schwierigen Abgrenzungsfragen *Diwok* in *Diwok/Göth*, Bankwesengesetz, § 1 Rz 15 f, 74; *Karas/Träxler/Waldherr* in *Dellinger*, Bankwesengesetz, § 1 Rz 11, 116: In der Praxis werden bankgeschäftliche Tätigkeiten nicht als konzessionspflichtig angesehen, wenn sie der Steuerung von Hauptfunktionen des Konzerns oder dessen Erwerbszweck dienen; dies gilt insb für das Cash Pooling.

[1085] ZB §§ 50 ff GewO 1994.

[1086] Zu den Ausnahmen siehe § 46 Abs 3 GewO 1994.

[1087] ZB § 45 Abs 3 ÄrzteG 1998: maximal zwei Berufssitze.

[1088] ZB § 366 Abs 1 Z 1 GewO 1994.

[1089] Vgl dazu auch den Beitrag von *Dürager* Rz 826 ff.

[1090] Dazu genügt, dass die erforderliche Berechtigung nur für einen Teil des Leistungsspektrums fehlt; vgl BVA 3. 10. 2007, N/0077-BVA/13/2007 – 40, zur fehlenden Befugnis als Lüftungstechniker bei einem Auftrag betreffend die Sanierung eines Autobahntunnels, der auch die Installation einer neuen Lüftungsanlage einschloss. Allerdings kann die fehlende Befugnis uU durch Heranziehung eines entsprechend befugten Subunternehmers substituiert werden.

2. Anlagen- und Umweltrecht

a) Genehmigungserfordernisse

Für das österreichische Verwaltungsrecht ist typisch, dass die Errichtung, we- **922** sentliche Änderung sowie der Betrieb von Anlagen, die der Ausübung unternehmerischer Tätigkeiten dienen, einer besonderen Bewilligung bedürfen. Hauptanwendungsfall ist das Erfordernis einer Genehmigung für eine gewerbliche Betriebsanlage; das ist nach § 74 Abs 1 GewO 1994 eine örtlich gebundene Einrichtung, die der Entfaltung einer gewerblichen Tätigkeit, die in den Anwendungsbereich der GewO 1994 fällt, regelmäßig zu dienen bestimmt ist.[1091] Die Genehmigungspflicht besteht nach § 74 Abs 2 GewO 1994 dann, wenn die Anlage wegen der Verwendung von Maschinen und Geräten, ihrer Betriebsweise, Ausstattung oder sonst geeignet ist,

- Gefährdungen des Lebens und der Gesundheit des Gewerbetreibenden, seiner nicht dem ASchG unterliegenden mittätigen Familienangehörigen, der Nachbarn oder der Kunden,
- Belästigungen der Nachbarn mit Emissionen (Geruch, Lärm, Rauch, Staub, Erschütterungen oder in anderer Weise),
- Beeinträchtigungen der Religionsausübung in Kirchen, des Unterrichts in Schulen, des Betriebes von Kranken- und Kuranstalten oder den Betrieb anderer öffentlichen Interessen dienender benachbarter Anlagen oder Einrichtungen,
- wesentliche Beeinträchtigungen der Sicherheit, Leichtigkeit und Flüssigkeit des Verkehrs an oder auf Straßen mit öffentlichem Verkehr, oder
- eine nachteilige Einwirkung auf die Beschaffenheit der Gewässer, sofern nicht ohnehin eine wasserrechtliche Bewilligung vorgeschrieben ist,

herbeizuführen.[1092] In der Praxis bedarf daher nahezu jede der GewO 1994 unterliegende Betriebsanlage einer Genehmigung; keine Genehmigungspflicht besteht üblicherweise für reine Büros und ganz kleine Verkaufsstellen.[1093]

Vergleichbare Genehmigungserfordernisse bestehen auch iZm Tätigkeiten, die **923** nicht in den Anwendungsbereich der GewO 1994 fallen, so insb für Abfallbehand-

---

[1091] Weiterführend *Paliege-Barfuß*, Der Begriff der Betriebsanlage, in *Stolzlechner/Wendl/Bergthaler* (Hrsg), Die gewerbliche Betriebsanlage³ (2008) Rz 182 ff.

[1092] Umfassend zur Frage, wann eine Genehmigungspflicht besteht *Stolzlechner*, Die Genehmigungspflicht der Betriebsanlage, in *Stolzlechner/Wendl/Bergthaler* (Hrsg), Die gewerbliche Betriebsanlage³ (2008) Rz 188 ff.

[1093] Vgl dazu *Stolzlechner*, Genehmigungspflicht, in *Stolzlechner/Wendl/Zitta*, Die Gewerbliche Betriebsanlage² Rz 165. Dass bloß Geräte und Einrichtungen wie in Haushalten verwendet werden, befreit dagegen noch nicht von der Genehmigungspflicht: *Stolzlechner*, Genehmigungspflicht, in *Stolzlechner/Wendl/Bergthaler*, Die gewerbliche Betriebsanlage³ Rz 188. Für gewisse kleinere bzw weniger gefahrengeneigte Anlagen sieht § 359 b GewO 1994 allerdings ein vereinfachtes Genehmigungsverfahren vor.

lungsanlagen[1094]), Betriebspläne, Bergbauanlagen und Bergbauzubehör[1095]) sowie Anlagen im Verkehrswesen[1096]) und der Energieversorgung.[1097])

924   Darüber hinaus bestehen zahlreiche Bewilligungserfordernisse, die insb dem punktuellen Schutz bestimmter Umweltmedien (va Wasser, Luft) oder Einrichtungen (Bahn-, Luftverkehr[1098])) dienen. Diese sind kumulativ zu den weiter oben erwähnten anlagenrechtlichen Genehmigungspflichten zu beachten, sofern gesetzlich keine Ausnahme normiert ist. Hervorzuheben sind:

- § 9 WRG unterwirft jede über den Gemeingebrauch hinausgehende Benutzung der öffentlichen Gewässer sowie die Errichtung und Änderung der dafür dienenden Anlagen dem Erfordernis einer wasserrechtlichen Bewilligung; dasselbe gilt für private Tagwässer, wenn hierdurch auf fremde Rechte oder bestimmte öffentliche Interessen Einfluss genommen wird.[1099])

- Nach § 5 Abs 1 EG-K bedarf der Betrieb einschließlich der Errichtung oder wesentlichen Änderung von Dampfkessel- bzw Gasturbinenanlagen mit einer Brennstoffwärmeleistung von mindestens 50 MW einer besonderen Genehmigung; diese entfällt allerdings nach § 12 EG-K zugunsten einer Mitanwendung des EG-K im betreffenden Genehmigungsverfahren, wenn die Anlage einer Genehmigung nach gewerbe-, berg- oder abfallrechtlichen Vorschriften bedarf. Eine ähnliche subsidiäre Bewilligungspflicht besteht auch nach §§ 49 und 50 Abs 2 ForstG für Anlagen, die forstschädliche Luftverunreinigungen verursachen.[1100]) Hinzuweisen ist schließlich auf die besonderen Genehmigungspflichten für Anlagen nach dem IG-L.[1101])

[1094]) Siehe dazu die §§ 37 ff AWG 2002.

[1095]) Siehe dazu die §§ 112 ff MinroG.

[1096]) Siehe dazu die §§ 31 ff EisbG (Eisenbahnanlagen), §§ 36 ff SeilbahnG 2003 (Seilbahnanlagen), §§ 47 ff SchifffahrtsG (Schifffahrtsanlagen), §§ 68 ff LFG (Zivilflugplätze, zivile Bodeneinrichtungen).

[1097]) Siehe dazu die §§ 44 ff GWG (Erdgasleitungsanlagen), § 17 RohrLG (Rohrleitungsanlagen), sowie das StWG bzw die AusführungsG zum BG über elektrische Leitungsanlagen (Stromleitungen) und die AusführungsG zum ElWOG (Stromerzeugungsanlagen). Siehe auch das Erfordernis einer Bewilligung als Veranstaltungsstätte nach den Veranstaltungs(stätten)G der Länder sowie das Erfordernis einer Errichtungsbewilligung für Krankenanstalten nach § 3 KAKuG und den dazu ergangenen LandesausführungsG.

[1098]) Siehe dazu die §§ 42 ff EisbG betreffend Bauführungen im Bauverbots-, Gefährdungs- und Feuerbereich von Eisenbahnen sowie die §§ 85 ff LFG betreffend Luftfahrthindernisse innerhalb und teilweise auch außerhalb der Sicherheitszone von Flugplätzen.

[1099]) Weitere Bewilligungspflichten bestehen nach § 31 c WRG für die Gewinnung von Sand und Kies mit besonderen Vorrichtungen, nach § 32 WRG für Einwirkungen auf Gewässer, nach § 38 WRG für Herstellungen im Nahbereich von Gewässern, insb im Hochwasserabflussbereich, sowie nach § 39 WRG für die Änderung der natürlichen Abflussverhältnisse; zudem können nach § 34 WRG zum Schutz von Wasserversorgungsanlagen (Wasserschutzgebieten) bestimmte Maßnahmen einer Anzeige- oder Bewilligungspflicht unterworfen werden. Von der Ermächtigung in § 31 a Abs 3 WRG, bestimmte Anlagen zur Lagerung oder Leitung wassergefährdender Stoffe einer Bewilligung zu unterwerfen, wird dagegen kein Gebrach gemacht.

[1100]) Die Arten solcher Anlagen sind nach § 48 Abs 1 lit e ForstG durch VO des BMLFUW im Einvernehmen mit dem BMVIT sowie BMWFJ zu bestimmen.

[1101]) Während § 20 IG-L für Anlagen, die nach Verwaltungsvorschriften des Bundes einer Genehmigungspflicht unterliegen, zusätzliche Genehmigungsvoraussetzungen normiert, ermöglicht § 21 IG-L durch VO die Einführung des Erfordernisses einer besonderen luftreinhalterechtlichen

- Nach § 4 EZG bedürfen die unter das Emissionshandelssystem fallenden Anlagen laut Anlage 1 zum EZG einer besonderen Genehmigung zur Emission vom Treibhausgasen; zudem müssen sie gemäß §§ 18 und 28 EZG eine ausreichende Anzahl von Emissionszertifikaten zur Abdeckung ihrer Emissionen abgeben.

Einer besonderen Registrierung beim LH bedürfen zudem nach § 10 LMSVG iVm **925** Art 6 der VO (EG) 852/2004 bzw Art 4 der VO (EG) 853/2004 sog „Lebensmittelunternehmer".[1102]) Als solche gelten laut der Definition in Art 3 Z 2 der VO (EG) 178/2002 all jene natürlichen und juristischen Personen, die dafür verantwortlich sind, dass die Anforderungen des Lebensmittelrechts in dem ihrer Kontrolle unterstehenden Lebensmittelunternehmen erfüllt werden; Lebensmittelunternehmen sind nach Art 3 Z 1 der EG-VO 178/2002 alle Unternehmen – gleichgültig ob auf Gewinnerzielung ausgerichtet oder nicht oder ob öffentlich oder privat – die eine mit der Produktion, Verarbeitung oder dem Vertrieb von Lebensmitteln zusammenhängende Tätigkeit ausführen. Die weite Definition des Lebensmittelunternehmers bezieht sich neben der Erzeugung von auch auf den Handel mit Lebensmitteln sowie die Gastronomie einschließlich Betriebskantinen.

Bewilligungspflichten nach Landesrecht bestehen in erster Linie für Neu-, Um- **926** und Zubauten nach den BauO[1103]) sowie für Eingriffe in das Landschaftsbild nach den NaturschutzG.

Die vorangeführten Bewilligungspflichten sind zum einen dadurch sanktioniert, **927** dass die Nichteinholung einer erforderlichen Bewilligung den Tatbestand einer Verwaltungsübertretung bildet; zum anderen kann die konsenslose Errichtung einer Anlage die (vorläufige) Betriebsschließung bzw Aufträge zur Beseitigung und Wiederherstellung des früheren Zustandes zur Folge haben.[1104]) Allerdings ist demjenigen, der eine Anlage ohne die erforderlichen Bewilligungen errichtet, im Allgemeinen Gelegenheit zu geben, die benötigte Bewilligung nachträglich zu beantragen.[1105])

Die Erteilung der vorangeführten Bewilligungen wird üblicherweise an Nebenbe- **928** stimmungen gebunden (insb Auflagen, uU aber auch Bedingungen), diese beziehen sich dabei im Allgemeinen nicht nur auf die Errichtung, sondern sind häufig während der gesamten Dauer des Betriebes der Anlage zu beachten. Verschiedentlich können Bewil-

---

Genehmigung für Anlagen, die keiner bundesgesetzlichen Genehmigungspflicht unterliegen, jedoch geeignet sind, erhebliche Mengen an Luftschadstoffen zu emittieren. Für sog „IPPC-Anlagen" besteht allerdings nach § 21a IG-L jedenfalls das Erfordernis einer solchen Genehmigung, wobei Teile des AWG sinngemäß anzuwenden sind.

[1102]) Betriebe, die mit Erzeugnissen tierischen Ursprungs umgehen, dürfen ihre Tätigkeit nach Art 4 Abs 2 VO 853/2004 sogar im Allgemeinen nur nach einer Zulassung aufnehmen.

[1103]) Bewilligungspflichtig sind oft auch geringfügig erscheinende Änderungen, zB solche der Nutzungsart. Bauvorhaben, für die keine Baubewilligungspflicht besteht, sind häufig anzeigepflichtig.

[1104]) ZB § 360 GewO 1994, § 62 AWG 2002.

[1105]) So darf etwa ein Abbruchauftrag nach den BauO nicht vollstreckt bzw nicht erlassen werden, solange ein Verfahren auf Erteilung einer nachträglichen Baubewilligung anhängig ist; siehe dazu etwa VwGH 3. 7. 2007, 2005/05/0009. § 138 WRG sieht in gewissen Situationen einen sog „Alternativauftrag", entweder den rechtswidrigen Zustand zu beseitigen oder nachträglich um die erforderliche Bewilligung anzusuchen, sogar ausdrücklich vor.

ligungen auch befristet werden; nach § 21 Abs 1 WRG ist die Befristung wasserrechtlicher Bewilligungen betreffend Wasserbenutzungsrechte sogar zwingend vorgesehen.[1106]

Praxistipp:

Im Zusammenhang mit wasserrechtlichen Bewilligungen sollte deren Befristung in Evidenz gehalten und ihre verbleibende Dauer in regelmäßigen Abständen geprüft werden.

---

b) Von Genehmigungen unabhängige Verhaltenspflichten

929   Das Anlagen- und Umweltrecht sieht zahlreiche Verhaltenspflichten vor, die unabhängig vom Erfordernis einer Bewilligung zu beachten sind. So ist etwa die Verordnung über brennbare Flüssigkeiten (VbF),[1107] eine DurchführungsVO zur GewO 1994 und zahlreichen anderen BG, bei der Lagerung und Abfüllung brennbarer Flüssigkeiten zu beachten.[1108] Das WRG normiert ua in §§ 31 und 31a allgemeine Sorgfaltspflichten für die Reinhaltung von Gewässern bzw Anlagen zur Lagerung oder Leitung wassergefährdender Stoffe und verpflichtet in § 32b sog „Indirekteinleiter", die Einleitungen in eine wasserrechtlich bewilligte Kanalisation vorzunehmen, bestimmte durch VO festgelegte Grenzwerte einzuhalten, wobei gegenüber dem Kanalisationsunternehmen Mitteilungs- und Nachweispflichten über Menge und Beschaffenheit der Abwässer bestehen. Auch treffen die Betreiber von Anlagen zahlreiche Prüf- und Aufzeichnungspflichten, zB nach § 33f Abs 3 WRG in Grundwassersanierungsgebieten; verschiedentlich ist auch die Führung eines Betriebstagebuches[1109] bzw Anlagenbuches[1110] vorgesehen. Vor allem im Interesse der Luftreinhaltung sind zudem häufig Verpflichtungen zur Vornahme von Messungen, verbunden mit Meldepflichten, vorgesehen.[1111]

930   Bedeutung für alle Unternehmen haben auch die umfangreichen Verhaltenspflichten nach Abfallwirtschaftsrecht. Der weite Abfallbegriff gemäß § 2 Abs 1 AWG 2002, wonach Abfälle all jene beweglichen Sachen sind, deren sich der Besitzer entledigen will oder entledigt hat oder deren Sammlung, Lagerung, Beförderung und Behandlung als Abfall erforderlich ist, um die öffentlichen Interessen – zu diesen siehe § 1 Abs 3 AWG 2002 – nicht zu beeinträchtigen, erfasst zB auch typischen Büromüll wie Altpa-

---

[1106] Nach § 21 Abs 3 WRG kann ein Ansuchen um Wiederverleihung frühestens fünf Jahre und spätestens sechs Monate vor Fristablauf gestellt werden; es hemmt den Ablauf der Bewilligungsdauer bis zur rechtskräftigen Entscheidung über das Ansuchen um Wiederverleihung sowie im Falle einer Beschwerde an den VwGH bzw VfGH gegen die Abweisung dieses Ansuchens bis zur Entscheidung des VwGH bzw VfGH.

[1107] BGBl 1991/240.

[1108] Zu den für gewerbliche Betriebsanlagen allein nach Gewerberecht relevanten VO überblicksweise *Vogelsang*, Verordnungen im Betriebsanlagenrecht, in *Stolzlechner/Wendl/Bergthaler*, Die gewerbliche Betriebsanlage³ Rz 243 ff.

[1109] ZB § 13 HKW-Anlagen-VO, § 11 Abs 3 AbfallverbrennungsVO, § 1 Abs 7 Z 2 lit a AEV Wasch- und Chemischreinigungsprozesse, §§ 45 und 50 BäderhygieneVO.

[1110] § 16 Abs 3 EG-K.

[1111] Siehe dazu §§ 15 und 17 EG-K, §§ 7ff EZG. Vgl ferner § 25 IG-L. Siehe aber auch § 33f Abs 3 WRG zur Vornahme von Messungen in Grundwassersanierungsgebieten.

pier, leere Toner oder verbrauchte Leuchtmittel bzw Batterien.[1112]) Hinzuweisen ist insb auf die allgemeinen Pflichten von Abfallbesitzern nach den §§ 15 ff AWG 2002:[1113])

- Abfallbesitzer treffen die folgenden allgemeinen Behandlungspflichten:
  - Abfallbesitzer haben nach § 15 Abs 1 AWG 2002 beim Umgang mit Abfällen die Ziele und Grundsätze nach § 1 Abs 1 und 2 AWG 2002 zu beachten und Beeinträchtigungen des öffentlichen Interesses zu vermeiden.
  - Nach § 15 Abs 2 und 3 AWG 2002 ist – mit Ausnahmen – das Vermischen und Vermengen von Abfällen mit anderen Abfällen und Sachen sowie – ausnahmslos – die Sammlung, Lagerung oder Behandlung von Abfällen außerhalb hierfür genehmigter Anlagen oder für die Sammlung oder Behandlung vorgesehener Orte bzw die Ablagerung außerhalb hierfür genehmigter Deponien verboten.
  - Ist der Abfallbesitzer zu einer entsprechenden Behandlung nicht berechtigt oder imstande, so hat er gemäß § 15 Abs 5 AWG 2002 die Abfälle einem dazu Berechtigten rechtzeitig zu übergeben.
- § 16 AWG 2002 sieht besondere Behandlungspflichten für bestimmte Abfallarten vor.[1114])
- Die §§ 17, 20 und 21 AWG 2002 normieren Aufzeichnungs-, Registrierungs- und Meldepflichten.
- Die §§ 18 und 19 AWG 2002 treffen Vorgaben für die Übergabe und Beförderung von Abfällen.
- Zahlreiche weitere Pflichten, zB branchenspezifische Rücknahmepflichten, bestehen aufgrund von Maßnahmen für die Abfallvermeidung und -verwertung.[1115])

c) Mechanismen zur Sicherstellung der Einhaltung der vorangeführten Verhaltenspflichten

Das Anlagen- und Umweltrecht beschränkt sich allerdings nicht darauf, Genehmigungserfordernisse und sonstige Verhaltenspflichten iZm der Errichtung und dem Betrieb von Anlagen zu normieren, sondern sieht häufig auch Mechanismen vor, welche die Einhaltung dieser Verpflichtungen sicherstellen sollen. Dabei kann zwischen Mechanismen unterschieden werden, die lediglich die konsenskonforme Errichtung einer Anlage absichern sollen, und solchen, die auf die dauerhafte Einhaltung der einschlägigen Vorgaben auch nach Fertigstellung der Anlage abzielen. **931**

Zur Absicherung der konsenskonformen Errichtung einer Anlage sieht das Anlagen- und Umweltrecht zwei Mechanismen vor: **932**

[1112]) Siehe dazu nur die Nomenklatur in Anhang 1 zum AWG 2002. Zum Abfallbegriff weiterführend *List/Schmelz,* AWG 2002 34 ff.

[1113]) Nach § 23 AWG 2002 können diese zudem durch VO des BMLFUW im Einvernehmen mit dem BMWFJ konkretisiert werden.

[1114]) Gefährliche Abfälle, PCB-haltige Abfälle, Altöle, Abfälle mit persistenten organischen Schadstoffen, Problemstoffe, Altspeisefette und -öle, im Zuge von Bautätigkeiten anfallende Abfälle.

[1115]) Siehe dazu § 12 AWG 2002 betreffend Motoröle und Ölfilter, § 13 a AWG betreffend Hersteller und Importeure von Elektro- und Elektronikgeräten bzw Gerätebatterien und Akkumulatoren sowie die allgemeine VO-Ermächtigung nach § 14 AWG 2002.

- Zum einen das Erfordernis einer sog „Kollaudierung", wonach für die dauerhafte Inbetriebnahme bzw Benutzung einer bewilligten Anlage eine gesonderte Genehmigung erforderlich ist. So sieht insb § 121 WRG die Durchführung eines gesonderten Verfahrens vor, in dem überprüft und bescheidmäßig festgestellt wird, ob eine bewilligungspflichtige Wasseranlage der erteilten Bewilligung entsprechend ausgeführt wurde (sog „wasserrechtlicher Überprüfungsbescheid").

- Zum anderen ist va im Baurecht die Verpflichtung des Bewilligungsinhabers vorgesehen, vor Benutzung der baulichen Anlage eine sog „Fertigstellungsanzeige" samt der Bestätigung zu erstatten, dass die Anlage bewilligungsgemäß ausgeführt wurde.[1116] Im Zusammenhang mit der gewerblichen Betriebsanlagengenehmigung besteht die Verpflichtung zur Erstattung einer Fertigstellungsanzeige nach § 359 Abs 1 GewO 1994 nur bei Anlagen, die dem Störfallregime iSd Seveso-II-RL (§§ 84a bis 84g GewO 1994) unterliegen, sowie dann, wenn dies in der Genehmigung zur Überwachung der Auflagen besonders angeordnet wurde.[1117]

933 Auf die Gewährleistung der dauerhaften Einhaltung der einschlägigen Vorgaben auch noch nach Errichtung der Anlage zielt hingegen die Verpflichtung zur sog „Eigenüberwachung" ab; diese soll die zuständige Behörde von der regelmäßigen Überwachung entlasten, schließt aber behördliche Überwachungsmaßnahmen nicht aus.

934 Besonders hervorzuheben ist in diesem Zusammenhang § 82b Abs 1 GewO 1994, der den Inhaber einer genehmigten Betriebsanlage dazu verpflichtet, diese im Allgemeinen alle fünf Jahre[1118] zu prüfen oder prüfen zu lassen, ob sie dem Genehmigungsbescheid und den sonst für die Anlage geltenden gewerberechtlichen Vorschriften[1119] entspricht.[1120] Gem § 82b Abs 2 GewO 1994 sind zur Prüfung Anstalten des Bundes oder eines Bundeslandes, akkreditierte Stellen im Rahmen des fachlichen Umfangs ihrer Akkreditierung bzw – jeweils im Rahmen ihrer Befugnisse – autorisierte Anstalten, Zivil-

---

[1116] Diese Fertigstellungsanzeige ersetzt seit einiger Zeit in nahezu allen Bundesländern das Erfordernis einer mit Bescheid der Baubehörde erteilten sog „Benützungsbewilligung"; die konkreten Anforderungen an die Fertigstellungsanzeige weisen allerdings länderweise große Unterschiede auf: Während der Fertigstellungsanzeige etwa nach § 30 Abs 2 Z 3 NÖ BauO 1996 eine Bescheinigung des Bauführers über die bewilligungsgemäße Ausführung anzuschließen ist, sind nach § 39 Abs 2 K-BO Bestätigungen aller mit der Ausführung des Vorhabens betrauten Unternehmer vorzulegen. Eine unrichtige Bestätigung kann insb zivil- und verwaltungsstrafrechtliche Folgen haben.

[1117] Nach § 354 GewO 1994 kann allerdings vor Erteilung der endgültigen Betriebsanlagengenehmigung unter gewissen Voraussetzungen erforderlichenfalls ein sog „Versuchsbetrieb" genehmigt werden.

[1118] Bei Anlagen, die dem vereinfachten Genehmigungsverfahren iSd § 359b GewO 1994 unterliegen, beträgt das Invervall allerdings sechs Jahre; zudem können sich aus dem Genehmigungsbescheid oder sonstigen Vorschriften kürzere oder längere Prüfungsintervalle ergeben.

[1119] ZB VbF. Zu überprüfen ist erforderlichenfalls auch, ob die Betriebsanlagen dem Seveso-II-Regime (§§ 84a bis 84h GewO 1994) unterliegen.

[1120] Nach § 82b Abs 5 GewO 1994 entfällt diese Verpflichtung allerdings dann, wenn die Betriebsanlage einer Umweltbetriebsprüfung iSd EMAS II-VO oder der ÖNORM EN ISO 14001 unterzogen wurde, die Unterlagen darüber nicht älter als drei Jahre sind und aus ihnen hervorgeht, dass im Rahmen dieser Prüfung auch die Übereinstimmung der Betriebsanlage mit dem Genehmigungsbescheid oder den sonst für die Betriebsanlage geltenden gewerberechtlichen Vorschriften geprüft wurde. Siehe dazu auch unten Rz 990f.

techniker oder Gewerbetreibende berechtigt; bei entsprechender Eignung und Fachkunde können auch der Betriebsinhaber oder Betriebsangehörige die Prüfung durchführen. Über jede wiederkehrende Prüfung ist nach § 82 b Abs 3 GewO 1994 eine Prüfbescheinigung auszustellen, die insb festgestellte Mängel und Vorschläge zu ihrer Behebung zu enthalten hat. Die Prüfbescheinigung und sonstige die Prüfung betreffende Schriftstücke sind, sofern im Genehmigungsbescheid oder in den sonst für die Anlage geltenden gewerberechtlichen Vorschriften nicht anderes bestimmt ist, vom Inhaber der Anlage bis zur nächsten wiederkehrenden Prüfung aufzubewahren. Sind in einer Prüfbescheinigung festgestellte Mängel festgehalten, so hat der Inhaber der Anlage nach § 82 b Abs 4 GewO 1994 unverzüglich eine Zweitschrift oder Ablichtung dieser Prüfbescheinigung und innerhalb angemessener Frist eine Darstellung der zur Mängelbehebung getroffenen Maßnahmen der zur Genehmigung der Anlage zuständigen Behörde zu übermitteln.[1121]

935 Verpflichtungen zur wiederkehrenden Überprüfung der Konsensgemäßheit von Anlagen im Rahmen der Eigenüberwachung bestehen zB auch nach § 134 WRG[1122] und § 51 GWG. Häufig bestehen auch Prüfpflichten, die nicht unmittelbar an bestimmte Bewilligungen anknüpfen: So hat etwa der Betreiber bestimmte Anlagen[1123] nach § 13 Abs 1 EG-K jährlich durch befugte Sachverständige überprüfen zu lassen. Verpflichtungen zur wiederkehrenden Prüfung bestehen etwa auch nach § 15 KesselG, §§ 14 f VbF, § 10 HKW-Anlagen-VO, § 22 KälteanlagenVO.

936 Das am 20. 6. 2009 in Kraft getretene Bundes-Umwelthaftungsgesetz (B-UHG)[1124] verpflichtet zudem den Betreiber im Rahmen beruflicher Tätigkeiten, gemäß § 5 B-UHG im Falle der unmittelbaren Gefahr eines Umweltschadens,[1125] unverzüglich die erforderlichen Vermeidungsmaßnahmen und gemäß § 6 Abs 1 B-UHG nach Eintritt eines Um-

---

[1121] Den Inhaber einer sog „IPPC-Anlage" iSd Anlage 3 der GewO 1994 trifft unabhängig davon nach § 81 b GewO 1994 die Verpflichtung, alle zehn Jahre zu prüfen, ob sich der seine Betriebsanlage betreffende Stand der Technik geändert hat; liegt dabei eine wesentliche Änderung des Standes der Technik vor, so hat er unverzüglich die erforderlichen wirtschaftlich verhältnismäßigen Anpassungsmaßnahmen zu treffen, widrigenfalls diese von der Behörde angeordnet werden können. Weiterführend *Vogelsang,* Überwachung, in *Stolzlechner/Wendl/Bergthaler,* Die gewerbliche Betriebsanlage³ Rz 360 f.

[1122] Zum Entfall der Eigenüberwachung iSd § 134 WRG bei in das EMAS-Organisationsverzeichnis eingetragenen Organisationen siehe unten Rz 990.

[1123] Nämlich in Betrieb befindliche Anlagen für feste oder flüssige Brennstoffe, für Misch- oder Mehrstofffeuerungen sowie für Beheizung mittels Abwärme mit einer Brennstoffwärmeleistung über 100 MW bzw für gasförmige Brennstoffe mit einer Brennstoffwärmeleistung über 600 MW.

[1124] Weiterführend zu diesem *Hauenschild/Wilhelm,* Bundes-Umwelthaftungsgesetz; *Weber/Barbist,* Bundes-Umwelthaftungsgesetz.

[1125] Als Umweltschaden gilt gemäß § 4 Z 1 B-UHG jede erhebliche Schädigung der Gewässer (dh jeder Schaden, der erhebliche nachteilige Auswirkungen auf den ökologischen, chemischen oder mengenmäßigen Zustand oder das ökologische Potenzial der betreffenden Gewässer iSd WRG hat und nicht durch eine Bewilligung in Anwendung des WRG gedeckt ist) und jede Schädigung des Bodens (dh jede Bodenverunreinigung, die ein erhebliches Risiko einer Beeinträchtigung der menschlichen Gesundheit aufgrund der direkten oder indirekten Einbringung von Stoffen, Zubereitungen, Organismen oder Mikroorganismen in, auf oder unter den Grund verursacht).

weltschadens die erforderlichen Vorkehrungen und Sanierungsmaßnahmen zu ergreifen; kommt der Betreiber letzterer Verpflichtung nicht nach, so hat die Behörde nach § 6 Abs 3 B-UHG die entsprechenden Vorkehrungen aufzutragen oder anzuordnen bzw bei Gefahr im Verzug gegen Ersatz der Kosten durch den Betreiber nötigenfalls unverzüglich durchführen zu lassen. Die Besonderheit des B-UHG besteht darin, dass der Betreiber nach § 8 B-UHG sämtliche Kosten der Vermeidungs- und Sanierungstätigkeit im Allgemeinen selbst zu tragen hat und dass durch eingetretene Umweltschäden in ihren Rechten verletzte Personen, der Umweltanwalt bzw anerkannte Umweltorganisationen nach § 11 B-UHG die BVB im Wege einer sog „Umweltbeschwerde" zum Tätigwerden auffordern können.

Praxistipp:

Aus der Verpflichtung, die Übereinstimmung von Anlagen mit den erteilten Genehmigungen periodisch überprüfen lassen zu müssen, ergibt sich in der Praxis die Notwendigkeit, die erteilten Genehmigungen systematisch geordnet und leicht greifbar aufzubewahren. Dies sollte allerdings auch in jenen Bereichen erfolgen, wo – wie zB im Baurecht – keine Verpflichtung zur Eigenüberwachung besteht, berechtigen doch auch dort Abweichungen von einem erteilten Konsens die zuständigen Behörden zum Einschreiten. Dazu kommt, dass die Nichtbeachtung anlagen- und umweltrechtlicher Verhaltenspflichten nicht nur regelmäßig den Tatbestand einer Verwaltungsübertretung bildet, sondern gegebenenfalls auch schadenersatz- und im ungünstigsten Fall strafrechtliche Folgen haben kann. Unabhängig davon ist eine ordnungsgemäße Dokumentation auch iZm einem allfälligen Verkauf des Unternehmens unabdingbar, zumal sich Käufer im Rahmen einer DD-Prüfung üblicherweise einen Überblick über das Unternehmen verschaffen wollen.

---

3. Sonstige Rechtsgebiete

937 Öffentlich-rechtliche Verhaltenspflichten iZm dem Betrieb von Unternehmen bestehen auch außerhalb des Anlagen- und Umweltrechts; da diese Verpflichtungen nahezu unüberschaubar sind und sich zudem jeweils nur auf bestimmte Tätigkeiten beziehen, soll im Folgenden nur ein äußerst grober Überblick gegeben werden.

938 Während die GewO 1994 außerhalb des Anlagenrechts nur wenige Verhaltenspflichten für die laufende unternehmerische Tätigkeit normiert,[1126] finden sich solche häufig im sog „Wirtschaftsaufsichtsrecht", das dadurch gekennzeichnet ist, dass auch der laufende Betrieb von Unternehmen im Interesse des sog „Funktionsschutzes" der besonderen Aufsicht unterliegt;[1127] dies gilt insb für Banken, Versicherungen und

---

[1126] Umfangreiche Ausübungsvorschriften bestehen insb für das Gewerbe der Versicherungsvermittlung nach den §§ 137 f ff GewO 1994.

[1127] Zur laufenden Aufsicht im Interesse des Funktionsschutzes als Charakteristikum des Wirtschaftsaufsichtsrechts siehe nur *Schäffer*, Wirtschaftsaufsichtsrecht, in *Raschauer*, Österreichisches Wirtschaftsrecht² Rz 501.

Wertpapierfirmen.[1128]) Zahlreiche Verhaltenspflichten für den laufenden Betrieb bestehen auch im Regulierungsrecht der Netzwirtschaften (Energie-, Telekommunikations- und Eisenbahnrecht), so etwa die Pflicht von Netzbetreibern, Dritten diskriminierungsfrei Netzzugang zu gewähren.

Verhaltenspflichten können sich aber auch aus den öffentlich-rechtlichen Verbraucherschutzbestimmungen[1129]) und Vorgaben betreffend die Preisgestaltung[1130]) ergeben. Auch bestehen zahlreiche öffentlich-rechtliche Vorgaben für die Werbung und sonstige Kommunikation gegenüber Kunden.[1131]) So bestehen Werbebeschränkungen va im Interesse des Gesundheitsschutzes[1132]) bzw – va bei den freien Berufen – im Interesse der Wahrung des Ansehens bestimmter Berufsgruppen.[1133]) Sonstige Vorgaben bzgl der Kommunikation gegenüber dem Kunden sind dagegen va im Interesse der Transparenz vorgesehen, so etwa die Verpflichtungen zur Preisauszeichnung aufgrund des PrAG.[1134]) Angehörige freier Berufe unterliegen zudem häufig Provisionsverboten,[1135]) und im Rahmen der Verkaufsförderung für Arzneimittel bestehen Beschränkungen für Prämien, Vorteile und Naturalrabatte.[1136]) Auch unterliegen bestimmte Berufsgruppen Pflichten iZm der Verhinderung von Geldwäsche und Terrorismusfinanzierung.[1137]) **939**

Unternehmer, die Lieferungen bzw Bau- oder Dienstleistungen an Gebietskörperschaften und sonstige öffentliche Einrichtungen[1138]) erbringen, haben zu berücksichtigen, dass die Vergabe dieser Leistungen nach dem BVergG 2006 grundsätzlich aus- **940**

[1128]) Siehe dazu etwa den mit „Ordnungsnormen" übertitelten V. Abschnitt des BWG, der in erster Linie Vorgaben betreffend die jederzeit verfügbaren Eigenmittel (§§ 22 ff), Großveranlagungen (§ 27), Organgeschäfte (§ 28) sowie die Beteiligung an branchenfremden Unternehmen (§ 29) trifft, sowie die dazu korrespondierenden Anzeige- und Meldepflichten nach §§ 73 ff. Ähnlich umfangreiche Verhaltenspflichten bestehen auch für Versicherungen und Wertpapierfirmen nach dem VAG bzw WAG 2007.

[1129]) Siehe dazu insb §§ 53 f, 57 ff und 69 GewO 1994, §§ 33 ff BWG, §§ 23, 25, 69 ff TKG 2003, § 45 b ElWOG, § 40 Abs 2 bis 8 GWG. Siehe weiters die einschlägigen Beiträge bei *Schilcher/Bretschneider,* Konsumentenschutz, sowie bei *Aicher/Holoubek,* Schutz der Verbraucherinteressen.

[1130]) Exemplarisch sei hier nur das PreisG erwähnt.

[1131]) Siehe dazu die Werbebeschränkungen nach den §§ 34 ff PrTV-G, §§ 19 f PrR-G, § 13 KAKuG und § 39 TabMG sowie die Vorgaben betreffend die Namensführung und Bezeichnung von Betriebsstätten nach den §§ 63 ff GewO 1994.

[1132]) ZB §§ 50 ff AMG, § 11 TabakG.

[1133]) ZB § 53 Abs 1 ÄrzteG 1998, § 10 Abs 5 RAO.

[1134]) Siehe weiters §§ 73 f und 127 Abs 1 GewO 1994, §§ 45 a und 45 c ElWOG, § 40 a GWG.

[1135]) ZB § 53 Abs 2 ÄrzteG 1998, § 35 Abs 3 ZÄG, § 95 WTBG.

[1136]) Siehe dazu die §§ 55 a und 55 b AMG. Ähnliche Beschränkungen bestehen nach §§ 8 und 36 TabMG iZm Tabakerzeugnissen.

[1137]) §§ 365 m ff GewO 1994, §§ 39 ff BWG, §§ 98 a ff VAG, §§ 8 a ff RAO, §§ 36 a ff NO. Vgl ferner §§ 25 f GSpG. Siehe dazu die Behandlung des Themas im Beitrag von *Dürager* zum Strafrecht Rz 1075 ff.

[1138]) Erfasst sind nach § 3 Abs 1 Z 2 BVergG 2006 Einrichtungen, die im Allgemeininteresse liegende Aufgaben nicht gewerblicher Art erbringen und einer Kontrolle oder Aufsicht durch Gebietskörperschaften unterliegen. Dasselbe gilt nach den §§ 163 ff BVergG 2006 im Allgemeinen für öffentliche Unternehmen sowie aufgrund besonderer oder ausschließlicher Rechte tätiger privater Unternehmen in den sog „Sektoren" (Energie-, Wasser- und Verkehrsversorgung, Postdienste, gewisse Bergbautätigkeiten).

schreibungspflichtig ist. Sog „Direktvergaben"[1139]) sind nach § 41 Abs 2 BVergG 2006 im Allgemeinen nur bis zu einem geschätzten Auftragswert von EUR 40.000,– zzgl USt bzw – im Bereich der sog „Sektoren" – nach § 201 Abs 2 BVergG 2006 bis zu einem geschätzten Auftragswert von EUR 60.000,– zzgl USt zulässig; die VO BGBl II 2009/125 hat diese Werte befristet bis 31. 12. 2010 jeweils auf EUR 100.000,– angehoben. Während derzeit nach den §§ 132 Abs 3 und 273 Abs 3 BVergG 2006 nur offenkundig unzulässige Direktvergaben zur ex-nunc-Nichtigkeit des Vertrages führen können, wird eine bereits beschlossene Nov zum BVergG 2006, deren Kundmachung nur noch von der Zustimmung der Länder abhängt, diese Nichtigkeitssanktion auf grundsätzlich alle Vergabeverstöße, die für den Ausgang des Vergabeverfahrens von wesentlicher Bedeutung sind, erweitern.[1140])

941 Nach Art 107 AEUV ist die Gewährung staatlicher Beihilfen grundsätzlich verboten; gemäß Art 108 AEUV dürfen sie nur ausnahmsweise gewährt werden, wenn sie vorher von der Europäischen Kommission im Einzelfall genehmigt wurden oder Gegenstand einer genehmigten Beihilfenregelung bzw sog „Gruppenfreistellungsverordnung"[1141]) sind. Der Begriff der Beihilfe ist weit zu verstehen und erfasst sämtliche Zuwendungen aus staatlichen Mitteln, denen keine marktkonforme Gegenleistung gegenübersteht; neben direkten Subventionen sind dies auch Darlehen, Zinszuschüsse, Garantien, der Verzicht auf oder die Stundung von Abgaben, Beiträgen oder sonstigen Forderungen, Kapitalbeteiligungen der öffentlichen Hand zu nicht marktkonformen Konditionen etc.[1142]) Ohne die erforderliche Genehmigung durchgeführte Beihilfen sind verzinst zurückzufordern, doch ist bei Vorliegen der materiellen Voraussetzungen auch eine nachträgliche Genehmigung möglich.[1143]) Ein Vertrauensschutz, der gegen die Rückforderung einer rechtswidrigen Beihilfe ins Treffen geführt werden kann, besteht im Allgemeinen nicht; den Unternehmer trifft vielmehr eine Erkundigungspflicht, ob ihm gewährte Beihilfen durchgeführt werden dürfen.[1144])

C. Betriebsorganisation

1. Allgemeines

942 Dass Compliance immer auch eine entsprechende Organisation im Unternehmen erfordert,[1145]) gilt besonders für das öffentliche Recht, zumal sich aus zahlreichen öffentlich-

---

[1139]) Weitere Ausnahmen bestehen insb nach nach den §§ 10 bzw 175 ff BVergG 2006.

[1140]) Siehe dazu insb § 334 BVergG 2006 des Gesetzesbeschlusses des NR vom 10. 12. 2009. Nur im sog „Unterschwellenbereich" wird es zudem auf die offenkundige Unzulässigkeit der Vorgangsweise ankommen. Im Oberschwellenbereich wird der Auftraggeber die Nichtigkeitssanktion dagegen nur aus zwingenden Gründen des Allgemeininteresses abwenden können.

[1141]) Besonders hervorzuheben ist in diesem Zusammenhang die Allgemeine Gruppenfreistellungsverordnung (AGVO) 800/2008, ABl 2008 L 214, 3.

[1142]) Näher zum Beihilfenbegriff *Koenig/Kühling/Ritter,* EG-Beihilferecht Rz 66 ff, sowie die Beiträge in *Heidenhain* (Hrsg), Beihilfenrecht 17 ff.

[1143]) EuGH Rs C-199/06 CELF, Slg 2008, I-469. Für den Zeitraum ab der unzulässigen Gewährung bis zur nachträglichen Genehmigung sind auch hier Zinsen zu zahlen.

[1144]) Nach stRsp ist es einem sorgfältigen Gewerbetreibenden nämlich regelmäßig möglich, sich zu vergewissern, ob das Beihilfenaufsichtsverfahren eingehalten wurde; siehe dazu etwa EuGH Rs C-24/95 Alcan, Slg 1997, I-1591, Rz 25.

[1145]) Siehe dazu den Beitrag von *Napokoj* Rz 76 ff.

rechtlichen Vorschriften Vorgaben für die Unternehmensorganisation ergeben. Dabei kann zwischen Vorgaben für die Aufbauorganisation und solchen für die Ablauforganisation unterschieden werden.[1146]) Während es bei der Aufbauorganisation um die Verteilung von Aufgaben und Verantwortlichkeiten geht, beschreibt die Ablauforganisation die Ordnung von Handlungsvorgängen und Prozessen in räumlich-zeitlicher Hinsicht.

2. Aufbauorganisation

a) Verwaltungsstrafrechtliche Verantwortlichkeit

In den meisten Fällen bildet der Verstoß gegen öffentlich-rechtliche Handlungs- **943** pflichten den Tatbestand einer Verwaltungsübertretung.[1147]) Daher kommt der Frage, welche Organe im Unternehmen für die Missachtung dieser Pflichten zur Verantwortung gezogen werden können, im Rahmen der Aufbauorganisation erhebliche Bedeutung zu.

Als Grundsatz gilt: Für die Einhaltung unternehmensbezogener Handlungspflichten **944** ist der Unternehmensinhaber verantwortlich. Ist dieser eine juristische Person oder eine eingetragene Personengesellschaft, so bestimmt § 9 Abs 1 VStG, dass für die Einhaltung der Verwaltungsvorschriften die zur Vertretung nach außen berufenen Organe verantwortlich sind.[1148]) Darunter sind jene Organe zu verstehen, die nach der Verfassung der juristischen Person (Gesetz, Gesellschaftsvertrag, Satzung) zur Vertretung berufen sind,[1149]) dh die Geschäftsführer, Vorstände uä, nicht aber Angestellte und Prokuristen.[1150])

Die Konzentration der verwaltungsstrafrechtlichen Verantwortung bei der Unter- **945** nehmensspitze hat zur Folge, dass die natürliche Person als Unternehmensinhaber bzw die zur Vertretung nach außen berufenen Organe auch für Handlungen nachgeordneter Personen verantwortlich sind; diese trifft nach der Rsp eine Überwachungspflicht, und sie können ihre eigene Verantwortung infolge mangelnden Verschuldens nur dann vermeiden, wenn im Unternehmen ein sog „wirksames Kontrollsystem" zur Einhaltung der Verwaltungsvorschriften eingerichtet wurde.[1151]) Zu diesem siehe unten Rz 966.

Besonders hervorzuheben ist auch, dass § 9 Abs 1 VStG eine kollektive Haftung **946** sämtlicher zur Vertretung nach außen berufenen Organe normiert, sodass die Haftung für den Fall, dass zB eine GmbH über mehrere Geschäftsführer verfügt, sämtliche Geschäftsführer trifft; allein eine innerbetriebliche Aufgabenteilung bzw Ressortabgrenzung vermag daher die übrigen Geschäftsführer noch nicht von ihrer Verantwortung zu befreien.[1152]) § 9 Abs 2 1. Satz VStG ermöglicht allerdings eine Konzentration der

---

[1146]) *Schoppen/Engel,* Umweltrecht, in *Umnuß,* Corporate Compliance Checklisten Rz 73 f.

[1147]) Insb schwere umweltrechtliche Verfehlungen können zudem nach § 68 Abs 1 Z 5 bzw § 229 Abs 1 Z 5 BVergG 2006 den Ausschluss von der Teilnahme an Vergabeverfahren zur Folge haben.

[1148]) Eine Ausnahme besteht iZm der Verletzung von Verpflichtungen zur Verhinderung der Geldwäsche und Terrorismusfinanzierung, vgl § 370 Abs 1 a und 1 b GewO 1994.

[1149]) Vgl dazu *Thienel/Schulev-Steindl,* Verwaltungsverfahrensrecht 424; VwGH 15. 6. 1983, 82/01/0310.

[1150]) VwGH 5. 7. 1982, 82/10/0039.

[1151]) VwGH 4. 9. 2006, 2005/09/0073.

[1152]) VwGH 7. 5. 1997, 95/09/0187; 17. 12. 2004, 2000/03/0231. Allerdings ist in solchen Fällen jeweils zu untersuchen, ob bei gegebenem objektiven Tatbestand auch der subjektive Tatbestand des Verschuldens iSd § 5 VStG gegeben ist: VwGH 21. 5. 2001, 2000/17/0134.

Verantwortlichkeit auf eine Person, indem er die zur Vertretung nach außen Berufenen berechtigt, aus ihrem Kreis eine oder mehrere Personen als sog „verantwortliche Beauftragte" zu bestellen, denen für das ganze Unternehmen oder für bestimmte räumlich oder sachlich abgegrenzte Bereiche des Unternehmens die Verantwortung für die Einhaltung der Verwaltungsvorschriften obliegt.[1153]

Praxistipp:

Bei juristischen Personen oder eingetragenen Personengesellschaften mit mehreren Geschäftsführern, Vorständen uä sollte zur Vermeidung mehrfacher Bestrafung einer von ihnen zum verantwortlichen Beauftragten bestellt werden.

---

947   Unabhängig davon ermöglicht § 9 Abs 2 Satz 2 VStG die Verlagerung der verwaltungsstrafrechtlichen Verantwortlichkeit auf eine untere Ebene, indem für bestimmte räumlich und sachlich abgegrenzte Bereiche auch andere Personen zu verantwortlichen Beauftragten bestellt werden können; dieselbe Möglichkeit steht nach § 9 Abs 3 VStG auch natürlichen Personen offen, die Inhaber eines räumlich oder sachlich abgegrenzten Unternehmens sind.

948   Gemäß § 9 Abs 4 VStG kann zum verantwortlichen Beauftragten allerdings jeweils nur eine Person mit Hauptwohnsitz im Inland bestellt werden,[1154] die auch strafrechtlich verfolgt werden kann und ihrer Bestellung nachweislich zugestimmt hat; va aber muss dem verantwortlichen Beauftragten für den seiner Verantwortung unterliegenden klar abzugrenzenden Bereich[1155] eine entsprechende Anordnungsbefugnis zugewiesen sein:[1156] Der verantwortliche Beauftragte muss durch die ihm eingeräumte Gestaltungsmöglichkeit in der Lage sein, selbst die Verwaltungsvorschriften einzuhalten[1157] und das Verhalten der Mitarbeiter insoweit nachhaltig zu beeinflussen;[1158] da die bloße

---

[1153] Soweit sich dies zur Sicherstellung der strafrechtlichen Verantwortlichkeit als erforderlich erweist, sind sie dazu auf Verlangen der Behörde sogar verpflichtet; ein solches Verlangen hat in Bescheidform zu ergehen, vgl dazu VwGH 18. 12. 1970, 1259/70.

[1154] Das Erfordernis des Hauptwohnsitzes im Inland gilt nicht für Staatsangehörige von EWR-Vertragsstaaten, falls Zustellungen im Verwaltungsstrafverfahren durch Staatsverträge mit dem Vertragsstaat des Wohnsitzes des verantwortlichen Beauftragten oder auf andere Weise sichergestellt sind.

[1155] Bei Fehlen einer klaren Abgrenzung liegt keine wirksame Bestellung vor; überhaupt ist bei der Auslegung der Bestellungsurkunde ein objektiver Maßstab anzulegen: VwGH 28. 11. 2008, 2008/02/0300. Nach VwGH 30. 3. 2006, 2004/15/0022, muss die Abgrenzung so klar sein, dass in räumlicher, sachlicher und allenfalls zeitlicher Hinsicht immer nur eine Person als Träger der Verantwortlichkeit in Betracht kommt. Vgl dazu auch VwGH 21. 3. 1995, 94/09/0097, wo die Bezugnahme auf einen konkreten Arbeitsbereich (eine konkrete Baustelle) gefordert wurde.

[1156] Nach § 23 Abs 2 ArbIG bzw § 23 Abs 4 VAIG 1994 können für die Einhaltung dieses Gesetzes sowie von Arbeitnehmerschutzvorschriften zudem auch leitende Angestellte, denen maßgebliche Führungsaufgaben selbstverantwortlich übertragen sind, rechtswirksam bestellt werden. Näher dazu VwGH 7. 4. 1995, 94/02/0470; 7. 4. 1995, 94/02/0482. Vgl ferner *Stöger*, Verwaltungsstrafrechtliche Verantwortlichkeit, in *Ratka/Rauter*, Handbuch Geschäftsführerhaftung 268 f.

[1157] VwGH 22. 11. 1996, 93/17/0143.

[1158] VwGH 27. 11. 1995, 93/10/0061. In VwGH 12. 11. 1992, 92/18/0239, hat der VwGH von einer „Dispositionsbefugnis, solche Entscheidungen zu treffen, welche die Einhaltung der

Möglichkeit, die zur Vertretung nach außen befugten Organe zu informieren, nicht ausreicht,[1159]) genügt es nicht, wenn er bloß zur Prüfung und Kontrolle ermächtigt ist.[1160]) Nicht erforderlich ist dagegen, dass bei der Bestellung des verantwortlichen Beauftragten jede einzelne Anordnungsbefugnis angeführt ist.[1161]) Nach der Rsp begründet insb die Erteilung einer entsprechenden Vollmacht[1162]) bzw Handlungsvollmacht[1163]) eine ausreichende Anordnungsbefugnis; allerdings setzt eine wirksame Bestellung auch voraus, dass die verwaltungsstrafrechtliche Verantwortung ausdrücklich übertragen wird.[1164]) Sowohl die Einräumung der Anordnungsbefugnis als auch die Zustimmung zur Bestellung müssen zudem vor dem Zeitpunkt der Tatbegehung erfolgt sein.[1165]) In einigen Bereichen ist die Bestellung zum verantwortlichen Beauftragten zudem nur wirksam, wenn sie der zuständigen Behörde bekanntgegeben wurde.[1166])

Die wirksame Bestellung eines verantwortlichen Beauftragten schließt die straf- **949** rechtliche Verantwortung der zur Vertretung nach außen berufenen Organe bzw des Unternehmensinhabers nicht in jedem Fall aus. Nach § 9 Abs 5 VStG bleiben diese nämlich dann verantwortlich, wenn sie die Tat eines verantwortlichen Beauftragten vorsätzlich nicht verhindert haben bzw ihnen eine Anstiftung oder Beihilfe iSd § 7 VStG zur Last gelegt werden kann.[1167]) Überdies sieht § 9 Abs 7 VStG vor, dass juristische Personen und eingetragene Personengesellschaften sowie natürliche Personen als Unternehmensinhaber für die über die zur Vertretung nach außen Berufenen oder einen verantwortlichen Beauftragten verhängten Geldstrafen, sonstige in Geld bemessene Unrechtsfolgen und die Verfahrenskosten zur ungeteilten Hand haften.

b) Der gewerberechtliche Geschäftsführer und ähnliche Personen

Das Regime des § 9 VStG betreffend die verwaltungsstrafrechtliche Verantwort- **950** lichkeit findet gemäß § 9 Abs 1 VStG nur Anwendung, sofern die Verwaltungsvorschriften nichts anderes bestimmen. Die wesentlichste Abweichung bildet dabei das In-

---

Verwaltungsvorschriften sicherstellen", gesprochen. Vgl auch exemplarisch zum Umfang der solcherart gebotenen Anordnungsbefugnis eines verantwortlichen Beauftragten eines Personentransportunternehmens VwGH 12. 6. 1992, 90/19/0464.

[1159]) VwGH 22. 11. 1996, 93/17/0143.

[1160]) VwGII 10. 10. 2007, 2004/03/0179.

[1161]) VwGH 21. 8. 2001, 99/06/0061.

[1162]) VwGH 27. 6. 2006, 2004/05/0113.

[1163]) VwGH 3. 9. 2008, 2004/03/0136; 22. 12. 2008, 2004/03/0134. Nach VwGH 25. 2. 2002, 2001/04/0253, kann auch eine Filialleiterin der vierten Führungsebene über eine entsprechende Anordnungsbefugnis verfügen. Zur Zulässigkeit der Bestellung von Filialleitern zu verantwortlichen Beauftragten allgemein auch VwGH 22. 10. 1990, 90/19/0323; 30. 7. 1992, 91/19/0239. Die Verpflichtung zur Einhaltung firmeninterner Dienstanweisungen ist dabei kein Bestellungshindernis: VwGH 19. 5. 1994, 92/18/0198.

[1164]) VwGH 3. 9. 2008, 2004/03/0136; 22. 12. 2008, 2004/03/0134.

[1165]) VwGH 23. 5. 2005, 2004/06/0013.

[1166]) Siehe dazu § 23 Abs 1 ArbIG, § 23 Abs 1 VAIG, § 28a Abs 3 AuslBG, § 26 Abs 2 und 3 AußHG, § 43 Abs 2 BiozidG; § 72 Abs 2 ChemG, § 38 Abs 1 Z 2 LMSVG.

[1167]) Umgekehrt ist der verantwortliche Beauftragte nach § 9 Abs 6 VStG dann nicht verantwortlich, wenn er eine Verwaltungsvorschrift aufgrund einer besonderen Weisung seines Auftraggebers verletzt und glaubhaft zu machen vermag, dass ihm die Einhaltung dieser Verwaltungsvorschrift unzumutbar war.

stitut des gewerberechtlichen Geschäftsführers; dessen Bedeutung erklärt sich daraus, dass die meisten beruflichen Tätigkeiten in den Anwendungsbereich der GewO 1994 fallen.

951 § 39 Abs 1 GewO 1994 berechtigt den Gewerbeinhaber, für die Ausübung seines Gewerbes einen Geschäftsführer zu bestellen; ein solcher ist allerdings verpflichtend zu bestellen, wenn der Gewerbeinhaber den Befähigungsnachweis nicht erbringen kann oder keinen Wohnsitz im Inland hat, sofern die Zustellung der Verhängung und die Vollstreckung von Verwaltungsstrafen nicht durch Übereinkommen sichergestellt sind. Eine Verpflichtung zur Bestellung eines gewerberechtlichen Geschäftsführers besteht zudem nach § 9 Abs 1 GewO 1994 für juristische Personen und eingetragene Personengesellschaften.

952 Die Bestellung setzt gemäß § 39 Abs 2 GewO 1994 voraus, dass der gewerberechtliche Geschäftsführer den für die Ausübung des Gewerbes vorgeschriebenen persönlichen Voraussetzungen[1168] entspricht und in der Lage ist, sich im Betrieb entsprechend zu betätigen;[1169] dies erfordert insb die Einräumung einer seiner Verantwortung entsprechenden Anordnungsbefugnis. Zudem muss der gewerberechtliche Geschäftsführer seiner Bestellung nachweislich zugestimmt und nach § 39 Abs 2 a GewO 1994 seinen Wohnsitz im Inland haben.[1170]

953 Handelt es sich um ein Gewerbe, für das die Erbringung eines Befähigungsnachweises vorgeschrieben ist,[1171] so muss der nach § 9 Abs 1 GewO 1994 zu bestellende Geschäftsführer einer juristischen Person gemäß § 39 Abs 2 GewO 1994 zudem entweder dem zur gesetzlichen Vertretung berufenen Organ der juristischen Person angehören oder ein mindestens zur Hälfte der wöchentlichen Normalarbeitszeit im Betrieb beschäftigter, nach den Bestimmungen des Sozialversicherungsrechtes voll versicherungspflichtiger Arbeitnehmer sein;[1172] letztere Voraussetzung muss auch erfüllt sein, wenn der gewerberechtliche Geschäftsführer den Befähigungsnachweis einer natürlichen Person als Gewerbeinhaber für ein reglementiertes Gewerbe substituieren soll.

954 Gemäß § 39 Abs 1 GewO 1994 ist der gewerberechtliche Geschäftsführer gegenüber dem Gewerbeinhaber für die fachlich einwandfreie Ausübung des Gewerbes und gegenüber der Behörde für die Einhaltung der gewerberechtlichen Vorschriften[1173] ver-

---

[1168]) Gewerberechtsfähigkeit iSd § 8 GewO 1994, Nichtvorliegen von Ausschließungsgründen iSd § 13 GewO 1994, Erbringung des bei reglementierten Gewerben geforderten Befähigungsnachweis.

[1169]) Vgl dazu auch § 39 Abs 3 GewO 1994, wonach sich der Gewerbeinhaber in den Fällen, in denen ein Geschäftsführer zu bestellen ist, eines Geschäftsführers bedienen muss, der sich im Betrieb entsprechend betätigt.

[1170]) Dies gilt nicht, sofern die Zustellung der Verhängung und die Vollstreckung von Verwaltungsstrafen durch Übereinkommen sichergestellt sind oder es sich um Staatsangehörige einer EWR-Vertragspartei handelt, die ihren Wohnsitz in einem EWR-Vertragsstaat haben.

[1171]) Siehe dazu die Liste der reglementierten Gewerbe in § 94 GewO 1994.

[1172]) Von dieser Verpflichtung ausgenommen sind die Gewerbe iSd § 7 Abs 5 GewO, die in Form eines Industriebetriebes ausgeübt werden. Zudem kann innerhalb eines Konzerns ein Geschäftsführer auch für mehrere Konzernunternehmen bestellt werden, wenn er zumindest bei einem von diesen als Arbeitnehmer entsprechend beschäftigt ist.

[1173]) Dies sind im Wesentlichen die Bestimmungen der GewO 1994, dazu ergangener VO und Bescheide sowie gewerberechtlicher Nebengesetze wie GütbefG, GelverkG, ÖffZG und Betriebszeiten G sowie das Ausverkaufsrecht; keine gewerberechtlichen Vorschriften sind hingegen

antwortlich. § 370 Abs 1 GewO 1994 sieht dementsprechend vor, dass Geld- und Verfallsstrafen gegen einen rechtswirksam bestellten Geschäftsführer zu verhängen sind.[1174] Eine Strafbarkeit des Gewerbeinhabers neben dem Geschäftsführer besteht gemäß § 370 Abs 3 GewO 1994 nur dann, wenn ersterer die Verwaltungsübertretung wissentlich duldet oder bei der Auswahl des Geschäftsführers es an der erforderlichen Sorgfalt hat fehlen lassen.

Die Bestellung und das Ausscheiden des gewerberechtlichen Geschäftsführers sind **955** nach § 39 Abs 4 GewO 1994 vom Gewerbeinhaber der BVB anzuzeigen,[1175] und der Gewerbeinhaber ist nach § 39 Abs 5 GewO 1994 von seiner Verantwortung für die Einhaltung der gewerberechtlichen Vorschriften nur befreit, wenn er die Bestellung eines entsprechenden Geschäftsführers auch tatsächlich angezeigt hat. Für bestimmte Gewerbe bindet § 95 Abs 2 GewO 1994 die Bestellung zum gewerberechtlichen Geschäftsführer allerdings an eine Genehmigungspflicht.

§ 47 Abs 1 GewO 1994 berechtigt zudem Gewerbetreibende, für die Ausübung des **956** Gewerbes in einer weiteren Betriebsstätte einen sog „Filialgeschäftsführer" zu bestellen, der in dieser gegenüber der Behörde für die Einhaltung der gewerberechtlichen Vorschriften verantwortlich ist. Gemäß § 47 Abs 2 GewO 1994 gelten dabei die in Rz 952 f umschriebenen Voraussetzungen, bezogen auf die weitere Betriebsstätte, sinngemäß. Die Bestellung bedarf nach § 47 Abs 3 GewO 1994 der Anzeige an die für die weitere Betriebsstätte zuständige Gewerbebehörde und hat zur Folge, dass der Gewerbeinhaber nach § 47 Abs 4 GewO 1994 von seiner Verantwortung für die Einhaltung der gewerberechtlichen Vorschriften in dieser Betriebsstätte befreit wird und gemäß § 370 Abs 4 GewO 1994 Verwaltungsstrafen stattdessen gegen den Filialgeschäftsführer zu verhängen sind.[1176]

Dem gewerberechtlichen Geschäftsführer hinsichtlich der Verantwortung nachgebildet **957** sind insb die Funktion des Geschäftsführers iSd § 16 GWG bei Gas-Netzbetreibern[1177] sowie des abfallrechtlichen Geschäftsführers iSd § 26 AWG 2002 bei Unternehmen, die gefährliche Abfälle sammeln und behandeln.

---

etwa das AMG, LMSVG, AuslBG sowie landesrechtliche Vorschriften. Näher dazu *Grabler/Stolzlechner/Wendl*, GewO, § 39 zu Rz 7 ff; *Stöger*, Verwaltungsstrafrechtliche Verantwortlichkeit, in *Ratka/Rauter*, Handbuch Geschäftsführerhaftung 275 ff.

[1174] Seine Verantwortung entfällt allerdings nach § 370 Abs 2 GewO 1994 dann, wenn er aufgrund einer besonderen Weisung des Gewerbeinhabers eine Verwaltungsvorschrift verletzt und glaubhaft zu machen vermag, dass ihm die Einhaltung dieser Verwaltungsvorschriften unzumutbar war.

[1175] Zur Sicherstellung der Einhaltung der Bestellungsvoraussetzungen für Arbeitnehmer findet aus diesem Anlass ein automationsgestützter Datenaustausch mit dem jeweiligen Sozialversicherungsträger statt.

[1176] Auch die Verantwortung des Filialgeschäftsführers entfällt allerdings dann, wenn dieser aufgrund einer besonderen Weisung des Gewerbeinhabers eine Verwaltungsvorschrift verletzt und glaubhaft zu machen vermag, dass ihm die Einhaltung dieser Verwaltungsvorschriften unzumutbar war; ebenso ist der Gewerbeinhaber strafbar, wenn er die Verwaltungsübertretung des Filialgeschäftsführers wissentlich duldet oder es bei dessen Auswahl an der erforderlichen Sorgfalt hat fehlen lassen.

[1177] Dagegen trifft beispielsweise den Betriebsleiter iSd § 10 Abs 5 KflG keine verwaltungsstrafrechtliche Verantwortung.

c) Weitere Anforderungen an die Aufbauorganisation

958   Zahlreiche Gesetze sehen weitere Anforderungen an die Aufbauorganisation vor, wobei angesichts der meist nur punktuellen Bedeutung dieser Regelungen im Folgenden auch hier bloß ein allgemeiner Überblick gegeben und eine grobe Kategorisierung ohne Anspruch auf Vollständigkeit vorgenommen wird.

959   Im Zusammenhang mit besonders technikaffinen Tätigkeiten besteht außerhalb des Anwendungsbereichs der GewO 1994 häufig die Verpflichtung, einen besonderen Betriebsleiter für technische Belange zu bestellen.[1178] Da mit diesen Funktionen jeweils eine Verantwortung für technische Belange verbunden ist, müssen die zum Betriebsleiter zu bestellenden Personen jeweils über eine ausreichende fachliche Qualifikation und eine zu ihrer Verantwortung korrespondierende Anordnungsbefugnis verfügen;[1179] anders als den gewerberechtlichen Geschäftsführer trifft die Betriebsleiter jedoch im Allgemeinen keine verwaltungsstrafrechtliche Verantwortlichkeit.[1180] Abweichendes gilt insb für den Betriebsleiter eines Bergbauunternehmens,[1181] der gemäß § 125 MinroG zu bestellen ist und gemäß § 193 Abs 4 MinroG – ebenso wie auch die anderen dort genannten Personen – neben dem Bergbauberechtigten verwaltungsstrafrechtlich verantwortlich ist.[1182]

960   Eine ähnliche Trennung zwischen der kaufmännischen und sonstigen Verantwortung sieht auch das Krankenanstaltenrecht vor, indem es zwischen den Funktionen des ärztlichen Leiters iSd § 7 Abs 1 KAKuG, des wirtschaftlichen Leiters iSd § 11 Abs 1 KAKuG sowie dem Leiter des Pflegedienstes iSd § 11a Abs 1 KAKuG unterscheidet: Auch diese Funktionen erfordern jeweils eine bestimmte Qualifikation bzw Verantwortung, begründen allerdings keine verwaltungsstrafrechtliche Verantwortlichkeit.[1183]

961   Mehrere Gesetze verlangen zudem vom Unternehmensinhaber die Bestellung eines Beauftragten, der als unternehmensinterne Compliance-Stelle die Einhaltung bestimmter Vorschriften zu überwachen bzw den Betriebsinhaber zu beraten und unterstützen hat. Die Funktion mit der größten sektorübergreifenden Bedeutung ist dabei der Ab-

---

[1178] Siehe dazu den technischen Betriebsleiter nach § 15 GWG für Erdgas-Netzbetreiber, nach zahlreichen LandesausführungsG zum ElWOG für Stromerzeugungsunternehmen bzw -netzbetreiber, den Betriebsleiter nach § 21 EisbG für Eisenbahninfrastruktur- bzw -verkehrsunternehmen, nach § 81 SeilbahnG 2003 für Seilbahnunternehmen, nach § 15 RohrLG für Rohrleitungsunternehmen und nach § 78 Abs 2 Z 1 SchifffahrtsG für Schifffahrtsunternehmen. Siehe ferner den Leiter des Betriebsdienstes iSd § 41 KflG für Kraftfahrlinienunternehmen.

[1179] Vgl dazu nur *Pauger*, Gaswirtschaftsrecht 78.

[1180] So zum EisbG bzw GWG *Catharin/Gürtlich*, Eisenbahngesetz, § 21 Anm 5; *Liebmann/ Netzer*, EisbG, § 21 zu Rz 1, bzw *Donninger/Mayer/Stock*, Gaswirtschaftsgesetz, § 15 Anm 12, die aber die Garantenstellung des Betriebsleiters iSd § 2 StGB betonen. Nur die jährliche Berichtspflicht des verantwortlichen Betriebsleiters an die Behörde über den Zustand der Rohrleitungsanlage nach § 38 Abs 3 RohrLG ist gemäß § 41 Abs 2 Z 13 RohrLG verwaltungsstrafrechtlich sanktioniert.

[1181] Dazu zählen auch Schottergruben; vgl dazu VwGH 26. 4. 2007, 2005/04/0143.

[1182] § 137 Abs 5 WRG sieht zudem für strafbare Handlungen iZm dem Betrieb einer Wasseranlage unter gewissen Voraussetzungen eine Haftung des Wasserberechtigten sowie des Betriebsleiters neben dem eigentlichen Täter bzw an dessen Stelle vor.

[1183] Nur erwähnt sei an dieser Stelle auch die Aufspaltung der Verantwortlichkeit zwischen dem (klinischen) Prüfer, Sponsor und Monitor iZm der klinischen Prüfung von Arzneimitteln bzw Medizinprodukten; siehe dazu § 2a Abs 8, 11 und 16 AMG bzw § 3 Abs 4 bis 6 MPG.

fallbeauftragte. So bestimmt § 11 Abs 1 AWG 2002, dass in Betrieben mit mehr als 100 Arbeitnehmern ein fachlich qualifizierter Abfallbeauftragter und für den Fall der Verhinderung ein Stellvertreter zu bestellen ist. Nach § 11 Abs 3 AWG 2002 hat der Abfallbeauftragte die folgenden Aufgaben:[1184]

- Überwachung der Einhaltung der den Betrieb betreffenden abfallrechtlichen Vorschriften und darauf beruhender Bescheide und unverzügliche Information des Betriebsinhabers über seine Wahrnehmungen, insb über festgestellte Mängel,
- Hinwirken auf eine sinnvolle Organisation der Umsetzung der den Betrieb betreffenden abfallrechtlichen Vorschriften,
- Beratung des Betriebsinhabers in allen den Betrieb betreffenden abfallwirtschaftlichen Fragen, einschließlich der abfallwirtschaftlichen Aspekte bei der Beschaffung,
- im Zuge der Erstellung oder Fortschreibung des Abfallwirtschaftskonzeptes Darstellung der Kosten der Abfallbehandlung und der Erlöse der Altstoffe gegenüber dem Betriebsinhaber.

Gemäß § 11 Abs 4 AWG 2002 lässt die Bestellung eines Abfallbeauftragten die Verantwortlichkeit des Betriebsinhabers für die Einhaltung der abfallrechtlichen Vorschriften und darauf beruhender Bescheide unberührt; auch darf dem Abfallbeauftragten keine Verantwortlichkeit für die Einhaltung von abfallrechtlichen Vorschriften übertragen werden, was die gleichzeitige Bestellung verantwortlicher Beauftragter iSd § 9 VStG ausschließt. Nach § 11 Abs 2 AWG 2002 sind die Bestellung und Abbestellung des Abfallbeauftragten und seines Stellvertreters der Behörde unverzüglich zu melden (die Meldung über die Bestellung hat auch die Zustimmung und Angaben über die fachliche Qualifikation der bestellten Personen zu enthalten).

Eine Überwachungsfunktion, welche die Verantwortung des Betriebsinhabers zur **962** Einhaltung der zu überwachenden Verhaltensvorschriften unberührt lässt, üben auch die nach den §§ 22 Abs 1 und 26 Abs 3 Z 4 ElWOG bzw § 7 Abs 3 lit d GWG in integrierten Elektrizitäts- und Erdgasunternehmen zu bestellenden Gleichbehandlungsbeauftragten aus. Zudem müssen Kreditinstitute und Versicherungsunternehmen nach § 42 Abs 1 BWG bzw § 17 b VAG eine interne Revision einrichten, die unmittelbar den Geschäftsleitern untersteht und ausschließlich der laufenden und umfassenden Prüfung der Gesetzmäßigkeit, Ordnungsgemäßheit und Zweckmäßigkeit des gesamten Unternehmens dient. § 18 Abs 3 WAG 2007 verlangt dagegen von Wertpapierdienstleistungsunternehmen die Einrichtung einer unabhängigen Compliance-Funktion einschließlich der Benennung eines Compliance-Beauftragten, der gemäß § 18 Abs 4 Z 2 WAG 2007 für die Compliance-Funktion und die Erstellung eines Tätigkeitsberichts verantwortlich ist.[1185] Die Funktion eines innerbetrieblichen Datenschutzbeauftragten

---

[1184] Gemäß § 11 Abs 1 AWG 2002 hat der Betriebsinhaber den Abfallbeauftragten bei der Wahrnehmung seiner Aufgaben zu unterstützen, insb hat er ihm für seine Tätigkeit ausreichend Zeit während der Arbeitszeit und Aus- und Weiterbildungsmöglichkeiten zu gewähren und die erforderlichen Hilfsmittel zur Verfügung zu stellen.

[1185] Nur erwähnt sei, dass das Krankenanstaltenrecht als Compliance-Funktionen den Anstaltshygieniker bzw Hygienebeauftragten iSd § 8 a Abs 1 KAKuG (in bettenführenden Krankenanstalten ist zu dessen Unterstützung zudem eine Hygienefachkraft zu bestellen) sowie den technischen Sicherheitsbeauftragten iSd § 8 b Abs 1 KAKuG vorsieht.

ist nach dem DSG 2000, anders als etwa nach dem deutschen Bundesdatenschutzgesetz, nicht vorgesehen.[1186])

963   Dagegen ist der nach § 23 a WRG bei gewissen Talsperren und Speichern zu bestellende Talsperrenverantwortliche nicht nur für die Überwachung der Einhaltung der auf die Sicherheit der Talsperre bezughabenden Vorschriften und Bescheide, sondern auch für die Abstellung von Mängeln zuständig; eine verwaltungsstrafrechtliche Verantwortlichkeit trifft auch ihn nicht.[1187])

964   Schließlich kann die Vornahme bestimmter Tätigkeiten besonders befähigten Personen vorbehalten sein. So können etwa nach § 70 Abs 1 GewO 1994 bzw § 62 ASchG gefährliche Arbeiten durch VO an eine besondere fachliche Befähigung bzw Eignung, Fachkenntnis oder Berufserfahrung der eingesetzten Arbeitnehmer gebunden werden,[1188]) ein Beispiel hierfür ist das Führen von Gabelstaplern.[1189]) Hinzuweisen ist ferner auf §§ 32 Abs 3, 37 Abs 2 und 69 Abs 1 GewO 1994, welche die (hauptberufliche) Beschäftigung eines voll versicherungspflichtigen, befähigten Arbeitnehmers bei der Ausübung von Teilgewerben, in integrierten Betrieben sowie – sofern der Betriebsinhaber dort nicht überwiegend tätig ist – in Betriebsstätten bestimmter Gewerbebetriebe[1190]) fordern.[1191])

3. Ablauforganisation

965   Zahlreiche öffentlich-rechtliche Vorgaben bestehen auch für die Gestaltung der Ablauforganisation in Unternehmen. Da sich auch diese meist nur punktuell auf bestimmte Wirtschaftszweige beziehen, liegt auch bei der folgenden Darstellung der Schwerpunkt bei den Bestimmungen mit sektorübergreifender Bedeutung.

966   Wie bereits oben bei Rz 945 erwähnt, sind die verwaltungsstrafrechtlich verantwortlichen Organe in Unternehmen auch für Verwaltungsübertretungen zu bestrafen, die durch nachgeordnete Personen begangen werden. Die Strafbarkeit kann jedoch durch Einrichtung eines wirksamen Kontrollsystems vermieden werden. Obwohl die

---

[1186]) Zum Planungskoordinator nach § 3 BauKG vgl oben den Beitrag von *Leiter* zum Arbeitsrecht Rz 751 ff.

[1187]) Dasselbe gilt für die für die Abwasserreinigung verantwortliche Person (sog „Abwasserbeauftragter"), deren Bestellung soweit notwendig gemäß § 33 Abs 3 WRG durch Bescheid aufgetragen werden kann.

[1188]) Zu § 62 ASchG siehe insb die Fachkenntnisnachweis-VO, BGBl II 2007/13. Nach §§ 106 Abs 4 und 130 Abs 8 GewO 1994 dürfen zudem für die Errichtung von Alarmanlagen sowie jene Tätigkeiten, die den Berufsdetektiven und dem Bewachungsgewerbe vorbehalten sind, nur eigenberechtigte Arbeitnehmer mit der erforderlichen Zuverlässigkeit und Eignung beschäftigt werden. Dasselbe gilt, abgesehen von der Eigenberechtigung, nach § 116 Abs 5 GewO 1994 für jene Bereiche der Herstellung von sowie des Großhandels mit Arzneimitteln und Giften, die eine besondere Bewilligung nach suchtmittelrechtlichen Vorschriften erfordern. § 119 Abs 3 GewO 1994 fordert die Eigenberechtigung und erforderliche fachliche Eignung für Arbeitnehmer im Bereich der Lebens- und Sozialberatung.

[1189]) § 2 Z 1 lit b Fachkenntnisnachweis-VO.

[1190]) Augenoptiker, Hörgeräteakustiker, Bandagisten, Orthopädietechniker, Orthopädieschuhmacher, Zahntechniker, Friseure und Perückenmacher, Masseure, Kosmetiker (Schönheitspfleger) oder Fußpfleger.

[1191]) Regelungen, wonach bestimmte Tätigkeiten besonders befähigten Personen vorbehalten sind, bestehen ferner insb im Berufsrecht der Gesundheitsberufe.

Rsp ein Kontrollsystem soweit ersichtlich bisher in keinem einzelnen Fall als wirksam anerkannt hat,[1192]) können aus ihr die folgenden Anforderungen an die Ausgestaltung eines derartigen Systems abgeleitet werden:

- Es muss festgelegt sein, welche Maßnahmen im Einzelnen der unmittelbar Übergeordnete zu ergreifen verpflichtet ist, um durchzusetzen, dass jeder in das Kontrollsystem eingebundene einzelne Mitarbeiter die einzuhaltenden Vorschriften auch tatsächlich befolgt.[1193])
- Ferner muss festgelegt sein, welche Maßnahmen der an der Spitze der Unternehmenshierarchie Anordnungsbefugte vorgesehen hat, um das Funktionieren dieses Kontrollsystems insgesamt zu gewährleisten, dh um sicherzustellen, dass die auf der jeweils übergeordneten Ebene erteilten Anordnungen auch an die jeweils untergeordnete, zuletzt also an die unterste Hierarchieebene gelangen und dort auch tatsächlich befolgt werden.[1194])
- Das Kontrollsystem muss so gestaltet sein, dass es unter den vorhersehbaren Verhältnissen die Einhaltung der gesetzlichen Vorschriften mit gutem Grund erwarten lässt;[1195]) es muss insb auch geeignet sein, eigenmächtige Handlungen von Arbeitnehmern zu verhindern.[1196])
- Die bloße Zuweisung von Verantwortlichkeiten, mindestens wöchentliche Kontrollen, Weisungen und periodische Schulungen reicht ebenso wenig aus[1197]) wie bloß stichprobenartige Überprüfungen;[1198]) vielmehr muss eine jederzeitige Überprüfung der Einhaltung der Verwaltungsvorschriften möglich sein.[1199]) Dies gilt insb auch für Zeiten der Abwesenheit des Vorgesetzten (zB Urlaub, Fortbildung).[1200])
- Der verwaltungsstrafrechtlich Verantwortliche muss in einem Verwaltungsstrafverfahren darlegen können, wie das Kontrollsystem funktioniert, sodass die Strafbehörde nachvollziehen kann, ob dieses die Anforderungen auch tatsächlich erfüllt.[1201])

967 Besonders hervorzuheben ist auch die Verpflichtung zur Erstellung eines Abfallwirtschaftskonzepts; diese besteht jedenfalls nach § 353 Z 1 GewO 1994 für genehmigungspflichtige Betriebsanlagen[1202]) und im Übrigen nach § 10 Abs 1 AWG 2002 für Anlagen, bei deren Betrieb Abfälle anfallen und in denen mehr als 20 Arbeitnehmer

---

[1192]) *Stöger,* Verwaltungsstrafrechtliche Verantwortlichkeit, in *Ratka/Rauter,* Handbuch Geschäftsführerhaftung 257, spricht dementsprechend davon, dass der VwGH in seiner Jud nur sehr allgemein formulierte Anhaltspunkte gibt.

[1193]) VwGH 26. 9. 2008, 2007/02/0317.

[1194]) VwGH 26. 9. 2008, 2007/02/0317.

[1195]) VwGH 30. 6. 2006, 2003/03/0033.

[1196]) VwGH 22. 10. 2003, 2000/09/0170.

[1197]) ZB VwGH 26. 9. 2008, 2007/02/0317.

[1198]) VwGH 19. 10. 2001, 2000/02/0228.

[1199]) VwGH 30. 6. 2006, 2003/03/0033.

[1200]) VwGH 20. 11. 2008, 2007/09/0288; *Stöger,* Verwaltungsstrafrechtliche Verantwortlichkeit, in *Ratka/Rauter,* Handbuch Geschäftsführerhaftung 258.

[1201]) VwGH 25. 2. 2004, 2001/09/0215.

[1202]) Ähnlich auch § 119 Abs 1 Z 4 MinroG bzgl Bergbauanlagen.

beschäftigt sind.[1203]) Inhalt des Abfallwirtschaftskonzeptes sind nach § 10 Abs 3 AWG 2002:

- Angaben über die Branche und den Zweck der Anlage und eine Auflistung sämtlicher Anlagenteile;
- eine verfahrensbezogene Darstellung des Betriebs;
- eine abfallrelevante Darstellung des Betriebs;
- organisatorische Vorkehrungen zur Einhaltung abfallwirtschaftlicher Rechtsvorschriften;
- eine Abschätzung der zukünftigen Entwicklung.

Gemäß § 10 Abs 4 AWG 2002 ist das Abfallwirtschaftskonzept auf Verlangen der Behörde vorzulegen, diese kann dessen Verbesserung mit Bescheid auftragen, wenn es unvollständig ist; zudem ist es nach § 10 Abs 5 AWG 2002 bei einer wesentlichen abfallrelevanten Änderung der Anlage, jedoch mindestens alle fünf Jahre, fortzuschreiben.

968 Sektorübergreifende Vorgaben betreffend die Ablauforganisation bestehen auch für sog „Seveso-II-Betriebe", das sind gemäß § 84a Abs 2 GewO 1994 jene Betriebe, bei denen bestimmte gefährliche Stoffe mindestens in der in Anlage 5 zur GewO 1994 angegebenen Menge vorhanden sind.[1204]) Den Inhaber eines solchen Betriebes treffen insb die folgenden Verpflichtungen, die zudem durch die Industrieunfallverordnung (IUV)[1205]) konkretisiert werden:

- Er hat nach § 84c Abs 1 GewO 1994 alle nach dem Stand der Technik notwendigen Maßnahmen zu ergreifen, um schwere Unfälle zu verhüten und deren Folgen für Mensch und Umwelt zu begrenzen.
- Er hat nach § 84c Abs 4 GewO 1994 ein Konzept zur Verhütung schwerer Unfälle (sog „Sicherheitskonzept") auszuarbeiten, zu verwirklichen und zur Einsicht der Behörde bereitzuhalten sowie dessen Verwirklichung und gegebenenfalls Änderung nachzuweisen.
- Abweichend von der zuletzt genannten Verpflichtung hat der Inhaber gemäß § 84c Abs 5 GewO 1994 nach Maßgabe von § 5 IUV einen Sicherheitsbericht mit bestimmten Mindestinhalten[1206]) zu erstellen.

[1203]) Wird eine Anlage von mehreren Personen betrieben, dürfen diese ein gemeinsames Abfallwirtschaftskonzept erstellen. Nach § 10 Abs 2 AWG 2002 muss das Abfallwirtschaftskonzept binnen zwölf Monaten nach Aufnahme des Betriebes oder des 21. Arbeitnehmers vorliegen. Vgl in diesem Zusammenhang auch § 6 Abs 2 Z 6 EG-K.

[1204]) Da § 59 AWG 2002 auf die einschlägigen Bestimmungen der GewO 1994 verweist, gilt dies neben gewerblichen Betriebsanlagen auch für Abfallbehandlungsanlagen.

[1205]) BGBl II 2002/354.

[1206]) Im Sicherheitsbericht ist darzulegen, • dass ein Konzept zur Verhütung schwerer Unfälle umgesetzt wurde und ein Sicherheitsmanagementsystem zu seiner Anwendung vorhanden ist;- die Gefahren schwerer Unfälle ermittelt und alle erforderlichen Maßnahmen zur Verhütung derartiger Unfälle und zur Begrenzung ihrer Folgen für Mensch und Umwelt ergriffen wurden; • die Auslegung, die Errichtung, der Betrieb und die Instandhaltung sämtlicher technischer Anlagen und die für ihr Funktionieren erforderlichen Infrastrukturen, die iZm der Gefahr schwerer Unfälle in Betrieb stehen, ausreichend sicher und zuverlässig sind; • interne Notfallpläne vorliegen, damit bei einem schweren Unfall die erforderlichen Maßnahmen ergriffen werden können; • den für die örtliche und überörtliche Raumplanung zuständigen Behörden ausreichend Infor-

- Er hat nach § 84 c Abs 7 GewO 1994 den Sicherheitsbericht oder das Sicherheitskonzept zu überprüfen und zu aktualisieren, wenn geänderte Umstände oder neue sicherheitstechnische Erkenntnisse dies erfordern, mindestens jedoch alle fünf Jahre.
- Nur bei den Betrieben iSd § 84 c Abs 2 Z 2 GewO 1994, wo die relevanten gefährlichen Stoffe in besonders großen Mengen gelagert werden, hat der Inhaber nach § 84 c Abs 8 GewO 1994 einen internen Notfallplan für Maßnahmen innerhalb des Betriebes zu erstellen,[1207]) alle drei Jahre zu aktualisieren und der Behörde anzuzeigen und auf Verlangen vorzulegen.

Art 5 Abs 1 der EG-LebensmittelhygieneVO 852/2004 verpflichtet zudem Lebens- **969** mittelunternehmer[1208]) zu einem Hygienemanagement; konkret sind ein oder mehrere ständige Verfahren, die auf den sog „HACCP-Grundsätzen" (Hazard Analysis and Critical Control Point) beruhen, einzurichten, durchzuführen und aufrechtzuerhalten.[1209]) Dazu gehört nach Art 5 Abs 2 dieser VO:

- die Ermittlung von Gefahren, die vermieden, ausgeschaltet oder auf ein akzeptables Maß reduziert werden müssen;
- die Bestimmung der kritischen Kontrollpunkte auf der (den) Prozessstufen, auf der (denen) eine Kontrolle zur Gefahrenvermeidung, -ausschaltung oder -reduktion notwendig ist;
- die Festlegung von Grenzwerten für diese kritischen Kontrollpunkte;
- die Festlegung und Durchführung effizienter Verfahren zur Überwachung der kritischen Kontrollpunkte;
- die Festlegung von Korrekturmaßnahmen für den Fall, dass die Überwachung zeigt, dass ein kritischer Kontrollpunkt nicht unter Kontrolle ist;
- die Festlegung regelmäßig durchgeführter Verifizierungsverfahren, um festzustellen, ob den vorangeführten Vorschriften entsprochen wird;
- die Erstellung von Dokumenten und Aufzeichnungen, die der Art und Größe des Lebensmittelunternehmens angemessen sind, um die Erfüllung der vorangeführten Vorschriften nachweisen zu können.

§ 21 LMSVG verpflichtet Lebensmittelunternehmer überdies dazu, die lebensmittelrechtlichen Vorschriften einzuhalten, deren Einhaltung durch Eigenkontrollen zu überprüfen und gegebenenfalls die erforderlichen Maßnahmen zur Mängelbehebung und Risikominimierung zu setzen.

Auch verlangen zahlreiche Vorschriften die Implementierung eines Qualitätssiche- **970** rungs- bzw -kontrollsystems, um so insb die Gleichförmigkeit der erzeugten Produkte

---

mationen für Entscheidungen über die Ansiedlung neuer Tätigkeiten und Entwicklungen in der Nachbarschaft bestehender Betriebe bereitgestellt wurden.

[1207]) Dies hat nach Anhörung des Betriebsrates oder, sofern ein solcher nicht besteht, der Beschäftigten einschließlich des relevanten langfristig beschäftigten Personals von Subunternehmern zu erfolgen.

[1208]) Zum Begriff siehe bereits oben Rz 925.

[1209]) Ausnahmen von den HACCP-Grundsätzen bestehen nur iZm der Primärproduktion, näher dazu Art 5 Abs 3 VO 852/2004.

bzw erbrachten Dienstleistungen sicherzustellen.[1210]) Dem Schutz von Leben, Gesundheit und Eigentum dient die Verpflichtung von Eisenbahnunternehmen nach § 39 EisbG, zur Kontrolle ihrer Risiken ein Sicherheitsmanagement einzuführen. Zudem ergibt sich aus den Eigenmittelvorschriften des BWG, § 17 b Abs 5 VAG sowie § 25 PKG die Verpflichtung zur Einrichtung eines Risikomanagements bei Kreditinstituten, Versicherungsunternehmen und Pensionskassen; vergleichbare Verpflichtungen bestehen auch nach anderen Vorschriften,[1211]) so etwa beispielsweise iZm der Verhinderung von Geldwäsche und Terrorismusfinanzierung.[1212]) Zur Verhinderung einer Bevorzugung des eigenen Konzerns beim freien Netzzugang im Energierecht haben zudem Strom- und Gas-Netzbetreiber (Inhaber der Transportrechte), die Teil eines integrierten Unternehmens sind, das auch in der Erzeugung (Gewinnung) oder im Handel tätig ist, nach § 22 Abs 1 und § 26 Abs 3 Z 4 ElWOG bzw § 7 Abs 3 lit d GWG ein Gleichbehandlungsprogramm aufzustellen, aus dem hervorgeht, welche Maßnahmen zum Ausschluss diskriminierenden Verhaltens getroffen werden.[1213])

4. Umweltmanagementsystem und Umweltbetriebsprüfung

a) Allgemeines

971   Bei einem Umweltmanagementsystem sowie der Umweltbetriebsprüfung handelt es sich um freiwillige Compliance-Instrumente, die Elemente der Aufbau- und der Ablauforganisation kombinieren. Diese gehen auf das Europarecht zurück; maßgebende Rechtsgrundlage ist derzeit die – auch als EMAS II-VO bezeichnete – EG-VO 761/2001 über die freiwillige Beteiligung von Organisationen an einem Gemeinschaftssystem für das Umweltmanagement und die Umweltbetriebsprüfung (EMAS).[1214]) Diese hat die Vorgänger-VO 1836/93 abgelöst; sie wird aber zukünftig durch eine Ende 2009 neu beschlossene VO, die demnächst im Amtsblatt der EU kundgemacht wird, ersetzt werden. Die EMAS II-VO schafft ein System für das Umweltmanagement und die Umweltbetriebsprüfung, an dem

---

[1210]) Siehe dazu § 5 b KAKuG für Krankenanstalten, § 10 GewebesicherheitsG für Gewerbebanken, § 26 ApKG 2001 für Apotheken, § 47 AMG für Sponsoren einer klinischen Prüfung von Arzneimitteln, §§ 118 ff ÄrzteG 1998 bzw § 22 ZÄG und §§ 50 ff ZÄKG für Ärzte und Zahnärzte, § 10 BlutsicherheitsG 1999 für Blutspendeeinrichtungen, § 68 a Abs 3 GTG für gentechnische Einrichtungen und Labors, §§ 14 und 20 f KesselG für Herstellerbetriebe, Füllstellen und Kesselprüfstellen, § 47 Abs 2 Z 2 AWG für Mülldeponien, Anhang V zum FTEG für Hersteller von Funkanlagen und Telekommunikationsendeinrichtungen, § 2 Abs 3 Fachhochschul-StudienG für Erhalter von Fachhochschul-Studiengängen sowie das PunzierungsG 2000; Abschlussprüfer und Prüfungsgesellschaften unterliegen gar einem eigenen Abschlussprüfungs-QualitätssicherungsG. Besondere Verpflichtungen in Bezug auf die Qualitätssicherung bestehen auch für andere Prüfstellen, so etwa nach §§ 9 Abs 2 Z 8 und 21 AkkG für Prüf- und Überwachungsstellen. Vgl auch § 14 Abs 3 EG-K.
[1211]) § 19 WAG 2007, § 21 Abs 2 InvFG 1993, § 11 FinanzkonglomerateG, § 3 MPG, §§ 9 und 10 c AMG. Vgl ferner Anlage 2 zur FreisetzungsVO 2005.
[1212]) § 365 z Abs 1 GewO 1994, § 36 a Abs 2 NO, § 8 a Abs 2 RAO. Siehe dazu auch die exemplarische Darstellung im Beitrag von *Dürager* Rz 1075 ff.
[1213]) Zur Ablaufkoordination auf Baustellen siehe das BauKG und vgl den Beitrag von *Leiter* Rz 751 ff.
[1214]) Umfassend zu EMAS *Kerschner*, EMAS-V II und Umweltmanagementgesetz, sowie die dort abgedruckten Beiträge.

sich die Organisationen in den Mitgliedstaaten – wie schon der Titel der VO aussagt – freiwillig beteiligen können.[1215]) Ziel von EMAS ist nach Art 1 Abs 2 der VO:

- die Schaffung und Anwendung von Umweltmanagementsystemen durch Organisationen;
- eine systematische, objektive und regelmäßige Bewertung der Leistung dieser Systeme;
- die Information der Öffentlichkeit und der anderen interessierten Kreise über die Umweltleistung und ein offener Dialog mit der Öffentlichkeit und den anderen interessierten Kreisen;
- die aktive Einbeziehung der Arbeitnehmer in die Organisation sowie eine adäquate Aus- und Fortbildung, die die aktive Mitwirkung bei der Schaffung und Anwendung von Umweltmanagementsystemen ermöglicht.[1216])

Regelungsschwerpunkte der VO sind insb die Anforderungen an ein Umweltmanagementsystem sowie die Umweltbetriebsprüfung, die Harmonisierung der Zulassungsvoraussetzungen für die unabhängigen Umweltgutachter sowie die Schaffung eines europaweiten Prüfzeichens.

Als sog „hinkende Verordnung"[1217]) bedarf die EMAS-VO in zahlreichen Aspekten der Umsetzung und Ergänzung durch innerstaatliches Recht; dies erfolgte in Österreich durch das Umweltmanagementgesetz (UMG), BGBl I 2004/99, das insb nähere Regelungen über die Zulassung von Umweltgutachtern und die Aufsicht über diese sowie die Führung des Verzeichnisses der eingetragenen Organisationen trifft und für EMAS-Organisationen Verwaltungsvereinfachungen vorsieht. **972**

b) Umweltmanagementsystem nach der ISO-14000-Normenfamilie

Die EMAS II-VO weist enge Berührungspunkte zur ISO 14000-Normenfamilie **973** auf, die Anforderungen an ein Umweltmanagementsystem formuliert.[1218]) Zentral ist die internationale Norm ISO 14001, die in Österreich derzeit als ÖNORM EN ISO 14001:2005 vom Österreichischen Normungsinstitut herausgegeben wird und insb ein Compliance-Programm fordert. Zwar schließt die EMAS II-VO die Anforderungen nach ISO 14001 ein, doch ist erstere umfassender, weil sie zusätzlich insb auch eine Umweltprüfung, eine Umweltbetriebsprüfung sowie eine Umwelterklärung fordert.[1219]) Diese umfangreicheren Anforderungen, mit denen zusätzliche Kosten verbunden sind, sowie der Umstand, dass ISO 14001 weltweit anerkannt ist, EMAS hingegen nur innerhalb der EU, können als Grund angeführt werden, dass sich die Teilnahme an EMAS nur schleppend entwickelt.[1220])

[1215]) Allerdings kann die Teilnahme durch den BMLFUW im Rahmen der Umweltförderung im Inland sowie auf Landesebene durch sieben Bundesländer gefördert werden; siehe dazu http://www.emas.gv.at/article/articleview/52965/1/16771.

[1216]) Bei letzterem können auf Antrag auch Arbeitnehmervertreter einbezogen werden.

[1217]) Zum Begriff *Öhlinger/Potacs,* Gemeinschaftsrecht 66.

[1218]) Zu diesen Berührungspunkten siehe auch *Aichinger,* Die EMAS-V II und andere ökonomische Instrumente des Umweltrechts, in *Kerschner,* EMAS-V II und Umweltmanagementgesetz 84.

[1219]) Vgl dazu *Meyer,* Umweltschutz, in *Hauschka,* Corporate Compliance, § 28 Rz 49.

[1220]) Der Attraktivitätssteigerung dient allerdings die – derzeit als Entwurf für eine ÖNORM vorliegende – EN ISO 14005 betreffend die stufenweise Einführung eines Umweltmanagementsystems; vgl dazu *Grün,* Schritt für Schritt zum Umweltmanagement, RdU-UT 2009/8.

c) Rechtsfolgen der Teilnahme an EMAS

974 Gemäß Art 3 Abs 1 EMAS II-VO kann sich an EMAS jede Organisation beteiligen, die ihre Umweltleistung verbessern möchte; die frühere Beschränkung auf den produzierenden Sektor wurde aufgehoben.[1221]) Da das EMAS-Regime immer auf einen konkreten Standort ausgerichtet ist,[1222]) ist auch die Teilnahme nur in Bezug auf einen bestimmten Standort möglich.[1223])

975 Die Teilnahme an EMAS hat folgende Rechtsfolgen:

- Die Organisation ist hinsichtlich der erfassten Standorte – unter Zuteilung einer Nummer, vgl § 16 Abs 1a UMG – in das EMAS-Organisationsverzeichnis (Verzeichnis eingetragener Organisationen gemäß Art 6 und 7 EMAS II-VO) einzutragen. Dieses – öffentlich zugängliche, vgl § 15 Abs 3, UMG-Verzeichnis wird in Österreich gemäß § 15 Abs 1 UMG vom BMLFUW geführt, der sich dazu des Umweltbundesamtes bedient.
- Organisationen, die über eine laufende EMAS-Eintragung verfügen, dürfen gemäß Art 8 Abs 1 EMAS II-VO das in Anhang IV dieser VO festgelegte EMAS-Zeichen samt dem Hinweis „geprüftes Umweltmanagement" oder „geprüfte Information"[1224]) verwenden, wobei gleichzeitig die Eintragungsnummer der Organisation anzugeben ist. Während der Beisatz „geprüftes Umweltmanagement" als allgemeiner Hinweis dafür dient, dass die Organisation/Einheit ein extern geprüftes Umweltmanagement besitzt, darf der Beisatz „geprüfte Information" nur in Bezug auf eine spezifische Information verwendet werden, die extern überprüft wurde.[1225])
- Für Organisationen, die an EMAS teilnehmen, bestehen nach den §§ 21 ff UMG bestimmte Verwaltungsvereinfachungen.[1226])

976 § 77 Abs 6 Z 4 und Abs 7 Z 6 BVergG 2006 ermächtigen zudem öffentliche Auftraggeber iZm Bau- und Dienstleistungsaufträgen[1227]), deren Art dies rechtfertigt,[1228]) zum Nachweis der technischen Leistungsfähigkeit die Angabe jener Umweltmanagementmaßnahmen zu verlangen, die der Unternehmer bei der Ausführung des Auftrages anwenden will. Im Wesentlichen Gleiches gilt nach § 234 Abs 2 BVergG 2006 für

---

[1221]) *Tschulik*, Die Stellung des Umweltgutachters nach EMAS-V II und UMG, in *Kerschner*, EMAS-V II und Umweltmanagementgesetz 5.

[1222]) Zu dieser Standortbezogenheit siehe auch *Schmelz*, ÖZW 1996, 67.

[1223]) *Tschulik*, Die Stellung des Umweltgutachters nach EMAS-V II und UMG, in *Kerschner*, EMAS-V II und Umweltmanagementgesetz 5 f.

[1224]) Anstelle der deutschen Fassung kann auch jede andere der im Anhang IV der VO festgelegten Sprachfassungen verwendet werden.

[1225]) *Aichinger*, Die EMAS-V II und andere ökonomische Instrumente des Umweltrechts, in *Kerschner* (Hrsg), EMAS-V II und Umweltmanagementgesetz (UMG) (2002) 75 (88).

[1226]) Näher dazu unten Rz 68 ff. Unabhängig davon reduziert die Teilnahme an EMAS das Umwelthaftungsrisiko: *Barbist/Pinggera*, Public Law Compliance, in *Barbist/Ahammer* (Hrsg), Compliance 115.

[1227]) Nicht aber bei Lieferaufträgen, vgl dazu *Mayr/Rosenberger/Wohlgemuth*, ZVB 2006, 270.

[1228]) Dies ist der Fall, wenn das Umweltmanagementsystem die Qualität der Leistung oder die Fähigkeit zur Ausführung eines Auftrages mit Umweltschutzanforderungen beeinflusst; vgl dazu *Hoffer/Schmölz*, ecolex 2002, 65.

Sektorenauftraggeber.[1229]) Verlangt der Auftraggeber dabei die Vorlage von Bescheinigungen unabhängiger Stellen, so hat er nach §§ 77 Abs 2 bzw 234 Abs 2 BVergG 2006 auf EMAS oder solche Normen für das Umweltmanagement Bezug zu nehmen, die – wie insb ISO 14000 – auf den einschlägigen europäischen und internationalen Normen beruhen und von entsprechenden Stellen zertifiziert sind, die dem EU-Recht oder einschlägigen europäischen oder internationalen Zertifizierungen entsprechen.[1230])

d) Voraussetzungen für die Eintragung in das EMAS-Organisationsverzeichnis

Die Eintragung in das EMAS-Organisationsverzeichnis setzt gemäß Art 3 Abs 2 **977** EMAS II-VO bzw § 16 Abs 1 a UMG voraus, dass die betreffende Organisation

- ihre Tätigkeiten, Produkte und Dienstleistungen im Hinblick auf die in Anhang VI der EMAS II-VO genannten Aspekte einer Umweltprüfung gemäß Anhang VII der EMAS II-VO unterzieht[1231]) und auf Grundlage dieser Prüfung ein Umweltmanagementsystem schafft, das alle in Anhang I genannten Anforderungen berücksichtigt, insb die Einhaltung der einschlägigen Umweltvorschriften.
- eine Umweltbetriebsprüfung gemäß den Anforderungen von Anhang II durchführt bzw durchführen lässt, bei der die Umweltleistung der Organisation bewertet wird;
- eine Umwelterklärung gemäß Anhang III Abschnitt 3.2 der EMAS II-VO erstellt, die insb darauf eingeht, welche Ergebnisse die Organisation im Hinblick auf ihre Umweltzielsetzungen und -einzelziele erzielt, und die besonderen Wert auf eine kontinuierliche Verbesserung der Umweltleistung legt, wobei das Informationsbedürfnis der einschlägigen interessierten Kreise zu berücksichtigen ist;
- die Umweltprüfung (sofern eine solche durchgeführt wurde), das Umweltmanagementsystem, das Verfahren für die Umweltbetriebsprüfung und die Umwelterklärung begutachten lässt, um festzustellen, ob die einschlägigen Anforderungen der EMAS II-VO eingehalten werden, und ferner die Umwelterklärung durch den Umweltgutachter für gültig erklären lässt, um sicherzustellen, dass die Anforderungen von Anhang III eingehalten werden;
- die für gültig erklärte Umwelterklärung der zuständigen Stelle ihres Niederlassungsstaates (in Österreich ist dies nach § 15 Abs 1 UMG der BMLFUW) übermittelt und nach der Eintragung öffentlich zugänglich macht.

[1229]) § 234 Abs 2 BVergG 2006 verlangt keine Rechtfertigung durch die Art des Auftrages, sondern spricht von „bestimmten Fällen" (da nach § 231 Abs 2 BVergG 2006 die Nachweise durch den Gegenstand des Auftrages gerechtfertigt sein müssen, macht dies allerdings keinen Unterschied); zudem darf anstelle der Angabe der Umweltmanagementmaßnahmen nur der Hinweis auf diese verlangt werden.

[1230]) Geboten ist jedoch auch die Anerkennung gleichwertiger Bescheinigung von Stellen aus anderen EWR-Vertragsstaaten sowie anderer Nachweise für gleichwertige Umweltmanagementmaßnahmen. Näher dazu *Jaeger* in *Schramm/Aicher/Fruhmann/Thienel*, BVergG 2006, § 77 zu Rz 20 ff.

[1231]) Diese entfällt jedoch uU, wenn Organisationen mit einem zertifizierten Umweltmanagementsystem nach anderen anerkannten Normen zu EMAS übergehen.

- Gemäß Art 3 Abs 2 EMAS II-VO müssen Organisationen zur Aufrechterhaltung der EMAS-Eintragung
- das Umweltmanagementsystem und das Programm für die Umweltbetriebsprüfung gemäß den Anforderungen von Anhang V Abschnitt 5.6 der EMAS II-VO begutachten lassen;
- die erforderlichen jährlichen für gültig erklärten Aktualisierungen der Umwelterklärung der zuständigen Stelle übermitteln und sie öffentlich zugänglich machen.

978   Umweltprüfung: Im Rahmen der Umweltprüfung hat die Organisation gemäß Anhang VII der EMAS II-VO ihr Umweltverhalten zu analysieren, wobei die folgenden Schlüsselbereiche zu berücksichtigen sind:

- Rechts- und Verwaltungsvorschriften und sonstige Vorschriften, zu deren Einhaltung sich die Organisation verpflichtet;
- Erfassung aller Umweltaspekte, die wesentliche Umweltauswirkungen haben und die gegebenenfalls qualitativ einzustufen und zu quantifizieren sind, wobei ein Verzeichnis der als wesentlich ausgewiesenen Aspekte zu erstellen ist;
- Beschreibung der Kriterien zur Bewertung der Wesentlichkeit der Umweltauswirkung;
- Untersuchung aller angewandten Techniken und Verfahren des Umweltmanagements;
- Bewertung der Reaktionen auf frühere Vorfälle.

Die Umweltprüfung hat sich auf die Tätigkeiten, Produkte und Dienstleistungen der Organisation zu beziehen; gemäß Anhang VI der EMAS II-VO sind sowohl die direkten als auch die indirekten Umweltaspekte zu berücksichtigen.[1232]) In diesem Zusammenhang hat die Organisation auch Kriterien zur Bewertung der Wesentlichkeit der Umweltaspekte festzulegen, damit ermittelt werden kann, welche Aspekte wesentliche Umweltauswirkungen haben.[1233])

979   Umweltmanagementsystem: Gemäß Anhang I der EMAS II-VO muss eine EMAS-Organisation ein Umweltmanagementsystem iSd Anforderungen nach Abschnitt 4 der Europäischen Norm EN ISO 14001:2004 einführen, dokumentieren, verwirklichen, aufrechterhalten, ständig verbessern und bestimmen, wie sie diese Anforderungen erfüllen wird; zudem hat sie dessen Anwendungsbereich festzulegen und zu dokumentieren. Zentrale Aspekte sind:

- Die Umweltpolitik ist durch das oberste Führungsgremium festzulegen, zu dokumentieren und der Öffentlichkeit zugänglich zu machen; sie hat ua eine Verpflichtung zur ständigen Verbesserung und Vermeidung von Umweltbelastungen bzw

---

[1232]) Während erstere die Tätigkeiten der Organisation, deren Ablauf sie kontrolliert (zB Emissionen, Einleitungen und Ableitungen in Gewässer uä), betreffen, geht es bei letzteren um jene wesentlichen Umweltauswirkungen, die die Organisation nicht im vollen Umfang kontrollieren kann (zB produktbezogene Auswirkungen, neue Märkte, Zusammensetzung des Produktangebotes).

[1233]) Neben den normalen Betriebsbedingungen sind dabei auch die Bedingungen bei Aufnahme bzw Abschluss der Tätigkeiten sowie Notfallsituationen, mit denen realistischerweise gerechnet werden muss, zu berücksichtigen; zudem haben auch vergangene, gegenwärtige und geplante Tätigkeiten einzufließen.

zur Einhaltung der geltenden rechtlichen Verpflichtungen und anderen umweltbezogenen Anforderungen vorzusehen und dient als Rahmen für die Festlegung und Bewertung der umweltbezogenen Zielsetzungen und Einzelziele.

- Im Rahmen der Planung muss die Organisation Verfahren einführen, verwirklichen und aufrechterhalten, um die von ihr beeinflussbaren Umweltaspekte ihrer Tätigkeiten, Produkte und Dienstleistungen zu ermitteln und jene Umweltaspekte, die bedeutende Auswirkungen auf die Umwelt haben oder haben können, zu bestimmen; zudem sind durch solche Verfahren geltende rechtliche Verpflichtungen und andere Anforderungen, zu deren Einhaltung sich die Organisation verpflichtet hat, zu ermitteln und zugänglich zu haben. Ebenso muss die Organisation dokumentierte umweltbezogene Zielsetzungen und Einzelziele für relevante Funktionen und Ebenen innerhalb der Organisation sowie Programme zu deren Zielerreichung einführen, verwirklichen und aufrechterhalten.

- Im Rahmen von Verwirklichung und Betrieb muss die Organisation die Verfügbarkeit der für das Umweltmanagementsystem benötigten Ressourcen (Personal und spezielle Fähigkeiten, Infrastruktur, technische und finanzielle Mittel) sicherstellen. Insb sind Aufgaben, Verantwortlichkeiten und Befugnisse festzulegen, zu dokumentieren und zu kommunizieren. Zudem hat das oberste Führungsgremium einen Beauftragten des Managements zu bestellen, der die Einführung, Verwirklichung und Aufrechterhaltung des Umweltmanagementsystems sicherzustellen und über dessen Leistung dem obersten Führungsgremium zur Bewertung, einschließlich Empfehlungen für Verbesserungen zu berichten hat (sog „Umweltbeauftragter"). Eine wichtige Rolle spielen auch die Schulung, Kommunikation, Dokumentation, Lenkung von Dokumenten, Ablauflenkung, Notfallvorsorge und Gefahrenabwehr.

- Im Rahmen der Überprüfung sind Verfahren zur Überwachung und Messung der Arbeitsabläufe mit bedeutenden Umweltauswirkungen, die Bewertung der Einhaltung der Rechtsvorschriften und Anforderungen aufgrund freiwillig eingegangener Verpflichtungen, Korrektur- und Vorbeugungsmaßnahmen für den Fall der Nichtkonformität, die Lenkung der Aufzeichnungen sowie ein internes Audit des Umweltmanagementsystems in festgelegten Abständen geboten.

- Im Rahmen der Managementbewertung muss schließlich das oberste Führungsgremium das Umweltmanagementsystem in festgelegten Abständen bewerten, um dessen fortdauernde Eignung, Angemessenheit und Wirksamkeit sicherzustellen.

Im Rahmen des Umweltmanagementsystems müssen die Organisationen nachweisen können, dass

- sie alle relevanten Umweltvorschriften ermittelt haben und deren Auswirkungen auf die Organisation kennen, für ihre Einhaltung sorgen und über Verfahren verfügen, die ihnen die dauerhafte Erfüllung dieser Anforderungen ermöglichen,

- das Umweltmanagementsystem und die Umweltbetriebsprüfung sich an der tatsächlichen Umweltleistung orientieren,

- sie mit der Öffentlichkeit und anderen interessierten Kreisen, einschließlich der lokalen Gebietskörperschaften und Kunden, einen offenen Dialog über die Umweltauswirkungen ihrer Tätigkeiten, Produkte und Dienstleistungen führen, um die Anliegen der Öffentlichkeit und der anderen interessierten Kreise zu kennen.

Zudem sind in den Prozess einer kontinuierlichen Verbesserung der Umweltleistung die Arbeitnehmer miteinzubeziehen.

980 Umweltbetriebsprüfung: Die interne Umweltbetriebsprüfung (sog „Audit") soll gemäß Anhang II der EMAS II-VO gewährleisten, dass eine Organisation die festgelegten Verfahren einhält. Sie umfasst Gespräche mit dem Personal, die Prüfung der Betriebsbedingungen und der Ausrüstung, der schriftlichen Verfahren und anderer einschlägiger Unterlagen mit dem Ziel einer Bewertung der Umweltleistung der jeweiligen Tätigkeit; dabei wird untersucht, ob die geltenden Normen und Vorschriften eingehalten, die gesetzten Umweltzielsetzungen und -einzelziele erreicht und die entsprechenden Anforderungen erfüllt werden und ob das Umweltmanagementsystem wirksam und angemessen ist. Sie ist in regelmäßigen Abständen von maximal drei Jahren von Personen(gruppen), die über entsprechende Kenntnisse der geprüften Bereiche verfügen und gegenüber den kontrollierten Tätigkeiten ausreichend unabhängig sind,[1234]) durchzuführen; in diesem Zeitraum sind – gegebenenfalls gegliedert in Phasen – alle Tätigkeiten der Organisation einer Prüfung zu unterziehen. Der Umfang der Umweltbetriebsprüfung bzw der einzelnen Phasen muss eindeutig festgelegt sein, wobei im Umweltbetriebsprüfungsprogramm die Zielsetzungen einschließlich der Häufigkeit der Prüfung jeder Tätigkeit, schriftlich festzulegen sind.[1235]) Nach jeder Umweltbetriebsprüfung haben die Prüfer der Organisationsleitung einen schriftlichen Bericht über die Erkenntnisse und Schlussfolgerungen der Prüfung förmlich mitzuteilen; zudem ist ein Plan für Korrekturmaßnahmen zu erstellen und umzusetzen.

981 Umwelterklärung: Die Organisation hat gemäß Anhang III der EMAS II-VO bestimmte Umweltinformationen vorzulegen, die als Umwelterklärung bezeichnet werden. Diese hat bestimmte Mindestinhalte zu enthalten[1236]) und bedarf der Gültigerklärung durch den Umweltgutachter; anschließend ist sie der zuständigen Stelle zu übermitteln und öffentlich zugänglich zu machen. Ziel der Umwelterklärung – die jährlich[1237]) zu aktualisieren ist[1238]) – ist die Information der Öffentlichkeit und anderer interessierter Kreise über die Umweltauswirkungen und Umweltleistung der Organisation sowie die kontinuierliche Verbesserung der Umweltleistung.[1239])

[1234]) Unter Beachtung dieser Vorgabe können auch entsprechend qualifizierte Betriebsangehörige herangezogen werden. Vgl dazu bereits *Schmelz*, ÖZW 1996, 67.

[1235]) Zudem muss im Rahmen der Planung und Vorbereitung gewährleistet sein, dass die benötigten Mittel bereitgestellt werden und alle Beteiligten (einschließlich der Betriebsprüfer, Leitung der Organisation sowie des Personals) ihre Rolle und Aufgaben im Rahmen der Umweltbetriebsprüfung verstehen.

[1236]) Und zwar insb Beschreibung der Organisation und ihres Umweltmanagementsystems, ihrer Umweltzielsetzungen und -einzelziele iZm den wesentlichen Umweltaspekten und -auswirkungen, ihre Umweltpolitik, eine Zusammenfassung der wesentlichen Daten über die Umweltleistung, sonstige Faktoren für die Umweltleistung sowie Name und Zulassungsnummer des Umweltgutachters und Datum der Gültigkeitserklärung.

[1237]) Nur für kleine Organisationen und Unternehmen genügt nach der Kommissionsentscheidung 2001/681/EG uU die dreijährige Aktualisierung.

[1238]) Auch allfällige Änderungen anlässlich der Aktualisierung bedürfen der Gültigerklärung durch den Umweltgutachter.

[1239]) Die Umweltinformationen sind dabei klar und zusammenhängend zu präsentieren und in gedruckter Form für Interessenten vorzulegen, die keine Möglichkeit haben, sie auf andere Weise zu erlangen.

e) Verwaltungsvereinfachungen für den Fall der Teilnahme an EMAS

Obwohl die Teilnahme freiwillig ist, sind die Mitgliedstaaten gemäß Art 11 Abs 1 **982** EMAS II-VO zur Förderung der Beteiligung an EMAS verpflichtet und bleibt es ihnen unbenommen, hierfür Anreize zu gewähren. Nach dem UMG bestehen diese Anreize in bestimmten Verwaltungsvereinfachungen.[1240] Hintergrund ist, dass bei EMAS-Organisationen mit hoher Wahrscheinlichkeit davon ausgegangen werden kann, dass diese ihre Anlagen rechtskonform betreiben.[1241] Es werden die folgenden Verwaltungsvereinfachungen gewährt:

Entfall der Genehmigungspflicht für Anlagenänderungen: Nach § 21 Abs 1 UMG **983** entfällt die nach bundesrechtlichen anlagenbezogenen Regelungen[1242] bestehende Genehmigungspflicht für die Änderungen von Anlagen[1243] nach diesen und den dabei mitzuvollziehenden Vorschriften bei Erfüllung bestimmter Voraussetzungen zugunsten einer Anzeigepflicht, wenn die die Anlage betreibende Organisation in ein EMAS-Organisationsverzeichnis eingetragen ist und kumulativ die folgenden Voraussetzungen erfüllt sind:

- Die Änderung der Anlage wird der Behörde – dies ist nach § 21 Abs 9 UMG die BVB – angezeigt.
- Die Organisation hat über die geplante Änderung in angemessener Frist vor der Anzeige an die Behörde über das Vorhaben die wahrscheinlich betroffene Öffentlichkeit in einer geeigneten Weise informiert.
- Die Umwelterklärung wird vorgelegt.
- Der Ersatz von Maschinen, Geräten oder Ausstattung erfolgt durch gleichartige[1244] Maschinen, Geräte oder Ausstattung oder es wird eine verbindliche, begründete und mit Unterlagen belegte schriftliche Erklärung des Umweltgutachters[1245] vorgelegt,
  – dass durch die Anlagenänderung eine im letztbegutachteten Umweltprogramm angeführte Maßnahme, die pro Produktionseinheit oder erbrachter Leistung zur Reduktion des Ressourcenverbrauches und der Belastung der Umwelt führt, umgesetzt werden soll,

---

[1240] Siehe dazu *List,* Verwaltungsvereinfachungen, in *Kerschner,* EMAS-V II und Umweltmanagementgesetz 13 ff; *List/Tschulik,* RdU 2001, 83 ff.

[1241] *List/Tschulik,* RdU 2001, 84.

[1242] ZB GewO 1994, AWG, WRG, ForstG, MinroG, SchifffahrtsG, EG-K, IG-L, RohrLG, GWG, EisbG, LFG, StrahlenschutzG, ASchG; vgl dazu auch *List,* Verwaltungsvereinfachungen, in *Kerschner,* EMAS-V II und Umweltmanagementgesetz 13. Bewilligungen nach Landesrecht (insb Baubewilligungen, naturschutzrechtliche Genehmigungen) sind dagegen nicht erfasst.

[1243] Und zwar einschließlich Erweiterungen bzw Kapazitätserhöhungen; vgl dazu *List,* Verwaltungsvereinfachungen, in *Kerschner,* EMAS-V II und Umweltmanagementgesetz 13.

[1244] Dies ist der Fall, wenn ihr Verwendungszweck dem der in der Anlage befindlichen Maschinen, Geräte oder Ausstattungen entspricht und die von ihnen zu erwartenden Auswirkungen das Emissionsverhalten der Anlage nicht nachteilig beeinflussen.

[1245] Gemäß § 21 Abs 7 UMG darf dieser die Erkärung nur abgeben, wenn er eine ausreichende Haftpflichtversicherung abgeschlossen hat; nach § 21 Abs 6 UMG ist zudem eine Einschränkung der Haftung des Umweltgutachters im Hinblick auf seine Erklärung gegenüber geschützten Dritten unwirksam. Gemäß § 21 Abs 8 UMG darf die Behörde den Zulassungsumfang des Umweltgutachters nicht prüfen, doch hat dieser die Erklärung sowie den Nachweis einer ausreichenden Haftpflichtversicherung an die Zulassungsstelle zu übermitteln.

- welche Emissionen relevant sind und welche Maßnahmen im Zuge der Änderung gesetzt werden sollen und
- dass die Änderung der Anlage dem Stand der Technik entspricht und die nach den Materienvorschriften des Bundes zu schützenden Umweltinteressen[1246]) und Parteienrechte nicht beeinträchtigt werden.[1247])
- Gegen die Änderung werden innerhalb der Kundmachungsfrist[1248]) keine Einwendungen von Parteien erhoben.
- Die Einhaltung anderer nach den Materienvorschriften zu schützenden öffentlichen Interessen, wie insb sicherheitstechnische und arbeitnehmerschutzrechtliche Belange und sonstige Schutzinteressen, wird glaubhaft gemacht und allenfalls unter Vorschreibung von Auflagen gewahrt.

Gemäß § 21 Abs 4 UMG hat die Behörde die Anzeige binnen vier Wochen nach Anzeige des Projekts mit Bescheid zur Kenntnis zu nehmen,[1249]) sofern die angeführten Voraussetzungen erfüllt sind,[1250]) bzw bei Nichterfüllung der Voraussetzungen mit Bescheid zurückzuweisen. Im Hinblick auf § 21 Abs 5 UMG müssen die vorangeführten Voraussetzungen jedoch dann nicht erfüllt sein, wenn die Änderung der Anlage schon nach den Materiengesetzen des Bundes keiner Genehmigung bedarf.[1251]) Zudem kann durch die vorstehende Vorgangsweise die Genehmigungspflicht bei Änderungen von Teilen von Anlagen, die nach dem UVP-G 2000 genehmigungspflichtig sind, sowie bei sog IPPC-Anlagen[1252]) nicht vermieden werden.

984   Konsolidierter Genehmigungsbescheid: Gemäß § 22 Abs 1 UMG hat die BVB[1253]) auf Antrag[1254]) einer Organisation, die zumindest eine erste Umweltbetriebsprüfung

---

[1246]) Zur Abgrenzung zwischen den Umweltinteressen einerseits und den öffentlichen Interessen und sonstigen Schutzinteressen andererseits hat die Behörde Anhang VI der EMAS II-VO heranzuziehen.

[1247]) Die Behörde hat nach dem Gesetzeswortlaut nur das Vorliegen der Erklärung an sich, nicht aber ihre materielle Richtigkeit zu überprüfen; vgl *List*, Verwaltungsvereinfachungen durch das UMG, in *Kerschner* (Hrsg), EMAS-V II und Umweltmanagementgesetz (UMG) (2002) 13 (14). Zu den verfassungsrechtlichen Bedenken im Hinblick auf VfSlg 16.049 *Bußjäger*, Rechtsfragen zum Umweltmanagementgesetz, ecolex 2001, 870 (871), der daher dennoch ein materielles Prüfungsrecht annimmt.

[1248]) Zur Kundmachung des Projekts und zur Möglichkeit, Einwendungen zu erheben, näher § 21 Abs 2 UMG; zum Stellungnahmerecht des Arbeitsinspektorats näher § 21 Abs 3 UMG.

[1249]) Die Zurkenntnisnahme gilt als Genehmigung der angezeigten Änderung im Sinne der bundesrechtlichen anlagenbezogenen Regelungen und ist von der Behörde an die sonst für die Anlagenänderung nach den bundesrechtlichen Vorschriften zuständigen Behörden zu übermitteln.

[1250]) Allerdings kann die Behörde anlässlich der Zurkenntnisnahme der Anzeige sicherheitstechnische, arbeitnehmerschutzrechtliche oder andere öffentliche Interessen betreffende Auflagen vorschreiben.

[1251]) Siehe dazu etwa die taxative Aufzählung jener Fälle in § 81 Abs 2 GewO 1994, in denen Änderungen gewerblicher Betriebsanlagen niemals einer Genehmigung bedürfen.

[1252]) Das UMG verweist diesbezüglich auf Anlage 3 der GewO 1994, Anlage 5 des AWG 2002 sowie Anhang I IPPC-RL 96/61/EG.

[1253]) Vgl § 22 Abs 8 UMG. Nur für dem AWG 2002 unterliegende Anlagen ist nach § 22 Abs 9 UMG der LH zuständig, doch kann dieser mit der Durchführung der Konsolidierung die BVB betrauen und auch zur Entscheidung in seinem Namen ermächtigen.

[1254]) Diesem Antrag anzuschließen sind gemäß § 22 Abs 2 UMG: • eine Zusammenstellung der Genehmigungsbescheide, einschließlich der von der Behörde zu übernehmenden Spruchteile,

nach Anhang II der EMAS II-VO durchgeführt hat, sämtliche für die Anlage eines Standortes bzw für einen Anlagenteil nach bundesrechtlichen anlagenbezogenen Regelungen geltenden Genehmigungen[1255]) in einem Bescheid zusammenzufassen. Hintergrund ist, dass in Bezug auf einen Betriebsstandort oft eine Vielzahl von Bescheiden besteht, die uU einander widersprechen oder obsolete Regelungen enthalten.[1256]) Parteistellung im Verfahren haben nach § 22 Abs 5 UMG der Antragsteller, das Arbeitsinspektorat sowie jene Personen, die Einwendungen erhoben haben.[1257]) Mit Rechtskraft des konsolidierten Bescheides – der gemäß § 22 Abs 7 UMG an alle Beteiligten und die nach den materiell-rechtlichen Bestimmungen an sich zuständigen Behörden zu übermitteln ist – treten die dadurch erfassten Genehmigungsbescheide außer Kraft. Der konsolidierte Bescheid gilt als Genehmigung nach allen bundesrechtlichen anlagenbezogenen Regelungen.[1258])

Die Erlassung eines konsolidierten Genehmigungsbescheides setzt nach § 22 Abs 3 **985** UMG grundsätzlich voraus, dass alle nach den Rechtsvorschriften des Bundes erforderlichen Genehmigungen vorliegen[1259]) und dass die Anlage konsensgemäß errichtet wur-

---

• die von einem Befugten erstellte Bestandsaufnahme der Maschinen- und Anlagenteile sowie weiterer Anlageneinrichtungen, • die von einem Befugten erstellten erforderlichen Pläne und Skizzen, • eine aktuelle Betriebsbeschreibung, • ein Abfallwirtschaftskonzept iSd § 10 AWG 2002, • der Bericht über die aktuelle Umweltbetriebsprüfung entsprechend den Anforderungen gemäß Anhang II EMAS-VO und • der Beschluss der obersten Leitung zur Teilnahme am EMAS-System oder zur Registrierung in einem gemäß § 15 Abs 5 eingerichteten Verzeichnis im erforderlichen Ausmaß, mindestens jedoch in zweifacher Ausfertigung schriftlich vorzulegen oder nach Maßgabe der technischen Möglichkeiten in elektronischer Form zu übermitteln.

[1255]) Als solche gelten die in den bundesrechtlichen Vorschriften für die Zulässigkeit der Ausführung eines Vorhabens und die Inbetriebnahme einer Anlage oder von Anlagenteilen vorgeschriebenen behördlichen Akte oder Unterlassungen, wie insb Genehmigungen, Kenntnisnahmen, Bewilligungen oder Feststellungen.

[1256]) *List,* Verwaltungsvereinfachungen, in *Kerschner,* EMAS-V II und Umweltmanagementgesetz 16.

[1257]) Um Einwendungen zu ermöglichen, hat die Behörde den Entwurf des konsolidierten Genehmigungsbescheides öffentlich aufzulegen; näher dazu § 22 Abs 6 UMG. Zum Kreis der zu Einwendungen Berechtigten und zum Zeitpunkt und möglichen Inhalt von Einwendungen siehe § 22 Abs 4 UMG.

[1258]) Dementsprechend sind nach § 22 Abs 4 UMG gegenstandslos gewordene Spruchteile, insb Auflagen, Befristungen und Bedingungen, nicht in den konsolidierten Genehmigungsbescheid zu übernehmen. Bei Widersprüchen in den Genehmigungsbescheiden sind in diesen jene Spruchteile aufzunehmen, die nach Maßgabe des Standes der Technik dem Schutz der Parteien und den nach den Materienvorschriften zu schützenden Interessen besser entsprechen; auch sind in ihm Rechte und Pflichten Dritter zusammenfassend darzulegen, sofern sie nicht gegenstandslos geworden sind. Im Falle späterer Anlagenänderungen hat die nach den materiell-rechtlichen Bestimmungen zuständige Behörde gemäß § 22 Abs 7 UMG auf Antrag der Organisation, deren Anlagengenehmigungen im konsolidierten Genehmigungsbescheid zusammengefasst wurden, in einem Änderungsverfahren die Auswirkungen auf diesen festzustellen und den Änderungsbescheid der für die Konsolidierung zuständigen Behörde zu übermitteln.

[1259]) Sind einzelne Genehmigungsbescheide nicht auffindbar, ist der konsolidierte Genehmigungsbescheid dennoch zu erlassen, wenn die antragstellende Organisation Beweise (bezugnehmende Bescheide, Niederschriften, Überprüfungsbefunde, andere öffentliche oder nicht öffentliche Urkunden) vorlegt, aufgrund derer festgestellt werden kann, dass die Anlage oder deren Teile genehmigt sind.

de und betrieben wird.[1260]) Bloß geringfügige Abweichungen der Anlage von den Genehmigungsbescheiden sind allerdings grundsätzlich im Konsolidierungsbescheid mit zu genehmigen[1261]); bei darüber hinausgehenden Abweichungen hat die Behörde hingegen nach § 22 Abs 3 a UMG eine angemessene Frist für die Herstellung des rechtskonformen Zustandes (durch Nachholung der Genehmigung[1262]) oder auf andere Weise) zu bestimmen und erst nach dessen Herstellung den Konsolidierungsbescheid zu erlassen.

986   Absehen von Verwaltungsstrafen: Baut eine Organisation ein Umweltmanagement gemäß EMAS II-VO auf, so sind gemäß § 23 Abs 1 UMG ihre verwaltungsstrafrechtlich Verantwortlichen wegen fahrlässiger Verstöße gegen bundesrechtliche Verwaltungsvorschriften, die dem Schutz der Umwelt dienen, in den folgenden beiden Fällen nicht zu bestrafen:

- Die Verstöße gegen Vorschriften zum Schutz der Umwelt werden bei der ersten Umweltprüfung festgestellt und
  - es werden die herbeigeführten Gefahren, Verunreinigungen oder sonstigen Beeinträchtigungen innerhalb von längstens vier Monaten freiwillig und vor Kenntnis der Behörde von der Verwaltungsübertretung beseitigt oder beendet, sofern es nicht bereits zu einer Schädigung der Gesundheit eines Menschen oder des Tier- und Pflanzenbestandes gekommen ist,
  - der Verstoß gegen Vorschriften zum Schutz der Umwelt wird der Behörde unverzüglich gemeldet,
  - es werden unverzüglich die erforderlichen Maßnahmen zur Einhaltung der Verwaltungsvorschriften zum Schutz der Umwelt gesetzt, insb die erforderlichen Aufzeichnungen geführt, die erforderlichen Meldungen und die fehlenden Genehmigungen beantragt,
  - binnen einem Jahr nach Durchführung der ersten Umweltbetriebsprüfung wird die Eintragung der Organisation in das EMAS-Organisationsverzeichnis beantragt und darüber die Verwaltungsstrafbehörde in Kenntnis gesetzt (§ 23 Abs 1 Z 1).
- Die Verstöße wurden im Zuge eines Konsolidierungsverfahrens gemäß § 22 UMG festgestellt und der erforderliche Konsens wurde gemäß § 22 Abs 3 a UMG wieder hergestellt (§ 23 Abs 1 Z 2).[1263])

[1260]) Dürfen eine Anlage oder ihre Teile erst aufgrund einer oder mehrerer gesonderter Entscheidungen in Betrieb genommen werden (Betriebs-, Benutzungsbewilligung, Kollaudierung udgl, Abnahmeprüfungsbescheid nach dem UVP-G 2000), so darf der Konsolidierungsbescheid gemäß § 22 Abs 3 c UMG erst nach Rechtskraft dieser Entscheidungen erlassen werden.

[1261]) Voraussetzung ist, dass die Abweichungen für die öffentlichen Interessen nicht nachteilig sind oder im Fall des Eingriffs in fremde Rechte die Betroffenen zustimmen.

[1262]) Dies hat durch die zur Vollziehung der materienrechtlichen Bestimmungen zuständige Behörde zu erfolgen, nicht die für die Konsolidierung zuständige Behörde, doch hat letztere nach § 22 Abs 3 b UMG ihr Verfahren mit ersterer zu koordinieren (insb durch Verbindung beider Verfahren oder gemeinsame mündliche Verhandlungen).

[1263]) Sind die Voraussetzungen gemäß § 23 Abs 2 Z 1 oder 2 UMG nicht vollständig erfüllt, so erlischt die verwaltungsstrafrechtliche Verantwortlichkeit hingegen nicht; zudem hemmt eine Meldung des Verstoßes gegen eine Verwaltungsvorschrift zum Schutz der Umwelt vorerst lediglich die Verfolgungsverjährungspflicht iSd § 31 VStG.

Entfall der Bestellpflicht für Beauftragte: In das EMAS-Organisationsverzeichnis **987** eingetragene Organisationen, die im Rahmen ihres Umweltmanagementsystems einen Umweltbeauftragten bestellt haben, müssen

- keinen Abfallbeauftragten iSd § 11 AWG 2002 bzw Stellvertreter sowie
- keinen Abwasserbeauftragten iSd § 33 Abs 3 WRG

bestellen und der Behörde bekannt geben.[1264]

Einschränkung behördlicher Kontrollpflichten: Gemäß § 25 UMG hat die Behörde **988** bei in das EMAS-Organisationsverzeichnis eingetragenen Organisationen bundesrechtliche Kontrollpflichten betreffend die Einhaltung von Umweltvorschriften im Allgemeinen nur in einem Überprüfungsintervall von fünf Jahren wahrzunehmen.[1265]

Entfall von Meldepflichten: Gemäß § 26 Abs 1 UMG sind Organisationen, die den **989** in umweltrelevanten G, VO und Bescheiden festgelegten Melde- und Aufzeichnungspflichten sowie Pflichten, umweltrelevante Daten an die Behörde zu übermitteln, im Rahmen des Umweltmanagements auf gleichwertige Weise entsprechen, auf Ansuchen von der für die Vollziehung jeweils zuständigen Behörden von diesen Pflichten zu befreien.[1266] Gemäß § 26 Abs 2 UMG entfallen für Organisationen, die in das EMAS-Organisationsverzeichnis eingetragen sind, jedenfalls folgende Melde-, Aufzeichnungs- und Übermittlungspflichten:

- die Bekanntmachung von Emissionsdaten nach § 13 Abs 1 und 2 UIG;
- Aufzeichnungspflichten nach § 17 AWG 2002 hinsichtlich Abfälle, die dem Anschlusszwang an das kommunale Müllsystem unterliegen;
- Änderungsmeldungen gemäß § 20 AWG 2002.

Entfall der Eigenüberwachung: Gemäß § 27 UMG entfällt für die in das EMAS- **990** Organisationsverzeichnis eingetragenen Organisationen die Verpflichtung zur Eigenüberwachung nach § 82 b GewO 1994 bzw § 134 Abs 4 WRG.[1267]

[1264] Die Verpflichtung zur Bestellung von verwaltungsstrafrechtlich verantwortlichen Beauftragten nach den Umweltvorschriften des Bundes bleibt dagegen unberührt.

[1265] Dies gilt jedoch dann nicht, wenn EU-rechtliche Vorschriften kürzere Überprüfungsintervalle erfordern; zudem lässt § 25 UMG in Umweltvorschriften des Bundes vorgesehene längere Fristen sowie das Kontrollrecht und die Kontrollpflicht der Behörde, sofern der konkrete begründete Verdacht besteht, dass die Organisation gegen umweltrelevante Verwaltungsvorschriften verstoßen hat, unberührt. Ist eine Organisation, die in ein Verzeichnis gemäß § 16 UMG eingetragen ist, nach der VO über die Meldung von Schadstoffemissionsfrachten zur Erstellung eines europäischen Schadstoffemissionsregisters (EPER-V), BGBl II 2002/300, dazu verpflichtet, ihre Schadstoffemissionen zu melden, so kann sich die für die Überwachung der Anlage zuständige Behörde zudem gemäß § 25 Abs 2 UMG auf die Prüfung der Übereinstimmung dieser Daten mit den Ergebnissen der behördlichen Kontrollen beschränken, sofern der Umweltgutachter eine Plausibilitäts- und Vollständigkeitsprüfung gemäß § 7 EPER-V nachweislich durchgeführt hat.

[1266] Die Befreiung erlischt, wenn die Organisation nicht mehr im Organisationsverzeichnis eingetragen ist, die Eintragung ausgesetzt wurde oder die Organisation nicht mehr in der der Behörde bekannt gegebenen Weise den Melde- und Aufzeichnungspflichten sowie Übermittlungspflichten entspricht. Bestehen begründete Zweifel, ob die von der Organisation gewählte Form der genannten Pflichten gleichwertig ist, hat dies die Behörde mit Bescheid festzustellen.

[1267] Zu dieser Eigenüberwachung bereits oben Rz 19 ff.

991   Die Umsetzung eines Umweltmanagementsystems bloß nach ISO 14001 hat dagegen nur punktuell Verwaltungsvereinfachungen zur Folge, so insb nach § 82 b Abs 5 GewO 1994 den Entfall der Verpflichtung zur Eigenkontrolle bei Betriebsanlagen.

D. Checkliste Compliance im öffentlichen Recht

992   Die folgende Checkliste soll die Prüfung, ob im Unternehmen die wichtigsten öffentlich-rechtlichen Compliance-Anforderungen erfüllt werden, erleichtern:

- Welche Tätigkeit wird ausgeübt? Welche Berufsberechtigungen sind vorhanden?
- Welche anlagenrechtlichen Genehmigungen sind vorhanden?
- Fällt das Unternehmen unter das Emissionshandelsregime?
- Werden die allgemeinen Behandlungspflichten für Abfälle erfüllt?
- Wird die Verpflichtung zur Eigenüberwachung gewerblicher Betriebsanlagen erfüllt?
- Werden die erteilten Genehmigungen systematisch geordnet und leicht greifbar aufbewahrt?
- Bei Unternehmen mit mehreren zur Vertretung nach außen berufenen Organen: Wurde ein verantwortlicher Beauftragter bestellt?
- Wurde ein Abfallbeauftragter bestellt? Erfüllt dieser seine Aufgaben?
- Wurde ein wirksames Kontrollsystem eingerichtet und ist dieses auch entsprechend dokumentiert?
- Wurde ein Abfallwirtschaftskonzept erstellt?
- Fällt der Betrieb unter das Seveso-II-Regime?
- Bei Lebensmittelunternehmern: Wurde ein Hygienemanagement eingerichtet?

X. Datenschutzrecht

Sonja Dürager

Literatur: *Dammann/Simitis,* EU-Datenschutzrichtlinie: Kommentar (1997); *Dohr/Pollirer/Weiss/Knyrim* (Hrsg), Kommentar Datenschutzrecht – Datenschutzgesetz samt Europarecht, Nebengesetzen, Verordnungen und Landesdatenschutz (2002); *Grabenwarter,* Datenschutzrechtliche Anforderungen an den Umgang mit Kundendaten im Einzelhandel, ÖJZ 2000, 861; *Jahnel,* Whistleblowing-Hotlines im Datenschutzrecht, ecolex 2009,1028; *Jahnel/Siegwart/Fercher* (Hrsg), Aktuelle Fragen des Datenschutzrechts (2007); *Knyrim,* Datenschutzrecht – Leitfaden für richtiges Registrieren, Verarbeiten, Übermitteln, Zustimmen, Outsourcen, Werben uvm (2003); *Knyrim,* Neuerungen im Datenverkehr mit Drittländern, ecolex 2002, 466; *Kotschy/Reimer,* Die Überwachung der Internet-Kommunikation am Arbeitsplatz – Ein Diskussionsbeitrag aus datenschutzrechtlicher Sicht, ZAS 2004/29; *Merten/Papier* (Hrsg) *Schäffer* (Koord), Handbuch der Grundrechte – Grundrechte in Österreich (2009); *Steiner/Andreewitch,* Videoüberwachung aus datenschutzrechtlicher Sicht, MR 2006, 80.

A. Einleitung

993 Die Themen Datenschutz und Datenmissbrauch sind in den letzten 10 Jahren verstärkt in das Interesse von Unternehmen getreten. Das ist insb darauf zurückzuführen, dass natürliche Personen für Angelegenheiten rund um die Berührung ihrer informationellen Selbstbestimmung durch skandalträchtige Missbrauchsfälle, wie Tiger Lacke[1268]), ÖBB[1269]) oder in Deutschland etwa die Deutsche Telekom[1270]) sensibilisiert wurden.

994 Compliance im Datenschutz hat daher mittlerweile eine wichtige Position bei der Geschäftsleitung eingenommen, wenn es darum geht, sich gesetzeskonform zu verhalten.

B. Begriffsdefinitionen

995 Das Datenschutzgesetz 2000 (DSG 2000[1271])) normiert zum einen das im Verfassungsrang stehende subjektive Recht auf Geheimhaltung von personenbezogenen Daten,

---

[1268]) Medienberichten zufolge (zB Profil 4. 7. 2009) sollen Videokameras zur Überwachung von Mitarbeitern installiert, E-Mails bestimmter Mitarbeiter mitgelesen und ein Ranking der Mitarbeiter mit den meisten Krankenständen erstellt worden sein.

[1269]) Vorwurf der Erfassung von körperlichen Gebrechen, Verletzungen und ärztlichen Befunden, welche Daten auch zur Bewertung von Mitarbeitern herangezogen wurden (Die Presse 13. 9. 2009).

[1270]) Gegenstand der Vorwürfe war der Handel mit und Diebstahl von Kundendaten, sowie innerhalb der T-Mobile die Bespitzelung von Aufsichtsratsmitgliedern mittels Archivierung von Einzelverbindungsnachweisen.

[1271]) Zuletzt geändert mit Bundesgesetz, mit dem das Datenschutzgesetz 2000 und das Sicherheitspolizeigesetz geändert werden (DSG-Novelle 2010), BGBl I 2009/133 (NR: GP XXIV RV 472 AB 531 S 49. BR: 8220 AB 8225 S 780); Inkrafttreten am 1. 1. 2010.

und regelt zum anderen die Rechtmäßigkeitsanforderungen an die Verwendung von Daten, wobei insb der Datenverkehr selbst strengen Beschränkungen ausgesetzt wird.

996 Zentraler Begriff des DSG 2000 sind „personenbezogene Daten". Unter personenbezogenen Daten versteht man sämtliche Informationen, die mit einer natürlichen oder juristischen Person in Verbindung stehen oder gebracht werden können. Die Identität des Betroffenen muss dabei entweder bestimmt oder bestimmbar sein. Von den personenbezogenen Daten sind die „sensiblen Daten" hervorzuheben. Bei der Kategorie der sensiblen Daten handelt es sich um besonders schutzwürdige Daten, wie Daten über die rassische und ethische Herkunft, politische Meinung, religiöse Überzeugung sowie Daten betreffend Gesundheit und Sexualleben.[1272]

997 Anknüpfungspunkt jeder Form der Verwendung von Daten ist die „Datenanwendung" selbst. Dieser Terminus technicus könnte auch landläufig mit „Datenverarbeitung" gleichgesetzt werden. Das DSG 2000 versteht darunter die Summe der in ihrem Ablauf logisch verbundenen Verwendungsschritte[1273], die zur Erreichung eines inhaltlich bestimmten Ergebnisses – des „Zweckes" der Datenanwendung – geordnet sind und zur Gänze oder auch nur teilweise automationsunterstützt erfolgen (§ 4 Z 7 DSG 2000). Folglich ist jede automationsunterstützte Verarbeitung personenbezogener Daten – etwa durch ein herkömmliches Textverarbeitungsprogramm – als Datenanwendung anzusehen.[1274]

998 Die Akteure in einer solchen Datenanwendung sind der „Betroffene"[1275], der „Dienstleister"[1276] und der „Auftraggeber".[1277]

999 Eine Datenanwendung ist grundsätzlich vor ihrer Aufnahme dem Datenverarbeitungsregister (DVR) zu melden. Soweit die Datenanwendung allerdings nur bestimmte Daten erfasst, entfällt diese Meldepflicht (§ 17 Abs 2 DSG 2000). Von der Meldepflicht ausgenommen sind etwa veröffentlichte Daten oder Daten, die unter eine Standardanwendung[1278] fallen, beispielsweise die üblichen Mitarbeiterdaten im Rahmen der Stan-

---

[1272]) Vgl § 4 Z 2 DSG 2000. Die Verarbeitung sensibler Daten ist nur bei Erfüllung strengerer Voraussetzungen ausnahmsweise zulässig. Dies ist etwa iZm Personalfragebögen zu beachten, da darin häufig sensible Daten, wie Gesundheitsdaten, nachgefragt werden.

[1273]) „Verwenden" ist jede Art der Handhabung von Daten.

[1274]) *Jahnel/Siegwart/Fercher* in *Jahnel/Siegwart/Fercher* (Hrsg), Aktuelle Fragen des Datenschutzrechts (2007) 31.

[1275]) Das ist derjenige, dessen Daten verwendet werden (§ 4 Z 3 DSG 2000).

[1276]) Gemäß § 4 Z 5 DSG 2000 sind Dienstleister natürliche oder juristische Personen, Personengemeinschaften oder Organe einer Gebietskörperschaft bzw die Geschäftsapparate solcher Organe, wenn sie Daten nur zur Herstellung eines ihnen aufgetragenen Werks verwenden.

[1277]) „Auftraggeber" sind gemäß § 4 Z 4 DSG 2000 natürliche oder juristische Personen, Personengemeinschaften oder Organe einer Gebietskörperschaft bzw die Geschäftsapparate solcher Organe, wenn sie allein oder gemeinsam mit anderen die Entscheidung getroffen haben, Daten zu verwenden, unabhängig davon, ob sie die Daten selbst verwenden oder damit einen Dienstleister beauftragen. Zuordnungskriterium dafür, wer sich als Auftraggeber qualifiziert, ist, dass der Auftraggeber die Entscheidung trifft, eine Datenverarbeitung vorzunehmen.

[1278]) Der Bundeskanzler kann durch Verordnung Typen von Datenanwendungen und Übermittlungen aus diesen zu Standardanwendungen erklären, wenn sie von einer großen Anzahl von Auftraggebern in gleichartiger Weise vorgenommen werden und angesichts des Verwendungszwecks und der verarbeiteten Datenarten die Gefährdung schutzwürdiger Geheimhaltungsinteressen der Betroffenen unwahrscheinlich ist. In der Verordnung sind für Standardanwendungen die zulässigen Datenarten, die Betroffenen- und Empfängerkreise und die Höchstdauer der zulässigen Datenaufbewahrung festzulegen (§ 17 Abs 2 Z 6 DSG 2000).

dardanwendung „Personalverwaltung". Grundsätzlich darf unmittelbar nach Abgabe der Meldung der Vollbetrieb der Datenanwendung aufgenommen werden (§ 18 Abs 1 DSG 2000). Davon ausgenommen sind Datenanwendungen, die einem Vorabkontrollverfahren zu unterziehen sind.[1279] Diese dürfen erst nach vollständiger Prüfung gemäß § 19 Abs 4 DSG 2000 und Registrierung im Datenverarbeitungsregister aufgenommen werden (§ 20 Abs 3 iVm § 18 Abs 2 DSG 2000).

C. Materielle Kriterien

1. Zulässigkeit der Datenanwendungen

Aus dem im Verfassungsrang stehenden Recht des Bürgers auf Geheimhaltung **1000** seiner Daten, für das nahezu einhellig eine Drittwirkung anerkannt wird,[1280] lässt sich ableiten, dass jede Datenanwendung grundsätzlich verboten ist, da darin ein Eingriff in dieses Geheimhaltungsrecht begründet liegt. Soweit eine Verwendung von personenbezogenen Daten dennoch unerlässlich ist, darf diese nur im unbedingt erforderlichen Ausmaß in das Datenschutzrecht eingreifen und nur mit den gelindesten zur Verfügung stehenden Mitteln erfolgen.[1281] Als weitere Voraussetzung ist die Durchführung einer Datenanwendung an die Erfüllung strenger Zulässigkeitskriterien gebunden.

Der Unternehmer darf daher fremde personenbezogene Daten nur dann verwen- **1001** den, wenn folgende Voraussetzungen kumulativ erfüllt sind:

a) Treu & Glaube

Die Datenverarbeitung muss den Grundsätzen von Treu und Glauben entspre- **1002** chen.[1282]

b) Zweckbindungsgrundsatz

Daten dürfen nach § 6 Abs 1 Z 2 DSG 2000 nur für festgelegte, eindeutige und **1003** rechtmäßige Zwecke ermittelt und dürfen nicht in einer Weise weiterverwendet werden, die mit diesen Zwecken unvereinbar sind. Jede Datenanwendung muss daher einen vordefinierten Zweck haben, an den sie gebunden ist, sog Zweckbindungsgrundsatz. Der Zweck der Datenanwendung muss so klar und deutlich zum Ausdruck gebracht werden, dass kein Zweifel daran besteht, welche Daten zur Erreichung dieses Zwecks verarbeitet werden müssen.

[1279] Das sind nach § 18 Abs 2 DSG 2000 Datenverarbeitungen, die sensible Daten, strafrechtlich relevante Daten oder Bonitätsdaten enthalten, oder der Betrieb eines Informationsverbundsystems. Die Melde- bzw Registrierungspflicht für Videoüberwachungen erfährt in § 50 c DSG 2000 eine gesonderte Regelung.

[1280] Es werden neben dem Staat auch Dritte unmittelbar in die Pflicht genommen (*Wiederin* in *Merten/Papier* (Hrsg) *Schäffer* (Koord), Handbuch der Grundrechte – Grundrechte in Österreich (2009) 183 Rz 24.

[1281] Der Verhältnismäßigkeitsgrundsatz ist in § 1 Abs 2 und § 7 Abs 3 DSG 2000 normiert.

[1282] Die RV versteht darunter eine Verwendung von Daten, wenn der Betroffene über die Umstände des Datengebrauchs und das Bestehen und die Durchsetzbarkeit seiner Rechte nicht irregeführt wird (RV 1613, BlgNR. XX. GP).

1004 Es ist vor diesem Hintergrund beispielsweise unzulässig, wahllos Daten in großen Datenbanken zu sammeln, um diese zu einem späteren Zeitpunkt nach bestimmten Kriterien abzugleichen. Eine solche „Vorratsbeschaffung" von Daten widerspricht jedenfalls dem Zweckbindungsgrundsatz.[1283])

c) Wesentlichkeitsgrundsatz

1005 Daten dürfen gemäß § 6 Abs 1 Z 3 DSG 2000 nur verwendet werden, soweit sie für den Zweck der Datenanwendung wesentlich sind, und über den Zweck nicht hinausgehen.[1284])

d) Schutzwürdige Geheimhaltungsinteressen

(1) Allgemein

1006 Die Datenanwendung darf schutzwürdige Geheimhaltungsinteressen des Betroffenen nicht verletzen. Es muss daher jeder Verwendung von Daten eine Interessenabwägung vorangehen, wobei das schutzwürdige Interesse des Betroffenen und das berechtigte Interesse eines Dritten abzuwägen sind.[1285]) Der Betroffene ist in seinem Geheimhaltungsinteresse bei Vorliegen einer der folgenden Tatbestände nicht verletzt:

- Bestehen einer gesetzlichen Ermächtigung oder Verpflichtung,
- Zustimmung des Betroffenen,
- lebenswichtige Interessen des Betroffenen, Überwiegen der berechtigten Interessen des Auftraggebers oder Dritter,
- Daten sind bereits veröffentlicht oder anonym.[1286])

(2) Die Anforderungen an die Zustimmungserklärung

1007 In der Praxis ist häufigster Rechtfertigungsgrund die Zustimmung des Betroffenen. Eine Zustimmungserklärung muss allerdings strengen Formerfordernissen gerecht werden.

1008 Die Zustimmungserklärung muss nach der Rsp des OGH[1287]) die zu übermittelnden Datenarten, deren Empfänger[1288]) und den Übermittlungszweck[1289]) abschließend

---

[1283]) *Knyrim*, Datenschutzrecht – Leitfaden für richtiges Registrieren, Verarbeiten, Übermitteln, Zustimmen, Outsourcen, Werben uvm (2003) 83 ff.
[1284]) Die Daten müssen für die Datenanwendung bedeutungsvoll sein. Der Auftraggeber wird daher zu untersuchen haben, ob alle Daten wirklich für zB den Geschäftszweck benötigt werden (vgl *Dohr/Pollirer/Weiss/Knyrim*, Kommentar Datenschutzrecht – Datenschutzgesetz samt Europarecht, Nebengesetzen, Verordnung und Landesdatenschutz (2002) 9. ErgL 68 Rz 8).
[1285]) *Dohr/Pollirer/Weiss/Knyrim* (Hrsg), Datenschutzrecht 79 Rz 9.
[1286]) Vgl *Knyrim*, Datenschutzrecht 98.
[1287]) OGH 27. 1. 1999, 7 Ob 170/98 w; RIS-Justiz RS0111809. Der beim Bundeskanzleramt eingerichtete Verfassungsdienst hat den erforderlichen Inhalt einer Zustimmungserklärung sinngleich definiert (Rundschreiben des BKA-VD, 810.008/1-V/1 a/85 vom 10. 8. 1985).
[1288]) Bezeichnungen wie „Evidenzstelle" oder „Gemeinschaftseinrichtungen" sind zu intransparent (OGH 22. 3. 2001, 4 Ob 28/01 y).
[1289]) Die Aufgaben der Empfänger und die Empfänger müssen klar erkennbar sein, dh es muss klar sein, von wem, zu welchem Zweck, auf welche Daten zugegriffen werden kann bzw an wen zu welchem Zweck welche Daten übermittelt werden (OGH 22. 3. 2001, 4 Ob 28/01 y).

bezeichnen. Der Betroffene muss mit einer solchen Klausel nicht im „Kleingedruckten" rechnen.[1290]) Der Betroffene muss darüber aufgeklärt werden, dass er die Zustimmungserklärung widerrufen kann.[1291]) Die Zustimmung kann ausdrücklich oder konkludent[1292]) erklärt werden. Eine konkludente Zustimmung durch Schweigen kommt allerdings nicht in Betracht.[1293])

Vor diesem Hintergrund stellen sich in der Praxis die in Kauf- oder Dienstleistungsverträgen enthaltenen Zustimmungsklauseln zur Ermittlung, Verarbeitung und Übermittlung von Daten häufig als unzureichend dar. Mangels Erfüllung der von der Jud und der Verwaltungspraxis entwickelten Anforderungen würde etwa eine Bestimmung als unzureichend gewertet werden, wonach der Kunde zustimmt, dass seine Daten soweit zur Geschäftsabwicklung oder nach anderen Gesetzen und Vorschriften notwendig, auch an Dritte, unter Beachtung der gesetzlichen Vorschriften weitergegeben werden. Jedes Unternehmen sollte daher darauf bedacht sein, eine gesetzeskonforme Zustimmungserklärung von seinen Kunden einzuholen, um zu vermeiden, dass nachträglich die rechtswidrige Verarbeitung von Kundendaten aufgrund des Fehlens der für die Datenanwendung notwendige Rechtfertigungsgrundlage geltend gemacht wird. **1009**

2. Datentransfer

Eine zentrale Rolle im täglichen Datenverkehr eines Unternehmens spielt die Weitergabe bzw die Zugänglichmachung von Daten an Dritte. Der Dritte mag entweder der externe Lohnverrechner oder die Konzernmutter sein, oder aber auch nur eine andere Abteilung des Auftraggebers. Selbst die Bekanntgabe des „Mitarbeiters des Monats" auf der Website des Unternehmens kann Datentransfer iSd DSG 2000 sein. Zu unterscheiden ist idZ zwischen dem Übermitteln – wozu auch die Verwendung für ein fremdes Aufgabengebiet und die Veröffentlichung zählen – und dem Überlassen. **1010**

a) Übermittlung von Daten

Das Übermitteln von Daten ist gemäß § 4 Z 12 DSG 2000: **1011**

- die Weitergabe von Daten einer Datenanwendung an andere Empfänger als den Betroffenen,
- die Weitergabe von Daten an den Auftraggeber oder einen Dienstleister,
- das Veröffentlichen solcher Daten und
- die Verwendung von Daten für ein anderes Aufgabengebiet des Auftraggebers.[1294])

[1290]) Vgl OGH 27. 1. 1999, 7 Ob 170/98 w.

[1291]) Vgl OGH 22. 3. 2001, 4 Ob 28/01 y.

[1292]) Die Datenschutzkommission geht davon aus, dass auch eine konkludente Zustimmung, insb durch tatsächliche Entgegennahme einer mündlich erteilten Auskunft, möglich ist (DSK 23. 5. 2007, K121.259 – 0013-DSK/2007).

[1293]) *Reimer* in *Jahnel/Siegwart/Fercher* (Hrsg), Aktuelle Fragen des Datenschutzrechts 206.

[1294]) Davon zu unterscheiden ist die Datenüberlassung; würden die Daten nur im Auftrag der Tochtergesellschaft am zentralen Server der Konzernmutter gespeichert werden und keine eigenständige Verarbeitung der Daten erfolgen, liegt eine Datenüberlassung vor, die nach den allgemeinen Zulässigkeitsvoraussetzungen (§§ 10 ff DSG 2000) erlaubt ist.

1012 Voraussetzung für die Zulässigkeit der Übermittlung von Daten ist zufolge § 7 Abs 2 DSG 2000, dass diese aus einer zulässigen Datenanwendung stammen, der Empfänger seine ausreichende rechtliche Befugnis[1295] in Hinblick auf den Übermittlungszweck glaubhaft macht, und die schutzwürdigen Geheimhaltungsinteressen des Betroffenen durch Zweck und Inhalt der Übermittlung nicht verletzt werden.

(1) Datenübermittlung an die Konzernmutter

1013 In vielen Konzernen ist ein System implementiert, das Mitarbeiterdaten zentral bei der Konzernmutter erfasst und speichert. Soweit diese Daten von der Konzernmutter nicht nur im Auftrag der Tochtergesellschaft, sondern auch für eigene Zwecke verwendet werden, liegt eine Datenübermittlung vor.

1014 Bei einer solchen für Konzerne typischen Datenanwendung gilt es nun nachzuweisen, dass die schutzwürdigen Geheimhaltungsinteressen der Mitarbeiter durch die Übermittlung nicht betroffen sind. Dieser Nachweis könnte zB durch die Zustimmung aller Arbeitnehmer zur Übermittlung oder das überwiegende berechtigte Interesse der Konzernmutter und der Landesgesellschaft erbracht werden. Zu letzterem Rechtfertigungsgrund ist auszuführen, dass allein die Eigenschaft als Konzernspitze und das damit verbundene wirtschaftliche Interesse an der Zentralisierung bestimmter Daten zur Rechtfertigung der Übermittlung noch nicht genügt, da es nach der ständigen Spruchpraxis der Datenschutzkommission (DSK) kein Konzernprivileg gibt.[1296] Die DSK anerkennt allerdings den Konzern als zulässige Organisationsstruktur, so dass jene Datenflüsse, die sich aus der Über- bzw Unterordnung der einzelnen Konzernfirmen notwendig ergeben, zur Rechtfertigung der Übermittlung geeignet sein könnten.[1297]

> **Beispiel:**
>
> In einem internationalen Konzern mit französischer Konzernspitze gibt es Performance Guidelines über die Beurteilung der Leistungen der Mitarbeiter und Bonus Payment Rules, welche die leistungsbezogene Entlohnung regeln. Die französische Konzernmutter kann die gleichmäßige Anwendung und Einhaltung dieser Richtlinien nur kontrollieren, wenn ihr überhaupt die im Rahmen der Umsetzung dieser Richtlinien erhobenen Daten zur Kenntnis gelangen.[1298]

(2) Sonderfall: Übermittlung an die Konzernmutter in einem Drittland

1015 Grundsätzlich gilt, dass jede Übermittlung an Empfänger außerhalb der EU einer Genehmigung durch die DSK bedarf. Es wird in diesem Verfahren geprüft, ob im Drittstaat

---

[1295] Die rechtliche Befugnis kann sich etwa aus der Gewerbeberechtigung oder aus den Vereinsstatuten ableiten (vgl *Dohr/Pollirer/Weiss/Knyrim* (Hrsg), Datenschutzrecht 72 Rz 5).

[1296] Vgl DSK 6. 2. 2008, K178.256/0005-DSK/2008 mit Verweis auf *Dammann/Simitis*, EU-Datenschutzrichtlinie: Kommentar (2007) Rz 6 zu Art 25.

[1297] Vgl DSK 6. 2. 2008, K178.256/0005-DSK/2008.

[1298] Datenflüsse, die va der Durchsetzung von Konzernpolitiken, die eine gleichartige, nach objektiven Maßstäben gerechtfertigte Behandlung von Mitarbeitern zum Ziel haben, dienen, können sachlich gerechtfertigt sein (vgl DSK 23. 5. 2007, K178.239/0006-2007).

ein angemessener Datenschutz sichergestellt ist (§ 13 Abs 2 Z 1 DSG 2000) und ob die Geheimhaltungsinteressen der Betroffenen auch im Ausland ausreichend gewahrt sind (§ 13 Abs 2 Z 2 DSG 2000). Es gibt allerdings Ausnahmen von diesem Grundsatz.

Die Schweiz[1299]), Kanada[1300]) und Mitgliedstaaten der „Safe-Harbor"-Vereinbarung[1301]) („gleichgestellte Drittstaaten") sind jeweils aufgrund von Entscheidungen der Europäischen Kommission zu Empfangsstaaten mit einem dem europäischen Standard entsprechendem Schutzniveau deklariert worden. Die Umsetzung dieser Entscheidungen durch Verordnung des Bundeskanzlers (§ 12 Abs 2 DSG 2000) steht noch aus; ungeachtet dessen ist keine Genehmigung des Datentransfers bei der DSK zu beantragen.[1302]) Soweit der jeweilige Empfängerstaat nicht unter die obgenannten Ausnahmen fällt, allerdings zwischen dem Auftraggeber und dem Empfängerstaat ein Vertrag, der die „Standardvertragklauseln"[1303]) umsetzt, abgeschlossen wurde, verlangt die DSK aber weiterhin einen Antrag, die bloße Anzeige genügt nicht.[1304]) **1016**

Wenn die Datenübermittlung nun weder in eine der obengenannten Länder erfolgt, noch die beteiligten Staaten Standardvertragsklauseln abschließen, ist bei der DSK die Genehmigung im Einzelfall (§ 13 Abs 2 DSG 2000) zu beantragen. **1017**

(3) Anderes Aufgabengebiet

Die Verwendung von Daten für ein anderes Aufgabengebiet als jenes, für das sie ermittelt wurden, stellt eine Datenübermittlung dar. Zur Feststellung, ob die Daten für ein anderes Aufgabengebiet als wofür sie ermittelt wurden, verwendet werden, ist zunächst das Aufgabengebiet des Auftraggebers abzugrenzen. Damit das Vorliegen eines einheitlichen Aufgabengebietes bejaht werden kann, ist ein enger tatsächlicher und wirtschaftlicher Zusammenhang von Tätigkeiten gefordert.[1305]) Zur Auslegung ist auch **1018**

[1299]) Entscheidung der Kommission vom 26. 7. 2000 gemäß der Richtlinie 95/46/EG des Europäischen Parlaments und des Rates über die Angemessenheit des Schutzes personenbezogener Daten in der Schweiz, bekannt gegeben unter Aktenzeichen K(2000) 2304, ABl Nr L 215/1.

[1300]) Entscheidung der Kommission vom 20. 12. 2001 gemäß der Richtlinie 95/46/EG des Europäischen Parlaments und des Rates über die Angemessenheit des Datenschutzes, den das kanadische Personal Information Protection and Electronic Documents Act bietet, bekannt gegeben unter Aktenzeichen K(2001) 4539, ABl Nr L 2/13.

[1301]) Entscheidung der Kommission vom 26. 7. 2000 gemäß der Richtlinie 95/46/EG des Europäischen Parlaments und des Rates über die Angemessenheit des von den Grundsätzen des „sicheren Hafens" und der diesbezüglichen „Häufig gestellten Fragen" (FAQ) gewährleisteten Schutzes, vorgelegt vom Handelsministerium der USA; bekannt gegeben unter Aktenzeichen K(2000) 2441, ABl Nr L 215/7.

[1302]) Nach Auffassung der Leiterin der Datenschutzkommission sind die Entscheidungen der Europäischen Kommission direkt anwendbar (*Knyrim,* Datenschutzrecht 132, FN 284).

[1303]) Die EU-Kommission hat mit der Entscheidung vom 27. 12. 2004 zur Änderung der Entscheidung 2001/497/EG bezüglich der Einführung alternativer Standardvertragsklauseln für die Übermittlung personenbezogener Daten in Drittländer nach der Richtlinie 95/46/EG, ABl L 385 S 74–84, ein Muster für den zwischen Auftraggeber und dem Empfängerstaat abzuschließenden Vertrag definiert. Diese Standardvertragsklauseln sind unterschriftsreif vorformuliert und nur mehr um einige konkrete Angaben zu den Datenverarbeitungen zu ergänzen.

[1304]) *Knyrim,* Neuerungen im Datenverkehr mit Drittländern, ecolex 2002,466.

[1305]) *Grabenwarter,* Datenschutzrechtliche Anforderungen an den Umgang mit Kundendaten im Einzelhandel, ÖJZ 2000, 861. Die Interpretation des Begriffes Aufgabengebiet und die Be-

der Zweck der Datenanwendung heranzuziehen, da der einzelne Betroffene darauf vertrauen darf, dass der Rechtsträger die ihm anvertrauten Daten nicht für Zwecke verwendet, die mit dem Anlass des Anvertrauens in keinem engen wirtschaftlichen Zusammenhang stehen.[1306] Als einheitliches Aufgabengebiet könnte der Umfang einer Gewerbeberechtigung verstanden werden, wobei ein Aufgabengebiet nicht in jedem Fall mit einer Gewerbeberechtigung gleichgesetzt werden kann.[1307]

Beispiel:

Es handelt sich um zwei verschiedene Aufgabengebiete, wenn ein Unternehmen sowohl eine Gewerbeberechtigung für ein Reisebüro als auch für einen Adressverlag hält.[1308] Die Verwendung der Daten aus der Datenbank des Reisebüros für Zwecke des Adressverlags ist daher eine Datenübermittlung, die nur bei Vorliegen der entsprechenden gesetzlichen Voraussetzungen zulässig ist.

(4) Veröffentlichen von Daten

1019   Ein Veröffentlichen von Daten liegt nach Meinung der DSK dann vor, wenn Daten in der Absicht möglichst breiter Kenntnisnahme durch unbestimmte Dritte an öffentlich zugänglichen Orten zur Schau gestellt werden.[1309] Wenn daher zB der Auftraggeber fremde Daten im Internet für jedermann zugänglich anbietet, liegt eine Übermittlung von Daten im Sinn des § 4 Z 12 DSG 2000 vor.[1310]

Praxistipp:

Der Betrieb einer Website, auf der auch andere als nur jene Daten des Betroffenen selbst veröffentlicht werden, ist eine meldepflichtige Datenanwendung.

b) Überlassung von Daten

1020   Im Rahmen der Datenüberlassung lagert ein Unternehmen Funktionen der Datenverarbeitung an Dritte (Dienstleister) aus. Wesentlich ist also, dass der Dienstleister die

---

urteilung des engen Zusammenhangs von Tätigkeiten haben nach hL in erster Linie nach der allgemeinen oder besser nach der in den jeweiligen Geschäftskreisen herrschenden Verkehrsauffassung zu erfolgen (vgl ausführlich *Dohr/Pollirer/Weiß/Knyrim,* Datenschutzrecht I 45 zu Z 9, 10 und 12 und 53 Rz 13).

[1306] OGH 25. 2. 1992, 4 Ob 114/91.

[1307] *Grabenwarter,* ÖJZ 2000, 861. Wenn zB ein Maler und Anstreicher auch über eine Gewerbeberechtigung für den Bodenleger verfügt, so liegen zwar zwei Berechtigungen für diesen Gewerbebetrieb vor, aufgrund des engen Zusammenhangs zwischen diesen Tätigkeiten wäre allerdings die Einrichtung von zwei verschiedenen Datenbanken wohl außerhalb des Zweckes der Bestimmung und der Absicht des Gesetzgebers (so *Dohr/Pollirer/Weiß/Knyrim* [Hrsg], Datenschutzrecht I 54 FN 13).

[1308] *Dohr/Pollirer/Weiß/Knyrim* (Hrsg), Datenschutzrecht I 54 FN 13.

[1309] DSK 29. 11. 2005, K121.046/0016-DSK/2005.

[1310] Vgl DSK 27. 2. 2004, K120.867/0001-DSK/2004.

Daten nicht aus eigenem oder für eigene Zwecke, sondern ausschließlich zur Durchführung des Auftrages des Auftraggebers verwendet. Trifft die Entscheidung über die Datenverwendung der Auftraggeber und überlässt er die bloße Durchführung einem Dienstleister, so liegt ein Dienstleisterverhältnis vor.[1311]

Die Grundsätze der Datenüberlassung finden auch innerhalb des Konzerns Anwendung. Wenn daher eine rechtlich selbständige Tochtergesellschaft Empfänger der Daten als Dienstleister ist, müssen auch die folgenden Bestimmungen über den Dienstleistervertrag und die Dienstleisterpflichten eingehalten werden. **1021**

(1) Auswahl des Dienstleisters

§ 10 Abs 1 DSG 2000 sieht vor, dass ein Dienstleister nur dann in Anspruch genommen werden darf, wenn er ausreichende Gewähr für eine rechtmäßige und sichere Datenanwendung bietet. Der Auftraggeber ist somit verpflichtet, den Dienstleister sorgfältig auszuwählen und sich davon zu überzeugen, dass die Maßnahmen zur Gewährleistung einer ordnungsgemäßen Datenverwendung[1312] getroffen wurden. **1022**

> **Praxistipp:**
>
> Da der Auftraggeber für die Auswahl des Dienstleisters haftet, empfiehlt sich die Einholung eines Nachweises, aus dem die getroffenen technischen und organisatorischen Sicherheitsmaßnahmen zum Schutz der zu verarbeitenden Daten ersichtlich sind.

(2) Dienstleistervertrag

§ 10 DSG 2000 verlangt weiters den Abschluss einer Vereinbarung[1313] zwischen Auftraggeber und Dienstleister, in der die Pflichten des Dienstleisters konkretisiert sind. Es empfiehlt sich daher sämtliche der in § 11 DSG 2000 genannten Dienstleisterpflichten[1314] und deren individuelle Ausgestaltung in einen Vertrag aufzunehmen.[1315] **1023**

[1311]) *Knyrim,* Datenschutzrecht 190.

[1312]) Der Dienstleister ist ex lege zur Einhaltung bestimmter Maßnahmen verpflichtet (§ 11 DSG 2000), die einen bestimmten Datenschutzstandard ohne zusätzliche vertragliche Vereinbarung sichern.

[1313]) Es kann entweder ein Dienstleistervertrag zusätzlich zu jenem dem Vertragsverhältnis zugrundeliegenden Vertrag abgeschlossen werden oder nur ein einziger Vertrag, in welchem auch die Pflichten des Dienstleisters geregelt sind. In der vertraglichen Praxis kommen beide Varianten vor.

[1314]) Die Pflichten des Dienstleisters sind zusammengefasst: (i) Daten ausschließlich im Rahmen der Aufträge des Auftraggebers zu verwenden; (ii) alle gemäß § 14 erforderlichen Datensicherheitsmaßnahmen zu treffen; (iii) weitere Dienstleister nur mit Billigung des Auftraggebers heranzuziehen; (iv) im Einvernehmen mit dem Auftraggeber die notwendigen technischen und organisatorischen Voraussetzungen für die Erfüllung der Auskunfts-, Richtigstellungs- und Löschungspflicht des Auftraggebers zu schaffen; (v) nach Beendigung der Dienstleistung alle Verarbeitungsergebnisse und Unterlagen, dem Auftraggeber zu übergeben, aufzubewahren oder zu vernichten; (vi) dem Auftraggeber jene Informationen zur Kontrolle der Einhaltung dieser Verpflichtungen zur Verfügung zu stellen.

[1315]) Vgl dazu *Dohr/Pollirer/Weiss/Knyrim* (Hrsg), Datenschutzrecht 98 Rz 6.

D. Datensicherheitsmaßnahmen

1. Rechtliche Grundlage

1024   Gemäß § 14 Abs 1 DSG 2000 müssen zur Sicherstellung der Datensicherheit Maßnahmen getroffen werden, die geeignet sind, den Schutz der Daten vor zufälliger oder
unrechtmäßiger Zerstörung und vor Verlust sowie vor Verhinderung eines Zugriffs auf
die Daten durch Unbefugte, zu gewährleisten. Die Maßnahmen müssen nach der Art
der verwendeten Daten und nach dem Umfang und Zweck der Verwendung sowie unter Bedachtnahme auf den Stand der technischen Möglichkeiten und die wirtschaftliche
Vertretbarkeit angemessen sein.

1025   Der nach § 14 DSG 2000 Verpflichtete – sowohl der Auftraggeber als auch der
Dienstleister sind Adressaten dieser Norm – hat nach Maßgabe dieser Kriterien technische, organisatorische und personelle Datensicherheitsmaßnahmen[1316] zu treffen. § 14
Abs 2 DSG 2000 zählt Mindestanforderungen an Datensicherheitsmaßnahmen in Form
eines Kataloges auf[1317], stellt allerdings keine abschließende Aufzählung dar. Es muss
daher auch jede andere Maßnahme, die zum Schutz der Daten vor Zerstörung oder
unbefugter Verwendung geeignet ist, getroffen werden, soweit sie in der konkreten Datenanwendung erforderlich ist.[1318] Die Maßnahmen müssen jedenfalls der Art der verwendeten Daten und den drohenden Risiken gerecht werden. Zur Beurteilung, welche
Maßnahmen zu treffen sind, ist daher bei jeder Datenverwendung eine Risikoanalyse[1319] vorzunehmen.[1320] Beispielsweise stellt der Abschluss von Vertraulichkeitsverein-
barungen in diesem Sinn eine geeignete Datensicherheitsmaßnahme dar.

2. Die gesetzlichen Maßnahmen im Einzelnen

(1) Aufgabenverteilung

1026   Durch die ausdrückliche Festlegung der Aufgabenverteilung bei der Datenverwendung zwischen den Organisationseinheiten und zwischen den Mitarbeitern ist die Vo-

---

[1316] Die wichtigsten Maßnahmen sind im Kapitel „Compliance in der Informationstechnologie" beschrieben, vgl Rz 856 ff.

[1317] Siehe *Jahnel* in *Jahnel/Siegwart/Fercher* (Hrsg), Aktuelle Fragen des Datenschutzrechts
91, der nach dem Wortlaut des § 14 Abs 2 DSG 2000 erkennt, dass nach erfolgter Abwägung
zwischen Schutzbedürfnis einerseits und Schutzmöglichkeit und wirtschaftlicher Vertretbarkeit andererseits nicht immer alle der in Z 1 bis Z 8 genannten Maßnahmen getroffen werden müssen.

[1318] Von diesem Verständnis geht auch die DSK aus, wenn sie iZm Beratungsgesprächen
beim Arbeitsmarktservice (AMS) empfiehlt, geeignete Maßnahmen bei Beratungsgesprächen mit
den AMS-Kunden sicherzustellen, so dass andere AMS-Kunden der bei diesen Gesprä-
chen verwendeten personenbezogenen Daten nicht wahrnehmen können (Empfehlung der DSK
am 16. 5. 2008, K210.579/0004-DSK/2008).

[1319] In einer Risikoanalyse wird versucht, die Informationssicherheitsrisiken zu erkennen
und zu bewerten und so das Gesamtrisiko zu ermitteln. Ziel ist es, in weiterer Folge dieses Risiko
so weit zu reduzieren, dass das verbleibende Restrisiko quantifizierbar und akzeptierbar wird
(*Bundeskanzleramt, Informationssicherheitsbüro in Zusammenarbeit mit A-Sit [Zentrum für sichere Informationstechnologie – Austria] und der OCG [Österreichische Computer Gesellschaft]*, Österreichisches Informationssicherheitshandbuch I, Version 2.3, 35).

[1320] *Jahnel* in *Jahnel/Siegwart/Fercher* (Hrsg), Aktuelle Fragen des Datenschutzrechts 90.

raussetzung dafür zu schaffen, dass die Verantwortungsbereiche eindeutig abgegrenzt werden. Dazu ist eine klare und eindeutige Aufbauorganisation erforderlich.[1321])

(2) Vergabe von Zutrittsberechtigungen und Zugangsberechtigungen

Zunächst ist der physische Zugang von Personen zu bestimmten Daten bzw deren **1027** Datenträgern, wozu insgesamt der Zutritt zum Gebäude des Unternehmens, in dem die Datenträger aufgestellt sind, und innerhalb der Räumlichkeiten des Unternehmens, wozu va der Serverraum zählt, zu regeln. Es ist sicherzustellen, dass keine unternehmensfremden Personen unkontrolliert und unbeaufsichtigt das Gebäude betreten können, und dass auch innerhalb des Unternehmens keinen Unbefugten Zutritt zu Serverräumen möglich ist und sie dadurch Zugang zu Datenverarbeitungssystem bekommen (zB durch Versperren des Serverraumes).

(3) Vergabe von Zugriffsberechtigungen und Kontrolle derselben

Es ist festzulegen, welche Personen auf welche Daten und Programme greifen dür- **1028** fen und gleichzeitig sicherzustellen, dass diese Ordnung auch technisch umgesetzt wird, beispielsweise durch Verschlüsselung der Daten. Ferner muss innerhalb des Kreises der Berechtigten festgelegt werden, in welchem Umfang, welche Daten verwendet werden dürfen, zB nur ein „Lesezugriff". Zur Gewährleistung der Einhaltung der Zugriffsberechtigungen sind entsprechende technische Maßnahmen zu ergreifen.

(4) Auftragskontrolle

Bei der Bearbeitung von Daten durch Dritte ist sicherzustellen, dass jene die Da- **1029** ten nur entsprechend ihrem Auftrag und den diesen konkretisierenden Anweisungen verwenden; beispielweise durch eine entsprechende Vertragsbestimmung.

(5) Belehrungspflicht

Jeder Unternehmer hat seine Mitarbeiter über die Geheimhaltungspflicht und über **1030** die sich aus den Datenschutzbestimmungen ergebenden Pflichten zu belehren.[1322]) Die Mitarbeiter sind aktiv zu belehren, was aus Gründen der Dokumentation nachweislich erfolgen sollte,[1323]) und ferner müssen die Vorschriften für die Mitarbeiter jederzeit nachlesbar sein, zB im Intranet.[1324]) Um diese Forderung erfüllen zu können, wird die Erstellung eines Datensicherheitshandbuches wohl unerlässlich sein, auch wenn der Gesetzgeber eine bestimmte Form bzw Methode der Dokumentation nicht vorschreibt.[1325])

[1321]) *Jahnel* in *Jahnel/Siegwart/Fercher* (Hrsg), Aktuelle Fragen des Datenschutzrechts 84.
[1322]) Der Belehrungspflicht wird durch Besuch von DSG-Seminaren, innerbetriebliche Schulungen/geregelte Einarbeitung und Herausgabe von Richtlinien entsprochen (vgl *Dohr/Pollirer/Weiss/Knyrim* [Hrsg], Datenschutzrecht 122).
[1323]) *Jahnel* in *Jahnel/Siegwart/Fercher* (Hrsg), Aktuelle Fragen des Datenschutzrechts 86.
[1324]) *Jahnel* in *Jahnel/Siegwart/Fercher* (Hrsg), Aktuelle Fragen des Datenschutzrechts 92.
[1325]) *Dohr/Pollirer/Weiss/Knyrim* (Hrsg), Datenschutzrecht 125.

(6) Protokollführung

1031 Über sämtliche Verwendungsvorgänge, wie insb Änderungen, Abfragen und Übermittlungen von Daten, ist ein Protokoll zu führen. Ziel der Protokollierungspflicht ist, Datenanwendungen nachvollziehbar zu machen, um deren Rechtmäßigkeit prüfen und die Rechte von Betroffenen wahren zu können.[1326]

E. Brisante Datenanwendungen

1. Überwachung der Arbeitnehmer am elektronischen Arbeitsplatz

a) Rechtliche Ausgangslage

1032 Wie bereits oben erwähnt,[1327] sind bei der Festsetzung eines Standards zur Nutzung von Informatikmitteln für den Fall der Überwachung des Arbeitnehmers mittels Log-Files[1328] datenschutzrechtliche Aspekte[1329] zu beachten.

1033 Eine Kontrolle von Arbeitnehmern durch Ermittlung und Aufzeichnung von Log-Files ist eine Datenanwendung iSd § 4 Z 7 DSG 2000.[1330] Ihre Zulässigkeit richtet sich daher nach den §§ 6 ff DSG 2000. Die Zulässigkeit des Umfangs der Verwendung von personenbezogenen Daten ist nach Maßgabe des definierten Zwecks der Überwachung zu beurteilen. Unterschieden wird von Rsp und Lehre[1331] zwischen drei Zwecken („Gewährleistung der Funktionsfähigkeit des betrieblichen IT-Systems", „Überwachung des Arbeitnehmers", „Verdacht einer Dienstpflichtverletzung oder sogar einer strafrechtlich relevanten Handlung") für die Datenanwendung „Mitarbeiterüberwachung", welche jeweils eine andere Kontrolldichte erlauben. Dazu im Einzelnen:

[1326] *Jahnel* in *Jahnel/Siegwart/Fercher* (Hrsg), Aktuelle Fragen des Datenschutzrechts 93.

[1327] Vgl *Dürager* Rz 836 ff.

[1328] Der Einsatz und die Auswertung von Log-Files sind beispielsweise während der Kündigungsfrist oder nach einer vorzeitigen Beendigung aus wichtigem Grund zum Nachweis von Dienstpflichtverletzungen für den Arbeitgeber relevant. Mit den Ergebnissen aus den Protokollen über die Tätigkeit des Mitarbeiters an seinem Arbeitsplatz (zB Kopieren oder Löschen von Files) können Dienstpflichtverletzung oder Malversationen über das Netzwerk nachgewiesen werden.

[1329] Der Vollständigkeit halber ist hervorzuheben, dass im Gegensatz zur Rsp in Deutschland der Arbeitgeber durch die Gestattung, den Internetzugang privat zu benutzen, nicht zum Betreiber iSd TKG wird. Nach der Rsp des OGH bietet der Arbeitgeber keinen „öffentlichen Telekommunikationsdienst" an. Es kommen die Bestimmungen über anzeigepflichtige Telekommunikationsdienste sowie deren Geschäftsbedingungen und Entgelte nicht zur Anwendung. Der Arbeitgeber wird daher nicht als Betreiber und damit nicht als Normadressat iSd § 88 TKG (*nunmehr*: § 93 TKG 2003) angesehen, wenn er seinen Mitarbeitern das Führen privater Telefongespräche gestattet. Der Arbeitgeber, der daher mittels EDV-gesteuerter Telefonanlage die Daten der von seinen Arbeitnehmern geführten Gespräche aufzeichnet, verstößt daher nicht gegen die Geheimhaltungsvorschriften des TKG (vgl OGH 13. 6. 2002, 8 ObA 288/01 p).

[1330] Die Kontrolle des Arbeitnehmers durch Protokollierung der aufgerufenen Websites in Log-Files zählt zu den Kontrollmaßnahmen und technischen Systemen zur Kontrolle der Arbeitnehmer im Sinne des ArbVG und darf daher ohne Zustimmung des Betriebsrates (§ 96 Abs 1 Z 3 ArbVG) bzw des einzelnen Arbeitnehmers nicht erfolgen.

[1331] *Kotschy/Reimer*, Die Überwachung der Internet-Kommunikation am Arbeitsplatz – Ein Diskussionsbeitrag aus datenschutzrechtlicher Sicht, ZAS 2004/29. DSK 20. 6. 2008, K121.358/0009-DSK/2008.

b) Zulässigkeit von Log-Files

Gewährleistung der Funktionsfähigkeit des betrieblichen IT-Systems: Zulässig **1034** ist, im Fall der Gefährdung des IT-Systems[1332]) herauszufinden, von welchem PC die Gefahr ausgeht. Die menschliche Kenntnisnahme ist möglichst zu vermeiden und einer maschinellen Routineprüfung der Vorzug zu geben.

Überwachung des Arbeitnehmers: Soweit nun im Rahmen dieser maschinellen **1035** Systemüberwachung eine erhebliche kostenrelevante Abweichung vom normalen IT-Gebrauch auffällt, wird vom Schrifttum ein Interesse des Arbeitgebers an der Feststellung des Grundes für diese Abweichung und daher der Identifikation des jeweiligen Mitarbeiters anerkannt. Es darf beim Arbeitnehmer danach aber nicht das Gefühl dauernd im Einsatz befindlicher Kontrollen hervorgerufen werden.[1333])

Verdacht einer Dienstpflichtverletzung oder sogar einer strafrechtlich relevan- **1036** **ten Handlung:** Soweit sich aus der letzten Stufe ein solcher begründeter Verdacht ergibt, kann im Einzelfall die Verwendung von Verkehrs- und Inhaltsdaten durch den Arbeitgeber gerechtfertigt sein.

Soweit personenbezogene Daten ermittelt werden, ist die Überwachung mittels **1037** Log-Files der DVR als Datenanwendung zu melden. Im Zuge der Datenmeldung sind zur Rechtfertigung der Datenverarbeitung die Details der Datenanwendung – va konkrete technische Maßnahmen, Zweck und Art der Daten (Inhalts- oder Verbindungsdaten) – hinreichend zu determinieren. Es hängt freilich von den Umständen des Einzelfalles ab, ob die Datenanwendung als zulässig erachtet wird.

Praxistipp:

Die Arbeitnehmer sind vor Aufnahme einer derartigen Überwachung über die Details, welche Daten verarbeitet werden und unter welchen Umständen Daten ausgewertet werden, aufzuklären.

---

2. Whistleblower-Hotlines

Im Jahr 2002 wurde im Anschluss an mehrere Finanzskandale – erster Skandal **1038** iZm Bilanzfälschungen war Enron[1334]) – erstmal für den US-amerikanischen Raum, die Pflicht zur Implementierung einer Whistleblower-Hotline im Sarbanes-Oxley Act (SOX)[1335]) statuiert. Die Whistleblower-Hotline[1336]) ermöglicht dem Mitarbeiter anonym

---

[1332]) Darunter sind alle Maßnahmen zur Abwehr von Viren und sonstigen Attacken Unbefugter einzureihen.

[1333]) Vgl *Kotschy/Reimer,* ZAS 2004/29.

[1334]) Es folgte eine Reihe von börsenotierten internationalen Unternehmen, darunter WorldCom und in Europa Parmalat.

[1335]) Section 301 SOX normiert, dass der Prüfungsausschuss eines Unternehmens verpflichtet ist, ein Verfahren einzurichten, das Mitarbeitern eine (anonyme) Erstattung von Beschwerden in Bezug auf den Verdacht von Unregelmäßigkeiten in Rechnungslegung, interne Revision und Wirtschaftsprüfungsangelegenheiten ermöglicht und deren ordnungsgemäße Behandlung sicherstellt (The Sarbanes-Oxley Act of 2002, angenommen vom US-Kongress 23. 1. 2002).

[1336]) Vgl *Leiter,* Arbeitsrecht Rz 785.

über eine Telefon- oder webbasierte Hotline Missstände und Malversationen im Unternehmen unmittelbar der Konzernspitze bekannt zu geben. Da die Meldungen in der Regel personenbezogene Daten betreffen – häufig sogar strafrechtliche relevante Daten – ist anhand des DSG 2000[1337]) die Zulässigkeit einer Ermittlung, Sammlung und Verarbeitung von Whistleblower-Daten zu beurteilen.

a) Grundsätze für Whistleblower-Hotlines

1039   Die Art 29 Datenschutzgruppe (Art-29-Gruppe)[1338]) hat bereits ausführlich zu den Zulässigkeitsvoraussetzungen einer Whistleblower-Hotline Stellung genommen. Ungeachtet dessen, dass die darin aufgestellten Maximen keine Rechtsverbindlichkeit genießen, können sie doch als Minimalstandard verstanden werden, welcher zudem auch Eingang in die Entscheidungspraxis der nationalen Datenschutzbehörden gefunden hat.

1040   Anonyme Meldung: Grundsätzlich empfiehlt die Art 29-Gruppe, anonyme Meldungen nur restriktiv zuzulassen. Es sollte eher sichergestellt und bei der Meldung selbst darauf hingewiesen werden, dass die Identität des Hinweisgebers vertraulich behandelt wird.[1339]) Möchte der Hinweisgeber trotz eines solchen Hinweises anonym bleiben, so ist die Meldung dennoch in das System aufzunehmen.

1041   **Verhältnismäßigkeit und Genauigkeit der verarbeitenden Daten:** Im Sinne des Verhältnismäßigkeitsgrundsatzes sind die über ein Verfahren zur Meldung von Missständen erhobenen Daten auf die Fakten begrenzt, die mit diesem Zweck zusammenhängen. Die Art der Information sollte daher auf Rechnungslegung, interne Rechnungskontrollen oder Wirtschaftsprüfung oder die Bekämpfung von Banken- und Finanzkriminalität begrenzt sein. Der Umfang der Informationen sollte auf die unbedingt und objektiv erforderlichen Daten begrenzt sein.

1042   **Einhaltung strenger Speicherfristen:** Die verarbeiteten Daten sollten innerhalb von 2 Monaten nach Abschluss der Untersuchungen der in der Meldung enthaltenen Fakten gelöscht werden.

1043   **Rechte des Beschuldigten:** Der Beschuldigte muss so bald wie möglich über die gegen ihn erhobenen Anschuldigungen – nicht aber darüber, wer diese Meldung gemacht hat – unterrichtet werden. Ferner ist dem Beschuldigten der Zugang zu den ihn betreffenden Daten zu gewähren. Er hat ein Recht auf Berichtigung und Löschung, so-

---

[1337]) Die Art 29-Gruppe geht davon aus, dass die Whistleblowing-Hotlines auf der Verarbeitung personenbezogener Daten beruhen, worunter das Sammeln, Registrieren, Speichern, Offenlegen und Löschen von Daten iZm einer festgestellten oder feststellbaren Person gemeint ist. Die Datenschutzvorschriften sind daher anwendbar. Stellungnahme 1/2006 der Art-29-Datenschutzgruppe, WP 117, angenommen am 1. 2. 2006.

[1338]) Die Art 29 Datenschutzgruppe (Art-29-Gruppe) wurde auf Grundlage des Art 29 der Richtlinie 95/46/EC eingerichtet. Es ist ein unabhängiges Beratungsorgan in Fragen des Datenschutzes. Die Aufgaben sind in Art 30 der Richtlinie 95/46/EC und in Art 15 der Richtlinie 2002/58/EC geregelt, http://ec.europa.eu/justice_home/fsj/privacy/docs/wpdocs/tasks-art-29_en.pdf (28. 12. 2009).

[1339]) Nach der Art 29-Datenschutzgruppe ist den Hinweisgebern auch klar zu machen, dass ihre Identität den Personen, die an weiteren Überprüfungen oder anschließenden Gerichtsverfahren, die als Ergebnis der Nachforschungen durch das System zur Meldung von Missständen eingeleitet wurden, beteiligt sind, enthüllt werden kann, (Art 29-Gruppe, Stellungnahme WP 117, 12).

weit die Verarbeitung der Daten gegen die Bestimmungen der Datenschutzrichtlinie 95/46/EG verstößt.

b) Rechtsprechung der Datenschutzkommission

Whistleblower-Hotlines waren bisher Gegenstand zweier Verfahren vor der **1044** DSK[1340]), in denen es jeweils um die Zulässigkeit der Übermittlung von Daten aus der Datenanwendung „Internes Verfahren zur Meldung mutmaßlicher Missstände in den Bereichen Rechnungslegung, interne Rechnungslegungskontrollen, Fragen der Wirtschaftsprüfung, Bekämpfung von Korruption, Banken- und Finanzkriminalität" zur Konzernspitze in die USA ging. Die DSK hat allerdings nur eine Rechtfertigung für die Übermittlung der Meldungsdaten von Verstößen, die Mitarbeitern in Führungspositionen angelastet werden, anerkannt.[1341]) Die Meldung von Daten über das Fehlverhalten anderer Mitarbeiter ist bis dato noch nicht als zulässig erachtet worden.[1342])

Die DSK genehmigte beide Whistleblower-Hotlines[1343]) allerdings nur unter Aufla- **1045** gen[1344]), die sicherstellen sollten, dass die Identität des Melders vertraulich behandelt wird, nur besonders geschulte Personen die Daten behandeln, der Beschuldigte Zugang zu den Anschuldigungen hat und die Daten nach der Beendigung der Untersuchung gelöscht werden.

3. Videoüberwachung

a) Allgemeines

Der Einsatz von Videoüberwachungsanlagen zum Schutz des Eigentums ist auf **1046** vielen Betriebsarealen eine Selbstverständlichkeit. Immer wenn dabei Personen zu sehen sind, fallen personenbezogene Daten im Sinn des DSG 2000 an, womit ein Eingriff in das Recht auf Geheimhaltung vorliegt, für den die Bestimmungen des DSG 2000 Anwendung finden.[1345]) Soweit eine Videoüberwachung daher nicht vor ihrer Aufnahme

---

[1340]) DSK 5. 12. 2008, K178.274/0010-DSK/2008; DSK 25. 2. 2009, K178.301/0003-DSK/2009.

[1341]) DSK 5. 12. 2008, K178.274/0010-DSK/2008. In diesem Fall wurde ein überwiegendes berechtigtes Interesse der Konzernspitze an der Kenntnis von Verstößen anerkannt, da nur auf diese Weise mit hinlänglicher Sicherheit eine objektive Aufklärung der erhobenen Vorwürfe zu erwarten war. Die Sicherstellung der Information der Konzernspitze über Unregelmäßigkeiten im Unternehmen nach den Vorgaben des SOX könnte daher nicht allgemein als Rechtfertigung für die Ermittlung und Übermittlung dieser Daten iZm einem nach SOX relevanten Vorwurf angezogen werden. In der jüngeren Entscheidung spricht die DSK von „Entscheidungsträgern" (Leitenden Angestellten) (DSK 25. 2. 2009, K178.301/0003-DSK/2009, 11 ff).

[1342]) Diese Differenzierung in Führungskräfte (Entscheidungsträger) und andere Mitarbeiter entstammt nicht der Stellungnahme der Art 29-Gruppe. Die Art 29-Gruppe überlässt es im Wesentlichen dem Auftraggeber und den nachprüfenden Behörden, ob es angemessen ist, die Zahl der Personen, die in einem Verfahren entweder zur Meldung des Fehlverhaltens berechtigt sind oder eines Missstandes beschuldigt werden können, zu beschränken (Stellungnahme 1/2006 der Art-29-Datenschutzgruppe, WP 117, angenommen am 1. 2. 2006, 11).

[1343]) DSK 5. 12. 2008, K178.274/0010-DSK/2008; DSK 25. 2. 2009, K178.301/0003-DSK/ 2009, 11 ff.

[1344]) Diese Auflagen haben im Wesentlichen ihren Ursprung in der Stellungnahme 1/2006 WP 117 der Art 29-Gruppe.

[1345]) ErläutRV 472 BlgNR XXIV. GP 16.

von der Datenschutzkommission genehmigt wurde[1346]), ist die Geschäftsleitung wegen einer Verletzung des Datenschutzrechts Verwaltungsstrafen und allfälligen anderen repressiven Rechtsfolgen ausgesetzt.

1047   Seit der Novelle zum DSG 2000[1347]) sind die Voraussetzungen für einen zulässigen Einsatz einer Videoüberwachung ausdrücklich im Gesetz in den §§ 50 a ff DSG 2000 geregelt. Videoüberwachung verlangt gemessen an den Maßstäben des Datenschutzes[1348]), dass Zweck und Inhalt der Datenanwendung von den rechtlichen Befugnissen des Auftraggebers gedeckt sind (§ 7 Abs 1 DSG 2000), die Grundrechtseinschränkung verhältnismäßig ist (§ 7 Abs 1 und 3 DSG 2000), die schutzwürdigen Geheimhaltungsinteressen des Betroffenen gewahrt sind (§ 7 Abs 1 iVm 8 und 9 DSG 2000) und dass die allgemeinen Datenschutzgrundsätze (§ 7 Abs 3 iVm § 6 DSG 2000) eingehalten werden.[1349])

b) Zulässigkeitsprüfung einer Videoüberwachungsanlage

1048   Zweck einer privaten Videoüberwachung ist in der Regel der Eigenschutz einschließlich der Sicherung von Beweismaterial zur Ausforschung des Täters.[1350]) Ein Hauseigentümer hat daher unter Berufung auf sein Hausrecht grundsätzlich die Möglichkeit, zu seinem Schutz und dem seines Eigentums Videokameras zu installieren,[1351]) soweit eine spezielle Gefährdungssituation gegeben ist und die Videoüberwachung zum Schutz vor der Gefährdung geeignet ist.[1352]) Die Videoüberwachung muss ferner in das Grundrecht des Betroffenen am wenigsten eingreifen (gelindestes Mittel)[1353]) und auch insgesamt angemessen sein. Ausdrücklich verboten ist die Durchführung von Überwa-

---

[1346]) Eine Videoüberwachung unterliegt in der Regel der Vorabkontrolle im Sinne des § 18 Abs 2 DSG 2000. Nur dann, wenn der Auftraggeber in der Meldung zusagt, die Videoüberwachungsdaten zu verschlüsseln und unter Hinterlegung des einzigen Schlüssels bei der DSK sicherzustellen, dass eine Auswertung der Videoaufzeichnungen im begründeten Anlassfall durch eine bestimmte Stelle stattfindet, unterliegt die Videoüberwachung der einfachen Meldepflicht beim Datenverarbeitungsregister (vgl § 50 c DSG 2000). Eine Videoüberwachung in Echtzeit, oder soweit die Speicherung auf einem analogen Medium (zB Videokassette) erfolgt, ist von der Meldepflicht gemäß § 50 c Abs 2 DSG 2000 ausgenommen.

[1347]) Bundesgesetz, mit dem das Datenschutzgesetz 2000 und das Sicherheitspolizeigesetz geändert werden (DSG-Novelle 2010), BGBl I 2009/133.

[1348]) Eine Videoüberwachung kann auch einen Eingriff in das Grundrecht auf Achtung des Privat- und Familienlebens darstellen (vgl dazu EGMR 25. 9. 2001, ÖJZ 2002/37).

[1349]) Vgl § 50 a Abs 2 DSG 2000.

[1350]) Gemäß § 50 a Abs 2 DSG 2000 ist die Videoüberwachung zum Schutz des überwachten Objektes oder der überwachten Person oder zur Erfüllung rechtlicher Sorgfaltspflichten einschließlich der Beweissicherung ein zulässiger Zweck. Die DSK hat bereits vor der DSG-Novelle 2010 Videoüberwachung öffentlicher Stellen im Rahmen privatwirtschaftlicher Tätigkeiten für Zwecke des Eigenschutzes oder Verantwortungsschutzes als zulässig erachtet (DSK 20. 6. 2008, K600.055–001/0002-DVR/2008).

[1351]) OGH 30. 1. 1997, 6 Ob 2401/96 y.

[1352]) Vgl DSK 20. 6. 2008, K600.055-001/0002-DVR/2008.

[1353]) Die DSK nennt als gegenüber der Videoüberwachung gelinderes Mittel etwa den vermehrten Einsatz von Sicherheitspersonal, die Installation einer Alarmanlage bzw eines Zugangskontrollsystems oder eine Livebild-Kamera (http://www.dsk.gv.at/site/6301/default.aspx [22. 1. 2010]). Die Materialien zur DSG-Novelle 2010 nennen als Beispiel für Mittel zur Zielerreichung, das weniger eingriffsintensiv als die Videoüberwachung ist, den Einsatz von RFID-Chips an Wa-

chungen im höchstpersönlichen Lebensbereich (zB Umkleidekabinen) und die Überwachung zur Kontrolle von Mitarbeitern (§ 50 a Abs 5 DSG 2000).

Zum Nachweis der Zulässigkeit der Videoüberwachung sind bei der Anmeldung **1049** der Videoüberwachung als Datenanwendung Informationen über die Eignung zur Erreichung des Zwecks (zB statistisches Material über die Vorfälle, welche der Anmelder aufzuklären trachtet)[1354]) und die Angemessenheit des Grundrechtseingriffes vorzulegen. Dabei werden beispielsweise berücksichtigt Installationspunkte der Kameras, Dauer der Aufbewahrung,[1355]) Kennzeichnung,[1356]) Art und Weise der Auswertung.[1357])

F. Rechtsfolgen und Haftung

Die Rechtsfolgen einer Verletzung des DSG 2000 sind vielfältig. So kann sowohl **1050** der in seinem Recht auf Wahrung des Datenschutzes Betroffene strafrechtliche, zivilrechtliche und unmittelbar im DSG 2000 geregelte Maßnahmen gegen den Verletzer ergreifen, als auch die BVB Verwaltungsstrafbestimmungen vollziehen und die Strafgerichte Taten, die als Straftatbestand zu ahnden sind, aburteilen. Zudem kann eine Verletzung des DSG 2000 auch als Rechtsbruch nach § 1 UWG zu qualifizieren sein. Angesichts der in den letzten Jahren vermehrt zu beobachtenden Fälle eines „Datenmissbrauchsskandals" muss auch die mit dem Vorwurf einer Verletzung des Datenschutzes verbundene negative Publicity erwähnt werden.

1. Rechte des Betroffenen

Der Betroffene hat folgende ausdrücklich im DSG 2000 normierte Rechte: **1051**

- Recht auf Auskunft über die zu seiner Person verarbeiteten Daten (§ 26 DSG 2000),
- Recht auf Richtigstellung und Löschung unrichtig oder entgegen dem DSG 2000 verarbeiteter Daten (§ 27 DSG 2000),
- Recht auf Widerspruch gegen die Verwendung seiner Daten (§ 28 DSG 2000).
- Anspruch auf Ersatz des durch eine gegen die Bestimmungen des Datenschutzgesetzes erfolgte Datenanwendung erlittenen Schadens nach den allgemeinen Grundsätzen des Schadenersatzrechtes (§ 33 DSG 2000).

Soweit sich die Ansprüche gegen einen Auftraggeber des Privatrechts richten, sind **1052** diese grundsätzlich vor den ordentlichen Gerichten – und nicht vor der DSK – geltend

---

ren in Geschäften zur Sicherung vor Diebstählen, Sicherheitstüren oder Gegensprechanlagen (ErläutRV 472 BlgNR XXIV. GP 17).

[1354]) Damit soll der Nachweis einer signifikanten Steigerung der Erfolgschancen zur Ausforschung des Täters erbracht werden (vgl *König* in *Jahnel/Siegwart/Fercher* [Hrsg], Aktuelle Fragen des Datenschutzrechts 131; DSK 26. 9. 2008, K507.515-021/0003-DVR/2008, in welcher Entscheidung die DSK den Nachweis der Effektivität der Videoüberwachung durch statistisches Material verlangt hat).

[1355]) Aufgezeichnete Daten sind gemäß § 50 b Abs 2 DSG 2000 spätestens nach 72 Stunden zu löschen.

[1356]) § 50 d DSG 2000 normiert eine Pflicht zur Information duch Kennzeichnung. Diese muss so erfolgen, dass der Überwachung ausgewichen werden kann.

[1357]) *König* in *Jahnel/Siegwart/Fercher* (Hrsg), Aktuelle Fragen des Datenschutzrechts 133.

zu machen (§ 32 Abs 1 DSG 2000). Als Ausnahme vom Grundsatz, dass Ansprüche gegen den privaten Auftraggeber vor den ordentlichen Gerichten geltend zu machen sind, gibt es ein allgemeines Beschwerderecht, wonach jedermann die DSK mit der Behauptung einer Rechtsverletzung nach dem DSG 2000 anrufen kann (§ 30 Abs 1 DSG 2000). Eine weitere Anrufungsmöglichkeit der DSK ist in § 31 Abs 1 DSG 2000 geregelt. Der Betroffene hat danach bei Verletzung des Auskunftsrechts – wenn also das Begehren auf Auskunft vom Auftraggeber nicht oder nur unzureichend beantwortet wird – die Möglichkeit, sich an die DSK zu wenden.

2. Strafbestimmungen bei Verletzung des Datengeheimnisses

1053   Der Datenschutz verfolgt im Fall der Verletzung des Datengeheimnisses ein dualistisches System. Es ist danach sowohl eine Strafbarkeit nach dem allgemeinen Strafrecht als auch nach dem DSG 2000 möglich.

1054   Das DSG 2000 normiert einen Straftatbestand, der verlangt, dass der Täter personenbezogene Daten ungeachtet eines schützwürdigen Geheimhaltungsinteresses des Betroffenen benutzt, und dabei mit dem Vorsatz handelt, sich einen Vermögensvorteil zu verschaffen (§ 51 DSG 2000). Seit der DSG-Novelle 2010 ist der Straftatbestand ein Offizialdelikt, und nicht mehr nur auf Ermächtigung des Verletzten zu verfolgen.

1055   Die missbräuchliche Verwendung personenbezogener Daten könnte je nachdem, wie die Umstände des Missbrauchs gestaltet sind, unter „Widerrechtlicher Zugriff auf ein Computersystem" (§ 118 a StGB), „Missbräuchliches Abfangen von Daten" (§ 119 a StGB) und „Datenbeschädigung" (§ 126 c StGB) zu subsumieren sein. Soweit personenbezogene Daten missbräuchlich verarbeitet und durch Täuschung über die wahren Gegebenheiten mit Bereicherungsvorsatz gegenüber einem Dritten eingesetzt werden, könnte der Tatbestand des betrügerischen Datenverarbeitungsmissbrauchs (§ 148 a StGB) verwirklicht sein.

3. Verwaltungsstrafbestimmungen nach dem DSG 2000

1056   Unter der Voraussetzung, dass ein bestimmtes Verhalten nicht von den Strafgerichten abzuurteilen ist, muss geprüft werden, ob die Verletzung des DSG eine Verwaltungsstrafbestimmung verwirklicht. Es gibt zwei Gruppen von Vergehen:

- **§ 52 Abs 1 DSG 2000:** Es handelt sich um jene Tatbestände, in welchen bereits eine Verletzung von Rechten stattgefunden hat (zB sich vorsätzlich widerrechtlichen Zugang zu einer Datenanwendung zu verschaffen). Die Verwirklichung dieser Straftatbestände ist mit Geldstrafe bis zu EUR 25.000,00 bedroht.

- **§ 52 Abs 2 DSG 2000:** Dazu zählen Tatbestände, bei denen noch keine Rechtsverletzung des Betroffenen stattgefunden hat, aber Unterlassungen begangen wurden, die eine Gefährdung der Rechte des Betroffenen oder zumindest eine Gefährdung der Durchsetzbarkeit dieser Rechte zur Folge hatten,[1358] zB Übermittlung der Daten ins Ausland ohne vorherige Genehmigung der DSK. Eine solche Verwaltungsübertretung ist mit Verwaltungsstrafe bis zu EUR 10.000,00 zu ahnden.

[1358]) Vgl *Dohr/Pollirer/Weiss/Knyrim* (Hrsg), Datenschutzrecht 311 Rz 1.

XI. Wirtschaftsstrafrecht

Sonja Dürager / Dominik Leiter

Literatur: *Birklbauer/Keplinger,* Strafgesetzbuch Polizeiausgabe[21] (2009); *Fellmann,* Die automatische Korruption – Handbuch der Korruptionsprävention mit Falldarstellungen, Codes of Conduct und Checklisten (2009); *Hilf* in *Studiengesellschaft für Wirtschaft und Recht* (Hrsg), Wirtschaftsstrafrecht (2008); *Höpfel/Ratz* (Hrsg), Wiener Kommentar zum Strafgesetzbuch[2] (2007); *Knell/Freudhofmeier/Weber/Wentner* (Hrsg), Dienstverträge für Führungskräfte (2003); *Köck,* Wirtschaftsstrafrecht – Eine systematische Darstellung (2007); *Laimer/Mayr,* Zum Spannungsverhältnis von Arbeitgeber- und Arbeitnehmerinteressen rund um die EDV-Nutzung, RdA 2003,410; *Obereder,* E-Mail und Internetnutzung aus arbeitsrechtlicher Sicht, RdA 2001,75; *PricewaterhouseCoopers* und *Martin-Luther University,* Economy & Crime Research Center, Studie zur Wirtschaftskriminalität 2007; *Reindl,* Computerstrafrecht im Überblick (2004); *Steininger,* Verbandsverantwortlichkeitsgesetz Kommentar (2006); *Wagner,* Unbefugter Zugriff auf e-mail, ecolex 2000, 273; *Wohlschlägl-Aschberger* (Hrsg), Geldwäsche-Prävention (2009).

A. Einführung

Compliance kommt bei der Vorbeugung strafrechtsrelevanter Handlungen in ei- **1057** nem Unternehmen, sei es nun, dass das Unternehmen vor Angriffen der eigenen Mitarbeiter oder Dritter geschützt werden soll, oder dass eine strafrechtliche Verantwortlichkeit des Unternehmens[1359]) und seiner Mitarbeiter selbst zu vermeiden ist, eine tragende Bedeutung zu. Die Geschäftsführung und der Vorstand haben die Aufgabe, kriminelle Handlungen iZm dem Unternehmen und seiner Geschäftstätigkeit – wofür im Folgenden der Begriff der „Wirtschaftskriminalität"[1360]) verwendet werden soll – Einhalt zu gebieten.

[1359]) Seit Inkrafttreten des Verbandsverantwortlichkeitsgesetzes kann auch eine juristische Person strafrechtlich belangt werden (siehe dazu unten Rz 1100 ff).

[1360]) Wirtschaftskriminalität ist ein Begriff, der jeder eindeutigen juristischen Definition entbehrt. Einen ersten Ansatz für eine täterorientierte Definition dieses Begriffs findet sich bei Sutherland mit seinem „White-Collar Crime"-Ansatz. Er definiert diese Kriminalitätsform als „crime committed by a person of respectability and high social status in the course of his occupation" (zitiert nach *Köck,* Wirtschaftsstrafrecht – Eine systematische Darstellung (2007) 21). In den letzten Jahrzehnten wurde eine Vielzahl weiterer Charakteristika je nach Definitionsansatz diskutiert, welche insb sind: die Begehung iZm wirtschaftlicher Tätigkeit, dh im wirtschaftlichen Verkehr; die Vielfalt sowie Komplexität einzelner Taten; Auswirkungen über die Schädigung von wirtschaftlichen Einzelinteressen hinaus, dh Beeinträchtigung der gesamten Wirtschaft oder einzelner Wirtschaftszweige (vgl *Hilf* in *Studiengesellschaft für Wirtschaft und Recht* (Hrsg), Wirtschaftsstrafrecht (2008) 16). Folgt man der Kompetenzverteilung im Bundeskriminalamt, so zählen zum Referat für Wirtschaftsdelikte die Themenkomplexe: Untreue und Veruntreuungshandlungen, Anlage und Investmentbetrug, Krida und Insolvenzdelikte, Korruption, Baubetrug/Sozialbetrug, Wettbewerbsdelikte, Betrug mit Wertpapieren, Pyramidenspiele und Schenkkreise, Inseratenbetrug, Time-Sharing-Betrug, Gewinnspielverständigungen, Wettbetrug, Schmuggel und Abgabenhinterziehung, Illegales Glücksspiel, Computerbetrug, http://www.bmi.gv.at/cms/BK/wir_ueber_uns/abteilung_3/Buero_3_4.aspx (29. 12. 2009).

1058 Anzuführen sind Konsum-Pleite, BAWAG-Skandal, Siemens-Korruptionsaffäre, um nur einige bekannte Beispiele von Wirtschaftskriminalität in den letzten Jahren zu nennen. Die Folgen von Wirtschaftskriminalität bewegen sich zwischen Vermögensschaden und Reputationsverlust.[1361]) Es gilt daher, Maßnahmen zur Prävention von Wirtschaftskriminalität einerseits, und zur Überwachung des rechtmäßigen Verhaltens der Mitarbeiter andererseits zu finden. Die Umsetzung dieser Maßnahmen erfolgt in Compliance-Programmen. So wird die Implementierung von Wirtschaftsethik und Compliance-Programmen in einem Unternehmen als eine der wichtigsten Maßnahmen erachtet, nicht nur als vertrauensbildende und in jeder Hinsicht wertschöpfende Maßnahme im Verhältnis zu Kunden und der Öffentlichkeit, sondern auch zur unbedingt erforderlichen Ergänzung der Kontroll- und Sicherheitsarchitektur eines Unternehmens.[1362])

B. Strafrechtliche Relevanz von unternehmerischem Fehlverhalten

1059 Im Folgenden soll ein zusammenfassender Einblick über einzelne Vermögensdelikte[1363]) gegeben werden, welche im Rahmen der Wirtschaftskriminalität von besonderer Relevanz sind.

1. Korruption

1060 „Korruption" ist ein Begriff, der zwar im öffentlichen Alltag geläufig ist, dem allerdings im Strafrecht keine eindeutige Bedeutung zukommt. Korruption (vom lat. corrumpere = bestechen) ist der Missbrauch einer Vertrauensstellung in einer Funktion in Verwaltung, Wirtschaft oder Politik, um einen materiellen oder immateriellen Vorteil zu erlangen, auf den kein rechtlich begründeter Anspruch besteht. Korruption bezeichnet Bestechung und Bestechlichkeit, Vorteilsannahme und Vorteilsgewährung.[1364]) Kor-

---

[1361]) Nach der Statistik des Bundeskriminalamtes Wiesbaden belief sich der finanzielle Schaden aus Wirtschaftsdelikten auf 4,3 Mrd EUR im Jahr 2006. Den größten Anteil daran haben Schäden durch Unterschlagung und Betrug mit 1,75 Mrd EUR sowie durch Produktpiraterie und Industriespionage mit 1,15 Mrd EUR (vgl PricewaterhouseCoopers und Martin-Luther University, Economy & Crime Research Center, Studie zur Wirtschaftskriminalität 2007, Sicherheitslage der deutschen Wirtschaft 17; http://www.pwc.de/fileserver/RepositoryItem/studie_wikri_2007.pdf? itemId=3169192 [14. 1. 2010]). Verwicklungen in Korruptionsvorfälle haben bei fast einem Drittel der deutschen Unternehmen eine empfindliche Beschädigung ihrer Reputation bzw Marke verursacht (30%). Bei über der Hälfte der deutschen Unternehmen wurden Geschäftsbeziehungen erheblich beeinträchtigt (54%), wenn das eigene Management verwickelt war. Ebenso viele berichteten über einen erheblichen finanziellen oder zeitlichen Aufwand für PR zur Wiederherstellung der Reputation (vgl PwC, Studie zur Wirtschaftskriminalität 2007, 20 ff, http://www.pwc.de/fileserver/RepositoryItem/studie_wikri_2007.pdf?itemId=3169192 [14. 01. 2010]).
[1362]) PwC, Studie zur Wirtschaftskriminalität 2007, 47.
[1363]) Diese Auswahl an Tatbeständen des Strafgesetzbuches ist nicht abschließend. Es gibt darüber hinaus beispielsweise noch Körperverletzungsdelikte, welche zwar nicht zum Wirtschaftsstrafrecht zählen, allerdings dennoch im Einzelfall für ein Unternehmen und dessen Mitarbeiter von Relevanz sein können. Neben den aufgezählten Delikten gibt es ua auch noch verschiedene Tatbestände im Nebenstrafrecht: § 60 MSchG, § 159 PatG, § 91 UrhG, § 42 GMG, Insiderstrafrecht (§§ 48 a ff BörseG; siehe dazu *Napokoj*, Rz 624 ff); Offenbarung des Bankgeheimnisses (§ 101 BWG); Finanzstrafvergehen und Finanzstrafverbrechen in §§ 33 ff FinStrG, §§ 4, 10, 11 und 12 UWG; Medienstrafrecht (§§ 28 ff MedienG).
[1364]) *Köck*, Wirtschaftsstrafrecht 66.

ruption erfasst daher jeweils eine Vielzahl von Tatbeständen, deren Ergebnis die unrechtmäßige Erlangung eines wirtschaftlichen Vorteils ist.

Zentrale Bestimmungen iZm korruptiven Handlungen im privaten Bereich[1365]) **1061** sind § 168 c StGB (Geschenkannahme durch Bedienstete oder Beauftragte) und § 168 d StGB (Bestechung von Bediensteten oder Beauftragten) sowie auch § 10 UWG[1366]). Die Tatbestände des Strafgesetzbuches gehen insofern über § 10 UWG hinaus, als der Zweck der Bestechung die Vornahme oder Unterlassung einer Handlung unter Verletzung von Pflichten ist, während § 10 UWG sich auf die Bevorzugung beim Bezug von Waren oder Leistungen zu Zwecken des Wettbewerbs beschränkt.[1367])

a) Geschenkannahme durch Bedienstete oder Beauftragte (§ 168 c StGB)

Täter der Bestechlichkeit sind nur Bedienstete oder Beauftragte[1368]) eines Unter- **1062** nehmens. Als Bedienstete kommen neben weisungsgebundenen Arbeitnehmern auch Organmitglieder juristischer Personen in Betracht.[1369]) Der Täter handelt tatbestandsmäßig, wenn er entweder eine materielle, also in Geld bewertbare Zuwendung, oder aber auch einen immateriellen Wert fordert, annimmt oder sich versprechen lässt. Bei dieser Tathandlung muss der Vorsatz darauf gerichtet sein, eine Rechtshandlung im geschäftlichen Verkehr[1370]) pflichtwidrig vorzunehmen oder zu unterlassen.

Zufolge § 168 c Abs 2 StGB bleibt straflos, wer nur einen geringfügigen Vorteil an- **1063** nimmt. Die Obergrenze des geringfügigen Vorteils liegt im Lichte der aktuellen Jud des OGH bei etwa 100 EUR.[1371])

b) Bestechung von Bediensteten oder Beauftragten (§ 168 d StGB)

Die aktive Bestechung kann in einem Anbieten, Versprechen oder Gewähren eines **1064** geldwerten oder immateriellen Vorteils bestehen. Die Bestimmung entspricht bis auf die Tathandlungen § 168 c StGB.

[1365]) Die Pendantbestimmungen im öffentlichen Sektor sind in den §§ 304 ff StGB geregelt.

[1366]) § 10 (1) UWG Wer im geschäftlichen Verkehr zu Zwecken des Wettbewerbes dem Bediensteten oder Beauftragten eines Unternehmens Geschenke oder andere Vorteile anbietet, verspricht oder gewährt, um durch unlauteres Verhalten des Bediensteten oder Beauftragten bei dem Bezug von Waren oder Leistungen eine Bevorzugung für sich oder einen Dritten zu erlangen, ist vom Gericht mit Freiheitsstrafe bis zu drei Monaten oder mit Geldstrafe bis zu 180 Tagessätzen zu bestrafen.
(2) Die gleiche Strafe trifft den Bediensteten oder Beauftragten eines Unternehmens, der im geschäftlichen Verkehr Geschenke oder andere Vorteile fordert, sich versprechen läßt oder annimmt, damit er durch unlauteres Verhalten einem anderen beim Bezug von Waren oder Leistungen eine Bevorzugung im Wettbewerb verschaffe.

[1367]) ErläutRV 285 BlgNR XXIII. GP.

[1368]) Ein Beauftragter ist berechtigt, für ein Unternehmen geschäftlich zu handeln, oder zumindest in der Lage, Einfluss auf betriebliche Entscheidungen zu nehmen (ErläutRV 285 BlgNR XXIII. GP 9).

[1369]) ErläutRV 285 BlgNR XXIII. GP.

[1370]) Die RV verweist zur Bedeutung der Wendung „im geschäftlichen Verkehr" auf § 1 UWG (ErläutRV 285 BlgNR XXIII. GP 10).

[1371]) Erlass des BMJ 14. 7. 2008, JMZ 318025L/14/II1/2008.

2. Betrug, Diebstahl

a) Betrug (§ 146 StGB) — *Handlung d. Getäuschten*

1065 Der Betrug ist das im allgemeinen Bewusstsein der Bevölkerung wohl am meisten präsente wirtschaftsstrafrechtliche Delikt.[1372]) Man denke nur an den in den letzten Jahren scheinbar omnipräsenten Begriff des „Anlegerbetrugs" oder Deliktsformen wie „Etikettenbetrug" oder „Förderbetrug". Aber auch Kartelle können als Betrug strafbar sein.[1373])

1066 Die Tathandlung besteht darin, dass der Täter durch Täuschung über Tatsachen auf den Willen eines anderen einwirkt und ihn durch den Irrtum veranlasst, selbst eine vermögensschädigende Verfügung vorzunehmen. Betrug erfordert daher ein Täuschungsverhalten, das den Getäuschten in Irrtum führt, wodurch dieser eine Vermögensverfügung vornimmt, die bei ihm oder einem anderen einen Vermögensschaden bewirkt.[1374])

(1) Bilanzfälschung (§ 255 AktG, § 122 GmbHG)

1067 Erwähnt werden soll an dieser Stelle auch das Delikt „Bilanzfälschung", da dieses nur selten allein, sondern regelmäßig gemeinsam mit anderen Delikten, etwa auch dem Betrug, verwirklicht wird.[1375]) Gesellschaftsrechtliche Strafbestimmungen[1376]) ahnden die unrichtige Wiedergabe, Verschleierung oder Verschweigung von Verhältnissen der Gesellschaft, mit ihr verbundener Unternehmen oder erheblicher Umstände, ua in Berichten, Darstellungen und Übersichten an die Öffentlichkeit oder an die Gesellschafter, wie insb die Jahresabschlüsse. Der Täter muss bezüglich aller Tatbestandselemente zumindest bedingt vorsätzlich handeln.

(2) Sozialbetrug (§ 153c StGB)

1068 Die Strafbarkeit des Vorenthaltens von Dienstnehmerbeiträgen zur Sozialversicherung ist in § 153c StGB geregelt. Das besondere an diesem Straftatbestand liegt einerseits in der Möglichkeit, die strafrechtliche Verantwortung auf die Geschäftsführung zu delegieren, und andererseits in der Strafaufhebung durch Nachzahlung bis zum Schluss der Verhandlung oder durch vertragliche Verpflichtung gegenüber dem Sozialversicherungsträger zur Nachentrichtung.

1069 Zu beachten ist, dass die Nichtentrichtung von Dienstgeberbeiträgen keine strafrechtlichen Konsequenzen hat.

b) Diebstahl (§ 127 StGB)

1070 Diebstahl ist die Wegnahme einer fremden beweglichen Sache mit Bereicherungsvorsatz. Merkmal des Diebstahls ist daher der Bruch des Gewahrsams eines anderen.

[1372]) *Köck*, Wirtschaftsstrafrecht 28.
[1373]) *Rosbaud*, Das Kartellstrafrecht ist tot! Lang lebe das „Kartellstrafrecht"! JBl 2003, 907.
[1374]) *Kirchbacher/Presslbauer* in *Höpfel/Ratz* (Hrsg), Wiener Kommentar zum Strafgesetzbuch² (2006) § 146 Rz 1 und 2.
[1375]) Vgl *Aichinger*, Ein Mysterium namens Bilanzfälschung, Die Presse 2008/49/01.
[1376]) § 255 AktG; § 122 GmbHG; ähnlich § 89 GenG; § 41 PSG; § 18 SpaltG.

Für die Abgrenzung des Diebstahls vom Betrug ist maßgebend, ob der Vermögensübergang bzw die Schädigung des fremden Vermögens durch eine Handlung des Getäuschten oder durch eine solche des Täters herbeigeführt wird. Bewirkt die Täuschungshandlung allein den Übergang des Gewahrsams an der Sache, ohne dass es hiezu noch einer weiteren Tätigkeit des Täters bedarf, liegt Betrug vor. Muss jedoch zur Täuschung noch ein Wegnahmeakt des Täters hinzutreten, um diesem die Sachherrschaft zu verschaffen, liegt Diebstahl vor.[1377]) **1071**

3. Veruntreuung, Untreue

a) Veruntreuung (§ 133 StGB)

Die Tathandlung der Veruntreuung besteht im Zueignen des anvertrauten Gutes für **1072** sich oder einen Dritten. Zueignen ist die Überführung eines Gutes bzw des in ihm verkörperten Wertes in das eigene freie Vermögen (oder das eines Dritten). Sie muss nicht eine dauernde Herrschaft über die Sache begründen; es genügt eine widerrechtliche Verfügung, welche die Sicherheit des Berechtigten, je wieder zur Sache zu gelangen, ernsthaft in Zweifel stellt, sie also der Möglichkeit ihres endgültigen Verlustes preisgibt.[1378]) Das Wesen der Veruntreuung liegt daher nicht im Bruch des Eigentums, sondern in der Gefährdung des Treugebers durch treuwidrige Verfügung über das anvertraute Gut.[1379])

b) Untreue (§ 153 StGB)

Untreue ist Missbrauch rechtlich eingeräumter Verfügungsmacht; der Täter ist **1073** nach seiner Vertretungsmacht nach außen, nicht aber nach seinen Verpflichtungen im Innenverhältnis zu seinem Tun berechtigt.[1380]) Die Tathandlung liegt in einer missbräuchlichen Vornahme (oder Unterlassung) eines Rechtsgeschäftes oder einer sonstigen Rechtshandlung.[1381])

So verwirklicht etwa der Zugriff des Geschäftsführers einer GmbH auf das Ver- **1074** mögen der Gesellschaft den Tatbestand der Untreue, wenn er sich unter wissentlich missbräuchlicher Ausnützung der ihm als Geschäftsführer eingeräumten Vertretungsmacht (wirtschaftlich betrachtet) Firmengelder verschafft, um sie nicht für Firmenzwecke, sondern für sich persönlich zu verwenden.[1382])

4. Geldwäsche

a) Tatbestand der Geldwäsche (§ 165 StGB)

Geldwäsche bezeichnet den Vorgang des Einschleusens illegaler (schwarzer) Gel- **1075** der, die zB durch Drogenhandel, Menschenhandel, Waffenhandel, Schmuggel etc erworben wurden, in den legalen Finanz- und Wirtschaftskreislauf,[1383]) mit dem Ziel, die

---

[1377]) *Birklbauer/Keplinger*, Strafgesetzbuch²¹ 131.
[1378]) OGH 14. 7. 1993, 13 Os 123/92, RIS-Justiz RS0094102.
[1379]) OGH 24. 4. 1990, 14 Os 154/98.
[1380]) OGH 5. 10. 1976, 13 Os 132/76.
[1381]) OGH 29. 9. 1993, 13 Os 125/92.
[1382]) OGH 11. 3. 1999, 15 Os 211/98.
[1383]) *Köck*, Wirtschaftsstrafrecht 117.

illegale Herkunft des Vermögens zu verbergen.[1384]) Es werden daher darunter Methoden verstanden, mit deren Hilfe versucht wird, die wahre Herkunft und die tatsächlichen Besitzverhältnisse kriminell erworbenen Vermögens zu verschleiern.[1385])

1076   § 165 StGB stellt daher die Verbergung oder Verschleierung der Herkunft von deliktisch erlangten oder empfangenen Vermögensbestandteilen, indem der Täter im Rechtsverkehr über den Ursprung oder die wahre Beschaffenheit dieser Vermögensbestandteile, das Eigentum oder sonstige Rechte an ihnen, die Verfügungsbefugnis über sie, ihre Übertragung oder darüber, wo sie sich befinden, falsche Angaben macht, unter Strafe. Strafbar ist nach § 165 Abs 2 StGB auch, wer solche Vermögensbestandteile an sich bringt, verwahrt, anlegt, verwaltet, umwandelt, verwertet oder einem Dritten überträgt.

1077   Die Geldwäscherei ist aber nicht nur auf den ursprünglich erlangten oder empfangenen Vermögenswert beschränkt. Tauscht der Vortäter den Vermögenswert gegen einen anderen ein und wandelt er ihn sonst in einen anderen um, so tritt der neu erworbene Vermögenswert an die Stelle des ursprünglich erlangten und wird seinerseits möglicher Gegenstand der Geldwäscherei. Es muss lediglich die wirtschaftliche Identität mit dem ursprünglich deliktisch erworbenen Vermögenswert gegeben sein.[1386])

> **Beispiel:**
> Das Bargeld aus einem Banküberfall verwendet der Täter für den Erwerb eines Aktienpakets und verwahrt dieses in einem Depot bei einem Finanzinstitut. Die Wertpapiere verkörpern noch den Erlös aus der Straftat.

b) Maßnahmen zur Verhinderung der Geldwäsche

1078   Seit der 3. Geldwäsche-Richtlinie[1387]) wurden in Österreich die Rechtsvorschriften, die bestimmte Berufsgruppen[1388]) zu besonderen Maßnahmen zur Vorbeugung von Geldwäsche und Terrorismusfinanzierung verpflichten, erweitert. Die im Wesentlichen in allen Berufsvorschriften und sonstigen Bestimmungen[1389]) identen Verpflichtungen zur Geldwäschebekämpfung sind:

- Identifizierungspflicht
- Aufbewahrungspflicht der Unterlagen zur Identifizierung

[1384]) *Wohlschlägl-Aschberger/Ressnik* in *Wohlschlägl-Aschberger* (Hrsg), Geldwäsche-Prävention (2009) 17.

[1385]) *Birklbauer/Keplinger,* Strafgesetzbuch[21] 199.

[1386]) *Birklbauer/Keplinger,* Strafgesetzbuch[21] 200.

[1387]) Richtlinie 2005/60/EG des Europäischen Parlaments und des Rates vom 26. Oktober 2005 zur Verhinderung der Nutzung des Finanzsystems zum Zwecke der Geldwäsche und der Terrorismusfinanzierung (ABl. Nr. L 309 vom 25. 11. 2005, 15).

[1388]) Immobilienmakler, Händler mit wertvollen Gütern, Kasinos, externe Buchsachverständige, Abschlussprüfer, Steuerberater, Notare, Rechtsanwälte und andere „selbständige Juristen", Banken und Versicherungen.

[1389]) § 365 m GewO, § 4 a BWG, § 98 a VAG, § 25 Abs 6 GSpG, § 25 BörseG, § 11 WAG, § 8 a RAO, § 36 a NO und Wirtschaftstreuhandberufs-Ausführungsrichtlinie.

- Sorgfaltspflichten
- Meldepflicht
- Compliance-Organisation

Die Identität des Kunden ist generell (i) bei Bargeldgeschäften, wenn der Wert **1079** EUR 15.000,00 übersteigt, oder (ii) bei Begründung einer Geschäftsbeziehung unabhängig von einem Schwellenwert, oder (iii) beim Verdacht auf Geldwäsche, oder (iv) bei Zweifel an der Echtheit oder Angemessenheit der Kundenidentifikationsdaten, festzustellen[1390]) (zB § 365o GewO). Die Unterlagen zur Identifizierung sind mindestens 5 Jahre nach Durchführung der Transaktion oder Beendigung der Geschäftsbeziehung aufzubewahren.

Eine Pflicht zur Meldung an die zuständigen Strafverfolgungsbehörden besteht bei **1080** Verdacht oder einem berechtigten Grund zur Annahme, dass Geldwäsche oder Terrorismusfinanzierung begangen werden oder wurden. Beim BMI ist die Geldwäsche-Meldestelle eingerichtet, die zur Entgegennahme von Verdachtsmeldungen, Auswertung der übermittelten Daten, Abklärung des Sachverhaltes und allenfalls Erstattung einer Anzeige bei der Staatsanwaltschaft verpflichtet ist.[1391]) Die Meldung sollte mit dem auf der Website des BMI abrufbaren Formblatt[1392]) erfolgen.

Die Verantwortung, die Unternehmen in der Geldwäscheprävention zukommt **1081** wird unternehmensintern dadurch perpetuiert, dass eine Verpflichtung zur Implementierung eines internen Verfahrens zur Erkennung und Meldung von Geldwäscheverdacht[1393]) sowie Veranstaltung und Teilnahme an Schulungsmaßnahmen besteht.

Die Missachtung der Geldwäschebestimmungen ist mit Verwaltungsstrafe be- **1082** droht.[1394]) Ferner kann eine solche Verwaltungsübertretung auch strafrechtlich relevant sein. Unterlässt der Meldeverpflichtete etwa die Meldung, obwohl er über den deliktischen Ursprung der Vermögenswerte Bescheid weiß, kommt eine Strafbarkeit des Verpflichteten als Mittäter oder wegen Beitrages zur Geldwäscherei in Betracht. Führt der Verpflichtete Transaktionen mit bemakelten Vermögenswerten durch, verwaltet er diese oder nimmt er sie als Honorar entgegen, handelt er – Wissentlichkeit vorausgesetzt – tatbestandsmäßig nach § 165 Abs 2 StGB.

[1390]) Zur Identitätsfeststellung genügt ein amtlicher Lichtbildausweis, weitere Nachweise sind nicht erforderlich, außer der Ausweis wäre offensichtlich gefälscht, manipuliert oder sonst ungültig (*Kinscher/Paliege-Barfuß* (Hrsg), Die Gewerbeordnung samt gewerberechtlichen Verordnungen, Nebengesetzen und EU-Recht, Loseblatt-Ausgabe (2005) 8. ErgLfg, § 365q Rz 7).

[1391]) Vgl *Florkowski/Fuchs* in *Wohlschlägl-Aschberger* (Hrsg), Geldwäsche-Prävention (2009) 146.

[1392]) Abrufbar unter http://www.bmi.gv.at/cms/BK/meldestellen/geldwaesche/start.aspx.

[1393]) ZB haben die Gewerbetreibenden angemessene und geeignete Verfahren für die Erfüllung der Sorgfaltspflichten gegenüber Kunden, Verdachtsmeldungen, die Aufbewahrung von Aufzeichnungen, die interne Kontrolle, die Risikobewertung, das Risikomanagement, die Gewährleistung der Einhaltung der einschlägigen Vorschriften und die Kommunikation einzuführen (§ 365z Abs 2 GewO). Das BWG sieht beispielsweise auch die Bestellung eines „Geldwäsche-Beauftragten", der für die Einhaltung der Geldwäsche-Compliance verantwortlich ist, vor (§ 41 Abs 4 Z 6 BWG).

[1394]) ZB § 367 Z 38 GewO sanktioniert die Übertretung der §§ 365a bis 365t GewO mit Geldstrafe bis zu EUR 3.600.

5. Computerstrafrecht

1083 Für den Geschäftsführer kann va aus dem Lesen der privaten E-Mails oder Dateien der Arbeitnehmer ein strafrechtlich relevantes Risiko entstehen. So wird das Lesen bzw Abfangen privater E-Mails zum einen unter den Tatbestand des § 118 a StGB (Unbefugtes Eindringen in ein fremdes System) und zum anderen, solange die E-Mails noch nicht abgespeichert sind und sich noch am Übertragungsweg befinden, unter § 119 a StGB (Verletzung des Telekommunikationsgeheimnisses) subsumiert.

a) Angriff auf Daten (§§ 118 a, 119 StGB)

1084 § 118 a StGB regelt gemeinhin verschiedene Arten des Hacking. Strafbar ist danach, wer sich auf ein Computersystem[1395]), über das er nicht allein verfügen[1396]) darf, Zugang verschafft, in dem er spezifische Sicherheitsvorkehrungen umgeht. Der Unternehmensinhaber hat zwar regelmäßig die Alleinbefugnis, das Zentralsystem zu gestalten und zu verwenden, dringt er allerdings in einen PC eines Mitarbeiters ein, der diesem zur Verwendung zugewiesen ist, unter Umgehung einer Sicherheitsvorkehrung, zB Passwort-Scan, und hat er etwa beim Lesen der fremden E-Mails die Absicht, sich dadurch einen Vermögensvorteil zuzuwenden, oder dem Mitarbeiter einen Nachteil zuzufügen, könnte § 118 a StGB verwirklicht sein.[1397])

1085 Eine Strafbarkeit des Unternehmensinhabers wegen Lesens der fremden E-Mails nach dem Tatbestand der Verletzung des Briefgeheimnisses (§ 118 StGB) ist strittig.[1398]) Soweit der Unternehmensinhaber im Computersystem ein Programm[1399]) installiert, mit dem er sich Kenntnis von den beim Mitarbeiter einlangenden E-Mails verschaffen möchte, ist eine Strafbarkeit nach § 119 StGB zu prüfen.

[1395]) Gemäß § 74 Abs 1 Z 8 StGB sind Computersysteme sowohl einzelne als auch verbundene Vorrichtungen, die der automationsunterstützten Datenverarbeitung dienen. Auch die auf einem PC abgespeicherten Textdateien bilden einzelne Bestandteile des Computersystems iSd § 118 a (*Reindl*, Computerstrafrecht im Überblick (2004) 12).

[1396]) Die Alleinverfügungsbefugnis kann einer Person entweder unmittelbar erwachsen, indem sie die entsprechende Hardware kauft und Software installiert, oder übertragen werden, wie zB am Arbeitsplatz (*Reindl*, Computerstrafrecht 13).

[1397]) Vgl auch *Laimer/Mayr*, Zum Spannungsverhältnis von Arbeitgeber- und Arbeitnehmerinteressen rund um die EDV-Nutzung, RdA 2003, 410.

[1398]) Vereinzelt wird die Meinung vertreten, dass Schutzobjekt des § 118 StGB auch E-Mails wären (zB *Laimer/Mayr*, Zum Spannungsverhältnis von Arbeitgeber- und Arbeitnehmerinteressen rund um die EDV-Nutzung, RdA 2003, 410). AM gehen davon aus, dass nur Lesen verschlüsselter E-Mails unter die Verletzung des Briefgeheimnisses fällt (Vgl *Wagner*, Unbefugter Zugriff auf e-mail, ecolex 2000, 273; *Obereder*, E-Mail und Internetnutzung aus arbeitsrechtlicher Sicht, RdA 2001, 75). *Reindl* lehnt den Schutz von (auch verschlüsselter) E-Mails nach dem Briefgeheimnis strikt ab (*Reindl*, Computerstrafrecht 29).

[1399]) Computerprogramme, die speziell dazu gestaltet sind, zB Kopien ausgehender oder einlangender E-Mails an den Täter zu schicken, gelten als Abhörvorrichtung nach § 119 StGB (*Reindl*, Computerstrafrecht 29).

Strafbar ist nach § 126 a StGB, wer fremde[1400]) vermögenswerte[1401]) Daten verän- **1086** dert, löscht, unbrauchbar macht oder unterdrückt.[1402]) Es kommt daher zu einer negati- ven Einwirkung auf den bestehenden Datensatz. Ein erweiterter Vorsatz – Bereiche- rungs- oder Schädigungsvorsatz – wird von § 126 a StGB nicht verlangt.[1403])

b) Angriff auf Computersysteme (§ 126 b StGB)

Neben den Angriffen auf Datenbestände[1404]) sind auch noch Angriffe auf ein **1087** Computersystem ohne Beeinträchtigung des Datenbestandes zu erwähnen. Gemäß § 126 b StGB besteht die Tathandlung in einer schweren Störung der Funktionsfähigkeit des Computersystems durch Eingabe oder Übermittlung von Daten (zB Computervi- ren, Spamming, Trojaner).[1405])

6. Gläubigerschutzdelikte

Gerade in Zeiten der Wirtschaftskrise gewinnen Gläubigerschutzdelikte aufgrund **1088** der steigenden Zahlen an Unternehmensinsolvenzen[1406]) und damit einhergehend die hohen Forderungsausfälle[1407]) an Bedeutung, da deren Zweck darin besteht, die Forde- rung eines Gläubigers gegenüber dem Schuldner zu schützen.

Das StGB kennt verschiedene Bestimmungen zum Schutz der Gläubiger vor treu- **1089** widriger Schmälerung des Haftungsfonds oder sonst einer schuldhaften Vereitelung der Gläubigerbefriedigung. Das sind va § 156 StGB (betrügerische Krida)[1408]), § 157 StGB

[1400]) Strafbar kann sich nur machen, wer keine alleinige Verfügungsbefugnis über die be- troffenen Daten hat. Grundsätzlich ist derjenige allein verfügungsberechtigt, dem der Skripturakt zuzurechnen ist (*Reindl,* Computerstrafrecht 19).

[1401]) Tatobjekte sind daher nur Daten, die einen Tauschwert, Gebrauchswert oder auch ei- nen Wert der besonderen Vorliebe haben. Auf eine bestimmte Schadenshöhe kommt es aber nach dem Grunddelikt nicht an (*Reindl,* Computerstrafrecht 20 ff).

[1402]) Relevante Tathandlungen sind daher: Herstellen eines neuen Dateninhalts durch inhalt- liche Umgestaltung, physisches oder logisches Löschen von Daten, Durcheinanderbringen der Da- ten in ihrer Reihenfolge, Einbau eines neuen Passwortes (vgl *Birklbauer/Keplinger,* Strafgesetz- buch[21] 124).

[1403]) Werden Daten widerrechtlich mit dem Vorsatz, sich oder einen Dritten dadurch un- rechtmäßig zu bereichern, oder mit der Absicht, einen anderen dadurch in seinem von § 1 Abs 1 DSG 2000 gewährleisteten Anspruch zu schädigen, verwendet, könnte das Delikt des § 51 DSG 2000 verwirklicht sein.

[1404]) Vgl die Sicherheitsmaßnahmen zur Abwehr von Angriffen, *Dürager* Rz 889.

[1405]) *Birklbauer/Keplinger,* Strafgesetzbuch[21] 125.

[1406]) Im Jahr 2009 gab es einen Anstieg der Gesamtinsolvenzen um 9,2% auf 6.893 Fälle (KSV, Pressemitteilung, 21. 12. 2009, http://www.ksv.at/KSV/1870/de/5presse/2medienarchiv/ 0pressemeldungen/2009-12/PressekonferenzInsolvenz2009/1261386662276_091221_KSV-PA_Insol- venzstatistik-Unternehmen%26Private2009_HR.pdf [14. 1. 2010]).

[1407]) Geschätzte Insolvenzverbindlichkeiten im Jahr 2009: EUR 4,1 Mrd (KSV, Pressemittei- lung, 21. 12. 2009, http://www.ksv.at/KSV/1870/de/5presse/2medienarchiv/0pressemeldungen/ 2009-12/PressekonferenzInsolvenz2009/1261386662276_091221_KSV-PA_Insolvenzstatistik-Unter- nehmen%26Private2009_HR.pdf [14. 1. 2010]).

[1408]) Ein Schuldner wenigstens zweier Gläubiger verringert das Vermögen durch Verheimli- chen, Beiseiteschaffen, Veräußern, Beschädigen, Vorschützen oder Anerkennen nicht bestehender Verbindlichkeiten oder sonstige Handlungen, wodurch zumindest die Vereitelung des Befriedi- gungsanspruches eines Gläubigers eintritt.

(Schädigung fremder Gläubiger)[1409]), § 158 StGB (Begünstigung eines Gläubigers)[1410]) und § 159 StGB (Grob fahrlässige Beeinträchtigung von Gläubigerinteressen)[1411]).

1090 Gemäß § 161 Abs 1 StGB sind leitende Angestellte[1412]) gleich zu bestrafen wie ein Schuldner betreffend die Delikte nach §§ 156, 158 und 159 StGB sowie § 162 StGB (Vollstreckungsvereitelung). Daneben haftet der Geschäftsführer den Gläubigern der Gesellschaft für Schadenersatz.[1413])

7. Umweltstrafdelikte

1091 Die Umweltstraftatbestände[1414]) bestrafen eine Beeinträchtigung von Boden, Gewässer und Luft, sowie von Tier- und Pflanzenbestand. Bis auf die Tatbestände der Gefährdung des Tier- und Pflanzenbestandes[1415]) wird zur Strafbarkeit verlangt, dass eine Gefahr für die Gesundheit einer größeren Zahl von Menschen droht, oder der Tier- und Pflanzenbestand erheblich gefährdet ist, oder sonst eine lang andauernde Verschlechterung von Gewässer, Boden oder Luft entstehen kann. Verlangt wird daher, dass die Tathandlung geeignet ist, einen bestimmten Erfolg herbeizuführen, wobei die Herbeiführung einer abstrakten Gefährdung genügt.[1416])

1092 Die Besonderheit der Umweltstraftatbestände liegt in ihrer Verwaltungsakzessorietät. Damit werden als Tatbestandsmerkmal nur solche Beeinträchtigungen erfasst, die entgegen einer Rechtsvorschrift[1417])oder einem behördlichen Auftrag[1418]) bewirkt wer-

---

[1409]) Die Tathandlung entspricht jener des § 156 StGB, allerdings ist Täter ein Außenstehender welcher ohne Einverständnis mit dem Schuldner dessen Gläubiger schädigt.

[1410]) Die Tathandlung besteht darin, dass der Schuldner nach Eintritt der Zahlungsunfähigkeit einen oder mehrere Gläubiger besser stellt und dadurch andere schlechter gestellt werden (*Köck*, Wirtschaftsstrafrecht 109).

[1411]) Zu unterscheiden sind drei Deliktsfälle: (i) Grob fahrlässige Herbeiführung der Zahlungsunfähigkeit durch bestimmte kridaträchtige Handlungen, (ii) grob fahrlässige Schmälerung der Befriedigung wenigstens eines Gläubigers durch bestimmte kridaträchtige Handlungen, (iii) grob fahrlässige Beeinträchtigung der wirtschaftlichen Lage durch kridaträchtiges Handeln, sodass ohne Hilfsmaßnahmen Zahlungsunfähigkeit eintreten würde.

[1412]) Das sind gemäß § 306a Abs 4 StGB Geschäftsführer, Mitglieder des Vorstandes und des Aufsichtsrates, Prokuristen ohne Angestelltenverhältnis.

[1413]) Wer bei Ausübung der Tätigkeit als Geschäftsführer einer GmbH gegen die Gläubiger gerichtete strafbare Handlungen begeht, haftet persönlich gegenüber den Gläubigern für den Schaden (OGH 2. 7. 1969, 6 Ob 159/69; RIS-Justiz RS0023677).

[1414]) § 180 StGB (Vorsätzliche Beeinträchtigung der Umwelt), § 181 StGB (Fahrlässige Beeinträchtigung der Umwelt), § 181a StGB (Schwere Beeinträchtigung durch Lärm), § 181b StGB (Vorsätzliches umweltgefährdendes Behandeln und Verbringen von Abfällen), § 181c StGB (Fahrlässiges umweltgefährdendes Behandeln und Verbringen von Abfällen), § 181d StGB (Vorsätzliches umweltgefährdendes Betreiben von Anlagen), § 181e StGB (Grob fahrlässiges umweltgefährdendes Betreiben von Anlagen), § 182 StGB (Andere Gefährdungen des Tier- oder Pflanzenbestandes), § 183 StGB (Fahrlässige Gefährdungen des Tier- oder Pflanzenbestandes).

[1415]) §§ 182, 183 StGB.

[1416]) Vgl OGH 25. 6. 1991, 11 Os 61/91.

[1417]) Das sind alle Gesetze und Verordnungen von Bund und Ländern (*Köck*, Wirtschaftstrafrecht 126).

[1418]) Das ist ein Individueller hoheitlicher Verwaltungsakt – kurz – Bescheid (vgl *Köck*, Wirtschaftsstrafrecht 126).

den.[1419]) Es ist im Umkehrschluss derjenige nicht strafbar, der sich verwaltungsrechts-konform verhält.

8. Der Schutz von Geschäfts- und Betriebsgeheimnissen

Geschützt sind die Geschäfts- und Betriebsgeheimnisse eines Unternehmens vor **1093** Verletzung und Auskundschaftung. § 122 StGB pönalisiert das Offenbaren oder Ver-werten von Geschäfts- oder Betriebsgeheimnissen durch Personen, die davon im Zuge einer gesetzlich oder behördlich vorgeschriebenen Tätigkeit Kenntnis erlangt haben. Täter kann daher nur derjenige sein, der zur Wahrung der Geschäfts- und Betriebsge-heimnisse gesetzlich verpflichtet ist. Vertragliche Verpflichtungen reichen nicht aus.[1420]) Gesellschaftsorgane oder Kaufinteressenten einer Gesellschaft unterliegen daher § 122 StGB nicht.[1421]) Die unbefugte Mitteilung von Geschäfts- und Betriebsgeheimnissen durch private Personen, die ihnen vermöge eines Dienstverhältnisses anvertraut oder sonst zugänglich gemacht wurden, ist gemäß § 11 UWG strafbar (Privatanklagedelikt).

§ 123 StGB ist hingegen von Jedermann begehbar und stellt das bloße Auskund- **1094** schaften von Geschäfts- und Betriebsgeheimnissen unter Strafe. Eine Erkundigungstä-tigkeit, die nicht gegen die Rechtsordnung verstößt, scheidet allerdings aus der Straf-barkeit aus.[1422])

C. Verantwortlichkeit im Wirtschaftsstrafrecht

1. Strafbarkeit der Geschäftsführung

Der Geschäftsführer haftet persönlich bei Übertretung eines Strafgesetzes. Tatbe- **1095** stände, die iZm der Geschäftsführertätigkeit typischerweise in Frage kommen, sind im Wesentlichen die oben beschriebenen Wirtschaftsdelikte: die Veruntreuung (§ 133 StGB), die Untreue (§ 153 StGB), Geschenkannahme durch Machthaber (§ 153 a StGB), Betrug (§ 146 StGB), sämtliche Kridadelikte (§§ 156 ff StGB), Vollstreckungsvereitelung (§ 162 StGB), Umweltdelikte (§§ 180 StGB), Verstrickungsbruch (§ 271 StGB), Korrup-tion (§§ 168 c und 168 d StGB), Bestechung (§ 307 StGB) und auch fahrlässige Körper-verletzung (§ 88 StGB).[1423])

2. Strafbarkeit des Unternehmens

a) Anknüpfungspunkt der Strafbarkeit eines Unternehmens

Zentrale Bestimmung für die strafrechtliche Verantwortlichkeit des Unternehmens **1096** ist § 3 VerbVG. Das Gesetz knüpft an drei Kriterien an, die kumulativ erfüllt sein müs-

---

[1419]) *Aicher-Hadler* in *Höpfel/Ratz* (Hrsg), Wiener Kommentar zum Strafgesetzbuch[2] (2007) Vorbem §§ 180–183 a, Rz 2.

[1420]) Vgl *Lewisch* in *Höpfel/Ratz* (Hrsg), Wiener Kommentar zum Strafgesetzbuch, § 122 Rz 3.

[1421]) *Lewisch* in *Höpfel/Ratz* (Hrsg), Wiener Kommentar zum Strafgesetzbuch, § 122 Rz 6.

[1422]) *Lewisch* in *Höpfel/Ratz* (Hrsg), Wiener Kommentar zum Strafgesetzbuch, § 123 Rz 10. Als Beispiel nennt *Lewisch* das Reverse Engineering.

[1423]) Vgl *Knell/Freudhofmeier/Weber/Wentner* (Hrsg), Dienstverträge für Führungskräfte (2003) 307.

sen: Zum einen muss die Anlasstat Interessen des Verbandes betreffen, zum anderen muss die Person, die die Anlasstat begeht, organisatorisch in den Verband eingebunden sein. Danach, ob der Täter ein Entscheidungsträger oder ein Mitarbeiter des Verbandes ist, knüpfen schließlich die entscheidenden tatbezogenen Haftungsvoraussetzungen an.[1424]

1097 Zunächst muss die Straftat entweder zugunsten des Verbandes[1425] begangen worden sein, oder müssen durch die Tat Pflichten verletzt worden sein, welche den Verband treffen. Pflichten, die den Verband betreffen, können nicht im Einzelnen definiert, sondern nur aus dem Tätigkeitsbereich des Verbandes erschlossen werden. Beschäftigt ein Verband Arbeitnehmer, so ist er dazu verpflichtet, diese vor Gefahren zu bewahren. Produziert er Waren, so hat er Umweltverschmutzungen hintanzuhalten; vertreibt er Waren oder Dienstleistungen, so muss er darauf achten, dass diese seinen Kunden keine Schäden verursachen. Die Pflichten ergeben sich daher va aus dem Zivil- und Verwaltungsrecht.[1426]

1098 Die Strafbarkeit des Unternehmens nach dem Verbandsverantwortlichkeitsgesetz knüpft als zweites Kriterium an die Person des unmittelbaren Täters an; Anknüpfungspunkt für die Verbandsverantwortlichkeit ist ein Verhalten entweder eines Entscheidungsträgers[1427] oder eines Mitarbeiters (§ 3 Abs 3 VerbVG).

1099 Bei der auf Mitarbeiter bezogenen Fallkonstellation muss zunächst der Tatbestand eines Deliktstypus erfüllt sein. Der Mitarbeiter muss aber nicht namentlich feststehen, auch soll es nicht darauf ankommen, ob die Mitarbeiter schuldhaft gehandelt haben.[1428] Als zweite Voraussetzung muss die Straftat dadurch ermöglicht worden sein, dass der Entscheidungsträger die nach den Umständen gebotene Sorgfalt außer Acht gelassen hat. Der Sorgfaltsverstoß muss die Tatbegehung durch den Mitarbeiter überdies ermöglicht oder zumindest wesentlich erleichtert haben (Risikoerhöhung).[1429] Im zweiten Fall der Verantwortlichkeit von Verbänden wegen der Tatbegehung eines Entscheidungsträgers ist für die Zurechnung des Verhaltens zum Verband erforderlich, dass die strafbare Handlung rechtswidrig und schuldhaft begangen, der Entscheidungsträger also tatbestandsmäßig gehandelt hat, und weder Rechtfertigungs- noch Schuldausschließungsgründe- oder Entschuldigungsgründe vorliegen.[1430]

[1424] Vgl *Steininger,* Verbandsverantwortlichkeitsgesetz 44 Rz 2.

[1425] Davon erfasst sind solche Taten, durch die der Verband bereichert wurde oder bereichert hätte werden sollen, sowie solche, durch die sich der Verband einen Aufwand erspart hat oder ersparen hätte sollen (ErläutRV 994 BlgNR XXII. GP).

[1426] ErläutRV 994 BlgNR XXII. GP 22.

[1427] Entscheidungsträger ist eine Person, die eine Führungsposition inne hat. Eine Führungsposition, die den Entscheidungsträger ausmacht, wird aus einem formalen Kriterium, der Befugnis zur Vertretung nach außen, sowie aus faktischer Einflussmöglichkeit hergeleitet, nämlich aus der Befugnis, Entscheidungen zu treffen, sowie aus einer Kontrollbefugnis innerhalb der juristischen Person. Erfasst sind daher der Geschäftsführer, das Vorstandsmitglied und der Prokurist. Im Übrigen sollen jene Personen erfasst werden, die in vergleichbarer Weise dazu befugt sind, den Verband nach außen zu vertreten. Es muss sich also um eine Art Generalhandlungsvollmacht handeln (ErläutRV 994 BlgNR XXII. GP 18).

[1428] *Steininger,* Verbandsverantwortlichkeitsgesetz 64 Rz 48.

[1429] Vgl ErläutRV 994 BlgNR XXII. GP 23.

[1430] ErläutRV 994 BlgNR XXII. GP 22.

b) Strafen und andere Konsequenzen

(1) Verbandsgeldbuße

Über den Verband soll als Strafe grundsätzlich eine Geldsanktion bemessen nach **1100** Tagessätzen verhängt werden. Zur Bemessung der Höhe des Tagessatzes ist primär die Ertragslage des Verbandes maßgeblich (§ 4 Abs 4 VerbVG). Die Verbandsgeldbuße wird also an Ertragsäquivalenten ausgemessen. Dem Verband sollen Überschüsse entzogen werden, ohne dass die Betriebsgrundlage gefährdet wird. Orientierungsgröße ist daher jener Zahlungsüberschuss des Verbandes, welcher nach Berücksichtigung notwendiger Investitionen und Fremdfinanzierungsaufwendungen grundsätzlich für Ausschüttungszwecke an die Eigentümer zur Verfügung stehen würde. Bei Unternehmen, die idS keine Überschüsse produzieren, wird regelmäßig die Mindesthöhe zur Anwendung kommen. Das Unternehmen soll in seiner Vermögensbildung jedenfalls nicht beeinträchtigt werden.[1431]

Ein Regress bei Entscheidungsträgern oder Mitarbeitern ist nach § 11 VerbVG **1101** ausdrücklich ausgeschlossen.

(2) Weisungen

Weisungen haben im Unternehmensstrafrecht eine besondere Bedeutung, da er- **1102** wartet wird, dass durch Weisungen eine Steuerung des zukünftigen Verhaltens des Verbandes besonders wahrscheinlich ist.[1432] Unter Weisungen werden sanktionsergänzende Maßnahmen verstanden, die der individuellen Verbrechensvorbeugung und zur Schaffung jener Voraussetzungen beitragen, die ein rückfallfreies Verhalten fördern und erleichtern.[1433] Gemäß § 8 Abs 1 VerbVG werden Weisungen erteilt, wenn die Verbandsgeldbuße bedingt nachgesehen wurde. Unterschieden werden Weisungen, die der Schadensgutmachung dienen (§ 8 Abs 2 VerbVG) und solchen, die durch Implementierung bestimmter technischer, organisatorischer und personeller Maßnahmen, der Prävention dienen (§ 8 Abs 3 VerbVG).

3. Straflosigkeit durch Organisation?

Kern des Vorwurfs, der gegen das Unternehmen im Rahmen des VerbVG erho- **1103** ben wird, ist, dass der Verband die nach den Umständen gebotene und zumutbare Sorgfalt außer Acht gelassen, insb Maßnahmen zur Verhinderung solcher Taten unterlassen hat.[1434] Das Unternehmen muss auch dafür einstehen, dass der Geschäftsführer keine technischen, organisatorischen oder personellen Maßnahmen iSd § 3 Abs 3 Z 2 VerbVG vorgenommen hat. Da ein Verband nur dadurch handeln kann, dass ihm das Handeln oder Unterlassen seiner Entscheidungsträger zugerechnet wird, ist die Begehung einer Straftat für den Verband durch einen solchen Entscheidungsträger quasi unwiderleglich als Ausdruck mangelnder Sorgfalt zur Verhinderung solcher Taten anzusehen.[1435]

[1431]) Vgl ErläutRV 994 BlgNR XXII. GP 26.
[1432]) ErläutRV 994 BlgNR XXII. GP 29.
[1433]) *Steininger,* Verbandsverantwortlichkeitsgesetz 108 Rz 1.
[1434]) ErläutRV 994 BlgNR XXII. GP 22.
[1435]) ErläutRV 994 Blgnr XXII. GP 22.

1104 Es ist daher Aufgabe des Managements, eine Organisationsstruktur[1436]) zu schaffen, welche Straftaten von Entscheidungsträgern und Mitarbeitern zu verhindern geeignet ist, um dem vom VerbVG geforderten Sorgfaltsmaßstab gerecht zu werden und einer Verurteilung des Verbandes vorzubeugen. Derartige Präventivmaßnahmen können technischer, organisatorischer oder personeller Natur sein. Compliance-Programme zählen zu solchen Maßnahmen, wobei es keine allgemein gültige Regel gibt, wie diese zu gestalten sind, um den Anforderungen des VerbVG gerecht zu werden. Auch laufende Schulungen der Mitarbeiter in sämtlichen für ihre Tätigkeit maßgeblichen berufsrechtlichen Vorschriften oder ein effizientes IKS können der Verhinderung von Straftaten dienen.[1437])

1105 Soweit ungeachtet solcher Organisationsmaßnahmen zur Verhinderung von Straftaten eine Bestrafung des Verbandes erfolgt sein sollte, finden diese – nicht entlastenden – Maßnahmen noch immer bei der Strafbemessung Berücksichtigung (§ 5 Abs 3 Z 5 VerbVG). Bei der Bemessung der Anzahl der Tagessätze ist der Umstand zu berücksichtigen, inwieweit der Verband Vorkehrungen zur Verhinderung solcher Taten getroffen hat und inwieweit er das Verhalten seiner Mitarbeiter in positiver und negativer Weise beeinflusst hat. Ein Programm von organisatorischen, technischen und personellen Maßnahmen zur Verhinderung und Aufdeckung von Straftaten sowie Schulungen der Mitarbeiter, hat daher für das Unternehmen in jedem Fall nur positive Effekte.

[1436]) Vgl ausführlich zur Compliance-Organisation, *Napokoj* Rz 10 ff.
[1437]) *Steininger,* Verbandsverantwortlichkeitsgesetz § 5 Rz 33.

Stichwortverzeichnis